媒體與大眾傳播理論

McQuail's Media and Mass Communication Theory (7th edition)

Denis McQuail、Mark Deuze　著

羅世宏　譯

五南圖書出版公司 印行

序　言

　　最初的機緣是在 2009 年，丹尼斯和我在義大利帕多瓦的小咖啡館外喝咖啡。我們當時參加一個由《歐洲傳播學刊》舉辦的媒體變遷影響研討會。與會專家圍繞媒體和大眾傳播理論與研究的「價值」概念展開了重要討論（參見 McQuail, 2009）。我們的貢獻是什麼？作為一個領域，我們可以向世界講述什麼故事？我們如何防止我們的訊息被社會學、心理學等其他較老的學科收編和殖民？聊著聊著，我問他傳播領域這本重要教科書的新版本，而且想知道他這本書如何幫助我們理解並解答這些存在主義哲學層次的問題。他笑了笑說，第六版很快就會出版——而這將會是他的最後一版。我當下感受到這句話的重量——他這本書在塑造和定義大眾傳播領域所發揮的巨大作用、對闡明傳播研究的（或可能的）知識貢獻的巨大影響，以及這本書對我個人生涯及理解我正在做的事情上發揮的重大作用。

　　在接下來的幾年裡，一個念頭開始醞釀，或許更像是出於一種情感而非念頭：我感到需要做點什麼——對於這本書，對於丹尼斯的遺產，對於所有在全球各地的學校和大學中透過《麥奎爾的大眾傳播理論》自學的學生——從 1983 年到 2010 年，以及 2010 年以後。在 Sage 出版社的 Mila Steele 的熱情支持下，我開始為本書新的第七版擬定提案。最初的計畫在 2013 年提出——它過於雄心勃勃，原本預期我能找到讓我停止教學一到兩年的方式，完全專注於這本將成為具有里程碑意義的教科書。儘管丹尼斯在接下來幾年裡盡最大努力支持和鼓勵我，但計畫還是趕不上變化。在美國工作和生活了 10 年之後，我搬回荷蘭，在阿姆斯特丹大學開始一份要求很高的新工作，並重組了我在 1990 年代曾經玩過的樂團 Skinflower。

　　然後到了 2017 年，6 月 25 日當天傳來丹尼斯辭世這個令人悲慟的消息。1997 年在阿姆斯特丹大學初見丹尼斯的情景依稀在目，當時正逢阿姆斯特丹大學傳播研究學院成立，而我是首批博士生之一。美好回憶之一

是院方安排的活動，丹尼斯與首批博士生座談，針對博士生的論文構想提供回饋建議。在那個初次見面的場合，他開懷大笑：「我只希望你們能找到時間和金錢，去做你們打算做的所有事情！」

在接下來的幾年裡，我有幸與 Piet Bakker 合授傳播理論課程，對阿姆斯特丹大學一年級學生講授《麥奎爾的大眾傳播理論》這本教科書。這一初體驗啟發了我後來在明斯特大學、印第安納大學，以及回到阿姆斯特丹大學（這次是在媒體研究系）教授此類大學部課程的方式和熱愛。

簡單說，無論是個人機緣或專業因素，我一直有很多理由擁抱他的這本堪稱「眾書之書」（book of books）的鉅著。他去世後，我再也沒有任何藉口：這項工作必須開始了。感謝 Sage 出版社的 Mila 和 Michael Ainsley 的持續支持和指導，我的朋友兼同事 Pauline van Romondt Vis 在處理書稿和對初步評估所需完成的工作，提供了寶貴幫助，以及幾位親愛的朋友和專家：Peter Neijens、Terry Flew、Kaarle Nordenstreng、Peter Golding、Claes De Vreese、Cristina Archetti 和 Sonia Livingstone——的批判性閱讀的慧眼，他們願意爲本書審閱部分章節的初稿。從 2017 到 2019 年間，我持續撰寫第七版，期間偶爾停工，忙於教學、其他研究計畫、音樂表演，以及烤肉活動。

這本新版的《麥奎爾的媒體與大眾傳播理論》，首先是向丹尼斯的著作和影響的致敬。這既體現在忠於他對本書（和領域）的結構安排，也體現在將他的敘述延伸到我們當前所處的普遍、無處不在、行動／移動、社交和隨時在線上的媒體世界。同時，我也自由地稍微改變了一些安排。您會注意到，我們在書名中添加了「媒體」一詞，以使媒體理論在學術領域取得的智識進展得到應有的重視，並表明我們有意讓理論的哲學思辨傳統與人文和社會科學領域發展出來的媒體與社會研究有所對話。在本書中，你不會看到這些研究領域處於明確分隔的狀態，這既受到我自己學術背景的啟發，更重要的是來自於傳播領域內持續呼籲的影響，要求更加整合的理論框架、混合方法（mixed methods）及多重檢核（triangulation），以便恰當地應對大眾媒體環境與大眾傳播過程的複雜性和細微差別。

第二個調整之處是引用新文獻，將相關討論推進到 21 世紀。丹尼斯

開展的這本教科書，我試圖盡我所能地繼續下去，以大幅拓寬我們領域敘事引用的觀點和資料來源的廣度。這意味的是避免獨尊美國和英國學者，更多地關注更多面向的多樣性，同時也更加重視來自世界各地開放近用的期刊（open access journals）和書籍。

鑒於我自己鑽研媒體工作（media work）的背景，我試圖讓關於製作、內容和閱聽人的章節足以反映媒體製作世界的變化。同時，我們努力為整本書中關於媒體閱聽人的說法添加更多細微差別——這在很大程度上要歸功於 Sonia Livingstone 的洞見和評論。

為了保持敘事的流暢，我決定將丹尼斯關於需要規範性理論（normative theory）的明確論點打散到本書的其他章節中。他在這個領域中所扮演的角色之一就是讓學生和學者對媒體在社會中的**需求**和**期望**負起責任，他闡述的規範關切讓我們意識到在媒體與大眾傳播的研究中指導著我們的理想主義，甚至懷有希望的假設和觀點。透過將原本是一個獨立章節的規範理論的各個部分整合起來，我希望能夠恰如其分地對待丹尼斯如此重視的部分。

對於之前被分開討論的「社會文化」媒體效果，以及媒體對新聞、民意／公眾輿論和政治傳播的影響和效果，我也採取了相同的處理方式。我遵循阿姆斯特丹同事 Patti Valkenburg 和 Jochen Peter 在各種著作中建議的方法，透過研究（大眾）媒體效果的經典焦點，而不是摘要和分開討論各種（有關媒體效果的）特定理論。

回顧這個過程，我發現先導篇（第 1 章和第 2 章）和結語（第 18 章）花了我最多時間，以探索、調查且最後熱情地論證，思索「大眾」媒體和傳播以及媒體理論的持續重要性，在大數據、演算法文化、人工智慧、全球平台治理、串流媒體和大眾自我傳播的時代——所有這些過程，如果沒有大眾傳播和大眾媒體理論的幫助，我們是無法充分理解的。

正如我在本書中多次論證的那樣，媒體和大眾傳播理論和研究與其他學科有所不同的是關於我們所處的現實和世界的兩個基本假設：首先，媒體是全球日常生活經驗中普遍且無所不在的一部分。第二，所有這些中介傳播（mediated communication）都會產生影響。儘管這似乎是顯而易見

的，但來自大學（及大學之外）的大多數研究人員將這些核心觀察結果視
爲後見之明、次要問題或影響他們研究的現象的問題所在。我們假設「世
界上」的任何現象在某種程度上是中介的（mediated），這並不是支持科
技決定論或媒體中心論的思維方式，而是對我們領域核心的肯認，以及我
們如何理解全球化和個體化的雙重過程、後國家組織與其民族主義—民粹
主義對應物、不斷進行中的自動化和科技吸納一切，以及回歸情感和眞實
性作爲指導人類社會的核心價値觀，還有我們所面臨的眞正全球性挑戰：
氣候變遷、人道主義危機和永續發展。所有這些問題在很大程度上都透過
媒體來理解，以媒體的術語進行，並且需要一部分地透過媒體來回應這些
挑戰。我衷心希望這本更新版的著作有助於啟發各個世代的學生、媒體和
大眾傳播學者。對我來說，能夠參與這項工作是一個莫大的榮幸。

馬克・德茲

2020 年寫於阿姆斯特丹、（英格蘭北海岸的小村莊）西頓斯魯斯

如何使用本書

　　本書有兩個目的，因此建議您在兩個層次上使用它。首先，它是媒體和大眾傳播理論與研究領域的一種敘事——甚至是「宏大敘事」（grand narrative）：它從何而來、什麼樣的思維和研究傳統塑造了它、我們如何觀察和解釋媒體，以及當前的大眾傳播過程。其次，它可以被讀者當成學習特定主題的資源，有幾種使用方式可供參考：「目錄」提供了本書初始方向或地圖，而且每章都會先提供「主要標題列表」，幫助你確定自己的研讀方向；書末的「名詞索引」包括所有關鍵詞和主題，也可用於初步檢索；每章都包含一些「資訊框」，幫助您探索本書討論主題和理論的背景、重要性與相關研究；每章末尾都有一份精選的「進階閱讀書單」，目的是對該章概述的特定問題提供後續研究指引；本書末尾廣泛的「參考書目」可以看作是你的初始圖書館，您可從中繪製自己探索文獻的路徑。

目　錄

第一篇　先導

1

緒論

我們的研究對象

　　媒體和大眾傳播之於社會的重要性，在於我們意識到不再有什麼事物能夠「外在於」媒體。日常生活中的所有經歷，都以某種方式與媒體有關。這當中，有些是指我們可以使用的專業製作的媒體：從智慧型手機到電視，從報紙和書籍到電影、數位遊戲和錄製音樂。然而，在人們日常生活中發揮如此重要作用的許多媒體，也包含由我們所生產的數據、內容和經驗——透過我們登錄和上傳到社群媒體和平台、自願（和非自願）參與各種數位監控機制，以及透過製作我們自己的媒體。儘管「大眾」閱聽人大致上可能已不復存在，但「大眾」媒體和「大眾」傳播的潛力，仍然是我們絕大多數的接觸媒體經驗。

　　Sonia Livingstone（2011: 1472）認為媒體和大眾傳播理論的重要性在於「一切都是被中介的（everything is mediated）——從童年到戰爭，從政治到性，從科學到宗教——這一點比以往任何時候都更加真切……沒有什麼是處於未被中介的狀態（nothing remains unmediated）。」她對於普遍存在的媒體脈絡下的人類處境的分析，促使我們決定將本書的涵蓋範圍比以前更明確地從大眾傳播理論擴大到包括媒體（理論）。正如Livingstone 所說的，（大眾）傳播一直是社會的組成部分，是所有人類行動的基礎。然而，近幾十年來的特別之處在於，一系列快速擴展的媒體科技以前所未有的規模擴大和加速了人類傳播。在這種「一切都是被中介的」過程中（Livingstone, 2009），媒體不僅滲透整個世界，而且也許更重要的是我們（作為人類）據以接觸、行動和理解世界。因此，媒體和大眾傳播的研究，有助於理解它們在「更普遍的社會生活秩序」中的作用（Couldry, 2004: 128）。

　　鑑於大數據、演算法在我們這個時代的根本挑戰，個人融入於無止盡的數據庫、樣本、目標和市場、「物聯網」，學術界與公眾對數位文化政治經濟學的興趣，以及傳播研究領域（尤其是西元 2000 年以來）關於媒體和大眾傳播在日常生活、政治和社會現實建構的重新思考和理論化（Couldry and Hepp, 2016），媒體與大眾傳播理論越來越值得重視。媒體

和大眾傳播理論與研究的（持續增加的）重要性，部分源於它作為一門「實踐學科」（practical discipline）的地位（Craig, 2018），因為它主要關注人們和社會機構實際上怎麼使用媒體——並且通常致力於透過具有現實意義的研究來回答社會傳播問題。此外，Jensen（2019: 144）認為媒體和傳播研究所扮演的角色是「具有重要策略意義的（次級）思考機構（institution-to-think-with），有助於了解媒體作為（初級）思考機構的表現。」這是該領域典型的「雙重詮釋學」（double hermeneutics）——媒體學者詮釋的是已經被媒體的發送者和接收者詮釋過的現實（例如媒體文本、生產過程或閱聽人行為）。在這個過程中，理論和實踐，亦即學術分析和生活現實可能發生改變。

媒體和大眾傳播的研究遵循一些基本假設（摘要整理自 Lang, 2013）：

- 首先，媒體和大眾傳播無處不在。
- 其次，媒體和大眾傳播影響人們及其社會環境（並且被人們及其社會環境所影響）。
- 第三，媒體和大眾傳播改變了環境和人。
- 第四，媒體和大眾傳播研究者的主要目標和問題是展示媒體和大眾傳播的各種要素（生產—內容—接收）、角色、影響和效果，並在可能的情況下解釋它們是如何發生的。

媒體和大眾傳播學科研究的基本假設是基於一組基本定義。大眾傳播，首先是指透過一種或多種媒體向大量閱聽人傳播的訊息，而媒體是傳輸此類訊息的（科技和正式組織化的）手段。媒體理論考量這些訊息對不同人的不同意涵，取決於傳達訊息的不同通道。鑑於媒體在人們日常生活中的普及，很重要的是不僅要理解和解釋中介的（大眾）傳播如何運作，更要了解特定媒體如何產生某些意義和影響。

20 世紀初，「大眾傳播」（mass communication）一詞與「大眾媒體」（mass media）一起被創造出來，用以描述當時的新興社會現象，以

及那種建立在工業化和民主基礎上的、浮現中的現代世界的關鍵特徵。在某種程度上類似於當前情境，20世紀初也是一個大規模人口遷移到城市和跨越國界的時代，也是變革、鎮壓和衝突力量相互鬥爭的時代。大眾媒體誕生於這個轉型時代的背景和衝突中，並且持續深深地捲入社會和文化的趨勢和變化當中，在個人層面和社會層面皆然。

早期的大眾媒體（報紙、雜誌、唱片、電影和廣播）迅速發展，達到至今仍可廣泛辨識的形式，主要變化在於規模和多樣性，以及20世紀加入的電視和網際網路。一個世紀前大眾傳播的關鍵特徵，至今依然重要，包括：它們能夠迅速觸達大量人口；它們擁有的普遍魅力；它們在同等程度上激發希望和恐懼的能耐；它們與社會權力來源之間的關係；關於它們可能具有的重大衝擊和影響力。

20世紀後期以來，新科技已經被開發與使用──最顯著的是網際網路和行動的軟硬體──它們構成了新的通訊傳播網絡。大眾傳播，作為大規模的、單向的公共內容傳輸，其重要性仍然有增無減，並且與線上大規模地進行的不同類型的內容和流動並存。除了大眾傳播之外，出現了一種新型態的全球資訊和傳播系統：**大眾自我傳播**（mass self-communication）。根據Castells（2007: 248）的說法，它是大眾傳播，因為它可能在網上接觸到全球閱聽人，同時它也是自我傳播，「因為它在訊息的製作和發送方面是自主的，在訊息的接收方面是自選的，在傳播空間的形成方面是自定義的。」

大眾傳播理論的崩塌、匯流和持續的重大意義，相關文獻已有很多。無論正在發生什麼變化，大眾媒體在當代社會、政治、文化、日常社會生活和經濟領域的持續重大意義是毋庸置疑的。在政治方面，媒體提供一個辯論的場域，使政策、候選人、相關事實和觀念更廣為人知，並為政治人物、企業和品牌、利益團體和政府代理人（agents of government）提供一種遂行宣傳和影響力的工具。透過大眾自我傳播，政治領域變得可供各種行動者使用──包括發送和轉發訊息的個人，以及各種透明程度不等的組織，它們試圖透過線上的微定向競選宣傳活動（micro-targeted campaigns）來影響選舉和政治過程。

在文化領域，媒體對大多數人來說是文化再現（cultural representation）和表達的主要通道，也是社會現實（social reality）形象與形成和維持社會身分認同的主要資訊來源。與此同時，媒體已經成為表達和象徵意義鬥爭的遊樂場（如果不是戰場），作為與網路戲仿和混搭文化（the parody and remix culture of the Web）競爭的原生來源，虛假訊息的傳播速度超過了經過事實查核的訊息，任何人都可以在網上找到符合個人偏見和信念的訊息。日常社交生活深受媒體使用常規及媒體內容影響，包括影響人們閒暇時間的運用、生活風格及日常交談的話題，並且為各種情況提供相應的行為模範。特別是透過廣泛使用先進的行動設備，現今人們在手掌、指尖之間擁有一個即時可近用和高度個人化的資訊、文化和娛樂世界。在這個過程中，媒體的經濟價值不斷增長，更大型、更國際化的媒體企業主導著媒體市場，其影響力延伸至運動、旅遊、休閒、食品和服裝等產業，並且與所有以資訊為基礎的經濟部門（尤其是科技和電信公司）有著緊密聯繫。

我們對大眾傳播的關注不僅限於大眾媒體，還涉及廣泛、公眾和技術中介的所有的傳播類型和過程。與本書的早期版本相比，正如我們將在下面和後續章節中概述的那樣，將大眾傳播與其他類型的傳播——尤其是人際傳播——區分開來，將越來越是刻意之舉。在這裡，「公眾」（public）一詞不僅意味著對所有接收者和特定發送者開放，而且還涉及社會廣泛興趣和關注的資訊和文化事務，而非針對任何特定個人。公與私之間，沒有絕對的界限，關於我們當前的媒體環境的一個關鍵觀察必須是「過去是想辦法公之於眾，而現在則是想辦法保持私密。」（boyd, 2010: n.p.）本書旨在促進公眾對各種形式的媒體和大眾傳播的審視和理解，並以下面摘述的主題和問題為指導，提供觀念和研究的梗概。

媒體和大眾傳播的主題和問題

本書內容貫穿許多討論傳播的社會起源、意義和效果時反覆出現的一般主題，無論是在個人層面，或是整個社會層面。雖然還有更多可能，而

且不同的問題以各種方式交錯和重疊，但我們特別強調以下主題：

- **時間**：傳播在時間中發生，重要的是何時發生與需要多長時間。通訊傳播科技穩定提高了點對點的資訊傳輸速度，還能儲存資訊供人在較晚的時間點使用。大眾媒體內容尤其是社會和人群的記憶庫，可以選擇性地恢復或遺忘。線上記錄、儲存和使用個人資料（個資）的方式，是一個公眾高度關切的問題，涉及個人消費者、政策制定者、法律體系及許多公司和企業法人。

- **地方**：傳播在特定地點發生，並反映其特定脈絡。它為該地居民定義那個地方，並且為它建立身分認同。它連接了各個地方，縮短了個人、國家和文化之間的距離。據稱，大眾傳播的主要趨勢會產生去在地化效應（delocalizing effect），或是建立一個新的全球「地方」，人們可能不僅覺得它似曾相識，有時甚至可能更喜歡這個出於中介現實（mediated reality）的「無地方之地」（placeless place）（就像某些線上社區的情況那樣）。

- **權力**：社會關係是由權力建構和驅動的，一方的意志被強加給另一方，無論是否合法，或藉由影響力，另一方的願望被尋求或遵循。傳播本身沒有強制力，但它是一個不變的組成部分，是權力行使的常用手段，無論是否有效。儘管對大眾媒體的關注（和參與）普遍具有自願性質，但大眾媒體向人們施加影響力的問題從未遠離，對於媒體彌合社會差異也強化它們，以及對媒體在抵抗和增加既有社會不平等……等權力方面的關切亦然。

- **社會真實**：古典媒體和大眾傳播理論背後的假設是，我們生活在一個「真實」的物質環境和可感知事件的世界中。在這種觀點下，媒體以不同程度的正確性、完整性或可靠性提供有關社會真實的報導或反映。「真相」（truth）這個概念通常被當作新聞和非虛構內容的標準，但很難定義和評估，尤其是在「假新聞」（fake news）和虛假訊息操作（disinformation）在網上迅速傳播的時代。隨著網際網路的興起，越來越多的著作認為當代「萬物皆中介」（mediation of everything）打破了線上和離線生活之間、公共和私人傳播之間，以及中介和非中介的生活經驗之間的界限（導入了一種新的「混合」現實）。

- **意義**：一個相關的主題不斷出現，涉及對大眾媒體的「訊息」或內容的解釋。大多數的大眾媒體理論都依賴於對其所傳遞內容的意義做出某種假設，無論是從發送者、接收者還是中立觀察者的角度來看。如上所述，沒有唯一的意義來源，也無法確定意義是什麼，這提供了無窮無盡的爭議和不確定性的可能性。

- **因果關係和決定論**：理論的本質在於試圖解決因果關係的問題，無論是透過提出一些將觀察結果聯繫起來的總體解釋，還是透過指引探究來確定一個因素是否導致了另一個因素。因果問題不僅涉及媒體訊息對個人的影響，還涉及媒體機構興起的歷史問題，以及它們在生產過程、內容和吸引力方面具有某些典型特徵的原因。媒體是否對社會產生影響，還是它們本身更多地是先前和更深層社會力量的結果和反映？

- **中介**：作爲因果關係觀念的另一種選擇，我們可以將媒體視爲提供訊息和觀念流通的場合、聯繫、通道、場所和平台。透過媒體，意義形成，社會和文化力量按照不同的邏輯自由運作，結果不可預知。中介過程不可避免地影響或改變所接收的意義，「現實」越來越傾向於適應媒體呈現的需求，而不是相反。

- **身分認同**：這既指個人的整體感（「自我認同」），也指對文化、社會、地方或社會群體的共同歸屬感（「社會認同」），涉及許多因素，包括國籍、語言、工作、種族、宗教、信仰、生活方式等。大眾媒體與自我和社會認同的形成、維持和消解的許多不同方面有關。它們可以推動和反映社會變革，並促成更多的整合。

- **文化差異**：幾乎在每一個轉折點，媒體相關問題的研究都提醒我們，儘管全球範圍內的大眾傳播和媒體機構在表面上近似，但在個人、次群體、國家等層面上都受到文化差異的影響。大眾媒體的生產和使用是一種文化實踐，既可以強化，也可以抵制科技與大量生產內容的普

遍化趨勢。

- **治理**：這是指各種媒體受法律、規則、習俗和行為準則及市場管理等手段所監管和控制。為了應對科技和社會的變化，這些問題不斷在發展演變。

　　本書所討論的，多屬值得考究或在公共領域引起爭議的具體問題。它們通常涉及形塑民意、人民期待政府制定預防或改善政策，或是媒體本身可能需要承擔責任的問題。所謂問題，並非全然從負面意涵理解，但它們涉及當前和未來趨勢，這些問題無論好壞都具有重要意義。沒有任何一個問題清單是完整的，但以下是研究該領域文獻時涉及的主題。它們提醒人們媒體主題在社會中的重要性，以及理論在處理這些問題時的潛在相關性。依據其屬性，這些問題可以區分如下：

- 與政治和國家的關係
  - 政治競選活動和宣傳。
  - 公民參與和民主。
  - 與戰爭和恐怖主義有關的媒體角色。
  - 對外交政策制定的影響。
  - 為權力來源服務或抗拒權力來源。
- 文化問題
  - 內容和流動（flows）的全球化。
  - 提升文化生活品質和文化生產水準。
  - 對文化和社會認同的影響。
- 社會問題
  - 真實的定義與社會經驗的中介。
  - 與侵略、犯罪和暴力的關聯。
  - 與社會秩序和失序的關係。
  - 促進社會的資訊和媒體素養。
  - 閒暇時間的使用和品質。

　　■ 社會和文化不平等。
- 規範問題
　　■ 言論和表達自由。
　　■ 社會和文化不平等：階級、族群、性別和性取向。
　　■ 媒體規範、道德和專業精神。
　　■ 媒體問責和社會責任。
- 經濟問題
　　■ （市場）集中度。
　　■ 內容商業化。
　　■ 隱私和監控資本主義（surveillance capitalism）。
　　■ 全球帝國主義和依附。

處理方式

　　本書的書寫方式宛如一個具有連續性的敘事，遵循著一定的邏輯。它首先簡要介紹不同媒體的歷史，然後概述主要概念和理論，這些概念和理論闡述媒體、大眾傳播與（個人和群體的）社會和文化關係。隨後，書寫順序從「來源」（以大眾媒體組織的形式區分）到它們生產和傳播的內容，再到閱聽人的接收，以及一系列的可能效果。這似乎預先暗示我們應該如何處理這個學科，儘管這不是我們的本意。

　　由於上述問題的廣泛性和複雜性，此處只能提供相當簡要的說明。每章都以引言開始，概述要涵蓋的主題。在各章中，本書的實質內容會在各小節處理。這些主題不是根據剛才概述的主題和問題來定義的，而是反映了不同的理論重點和為檢驗理論而進行的研究。一般來說，讀者會找到相關概念的定義、主題的解釋、對研究相關證據的簡短回顧，以及對爭議事項的總體評估。每章結尾都簡要概述已得出的結論。「資訊框」中的文字敘述提綱挈領地整理要點，以幫助讀者聚焦與複習。

涵蓋範圍和視角的限制

　　儘管這本書的範圍很廣，旨在將其應用於一般的大眾傳播現象，而不是針對任何特定國家，但這一目標的可行性在各個方面都受到限制。首先，作者的地域、國籍、主觀立場和文化背景形塑了他們的經驗、知識和觀點。個人判斷的空間很大，即使試圖對文獻中的各種方法和立場保持公允立場，也無法完全避免。其次，「大眾傳播現象」本身並不獨立於觀察它的文化背景，儘管有科技上的相似性，以及媒體組織形式、行為和內容的一致性。儘管某些大眾傳媒制度的歷史敘事大致認定它純然是（從歐美擴展到世界其他地方的）「現代化」過程的一環，但也有與此迥然不同的歷史敘事存在，認為傳播遠非單向或可以用某種決定論解釋的過程。簡單說，前述這種理論解釋，不可避免地帶有「西方」偏見。它的理論體系大體上源自於制度上占主導地位的白人資源，主要位於歐洲、澳洲和北美，並且用英語書寫，其研究所檢測的觀念也幾乎全部來自於這些地區。這並不意味著它對其他環境無效，而是意味著它的結論是暫時的，還需要擬定和測試更多種類的觀念。

　　我們努力吸納更廣泛的聲音，並調整我們的觀點，以涵蓋不同區域的媒體和大眾傳播史。同時，我們也承認目前傳播學術界尚未能充分反映許多觀點，部分原因是研究經費的運作和分配方式不均所致，以及媒體和傳播主要學術期刊的出版和引用實務一直有利於占據優勢地位的白人（Chakravartty, Kuo, Grubbs and McIlwain, 2018）和男性（Knobloch-Westerwick, Glynn and Huge, 2013）觀點。我們將盡力落實我們領域中關於提升觀點多樣性的呼籲（Mayer, Press, Verhoeven and Sterne, 2017），儘管難免會有許多錯謬和疏漏之處。

　　媒體與社會關係的性質取決於時空狀況。如上所述，本書主要涉及現代、「已開發」國家的大眾媒體和大眾傳播，主要是實施選舉民主與自由市場（或混合）經濟的國家，這些國家融入了更廣泛的國際經濟和政治交換關係、競爭、支配或衝突。大眾媒體很可能在「非西方」社會的經驗不同，尤其是在那些不那麼個人主義和更具有共同體特性，或是不那麼世俗

和宗教色彩較濃的社會。差異不僅止於經濟發展程度，因為它涉及文化的深刻差異和悠久的歷史經驗。這個問題比作者的種族中心主義這一不可避免的因素更深，因為還有主流學術傳統本身的西方思想根源。

　　儘管目的是盡可能「客觀」地解釋理論和證據，但對媒體和大眾傳播的研究無法迴避價值觀問題與政治和社會衝突問題。每個社會都有其潛在或公開的緊張和矛盾，往往延伸到國際場域。媒體不可避免地捲入這些有爭議的領域，作為有關社會生活的事件與脈絡的意義的生產者和傳播者，無論私人或是公共的。從這些評論中可以看出，我們不能期望媒體和大眾傳播的研究能夠提供理論上的中立、經過科學驗證的關於「效果」或某個事物的意義的訊息，這是一組極其複雜且涉及相互主體性的過程。出於同樣的原因，通常很難以對經驗檢驗開放的方式來建構關於大眾傳播的理論，或者逃避脈絡、情境和環境方面比廣泛的媒體影響和效果理論具有更大解釋價值的結論。同時，所有研究媒體和大眾傳播的人都清楚，（中介）傳播「從根本上來說是強大且具有調適能力的」（Lang, 2013: 19）。正如該領域的許多人所認為的那樣，解決方案是在脈絡中思索理論，發展對個人、社區和文化特性具敏感度的研究設計，並從整體上整合人文和社會科學的觀點和方法。

　　毫不意外地，媒體理論領域也涉及廣泛不同的觀點。有時可以看出進步和保守傾向之間的取徑差異。例如進步理論批評媒體在社會支配階級（dominant class，如國家或大型全球公司）掌握的權力，而保守理論家則指出新聞的「自由主義偏見」或媒體對傳統價值觀的破壞，以及媒體被認為有能力腐蝕年輕人的思想、態度和行為。批判性與應用性的理論取徑之間也存在差異，這種差異不一定對應於政治軸線。拉查斯斐（Lazarsfeld, 1941）稱之為研究導向上的批判與行政之分（critical versus administrative）。批判理論試圖揭露媒體實踐的潛在問題和缺陷，並以某些價值觀綜合地與社會問題聯繫起來。應用理論旨在利用對傳播過程的理解，更有效地解決使用媒體和大眾傳播的實際問題（Windahl, Signitzer and Olson, 2007）。鑒於當代大學面臨學生和研究經費的激烈競爭，一些人認為這使得更多應用性、「行政」和量化類型的研究更受禮遇。另一

方面，我們想指出的是媒體和大眾傳播學術在理論和經驗研究方向上的全面擴展，正如無數期刊、書籍、會議和其他學術場合中不斷增長的研究成果。

我們還可以區分理論變異的兩條軸線。第一條軸線是將「媒體中心」（media-centric）與「社會中心」（society-centric，或稱 socio-centric）取徑區分開來。前一種取徑賦予傳播更多的自主權和影響力，並專注於媒體自身的活動範圍及其物質性。媒體中心的理論將大眾媒體視為社會變遷的主要策動者，由不可抗拒的資訊和傳播科技的發展所推動。它還更加關注媒體的具體內容及不同類型媒體（印刷、視聽、行動等）的潛在後果。此外，媒體理論強調特定媒體屬性的重要性，強調特定媒體元素作為人造物和基礎設施如何塑造和影響人們的體驗。

社會中心理論主要將媒體視為更大的社會、政治和經濟力量的反映，媒體理論是更廣泛的社會理論的特殊應用（Golding and Murdock, 1978）。以社會為中心的（大眾）媒體理論使用社會理論來歷史化媒體和大眾傳播的趨勢和發展，強調它的連續性而非新穎性。（批判的）社會理論還將媒體和大眾傳播置於社會轉型和變革的更廣泛背景下，鼓勵「對研究人員的立場進行反思」，超越媒體以尋找關於什麼才是好的、公正和可取的媒體角色與表現（Hesmondhalgh and Toynbee, 2008: 10）。無論社會是否由媒體驅動，媒體和大眾傳播理論本身確實如此受到驅動，可能會對每一次媒體科技和結構的重大轉變做出回應。

第二條，也就是水平的軸線，介於那些對文化、再現和思想領域感興趣（或有信念）的理論家與那些強調物質力量和因素的理論家之間。這種劃分大致對應於其他的一些面向：人文主義與社會科學、質性與量化、主觀與客觀。雖然這些差異部分反映了在廣闊領域進行某種分工的必要性和媒體研究的跨學科特徵，但它們也經常涉及如何提出問題、進行研究和提供解釋等方面的相互競爭和矛盾的想法。這兩種理論取徑是相互獨立的，可進一步區分為媒體和社會的四類不同觀點（圖 1.1）。

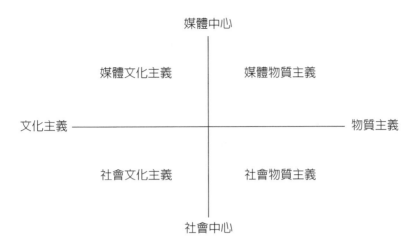

圖 **1.1**　媒體理論的面向與類型。四種主要取徑可根據兩個面向劃分：媒體中
　　　　　心 vs. 社會中心，以及文化主義 vs. 物質主義

這四類觀點可以概述如下：

1. **媒體文化主義的觀點**：這種觀點從閱聽人的角度出發，探討特定媒體
   文化類型或例子（例如真人秀、暴力電玩或網路社交），並探索這種
   經驗在特定脈絡下的主觀意義。

2. **媒體物質主義的觀點**：這一研究傳統強調媒體內容的塑造，以及媒介
   的性質對於科技和接收與製作的社會關係的影響，這也影響了潛在的
   效應。同時，它還將影響歸因於特定的組織背景、製作動態或生產
   過程。

3. **社會文化主義的觀點**：基本上，這種觀點將媒體和媒體體驗置於影響
   社會和個體的更深層、更強大的力量之下。社會和文化問題優於政治
   和經濟問題。

4. **社會物質主義的觀點**：這種觀點通常與對媒體所有權和控制的批判性
   觀點相關聯，最終這些因素被認為塑造了媒體傳遞或支持的主流意識
   形態。要求對科技和電信產業（例如平台和社交媒體）進行更嚴格監
   管的呼籲往往基於這種觀點。

雖然這些觀點的差異仍然可以從研究領域的結構中察知，但已經出現了不同學派之間匯流、理論和方法整合的趨勢。儘管如此，上述各種主題和取徑涉及哲學和理論的重要差異，仍需要仔細闡明。

不同種類的理論

如果理論不僅被理解為一個類似規律的命題系統，而且被理解為任何有助於理解現象、指導行動或預測結果的系統性思想，那麼人們至少可以區分出五種與媒體和大眾傳播相關的理論，分別是：社會科學理論、文化理論、規範性理論、操作性理論與日常理論。

社會科學理論（social scientific theory）基於對媒體和其他相關來源的系統和客觀觀察，提供關於媒體和大眾傳播的性質、工作和效果的一般性陳述，這些陳述反過來可以透過類似方法進行檢驗、驗證或拒絕。這類理論很多，本書大部分內容都屬於社會科學理論。它涵蓋了非常廣泛的範圍，從廣泛的社會問題到個人訊息發送和接收。一些社會科學理論關注於理解正在發生的事情，一些關注於開展批評，還有一些則是關注公共訊息或說服過程中的實際應用。

文化理論（cultural theory）在性質上更加多樣化。在某些形式中，它具有評價性，根據某些品質標準來區分文化藝術品。有時它的目標幾乎是相反，試圖挑戰與文化的真正意義無關的等級分類。文化生產的不同領域產生了他們自己的文化理論體系，有時沿著美學或倫理學的路線，有時則帶著社會批判的目的。這適用於電影、文學、電視、平面藝術、數位媒體和任何其他的媒體形式。雖然文化理論需要清晰的論據和表達、一致性和連貫性，但其核心組成部分往往本身就富有想像力和概念性。它拒絕透過觀察進行測試或驗證的要求，對其在（規範）哲學中的堅實基礎充滿信心。然而，將文化和科學方法結合起來是有機會的，而媒體的許多問題都需要結合兩者。

第三種理論是規範性理論（normative theory），它關注的是檢驗或規

定如果要觀察或獲得某些社會和公共價值，媒體應該如何運作。這種理論通常源於特定社會的更廣泛的社會哲學或意識形態。這種理論很重要，因爲它在塑造和合法化媒體機構方面發揮了作用，並且對其他社會機構和閱聽人對媒體的期望產生了相當大的影響。應用社會和文化表演規範的願望激發了對大眾媒體的大量研究。一個社會關於其自身媒體的規範性理論通常存在於法律、法規、媒體政策、道德規範和公共辯論的內容中。雖然規範性媒體理論本身並不「客觀」，但它可以透過社會科學的「客觀」方法進行研究（McQuail, 1992），正如它堅持將公共價值當作辯論和政策的主要驅動力一樣，（匯流的）媒體、科技和電信部門可以有效地以人文探究爲基礎（Van Dijck, Poell and De Waal, 2018）。

第四種有關媒體的知識最好被描述爲實踐理論或操作性理論（operational theory），因爲它涉及媒體專業人士和業餘從業者在自己的媒體工作中所集結和應用的實踐思想（Deuze, 2007; Hesmondhalgh and Baker, 2011; Duffy, 2017）。類似的實踐智慧積累，可見於大多數組織和專業環境中。就媒體而言，操作性理論用於指導基本任務的解決方案，包括如何選擇新聞、取悅閱聽人、自我推廣、設計有效的廣告、在平台和法規允許的範圍內運作，以及有效地與消息來源聯繫和社會互動。在某些方面，它可能與規範性理論重疊，例如在新聞倫理和行爲準則、在公共關係實踐中呼籲承擔更大的社會責任，以及遊戲產業對其女性再現問題負起責任。這種知識之所以被稱爲理論，是因爲它通常具有模式化和持久性，即使很少被規範化，也會對行爲產生影響。它在對傳播者及其組織的研究中顯現出來（較全面的評論，請參見 Banks, Taylor and Gill, 2013; Paterson, Lee, Saha and Zoellner, 2016; Deuze and Prenger, 2019）。Katz（1977）將研究者在媒體製作方面的角色比喻爲音樂理論家或科學哲學家，他們可以看到音樂家或科學家甚至沒有意識到的規律性。

最後，還有關於媒體使用的日常或常識理論（everyday or common-sense theory），指的是從我們自己的媒體經驗中獲得的知識。這使我們能夠理解正在發生的事情，並使我們能夠將一系列媒體融入我們的日常生活，了解其內容如何被「閱讀」以及我們喜歡如何使用它，了解不同媒體

和媒體類型之間有什麼區別……等等。在這種「理論」的基礎上，能夠做出一致的選擇、發展品味類型、建構媒體使用者、製作者和消費者的生活風格與身分認同。它還支持做出批判性判斷的能力。反過來，這一切又塑造了媒體實際提供的內容，並爲媒體影響設定了方向和限制。例如它使我們能夠區分「眞實」和「虛構」，「看穿字裡行間」，或是識破廣告和其他形式的宣傳的說服目標和技巧，抵制媒體所激發的許多潛在有害衝動。常識理論的運作，可見於許多人認可和遵循的媒體使用規範中。大眾媒體獲得的社會定義不是由媒體理論家或立法者，甚至專業媒體製作者自己建立的，而是從人們作爲媒體使用者的經驗和實踐中逐漸形成的。這種常識理論通常會受到學術研究的質疑，一個具體的例子是公眾、政治和科學界對兒童和青少年「螢幕時間」（screen time）的廣泛關注，儘管該類研究通常「幾乎沒有提供數位螢幕參與和青少年福祉之間存在顯著的負面關聯之證據」（Orben and Przybylski, 2019: 1）。常識、基於生活經驗的假設，以及這類「實踐性」理論帶來的所有偏見和成見，都是媒體和大眾傳播研究的重要組成部分，既令人沮喪又豐富了這個領域。

媒體與大眾傳播研究

　　媒體和大眾傳播是人文和社會科學的眾多主題之一，並且只是更廣泛的人類傳播研究領域的一部分，包括人際傳播和電腦中介傳播（computer-mediated communication）。在社會科學領域，以「傳播學」（communication science）爲名，在人文學科領域則以「媒體研究」（media studies）爲名，這個領域傳統上關注媒體所有權和控制、內容和閱聽人（Miller, 2009）。在社會科學中，媒體和大眾傳播的研究被 Berger 與 Chaffee（1987: 17）定義爲「透過發展可檢驗的理論來理解符號和信號系統的產生、處理和效果的領域，其中包含合法的概括，解釋與生產、處理和效果相關的現象。」雖然這被提出爲適用於大多數研究的「主流」定義，但實際上它非常偏向於一種探究模式，亦即對傳播行爲及其因果關係

的「客觀」量化研究。它相對拙於處理「符號系統」和表意（亦即在不同社會和文化背景中賦予意義）過程，並且經常繞過傳播的「為什麼」。當涉及權力和人與媒體、社會之間的規範概念時，它也沒有提供足夠的思考。同樣地，在「媒體研究」這個統稱下更常見的質性和解釋傳統，通常不基於可複製的數據蒐集和分析方法，也因為這一傳統的學者們往往更加意識到研究者在研究過程中的影響。然而，近幾十年來，這兩個領域之間的清楚界限已經模糊（Brannen, 2005），學生現在需要接受量化和質性方法的訓練，也導致多重方法和多重檢核取徑（multimethod and triangulated approaches）的興起，以及「混雜」場域的出現，例如數位方法（Rogers, 2013）和數位人文學（Terras, Nyhan and Vanhoutte, 2013）。

　　由於科技的發展，模糊了公眾和私人傳播之間，以及大眾、人際和電腦中介傳播之間的界限，定義傳播這個領域的困難也出現了。由於一些間接原因，現在不可能找到任何單一的、公認的傳播學或傳播研究的定義，但最根本的是因為吾人從來沒有對「傳播」這個核心概念達成一致定義（由於當代媒體通常具有數位化、匯流和始終在線上的特性，要為媒體找到一個統一的定義也變得複雜）。「傳播」一詞可以指非常多樣的事物，尤其是資訊傳輸的行為或過程；意義的賦予或創造；資訊、觀念、印象或情感的共享；接收、感知和回應的過程；影響力的施加；任何形式的互動。進一步讓情況變得複雜的是，傳播可以是有意的或無意的，潛在的傳播通道和內容的多樣性是無限的。

　　沒有獨立且自給自足的「傳播學」或「媒體研究」，因為研究媒體和（大眾）傳播的起源涉及多個學科，並且所涉及的問題範圍廣泛，包括經濟學、法律、政治和倫理學，以及文化等等。傳播研究必然是跨學科的，必須採用不同的方法和取徑（參見 McQuail, 2003b）。媒體和大眾傳播研究領域的理論、方法和（操作）定義的範圍既不連貫，也沒有共識。就像其他學術領域或學科一樣，傳播學和媒體研究包含了一個廣泛、多元且不一定一致的研究內容。鑒於該領域的「多樣性和創造性混亂」（diversity and creative chaos）（Calhoun, 2011: 1482）或更確切地說是「非凡的多元主義」（extraordinary pluralism）（Fuchs and Qui, 2018:

220），本書目的不在於提供一個包羅萬象的媒體和大眾傳播理論，期能將各個部分巧妙地「串接起來」〔引用1998年的電影《謀殺綠腳趾》（*The Big Lebowski*）中的角色傑弗里・勒博斯基（Jeffrey Lebowski）的話〕。相反，像Livingstone（2011）所說的那樣，我們強調了構成我們領域的各個部分之間的聯繫，同時確定學科的專業知識、特定知識和論點所在之處。另一方面，我們確實認為媒體和大眾傳播理論領域有自己的「宏大敘事」（Lyotard, [1979]1984），在這本書中將不同的主題、問題和方法聚集在一起。我們將在結論章節中回顧這個後設敘事（meta-narrative），但可以肯定地說，它基於我們傳統上用來研究媒體和大眾傳播看似穩定的媒體製作、分發和接收過程的概念和類別的匯流，這又需要將不同的理論和方法跨學科地整合起來。

　　將媒體與大眾傳播的主題置於更廣泛的傳播研究領域中的一種有用方式，是根據不同社會組織層次進行傳播。根據這個標準，大眾傳播可以被看作是數個全社會傳播過程之一，在這個標準下形成一個金字塔分布的其他傳播網絡（見圖1.2）。傳播網絡指的是任何一組相互連接的點（人或地點），使它們之間的資訊能夠傳輸和交流。大眾傳播是一個將許多接收者與一個源頭相連接的網絡，同時認識到正在進行的媒體數位化和匯流如何將大眾傳播與其他傳播網絡相混合，只需要點擊或滑動即可。

　　在金字塔的每一個下降的層次表明有越來越多的案例要被發現，每一層次都有自己特定的研究和理論問題集。在現代社會中，通常會有一個龐大的公共傳播網絡，通常依賴於大眾媒體，它可以不同程度地接觸和涉及所有公民，儘管媒體系統本身也經常根據地區和其他社會或人口學因素而變得更碎片化。

　　大眾媒體並不是唯一可能建立貫穿整個社會的有效傳播網絡的基礎，還存在其他（非大眾媒體）科技來支持涵蓋整個社會的網絡（尤其是實體交通網絡、電信基礎設施和郵政系統），但這些通常缺乏大眾傳播所具有的社會範圍的社會元素和公共角色。在過去（以及在某些地方至今依然存在），由教會、國家或政治組織提供了涵蓋整個社會的公共網絡，這些網絡基於共享的信念和通常是層級鏈的聯繫。這種網絡從「上層」延伸到

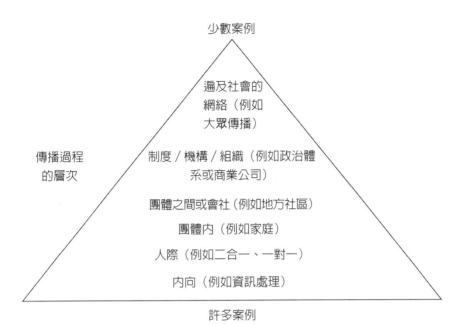

圖 1.2　傳播網絡金字塔：大眾傳播是社會傳播過程之一

「基層」，使用各種傳播手段，從廣播頻道到報紙，再到專門的線上社群和政府控制的電信供應商，涵蓋了從正式出版物到個人聯繫的各種方式。

　　可以在不尋常的情況下啟動替代傳播網絡以取代大眾媒體，例如在自然災害、重大事故、戰爭爆發或其他緊急的情況下。過去，直接的口耳相傳是唯一的可能性，而今天，行動電話和網際網路可以有效地用於連接大量人口。事實上，1970 年代美國設計網際網路的初衷（透過學術界和軍方的共同努力和單獨的努力），正是爲了在遭遇核武攻擊時提供替代傳播系統。

　　在整個社會以下的層次，存在著幾種不同的傳播網絡。其中一種類型在地區、城市或鄉鎮的層次上複製了更大的社會關係，並可能有相應媒體系統（地方新聞、廣播等）。另一種是公司、工作組織或專業組織所代表的，它們可能沒有單一的位置，但通常在自己的組織範圍內非常緊密地整合，內部有大量的傳播流動（communication flow）。第三種是「機構」所代表的，例如政府、教育、司法、宗教或社會保障機構。社會機構的

活動總是多樣化的，同時需要相互協調和大量的傳播活動，遵循規律的路線和形式進行。在這種情況下，所涉及的網絡僅限於達到某些有限的目標（例如教育、維護秩序、流通經濟資訊等），並不對所有人開放。

在這個層次之下，存在著更多種類的傳播網絡，這些網絡基於日常生活的一些共享特徵：環境（例如社區）、興趣（例如音樂）、需要（例如照顧小孩）或活動（例如運動）。在這個層次上，關鍵問題涉及依戀和認同、合作和規範形成。在群體內部（例如家庭）和人際層面上，人們通常關注對話形式和互動模式、影響、從屬關係（依戀程度）和規範控制。在個人內部層面上，傳播研究集中於資訊處理（例如注意力、感知、態度形成、理解、回憶和學習）、意義的賦予和可能的影響（例如對知識、觀點、自我認同和態度的影響）。

這種看似整齊的模式因社會生活的日益「全球化」而變得複雜，其中媒體和大眾傳播發揮著重要作用，主要是因爲它們在向我們的家庭（以及行動媒體的情況下，我們的手中）提供了一個窗口，讓我們可以看到（並透過普遍比較）來自世界各地的新聞、資訊和文化。這引入了更高層次的傳播和交流，跨越甚至忽視國界的傳播，涉及越來越廣泛的活動（經濟、政治、科學、宣傳、運動、生活方式、娛樂等）。組織和機構不再侷限於國界之內，個人也可以在自己的社會和即時社交環境之外滿足傳播需求。曾經在個人社會互動模式與傳播系統之間存在著強烈對應關係的情況已大幅削弱，我們在文化和資訊選擇上的可能性變得更廣泛——當然，這並不意味著人們都在利用這一點。

這可以說明何以「網絡化傳播」（networked communication）這個概念（Cardoso, 2008）在「網絡社會」（network society）（Castells, 1996; van Dijk, 2005）及媒體脈絡下的「網絡化自我」（networked self）（Papacharissi, 2010, 2018a, 2018b, 2018c, 2018d）等方面取得了成功。這也意味著網絡的邏輯——基於新資訊科技的快速興起，並受到民族國家和其他傳統形式的社會機構組織衰落的推動——已成爲解釋人們如何體驗、參與和理解自己和世界的最重要的因果力量。這樣的發展也意味著，網絡越來越不侷限於社會或傳播的任何「層次」（如圖 1.2 所示）。新的混合

（既公共又私人，既個人又集體）傳播手段使得網絡更容易形成，而無須像過往那樣仰賴共享空間或個人熟識的「黏合劑」。

過去，可以將特定的傳播科技大致與所描述的特定的社會組織「層次」相匹配，例如電視在最高層次，報紙和廣播在區域或城市層次，內部系統、電話和郵件在機構層次等等。傳播科技的進步與普及意味著這種對應關係已不再可能。例如網際網路支持幾乎所有層次的傳播，隨著它逐漸進入所有其他通道和應用，它有可能將每個層次的傳播轉換為任何其他層次。它還維持著將社會的「頂層」與「基礎」相連接的鏈路或網絡，這些網絡可以是垂直的（雙向）或對角線的，而不僅僅是水平的。例如政治社交媒體帳號可以讓人們與政治領袖和菁英以及草根層面的公民建立聯繫，從而實現廣泛的資訊流動模式。報紙、電視和廣播等「傳統」核心大眾媒體的全社會傳播功能並未發生太大的變化或消失，但它們在公共傳播的近乎壟斷地位日益與各種網絡和平台的發布和傳播資訊的能力平行存在，這些網絡和平台具有重大影響力。

儘管現代社會和當代媒體環境很複雜，但每個層次都表明了傳播理論和研究的一系列類似問題。這些在方框 1.1 中提出。

1.1

關於傳播網絡和傳播過程的理論和研究問題

- 誰與特定網絡中的誰連接，以及出於什麼目的？
- 流動的類型和方向是什麼？
- 傳播是如何發生的（通道、語言、符碼、協定）？
- 有哪些類型的內容？
- 傳播的結果是有意的，還是無意的？

分析傳統：結構、行爲和文化

　　雖然在不同層次提出的問題在非常籠統的意義上是相似的，但在實踐中所涉及的概念卻大相徑庭，傳播的現實在不同層次上也有極大差異。例如兩個家庭成員之間的對話是根據不同的「規則」進行的，這些「規則」不同於面向大量觀眾的新聞廣播、電視益智問答節目，也不同於一般工作組織當中的指令鏈。出於這個原因，以及其他原因，對媒體和（大眾）傳播的學術追求必然是從幾個不同的理論和證據體系中建構的，這些理論和證據來自多個學科和學術傳統（尤其是早期的社會學和心理學，但現在還有經濟學、歷史學、文學和電影研究等等），以及從（傳播學）內部發展起來的獨特研究取徑。橫跨所有這一切的是我們研究媒體和大眾傳播時感興趣的三種主要研究取徑：結構、行爲和文化。

　　結構取徑（the structural approach）主要來自社會學、歷史、政治、法律和經濟學。它的出發點是「以社會爲中心」而不是「以媒體爲中心」（如圖 1.1 所示），其主要關注對象可能是媒體系統和組織及其與更廣泛社會的關係。就媒體內容的問題而言，重點可能是社會結構和媒體系統對新聞、（虛假）訊息和娛樂的模式和傳播的影響。這包括，比方說，微型定向廣告對選舉結果的影響，或新聞管理和公關在政府政策和商業績效中的作用。媒體現象的基本動力在於權力的行使和濫用，以及經濟和社會組織化的科技應用。與媒體分析的結構取徑緊密連結的，是迫切需要形成媒體政策（media policy）、有必要接合媒體與公共價值（public values），以及對數位化脈絡下的人權（和平等權利）的關懷。

　　行爲取徑（the behavioural approach）的主要根源是心理學和社會心理學，但它也有一個社會學的變體。一般而言，它主要關注的對象是個別的人類行爲，尤其是與怎麼選擇、處理和回應傳播訊息有關的問題。大眾媒體的使用通常被視爲一種有動機的（但同時也是自動和反射性的）行爲形式，對個人具有一定的功能或用途，也會造成一些客觀存在的後果。心理學取徑較可能使用基於個別受試者的實驗研究方法。社會學變體則聚焦於社會定義的人群成員的行爲，並偏好於對在自然環境中蒐集的代表性調

查數據進行多變項分析。個體根據社會地位、性格和行為等相關變項進行分類，這些變項可以進行統計操縱。在組織研究中，普遍採用（參與式）觀察法。行為取徑經常出現在說服、宣傳和廣告的相關研究。此處，傳播主要是在傳送的意義上理解的。

文化取徑（the cultural approach）根植於人文科學、人類學和語言學。雖然可以應用的範圍甚廣，但它主要應用於權力、意義、語言和話語／言說的問題，以及特定脈絡和經驗等細節。媒體研究是廣泛的文化研究領域的一部分，但它更可能偏向於「以媒體為中心」（media-centric，儘管這是一個激烈爭論的對象），關切媒體之間的差異，以及媒體傳送和接收的條件，特別著重對特定內容和情境的深入理解。它的方法偏好對社會和人類的表意實踐（social and human signifying practices）進行質性和深度的分析，以及對「文本」（可以是媒體的內容，也可以是它們的物質性、人們理解它們的方式，以及媒體產製過程的公式化、基於協定和常規化的本質）的詮釋。文化取徑借鑑的理論相當廣泛，包括女權主義、哲學、符號學、精神分析、電影和文學理論。

值得注意的是，就像前面討論的不同類型的理論和觀點一樣，這三個傳統彼此相異之處與它們之間的相同之處一樣多。我們認為，全面了解社會中的媒體和大眾傳播需要從所有這些傳統中獲得深入的洞察，並且可能特別受益於整合多種取徑。

本書的結構

本書內容分為 18 章，分屬八個不同的主題篇章。第一個是「先導篇」，闡述（自本書上一版出版以來）資訊和傳播科技的深刻變革的背景下對媒體和大眾傳播理論進行概述的必要性。它簡要介紹關鍵大眾媒體的簡要歷史，闡明媒體在監管和控制、可供性和採用方面的特殊性。本概述最後對這些不同媒體（和相關產業部門）匯流的各種方式進行了評價，以及這如何影響我們對媒體和大眾傳播所扮演角色的理解。第二部分是「理

論篇」，提供了有關媒體和大眾傳播的最基本、最一般的觀念的基礎，特別關注媒體與社會和文化生活之間的許多關係。它首先簡要回顧大眾媒體興起的歷史，接著解釋對大眾媒體和社會進行研究和理論化的豐富多樣方式。這些差異源於對媒體的不同觀點、所涉及主題的多樣性，以及根據觀察者的價值觀定義問題和問題的不同方式。媒體和大眾傳播的研究沒有一套專門的方法，可以說，隨著研究和理論方法的多樣化，這個領域正變得越來越多樣化。

有不同種類的理論存在，從嚴格的科學（因此是基於實證研究）到人們在討論媒體時參考的規範性理論和日常理論。基本上，理論是一個概括性的命題，它本身基於觀察和邏輯論證，陳述了觀察到的現象之間的關係，並在可能的情況下試圖解釋、評估或預測這種關係。理論的主要目的是對觀察到的現實進行解釋，並指導證據的蒐集和評估。概念是理論中的核心術語，它概括了研究問題的重要方面，可用於蒐集和解釋證據。它需要仔細的定義。在理解媒體和大眾傳播的動態過程的某些方面時，有時使用模式來表示所研究的現象會有所幫助。模式是以語言或圖表的形式選擇性地表述。它還可以描述過程中元素之間的關係，例如過程如何隨著時間的發展，不同概念或行動者在過程中所處的位置，以及權力如何在過程中流動。

「理論篇」分別處理「社會」和「文化」，儘管這種區分是人為的，因為兩者是相互依存的。但按照慣例，「社會」主要指各種社會機構內部和跨越社會機構的社會關係，範圍從權力和權威（政府）到友誼和家庭關係，以及生活的所有物質方面。「文化」則是指各種思想、信仰、身分和象徵性表達，包括語言、視覺、藝術、資訊和娛樂，以及習俗和儀式。還有另外兩個組成部分，其中一個與媒體組織的行為準則相關。在這方面，理論處理的是媒體應該做什麼或不應該做什麼，而不僅僅是解釋為什麼他們會做他們所做的事情。毫不奇怪，在這個問題上存在不同的觀點，特別是考慮到媒體以言論自由和藝術表達自由的名義強烈主張不受監管和控制，以及公眾對其責任的強烈感受。有關媒體作為社會機構角色的規範性討論進一步複雜化的原因是，許多新興且強大的公司已進入媒體體系，特

別是電信服務提供商、平台（例如臉書和 Google）以及其他所謂的「網路原生」公司（例如蘋果公司、亞馬遜和 Netflix），越來越多地提供媒體產品和服務，同時又堅稱自己不是媒體公司，以避免受到廣播組織和出版商的相同監管制度的約束。

　　「理論篇」的第二個組成部分討論媒體變革對理論的影響。鑒於電信、資訊和媒體產業正在進行的數位化和匯流，面臨的問題是這種不斷發生的變化是否需要一種不同於「大眾傳播」的新理論，以及大眾傳播是否正在衰落。本書的觀點是，「舊」和「新」媒體並不像它們看起來的那麼不同，大眾傳播、人際傳播和大眾自我傳播的過程並存（並且經常重疊）。因此，媒體和大眾傳播研究可以從經典理論中受益，並闡明其中的不同、創新之處與可能的新內容。

　　第三部分題爲「結構篇」，涉及三個主要主題。第一個主題涉及整個媒體系統及其在國家和國際層面的典型組織方式。其中的核心概念是媒體「機構／制度」，它既適用於作爲受經濟規律約束的產業分支，也適用於作爲滿足社會需求並受法律規範，並在一定程度上透過公共政策予以引導的社會機構／制度。媒體作爲「爲公共利益而投資」的企業是不同尋常的，但在大多數情況下，它免於任何積極的義務（大多數國家的公共廣電除外）。我們將考慮媒體（去）集中化、數位化與媒體產業日益全球化的結構發展。

　　第二個主題是對公眾、政府和閱聽人對媒體的規範期望進行詳細研究，特別是其績效表現的原則和標準。適用標準應該是什麼、如何評估媒體績效表現，以及透過什麼方式讓媒體承擔責任？第三個主題著眼於日益增長的全球媒體現象和媒體的「世界體系」，其起源於新的電腦科技和線上生產、傳輸和（提供）連接模式，以及更大的全球化社會趨勢。

　　第四部分名爲「組織篇」，聚焦在媒體產製的場所，無論是公司或大公司內的部門，抑或是公司和媒體專業人士的所在地、區域和全球產製網絡，並處理形成媒體的產製過程和整個產品週期的各種力量。這些包括來自組織外部的壓力和要求、常規的新聞和文化「量產」需求，以及「大眾傳播者」的個人和職業傾向。有幾種理論和模式試圖解釋在「內容」傳輸

前的篩選和內部塑造過程中的規律。這些研究領域最緊迫的問題是媒體和大眾傳播產業中各種業務和生產模式的日益整合，以及閱聽人在媒體產製過程中發揮的作用越來越大。

本書第五部分是「內容篇」，分為兩章，其中一章主要涉及內容分析的取徑和方法。除了根據內部給定的標籤對媒體產出進行簡單的描述之外，以更有啟發性的方式描述內容並不容易，因為無論是它的製作者之間，或是其接收者和「訊息」本身的文本之間，並無共識在哪裡可以找到「真正的意義」。另一章則是匯集理論和證據來解釋一些觀察到的內容規律，特別是新聞類型，以及尋求跨越多種媒體通道、設備和平台吸引觀眾的新敘事傳統（new storytelling traditions）和格式（formats）的出現。

在第六部分的「閱聽人篇」，「閱聽人」指的是使用媒體的所有人群。這些是大眾媒體訊息的目標或從事某種中介自我傳播的人。沒有閱聽人就沒有媒體和大眾傳播，它在塑造媒體的流動和效果方面發揮著動態作用。閱聽人分析有許多任務，可以用於許多不同的目的。它不僅是為媒體產業「測量」閱聽人，它已經沿著幾個不同的理論路徑發展。閱聽人理論不僅涉及媒體使用的「原因」，還涉及它在社會和文化生活中的決定因素和相關性。媒體「使用」已經與其他活動緊密交織，以至於不能再把它與我們經驗的其他因素隔離開來，我們也不能僅僅從「個人」角度來欣賞它。需要考慮的一個關鍵問題是媒體超越大眾傳播階段的演變，使得基於「只是」媒體受眾形象的概念變得不再適切。

媒體「效果」（effects）問題（本書第七部分）位於本書的開頭和結尾，是大眾媒體社會和文化關注的中心，繼續引起不同的理論和許多的分歧。「效果篇」將評估效果的各種路徑，解釋效果類型的差異，特別是意圖和非意圖效果之間的差異，以及對個人、群體和社區的短期效果、對文化和社會的長期效果之間的差異。媒體效果理論和研究的主要領域仍然傾向於一方面關注最流行的內容形式的潛在有害的社會和文化影響，特別是那些涉及暴力再現的內容，另一方面它關注媒體對公眾知識和輿論的影響。考量生活世界已經深度中介化的當代背景，將媒體影響和效果理論化的工作面臨著獨特挑戰。正如 Neuman（2016）所述，有更多的權威知識

來源可供選擇、人們和公司可以透過更多方式傳播和影響公眾輿論，以及透過忽略不想要的訊息和保持意識形態隔離（ideological seclusion）等手段來強化自身的信念。

此外，不僅要考慮中介訊息（mediated messages）的接收效果（reception effects）（對人的和機構的），而且在大眾自我傳播的時代，人們還必須認識到為公眾創建或發送訊息的「自我效應」（self-effects）（Valkenburg, 2017）。事實上，對該領域新興研究的回顧表明，自我效應可能比接收效果更強，並且自我效應可能會強化接收效果。正如 Patti Valkenburg 總結的那樣，這些和其他發展有賴於跨越不同傳播學次領域的整合型研究。本書以第八部分「結語」作為相應的結尾，討論了媒體和大眾傳播理論的可能未來，因為其主題和問題越來越成為跨領域學科研究問題的特徵。

本章小結

本章旨在概述人文和社會科學的媒體和大眾傳播研究的整個研究領域。應該敘明的是，圍繞各種主題的界限並不是明確固定的，而是隨著科技和社會的變遷而改變。儘管如此，還是有獨特的學術共同體存在，彼此共享某些關懷、概念和分析工具，這些將在下面的章節中探討。

進階閱讀

Aouragh, M. and Chakravartty, P. (2016) 'Infrastructures of empire: towards critical geopolitics of media and information studies', *Media, Culture & Society*, 38(4): 559-575.

Lang, A. (2013) 'Discipline in crisis? The shifting paradigm of mass communication research', *Communication Theory*, 23: 10-24.

Livingstone, S. (2011) 'If everything is mediated, what is distinctive about the field of communication?', *International Journal of Communication*, 5: 1472-1475.

Silverstone, R. (1999) *Why Study the Media?* London: Sage.

Wasserman, H. (2018) 'Power, meaning and geopolitics: ethics as an entry point for global communication studies', *Journal of Communication*, 68: 441-451.

2

大眾媒體的興衰與復返

　　本章的目的是闡述當今大眾媒體的發展簡史。這也是為了指出主要的歷史轉折點，並簡要說明不同媒體獲得公眾肯認的時空脈絡，亦即它們被制度化成為具有大眾訴求和大量生產的科技和產業、被觀眾所感知到的媒體效用，以及它們的社會角色。這些定義往往形成於特定媒體出現的歷史初期，但後來會因新的媒體形式和條件變化而有所調整。這是一個持續的過程。最後，在無處不在的數位化、匯流（或譯融合）及始終保持連線狀態的設備和過程脈絡下，本章對大眾媒體和大眾傳播的持續重要性進行若干思考。

從最初的媒介到大眾媒體

　　在前一章中，我們區分了大眾傳播的過程及其實際運用。人類跨越時空距離進行傳播，比現在使用的大眾媒體還要久遠。這一過程對於早期社會是不可或缺的，持續了很長時間並且擴展到許多地區。在政治和宗教意識與義務的傳播中，甚至很早就出現了大規模（大眾）傳播觀念的現象。第一個大眾媒體作為傳播文化和將訊息從統治菁英傳遞給人民的工具，反之亦然，在非洲背景下被稱為「奧拉媒體」（oramedia，譯按：意指傳統媒介、民間媒介）（Ugboajah, 1986）。奧拉媒體包括不同形式的本土媒體，例如戲曲、音樂、舞蹈、戲劇、詩歌和民間故事。同樣地，詩歌的創作在阿拉伯世界歷史上一直是大規模傳播的重要來源，特別是用於政府宣傳和宗教教令（Armbrust, 2012）。值得注意的是，一些早期的媒體和大眾傳播理論，尤其是那些在西方以外的地區，是為了解釋社會群體、地方社區和本土故事傳統抵抗、顛覆或提供重要替代大眾傳播過程和傳播資訊的方式而發展起來的。除了 Ugboajah 所謂的「奧拉媒體」之外，Luiz Beltrão（1971）在 1960 年代發展出一種名為「民間傳播」（folkcommunication）的理論，闡述了人際和群體形式的文化表達過程（主要見於邊緣化群體和下層階級），獨立於大眾和工業化的傳播形式，常常在與大眾媒體競爭的情況下發展，有時被媒體業界納為一部分

（Woitowicz and Gadini, 2018）。大眾媒體的出現和存在總是與既有的大規模溝通傳統並存，並與此類表達形式共同發展。

最早的大眾媒體形式是印刷媒體。印刷媒體的起源可追溯到西元前約 600 年的中國，印刷發行作爲當代報紙前身、刊載政府公告和法令的每日公報——約 500 年後，古羅馬也出現類似的印刷版本。到了中世紀早期，歐洲的教會建立了精心而有效的機制，以確保無一人不接收到訊息。這也可以稱爲大眾傳播，儘管除聖經之外，它在很大程度上與當代意義上的「媒體」無關。當獨立的媒體以印刷形式出現時，各大洲的教會和政府當局都對潛在的控制損失感到驚慌，並對於傳播新思想和異端思想的機會感到警覺。在亞太的大部分地區，這導致了對媒體的嚴格控制和直接**審查**——這種作法大致上首創於中國，早在西元 835 年就頒令禁止某些類型的私人印刷（Green, 2003: 3）。世界其他地區也有類似的歷史，即對（最早形式的）大眾媒體進行嚴格的國家、宗教或軍事控制，無論是透過直接所有權還是審查的手段。在歐洲，16 世紀宗教戰爭的激烈宣傳鬥爭足以證明大眾媒體的力量。這是一個歷史性的時刻，印刷術作爲一種大眾傳播科技，不可逆轉地獲得了特定的社會和文化定義。

在講述大眾媒體的歷史時，我們會討論對廣泛社會生活具有重要意義的四個要素。這四個要素是：

- 特定的傳播目的、需求或用途；
- 對人們進行遠距、公開傳播的科技；
- 爲生產和分配而提供技能和架構的社會組織形式；
- 監管和控制的形式。

這些要素之間並無固定關係，大抵取決於時空因素。有時，一種傳播科技被用於滿足既有需求或用途，例如印刷取代手抄，或是電報取代重要訊息的實體傳輸。但有時，科技的出現先於任何明確需求，例如諸如電影或廣播電台。

上述要素的排列組合，其實際發生情況常取決於物質因素，也取決於

社會和文化氣候。即便如此，一定程度的思想、表達和行動自由，似乎是印刷等媒體發展的必要條件，儘管一開始或非如此。一般而言，社會越開放，越傾向於充分發揮通訊傳播科技的潛力，特別是在普遍可得和廣泛使用的意義上。較封閉或高壓統治的政權不是限制科技發展，就是對科技的使用方式設置嚴格障礙。例如直到 17 世紀初，印刷術才傳入俄羅斯，直到 1726 年才傳入鄂圖曼帝國。

在以下對不同媒體的歷史和特徵的總結中，主要採用「西方」視角和價值觀，因為大眾媒體的制度框架最初主要是西方的（歐洲或北美）。即便如此，文化差異在一定程度上勝過科技驅力，反之亦然，我們力圖認識各大洲之間的主要差異（但並未聲稱完整描述了各地區的多樣性）。媒體的歷史顯示各個社會之間的重要差異，例如書籍和報紙的讀者人數差異很大；特定媒體對特定地區的重要性，例如非洲的社區廣播或拉丁美洲各地的電視小說（telenovela，此一類型源於 1930 年代的廣播，然後從 1950 年代開始用於電視）；以及網際網路傳播或寬頻連接速率和速度的差異。

在接下來的幾頁中，我們逐一說明主要大眾媒體的科技和物質形式、典型格式和類型、用途和制度背景設定。

印刷媒體：書籍

現代媒體的歷史始於印刷書籍——這無疑是一場革命，但最初只是一種複製技術，用於複製許多與手抄本相同或相似的文本。後來，印刷術逐漸導致內容的變化——更世俗、更實用和更流行的作品（尤其是用各地方言印刷的作品），以及政治和宗教的小冊子和傳單——它們在中古時代的轉型中發揮作用。早期的王室和其他權威機構也印製法律和公告文件。因此，中世紀發生了一場印刷術扮演要角的社會革命（Eisenstein, 1978）。

書籍的前身可以追溯到古代，當時有許多知名作者，也有多種供人閱讀或誦讀的作品（包括虛構或非虛構作品）被複製和流通。印刷術大幅加速了歐洲、阿拉伯和東方思想、材料和發現之間的文化交流進程。然而，

這也引起統治菁英，尤其是宗教當局的嚴肅關切。在阿拉伯世界，書籍印刷被禁止；在西方，儘管出於學習或宗教原因保存了一些重要文本，但書籍文化在很大程度上隨著羅馬帝國崩潰而消失，直到修道院活動興起後才再度振興。

在中世紀早期，書籍不被視為一種主要的傳播工具，而是被視為智慧的倉儲或寶庫，尤其是那些必須保持完好的神聖著作和宗教文本。圍繞宗教和哲學文本的核心，還積累了科學著作和實用訊息的著作。書籍當時的主要物質形式是以活頁裝訂成冊（稱為抄本），反映了安全存放、站在講台上大聲朗讀，以及旅行和運輸等需求，亦即書籍既需要經久耐用，又必須在有限的圈子內輾轉傳閱。現代書籍直接繼承此一模式，從而具有類似用途。特別是在印刷取代手寫並使用平版紙張後，人們不再使用紙卷或羊皮紙。這確保了中世紀手抄本的勝利，即使是它的縮小尺寸版亦然。

書寫和印刷間存在延續性的另一個要素是圖書館，亦即陳列或蒐集書籍（以及後來的許多其他媒體）之地。圖書館最早是在中東地區被構想和發展出來的，在許多帝國被視為顯赫地位的象徵，通常是寺廟和宮殿的一部分，只有對少數人開放（通常是少數識字的神職人員）。這種情況在概念和實際布局上保持相似，至少直到數位圖書館的出現。它也反映並證實了一種想法，亦即將書籍視為有力的紀錄或永久性參考工具。隨著印刷術的出現，圖書館的性質並沒有太大改變，儘管印刷術刺激了私人圖書館的增加。圖書館的後期發展使其不僅被某些人視為一種媒介，而且還被視為一種大眾媒體。它理所當然地成為一種公共資訊傳播的手段，從 19 世紀中葉開始被視為啟蒙大眾的重要工具，與當時識字率的迅速提高相吻合。值得注意的是，在這些時期，素養（識字能力）被認為是準確複製文本的能力，而非指（批判性）理解文本的能力。

印刷科技取代手抄，成功應用於文本複製，只是所謂「媒體機構」崛起的第一步。所謂「媒體機構」，是指一組有組織的相互關聯的活動和角色，旨在實現媒體製作和傳播相關的目標，並且受到一套規則和程序的約束。印刷逐漸成為一種新工藝和重要的商業分支（Febvre and Martin, 1984）。印刷者後來逐漸轉變為出版商，銷售與出版這兩種功能逐漸被

區分開來。同樣重要的發展是「作者」這個概念和角色的出現，因為早期手抄本內容通常並不是有名有姓的特定作者所創作，而是由許多（通常是匿名的）人共同撰寫。

隨後自然的發展是「專業作者」（professional author）的角色，最早可追溯至 16 世紀末，通常獲得富裕的贊助人支持。這些發展反映了市場的興起和書籍轉變成為商品的現象。儘管以現代標準而言，這些書籍的印刷量很小，但隨著時間的累積，銷售量可能很大。雖然印刷術是在東亞被發明和開創出來，但印刷產業卻是在西方獲得發展。整個歐洲的圖書貿易蓬勃發展，在印刷業發達的國家，尤其是法、英、德和義大利等國，書籍進出口貿易量很大。在歐洲航海家、征服者、傳教士、旅行者、商人和官員將歐洲書籍帶進拉丁美洲後，陸續在 16 和 17 世紀在墨西哥和祕魯等地建立了印刷廠，形成了一個以西班牙語文、思想和文化為主的市場。非洲在 19 世紀稍晚些時候跟進，傳教士扮演在當地（主要在現今的南非）傳播聖經和引進印刷機的關鍵角色。

到 16 世紀末期，書籍出版已體現現代媒體的諸多基本特徵，包括最早的「閱讀公眾」（reading public）的形成。此時，著作權／版權（copyright）的初步形式開始出現，賦予印刷商對某些文本的特權。各種形式的壟斷行為層出不窮，因為這既便於執行內容審查，為作者提供一定保護，也有助於維持某種標準。

書籍的後續歷史是不斷擴張的數量和內容範疇，同時也是為爭取新聞自由和作者權利而鬥爭的歷史。從 16 世紀初開始，幾乎所有地方的政府和教會當局都對印刷品進行事前審查（甚至聲稱對印刷機和印刷產業擁有完全的所有權），即使這些審查手段不像現代極權國家做得那麼徹底。在 1644 年所出版的《論出版自由》（*Areopagitica*）中，英國詩人約翰・米爾頓（John Milton）最早提出著名的免於政府許可的主張。新聞自由（freedom of the press）與民主政治自由息息相關，只有在民主獲得勝利的地方才能實現新聞自由。新聞自由與民主之間這種密不可分的關係，至今仍然存在。

方框 2.1 總結了書籍作為媒介和制度的主要特徵。書籍的這些典型特

徵相互關聯，正如它自 16 世紀以來就為人所知的那樣。這些「媒介」特徵，與科技、形式、使用方式及更廣泛的生產和發行機制有關。

2.1

書籍作為一種媒介和制度：主要特徵

媒介方面
- 活字版印刷術
- 裝訂成冊，手抄本形式
- 多個複本（拷貝）
- 供個人閱讀
- 作者署名
- 發展已不再侷限於印刷形式（電子書）

制度方面
- 商品形式
- 市場發行
- 內容和形式的多樣性
- 主張有權享有出版自由
- 受到一些法律上的限制

印刷媒體：報紙

約在印刷術發明的 200 年後，現今人們熟知的報紙才得以與 16 世紀末和 17 世紀初的傳單、小冊子和新聞信（newsletters）區分開來。事實上，報紙的前身是信件而非書籍——透過基本郵政系統發行的新聞信，特別是國際貿易和商業相關事件的新聞傳遞（Raymond, 1999）。因此，報紙長期為政府、外交目的而存在，或是為商業及私人目的的活動而向公共領域延伸。早期報紙的特點是它的常規外觀、以商業為基礎（公開販售），以及公開的性質。因此，它被用於傳播訊息、紀錄、廣告、娛樂和八卦新聞話題。

　　17 世紀的商業報紙沒有任何一個消息來源，而是由印刷出版商製作的消息彙編。官方報紙（由王室或政府發行）有一些相同特徵，但它代表的是權威說法和國家的工具。商業報紙對當前新聞業的影響最大，回顧它的發展歷史，可以把商業報紙看作是傳播史上的一個重要轉折點——它主要爲匿名讀者提供服務，而不是作爲宣傳家或權力當局的工具。

　　某個意義上，報紙堪稱是一種文學、社會和文化形式的新發明（即使它在當時不見得這樣被看待），其創新程度可說是遠勝於印刷書籍。與其他文化傳播形式相比，報紙獨特之處在於它面向個別讀者、取材於社會現實、具有實用性、可拋棄性與世俗性，以及它滿足了城鎮商業和專業人士等文化新興階級的需求。它的新穎之處不在於它的科技或發行流通方式，而是它在一個不斷變化、在某些情況裡變得更加自由的社會政治氣候中，對這個獨特的新興階級所發揮的作用。

　　報紙後來的發展歷史，可說是爲爭取自由而展開的一系列奮鬥、進步和挫敗，也可以當作經濟和科技進步史來講述。下文描述的是報紙成爲現代意義的報紙的歷史演變過程，也是新聞史最重要的階段。雖然各國歷史差異太大，無法簡單敘述，但這裡提及的各種要素往往交互作用，全都在新聞業的發展過程中發揮了作用。方框 2.2 摘述了報紙的主要特點。

2.2

報紙作為一種媒介和制度：主要特徵

媒介方面

- 科技：印刷（和網際網路）
- 週期性：定期和頻繁出版發行
- 內容及其所指涉的人事物的話題性（和時事性）
- 個別或群體閱讀

制度方面

- 城鎮的、世俗的讀者
- 相對自由，但也有其自我審查的一面
- 在公共領域運作
- 商品型態
- 以商業為基礎

從早期歲月開始，報紙即是國家（透過所有權、審查或自律）或宗教權力當局的延伸，但它也可能成為當權者的實際或潛在對手，尤其在報紙的自我認知上。新聞史上斑斑可考的是世界各地都有印刷商、編輯和記者遭受暴力迫害。新聞業自認曾為了爭取新聞自由而奮鬥，是爭取自由、人權和傳播權的更廣泛鬥爭之一環。另類媒體（例如在拉丁美洲）和在外國占領或獨裁統治下（橫跨歐洲和印度次大陸）的地下報刊所扮演的角色也得到頌揚。報紙的這種自我認知經常得到證實，因為它拂逆並引起當權者的不悅（儘管它也經常表現得很有彈性，並且最終相當容易臣服於權力）。然而，早期的報紙一般不會冒犯權力當局，甚至經常成為後者的代言人。當時，和現在一樣，報紙最可能認同的是它的目標讀者，以及它的贊助者——私營企業、國有或受國家控制的產業皆然。

儘管不時遭遇重大挫折，但新聞自由一直穩步前進。這種進步有時表現為對新聞業採取更加精緻的控制手段。法律限制取代暴力，後來則是施加財政負擔（後來又被逆轉）。現在，市場體系內的新聞制度化作為一種控制形式，現代報紙作為一家大型企業，比其較為陽春的前身更容易受到各種壓力或干預。直到 20 世紀，報紙才成為真正的「大眾」媒體，亦即定期地直接觸達大多數人口，而且報紙閱讀率仍有相當大的跨國差異。全球範圍內的報紙閱讀率逐漸下降——從 20 世紀後期緩慢但肯定地開始，到 2010 年代加速（除了拉丁美洲、亞洲和中東地區有一些例外情況）。平面報紙的營收從 21 世紀初已不再增加，而是開始呈現持平或下跌的態勢，儘管線上出版的營收有所增長。隨著社群媒體和網路成為尤其是年輕人的（免費）新聞來源，報紙產業的回應是減少行政管理費用、重組工作流程和裁員。尤其是在地方層面，許多地方報紙都處在生存掙扎當中，或是已經消失。

儘管沒有適合所有時代和國家的分類方式，但區分某些類型的報紙（和新聞業）已成慣例，而且仍然有用。下文描述報紙的主要類型。

黨派報紙

　　早期的報紙中，一種常見的形式是黨派報紙（party-political paper），專門用於動員、傳遞資訊和組織等任務。無論在理念或商業可行性而言，黨派報紙（由政黨或國家出版，或是爲黨國目標服務）都已無法與商業報紙匹敵。即便如此，黨派報紙的概念仍然在不同形式的政治治理中占有一席之地。在黨派報紙猶存的歐洲地區（其他地方也有黨派報紙的例子），這些報紙通常是獨立運作於國家控制之外（儘管可能接受國家補貼），新聞生產過程遵循專業主義，內容嚴謹，致力於影響民意。這些黨報的獨特之處在於它們透過對政黨的共同忠誠、派系主義和政黨目標的動員作用來吸引讀者。黨派報紙的例子包括俄國革命運動的「先鋒報刊」（vanguard press）、北歐國家的黨派報紙（尤其是社會民主體制的國家），以及前共黨政權的官方黨派報紙。另外，某種形式的報紙國有化，也存在於部分非洲和亞洲國家、古巴及中東地區。

聲望／菁英報紙

　　19 世紀後期的資產階級報紙（bourgeois newspaper）是新聞史上的一大焦點，影響現今我們對「報紙是什麼」或「報紙應該是什麼」的理解。大約在 1850 年到 19、20 世紀之交的歐洲（以及較晚近的拉美和亞非地區），這個新聞史上的「高度資產階級」（high-bourgeois）階段是若干歷史事件和環境的產物。在世界新聞史上占有一席之地的歐洲，這些歷史事件和環境包括：自由主義的勝利、直接審查或財務箝制的鬆綁或終結、商業專業階層的興起，以及許多有利於高品質資訊的全國性或區域性報紙崛起的社會和科技變革。

　　新的聲望或「菁英」報紙（prestige or 'elite' press）獨立於國家和既得利益之外，公認是政治和社會生活的主要機構（尤其它們自認是在形塑民意和反映合乎「國家利益」的聲音）。它們往往表現出強烈的社會和道德責任感（實際上，它們在本質上是順從社會現狀的），並且催生了以客觀報導爲職志的新聞專業主義（journalistic profession）。許多國家仍然有

一份或多份報紙試圖延續這一傳統。廣泛共識認為目前仍然具有「菁英」地位的報紙包括：《紐約時報》（美國）、《衛報》（倫敦）、《世界報》（法國）、《國家報》（西班牙）、《NRC 商業日報》（荷蘭）、《印度時報》（印度）、《雪梨先驅晨報》（澳洲）、《朝日新聞》（日本）、《國家日報》（肯亞）和《國家報》（阿根廷）。當前對於什麼是「優質」報紙的期望，仍然反映了聲望報紙的專業理想，並為批評背離理想的報紙提供了基礎，例如流於黨派化、過於「羶色腥」，或是過度「商業化」。（全國性）聲望報紙目前似乎比大多數報紙更能經得起當前的生存壓力，因為它們對政治和經濟菁英的重要性，並且為了保持其影響力，這些報紙正在多樣化它們的產品，轉向「數位優先」的出版流程，並且尋求商業模式創新（不限於廣告、訂閱和銷售等收入來源）。

大眾報紙

最後一種主要類型的報紙已經存在了一個世紀左右，基本特徵沒有太大變化。這是一份真正的「大眾」報紙，它是為了賣給城市工業大眾而存在的，旨在提供幾乎所有人閱讀。它本質上是一個商業公司（而不是一個政治或專業項目），並透過規模科技（technologies of scale）的進步、人口集中、識字率的傳播、對讀者的低成本和大量廣告收入而成為可能。一般來說，大眾媒體一直專注於「人情趣味」的故事（Hughes, 1940），以戲劇性和聳人聽聞的報導和呈現方式，報導犯罪、災難、危機、醜聞、戰爭和名人。雖然主要關注的不是政治，但在國家社會的重要時刻，它常常扮演著政治角色。由於它典型的較小版面，「小報」這個詞廣泛用於描述這種報紙及其內容，例如「小報化」（Connell, 1998）一詞所示，這意味著一個變得更加羶色腥、瑣碎和不負責任的過程。

地方和地區報紙

在許多國家，報業最重要的部門一直是地方和地區報紙。地方和地區報紙形形色色，無法描述為單一類型。它們可以是嚴肅的或通俗的，每日的或每週的，城市或農村，而且發行量大小不一。它們共同具有的主要特

點是一組適用於本地讀者的新聞價值觀，通常是一種共識性和兩黨制的取向（雖然有例外），以及依賴於本地廣告商和贊助商的支持。一些地方報紙是免費的，另一些是收費的，它們通常都受到線上新聞、社交媒體和（失去）廣告的嚴重威脅。地方免費報紙或「免費報」，例如《都會報》（Metro）（出現在亞洲、歐洲和美洲；不要與倫敦的免費 Metro 報紙混淆）、《20 分鐘》（出現在瑞士、西班牙和法國）以及世界各地的其他報紙，幾乎完全依賴於廣告收入，因為廣告商覬覦這些報紙提供的通常是較年輕（且穩定）的讀者群。自 2000 年代初市場迅速擴張以來，有幾家免費報紙已經關閉。鑑於全球轉向數位和線上出版，免費報紙的存在微不足道，它們的未來充滿不確定性。

其他印刷媒體

不只書籍和報紙，印刷機也催生了其他形式的出版品，包括劇本、歌曲、福音單張（tracts）、連載故事、詩歌、小冊子、漫畫、報告、募股說明書／機關學校簡章、地圖、海報、音樂、傳單、壁報……等。其中最重要的可能是從 18 世紀初以後出現的（每週或每月）定期出版的雜誌，種類繁多，發行量大。最初針對上流社會的家庭和文化興趣，定期出版的雜誌最終發展成為一個商業價值高、覆蓋面廣的大眾市場。這些雜誌大多仍然聚焦家庭和個人領域，涵蓋廣泛的興趣、活動和市場。20 世紀初期的雜誌比現今更像是一種大眾媒體，但因為它的讀者市場較為分散，影響力充滿不確定性，導致了雜誌被媒體和傳播研究普遍忽視。

這些評論也適用於商業期刊。許多國家一直都保有形塑意見或政治性的重要期刊，這些雜誌的影響力通常超出它（一般來說不是很大）的發行規模。在社會的某些關鍵時刻，某些雜誌扮演了重要的社會、文化或政治角色。在政治壓迫或商業支配的情況下，「另類」期刊（the 'alternative' periodical）通常成為少數運動不可或缺的抗爭和發聲手段（參見 Downing, 2000; Huesca, 2003; Gumucio-Dagron, 2004）。

電影作為一種大眾媒介

電影於 19 世紀末期幾乎同時出現在世界各地，尤其是歐洲、東亞、美國和拉丁美洲，堪稱是一種科技的新奇事物，不過它所提供的事物在內容或功能上並不新奇。它將古老的娛樂傳統轉變為一種新的展示和發行方式，為消費大眾提供故事、奇觀、音樂、戲劇、幽默和特技。當時，電影也幾乎立刻就成為一種真正的大眾媒介，因為它很快就覆蓋了大部分人口，即使在農村地區也是如此。作為一種大眾媒介，電影在一定程度上是在回應晚近才被「發明」出來的「閒暇時間」（工作以外的時間），也滿足了全家人以一種可負擔且（通常）合宜的方式享受閒暇時間的需求。因此，電影為工人階級提供了一些社會「優勢階級」早已享用過的文化利益。從它驚人的增長情況看來，電影所滿足的潛在需求相當龐大。從上面提到的媒體組成要素中，最重要的不是科技或社會氣候，而是電影所滿足的個人需求。最明顯的需求是為了從單調的現實逃到一個更迷人的世界，對扣人心弦的敘事的渴望，對人物榜樣和英雄的追尋，以及需要以安全、可負擔和社交的方式來填補閒暇時間。這幾個方面的需求，從過去到現在並沒有發生太多改變。

電影被描述為「演藝事業」的一種新形式，競逐更多觀眾，但這並非電影的全貌。在電影史上，還有另外三條重要線索。首先，鑒於它的巨大影響力、強烈的寫實主義元素、情感衝擊性和受歡迎程度，電影被用於宣傳是值得注意的現象，特別是當它被應用於國家或社會目的的時候。電影史上的另外兩條線索是幾個電影藝術流派的出現（Huaco, 1963）和社會紀實電影運動（social documentary film movement）的興起。它們與主流電影的不同，具有小眾訴求、強烈的寫實主義元素，並且隱含社會批評。兩者都與電影作為宣傳工具有著某種關聯，部分係出於偶然因素，因為兩者的興起都適逢**社會危機**發生的時期。

即使在政治上「自由」的社會，許多大眾娛樂電影仍然存在隱含意識形態和宣傳元素。這反映了多種力量的混合：蓄意的社會控制、動輒訴諸民粹主義或保守價值觀、各種行銷和公關滲透到娛樂當中，以及追求大

眾吸引力。儘管娛樂功能在電影史上占據主導地位，但電影往往表現出說教、宣傳的傾向。電影必然比其他媒體更容易受到外部干擾，並且更可能承受順從社會現狀的壓力，因為電影拍攝需要冒的資本風險很大。九一一襲擊世貿雙塔事件發生之後，美國政府領導人試圖與電影產業界領袖會面討論電影如何為當時剛剛宣告的「反恐戰爭」效力。同樣地，有鑒於電影的強大影響力，中國政府在 2018 年設立直接由中共（中央宣傳部）控制的國家電影局（及國家新聞出版署），其職責包括監督電影的製作、發行、映演和審查。這套電影監管機制催生了帶有愛國主義訊息（而且商業上非常成功）的動作片（譯按：意指《戰狼 2》、《長津湖》之類的主旋律電影）。

　　電影史上的主要轉折點，包括：第一次世界大戰後電影業和電影文化的「美國化」（Americanization）（Tunstall, 1977）；印度（興起於 1970 年代的「寶萊塢」）和奈及利亞電影產業（興起於 1970 和 1980 年代，有時被稱為「奈萊塢」，儘管該稱呼無法貼切形容成功以至少 300 種該國語言製作電影的奈及利亞電影產業）的崛起與它們在全球各地取得的成功；拉丁美洲電影製作的興起，部分原因是 1985 年成立了新拉美電影基金會，作為一項針對地區的生產、保存和發展的解放計畫〔證諸於墨西哥電影導演艾方索‧柯朗（Alfonso Cuarón）、吉勒摩‧戴托羅（Guillermo del Toro）與阿利安卓‧崗札雷‧伊納利圖（Alejandro González Iñárritu）等人在 2010 年代獲得的巨大成功和奧斯卡獎殊榮〕；還有在全球範圍內，電視的崛起，以及電影與戲院的分離。儘管「美國化」不再是熱門的研究議題，但電影（和電視）產業愈加全球化和國際合製影片的興起（Baltruschat, 2010）引發人們對英語占據全球主導地位的關切，也擔心敘事發展和類型慣例可能出現同質化的問題。

　　二戰後，美國電影產業迅速確立自身成為全球電影製作的主導模式，導致電影文化的同質化和電影作為媒介的定義方式趨向統一。接著，電視帶走大量的電影觀眾，尤其是普通家庭觀眾，僅剩數量較少也更年輕的電影觀眾。電視還帶走或轉移了原屬電影場域的社會紀實影片，提供一個更合適的發展場域，讓社會紀實影片在新聞雜誌型節目、特別報導和「公共

事務」節目播出。然而，電視並未對藝術電影或電影美學產生類似影響，雖然藝術電影可能受益於電影／戲院媒介的「分眾化」（demassification）與更加專殊化（specialization）。對於第一和第二代的電影觀眾來說，觀影體驗與夜晚外出是分不開的，通常是和朋友一起外出，置身於比家裡更寬敞的場所。此外，內部一片漆黑的戲院兼顧隱私和社交的需求，為觀影體驗增添另一個層次。就像後來的電視一樣，「出外看電影」這件事本身的重要性不亞於「看哪一部電影」。

　　「電影和戲院的分離」意指某部電影在戲院「下片」後，觀眾還可以透過多種通道觀看它，包括無線電視、有線電視、錄影帶和影碟銷售或出租、衛星電視、數位寬頻網路及行動串流媒體。這些發展有幾個潛在影響：看電影不再是一種共享的公開體驗，變得更像一種私人體驗；其次是降低了因為特定影片觀看者眾而在第一時間造成的「衝擊」。另外，它們將觀影選擇的控制權轉移到觀眾手上，也讓他們得以重複觀看和蒐集影片。最後，不同的觀影通道讓服務多個專殊化的市場成為可能，更容易滿足觀眾對任何類型電影的需求，包括暴力、恐怖或色情片的需求。它們還延長了電影的壽命。儘管電影因為成為一種不那麼「大眾」的媒介而變得更自由，但電影並沒有能夠獲得政治和藝術自我表達上的全部權利，而且大多數國家仍維持某種對電影的許可、審查機制和控制權。

　　雖然電影／戲院媒介在很多方面都不及電視，但它也越來越與其他媒介整合，尤其是出版、流行音樂和電視。就網際網路而言，串流服務的出現並受到全球觀眾歡迎，為電影製作和發行開啟新局。整體而論，儘管它的直接觀眾減少，但因為它作為其他媒介的展示櫥窗及許多書籍、連環漫畫、歌曲、電視「明星」和電視影集的文化來源，電影已經獲得更大的核心地位（Jowett and Linton, 1980）。因此，戲院觀眾的流失數量仍多於電視、數位錄影、平台和串流服務所觸達的國內電影新觀眾，電影仍然扮演著大眾文化創造者的角色。方框 2.3 摘要整理了電影作為一種媒介和制度的主要特徵。

2.3

電影媒介和制度：主要特徵

媒介方面
- 視聽接收通道
- 公共內容的私人體驗
- 廣泛（普遍）的吸引力
- 以劇情片為主
- 類型和格式的國際化

制度方面
- 受到社會控制影響
- 複雜的組織和發行體系
- 生產成本相當高
- 多重的發行平台
- 電影的國際合製漸增

廣播電視

　　廣播和電視作為大眾媒體的歷史，合計已超過百年，其發展係奠基於既有的科技，包括電話、電報、動態和靜態攝影，以及錄音科技等。儘管廣播和電視在內容和使用上明顯不同，但從歷史角度來看，廣播和電視可以一起討論。無線電廣播似乎是一種尋找用途的科技，而不是為了回應新興服務或內容需求，電視也是如此。根據 Williams（1975: 25）的說法，「與所有先前的通訊傳播科技不同，廣播和電視是主要設計為抽象的傳送和接收過程的系統，很少或根本沒有預先界定其內容。」與所有的新媒體一樣，廣播和電視借鑑於既有的媒介，受歡迎的內容大多皆衍生自電影、音樂、故事、戲劇、新聞和運動賽事。

　　廣播和電視的一個顯著特點是它們受到公權力的高度監管、控制或許可。最初是出於技術上的必要性，後來則是出於民主選擇、國家利益、經

濟權宜和純然的制度慣例的綜合因素。廣播和電視媒體的第二個特徵是它
們集中化的發行流通模式，基本上是從大都會的中心向周邊地區輻射式地
放送，很少或根本沒有逆向的訊號流動。或許由於它們與權力當局的關係
密切，幾乎沒有任何地方的廣播電視獲得與報業一樣的自由，亦即在運作
保持政治獨立的情況下自由表達觀點的權利。廣播被認為是一種太具有影
響力的媒體，不能落入任何單一利益集團之手，必須對它施加明確限制，
以保護公眾免於潛在傷害或操控。一個主要的例外是盛行於非洲大陸（除
了阿拉伯北部和南非）的社區廣播（community radio），因為它的靈活
性、低成本和口語傳播特性，廣播至今仍是當地的主流大眾媒體。

　　由於電視一直在持續演化，若想從傳播目的和效果的角度總結它的特
徵，實為冒險之舉。最初，電視的主要創新源自於它能夠即時傳輸畫面和
聲音，從而成為一扇即時的「世界之窗」。在成熟的錄影技術出現之前，
即使是攝影棚內製作也以現場直播方式進行。這種同步即時轉播的技術，
主要被用在處理某些類型的內容，包括運動賽事、一部分的新聞播報和
某些類別的娛樂綜藝節目。Dayan 與 Katz（1992）所描述的「媒體事件」
（media events）（例如國事訪問、奧運會、加冕典禮、大型政治示威）
通常可望獲得重要的現場直播報導。大多數電視內容不是以現場直播方式
提供，儘管它通常想創造出一種持續真實的幻覺。電視的第二個重要特徵
是親密感和個人參與感，能夠在觀眾和主持人之間，螢光幕上的演員和參
與者之間營造出這些感覺。

　　在觸達率、觀看時間和受歡迎程度等方面，電視仍然是最「大眾」的
媒體，而且它的全球觀眾數量一直增加。然而，隨著串流隨選影音逐漸普
及，全球各地觀看線性直播電視的人數與時間正在減少。

　　儘管電視在很大程度上被剝奪了自主的政治角色，並且主要被視為一
種娛樂媒介，但它在現代政治中扮演著至關重要的角色。它被認為是大
多數人的主要新聞和資訊來源，是各行各業的人們最容易理解的大眾媒
體，也是選舉期間政治人物與公民之間的主要傳播通道（Grabe and Bucy,
2009）。在這種非正式的公共資訊提供者角色中，電視通常保持著不可
忽視的影響力。大多數國家的電視廣播遵循以下兩條軌跡之一：一種是

類似於美國的全國、地區和地方廣播電視模式（例如中國、日本和菲律賓），另一種是類似英國模式的全國公共廣電（亦可見於亞洲和非洲的前英國殖民地）。拉丁美洲的電視地景主要由少數大企業主導（它們通常與執政黨或前獨裁政權的關係密切；參見 Sparks, 2011）。

　　除了提供公共資訊，電視還扮演著教育者的角色，教育對象包括學童與成人。此外，電視在過去數十年來幾乎是所有國家／地區的最大廣告通路，而這也更加確立了它的大眾娛樂功能。然而，隨著網際網路在世界上許多國家中占據了大多數人的「媒體時間」，這一角色正逐漸被線上廣告取代。就發行而言，廣播電視在大多數國家已經碎片化，有很多不同的頻道可供選擇。即便如此，仍然存在的典型模式是少數（全國性）頻道在觀眾和財務方面擁有非常強勢的主導地位。電視對大多數人具有恆久吸引力的原因在於以下基本事實：在這個越來越碎片化與個體化的社會裡，它是一種能夠讓人們共享相同經驗的媒介，而且並不只限於家庭成員之間。

　　方框 2.4 摘述了電視和廣播的主要特徵。

2.4

電視作為一種媒介和制度：主要特徵

媒介方面

- 非常多樣化的各類內容
- 影音頻道
- 親密的、個人的和家庭的聯繫
- 不同的強度和參與經驗

制度方面

- 複雜的科技和組織
- 受法律限制和社會控制
- 具國族與國際特性
- 公眾能見度高

　　面對電視的興起，廣播顯然拒絕消亡，並以幾個鮮明特色蓬勃發展。為了能夠與電視競爭，廣播經歷了某種程度的刻意差異化。電視興起後，原本對全國性無線電廣播系統的嚴格監管措施開始鬆綁，而且由於廣播科技的相對靈活性和成本效益，曾經出現一個提供替代、對立或「海盜」電台的時期，業餘愛好者、社區組織和獨立企業家紛紛創設與主流廣播競爭的新電台。廣播不再是一種受到高度監管的全國性「聲音」，而變得更自由地嘗試和表達新的、少數甚至偏差的觀點和音樂。作為一種媒介，它具有更多的通道容量（channel capacity），因此能夠提供更大、更多樣化的近用機會。它在製作上比電視更便宜，也更有彈性，而且收聽廣播的活動對聽眾也同樣便宜和靈活。現在收聽廣播的地點或時間不再受限，因為收聽廣播的同時仍可從事其他日常活動。它可以透過電話與聽眾互動，並且能夠容納許多不同類型的內容。事實上，電視和網際網路出現以來，廣播仍然蓬勃發展，即使它不再擁有黃金時代的大量聽眾。隨著串流音頻和播客（podcast）的出現，再加上廣播這種大眾媒介在世界各地的持續重要性（特別是以本土語言提供的小規模廣播服務），廣播的前途看來還是一片光明。方框 2.5 概述廣播媒介的主要特徵。

2.5

廣播作為一種媒介和制度：主要特徵

媒介方面

- 聲音的吸引力
- 便於攜帶，使用上具靈活性
- 多種類型的內容，但以音樂居多
- （雙向）參與的潛力
- 使用上具個人性和親密性

制度方面

- 相對自由
- 在地性和去中心化
- 生產成本較為低廉

錄製音樂

　　音樂作爲一種大眾媒介，直到最近在理論和研究中受到的關注度較低，原因可能是音樂的社會意涵從未清晰。直到 1990 年代後期的線上檔案共享時代，也就是所謂「納普斯特效應」（Napster effect）加速了整個產業的數位化發展（參見 Waldfogel, 2012），次第出現的各種錄製、複製和發行科技所提供的可能性才出現明顯的斷裂。對於錄製和播放音樂的眾多媒體表現形式，我們甚至沒有現成的稱呼可用來描述它們，儘管有人建議使用「錄音製品」（phonogram）這個通用名稱（Burnett, 1996）來涵蓋人們透過黑膠唱片機、錄音帶播放機、CD 播放器、錄放影機、廣播和有線電視等不同通道聆聽的音樂。隨著 1990 年代和 2000 年代初期數位音頻、點對點檔案共享和串流音樂的出現，音樂產業被迫數位轉型，而它也是第一個在面臨數位時代生存挑戰時毅然啟動數位轉型的媒體產業。

　　錄製與重放音樂始於 1880 年左右，由於流行歌曲和旋律的廣泛吸引力，唱片迅速普及。第一家唱片行於 1894 年在英國威爾斯開張，美國第一家唱片行於 1930 年代開業。它們之所以受到歡迎且擴散開來，與鋼琴等樂器在家庭中確立地位的現象有著密切關聯。始於廣播的早期歲月，廣播很大一部分內容都是音樂，自電視興起以來更是如此。雖然「錄音製品」可能逐漸取代私人音樂製作，但在大眾媒體中介音樂（mass-mediated music）與個別和直接觀眾享受音樂表演（音樂會、合唱團、樂隊、舞蹈等等）所帶來的音樂體驗從來都不是天差地遠。錄音製品使各種音樂更容易在更多地方爲更多人所近用，儘管音樂類型和流行趨勢有所變遷，但流行音樂體驗的一般特性並沒有發生根本性的斷裂。

　　即便如此，錄音製品的廣泛特性從誕生以來已經發生了相當大的變化。第一個變化是在廣播音樂被收錄到「音樂唱片」，從而大幅增加音樂的範圍和數量，讓無法近用留聲機或點唱機的人得以欣賞音樂。第二個重大變化是戰後的「電晶體」革命影響下，廣播從家庭媒體轉變成個人媒體，從而開啟一個新的年輕人市場，帶動了唱片業的蓬勃發展。此後的每一次科技發展，包括手提音響、索尼隨身聽（Sony Walkman）（1979

年）、CD 唱盤和 MV 音樂影片（隨著 1981 年開播的 MTV 電視頻道而加速發展）、iPod（2001 年），以及瑞典公司 Spotify（2008 年起推出服務）等串流音樂平台，都為音樂產業帶來另一波變化，雖然同樣主要立基於年輕聽眾市場。其結果是形成一個相互關聯且所有權集中化、國際化的大眾媒體產業（Negus, 1992）。儘管如此，音樂媒體仍然保有顯著的基進性和創造性的元素，這些元素在商業化的同時不斷發展（Frith, 1981）。

　　越來越多人透過網路下載和分享音樂，這種現象增進了音樂的流通機會，但也嚴重挑戰了音樂權利人擁有的權力。透過建立（或參與）廣告支持和訂閱串流服務的方式，串流音樂平台在每次歌曲被點播時即支付小額分潤費用給藝術家或唱片公司，全球音樂產業在歷經數十年衰退後終於自 2014 年轉虧為盈，彌補了實體唱片銷售額下降造成的虧損。錄製音樂的另一個重大發展是它擴展到其他媒體，特別是廣告、電影和數位遊戲。無畏音樂 CD（和其他實體）唱片銷售額下降，當前音樂產業為廣告、獨立製片、主流電影和「三 A」遊戲（指製作預算龐大的網路電玩遊戲）提供授權或特別創作，並從中獲得了可觀的投資回報。

　　雖然音樂的文化意涵仍然只受到零星關注，但它與社會、政治事件的關聯性已經得到認可，偶爾甚至被頌揚或畏懼。自從 1960 年代這個以青年為基礎的產業興起以來，作為一種大眾媒介的流行音樂一直與青年的理想主義和政治關懷、所謂的頹廢墮落和享樂主義、藥物濫用、暴力和反社會態度聯繫在一起。音樂也在各種民族主義獨立運動中扮演了一個角色，例如在美國民權運動、愛爾蘭獨立運動、南非反種族隔離運動，以及世界各地的婦女（和其他少數群體）解放運動中，自我培力和抗議歌曲都是串接這些抗爭行動的重要元素。愛沙尼亞脫離蘇聯控制的抗爭運動被描述為「歌唱革命」（從 1987 年發起抗爭到 1991 年獨立建國），因為音樂使人們能夠團結在一起，表達他們對政治獨立和重建受壓制的國族文化的渴望。

　　不過，即使音樂內容一向不易監管，但它的發行通道主要掌握在一些既有機構之手，而且一旦被認為出現偏差則會受到一些懲處。在這些條件限制下，大多數流行音樂所表達與回應的主要是恆久的傳統價值觀和個人

需求，而不一定有什麼顛覆性的目標或潛在可能性。方框 2.6 總結了這些關於音樂的特性。

2.6

作為媒介和制度的錄製音樂（錄音製品）：主要特徵

媒介方面

- 專注於聲音體驗
- 滿足個人和情感需求
- 主要針對青年聽眾市場
- 使用上具行動性與彈性
- 越來越多地透過串流服務流通發行

制度方面

- 監管程度較低
- 國際化程度頗高
- 涉及多種科技和平台
- 與主要媒體產業的關係緊密
- 組織方式趨向碎片化
- 堪稱青年文化的核心成分

數位遊戲

　　與錄製音樂一樣，數位遊戲產業及其廣受歡迎的產品尚未在媒體和大眾傳播研究中受到主流關注。然而，數位遊戲研究領域正在迅速發展，領軍的著名學者聚焦於遊戲敘事和遊戲美學，或是試圖了解遊戲製作與遊戲勞動的獨特性（Raessens and Goldstein, 2011）。電腦遊戲產業和遊戲研究領域早期的主要爭辯點在於：遊戲的研究方式是否應該與研究電影、書籍和電視節目的方式相同？或者，遊戲是否與其他媒介有著根本性的差異（Juul, 2005）？很明顯地，想了解數位遊戲的角色和影響，這兩種視角都有其必要性。數位遊戲可以繼承多個領域的豐富遺產，這些領域包括個

人電腦產業、軟體編程、卡通和動畫電影，以及玩具製造和設計（Izushi and Aoyama, 2006）。

1950 年代和 1960 年代，在遊戲相對低調的發展初期，遊戲之所以被開發出來主要是爲了電腦測試用途、爲了給（在大學和企業研發部門）電腦實驗室的訪客和贊助商留下深刻印象，或者純粹爲了好玩。1970 年代，數位遊戲躍爲商業條件愈趨成熟的大眾媒體產業。由於電腦對於一般家庭來說仍然太過昂貴，（遊樂場）街機遊戲爲主的數位遊戲蔚爲風潮並具有商業上的可行性，特別是 1972 年發表的《乒乓球》（*Pong*）（由於其文化影響力，這款遊戲現在是華盛頓特區史密森尼學會的永久藏品之一）。在早期（北美）遊戲產業崩解之後，日本公司開始主導全球市場。從 1983 年發布的任天堂娛樂系統（NES）開始，將《大金剛》（*Donkey Kong*）等成功的街機遊戲帶進家庭。大約同一時間，個人電腦的價格變得更加低廉，使用者親和度增加，並且能夠同時執行家庭辦公軟體和遊戲的電腦機種如康懋達家用電腦（Commodore Business Machines, 1982）、微軟 MSX 家用電腦（Microsoft Japan and Sanyo, 1983）和麥金塔電腦（Macintosh）（Apple, 1984）進入了一般消費市場。在 1990 年代和 2000 年代，數位遊戲取得了許多進展（在圖形、聲音、遊戲的複雜性、動作感應硬體的導入，以及與「玩家」的互動性增加等方面），而遊戲主機的引入更加速了數位遊戲的發展，這些遊戲主機包括 PlayStation（Sony, 1994）和 Xbox（Microsoft, 2001）等兼具多媒體、多功能特性的娛樂設備。自智慧型手機和平板電腦問世以來，行動遊戲爲數位遊戲增添了第三個全球市場（僅次於個人電腦遊戲和遊戲主機）。

數位遊戲大部分在日本、美國和英國生產和銷售。遊戲產業在商業上非常成功（而且在文化上具有影響力），以至於許多政府（例如新加坡、南韓和愛爾蘭）都制定了扶持本國遊戲產業的政策，類似於政府爲鼓勵投資電影和電視製作所做的努力，例如透過稅收抵免、培訓和電影製片廠設施補助，並且提供各種資源。儘管有這種支持，數位遊戲在全球的成功也引起來自政府、家長、教師和學者的共同關切。這些關切包括下面幾個方面：

- 生產
  - 整個產業普遍存在不夠理想的勞動條件。
  - 製作遊戲人才缺乏多樣性（Kerr, 2016）。
- 內容
  - 遊戲更加圖形化和逼真的特徵。
  - 引人成癮的某些遊戲和遊戲特性（Bean, Nielsen, van Rooij and Ferguson, 2017）。
- 接收
  - （暴力、成癮）遊戲的潛在影響（Kowert and Quandt, 2015）。
  - 女性角色過度性感化（overly sexualized）的再現方式（Lynch, Tompkins, van Driel and Fritz, 2016）。

　　隨著手機遊戲的日益普及、遊戲應用程式轉向雲端運算的發展趨勢，新的競爭對手（來自網際網路和電信產業）已經進入全球市場。此外，數位遊戲的成功導致更多的監管措施，例如關於智慧財產權和授權、消費者保護、年齡分級和分類、資料保護和隱私，以及博奕電玩的相關立法。可以說，數位遊戲本身不僅是一個大眾媒體產業，遊戲製作、內容和接收的元素已經出現在所有其他產業當中，而且遊戲與其他媒體合作推出的搭售產品（tie-ins of games with other media offerings）也變得越來越普遍。有關當前數位遊戲的主要特徵，請參閱方框 2.7。

2.7

作為媒介和制度的數位遊戲：主要特徵

媒介方面
- 全面的多媒體體驗
- 滿足個人和情感需求
- 對大眾具有吸引力（不同類型的遊戲吸引不同世代的玩家）
- 高度參與感 / 涉入感　　　　　　　　　　　　　　（續）

> **制度方面**
> - 受到高度監管
> - 國際化程度高
> - 橫跨多種科技和平台
> - 全球媒體產業
> - 逐漸占據流行文化的核心地位

通訊傳播革命：新媒體與舊媒體

自 1960 年代沿用至今的「新媒體」（new media）一詞，包含許多不斷擴展和多樣化的傳播科技應用。《新媒體手冊》一書的編者（Lievrouw and Livingstone, 2006）指出，光是要說清楚「新媒體」包含哪些要素就很困難。她們決定以一種複合的方式定義「新媒體」，將資訊傳播科技（ICT）與其相關的社會脈絡聯繫起來，從而將三個面向的要素結合在一起：科技產品和設備；活動、實踐和使用方式；以及圍繞設備和實踐所形成的社會安排和社會組織。如上所述，「舊媒體」的定義大致相同，儘管科技產品、用途和安排不同。就「新媒體」的基本特徵而言，主要特徵似乎是它們的互聯性（interconnectedness）、提供給發送及（或）接收訊息之個別使用者的可近用性（accessibility）、互動性（interactivity）、使用上的多元和開放性，以及它們的無處不在（ubiquity）等特性。這些新媒體的另一關鍵特徵是它們的匯流本質，因為它們越來越多地混合不同的媒體──在硬體、軟體、形式和內容上，就像在日常使用一樣。這是「舊」與「新」媒體之間的區分變得越來越困難的原因之一。

本書主要關注的是媒體和大眾傳播，其中與「舊媒體」密切相關的大眾傳播似乎正面臨被新媒體淘汰之虞。然而，如前所述，大眾傳播過程並不侷限於大眾媒體，也不必然會因為新媒體興起而式微。事實上，新媒體科技也被用於大眾傳播活動，並在許多方面喚起人們關注大眾媒體和傳播

的社會角色和影響。電腦這種通訊傳播機器與運算作為通訊傳播技術的巨大力量，其關鍵在於數位化過程，讓各種格式的資訊得以同樣有效率與無等級差別的方式傳輸。原則上，不再需要前面所描述的各種媒體，因為它們可以包含在同一個電腦化的通訊傳播網絡和接收中心（例如在家中或在智慧型手機上）。除了電腦科技之外，還有其他的創新也在一定程度上改變了大眾傳播的諸多面向（Carey, 2003）。雖然主要支持大眾自我傳播，但私人的「媒體製作」（media-making，例如透過攝錄影機、個人電腦、印表機、相機、手機等）的許多可能性擴大了媒體世界，並在公共和私人傳播之間，以及在專業和業餘這兩個領域之間架起了橋梁。

　　這一切對大眾媒體的影響尚未明朗，儘管可以肯定的是，「傳統」媒體從新媒體創新中受益，但同時也經歷新科技和競爭對手對其商業模式和生產實踐的深刻挑戰。其次，我們可以得出結論，通訊傳播革命總體上已將媒體原本的「權力均衡」局面打破。首先，對閱聽人來說，他們有更多選項可以選擇，並且在使用媒體時有更多主動性。傳統大眾傳播本質上是單向的，而新的傳播形式在本質上則是**互動的**。大眾傳播在若干方面已變得不像過去那麼大規模，也不像過去那麼集中化。其次，權力已經從那些控制生產和發行工具（傳統上是大眾媒體產業的主要收入來源）的人手上，轉移到另一批利用（數位）消費地點和時間等資料並且有能力予以「變現」（monetize）的人：硬體和軟體製造商，例如微軟、蘋果公司、字母公司（Alphabet，Google 母公司）、騰訊（Tencent）等網路巨頭，以及臉書（Facebook）、微信（WeChat）等線上平台（online platforms）。

網際網路

　　除此之外，我們可以進一步區分增強的傳輸能力與具備這種特性的媒體本身的出現。前者意味著更快更大的傳播速度、容量和效率，而後者的問世則為內容、使用、影響和效果開啟新的可能性。兼具新媒體和大眾媒體特性的重要媒介是網際網路。即便如此，「大眾」並不是它的主要特性。網際網路最初是應美國軍方要求、為滿足專業人員之間相互通訊和數據交換需求而開發的非商業手段，但由於它能夠提供許多產品和其他

有利可圖的服務，以及它有潛力成為另類的親身和人際傳播工具，促使網際網路迅速發展（Castells, 2001）。網際網路的「殺手級應用」（killer application）是社群媒體，它主導著全球網路的使用。一開始，網路在北美和西歐／北歐的普及速度較快。當今，世界上有超過半數人口是網路使用者，其中非洲、中東和拉丁美洲是網際網路增長最快的市場（Arora, 2019）。網際網路的一些應用，例如線上新聞顯然是報紙新聞的延伸，雖然線上新聞本身也在朝著新的方向演化，能夠承載更大量內容和新形式的新聞（比如有所謂「公民記者」的出現）。隨著網際網路進入其他領域和產業，我們已經越來越難分辨網際網路與其他媒體的區別。

　　網際網路的媒介特性在於它擁有獨特科技、使用方式、內容和服務範圍，以及它自己的獨特形象。然而，網際網路沒有明確的制度地位，也不為任何單一主體所擁有、控制或組織，而只是一個基於共同協定運行、國際互連的電腦網絡。許多組織，尤其是網路服務提供者和電信機構，為全球網際網路的運作有所貢獻（Braman and Roberts, 2003）。網際網路本身並不作為法律實體存在於任何地方，並且不受任何單一國家的法律或法規約束（Lessig, 1999）。另一方面，許多國際組織和國家政府正在尋求對網路進行更多的法律控制，特別是社群媒體公司和搜索引擎（例如臉書和Google）已經開始在日常生活中發揮支配作用，使用網際網路的人要對他們居住國家的法規及國際法負責。在本書中，我們會不斷談到網際網路，此處我們先說明它作為（大眾）媒介的主要特性。方框 2.8 整理網際網路的幾個基本特性，沒有特別區分「媒介」和「制度」方面。

2.8

網際網路作為媒介：主要特徵

- 基於電腦科技
- 具有混合、非限定用途、靈活等特性
- 具有互動的潛力
- 兼具私人和公共的功能
- 監管程度逐漸增加　　　　　　　　　　　　　　　　　　　（續）

- 互連性
- 無處不在與超越地域限制
- 具有可近用性，閱聽人也可以成為傳播者
- 兼具大眾傳播和人際傳播特性的媒介

媒體之間的差異

現在要區分這些不同媒體比以前更加困難，部分原因在於，當前某些媒體形式係透過分散在不同類型的通道來進行傳播，從而減少媒體形式與使用經驗上原本具有的獨特性。其次，以數位化為基礎的科技匯流日漸增加，進一步增強這個趨勢。各種媒體原本涇渭分明的監管機制已經變得模糊，不同媒體共享的相似之處變得更多。第三，全球化趨勢正在降低任何特定國家媒體內容和機構的獨特性。第四，全國和全球性媒體企業持續邁向整合，導致原本性質殊異的媒體被安置在同一屋簷下，促成了另闢蹊徑的匯流局面。

然而，某些層面仍然存在明顯差異，例如不同媒體在常規內容上就有一些明顯差異。也有證據顯示，人們對媒體的物理和社會心理特性有不同的理解（參見第 6 章的方框 6.4）。儘管不同國家的調查結果不同，人們對媒體的信任程度有很大的差異。此處我們只審視兩個恆久存在的問題：首先，相對於更廣泛的社會而言，某一種媒介享有多少**自由**？其次，從個別閱聽人的角度來看，某一種媒介能帶來什麼好處與**用途**？

自由與控制的面向

媒體與社會之間的關係具有物質、政治和規範或社會文化面向。政治面向的核心是自由和控制的問題。主要的規範性問題涉及媒體應該如何使用它們擁有的自由。如上所述，有很多原因可以解釋**書籍**何以聲稱並最終獲得近乎完全的自由，其中政治、宗教、科學和藝術的主張都發揮了一定

作用。這種情況（書籍出版自由）在自由社會中仍未受到挑戰，儘管書籍由於相對邊緣化而失去一些具有顛覆性的潛力（閱讀書籍已淪爲一種少數或次要形式的媒體使用行爲）。書籍的影響力仍然相當不容小覷，但它在很大程度上必須透過其他更受歡迎的媒體或機構（教育、政治等）才得以施展其影響力。

　　報業建立其經營自由的歷史地位，主要因爲它表達意見與傳播政治和經濟資訊的政治功能。但報紙也是一個重要的商業公司，能夠自由產製和供應其主要產品（資訊）是它在市場上成功營運的必要條件。實際上，無線廣播電視仍然普遍採許可制的方式監管，政治自由受限，部分原因是它們享有使用稀缺頻譜的特權（儘管很多人認定「無線電頻譜已經不存在稀缺性」），部分原因是它們被認爲具有影響力和說服力。但它們也經常被期望利用它們的資訊能力來支持民主進程並以其他方式爲公共利益服務。儘管如此，相較於政治控制或自願地承擔社會責任，目前趨勢是市場力量對廣電媒體營運的影響更大。

　　透過線纜、衛星或電信網路進行傳播的各種**新媒體**，往往能夠規避政府對其進行更多監管，但這種情況正在改變。過去，基於隱私，或是因爲不是對大眾進行無差別（而是針對特定使用者）發送的事實，它們得以豁免於監管。它們是所謂「共同載具」（common carriers），通常可免於受到內容監管，因爲它們以平等條件向所有人開放，而且主要用於私人或商業，而非公共事務。它們現在和擁有編輯自主權的媒體一樣，承擔著相同的傳播任務。大部分這些數位和線上媒體的自由度「未定」狀態是個具有爭議性的問題，因爲這些新媒體**實際上**享有的自由度非常大，它們引起濫用自由的普遍疑懼，並且成爲全世界許多人生活中不可或缺的一部分。

　　不同媒體在**政治**控制方面的差異（自由意指監管程度較低，監管機制較少）有個通則可循。實際上，營運上越接近大眾媒體，它就越可能被政府和政客盯上，因爲它會影響權力的行使（以及社會秩序的維護）。一般來說，相較於直接觸及當前事件和環境眞實的活動（譯按：例如新聞報導），藝術、虛構、幻想或娛樂領域的活動受到政府監管的程度較低。

　　就顛覆既有社會控制系統的潛力而言，幾乎所有的公共傳播媒體都不

容小覷。它們可以為新的聲音和不同於現有秩序的觀點提供通道；為底層或對現狀感到幻滅的人提供新的組織和抗爭方式。社群（和行動）媒體在動員和組織新的（大眾）社會運動中發揮了關鍵作用，例如阿拉伯之春、西班牙的反撙節運動、全球各地的占領運動（Occupy movement），以及「黑人的命也是命」（Black Lives Matter）和「#MeToo 運動」。即便如此，一旦成功，媒體的制度化發展通常會消解原先擁有的基進潛力，部分是因為商業化所致，部分原因則是權力當局害怕社會動盪（Winston, 1986）。根據 Beniger（1986）的說法，新傳播科技的主導邏輯一直是朝著增加控制的方向發展。這個說法目前正在透過網際網路（這種新傳播科技）進行測試，而且似乎正在得到證實。

控制的**規範**面向是根據相同的通則在運作，儘管有時對特定媒體會產生不同的後果。例如通常不受直接政治控制的電影，卻經常受到自我審查和外界對其內容的監督，理由是它對年輕人和敏感族群具有潛在的道德影響（尤其是在暴力、犯罪或性方面）。基於同樣的理由，電視在文化和道德面向上也受到廣泛限制。最近，數位遊戲成為規範性關切的焦點。這些媒體都非常受歡迎，可能會對許多人產生強烈的情感影響，為了維護「公共利益」（public interest），需要予以監督。

然而，若傳播活動越是被視為具有教育、「嚴肅」目的，或是具有藝術性和創意，就越可能免於規範性的限制。導致這種情況的原因很複雜，但也因為這個事實：「藝術」和較具道德嚴肅性的內容通常無法觸達大量人群，被視為權力關係的邊緣。

國家或社會對媒體的控制程度，部分取決於它是否控制得住。受到最嚴格監管的媒體，通常是那些發行通道最容易監管的媒體，例如中心化的全國性廣播電視或地方電影院發行系統。相較之下，書籍和印刷媒體通常較不容易被監控或壓制，地方電台也是如此。而桌上排版、影印及各種複製影音的方式，已使直接審查（direct censorship）的手段顯得非常遲鈍與效率不彰。

監管國界以阻止不受歡迎的境外傳播內容是困難的，這是促進更多自由的新科技可能帶來的另一個後果。雖然新科技普遍似乎增加了言論自由

的承諾，但不應低估的是，包括市場在內的制度控制對實際流動和接收的力量仍然非常強大。同時，人們也越來越清楚，網際網路並非像以前認為的那樣無法控制，因為所有流量都可以監控和追蹤，而且有些國家已經有效地封鎖了他們不喜歡的某些網站、應用程式和內容，並且可以懲罰用戶。面對威脅或法律不確定性，服務供應商和平台公司也進行了廣泛的自我審查。

　　本節討論的主要問題在方框 2.9 中有所總結，主要涉及社會控制，特別是涉及兩個方面：控制的手段或類型，以及動機。

2.9

媒體的社會控制

控制類型

- 內容審查
- 法律上的限制
- 基礎設施控制
- 經濟手段
- 自律或自我審查

控制動機

- 害怕政治顛覆
- 出於道德或文化原因
- 打擊網路犯罪
- 國家安全

使用和接收的面向

　　在內容和功能方面，對媒體通道進行分類或區分的難度越來越大，這削弱了曾經穩定的媒體社會定義。例如報紙現在可以作為一種娛樂媒體或消費者指南，同時也是有關政治和社會事件的資訊來源。有線電視和衛星電視系統不再侷限於為所有人提供一般節目。串流媒體服務（用於音樂、電影、電視和遊戲）模糊了各種媒體之間的界限。即使如此，一些關於媒

體「最適合做什麼」的主導形象和定義似乎仍然存在，係出於傳統、社會力量和某些科技的「偏見」共同導致的結果。

例如儘管電視在製作、傳輸和接收方面發生了許多變化和擴展，但它仍然主要是家庭娛樂的媒介，即使家庭成員不太可能一起觀看（參見第15章）。在大多數社會中，電視仍然是公眾關注的焦點和共同體驗，無論人們是透過串流媒體服務來「追劇」，還是收看定期排播的節目。它具有家庭和集體的特點，這似乎是持續存在的。傳統的家庭生活條件（共享空間、時間和環境）可能是造成這種情況的原因，儘管在科技上趨向於個人化使用和內容的專門化。隨著人們越來越多地透過社交媒體線上分享他們的觀看體驗，即使是那些獨自觀看的人也經常參與被業界稱為「第二螢幕」（second screen）的活動。

2.10

媒體使用的面向：產生的問題

- 家庭空間之內，家庭空間之外？
- 個別或共享的經驗？
- 公共使用或私人使用？
- 有無互動性？

方框 2.10 中關於媒體使用的問題指出了媒體接收的三個面向，主要適用於傳統媒體：家庭空間之內或之外；個別或共享的體驗；以及它是更加公共或私人的。電視通常是共享的、家庭的和公共的。報紙，儘管內容不斷變化，符合不同的類型，但它在性質上確實具有公共性質，但不是那麼純粹地供家庭使用，而是個人使用。廣播現在有很多態樣，但通常相當私人，並不完全是家庭的，而且比電視更個人化。書籍、音樂唱片和數位遊戲也大體上遵循這種模式。總的來說，由於科技變化導致在接收可能性的增加和匯流，上述這些區別變得不那麼明顯。

數位和線上媒體增加了關於哪種媒體適用於什麼目的的不確定性，但它們也增加了可以區分媒體的第四個面向：互動程度。越具互動性的媒

是那些允許用戶不斷進行有目的的選擇和回應的媒體。雖然電子遊戲、網際網路和社交媒體平台是互動成爲常態的明顯例子，而多頻道有線電視或衛星電視也增加了互動性，類比和數位錄影機提供的錄製和重播功能亦然。互動性已經從簡單的反應可能性，發展成爲在所有媒體產業創建和提供內容的能力。

大眾媒體和傳播的持續重要性

縱觀媒體和大眾傳播（研究）的歷史，有人聲稱「大眾媒體」和「大眾傳播」等概念或許已不再適合當代媒體環境。特別是隨著新資訊和傳播科技的快速發展，早在 1980 年代學者們就假設「科技變革可能會促進傳播學中長期需要的典範（或譯範式）轉變（paradigm shift）」（Reardon and Rogers, 1988: 297）。GSM（全球行動通訊系統）電話和萬維網（World Wide Web，簡稱 WWW）作爲網際網路的圖形用戶界面的引入——兩者都是在 1990 年代初期——放大了關於大眾媒體和通訊終結的預測，因爲「〔便攜式和去中心化〕新媒體的特徵正在打破我們對大眾傳播的概念」（Chaffee and Metzger, 2001: 369）。然而，在幾十年來研究「舊」和「新」媒體以及線下和線上傳播實踐的過程中，並考慮媒體設備、機構和（人員的網絡）在不斷變化的背景下適應的各種方式，我們必須得出結論：大眾傳播仍然是（或者重新成爲）理解我們的媒體環境的重要途徑。同樣地，以前的大眾媒體組織（例如出版商、廣播和有線電視公司）在很多方面比以往任何時候都更大且更具影響力，並日益在全球範圍內運作。儘管如此，我們不希望宣稱現有的媒體和大眾傳播理論、模式和方法可以完美地用於描述和解釋當前的情況。顯而易見，許多甚至大多數媒體和大眾傳播理論「需要在某種程度上重新調整，以反映新媒體的流動、結構、近用和所有權模式所帶來的變化。」（Weimann et al., 2014: 821）

在某種程度上，可以說線上、社交和行動媒體使媒體和傳播中的「大眾」概念再次回歸。傳統的大眾傳媒與傳播具有一對多傳播的特性，通常

缺乏互動性，而新媒體則增加了多向互動和多對多傳播的元素，模糊了傳統媒體之間的界限。正如第一章所定義的，大眾傳播是指透過一種或多種媒體向廣大閱聽人傳播的資訊，而大眾媒體是這種資訊的（科技和正式組織的）傳播手段。在新媒體背景下，一個或多個發送者和「大眾」接收者之間的區別與親身傳播的感知親密性、正式和非正式的傳播組織之間，以及不同（但匯流的）科技之間的區別似乎難以維持。

　　值得注意的是，大眾媒體和（人際）親身媒體與傳播之間的區別從一開始就不是那麼清晰，因為「大眾」媒體和傳播的概念出現在 1930 年代，並且一直具有規範性的傾向。當時，「大眾傳播」被視為單向、非親身和遠距離的傳播，與政治、宣傳、廣告和公共關係等領域相關；而「人際傳播」被認為具有直接、即時、面對面和身體接觸的優越性（Fortunati, 2005b）。John Durham Peters（1994）認為，將人際傳播視為一種「更溫暖」的傳播形式實際上可能是不正確的，因為大眾媒體和大眾傳播提供高度個人化體驗和意義建構的機會（換句話說：人們如何填補發送和接收訊息之間的空白）實際上可以在任何形式的對話中找到。對 Peters 來說，大眾傳播是最基本的傳播形式，而「人際傳播可以看作是一系列交織在一起的大眾傳播行為」（同上註：132）。在當代脈絡裡，可以肯定的是，互動式傳播科技只是增加了所有形式的對話機會，「發生演化的是大眾傳播，因此，大眾傳播和人際傳播的共同影響與過往有所不同。」（Walther and Valkenburg, 2017: 421）

　　將大眾傳播和人際傳播沿著個性化的面向分解為「大眾親身」（masspersonal）傳播模式（O'Sullivan and Carr, 2018），實際上是重申了它們之間的古老分離，凸顯了 Peters（1994）的觀察，亦即人們可以成為大眾媒體（例如挨家挨戶的競選活動家、銷售人員和教師），而大眾媒體可以模擬人際傳播（尤其是在社交機器人、「智慧」音箱、自適應網頁設計等時代）。在當今數位化、網絡化和相互關聯的媒體環境中，「三種傳播形式（人際傳播、大眾傳播和大眾自我傳播）共存、互動和互補，而不是相互替代。」（Castells, 2009: 55）在我們全面中介化的生活世界的脈絡下，隨著人際傳播預設的溫暖和真實性與大眾傳播的遠距和公共性質

合而爲一，出現了新的和緊迫的意義、影響和效能等問題。

　　大眾媒體和大眾傳播相關研究仍然是本書和本領域的核心，部分原因是當代「媒體多重性」（media manifold）（Couldry, 2016）重新激發了對大眾媒體和大眾傳播實踐的角色和影響的關切，另一部分是因爲大眾傳播作爲所有形式傳播的基礎，以及大眾媒體獨特的過程。我們觀察到當代學術研究涵蓋了豐富多樣的研究主題，其中大多數顯示「大眾」概念的盛行（通常與其他傳播層次混合或整合），包括但不限於以下幾個方面：

- 大數據是數位經濟的主要驅動力，也是政治傳播中日益強大的工具（例如關於大規模針對個人的微定向（the micro-targeting of individuals）、客製化訊息（customized messages），已成爲當代競選活動普遍可見的一部分）。

- 物聯網作爲「非人類」大眾傳播網絡的興起（將家用電器、健康監測系統和各種感測器等連接到網際網路），以多種方式影響著我們的生活。

- 數位資本主義的政治經濟學，受到電信、資訊和媒體公司所擁有的全球（市場）龐大力量的激發，例如微軟、蘋果公司、亞馬遜、字母公司（包括 Google）、臉書、騰訊和阿里巴巴等集團。

- 在使用媒體時，人們在高度個性化的資訊空間中花費大量時間，相關現象不斷引起公眾關注，被稱作「巴爾幹化」（Balkanization）（Sunstein, 2001）、「電信繭」（telecocoons）（Habuchi, 2005）、「迴聲室」（echo chambers）（Jamieson and Cappella, 2008）、「過濾氣泡」（filter bubbles）（Pariser, 2012）等，這些都意味著「大眾」傳播和人際（甚至是內向）傳播正在持續發生匯流（Walther and Valkenburg, 2017）。但迄今爲止的實證研究往往發現，人們的媒體習慣是自我選擇和預先選擇的個性化之間的複雜結合，通常不會導致兩極分化，並且有許多因素會削弱個人偏好、演算法和推薦系統的作用（Moller, Trilling, Helberger & Van Es, 2018; Dutton and Fernandez, 2019）。

- 各種（或多或少）新興社會運動和集體行動的興起主要是透過線上和行動通訊網絡的促進和組織，它們在影響與公共利益相關的情緒方面發揮著關鍵作用。

- 教師、學者、政策制定者和政治人物越來越認識到需要推動數位素養並使公民「具有媒體素養」，同時制定新政策以有效治理網際網路，並減少人們在使用網際網路時侵犯隱私、著作權或發生線上傷害（online harm）等情事。

- 重新關注媒體的影響和效果，其特色是多變項、混合方法（mixed method）和多級傳播（multi-step flow communication）的研究設計，以「雙盲」的方式試圖釐清媒體效果：一方面，該領域的學者不再像 20 世紀的大部分時間那樣假設媒體具有無所不能的直接影響力，而是承認媒體的影響是間接、有條件的和具有交易性的（Valkenburg, Peter and Walther, 2016）。另一方面，毫無疑問，我們生活在一個「深度媒介化」（deep mediatization）的時代（Couldry and Hepp, 2016），媒體可以被視為當今機構和活動的中心，有可能透過人們的使用和消費實踐以及媒體自身的內在邏輯來推動社會和政治變革。

本章小結

　　本章對大眾媒體（從早期印刷時代到當今資訊傳播科技時代和全球資訊社會）的演變有所評論。它講述的故事不是整齊有序的系譜，而主要是簡要描繪大眾媒體及其主要形式，以及世界各地的例子和案例。它突出了它們在傳播能力、閱聽人使用和更大社會關注方面的主要特徵。雖然過去主要是根據科技類型進行區分，但社會、文化和政治因素同樣重要。某些科技在演化鬥爭過程中倖存，而其他一些科技（此處未描述）則未能存活下來。網際網路興起後，所有不同的媒體都可以被視為正在趨向匯流。這一結論也同樣適用於媒體的各種用途。

　　在這裡呈現的媒體演變並不存在整體性的確定邏輯，必須注意到媒體

的演變比這裡描述的要複雜和混亂得多。正如 Dourish 與 Bell（2011）所建議的，在試圖理解媒體和傳播科技時，必須同時認識到其中的「神話」和「混亂」。值得注意的是，本章所描述的所有媒體仍然存在於我們身邊，並且在世界不同地區以不同的方式蓬勃發展，儘管有些預測與此相反。它們都找到了適應變化條件和新競爭對手的方法。然而，這並沒有提供皆大歡喜的新均衡狀態。Briggs 與 Burke（2010）在回顧從印刷機早期到當代匯流媒體生態系統的媒體社會歷史時得出結論：所有這一切都最好理解為處於持續變動狀態當中。

進階閱讀

Briggs, A., Burke, P. and Ytreberg, E. (2020) *A Social History of the Media*, 4th edition. Cambridge: Polity Press.

Lehman-Wilzig, S. and Cohen-Avigdor, N. (2004) 'The natural life cycle of new media evolution', *New Media and Society*, 6(6): 707-730.

McLuhan, M. (1962) *The Gutenberg Galaxy*. Toronto: University of Toronto Press.

Peters, J.D. (1994) 'The gap of which communication is made', *Critical Studies in Mass Communication*, 11(2): 117-140.

Van Dijck, J.A.G.M. (2013) *The Culture of Connectivity: A Critical History of Social Media*. Oxford University Press.

Weimann, G., Weiss-Blatt, N., Mengistu, G., Mazor Tregerman, M. and Oren, R. (2014) 'Reevaluating "The End of Mass Communication?"', *Mass Communication and Society*, 17(6): 803-829.

第二篇　理論

3

大眾傳播的概念和模式

　　本章關注的是定義媒體和大眾傳播研究的基本概念，並根據大眾媒體與社會間的關係在上個世紀的發展方式來解釋它們的起源。儘管新媒體崛起，社會和經濟環境也大不相同，但新舊媒體之間仍有許多連續性，而且早期媒體理論家和研究者面臨的許多問題也還在，只是有時變得更棘手。本章的概念綜述提供了一個框架，可以應用在第 1 章提及的那些主題和議題。本章第二部分聚焦在媒體和大眾傳播研究的主要觀點和方法，特別是批判和應用研究之間，聚焦因果關係的量化方法和強調文化脈絡的質性方法之間的差異。最後，本章概述被用來研究大眾傳播過程的四種模式，每種模式各有所偏，但也各具優勢。與其說它們是彼此的替代品，不如說是互補物。本章小結試圖依照媒體類型和傳播過程來整合研究媒體和大眾傳播研究的各種取徑。話雖如此，我們既不想忽視，也不想「解決」（傳播研究領域）豐富的多樣性，或是論者所批評之傳播研究領域碎片化的問題。相反地，我們想提供的是一個概念框架（conceptual framework），以幫助學生和學者規劃自己的道路。

媒體與社會的早期觀點

　　大眾媒體和傳播更早的形式存在於世界許多地方（見第 2 章），但從制度層面上來說，20 世紀可說是「大眾媒體的第一個時代」；然而，產業組織、制度安排和網絡化基礎設施的出現，標誌著 20 世紀的又一個轉折點。這一時期，大眾媒體的真實的或被覺察的影響力也令世人既驚且懼。儘管媒體制度、科技與社會本身發生了巨大變化，以及媒體研究和傳播學（communication science）作為一門學科的興起，但關於「媒體」潛在社會意義，公共辯論所涉及的重點似乎變化不大。

　　對 20 世紀最初二、三十年出現的問題進行描述，不僅只是出於歷史興趣，也有助於理解當下。從一開始就特別重要的四種觀點，至今仍在形塑著關鍵的研究和政策問題。第一個問題是關於新傳播工具的**力量**；二是它們可能導致的社會**整合**或社會解體；第三是關於公眾**啟蒙**的問題，新傳

播工具可能促進或削弱；第四個問題是關於新技術在使我們能夠輕鬆儲存記憶和獲取所需資訊的同時，我們的媒體文化似乎也變得更加短暫和「去空間化」（即我們可以隨時隨地與媒體互動）。總之，我們的媒體環境同時可以將我們置於任何地方與他人、與世界各地的內容和體驗聯繫，卻又幾乎無處可去，因為我們與所有這些的接觸通常在沒有任何背景的情況下（除了我們自己的參考框架）發生。這些主題將在後續章節中深入討論；此處，我們將簡要介紹他們思考（大眾）媒體和社會的歷史。

大眾媒體的力量

對大眾媒體具有影響力的信念，最初乃基於對其巨大影響力和明顯影響的觀察，特別是與新的流行報刊有關，而且這種信念跨越洲際和不同的文化。根據 DeFleur 與 Ball-Rokeach（1989）的說法，美國報紙發行量在 1910 年達到頂峰，儘管後來在歐洲和世界其他地區的報紙發行量也大幅增加。大眾報業主要由商業廣告資助，內容以聳人聽聞的新聞故事為特徵，其控制權往往集中在強大的報業「大亨」和富裕家庭手中，例如拉丁美洲的大眾報業。第一次世界大戰期間，歐洲和美國大部分地區皆可見新聞和電影被用於國族之間的戰爭。如果運用得宜，其結果似乎毫無疑問地顯示媒體確實能影響「大眾」。

蘇聯和後來的納粹德國，以及亞洲和非洲許多地區發生的事情，進一步強化了這種印象，媒體被執政黨菁英和國家政府用來遂行其宣傳意圖。歷史證據顯示，不管國家或文化脈絡為何，各國政府向來關注媒體的影響力，尤其是媒體能夠真正觸達「大眾」的時候（例如 20 世紀初的廣播和報紙，1970 和 1980 年代的電視，以及 2010 年代的網際網路）。第二次世界大戰期間，新聞和娛樂媒體被同盟國利用作為宣傳工具，消除了對其被認為具有宣傳價值的疑慮。在這個世紀未過半時，已經形成了一種堅定和有根據的觀點，亦即大眾宣傳在塑造民意和影響行為方面是有效的。它還可能對國際關係和聯盟產生影響。更近期的事件，包括共產主義的垮台、巴爾幹戰爭、兩次波斯灣戰爭、阿拉伯之春和正在進行的「反恐戰爭」，已經證實媒體是任何國際權力鬥爭中必不可少且不穩定的組成部

分，其中民意也是一個因素。有效的媒體影響力的條件通常包括一個能夠
觸達大多數人口的國家媒體產業、資訊傳播達一定程度的共識（無論其方
向如何），以及閱聽人對媒體的可信度和信任。

　　雖然到目前為止，人們對媒體和大眾傳播的直接「效果」有更多的了
解和懷疑，但在廣告、公共關係和政治競選活動領域仍然非常依賴大眾媒
體，並增加花費於透過社交媒體對人們（作為群體甚至個人）發送定向廣
告／訊息。在一般情況下，政治通常被認為需要善於媒體表現才能成功，
這在政治活動中也是常態。而一些（通常更民粹主義的）政治人物和政
黨特別轉向網際網路和社交媒體，以繞過或「去中介化」（Katz, 1988）
傳統新聞媒體，以便直接與選民接觸，這被認為是他們成功的原因之一
（Kruikemeier, Gattermann and Vliegenthart, 2018）。

傳播與社會整合

　　19 世紀末和 20 世紀初的社會理論家非常清楚正在發生的「鉅變」，
因為緩慢的、傳統的和共同體的方式正在讓位於快節奏、世俗、都市化的
生活方式，以及社會活動在規模上的擴展。當時歐洲和北美社會學的許多
主題都反映了這種從小規模社會到大規模社會、從農村到都市社會變革的
集體自覺。面對工業化和都市化帶來的問題，當時的社會理論提出了新形
式整合的必要性。犯罪、賣淫、貧困和依賴問題，與現代生活中日益增加
的匿名性、孤立性和不確定性有關。

　　雖然根本的變化是社會和經濟的，但有可能指出報紙、電影和其他形
式的流行文化（音樂、書籍、雜誌、漫畫）可能對個人犯罪和道德墮落
產生影響，也可能導致人的無根、無個性和缺乏歸屬感或社群感。在美
國，20 世紀頭 20 年的大規模歐洲移民凸顯了社會凝聚力和整合問題，正
如一百年後的移民問題是個類似的問題一樣。當時在芝加哥學派社會學
的著作，以及羅伯特・帕克（Robert Park）、米德（G.H. Mead）、杜威
（John Dewey）等人的著作中得到了例證（Rogers, 1993）。Hanno Hardt
（1979, 1991）重構了歐洲和北美早期關於傳播和社會整合的主要理論。
許多後續工作被歸功於媒體和傳播研究的「一代宗師們」，例如保羅・

拉查斯斐（Paul Lazarsfeld）、莫頓（Robert K. Merton）和 Elihu Katz，但實際上是由一群重要女性的工作和研究促成的，包括赫塔・赫爾佐克（Herta Herzog）、賽爾瑪・安德森（Thelma Ehrlich Anderson）、哈澤爾・高德特・埃爾斯金（Hazel Gaudet Erskine）和羅斯・戈德森（Rose K. Goldsen），她們在歐洲和北美的大學和研究單位工作，研究媒體和傳播領域知識生產的性別化歷史（gendered history）（Rowland and Simonson, 2014；另見 outofthequestion.org 網站）。而在非洲、亞洲和拉丁美洲的媒體和傳播學研究中，社會凝聚力和整合性也是常見的主題，但通常更多地在建國、區域和國家發展，以及對前殖民地或獨裁統治的公眾教育，以爭取解放（Willems, 2014）。

　　大眾媒體與社會整合之間的聯繫，很容易從負面意涵（更多的犯罪和不道德）和個人主義（孤獨和集體信仰的喪失）的角度來理解，但現代傳播也被期待對凝聚力和共同體做出積極貢獻。大眾媒體是一種新的凝聚力的潛在力量，能夠在共享的國家、地區和地方經驗中將分散的個人聯繫起來。它們也可以支持新的民主政治和社會改革運動。最重要的是，大眾媒體，尤其是電影和新興的電視娛樂形式（例如電視劇和肥皂劇），讓人們感受到日子變得更好過些。

　　如何解讀媒體的影響，往往取決於觀察者對現代社會的個人**態度**，他們對國家（或殖民）權力與媒體之間關係的評估，以及他們對社會前景的樂觀或悲觀程度。20 世紀初期，既是民族主義、革命和社會衝突的高峰，也是充滿希望的思想、民主進程和科技進步的時代。

　　在當前這個時代，情況有所變化，儘管基本主題保持不變。人們仍然擔心將個人和社會聯繫在一起的紐帶薄弱，共同價值觀的付之闕如，社會和公民參與的不足，以及新媒體環境中的「公共價值」（public values）的衰落（嚴格的商業和功利主義的考慮似乎占了上風；見 Van Dijck et al., 2018）。工會、政治、宗教和家庭的關係都發生了變化，儘管這些關係並不一定比以前薄弱。社會組織的結構，所謂「結合的紐帶」（ties that bind）往往具有更加網絡化的形式，而不是線性或單一形式，尤其是在城市化地區（Hannerz, 1980）。整合問題出現在新的族群和移民，他們來到

（或被遠離）工業化國家，涉及線上和線下虛假資訊的迅速傳播，尤其是利用這些歷史發展來實現政治和選舉利益。傳播媒體面臨新的需求，要在更大的社會中滿足舊有和新的少數群體的**身分認同**和表達需求，並且促進社會和諧和人們的歸屬感。對於媒體和大眾傳播的研究來說，針對媒體效果方向過於簡單的結論提出質疑仍然至關重要。

大眾傳播作為大眾教育者

20 世紀初的（現代和樂觀）精神支持了關於大眾傳播的第三套觀點：媒體可以成為一股強大的力量，用於公眾啟蒙，補充和延續普遍教育、公共圖書館和大眾教育等新機構。政治和社會改革者從整體上看到了媒體的積極潛力，而媒體通常也認為自己在傳播**資訊**和思想、揭露政治腐敗以及為人們提供無害的娛樂等方面有所貢獻。在許多國家，記者變得更加專業化，他們加入工會和產業協會，並且制定職業道德**準則**和優良實務作法。

新聞界提供資訊給剛剛獲得選舉權（而且識字率越來越高）的群眾方面的民主任務被廣泛認可。1920 年代和 1930 年代歐洲新成立的廣播機構經常被賦予公共文化、教育和提供資訊的使命，以及促進國族認同和統一的任務。在世界其他地方，廣播和後來的電視要不是牢牢掌握在國家手中，就是私人媒體但直接或間接充當政府的喉舌。唯一的例外是地方和社區媒體，例如非洲和拉丁美洲等地的短波廣播。然而，隨著這種情況發生變化，參與其中的利益攸關者熱情地主張媒體在提供資訊和教育大眾方面具有強大作用。

每一種新的大眾媒體都因其教育和文化利益而受到歡迎，但同時也因其令人憂慮的影響而恐懼。以電腦和電信為基礎的最新傳播科技再次激發了傳播科技促進啟蒙的潛力。現在，人們對主要大眾媒體的啟蒙作用的擔憂多於希望，因為他們越來越多地尋求在競爭激烈的市場中獲利，在這個市場中，透過線上消費者行為蒐集的數據進行娛樂和個人分析比教育或藝術具有更大的市場價值。公共**廣播**再次因其對公共知識和社會團結的貢獻而受到保護，抗拒市場力量。人們也開始提出在**網路空間**中應該有類似的公共服務存在。

媒體是問題或替罪羊

　　儘管有希望和令人擔憂的情況，但幾十年來公眾輿論的傾向似乎未有改變，人們還是一樣既責怪媒體，又要求它們做更多的事情來解決社會弊病。每當出現一個無法解決或難以解釋的社會問題時，都會出現與媒體有關的連續警報。最持久的元素是對媒體的負面看法，尤其是傾向於將媒體對犯罪、性和暴力的描述與社會和道德混亂的增加聯繫起來。這些警報浪潮被稱爲「道德恐慌」（moral panics），部分原因是它們缺乏關於媒體成因或實際影響的證據（Drotner, 1992）。

　　與此相關的結構性關切是媒體成癮問題，特別是關於年輕人、兒童和青少年花在媒體上的時間。在他們對年輕人和新媒體的趨勢和數據的回顧中，Palfrey 與 Gasser（2008）將他們稱爲「數位原住民」（digital natives），他們生活在一個完全由媒體媒介的環境中，與他們的父母、其他成年人和專業人員疏遠。有觀察者聲稱，今天的青少年與前幾代人不同，他們不將科技視爲科技，而是將其視爲空氣，因爲他們從小與它一起長大，只是環境的另一部分。然而，與歷史上對「年輕人」的類似說法（所謂那些孩子和他們邪惡的搖滾樂），或者承認缺乏支持這些說法的證據，在社會持續**媒介化**的背景下，已經出版了許多有影響力的書籍，暗示所有這些「媒體時間」使我們變得愚蠢（Bauerlein, 2008）、孤獨（Turkle, 2011），或者只是肥胖、愚蠢、好鬥、孤獨、生病、自戀、悲慘和不幸的組合（Spitzer, 2012; Twenge, 2017）。

　　媒體還被發現有新的問題，特別是民粹主義政治抗議和勝選、排外主義、厭女症，甚至所謂的民主衰落、政治冷漠和犬儒主義抬頭等現象。個人傷害現在包括憂鬱、貪婪、肥胖（或相反）和倦怠。這種引發恐慌的現象中，一個常見的靶子是網際網路，它被懷疑涉嫌鼓勵戀童癖、（極端）色情、暴力和仇恨，並且協助恐怖組織和國際犯罪。矛盾的是，通常是媒體本身凸出和放大了這些危言聳聽的觀點，也許是因爲它們似乎證實了媒體的影響力，或者是因爲傳統媒體喜歡報導新競爭對手的潛在缺陷和危險，很可能是因爲它們已經被普遍相信，而且還具有新聞價值。

「大眾」這個概念

　　這種大眾偏見和關於媒體的社會理論的混合，影響了研究經費的分配、研究的委託、假設的制定和檢驗，以及更精確的媒體和大眾傳播理論的發展。儘管對大眾媒體影響的方向（正面或負面）的解釋存在很大分歧，但公眾對媒體的評價中最持久的因素是對其強大影響力的共識。反過來，這種看法很大程度上可以歸因於「大眾」（mass）一詞的各種含義。儘管「大眾社會」（mass society）的概念直到第二次世界大戰後才得到充分發展，但其基本思想在 19 世紀末之前就已經流傳。「大眾」這一關鍵詞實際上結合了許多重要概念，這些概念至今對於理解大眾傳播過程相當重要。

　　早期對這一關鍵詞的使用通常帶有負面意涵。它最初指的是群眾或「普通人」，通常被視為未受過教育、無知和潛在的非理性、難以控制甚至暴力的（例如當大眾變成一群暴民時）（Bramson, 1961）。然而，它也有正面意涵的用法，特別是在社會主義傳統中，它意味著普通勞動人民在為集體目的而組織或承受壓迫時的力量和團結。「大眾支持」、「大眾運動」和「大眾行動」等詞語是描述大量人群集體行動的正面例子。正如雷蒙‧威廉斯（Raymond Williams, 1961: 289）所評論的那樣：「沒有大眾，只有將人們視為大眾的方式。」

　　除了它的政治含義，當「大眾」一詞用於一群人時，具有不受歡迎的意涵。它暗示了一個無定形的、缺乏個性的人群。這與早期社會學家有時賦予媒體閱聽人的意義相近。大眾媒體的大量且看似無差別的閱聽人為這一概念提供了最清晰的例子。方框 3.1 提供了包括客觀和主觀或被感知的「大眾」的主要特徵。

3.1

大眾的概念：理論特徵

- 由一大群人所組成
- 未分化的組成　　　　　　　　　　　　　　　　　　　　　（續）

- 主要是負面意涵
- 缺乏內部秩序或結構
- 反映更廣泛的大眾社會

大眾傳播過程

　　「大眾傳播」一詞在 1930 年代後期開始使用，但它的基本特徵已經為人所知，並且自那以後並沒有真正改變，即使媒體本身在某些方面已經變得不那麼大眾了。早期的大眾媒體在規模和運作條件上非常多樣化。例如流行電影可以在村莊的帳篷和大都會的豪華影院中看到；報紙的範圍從流行的都市日報到小型的地方週刊。儘管如此，我們還是可以根據第一章介紹過的某些一般性的特徵來辨別大眾傳播的典型形式。

　　大眾媒體最明顯的特點是它們是為了觸達大眾這一目的而存在。潛在閱聽人被視為大量的、或多或少匿名的消費者群體，這種觀點影響了發送者與接收者之間的關係。重要的是，大眾媒體訊息的閱聽人群體如此龐大，並不排除社會或其他有意義的聯繫和體驗（Freidson, 1953）。「發送者」通常是組織本身或其僱用的專業傳播者（記者、主持人、製片人、演員等）。如果不是這樣，它可能是社會的另一種聲音，給予或出售媒體通道（廣告商、政治人物、傳教士、倡議者……等）的近用權。當代媒體環境的一個引人入勝的特徵是「大眾」一詞可以同時代表訊息的發送者和接收者，因為人們透過（影音）網誌大量參與次要或主要形式的一對多交流，發布到照片共享平台，對維基（wiki）網頁進行編輯，以及任何上傳到各種社交媒體平台的內容、按讚和標籤。最後，在數位環境中，發送者還可以指某種自動化軟體，它根據某人的瀏覽、點擊或程序選擇行為將內容推送給某人。

　　這種關係不可避免地是單向的、片面的和非個人的，發送者和接收者之間存在著社會距離和物理距離。前者通常比後者更具權威、聲望或專業

知識。人們不該把所有這些發送者的大眾自我傳播（訊息接收者在此變成發送者），誤認為這代表著控制權已經轉移至閱聽人手上。事實上，正如 Terranova（2000）早就指出的那樣，人們對社交（和其他線上）媒體的貢獻，主要是為平台公司提供的「免費勞動」。這種關係不僅不對等，而且在意圖上往往是出於算計或操縱。它本質上是不道德的，基於在一些不具相互義務的、不成文契約中承諾或要求的服務。線上，此類契約採用終端用戶授權協議（End-User Licensing Agreements）的形式，我們在使用任何類型的線上服務、軟體或平台時都必須（有時一遍又一遍地）以電子方式簽署。

　　大眾傳播的符號象徵內容或訊息，通常以標準化方式（大規模生產）「製造」，並以相同形式重複使用和複製。它的流動絕大多數是單向的。由於複製和過度使用，它通常已經失去它的獨特性和原創性。媒體訊息是一種勞動產物，在媒體市場具有交換價值（exchange value），對它的接收者（亦即媒體消費者）具有使用價值（use value）。它本質上是一種商品，這不同於其他類型的人類傳播的符號象徵內容。即使是透過大眾自我傳播做出的各種各樣的貢獻也經常遵循某種產業慣例，儘管有別於媒體專業人士奉行的正式和非正式規則、標準和實踐準則。

　　大眾傳播過程的一個早期定義（Janowitz, 1968）如下：「大眾傳播包括一套制度與技術，讓專殊化團體得以運用科技設備（新聞、廣播、電影等）將符號象徵內容傳播給數量龐大、異質且散布各地的閱聽人。」在這個和類似的定義中，「傳播」這個詞實際上等同於發送者視野下的「傳輸」，而不是這個詞的更完整的含義，包括反應、共享和互動等概念。這種定義還受到將大眾傳播**過程**視同傳輸**手段**的限制；然而，「傳播」與「傳輸」並非同義詞，特別是新媒體可以（有時是同時地）為大眾傳播和親身性的個人傳播服務。

　　大眾媒體也有一些嚴格說來不算大眾傳播的用途（例如作為打發時間、排遣寂寞的工具）。同一科技還有其他常見的使用方式，而且同一**網絡**可能中介了其他類型的關係。例如「大眾」傳播的基本形式和科技，可以被用在地方報紙或廣播，也可能被用於教育。大眾媒體也可用於個人、

私密或組織的目的。爲公共目的向廣大公眾傳播公共訊息的媒體，也可以被用於傳播個人通知、倡議訊息、慈善訴求、人事招聘廣告，以及許多不同種類的訊息和文化。這一點在傳播科技匯流的時代尤其重要，因爲公共和私人，以及大眾和個人傳播網絡之間的界限越來越模糊。

從一開始，「大眾傳播」就是一個概念，更甚於是一個現實。該術語代表理論上可能、本質上是動態的條件和過程，很少以任何純粹的形式出現。在它似乎確實發生的地方，它通常比它在表面上出現的規模更小，且較少純粹由科技所決定。方框 3.2 列示該概念的定義特徵。這些特徵都具客觀基礎，但作爲一個整體，這個概念往往被以主觀和不精確的方式使用。

3.2

大眾傳播過程：理論特徵

- 內容的大規模流通和接收
- 單向流動
- 發送者和接收者之間的不對等關係
- 與閱聽人的關係是一種非親身性與匿名的關係
- 與閱聽人的關係是一種出於算計或市場的關係
- 內容的標準化和商品化

大眾閱聽人

赫伯特・布魯默（Herbert Blumer, 1939）開風氣之先，將「大眾」正式定義爲現代社會中一種新型社會形構，有別於**團體**（group）、**群眾**（crowd）和**公眾**（public）等社會形構。在一個小團體中，所有成員都相互認識，知悉其成員身分，共享相同的價值觀，擁有長期穩定的關係結構，並且爲了達到某種目的而彼此互動。群眾的規模比小團體更大，但仍

侷限在特定空間的可觀察邊界內。然而，它是暫時的，很少以相同的組成重新形成。它可能具有高度的認同感與相同的「情緒」，但其道德和社會組成方式通常不具結構或秩序。它可以行動，但它的行動通常被視為帶有情感和情緒、通常不理性的屬性。

布魯默命名的第三種集體，亦即「公眾」，通常規模相對較大、分布廣泛且較為持久。它通常圍繞公共生活中的問題或理念而形成，主要目的是為了推進某種利益或意見，想要達成某種政治變革。它是民主政治中的一個基本元素，基於開放政治體系當中的理性話語／論述（rational discourse）的理想，通常包含社會上掌握較多資訊的部分人口。公眾的崛起是現代自由民主國家的特徵，並且與前述的「資產階級」或政黨報紙的興起有關。

「大眾」（mass）一詞捕捉到電影和廣播（以及某個程度上來說是大眾媒體的大眾報刊）的新閱聽人的幾個特徵，而前述三個概念中的任何一個都沒有涵蓋這些特徵。新閱聽人的人數通常比任何團體、群眾或公眾更多。它非常分散，它的成員通常彼此不認識，也不知道是誰創造了閱聽人。它缺乏自我意識和自我認同，無法以有組織的方式共同行動以實現目標。它的特點是在邊界與成員不斷變化。它不是為自己而行動，而是「被作用」（因此成為操縱的對象）。它是異質的，包含來自各種社會階層和人口學特徵的龐大人群，但出於他們對某些特定內容的興趣，或是從那些想要操縱它的人的視角，閱聽人也是同質的。大眾閱聽人的主要特徵彙整在方框 3.3，它反映了大眾閱聽人特徵的變化，以解釋這樣一種大眾閱聽人的形構，亦即他們也可能透過線上（社交）媒體來發送和接收訊息，促成某些議題的「病毒式傳播」。

大眾媒體的閱聽人並非唯一能用這種方式描述的社會形構，因為「大眾」這個詞有時會用在「大眾市場」（mass market）的消費者，或是用於大量選民〔「大眾選民」（mass electorate）〕的表述。然而，重要的是，這些實體也經常與媒體閱聽人相對應，大眾媒體被用來指導或控制消費者和政治行為。在當代脈絡下，一個類似的過程也在反向運作，例如 Zizi Papacharissi（2014）所稱的「情感公眾」（affective publics），能夠對政

治和經濟過程產生深遠影響（例如透過網路行動主義）。

3.3

大眾閱聽人：主要理論特徵

- 數量龐大的讀者、觀眾等
- 分布廣泛
- 非互動或半互動式的，通常彼此間是匿名關係
- 充滿異質性的組成
- 缺乏正式組織與自我行動
- 可能成為管理或操縱的對象

　　在上述概念框架內，媒體使用（media use）被當成「大眾行為」（mass behaviour）的一種形式，而這又鼓勵了「大眾研究」方法的應用，尤其是大規模調查和其他記錄閱聽人觸達率和反應狀況的方法。「閱聽人研究」（audience research）的商業和組織邏輯被賦予了理論基礎，從而用純粹的**數量標準**來討論媒體閱聽人似乎顯得既合理又實用。事實上，研究方法往往強化了一種有偏見的概念觀點（將閱聽人視為大眾市場）。對新聞和廣電媒體觸達率和收視率的研究，強化了將閱聽人視為大眾消費者市場的觀點。

作為一種社會制度的大眾媒體

　　儘管科技在不斷變化，大眾傳播仍然存在於整個大眾媒體機構的框架內。這在廣泛的意義上指的是一系列媒體組織和活動，以及它們自身的正式或非正式的運作規則，有時還有社會制定的法律和政策要求。這些反映了整體公眾和其他社會機構（例如政治、政府、法律、宗教和經濟）的期望。媒體機構逐漸圍繞**出版**和傳播這一主要活動發展起來。它們還與其他機構重疊，尤其是隨著這些機構擴展其公共溝通活動，現今很難找到不

重視媒體活動的政黨、公司或企業。這樣一來，大眾媒體在社會中以兩種方式變得強大：首先，它們是一個具有特定內在邏輯的機構（見本書第4部分）和具有顯著影響力（經濟、社會、文化和政治）的領域；其次，「媒體同時成爲政治、工作、家庭和宗教等其他機構的一個組成部分，因爲這些機構活動有越來越多是透過互動和大眾媒體進行的。」（Hjarvard, 2008a: 105）這種社會的「媒介化」（mediatization），即社會越來越多地屈從於或依賴於媒體及其邏輯，爲該領域的理論討論提供了一個富有成果的話題，因爲它試圖承認大眾媒體和大眾傳播在社會上的顯著角色，而不是回到20世紀初那樣對媒體無所不能的疑慮（見第4章）。

　　傳統上，大眾媒體根據科技類型（印刷、電影、電視等）且經常在每種類型內部進一步區分（例如國家與地方報刊或廣播）。它們也隨著時間的推移而變化，並且因國家而異。過去幾十年的主要趨勢是不同科技、類型和形式的大眾媒體的日益匯流和整合。即便如此，除了作爲想要傳播及回應個人和集體需求的人生產和傳播「知識」（資訊、思想、文化）的核心活動之外，還有幾個典型的定義特徵。

　　整個大眾媒體被稱爲一個機構，雖然相當常見，例如「媒體的影響」或「媒體在社會中的責任」，但在自由社會中，媒體沒有像醫療、教育、司法或軍事一樣的正式機構。儘管如此，媒體單獨或共同發展出了一種嵌入並爲更廣泛社會所認可的制度形式。「新聞業」就是一個很好的例子。雖然沒有正式的定義或界限，但通常包括所有報紙和雜誌、記者、編輯和媒體所有者。在許多國家，沒有正式的外部監管，但有自願的行爲準則和道德規範。新聞界承擔了一些公共責任，並獲得一些權利和特權的回報，尤其是言論自由的保障。其他媒體，例如廣播，也發展出自己的機構身分。所有媒體之間有足夠的共同點，可以證明單獨提及「媒體機構」（media institution）這一概念是有道理的，其中的主要概念特徵如方框3.4所示。

─── **3.4** ───

大眾媒體機構：主要理論特徵

- 核心活動是資訊和文化的製作與發行
- 媒體在受到制度監督的「公共領域」（public sphere）中獲得職能和責任
- 控制主要透過自律，以及社會設定的相關限制
- 成員邊界是可滲透的
- 媒體受到國家治理，但擁有自由和相對獨立性

大眾文化與流行文化

透過新創建的傳播通道傳送給新的大眾閱聽人的典型**內容**，從一開始就是非常多元化的混合體，包括故事、圖像、資訊、想法、運動、娛樂和奇觀等。即便如此，「大眾文化」這一概念通常被用來泛指這些內容（參見 Rosenberg and White, 1957）。大眾文化有一個更廣泛的參照對象，指的是大眾（或僅僅是大多數人）人民的品味、偏好、習俗和風格。它曾經帶有普遍的負面含義，主要是因爲它與「未開化」、不具辨識度或低階層閱聽人的文化偏好有關。

「大眾文化」這個術語現在已經相當過時，部分原因是階級差異不再尖銳或明確承認，不再將受過教育的專業少數人群與龐大的、貧窮、受教育程度低下的工人階層群眾分開。過去的「文化品味」等級制度也不再被廣泛接受。即使在流行的時候，「大眾文化」作爲一個純粹的「底層階級」現象也沒有經驗證據支持，因爲它涉及幾乎每個人的正常文化體驗（Wilensky, 1964）。現在，「流行文化」這個詞通常更受歡迎，因爲它只是指許多人或甚至大多數人喜歡的東西。它也可能帶有一些特別受年輕人歡迎的東西相關的內涵。媒體和**文化研究**以及社會的最新發展，導致了對流行文化的積極評價。對於一些媒體學者（Fiske, 1987; Costera Meijer, 2001）來說，流行之所以流行，本身就是一種政治和文化價值的象徵，可

以作爲品質的標誌，就像任何其他形式的表達一樣。

定義和對比

定義大眾文化的嘗試，經常把它（不利地）與更傳統的（象徵性）文化形式進行對比。例如 Wilensky 將其與「高雅文化」的概念進行比較，後者指的是產品的兩個特徵：

> (1) 它是由在某種美學、文學或科學傳統中運作的文化菁英創造或在其監督下創造的……(2) 獨立於產品消費者的關鍵標準被系統地應用於它。……「**大眾文化**」是指**專門為大眾市場製造的文化產品**。相關的特徵，不是定義所固有的，而是產品的**標準化**和其使用上的**大眾行為**。（Wilenski, 1964: 176，粗體字強調處為原文所加）

大眾文化也不同於早期的文化形式——民間文化、土著文化或傳統文化，這些文化更明顯地源自於人民，通常早於（或獨立於）大眾媒體和文化的大規模生產（參見 Beltrão, 1971）。原始的民間文化（特別是在服飾、習俗、歌曲、故事、舞蹈等），在 19 世紀歐洲和 20 世紀上半葉的整個拉丁美洲被廣泛地重新發現。這往往是出於民族主義興起有關的原因，要不就是作爲「藝術與手工藝」運動和反對工業主義的浪漫主義的一部分。這種（中產階級）的重新發現正是在工人和農民階級因社會變革而迅速消失的時候進行的。在殖民時代結束後（在整個非洲和亞洲的部分地區）、獨裁政權和軍事政權被推翻後（在整個拉丁美洲），以及像澳洲原住民和美國原住民等解放性社會運動的興起，更多的關注、投資和學術研究投入於土著和少數民族媒體中，以表彰「媒體在實現社會正義目標方面的長期貢獻」（Podkalicka and Rennie, 2018: 3）。

原本的民俗文化是不自覺地使用傳統的形式、主題、材料和表達方式，通常已經融入到日常生活中。對大眾文化的批評者通常都會感嘆民間藝術的完整性和簡單性的流失，這個問題在全球範圍內仍然存在

（Woitowicz and Gadini, 2018）。西歐和北美的新城市工業工人是新大眾文化的第一批消費者。毫無疑問，大眾媒體借鑑了一些流行的文化流派，並將其他文化流派適應到城市生活的條件中來填補工業化所造成的文化空缺，但知識分子批評家通常只能看到文化的喪失。近幾十年來，人們已經注意到在媒體類型中大眾文化、流行文化和民間或原住民文化的混合，關注跨文化主題和符號的不同挪用和再挪用方式，部分原因是受到全球化的啟發。方框 3.5 概述了大眾文化的主要特徵。

3.5
大眾文化的概念：主要特徵

- 非傳統形式和內容
- 面向大眾消費
- 大量生產和公式化
- 帶有貶義的形象
- 商業的
- 同質化

大眾文化的其他觀點

大眾文化的興起可以有多種解釋。例如 Bauman（1972）對大眾傳播媒體**造成**大眾文化的觀點提出異議，認爲它們更多地是塑造國家社會日益增長的文化同質性的工具。在他看來，所謂「大眾文化」更恰當地說只是一種更普遍或更標準化的文化。大眾傳播的幾個特徵促成了標準化進程，特別是對市場的依賴、大型（通常是跨國）組織的至高無上，以及新科技在文化生產中的應用。這種更客觀的方法有助於化解圍繞大眾文化的辯論中出現的一些衝突。在某種程度上，「大眾文化的問題」反映了需要接受符號複製的新科技可能性（Benjamin, 1977），這挑戰了既有的藝術觀念。大眾文化的問題在社會和政治方面進行了辯論，但在美學層面上並未得到解決。

儘管尋求一種看似不帶價值觀的大眾文化概念，但這個問題在概念上和意識形態上仍然很有問題。正如布迪厄（Bourdieu, 1986）和其他人已經清楚地表明，不同的文化價值概念與社會階級差異密切相關。擁有經濟資本，通常也越可能擁有「文化資本」（即知識、行為和技能的累積，可以用於展示自己的文化能力，從而展示自己在社會中的社會地位或階級），有時也可以用於獲取物質優勢。基於階級的價值體系曾經堅定地維護了「高雅」和傳統文化的優越性，反對大眾媒體典型的流行文化。對這種價值體系（儘管可能不是階級體系）的支持已經減弱，但差異化的文化品質問題仍然是一個持續中的文化和媒體政策辯論面向。

最後，我們可以謹記上述所提到的，「流行文化」已被社會和文化理論家廣泛地重新評價。它不再被視為缺乏原創性、創造性或價值，反而常常因其意義、文化重要性和表現價值而受到讚揚。其實是這樣，「大眾」和「流行」文化類別的崩潰（以及隨後高度個人化的文化重組）可以被視為當今媒體和大眾傳播的核心特徵。

重新評估大眾這個概念

大眾或大眾社會的概念始終是一個抽象概念，表達了對當代文化趨勢的批判性觀點。儘管如此，它曾經提到的一些弊病和不滿仍然存在，有時以新的名稱出現，其中包括：孤獨感和孤立感的體驗；在面對經濟、政治和環境力量時感到無助；現代生活中很多時候感到的非人性，有時還會因為資訊科技而變得更加糟糕；凝聚力的下降；以及安全感的喪失。

在當代脈絡下，「大眾」這個概念持續具有特定意義，其鮮明例子之一是殭屍作品在流行文化中的盛行，不論在書籍、電影或是電子遊戲中。殭屍成為現代人的一種生活隱喻，因為它能夠表現出人們對於當代全球威脅感到無力的情感。例如股票波動和崩盤、恐怖主義和氣候變遷等。殭屍可能被視為「時代的怪物」，它以一種特定的人類面孔揭示了人們對於危機的普遍感受（Deuze, 2015）。

大概現在比較清楚的是，大眾媒體既可以是解決問題的一部分，也可以是問題的一部分。取決於我們是誰和在哪裡，對於處理大規模社會的困

難、理解我們所處的困境，並且調解我們與更大力量之間的關係，它們提供了方法。現在的媒體可能不再是單向、遠距的「大規模傳播」，而是更加具有反應性和參與性。但是，它們的作用並非總是良善的。它們可以在沒有被問責的情況下行使權力，並透過侵犯隱私、**刻板印象**和汙名化，以及系統性的不實訊息摧毀個人的生活。當它們在某個問題上達成一致時，很少容忍異己，而當它們決定支持當局時，就無處伸張正義。它們可能會破壞民主政治過程，實際上具有善意的專制者的某些特點，有時令人感覺親切、反覆無常、凶猛或非理性。出於這些原因，甚至有必要對那些看似過時的觀念保持長期記憶。

理論與研究的主導典範的興起

　　關於媒體和社會的觀念，以及已經有所描述的「大眾」的各種子概念，有助於形成一個大眾傳播研究框架，該框架在某種意義上被描述為「主導」（dominant）。「主導典範」（dominant paradigm）結合了對大眾社會中強大的大眾媒體的觀點，以及新興社會科學，特別是社會調查、社會心理實驗和統計分析的典型研究實踐。主導典範的基本社會觀本質上是規範性的。它假定某種正常運作的「良好社會」，該社會將是民主的（選舉、普選、代表制）、自由主義的（世俗的、自由市場條件、個人主義的、言論自由）、多元主義的（制度化的各方與利益之間的競爭），以及共識和有序的（和平、社會整合、公平、合法），而且是被充分告知的。自由主義多元主義的觀點並不認為社會不平等本質上是有問題的，甚至是不公正的，只要張力和衝突可以透過現有的制度手段解決即可。

　　大眾媒體所帶來的好或壞的潛在或實際影響，主要是根據這種模式來判斷的，它與西方社會的理想化觀點不謀而合。這種社會觀的矛盾及其與社會現實的距離往往被忽視。早期關於發展中國家或第三世界國家的媒體研究，大多都基於這樣的一種假設，認為這些社會將逐漸趨同於（更先進、更進步的）西方模式。越來越多的文獻不僅呼籲將媒體和大眾傳

播研究「去西方化」和國際化（Curran and Park, 2000; Thussu, 2009b），而且還積極納入西方世界以外發表的聲音、經驗和研究（Willems, 2014; Wasserman, 2018）。此外，正如 Waisbord 與 Mellado（2014: 362）所示，「去西方化」在美國和歐洲之外的地方通常具有不同的含義和更長的歷史，因為它往往被視為「一種必要的轉移，以便反對學術歐洲中心主義」，而不僅僅是拓寬視野，「動搖建立在狹窄案例和分析觀點的確定性，並打破學術研究的地方主義」。反過來，Gunaratne（2010）主張透過整合來自世界不同地區的世界觀、知識史和軌跡，以及西方主導的概念和理論方式，普及媒體和大眾傳播學術。許多學者，尤其是那些在非西方國家工作的學者，主張不僅要對西方的主流方法做出回應，還要建立在本土或其他「本土」傳播和媒體傳統基礎上的理論和方法（M'Bayo, Sunday and Amobi, 2012; Murthy, 2016; Jia, 2017）。

　　儘管進展緩慢，但從這些研究領域可以清楚地看出，儘管大眾媒體和社會的理論有許多相似之處，但也存在無數獨特的分歧，而大眾媒體的作用從來都不是簡單線性的，也不一定是進步的。關於媒體將在世界各地（非西方）社會和社區中扮演的角色的期望，確實分享了一種既充滿希望又令人不安的情感，而且往往更多是作為對西方「發展」模式的批判，而不僅僅是接受一個進步的敘事。

　　早期的傳播研究還受到這樣一種觀念的影響，即自由、多元和正義的社會模式受到另一種極權主義形式（共產主義）的威脅，其中的大眾媒體被扭曲為壓制民主的工具。對這種替代方案的認識有助於確定甚至加強所描述的規範。媒體通常認為自己在支持和表達「西方生活方式」的價值觀方面發揮著關鍵作用。自從共產主義實際上滅絕（以及隨後與資本主義的合併）以來，出現了其他敵人，特別是國際恐怖主義，有時（透過媒體和當局）與宗教原教旨主義或其他「極端主義」、民粹主義或革命運動聯繫在一起。

功能主義和資訊科學的起源

　　主導典範的理論元素並非為了大眾媒體而發明，而是主要從社會學、心理學和資訊科學借鑑而來。這尤其發生在二戰後的頭一個十年，當時北美在社會科學和大眾媒體方面擁有了幾乎無可挑戰的**霸權**地位（Tunstall, 1977）。隨著社會學在理論上的成熟，它為媒體和其他機構提供了一個功能主義的分析框架。拉斯威爾（Lasswell, 1948）是第一個明確闡述社會中傳播的「功能」的人，意思是為維持社會所執行的基本任務（見第 4 章）。普遍的假設是，傳播有助於社會的整合、連續性和秩序，儘管大眾傳播也可能具有潛在的功能失調（破壞性或有害）後果。儘管它在知識上的吸引力大減，但在媒體和社會的討論中，功能語言仍然難以擺脫。

　　影響媒體研究主導典範的第二個理論元素來自於資訊理論，這是由 Shannon 與 Weaver（1949）所提出的，關注傳輸資訊的技術效率。他們開發了一個用於分析資訊傳輸的模式，將通訊視為一個連續的過程。這個過程始於選擇一條**資訊**的**源頭**，然後以**信號**的形式**傳輸**到**接收**者，接收者將信號轉換回**目的地**的資訊。該模型旨在解釋發送資訊與接收資訊之間的差異，這些差異被認為是由影響通道的**噪音**或**干擾**所引起的。這個「傳輸」模式並非直接涉及大眾傳播，但它作為一種通用的方式被普及，用於思索許多人類通訊過程，特別是與資訊傳輸的效果有關的過程。

　　第三個支撐該典範的元素可以在 20 世紀中葉的方法論發展中找到。「心理測量學」（尤其適用於個人態度和其他屬性）和統計分析方面的進步相結合，似乎提供了新的、強大的工具，可以獲得先前隱而未顯的一般和可靠知識。這些方法似乎能夠回答有關大眾媒體的影響及其在說服和態度改變方面的效果的問題。對典範的另一個貢獻是「行為主義」在心理學中的崇高地位，特別是基於**刺激—反應**理論（stimulus-response theory）的某種版本的實驗方法。這些發展非常符合傳輸模式的要求。

典範偏向於研究媒體效果和社會問題

根據 Rogers（1986: 7）的說法，傳輸模式「是傳播學史上最重要的轉折點」，它「在 1949 年之後的幾十年裡，引導傳播學者採用一種線性的、以效果為導向的人類傳播研究取徑。」Rogers 還指出，其結果是引導傳播學者進入「主要關注傳播**效果**，尤其是大眾傳播效果的知識死胡同。」（同上註：88）Rogers 和其他人早就認識到這個模式的盲點，最近對傳播研究的思考在取徑上更加細緻入微。即便如此，線性因果取徑是許多人一直想要從傳播研究中得到的，尤其是那些將傳播主要看成向許多人傳達訊息的有效工具的人，無論是廣告、政治宣傳或是公共資訊。

事實上，從接收者的角度來看，傳播通常既不以這種方式運作，而且傳輸模式的效果或效率通常沒有得到 60 多年來傳播研究的證據支持（Rains, Levine and Weber, 2018）。這一點花了很長時間才被認識到。實際上，一個非常不同的（大眾）傳播模式的理論材料在相對早期已經就緒——基於幾位（北美）社會科學家，尤其是米德（G.H. Mead）、庫里（C.H. Cooley）和羅伯特·帕克（Robert Park）。這樣的「模式」將把傳播描述為本質上是社交和互動的，關注的是意義的分享，而不是影響（參見 Hardt, 1991）。

在這樣的背景下，「主流」大眾媒體研究的路徑已經足夠清晰。研究主要關注的是測量大眾媒體的影響，無論意圖或非意圖的影響。主導典範研究的主要目的是提高為合法目的（例如廣告或公共資訊）而進行傳播的效果，或評估大眾媒體是否導致社會問題（例如犯罪、暴力或其他各種脫序和社會動盪）。線性因果模式的痕跡在研究中廣泛存在，甚至圍繞其「失敗」所積累的發現也弔詭地證實了這一點。在這幾十年的專門研究中只發現一些小效果的主要原因，通常被認為是社會群體和個人關係的中介作用，以及許多其他變項，包括歷史和文化脈絡（Miller, 2009）和暴露頻率（Lang, 2013）。總體而言，人們認識到「傳播是多重因素決定且充滿偶然性的」（Rains et al., 2018: 14），證實了對更整合（理論和方法）取徑的呼籲。

方框 3.6 總結了上一節介紹的概念。這個典範的元素將幾個特點結合在一起，包括這種典範適用的社會類型、大眾傳播的典型目的和特徵、媒體效果的假設，以及對研究角色的正當性的辯護。

3.6

傳播研究的主導典範：主要假設

- 基於自由多元主義的社會理想
- 媒體在社會中具有某些功能
- 媒體對閱聽人的效果是直接和線性的
- 群體關係和個體差異調節了媒體的效果
- 量化研究和變項分析
- 媒體被視為一個潛在的社會問題或是一種說服的工具
- 行為主義和量化方法占主導地位

一種另類的批判典範

對主導典範的批判也有幾個要素，以下呈現的是不同聲音編織而成的綜合圖像，並非總是一致的。特別是有一條理論和方法論的批評路線，它與規範性反對不同。從實用角度來看，簡單的傳輸模型出於多種原因而行不通：它假設傳播從一開始就是「完美的」，信號未觸達接收者或不是那些被預期的；訊息在傳送過程中不被理解；傳輸過程中總是有很多「噪音」進一步扭曲訊息；而且它只關注傳播的形式而排除了對傳播**意義**的考慮。此外，很少有傳播實際上是未經中介的；逃避大眾媒體的通常會透過其他通道或個人聯繫方式進行過濾。所有這些都削弱了強大媒體（powerful media）的概念。媒體作為皮下注射器或「魔彈」，總是會產生預期效果的早期概念，很快就被證明是不夠充分的（Chaffee and Hochheimer, 1982; DeFleur and Ball-Rokeach, 1989）。幾十年來很清楚，大眾媒體根本未擁有曾經歸屬給它們的直接影響力（Klapper, 1960）。事實上，一直很難證

明大眾媒體有什麼實質性的效果。

對社會和媒體的不同看法

最廣泛地說，「另類典範」（alternative paradigm）建立在不同的社會觀，不接受當前盛行的自由資本主義秩序是正義或不可避免的，或者是人類墮落狀態下最好的希望。它也不接受理性計算、功利主義的社會生活模式是足夠或令人滿意的，也不接受商業模式是唯一或最好的媒體運作方式。有一種另類的、理想主義的、有時是烏托邦的意識形態，但不一定有一個完整的理想社會系統模式。然而，它有足夠的共同基礎來拒絕多元主義和保守功能主義的隱藏意識形態（the hidden ideology）。

從 20 世紀初開始，媒體本身不乏直言不諱的批評者，尤其是它們的商業主義、求眞和倫理的標準低下、被肆無忌憚的壟斷者控制等等。一個有充分根據的替代方案的最初意識形態啟發是社會主義或馬克思主義的某種變體。第一個重要的推動力來自法蘭克福學派的移民，他們在 1930 年代前往美國並幫助推廣對主流商業大眾文化的另類觀點（Jay, 1973; Hardt, 1991；見第 5 章）。將大眾傳播過程視爲操縱性的，最終是壓迫性的，他們的貢獻是提供了強大的知識基礎（見第 5 章）。他們的批評既有政治又有文化意涵。而 C・萊特・米爾斯（C. Wright Mills, 1956）也提出他有關大眾社會的洞見，亦即讓統治菁英受益的是大眾社會（部分是透過由構成政治體制的私人利益所統治的大眾媒體建立的），而不是由積極的公眾所構成的社會。這清晰地表達了關於媒體的另類觀點，並富有說服力地揭示了所謂多元控制的自由主義謬誤。

正是在 1960 年代和 1970 年代，在「1968 思潮」的影響下，結合了各種反戰和解放運動以及新馬克思主義，另類典範眞正形成。當中涉及的議題包括學生民主、女性主義和反帝國主義。值得注意的是，從這種模式發展出來的理論和研究項目，通常是從媒體是萬能的假設出發，尤其是在電視方面，可能會「使人們遠離藝術和社會的眞實互動，轉而控制個體意識」（Miller, 2009: 39）。更晚期的媒體研究會納入大眾文化，並逐漸研究媒體的所有部分（包括媒體的生產者和產業），其發展軌跡與傳播學

相似。

　　另類典範的主要元素和支持包括如下幾點。首先是更複雜的意識形態概念，讓研究者能夠「解碼」大眾娛樂和新聞中的意識形態訊息（這些訊息傾向於合法化既定權力結構並緩和反對力量），拒絕了在媒體內容中固定含義的概念，以及由此帶來可預測和可測量的影響。取而代之的是，我們必須將意義視為建構的，並根據閱聽人的社會情況和興趣來解碼訊息。然而，這並不意味著批判性閱聽人已經成功地「打破」了大眾媒體的強大作用，而僅僅是承認人們理解媒介訊息的多種且往往相互矛盾的方式。

　　第二個是重新審視了國內和國際媒體組織與結構的經濟和政治特徵。這些機構不再被表面看待，而是可以從其營運策略進行評估，這些策略遠非中立或非意識形態性的。這個領域的研究重點是權力：權力在哪裡，如何行使權力，誰受益，誰被排除在外。隨著批判典範的發展，它已經從僅僅關注工人階級的從屬地位轉變為更廣泛地關注其他類型的支配，尤其是與青少年、身分認同、性別和種族有關的支配。

　　第三個變革是轉向更為「質性」的研究，無論是文化、話語／論述或大眾媒體使用的民族誌學。這有時被稱為「語言學」轉向，因為它反映了對研究語言與社會關係（社會語言學）的興趣，以及對現實的符號中介實際上比現實本身更具影響力與更值得研究的信念。這與上述揭示隱藏意識形態含義的興趣有關。這提供了替代的知識途徑，並與符號互動主義和現象學等這些被忽視的社會學理論途徑建立了聯繫，強調個人在表達和建構自己的個人環境上的作用（見 Jensen and Jankowski, 1991）。這是文化研究更普遍發展的一部分，其中大眾傳播可以從新的角度看待。根據 Dahlgren（1995）的說法，文化研究傳統「直面主導典範的科學自欺行為」，但文本分析和社會制度分析之間存在著不可避免的緊張關係。

　　隨著科技的進步，第一世界和第三世界之間的傳播關係也鼓勵了對大眾傳播方式的新思考。例如這種關係不再被視為向「落後」地區傳達發展和民主的啟蒙轉移，至少同樣可以被視為經濟和文化的統治。最後，雖然理論不一定會引導到**批判的**方向，但是「新媒體」迫使重新評估過往關於媒體效果的想法，即使只是因為單向大眾傳播模式不再能夠維持下去。這

一觀點的要點概述在方框 3.7 中。

┌─── **3.7** ─────────────────────────────────┐

另類典範：主要特徵
- 具批判性的社會觀，拒絕價值中立
- 拒絕傳播的傳輸模式
- 媒體科技和訊息的非決定論觀點
- 採用詮釋的和建構主義的觀點
- 質性方法學
- 偏好文化或政治經濟理論
- 廣泛關注社會中的不平等和反對來源

└──┘

典範比較

　　另類觀點並非僅是主導典範的鏡像，也並非只是站在機械和應用的傳播觀點的對立面。它基於一種更完整的傳播觀，認為傳播是分享和儀式，而不僅僅是「傳輸」。它既是互補的，也是替代的觀點，提供了其自身可行的研究途徑，但追求不同的議程。這個典範在盡可能廣泛地擴展大眾媒體的研究方法和途徑上，特別是關注表達少數群體或其他被剝奪權利的聲音方面，特別有其價值。媒體體驗和社會文化體驗之間的相互作用和參與，是所有這些研究的核心。

　　以上的討論提出了兩個主要觀點，但可以這麼說，「另類」和「主導」的研究取徑各自結合了兩個不同的元素——一個是「批判性」（受媒體強烈的價值判斷所驅動），另一個是「解釋性」或「質性的」（更關注理解）。Potter、Cooper 與 Dupagne（1993）提出了傳播學主要典範的三重分類：「社會科學」取徑，其中透過量化方法研究有關媒體的實證問題；詮釋取徑，採用質性方法並強調媒體賦予意義的潛力；以及基於批判社會理論的「批判分析」取徑，尤其是從左派或政治經濟學的角度來看。Fink 與 Gantz（1996）發現這個分類方式頗能適切地反映對已發表的傳播研究成果所做的內容分析。Meyrowitz（2008）則建議，不同研究取徑有

其關於媒體效果和影響的根源敘事（root narratives）。他將這些根源敘事分別命名為「權力和抵抗」（power and resistance，通常是文化／媒體研究取徑特有的）、「目的和滿足」（purposes and pleasures，通常為社會科學取徑提供資訊）和「結構和類型」〔structures and patterns，源自**媒介理論**（medium theory），是更為一般性的「媒體理論」（media theory）的一部分，研究媒介的特性而不是其內容、發送者或接收者的訊息）。Lang（2013）則認為，這些典範在假設媒體和大眾傳播是（或可以成為）社會變革的強有力工具方面保持一致，主導觀點尋求找到支持這種影響（和解釋）的證據，而另類觀點則僅僅認為這種強大作用是理所當然的，選擇探索媒體在社會中運作的批判途徑。

撇開這些分類問題不談，很明顯的是另類典範仍在雙重影響下不斷發展，一方面是由於理論（和潮流）的變化，另一方面是由於社會對媒體的關注所帶來的變化。對意識形態操縱、商業主義和社會問題的原始關注仍然是焦點，而新的問題也隨之浮現，例如環境、個人和集體身分認同、健康和風險、信任和真實性等。同時，諸如種族主義、戰爭宣傳和不平等……等老問題仍然存在，並在民粹主義政治、新社會運動和恐怖主義的時代中獲得了新的地位。

主導典範和另類典範之間的方法差異根深蒂固，這也凸顯出擁有任何統一的「傳播學」有多麼困難。這些差異也源於（大眾）傳播的本質，它必須處理符號再現、價值觀和思想，而且無法逃脫在意識形態框架內進行解釋的命運。讀者不必在這兩種主要典範之間做選擇，但了解它們有助於理解關於大眾媒體「事實」的**多樣性**和分歧。此外，正如整本書所強調的那樣，整個領域都在呼籲混合方法、不同研究取徑的多重檢核（triangulation）和典範整合，以解決當代媒體和（大眾）傳播領域的複雜性。

四種傳播模式

大眾傳播最初的定義是基於大量生產、複製和發行等客觀特徵，這些特徵被多種不同的媒體所共享。這個定義非常依賴科技和組織上的基礎，將人的考量放在次要位置。它的有效性長期以來一直受到質疑，尤其是因為剛才討論的不同觀點之間的矛盾，以及近年來原始的大規模生產科技和像工廠一樣的組織形式已被社會和科技變革所淘汰。我們必須考慮替代的、雖然不一定矛盾的公共傳播過程模式（再現）。在媒體和大眾傳播理論和研究的歷史上，至少可以區分出四種這樣的模型。

傳輸模式

在主導典範的核心可以找到一種特定的傳播觀，認為傳播是**傳輸**固定數量資訊的過程——由發送者或來源決定的**訊息**。大眾傳播的簡單定義通常遵循拉斯威爾（Lasswell, 1948）的觀察，即大眾傳播研究試圖回答以下問題：「誰對誰說了什麼，透過什麼通道，產生什麼效果？」這代表了前面提過的線性序列，它在大眾傳播的標準定義中被廣泛採用。早期關於大眾傳播的許多理論（參見 McQuail and Windahl, 1993）都在試圖擴展和改進這個過程的簡單版本。

也許最完整的大眾傳播模式之一，符合上述定義特徵，並與主流典範一致的是由魏斯理與麥克林（Westley and MacLean, 1957）提出的模式。他們的成就在於認識到大眾傳播涉及在「社會」和「閱聽人」之間插入一個新的「傳播者角色」（例如正式媒體組織中的專業新聞工作者）。因此，序列不僅僅是 (1) 發送者；(2) 訊息；(3) 通道；(4) 多個潛在接收者，而是 (1) 社會中的事件和「聲音」；(2) 通道／傳播者角色；(3) 訊息；(4) 接收者。這個修訂版本考慮到大眾傳播者通常不會發起「訊息」或傳播。相反，他們**傳達**自己對環境中一些事件的選擇性描述（新聞），或者提供**近用**機會給那些希望觸及更廣泛公眾的人（例如意見倡導者、政治人物、廣告商、表演者和作家）的觀點和聲音。魏斯理與麥克林繪製的完整模式有三個重要特點：一是強調大眾傳播者的**選擇**角色；二是選擇是根據

對閱聽人會感興趣的內容進行的評估；三是除了這個最後的目標外，傳播沒有任何目的性。媒體本身通常不是爲了說服或教育，甚至不是爲了提供訊息，而是主要希望發布（並吸引閱聽人關注）他們的作品。

　　根據這個模式，大眾傳播是一個自我調節的過程，由閱聽人的興趣和需求所引導，而這些閱聽人的興趣和需求只能透過其對所提供的內容的選擇和反應來了解。這樣的過程不能再被視爲線性的，因爲它受到閱聽人對媒體、倡導者和原始傳播者的「回饋」的強烈影響。大眾媒體的這種觀點認爲，它們是世俗社會中相對開放和中立的服務組織，爲其他社會機構的工作做出貢獻。它以滿足觀眾的需求作爲有效表現的衡量標準，而不是資訊傳遞。這個模式基於美國的自由市場媒體系統並非偶然，它不適合國營媒體系統甚至公共廣播機構。自由市場可能不一定反映閱聽人的利益，也可能進行自身形式的有目的的宣傳。

儀式或表達模式

　　傳輸模式仍然是一些媒體在某些功能上的理念和一般運作的有用表述（尤其是一般新聞媒體和廣告），因爲專業傳播者和機構往往主要以這樣的方式思考（大眾）傳播的過程。然而，它並不完整，且在描述大部分媒體活動和多樣化的傳播過程方面具有誤導性。其弱點之一是將傳播限制於「傳輸」的問題上。根據 James Carey（1975: 3）的觀點，這個傳輸版本的傳播缺乏人們如何感知和理解訊息，以及訊息是如何與個人和社會脈絡相互作用的要素。

　　　　是我們文化中最常見的，由諸如發送、傳遞或向他人提供
　　資訊等詞語定義。它是由地理或交通的隱喻形成的。……這種傳
　　播概念的核心是爲了控制而隨時間傳輸信號或訊息。

　　它意味著工具性、因果關係和單向流動。Carey 指出了另一種將傳播視爲「儀式」的觀點，根據該觀點：

　　　傳播與分享、參與、聯繫、團契和擁有共同信仰等詞語密
切相關。……儀式觀不是為了將訊息在空間上擴展，而是為了在
時間上維護社會；不是傳遞資訊的行為，而是共同信念的表現。
（同上註：8）

　　這種另類模式同樣可以被稱為「表達」的傳播模式（'expressive'
model of communication），因為它也強調發送者（或接收者）的內在
滿意度，而不是某些工具目的（例如銷售產品、宣傳服務或說服潛在選
民）。儀式性或表達的傳播有賴於共同的理解和情感。它是慶祝的、充分
的（本身就是目的）和裝飾性的，而非功利性的，而且它通常需要一些
「表演」元素來實現傳播的目的。傳播是為了表達和接收的樂趣，同時也
是為了任何有用的目的。儀式性傳播（ritual communication）的訊息通常
是潛在的和模稜兩可的，取決於參與者未必選擇但在文化中可供取用的聯
想和符號。媒介和訊息通常很難分開。儀式性的傳播相對上來說也是歷久
彌新與不易改變的。

　　儘管在自然條件下，儀式性傳播並非出於某種工具性目的，但它對
社會（例如更多的整合）或社交關係產生影響。從儀式的角度來看，人
們不斷在網上交換的無休止的狀態更新、打招呼、簡介、推文、文本、
影片和其他微小的資訊片段──我們的「交際」（'phatic'）媒體文化的
元素（基於微小的交流手勢，明顯是社交行為，但不是為了傳達實質訊
息），而這些傳播元素並不是關於我們發送的資訊本身，而是關於傳播的
過程（Donath, 2007）。這種類型的傳播並非毫無意義，因為它意味著「認
可、親密和社交性是建立強烈共同體意識（sense of community）的基礎」
（Miller, 2008: 395）。

　　在一些有計畫的傳播活動中──例如在政治或廣告中──透過使用有
力的符號、對文化價值、團結、神話和傳統的潛在訴求，儀式傳播的原則
與傳播的期望相結合。儀式在線上和線下世界中，發揮統一與動員情感和
行動的作用，因為它可以支持「想像的」共同體，甚至是完全「虛擬」
的歸屬感（例如成為「非人族」的線上社群：身分認同為部分或完全的非

人類）。

作為展示和吸引注意力的傳播：公眾宣傳模式

　　除了傳輸模式和儀式模式之外，還有第三個觀點捕捉了大眾傳播的另一個重要方面。這可以概括地稱為**公眾宣傳模式**（publicity model）。大眾媒體的主要目的通常既不是傳播特定資訊，也不是在某種文化、信仰或價值觀的表達中團結公眾，而只是為了吸引和維持視聽的注意力。在這樣做的過程中，媒體達成一個直接的經濟目標，即獲得閱聽人收入（因為就大多數實際目的而言，注意力等同於消費），以及間接的經濟目標，也就是將（可能的）觀眾注意力出售給廣告商。正如 Elliott（1972: 164）所指出的（隱含地將傳輸模式視為標準），在「意義的有序傳遞」的意義上，「大眾傳播可能根本就不是傳播」。它更可能是「旁觀者」，媒體閱聽人更多時候是一組旁觀者，而不是參與者或資訊接收者。注意力的事實通常比注意力的**品質**（很少被充分衡量）更重要。

　　那些利用大眾媒體達成自己目的的人，確實希望獲得超越注意力和公眾宣傳影響力（例如說服或銷售），但獲取注意力和公眾宣傳往往是當下的主要目標，而且通常被視為成功或失敗的衡量標準。多媒體集團的宣傳策略通常想要透過盡可能多的媒體和多種形式（訪談、新聞事件、照片、貴賓露面、社交媒體網站等）獲得對其當前產品的最大關注。這個目標被描述為尋求「獲得良好的心占率（share of mind）」（Turow, 2009: 201）。許多媒體效果的研究關注形象和認知方面的問題。知名度往往比所知內容更重要，且是成為**名人**的唯一必要條件。同樣地，媒體設定政治和其他「議程／議題」（agendas）的權力是吸引注意力過程的一個例子。媒體產製中的許多努力都致力於透過吸引注意力、喚起情感、激發興趣等手段來獲得和保持注意力。這是所謂「**媒體邏輯**」（media logic）的一個面向（參見本書第 11 章），訊息的**實質**通常從屬於表現的手法（Altheide and Snow, 1979, 1991）。在當代脈絡中，人們可以談論一種新興占主導地位的「**平台邏輯**」（platform logic）（Plantin et al., 2018），其中基於數位平台的服務（例如臉書和 Google 提供的服務）日益決定任何類型資

訊和服務的近用狀況和注意力，而其他機構則建立或重組基礎設施以適應這類平台的邏輯。這些平台的主要目的是吸引注意力，而注意力則被定義為用戶「花費多少時間」（time spent）使用某個平台界面（platform interface）。

尋求注意力的目標也與觀眾對媒體的一種重要看法相呼應，也就是他們使用大眾媒體來消遣和打發時間。他們尋求「與媒體」共度時光，既是為了逃避現實，也是為了豐富日常生活，例如在火車上閱讀（免費）報紙，或是在等朋友的時候瀏覽智慧型手機上的各種應用程式。根據這種展示—注意力模式（display–attention model），發送者和接收者之間的關係不一定是被動的或不涉入的，但它在道德上是中立的，本身並不意味著意義的傳遞或創造。

與作為展示和注意力過程的傳播概念相一致的，是一些不適用於傳輸或儀式模式的額外特性：

- **吸引注意力是一個零和過程**（zero-sum process）。一個人觀看一個媒體展示所花費的時間不能給另一個人，因為可用的觀眾時間是有限的，儘管時間可能會被拉長，注意力會被稀釋。相比之下，在儀式傳播過程中，可以傳送和獲得的「意義」不受量化的限制，從參與儀式傳播過程所獲得的滿足感也是如此。
- **展示—注意力模式中的傳播只存在於當下**。往者已矣，不再重要，而未來只是因為作為當下的延續或擴大才重要。與接收者有關的因果問題也不會出現。
- **吸引注意力本身就是目的，短期來說是價值中立的，基本上沒有意義**。形式和技術優先於訊息內容。

這三個特徵可以分別看作是**競爭性**（competitiveness）、**眞實性／短暫性**（actuality/transience）和**客觀性／超然性**（objectivity/detachment），這些是大眾傳播的明顯特徵，特別是商業媒體機構。

媒體話語／論述的編碼和解碼：接收模式

　　大眾傳播過程還有另一種版本，比前面討論的兩種變體更徹底地跳脫傳輸模式。這種模式非常依賴上述的批判性觀點，但它也可以被理解為從許多不同接收者的角度來看待大眾傳播的觀點，這些接收者並未以訊息「被發送」或「被表達」的方式來感知或理解這些訊息。這個模式源自於**批判理論**、**符號學**和**話語／論述分析**，屬於文化而非社會科學領域。它與「**接收分析**」（reception analysis）的興起密切相關（參見 Holub, 1984; Jensen and Rosengren, 1990），它挑戰了實證社會科學閱聽人研究的主要方法，也挑戰了人文主義的內容研究，因為兩者都沒有考慮到「閱聽人力量」在賦予訊息意義方面的作用。

　　「接收分析」的精髓是將（源自媒體的）意義的歸因和建構放在接收者手上。媒體訊息始終是開放和「多義的」（polysemic，具有多種含義），而且是根據接收者所處脈絡和文化來詮釋的。接收分析的先驅之一是批判理論的一個具有說服力的變體，由史都華·霍爾（Stuart Hall, 1974/1980）提出，強調任何媒體訊息從源頭到接收和詮釋過程中所經歷的轉化階段。霍爾認同某種意圖傳達的意義已經內建在符號內容中（編碼），並以難以抗拒的公開和隱蔽方式呈現，但他也肯認到拒絕或重新詮釋該意圖訊息的可能性。

　　確實，傳播者會為了意識形態和制度目的而對訊息進行編碼，並透過語言和媒體來達成這些目的〔媒體訊息被賦予某種「偏好解讀」（preferred reading），或是現在可以稱之為「帶風向」（spin）〕。其次，接收者（「解碼者」）不一定會接受被發送的訊息，而是會根據自己的經驗和觀點，採取不同或對立的解讀方式來抵制意識形態的影響。這被稱為「差異解碼」（differential decoding）。第三，不同類型媒體設備和介面——電視機、智慧型手機、報紙或社群**入口網站**，會影響和塑造訊息的外觀及接收者最終解讀方式。

　　在霍爾的**編碼**和解碼過程模式中（另見第13章），他將電視節目（或任何類似的媒體文本）描繪為**有意義的話語／論述**。這是根據大眾媒體產

製組織及其主要支持的**意義結構**進行編碼，但根據不同位置的閱聽人的不同意義結構和知識框架進行解碼。原則上，模式中的各個階段所遵循的路徑很簡單。傳播起源於媒體機構，其典型的意義框架可能符合主導的權力結構。特定訊息通常被以確立的內容**類型**「編碼」（例如「新聞」、「流行音樂」、「運動報導」、「**肥皂劇**」、「警察／偵探劇集」），這些類型具有表面意義和內在的詮釋指南供閱聽人解讀。閱聽人透過「意義結構」（meaning structures）來接觸媒體，而這些意義結構源於閱聽人的想法和經驗。

這個模式的普遍意涵是，解碼後的意義不一定（或往往不）與編碼的意義相對應（儘管有常規的類型和共用的語言系統的調節），最重要的是解碼可以走不同於預期的路線。接收者可以讀懂隱含的訊息，甚至可以反轉訊息的預期方向，不同的媒體科技以不同的方式塑造訊息。很明顯地，這個模式和相關理論體現了幾個關鍵原則：媒體內容的多重意義、各種「詮釋」社群的存在，以及接收者在決定意義方面的主導地位。雖然早期效果研究承認選擇性感知的存在，但這被視為對傳輸模式的限制或條件，而不是一個截然不同的觀點。在探討中介的訊息如何被接收和理解時，當代的關注點更多地包括對閱聽人的關注，以及媒體的重要性。

比較

對這些不同模式的討論顯示任何單一的大眾傳播概念或定義的不足，都過於依賴多重複製和傳播**科技**的內在特徵或偏見。人類對科技的使用比以前想像的更加多樣化和更具決定性，科技本身也同樣是多樣化和複雜的。表 3.1 以比較的方式概述這四種模式，傳輸模式主要來自較早的制度背景——教育、宗教、政府，並且只適用於傳達具有指導性、嚴格（單向）資訊或宣傳目的的媒體活動。

表 **3.1**　大眾傳播過程四種模式的比較（發送者和接收者的取向差異）

模式	取向	
	發送者	接收者
傳輸模式	意義傳送	認知處理
表達或儀式模式	展演／表演	圓滿／共享經驗
公眾宣傳模式	競爭展示	付出注意力的觀眾
接收模式	偏好編碼	差異化解碼／意義建構

　　表達或儀式模式雖然源於研究藝術、戲劇和娛樂及傳播的許多象徵性用途，但在解釋網路中的富於傳播力的傳播文化時特別有用。它也適用於許多新型的觀眾參與和「實境秀」節目。公眾宣傳或展示—注意力模式反映了媒體吸引觀眾（高收視率和廣泛的觸達率）以獲得聲望或收入的核心目標。它涵蓋了大量媒體活動，這些活動直接或間接地從事廣告或公關活動。它也適用於政府和其他政治行爲者爲了自身利益而進行的新聞管理和媒體「帶風向」活動。接收模式提醒我們，媒體展現的力量在某種程度上是虛幻的，因爲最終是由觀眾決定。公眾宣傳和接收模式可以看作是傳輸和儀式模式的具體規範，因爲它們承認媒體產業的一些關鍵動態，以及機構使用（和思考）大眾媒體的方式。

邁向媒體和大眾傳播研究的整合模式

　　正如本書其他地方所提到的，近年來學術研究的普遍趨勢（及建議）是在媒體和大眾傳播理論與研究中增加整合不同的模式、方法和典範。然而，這說起來容易做起來難。學術單位傾向於按照社會科學或人文學科的界限進行組織，學術期刊在其喜好的方法上同樣單一，而結合不同觀點可能既耗時又昂貴（例如在涉及混合方法研究設計時）。

　　爲了展示媒體和大眾傳播研究中最常見的方法和主題如何根據四個主要模式進行調整，圖 3.1 提供了一個粗略的指南，其中許多（如果不是大

部分）主題可以映射到各種傳播模式中。新媒體環境將我們的時間和注意力轉移到個人化（和客製化）媒體上，這有助於消除各個類別之間的界限，同時保持對概念和模式之間界限的警覺，也有助於提出一致且有意義的研究問題。

圖 **3.1** 傳輸和儀式模式與大眾傳播研究和新媒體生態系之常見主題

媒體和大眾傳播的研究可以分為四個主要的調查領域，每個領域都有其自己的主流觀點——關於我們與媒體之間關係的本質。在第一象限中，研究主要關注大眾媒體訊息如何影響和塑造公眾意見和情感，通常包括媒體效果（media effects）、議題設定（agenda-setting，或譯議程設置）和框架（framing）研究。第二象限的研究，雖然同樣關注大眾媒體的運作，但更關注媒體、傳播、文化和社會的歷史和長期相互形塑。這一領域的方法最初受到媒體依賴理論的啟發（Ball-Rokeach and DeFleur, 1976），近年來則被重新表述，以（深度）媒介化研究方面為概念，試圖擺脫媒體效果的研究，同時保持大眾媒體的關注（Hepp, Hjarvard and Lundby, 2015）。

第三象限將我們的注意力轉向人們使用媒體的各種方式，特別是關於個人和可以客製化的媒體環境。此領域的研究專注於人們使用媒體的動機和使用（通常受到使用和滿足理論的啟發），涵蓋了大部分的觀眾

和接受研究。第四象限擴展了這項工作，將人們使用的各種媒體與我們如何組織和安排生活與生活方式相結合。儘管 1980 年代以來一直有文獻提倡將媒體作爲一種設備和活動的集合體，共同構成人們如何理解和協調他們的日常生活（Bausinger, 1984），但直到最近，這樣的著作才開始變得更加普遍，通常受到「媒體生活」（media life）（Deuze, 2012）、「複媒體」（polymedia）（Madianou and Miller, 2013）、媒體庫（media repertoires）（Haddon, 2016）、跨媒介使用（transmedia use）（Fast and Jansson, 2019）、媒介化（mediatization）和「傳播型態」（communicative figurations）（Hepp, Breiter and Hasebrink, 2018）等相似考慮的影響。

本章小結

　　本章概述的大眾傳播研究的基本概念和模式基於特定特徵（例如規模、同時性、單向性等），並在 20 世紀高度組織化和集中化的工業社會轉型條件下發展起來。雖然不是一切都發生了變化，但我們現在面臨著新的傳播科技可能性，這些傳播科技並非大規模或單向的，而且社會不再像以前那樣大眾化和集中化。這些問題將在第 6 章中再次討論。

　　這些變化在媒體和大眾傳播理論中得到廣泛認可，相應地出現了許多令人興奮的取徑、模式和觀點。我們仍然有大眾政治、大眾市場和大眾消費。媒體在全球範圍內擴大了規模。那些擁有經濟和政治權力的人仍然相信廣告、公關和宣傳等手段的力量。早期傳播研究中出現的「主導典範」仍然存在，因爲它符合當代媒體運作的諸多條件，滿足了媒體產業、廣告商和宣傳者的需求。媒體宣傳者仍然相信媒體的操縱能力和「大眾」的可塑性。訊息傳遞或運輸的概念仍然盛行。

　　就模式的選擇而言，我們不能只取其一而忽略其他模式。它們適用於不同的目的。傳輸和注意力模式仍然是媒體產業和潛在說服者所偏好的觀點，而儀式和解碼模式則作爲對抗媒體支配的一部分，並且闡明其基礎過程。這個在目的和展望上有所衝突的兩造，不能忽視大眾傳播對另一方的

影響，因為所有的模式都反映了傳播過程的某些方面。

　　圖 3.1 對這四種模式進行了比較，總結了文本中提出的觀點，並強調每個模式都在發送者和接收者之間建立了一種獨特的關係，包含對其中心特徵和目的的共識。在圖 3.1 中，我們讓各種模式相互對話，討論媒體和大眾傳播研究中最常見的取徑如何映射到大眾媒體和人際媒體共存且不斷變化的這個媒體環境當中，並且透過儀式和傳輸兩種模式來理解傳播過程。

進階閱讀

Hepp, A., Breiter, A. and Hasebrink, U. (eds) (2018) *Communicative Figurations: Transforming Communications in Times of Deep Mediatization*. Cham, Switzerland: Springer.

Meyrowitz, J. (2008) 'Power, pleasure and patterns: intersecting narratives of media influence', *Journal of Communication*, 58(4): 641-663.

Rowland, A.L. and Simonson, P. (2014) 'The founding mothers of communication research: toward a history of a gendered assemblage', *Critical Studies in Media Communication,* 31(1): 3-26.

Van Dijck, J., Poell, T. and De Waal, M. (2018) *The Platform Society*. Oxford: Oxford University Press.

Waisbord, S. (2019) *Communication: A Post-discipline*. Cambridge: Polity Press.

4

媒體與社會理論

在本章中，我們將更仔細地探討關於（大眾）媒體與社會關係的觀點，將文化意涵保留到第 5 章再談，儘管社會和文化是不可分割的，兩者缺一不可。先談社會也意味著社會之於媒體的首要地位，但這一點是可以存疑的，因為媒體也可以被視為「文化」的組成部分。事實上，大多數媒體理論都同時觸及「社會」和「文化」，並且必須結合兩者進行解釋。就本章的目的而言，「社會」的領域是指物質基礎（經濟和政治資源與權力）、社會關係（例如在國家社會、社區、家庭……等），以及受到（正式或非正式）社會規範影響的各種社會角色和職業。「文化」領域主要是指社會生活的其他基本面向，尤其是像**象徵表達**（以及人們創造**共享敘事**的方式）、**價值觀、意義和實踐**（社會習俗和常規、立身行事的制度方式和個人習慣）。

本章大部分內容是解釋為理解媒體在社會中運作而發展的主要理論或理論觀點。這些理論通常將物質和社會狀況視為決定大眾媒體和傳播的社會角色的主要因素。然而，在更現代的理論發展取徑中，我們也有機會認識到觀念和文化對物質條件的影響。在考慮媒體和社會理論之前，本章會先描述研究媒體和大眾傳播的主要問題或廣泛主題，同時提出一個研究媒體與社會之間聯繫的一般參照框架。首先，我們更詳細地回來處理文化與社會之間關係的這道難題。

媒體、社會與文化：聯繫與衝突

大眾媒體和傳播既可同時被視為「社會」與「文化」現象，也是一系列科技。媒體制度是社會結構的一部分，其科技基礎設施是經濟和權力基礎的一部分，而媒體所傳播的觀念、圖像和資訊顯然是我們文化（本書稍早曾對它有所定義）的一個重要面向。在大眾自我傳播的時代，媒體在另一個面向上變得重要，亦即它們作為人們建立身分認同和線上分享敘事的主要載體，以及這些中介關係（mediated relationships）又如何在日常生活中體現出來。

在表述媒體、社會和文化之間的因果關係時，Rosengren（1981）提供了一個簡單的分類模型，包含兩組對立的命題：「社會結構影響文化」，以及「文化影響社會結構」。此模型包含四個主要選項，可用以描述大眾媒體與社會之間的關係，如圖 4.1 所示。

		社會結構　影響文化	
		是	否
文化影響 社會結構	是	互賴 （雙向影響）	唯心 （強大的媒體 影響）
	否	唯物 （媒體文化依 賴社會結構）	自主 （無因果關係）

圖 4.1　文化與社會關係的四種分類

　　如果我們將大眾媒體視為社會的一個面向（基礎或結構），那麼就會出現**唯物論**的選項。有相當多的理論認為文化依賴社會的經濟和權力結構，其假設是擁有或控制媒體的任何人可以隨心所欲地行事。依據此一命題的研究多將媒體本身視為具有影響力的機構，強調媒體所有權日益集中的後果，以及商業、政治和媒體權力之間的交互作用。

　　如果我們主要根據其內容（亦即更多地從文化面向）來考慮媒體，那就屬於**唯心論**的選項。媒體被視為具有顯著影響力的潛能，但主要是因為媒體（在其內容中）所傳達的特定觀念和價值觀被視為社會變遷的主要原因，無論是誰擁有和控制媒體產業。這種影響被認為是透過個人動機和行動發揮作用的。這種觀點導致人們強烈相信各種潛在的媒體效果，無論是好是壞。例如包括媒體促進和平與國際理解（或產生相反的效果）、支持或反社會的價值觀和行為，以及傳統社會的啟蒙或世俗化和現代化。一種關於媒體的唯心論也隱藏在這樣一種觀點的背後，即媒體形式和科技的

物質性變化，可以改變我們看待世界的方式，甚至塑造我們與他人的關係（如麥克魯漢的理論：McLuhan, 1962, 1964）。

　　剩下的兩個選項——互賴論和自主論——傳統上沒有明顯的理論發展，儘管這兩者在常識和證據中都有很多支持。近年來，隨著更成熟的方法（量化和質性）的發展，可以找到更加整合、混合和多變項的方法。**互賴論**意味著大眾媒體和社會不斷地相互作用和相互影響（社會和文化也是如此）。媒體（作爲文化產業）回應了社會對訊息和娛樂的需求，同時激發了創新，並促成不斷變化的社會文化氛圍，從而引發了新的傳播需求。Gabriel Tarde 在大約 1900 年寫到，想像一種不斷交織的影響：「科技發展使報紙成爲可能，報紙促進了更廣泛公眾的形成，它們透過擴大其成員的忠誠度，創建了一個廣泛的、由重疊和變化的群體所組成的網絡。」（轉引自 Clark, 1969）今天，各種影響如此緊密相扣，以至於媒體和大眾傳播與現代社會是不可想像的，而雙方是對方的必要條件，但不是充分條件。從這個角度來看，我們不得不得出結論，媒體同樣可以被視爲塑造和反映社會與社會變化。

　　文化與社會關係中的**自主論**這個選項不一定與上述觀點相悖，除非完全從字面上理解。至少，社會和大眾媒體很可能在一定程度上相互獨立。文化上非常相似的社會有時可能擁有非常不同的媒體系統。自主論還支持一些懷疑媒體影響思想、價值觀和行爲力量的人，例如在促進一致性、刺激「現代性」或破壞窮國或弱國的文化認同等方面。關於媒體與社會之間可以擁有多少自主權，有不同的看法。這場辯論與「國際化」或「全球化」的中心論點特別相關，這意味著媒體的作用導致全球文化的趨同和同質化。自主論認爲進口的媒體文化是表面的，不需要明顯地觸及當地文化。由此可見，**文化帝國主義**（作爲西方主導的全球媒體的結果）不可能只是偶然發生或違背文化「被殖民者」的意願（參見第 9 章）。

尚無定論

　　與許多要討論的問題一樣，理論多於確鑿的證據，而且本次討論提出的問題過於廣泛，無法透過實證研究來解決。根據 Rosengren（1981:

254）的調查，他只找到了一些零散的證據，研究只提供了「關於社會結構、經由媒體所中介的社會價值與公眾意見之間關係的證據並不明確，有時甚至是相互矛盾的。」這個評估至今仍然有效，意味著沒有一個理論能夠在所有情況下都成立。Mihelj 與 Stanyer（2019）基於對 1951 至 2015 年之間媒體和傳播學術研究的廣泛回顧，提出了兩種主要方法的區別：媒體／傳播作為社會變革的**代理人**，以及媒體／傳播作為社會變革的**環境**。作者得出結論，橋接兩種方法的出版物仍然相當罕見，他們主張採用一種整合的方法，強調媒體和大眾傳播**過程**，而不是**結果**，這將特別適用於「調查當代變化的具有隨機性、不可預測性和多方向性的特點」（Mihelj and Stanyer, 2019: 496）。

媒體確實可以被用於壓制和解放、團結和分裂社會、促進和阻礙變革，只是方式不同，而且總是由脈絡和環境決定。此外，值得注意的是，在我們所討論的理論中，同樣引人注目的是媒體被賦予的角色的模糊性。根據是否採用主導（多元主義）或替代（批判、激進）觀點，媒體經常被呈現為「進步」或「反動」。儘管存在不確定性，但毫無疑問的是，無論是作為社會的塑造者或是社會的一面鏡子，媒體都是社會的主要訊息傳遞者，而正是圍繞這一觀察，才能適切地組織各種理論觀點。

大眾傳播作為廣泛的社會過程：社會關係和經驗的中介

一個與社會和文化問題相關的核心假設是，媒體機構本質上關注的是最廣泛意義上的**知識**的生產和流通。這些知識使我們能夠理解我們在社會世界的經驗，即使我們的「意義創造」以相對自主和多樣化的方式發生。對大多數人來說，媒體提供的資訊、圖像和想法可能是了解共同的過去（歷史）和當前社會位置的主要來源。它們也是記憶的儲存儲藏庫和地圖，告訴我們在哪裡和我們是誰（身分認同），而且還可能提供面向未來的方向。正如一開始所指出的，媒體在很大程度上建構了我們的社會現實和常態的感知與定義，為實現公共、共享的社會生活提供了標準、模式和

規範的重要來源。

主要需要強調的是，不同的媒體已經成為我們與個人環境以外的世界接觸的主要介面，也為大多數人提供了與所處社會機構的主要聯繫點。在世俗社會中，在價值觀和觀念方面，往往「接手」了早期的學校、父母、宗教、兄弟姊妹和同伴等影響。因此，我們在很大程度上依賴媒體獲得更廣泛的「符號環境」（也就是「我們腦中的圖像」），即使我們能夠透過媒體塑造自己的個人版本（通常是透過讓我們暴露於無數這樣環境的媒體）。因為我們現在傾向於共享相同的媒體資源和「媒體文化」，媒體可能會形成與其他人共同持有的元素。沒有某種程度的對現實的共同感知，無論其起源如何，都不可能真正有組織的社會生活。Hjarvard（2008a）勾勒出一種社會和文化變革理論，亦即媒體在歷史上逐漸發展，直到它們在19世紀成為一個獨立的社會機構。最近，這進一步發展成為整合其他社會機構的一種手段（Couldry and Hepp, 2016）。鑒於人們高度多樣化和個體化地使用多種媒體（電視、行動設備、印刷媒體等），我們消費、理解並參與共享媒體文化的生產和傳播（Jenkins, Ford and Green, 2013）。因此，作為「媒體地景中的探路者」（Hill, 2018），人們在媒體中體驗到一個共享的（和公共的）空間，同時也參與維護這個空間。

「中介」的概念

這些評論可以概括為與社會現實接觸的「中介」的概念，這個概念涉及幾個不同的過程。如前所述，首先它指的是轉播我們無法直接觀察到的事件和情況的二手（或第三方）版本。這些訊息不僅透過專業媒體的過濾器（或「閘門」）傳遞給我們，也透過基於演算法和網路的社交媒體平台傳遞給我們。其次，它指的是社會中其他行為者和機構為了他們自己的目的（或我們自己所謂的利益）而聯繫我們的努力。這適用於政治人物和政府、廣告商、教育工作者、專家和各類權威人士。它指的是我們以間接的方式形成對我們非從屬的群體和文化的感知。此處所定義的「中介」的一個基本要素是在我們的感官和外部事物之間涉及某些科技設備。

「中介」也意味著某種形式的**關係**。透過（大眾）媒體中介的關係

可能更疏遠、更不個人化，並且通常（但當然不總是）比直接的個人關係更弱。大眾媒體不會壟斷我們接收到的資訊流，也不會干預我們所有更廣泛的社會關係，但它們的存在不可避免地非常普遍。「現實中介」（mediation of reality）這個概念的早期版本傾向於假設一個「公共領域」（public terrain），在其中透過大眾媒體訊息建立了一種被廣泛分享的現實觀，和一個「個人領域」（personal sphere），其中個人可以自由直接地進行溝通。在我們的數位媒體環境中，這種簡單的劃分很難維持，因為更大比例的溝通，亦即我們與他人和環境現實的接觸更多是透過科技（電話、電腦、電子郵件、應用程式等）進行的，儘管是以個人和私人的形式。此外，透過我們無數的線上互動所蒐集的個人數據的日益操縱，我們與我們的社會現實之間的大部分中介都被科技接管了，因為演算法以不透明的方式為我們安排和提供訊息。這種變化的影響仍未明朗，而且（數位）媒體和大眾傳播研究領域有越來越多學術研究提出多樣化的解釋。

Thompson（1993, 1995）提出了一種互動類型的分類方式，以闡明將社會互動和符號交換與共享的公共場所分離開來的新傳播科技的後果。他指出（1993: 35），「有越來越多的個人透過中介形式的互動獲得資訊和符號象徵內容。」除了面對面的互動，他區分了兩種類型的互動。其中一種類型，他稱之為「中介互動」（mediated interaction），它涉及一些技術媒介，例如紙張、電線等，讓處於時空距離之外的個體之間得以傳送資訊或符號象徵內容。中介互動的各方需要取得脈絡化的資訊（contextual information），並且與面對面接觸相比，他們之間的互動較少。

另一類型被他稱為「中介準互動」（mediated quasi-interaction），指的是大眾傳播媒體所建立的關係。其主要特徵有兩個。首先，在這種情況下，參與者不面向特定的個體（無論是發送者或接收者），而是為了一個不確定範圍的潛在接收者產製符號形式（媒體內容），例如臉書貼文或上傳到 YouTube 的影片。其次，中介準互動是獨白的（而不是對話的），從某種意義上說，這種溝通／傳播的流動是單向的（而不是雙向的）。接收者也不需要直接或立即回應。Thompson（1993: 42）認為，「媒體創造了一種新的**公共領域**，其特徵是去空間化和非對話性的。」並且具有潛在

的全球性。數位媒體已演變成包括模仿直接個人（甚至面對面）接觸的各種互動，從線上聊天室或透過智慧型手機的應用程式留下的訊息，到透過視訊會議軟體的即時互動，有時還使用其他科技如耳機，包括與非人類參與者（例如聊天機器人和其他軟體代理）的互動。所有這些都有助於實現「萬物皆中介」（Livingstone, 2009），亦即我們在世界上的任何和所有經驗，在某種程度上都是被中介的。

「中介」的隱喻

一般來說，「中介」是指媒體介入我們與「現實」（reality）之間的概念，只不過是一個隱喻（metaphor），儘管它確實指出了媒體在將我們與經驗領域聯繫起來所扮演的角色。經常用來描述這個角色的詞語，各有不同的目的、*互動性*和有效性。中介可能有各種不同的含義，從中立地提供訊息、協商，到企圖操縱和控制。這些變化可以透過許多傳播形象來捕捉，這些形象表達了關於媒體如何將我們與現實聯繫起來的不同想法。方框 4.1 呈現了這些形象。

4.1

媒體角色的隱喻

- 作為事件和經驗的**窗口**（window），它擴展了我們的視野，使我們能夠親眼看到正在發生的事情，與我們自己的觀點和經驗進行比較和對照。
- 作為社會和世界事件的**鏡子**（mirror），暗示著一種反射，但鏡子的角度和方向是由別人決定的，我們無法自由地看到想看的東西。
- 作為**過濾器**（filter）、**守門人**（gatekeeper）或**入口／門戶**（portal），採取行動選擇需要特別注意的部分經驗，並關閉其他觀點和聲音，無論有意或無意。
- 作為**路標**（signpost）、**嚮導**（guide）或**解釋者**（interpreter），指引道路方向，對令人費解或碎片化的事物提供解釋。
- 作為向閱聽人展示資訊和想法的**論壇**（forum）或**平台**（platform），通常具有回應和回饋的可能性。
- 作為**傳播者**（disseminator），傳播資訊並限定哪些人可以獲得資訊。

（續）

- 作為對話中的**對話者**（interlocutor）或**知情夥伴**（informed partner），以準互動的方式回答問題。
- 作為**外部干預者**（interloper），捲入通常被認為不屬於他們的地方或情況。

　　其中一些形象可見於媒體的自我定位，尤其是在擴展我們的世界觀、提供整合和連續性，以及將人們彼此聯繫起來的積極意涵。即使是「過濾」的概念，也有其選擇和解釋原本難以處理和混亂的資訊與印象方面的積極意義。同時，一切事物的持續中介過程（以及意義增加的媒體意識和素養）也導致人們積極質疑媒體作為過濾器的角色，對偏見、操縱及媒體的動機和目標產生戒心。這些版本的中介過程反映了對媒體在社會過程中的角色的不同解釋。媒體可以以開放式的方式擴展我們對世界的看法，也可以限制或控制我們的印象。其次，它們可以在中立、被動的角色和主動、參與甚至激進的角色之間進行選擇。它們可以在兩個主要面向上有所不同：一個是開放與控制的面向，另一個是中立與主動參與的面向。

將媒體與社會聯繫起來的參考框架

　　媒體和大眾傳播以某種方式介入「現實」與我們對它的感知和知識之間，這種一般概念是指不同分析層次的特定過程。魏斯理與麥克林（Westley and MacLean, 1957）模式（參見本書第 3 章）指出更詳細參考框架所需的其他元素，其中最重要的是，機構倡導者尋求媒體作為觸達一般公眾〔或選定的群體，甚至是微定向的個人（micro-targeted individuals）〕的通道，以及傳達他們對事件和狀況的特定觀點。這廣泛適用於處於相互競爭的政治人物和政府、企業和廣告商、宗教領袖、思想家、作家和藝術家等。需要特別強調的一點是，經驗始終是由社會機構（包括家庭）中介的，現在的情況是增加了一個新的中介者（大眾傳

播），它可以擴展、競爭、取代甚至與其他社會機構的努力相牴觸。

　　以中介的方式接觸現實的複雜過程，難以簡單地用「兩級」（two-step）（或多級）過程描述，因為大眾媒體相對於社會其他部分並非完全自由的行動者。它們受到那些想塑造公眾對現實看法的機構的正式和非正式控制。它們的目標不一定是為了傳達關於現實的客觀「真相」。圖 4.2 描繪了基於魏斯理與麥克林模式，但也反映上述觀點的「現實中介」。媒體為它們的閱聽人提供資訊、形象、故事和印象，有時根據預期的需要，有時以自身的目的為導向（例如獲得收入或影響力），有時則遵循其他社會機構的動機（例如廣告、宣傳、投射有利形象或發送資訊）。鑒於「現實圖像」（images of reality）的**選擇**和**流動**中有多樣的基礎動機，我們可以看到，中介過程不太可能是一個純粹中立的過程。「現實」總是會在某種程度上被選擇和建構，並且會有某種偏見。這些將特別反映了近用媒體的不同機會，以及「媒體邏輯」對建構現實的影響（參見本書第 11 章）。

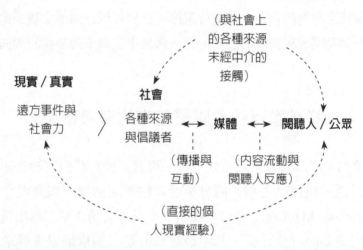

圖 4.2　媒體與社會理論的參考框架：媒體介入個人經驗與遠距的事件和社會力量之間

資料來源：基於 Westley and MacLean (1957)

　　圖 4.2 也表明，經驗不完全，也不總是由大眾媒體所中介。某些經驗與社會機構（例如政黨、社區組織、工作協會、宗教場所、店內客服）仍

有一定的直接聯繫通道，也有可能直接親身體驗媒體報導的一些遠距事件（例如犯罪、貧困、疾病、戰爭和衝突）。在大眾自我傳播的時代，這些直接的個人現實經驗往往成為密集中介的主題，因為當我們見證或參與某些事件（例如婚禮、音樂會或意外事故）時，我們經常會在網上分享這些經驗。對於任何特定事件，社交媒體和大眾媒體通常存在著多個版本，並以各種方式交互作用（例如當新聞媒體將人們的推文和其他社交媒體狀態更新納入其事件的報導時）。潛在的多樣化資訊來源（包括與他人的個人接觸，線上和線下）從未相互獨立，並且可以對「準中介互動」的完整性和可靠性進行查核（同時引入對我們從他人或媒體聽聞的內容產生懷疑的因素）。

媒體社會理論的主題

本書要處理的主題和問題已經在開篇章節（特別是第 1 章和第 3 章）中介紹過。在這裡，我們更深入地回到這些問題。我們可用的理論是零散的和選擇性的，有時是重疊的或不一致的，通常受相互衝突的意識形態和社會假設的指引。理論的形成並不遵循系統和邏輯的模式，而是對現實生活中的問題和歷史環境做出反應，並且通常建立在早期已確立的既定假設之上。在描述一些已經形成的理論之前，有必要先看看在「大眾傳播的第一時代」形塑辯論的主題，特別是權力、整合、社會變遷和空間／時間有關的主題。

主題一：權力與不平等

媒體總是以某種方式與當前的政治和經濟權力結構相關聯。首先，顯而易見的是，媒體具有經濟成本和價值，並且是爭奪控制權和訪問權的對象。其次，它們受到政治、經濟和法律監管。第三，大眾媒體通常被視為有效的權力工具，具有以各種方式施加影響的潛在能力。第四，大眾媒體的權力並非平等地適用於所有群體或利益。方框 4.2 介紹了媒體權力的主

題，列舉了歸因於大眾媒體的主要影響類型，無論是有意的還是無意的。

4.2

大眾媒體權力的假設目標或影響

- 吸引和引導公眾注意力
- 影響意見和信念的說服力
- 影響行為
- 提供現實的定義
- 授予地位和合法性
- 迅速而廣泛地提供資訊

　　在討論媒體權力時，通常有兩種相互對立的模式：一是支配媒體（dominant media）模式，另一種是多元主義媒體（pluralist media）模式（見表 4.1）。第一種模式將媒體視為代表其他強大機構行使權力。在這種觀點下，媒體組織往往被少數強大的利益集團擁有或控制，並且在類型和目的上相似。它們傳播一種有限的、無差別的世界觀，這種世界觀是由統治利益的觀點所塑造的。閱聽人被限制或習慣於接受它所提供的世界觀，幾乎沒有批判性反應。其結果是加強和合法化現行的權力結構，並藉由過濾掉其他聲音來避免變革發生。

表 4.1　媒體權力的兩種對立模式（混合版本較可能發生）

	支配	多元主義
社會來源	統治階級或支配菁英	相互競爭的政治、社會、文化利益與群體
媒體	產權集中與類型單一	很多且彼此獨立
產製	標準化、常規化	具創造力、自由、原創的
內容與世界觀	由上而下的選擇與決策	多元與相互競爭的觀點，回應閱聽人需求
閱聽人	依賴、被動、數量龐大	碎片化、選擇性、回應的與主動的
效果	強力維護現行社會秩序	各式各樣（無一致性或方向上的可預測性），但通常沒有效果

　　多元主義模式在幾乎所有方面都是相反的，它允許更大的多樣性和不可預測性；沒有統一的支配菁英，變革和民主控制都是可能的；差異化的閱聽人會引發需求，並且能夠抗拒被說服並對媒體提供的內容做出反應。一般而言，「支配」模式對應於對「群眾崛起」持悲觀態度的保守派和對革命失敗感到失望的資本主義制度批評者的觀點。這與將媒體視為「文化帝國主義」工具或政治宣傳工具的觀點是一致的。而多元主義觀點是自由主義和自由市場混合的理想化版本。儘管這兩種模式被描述為完全對立的，但可以設想混合版本，其中大眾支配或經濟壟斷的趨勢受到限制和反制，閱聽人也會對此進行「抵抗」。在任何自由社會中，少數族裔和反對派團體都應該能夠發展和維持自己的另類媒體，主流媒體中也應該有反思性話語／論述，檢討它們本身的偏見和假設。

　　問題是媒體是否為了自己的權利和利益行使權力。然而，這種可能性是存在的，並且可以在媒體大亨和帝國的虛構和事實描述中找到。有些媒體老闆利用其地位來推進某些政治或財務目標，或是提升自身地位。有初步證據顯示，這對公眾輿論和行動有影響。更多時候，據說媒體的獨立權力會導致意想不到的有害影響。例如這些影響與破壞民主政治、文化和道德墮落，並且追求利潤而造成個人傷害和痛苦有關。從根本上說，它們被認為可以行使權力卻不必承擔責任，並且在自由社會中利用**表達自由**和**新聞自由**的法律保障來逃避責任。這種關於媒體效果的長期討論引發了一些問題，這些問題在方框 4.3 中提出。

4.3

大眾媒體的權力：引發的問題

- 媒體是否受到自上而下的控制？
- 如果是，誰控制媒體，並且為了誰的利益？
- 呈現了哪個版本的世界（社會現實）？
- 媒體在實現所選目標方面的效果如何？
- 大眾媒體是否促進了社會更平等的發展？
- 如何分配或獲得對媒體的近用權？

（續）

- 媒體如何運用其影響力來影響人們？
- 媒體是否擁有自己的權力？
- 媒體如何被追究責任？

主題二：社會整合與身分認同

媒體的雙重視角

　　媒體和大眾傳播理論家經常與相關學科（例如心理學、社會學、人類學與社會和文化研究）的學者分享對社會秩序如何組織和維持的興趣，以及人們對各種社會單元的歸屬感。媒體很早就與快速城市化、社會流動和傳統社區衰落等問題有關，並且繼續被與個體化、社會脫序及所謂個人道德、犯罪和混亂的增加聯繫在一起。許多早期媒體理論和研究都集中在整合問題上。例如 Hardt（2003）描述了 19 世紀和 20 世紀初德國理論家關注新聞媒體在社會中的整合作用，方框 4.4 列出了他所指認的媒體主要功能。當代對新聞業衰落（在閱聽人、產業收入和就業方面）及網上的錯誤訊息和虛假訊息的興起，可以追溯到這些媒體被感知的一般功能，以及特別是新聞業的功能。

4.4

早期新聞報刊的社會功能

- 將社會凝聚在一起
- 領導公眾
- 幫助建立「公共領域」
- 提供領袖和大眾之間的思想交流
- 滿足資訊需求
- 為社會提供一面鏡子
- 扮演社會良心的角色

　　大眾傳播作為一個過程，通常被認為主要是非親身性的和孤立的，因此會導致較低的社會團結和共同體感。在參與社會活動和擁有歸屬感的意義上，沉迷於觀看電視被認為和不參與及日益減少的「社會資本」（在參與社會活動和歸屬感的意義上）有關（Putnam, 2000）。媒體將來自城市、社會頂端的物品、思想、技術和價值觀的新穎和時尚的資訊帶到了鄉村和社會基層。它們還描繪了替代的價值體系，可能會削弱傳統價值觀。在數位時代，這些問題變得更加嚴重，有關社交媒體和智慧型手機成癮的說法經常在全球引起關注（參閱第 17 章）。同樣，網際網路的作用或許可以被認為是完美契合我們這個「普遍比較」（universal comparison）時代的媒介（Bauman, 2000: 7），人們不斷將自己與無數其他人的生活方式、價值觀和想法進行比較，而這些又反過來可能導致持續的（並且通常是炫耀式的）消費。

　　基於大眾傳播的其他特徵，關於大眾媒體與社會整合之間關係的另一種觀點也在流傳。它具有將分散的個體團結在一個較為統一的龐大閱聽人當中的能力，或者透過提供一套共同的價值觀、思想和資訊，幫助到訪者融入城市社區和幫助移民融入新國家（Janowitz, 1952; Clark, 1969; Stamm, 1985; Rogers, 1993）。與透過舊的宗教、家庭或群體控制機制相比，這一過程可以更有效地將一個大規模的、差異化的現代社會凝聚在一起。換言之，大眾媒體在原則上似乎既能支持也能顛覆社會凝聚力。這兩種立場看似相距甚遠，一種強調離心力，另一種強調向心力，儘管在複雜多變的社會中，兩種力量事實上通常同時發生作用，具有一定程度的互補性。

社會整合的矛盾心理

　　因此，理論和研究中出現的主要問題（如同權力的情況那樣）可以映射在兩個交錯的面向上。其中一個涉及效果的方向：**離心或向心**。離心是指促進社會變革、自由、個人主義和<u>碎片化</u>的刺激；向心是指以更多社會團結、秩序、凝聚力和整合的形式出現的效果。社會整合和分裂都可能因偏好和觀點而被不同地評價。一個人認為可欲的社會控制，在另一個人眼中可能是對自由的限制；一個人的個人主義，可能是另一個人的不服從或

孤立。因此，第二個面向可以說是規範性的，尤其是在評估大眾媒體運作的這兩種相反趨勢時。它所代表的問題是，應該以**樂觀**或**悲觀**的態度看待效果（McCormack, 1961; Carey, 1969）。儘管大眾傳播的早期批評者（例如 C・萊特・米爾斯）強調過度整合和社會順從的危險，但新媒體的個體化效應一直被社會批評者視為具有社會腐蝕性，直到這些「新」媒體成為人們日常生活的一部分（以及另一個新興科技引起關切時）。

　　為了理解這種複雜的情況，我們可以以將媒體理論的兩個版本——離心的和向心的——想像成各自在評估的面向上占據一個立場，因此關於社會整合的理論立場可以分為四種不同的類型（見圖 4.3）。它們可以分別命名如下：

圖 4.3　大眾傳播對社會整合的影響（四種版本）

1. **自由，多樣性**（freedom, diversity）。這是媒體對社會產生分裂影響的趨勢的樂觀版本，這也可能是一種解放。媒體傳播新思想和資訊，鼓勵流動、變革和社會進步。

2. **整合，團結**（integration, solidarity）。這是對大眾傳播作為社會統一體的翻轉效果的樂觀版本，尤其是在社會變遷的條件下強調了對共享的認同、歸屬感和公民身分的需求。

3. **無規範，喪失身分認同**（normlessness, loss of identity）。對更大程度

的自由抱持另一種悲觀的觀點，指向一個脫節、信念喪失、無根和缺乏社會凝聚力的社會。

4. **支配，統一**（dominance, uniformity）。社會可能被過度整合和過度監管，導致中央控制和順從，而（大眾）媒體作為規訓和控制的工具。

　　這個版本的大眾傳播整合效果給我們留下了許多問題（見方框4.5），不同社會遲早都必須面對這些問題，而且不可能得到放諸四海皆準的答案。

4.5

關於媒體和整合的問題

* 大眾媒體是提高或降低社會控制和順從的程度？
* 媒體是加強或削弱中介的社會機構，例如家庭、政黨、當地社區、教會和工會？
* 媒體是否有助於基於次文化、意見、社會經驗、社會行動等多樣群體和身分認同的形成？
* 大眾媒體是否促進個人自由和身分選擇？
* 在不同社會群體之間，網路媒體是否具有橋接或聚合的效應？

主題三：社會變遷與發展

　　接續之前的討論，一個關鍵問題是大眾傳播是否應被視為社會變遷的原因或結果。無論媒體在哪裡施加影響，它們也會引起變遷；集中化或碎片化是已經討論過的兩種主要的社會變遷。正如我們所看到的，不能期望有一個簡單的答案，不同的理論提供了這種關係的替代版本。爭論的焦點是在媒體和社會變遷調查中將三個基本要素聯繫起來的不同方式：(1) 傳播科技以及媒體的形式和內容；(2) 社會變遷（社會結構和制度安排）；(3) 觀點、信仰、價值觀和實踐在人群中的分布。大眾媒體的所有後果都

是關於社會變遷的問題，但與理論最相關的是「科技決定論」和「媒體中心主義」這兩個問題，以及將大眾媒體的運作方式應用於發展過程的潛力。前者是指不斷變化的媒體對社會的影響，後者指的是更實際的問題，即是否（以及如何）將大眾媒體應用於經濟和社會發展（例如作為「驅動變遷的引擎」或「現代性的倍增器」）。方框 4.6 列出了有關變遷和發展的問題。

4.6

關於變遷與發展的問題

- 媒體在重大的社會變遷中扮演何種角色，可以發揮什麼作用？
- 媒體在運作時通常是進步的還是保守的？
- 在發展的背景下，媒體能否被用作「變遷的引擎」？
- 媒體引起的變遷有多少是由於科技而非內容所致？
- 媒體在呈現變遷時含納或排除了什麼（以及誰）？

正如第 2 章所述，媒體崛起的故事傾向於將媒體描述為一種普遍進步的力量，尤其是因為民主與言論自由之間、媒體與市場開放和貿易自由化之間的聯繫。然而，還有其他敘事需要考慮。例如批判理論通常將現代媒體視為墨守成規，甚至是反動的力量。在 20 世紀初期，就像在納粹德國和蘇維埃俄羅斯一樣，媒體被用作推動變遷的工具，雖然成果好壞參半。在 21 世紀，政府和社會運動仍然依賴「舊」和「新」媒體來灌輸保守主義或加速轉型進程。

為了推動第三世界國家的現代化和發展，大眾傳播在二戰後初期受到了廣泛關注，尤其是在美國，被視為將美國理想推廣到世界各地的有力工具，同時有助於抵抗共產主義。它也被宣傳為符合自由企業精神的社會和經濟發展的有效工具。自願進口美國大眾媒體內容被認為會對第三世界國家產生一些影響，包括提升消費動力、民主的價值觀和實踐、自由觀念和識字率（參見 Lerner, 1958）。隨後，對旨在擴散許多技術和社會創新的傳播計畫進行了大量投資（Rogers and Shoemaker, 1973）。然而，這些努

力的結果很難評估，而且在一個變化的世界中，這些努力逐漸變得多餘或不可能繼續執行。

　　在 20 世紀後期，與大眾媒體相關的最大變化可能是 1985 年後在歐洲發生的共產主義轉型。在蘇聯內部變化的過程中，「**開放政策**」（glasnost）的過程賦予了媒體一個重要角色，並且一旦開始這個過程，媒體似乎就會放大這個角色。在社會變革和發展的背景下，當代媒體和大眾傳播學術研究興趣的一個重要對象是新的大眾（自我傳播）媒體，例如社交媒體和行動媒體，在動員新的社會運動中所發揮的作用，包括 1999年西雅圖世界貿易組織抗議運動使用獨立媒體網絡、2004-2005 年烏克蘭的「橙色」革命（示威者繞過傳統的官方媒體獲取線上資訊）、2009 年伊朗的大規模抗議（主要使用推特進行自我組織），以及 2010 年在北非和中東的「阿拉伯之春」和 2011 年在全球範圍次第發生的「占領」運動等網絡化反撙節抗議運動（Castells, 2012; Papacharissi, 2014; Zayani, 2015; Robinson, 2017）。

　　2015 年 1 月，這些發展啟發了國際社會進步小組（International Panel on Social Progress，簡稱 IPSP）的靈感，這是一項學術倡議，旨在為社會正義提供選擇，因為鬆綁管制和蘇聯解體後全球市場開放後導致越來越不平等的社會狀況。該倡議的一部分是針對媒體在社會變革中的作用的具體章程，試圖改善媒體和資訊基礎設施扮演的角色，從而使社會進步和全球正義成為可能。該小組由來自世界各地的著名媒體和傳播學者組成的委員會提出了以下主張：

> 　　社會進步有賴於可近用、可負擔和具有包容性的媒體基礎設施——包括傳統媒體、數位平台、社交媒體和網際網路。任何有利於社會進步的干預措施還必須考慮到需要同時努力使媒體基礎設施民主化，並要求更好、更透明的媒體政策和治理。（Couldry et al., 2018: 180）

　　該小組確認了使媒體和社會變革複雜化的三個因素：(1) 媒體資源分

配不均（尤其是在富人和窮人之間）；(2) 提供新連接空間的企業（和國營事業）與使用這些平台的不同人、群體和社區的權利和利益之間的不均等關係；以及 (3) 促進媒體和數位素養，讓人們在參與「中介於社會生活之間的線上基礎設施」（同上註：177；粗體字強調處為原文所加）時，他們可以進一步開放對話、言論自由和「尊重的文化交流和為社會進步而採取的行動」（同上註：181）。IPSP 報告敏銳地指出，過去類似的舉措，例如教科文組織 1980 年的馬克布萊德報告（MacBride Report）和 2003 年資訊社會世界峰會（World Summit on the Information Society），只取得了有限的成果（Vincent and Nordenstreng, 2016）。

主題四：空間與時間

　　傳播具有空間和時間面向，並且可以在距離和時間上搭建「橋梁」，將體驗的斷裂聯繫起來。Jansson 與 Falkheimer（2006）主張在媒體研究應該出現「向空間轉」（spatial turn），關注當代通訊科技始終發生在空間中（例如我們登錄或開啟的地方），似乎將來自世界各地不同地方的人和設備瞬間連接在一起，同時創造出新的空間，人們在其中互動、形成社區並建立有意義的關係。這種主張有很多方面。傳播可以使人類活動和感知以多種方式跨越距離的延伸成為可能，其中最明顯的是透過交通運輸，我們可以移動到不同地方，擴展我們的接觸、經驗和視野。符號性的傳播可以在我們無須身體移動的情況下實現類似的效果，就像媒體關係可以無須同在現場的情況下發展。我們還提供地圖和路線指南，指引我們到現實空間中的不同位置。我們的活動地點由傳播網絡、共享的話語／論述形式和語言等表達的許多因素所界定。幾乎所有形式的符號性傳播（書籍、藝術、音樂、報紙、電影等）都與特定的位置相關聯，並且具有不同的「傳輸」範圍，可以在地理上進行定位。大眾傳播過程通常用空間術語來描述和記錄，例如特定媒體市場、發行或接收區域、觀眾「覆蓋率」等等。同時，電子傳輸成本和容量限制的終結意味著通訊不再侷限於任何一個領

域，原則上是無地域限制的。

政治和社會單位通常具有疆域性，並使用多種通訊方式來彰顯此一事實。在全球營運的企業通常試圖將其通訊本地化，以示對當地的忠誠。通訊傳播總是在一個地點發送並在一個或多個其他地點接收。橋梁已建成，物理距離似乎因通訊和接收的便利而縮短。網際網路創造了各種「虛擬空間」和與之配套的新地圖，尤其是顯示相互連接的網路圖。新科技使發送的資訊可以在遙遠的地方實現。空間主題在新媒體環境中重新流行起來，可以被視為「拔根」（uprooting）和「移植」（repotting）既有的地方和空間概念。

時間也是這樣。由於傳輸和通訊傳播通道的倍增和加速，與其他來源和目的地的即時接觸成為日常可能。我們不再需要等待新聞或等待從任何地方發送新聞。實際上對可以發送的資訊量沒有時間限制。我們越來越不會受到時間限制，可以在任何時間接收我們想要接收的內容。儲存和存取科技使我們在很多傳播行為上能夠無視時間限制，缺少的只是更多的時間來完成這一切（和理解這一切）。矛盾的是，儘管新科技使儲存記憶和所需資訊變得可能和容易，但資訊和文化似乎會變得更快過時和腐朽，其極限是由人類處理資訊時更多更快的能力所限制的。長期以來，人們普遍認為資訊超載的問題已經成為日常經驗。無論成本和效益如何，都很難否認朝向數位化、線上媒體轉變的革命性。主要命題請見方框 4.7。

4.7

與空間和時間相關的媒體效果：主要命題

- 媒體讓距離變得不再存在
- 虛擬空間是真實空間的延伸
- 媒體作為集體記憶
- 技術傳輸和人類接收能力之間的差距呈指數級擴大
- 媒體導致去地域化（delocalization）和去時間化（detemporalization）

媒體－社會理論 I：大眾社會

　　本節和以下各節將討論針對這些主題的幾種獨特的理論方法，並且大致是按它們被提出的時間順序呈現，涵蓋範圍從樂觀到悲觀，從批判到中立。首先要討論的是大眾社會理論，它建立在「大眾」的概念之上，這個概念已經在第 3 章中討論過。該理論強調行使權力的機構之間的相互依存關係，從而將媒體與社會權力和權威來源融為一體。傳播媒體的內容可能為政治和經濟權力持有者的利益服務。不能期待媒體提供對世界的批判性或替代性定義，它們的傾向是促使依附政經權力的公眾接受他們的命運。

　　上面勾勒的「主導媒體」模式反映了大眾社會的觀點。大眾社會理論賦予媒體作為因果關係的主導地位。它非常強調這個想法，即媒體提供了一種世界觀，一種替代的或虛假的環境，這是一種有效的操縱人們的手段，同時也有助於他們在困難情況下的心理生存。根據 C・萊特・米爾斯（C. Wright Mills, 1951: 333）的說法，「在意識和存在之間存在著傳播，它影響著人們對自身存在的意識。」

　　矛盾的是，大眾社會既是「原子化的」，又是中央控制的。在以規模龐大、機構偏遠、個人孤立以及缺乏強大的地方或群體整合為特徵的社會中，媒體促成了這種控制。米爾斯（Mills, 1951, 1956）也指出了經典民主理論的真正公眾的衰落，取而代之的是那些無法制定或實現自己的政治行動目標的流動人群。這種遺憾與關於民主辯論和政治的「公共領域」衰落的論點相呼應，其中涉及了大規模的商業化大眾媒體（Dahlgren, 2005）。最近，在新興大眾媒體的影響下，公共領域在媒體和傳播學界被重新想像，在人們的大眾自我傳播的啟發下，以一個更具情感的場域的興起為特徵（Papacharissi, 2016），這意味著「對主體性和個人故事在表達共同利益中的作用有了更細緻入微的評估」（Wahl-Jorgensen, 2019: 1）。

　　儘管「大眾社會」一詞不再流行，但我們生活在大眾社會中的想法仍然存在於各種鬆散相關的組成部分中。這些包括對一種更具共同體精神的替代方案的懷舊（或希望），以及對當代自由市場社會中所謂的生活空

虛、孤獨、壓力和消費主義的批判態度。公眾對民主政治的普遍漠不關心和缺乏參與也常常被歸因於政客和政黨對大眾媒體的憤世嫉俗和操縱。另一方面，民粹主義政治的興起往往被認為是由政客和公眾對傳統媒體的「去中介化」（disintermediation）所推波助瀾的，因為他們在網上相遇並創造新形式的「大眾」社會和共同體。

　　然而，許多新舊媒體形式的實際豐富性和多樣性似乎顛覆了大眾社會理論將媒體描述為大眾社會基石的有效性。特別是，網路和行動媒體引發了同樣樂觀和悲觀的社會可以變成怎樣的願景，但與大眾社會的核心論點背道而馳。原始大眾媒體興起時的相對壟斷控制，現在受到網路媒體的挑戰，這些網路媒體對許多群體、運動和個人來說更容易近用。這不僅挑戰了舊媒體的經濟權力，而且也挑戰了它們在自行選擇的時間有保證地接觸到大量全國觀眾的機會。這一願景的陰暗面表明，網際網路也開闢了控制和**監控**線上人口的新手段，而且媒體集團越來越尋求控制網際網路（Zuboff, 2019）。此外，許多人（尤其是媒體和大眾傳播學界之外的人）已經指出，人們線上連結和傳播的自由會刺激社會兩極分化，並使人們無法看到共存。關於大眾社會媒體理論歷久不衰的核心觀點，如方框 4.8 所述。

── 4.8 ──

大眾社會媒體理論：主要命題

- 社會是集中和大規模組織的
- 公眾變得原子化
- 媒體是集中化的，單向傳輸
- 人們越來越依賴媒體來獲取他們的身分認同
- 媒體被用於操縱和控制

媒體－社會理論 II：政治經濟學

　　政治經濟學是一種社會批判取徑，主要關注媒體產業的經濟結構和動態與媒體的意識形態內容之間的關係。從這個角度來看，媒體機構必須被視為經濟體系的一部分，與政治體系有著密切的聯繫。隨著媒體產業積累財富，它們的地位和與既得利益的密切關係也在增長。其後果是獨立媒體來源的減少和替代聲音的邊緣化，集中在最大的市場和產品上，為的是以最低的共同標準來吸引大眾閱聽人、規避風險，以及減少對利潤較低的媒體任務的投資（例如調查性報導和紀錄片製作）。我們還可以看到潛在閱聽人中較小和較貧窮的部門被忽視，以及新聞媒體報導上的政治失衡。

　　該取徑的主要優勢在於它能夠就市場決定作用提出可實證的命題，儘管這些命題眾多且複雜，以至於要進行實證並不容易。雖然該方法以媒體活動為中心，將其視為導致商品（媒體產品或內容）出現的經濟過程，但有一種政治經濟學取徑的變體認為媒體的主要產品實際上是**觀眾**。這是指媒體將閱聽人的注意力交給廣告商，並以某些獨特的方式塑造媒體公眾的行為（Smythe, 1977）。根據與市場相關的概況，商業媒體向其客戶銷售的是或多或少有保證的潛在客戶數量。與當今市場一樣，「按次付費」和訂閱模式已成為媒體經濟的主要收入來源，依賴廣告支持的媒體正在衰退，當代媒體**政治經濟學**分析的主要焦點已經轉移到網路平台的全球影響力，以及整合或結合資訊、電信和科技服務的企業的興起（例如阿里巴巴、字母公司、蘋果公司和三星等大型企業），相比之下，媒體產業規模相對較小。在這種情況下，「媒體產業面臨成為科技和電信產業低薪供應商的風險」（Miège, 2019: 82）。

　　政治經濟學取徑深受卡爾・馬克思（Karl Marx）的著作（以及後續學術研究）的影響。馬克思主義啟發的現代媒體分析有多種變體（Meehan and Wasko, 2013; Fuchs and Mosco, 2016）。權力問題是馬克思主義對大眾媒體解釋的核心。受馬克思主義啟發的批判政治經濟學取徑雖然多種多樣，但始終強調這個事實，即最終它們是統治階級控制的工具。馬克思主

義理論假定經濟結構、所有權和確認階級社會合法性與價值的資訊傳播之間存在著直接關聯。這些觀點在現代資本主義企業家高度集中媒體所有權趨勢（例如 Bagdikian, 1988; McChesney, 2000），以及這種媒體所呈現內容的保守傾向（例如 Herman and Chomsky, 1988）上，都有很多證據支持。

20 世紀馬克思主義媒體理論的修正版本更多地關注思想，而非物質結構。它們強調**媒體效果**，特別是對統治階級利益的意識形態效果，「再生產」本質上的剝削關係和操縱，並且合法化資本主義的支配和工人階級的從屬地位。路易斯‧阿圖舍（Louis Althusser, 1971）認為，這一過程是透過他所謂的「意識形態國家機器」（實際上是所有**社會化**手段）進行的，與「鎮壓性國家機器」（例如軍隊和警察）相比，它讓資本主義國家得以在不訴諸直接暴力的情況下生存。葛蘭西（Gramsci, 1971）的「**霸權**」概念與這種趨勢有關。馬庫色（Marcuse, 1964）將媒體與大規模生產系統的其他元素一起解釋為參與「銷售」，或強加了一個既令人渴望又具有鎮壓性的社會系統。

正如 Winseck（2016）所示，對媒體和大眾傳播基礎設施及其集中化後果的分析，在馬克思之前即已存在，亦即 19 世紀末和 20 世紀初社會學家和社會理論家的著作。此一分支的媒體政治經濟學並未假設媒體所有權、內容、資訊和社會秩序之間存在著直接關係，較少關注媒體資訊的具體內容及其對公眾輿論的假定影響，而是關注結構性權力的問題，即那些資助和控制媒體、電信和科技公司的人有權定義這些業務運作的（狹窄的）參數。這解釋了該產業從「整個供應鏈的生產和垂直整合朝向專注於對分銷、金融和版權的控制」的轉變（Winseck, 2016: 93；另見 Wasko, 2004）。Fuchs（2009）使用政治經濟學取徑來論證網際網路經濟的關鍵在於將免費使用平台的用戶**商品化**，這些平台為廣告商和公關人員提供目標，同時經常為網絡提供商和網站擁有者提供免費內容。對於臉書和 YouTube 這樣極受歡迎的平台來說，它們與大眾傳播的區別並不是很清楚。

重要的問題仍然存在。媒體的權力如何被反制或抵抗？不明確屬於資

本主義所有權或國家權力的媒體形式（例如獨立報紙或公共廣播）的地位為何？在政治經濟學的傳統中，大眾媒體批評者若不是依靠揭露宣傳的武器，或是將希望寄託在某種形式的集體所有權或另類媒體以對抗資產階級的媒體力量，就是倡議為媒體公司找尋不那麼依賴廣告或商業贊助的營運模式。

　　媒體業務和科技的若干趨勢大大增加了政治經濟理論的相關性。首先，全球**媒體集中化**程度不斷提高，越來越多的所有權集中在少數人手中，而且電子硬體和軟體產業之間存在合併**趨勢**（Murdock, 1990; McChesney, 2000; Miège, 2019）。其次，全球「資訊經濟」不斷發展（Melody, 1990; Sussman, 1997），涉及電信和廣電之間的日益匯流。第三，在「鬆綁管制」、「私有化」或「自由化」的旗幟下，大眾媒體的公共部門和對電信的直接公共控制有所下降（McQuail and Siune, 1998; van Cuilenburg and McQuail, 2003）。第四，資訊不平等的問題日益嚴重，「**數位鴻溝**」一詞指的是在獲取和使用先進通訊設施方面的不平等（Norris, 2002），但潛在的使用品質也有差異。政治經濟學理論的基本命題（見方框 4.9）自早期以來未有改變，但應用範圍變得更廣（Mansell, 2004; Mosco, 2009）。

4.9

批判政治經濟學理論：主要命題

- 經濟控制和邏輯是決定性的
- 媒體結構總是趨向壟斷
- 媒體所有權的全球整合正在發展
- 內容和閱聽人的商品化
- 真正的多樣性減少
- 反對和另類的聲音被邊緣化
- 傳播中的公共利益讓位給私人利益
- 獲得傳播利益的機會分配不均

媒體—社會理論 III：功能主義

功能主義理論根據社會和個人的「需要」來解釋社會實踐和制度（Merton, 1957）。以埃米爾‧涂爾幹（Emile Durkheim）的作品為基礎，社會被視為一個有機的系統，由相互聯繫的工作部分或子系統組成，每個部分或子系統都對連續性和秩序做出重要貢獻。媒體可以被視為這些系統之一。組織化的社會生活被認為需要持續維持一個相對精確、一致、支持和完整的社會和社會環境運作的圖像。媒體正是透過以一致的方式回應個人和機構的需求，為整個社會帶來意想不到的好處。

該理論將媒體描述為本質上是自主和自我糾正的。雖然在表述上不涉及政治，但它適合多元主義和自由意志主義對社會生活基本機制的概念，並且在某種程度上帶有保守偏見，即媒體更可能被視為維持社會現狀的手段，而非社會重大變革的來源。

儘管早期版本的功能主義在社會學中已被拋棄，但它以一種新形式的媒體取徑而得以倖存（例如 Luhmann, 2000），仍然在建構和回答有關媒體的研究問題中發揮作用。它對於某些描述目的仍然有用，為討論大眾媒體與社會之間的關係提供了一種語言，並提供了一組已證明難以被取代的概念。這個術語的優點是在很大程度上被大眾傳播者和他們的讀者所共享，並且被廣泛了解。

明確媒體的社會功能

根據拉斯威爾（Lasswell, 1948）的說法，傳播在社會裡的主要功能是對環境的監視、協調社會各界對環境的反應，以及傳承社會文化遺產。萊特（Wright, 1960）近一步發展了這個基本框架，用以描述媒體的許多影響，並將娛樂定義為第四個關鍵的媒體功能。這可能是文化的一部分，但它還有另一個方面，亦即提供個人酬賞、放鬆和紓壓，讓人們更容易應對現實生活中的問題，也讓社會避免崩潰（Mendelsohn, 1966）。再加上第五個功能，也就是動員，旨在反映大眾傳播在政治和商業宣傳中的廣泛應用，我們可以命名以下關於媒體在社會中的任務（功能）的基本概念：

- 資訊（information）
  - 提供有關社會和世界的事件與狀況的資訊。
  - 表示權力關係。
  - 促進創新、適應和進步。
- 協調反應（correlation）
  - 解釋、詮釋和評論事件和資訊的意義。
  - 為既有權威和規範提供支持。
  - 社交。
  - 協調不同的活動。
  - 建立共識（consensus building）。
  - 設置優先順序並指示相對地位。
- 文化傳承（continuity）
  - 表達主流文化，承認次文化和新的文化發展。
  - 形塑和維護共同價值觀。
- 娛樂（entertainment）
  - 提供娛樂、消遣和放鬆的手段。
  - 降低社會緊張關係。
- 動員（mobilization）
  - 在政治、戰爭、經濟發展、工作或宗教領域為社會目標進行宣傳活動。

　　我們不能對這些功能進行重要性的排序，也不能表述它們的相對出現頻率。媒體的功能（或目的）與其具體內容之間的對應關係並不精確，因為一個功能與另一個功能重疊，相同的內容可以服務於不同的功能。由於這組陳述涉及社會功能，需要被重新表述，以便考慮媒體本身（它們自己對任務的看法）或大眾媒體個別使用者的觀點，例如「**使用和滿足**」理論和研究（見第15章）。因此，媒體的功能既可以表述媒體的客觀任務（例如新聞或社論），也可以表述媒體使用者感知的動機或利益（例如提供資訊或娛樂）。

在一般的「社會功能」方面，媒體作為社會整合的力量得到了廣泛認同（如前所述）。媒體內容的研究也經常發現，主流大眾媒體傾向於墨守成規和支持主流價值觀，而不是批判主流價值觀。這種支持有多種表現形式，包括避免對商業、司法系統和民主政治等重大制度的根本批評；提供「社會頂端人士」不同的近用機會；象徵性地獎勵那些符合認可的美德和努力工作路徑而獲致成功的人，同時象徵性地懲罰那些失敗或偏離認可路徑的人。Dayan 與 Katz（1992）認為，電視上呈現的主要社會場合（公共或國家儀式、重大運動賽事）經常吸引著全球巨大的觀眾，有助於提供社會需要的黏合劑。這些被他們稱為「**媒體事件**」，其影響之一是賦予地位和重要性給社會領袖人物和議題。另一個影響是在社會關係方面：「隨著幾乎每一個事件的發生，我們看到社會上原本離散和分裂的群體從中產生出**共同體和同袍情誼**。」（Dayan and Katz, 1992: 214）一個重要的例子是 2001 年 9 月 11 日紐約世貿中心發生的恐怖攻擊事件。

鑒於這些觀察，不足為奇的是關於效果的研究未能大力支持以下這種命題，亦即大眾媒體因為關注犯罪、感官、暴力和偏差事故，所以是導致社會甚至個人犯罪和失序的原因。另一方面，可以看出（電視）新聞再現犯罪的方式有助於形成一種功能主義理論，即媒體將此類事件儀式化以提醒觀眾社會道德，正如涂爾幹最初所建議的那樣（Grabe, 1999）。然而，什麼是或不是功能性的，出於主觀原因難免有所爭議。例如批評當局的媒體正在發揮有用的監督功能，但從另一個角度來看，它們正在削弱當局和國家團結。這與它未能解釋（種族、性別和社會）多樣性和（個人）能動性有關，這是功能主義的一個根本性缺陷。該理論的主要命題可見於方框 4.10。

4.10

功能主義媒體理論：主要命題

- 媒體是社會制度的一環
- 它們執行著維護社會秩序、控制和凝聚力的必要任務
- 媒體對社會適應和變遷來說是必要的 　　　　　　　　　　（續）

- 媒體的功能可從它產生的影響中被識別出來
- 管理緊張局勢
- 媒體還可能造成一些意料之外的有害影響，可歸類為功能失調

媒體―社會理論 IV：社會建構主義

社會**建構主義**是社會科學中一種非常廣泛和有影響力的趨勢的抽象概念，尤其是由彼得‧柏格（Peter L. Berger）與托馬斯‧盧克曼（Thomas Luckmann）合著的《真實的社會建構》（1967）一書的出版引發的，後來由 Couldry 與 Hepp（2016）合著的《真實的媒介建構》一書對社會建構主義有所更新，以便特別說明媒體和大眾傳播在其中扮演的角色。事實上，其理論根源更深，可以追溯到布魯默（Blumer, 1969）的「符號互動論」（symbolic interactionism）和舒茨（Alfred Schutz, 1972）的「現象學社會學」（phenomenological sociology）。在《真實的媒介建構》一書中，社會作為一個對個體施加壓力的客觀現實的概念被否定，取而代之的是另一種（更具解放性的）觀點：社會的結構、力量和思想是由人類創造的，不斷再創造或再生產，並且可以被挑戰和改變。根據 Couldry 與 Hepp 的描述，這些持續的挑戰和變化被認為與媒體在生活的各個方面所扮演的結構作用密不可分，特別是在社會機構依賴媒體來履行其功能的情況下。其中強調的是行動的可能性，以及理解「現實」的選擇。社會真實必須由人類行為者（在媒體中）創造和賦予意義（解釋）。這些一般性觀點根據其他理論觀點以許多不同的方式形成，代表了 20 世紀後期人文科學的重大典範變化，隨著媒體在社會中的普遍和無處不在的特性，於 21 世紀再次引起了人們的興趣和分析。

柏格與盧克曼的著作在很多方面都是思考媒體影響過程的核心，也是一個充滿爭論的議題。大眾媒體影響大多數人對現實的看法的一般觀點當然是老生常談，並嵌入了宣傳和意識形態理論當中（例如媒體在產生「虛

假意識」方面扮演的角色）。媒體對民族主義、愛國主義、社會順從和信仰體系的照單全收和不斷宣傳，都可以被解釋為社會建構主義的例子。後來的批判理論認為，這種意識形態建構可能會遭到質疑和抵抗，強調重新詮釋霸權資訊的可能性。即便如此，批判理論的重點還是將媒體視為非常有效率的再生產者，**複製**了具有選擇性和偏見的現實觀。

　　除了意識形態的問題外，關注社會建構在大眾媒體新聞、娛樂和流行文化以及在形成民意方面的作用也備受關注。關於新聞，現在媒體學者普遍認為，新聞聲稱提供的「現實」圖像只是由事實資訊和觀察的片段所組成的選擇性建構，這些片段被捆綁在一起並被賦予特定框架、視角或視角的含義。新聞類型的要求和新聞處理的常規也是其中的影響因素。社會建構是指事件、人物、價值觀和思想首先以某種方式定義或解釋，並賦予價值和優先性的過程，主要由大眾媒體引領，最終形成更大的現實圖像。在當代版本的社會建構主義和媒體理論中，這個過程被與當前迎合大眾自我傳播的媒體重新接合，賦予人們在真實建構過程中扮演著一個共創（co-creative）、雖然遠非平等的角色。社會建構主義的主要命題列示在方框 4.11。

4.11

社會建構主義：主要命題

- 社會是一種建構，而非固定的現實
- 媒體為現實建構提供素材
- 媒體提供意義，但可能被協商或拒絕
- 媒體選擇性地再現某些意義
- 媒體無法提供社會現實的客觀描述（所有事實都是詮釋）
- 媒體既促進又複雜化了共享敘事和意義的形成

媒體─社會理論 V：傳播科技決定論

長期以來，人們一直在尋找主導時代的傳播科技和社會的關聯，涉及到上述所有主題。將這種思想體系貼上「決定論者」的標籤並不能公正地反映其中的差異和細微差別，但有一個共同的元素是「媒體中心主義」（media-centrism）（見第 1 章）。媒體中心主義有別於以媒體爲中心的理論取徑（'media-centred' approach），後者可見於 Couldry 與 Hepp（2016）關於社會建構主義和媒體的新論點。**媒體中心主義**假定當代媒體是導致社會、民意和人們行爲變化的原因，但**以媒體爲中心**的觀點會將媒體置於社會制度和活動的中心，透過這些制度和活動塑造和結構化所有的社會和政治轉型。在傳播科技和媒介決定論的框架中，人們往往集中關注傳播科技帶來的社會變革的潛力或偏向，並將其他變項置於次要地位：是智慧型手機將（年輕人）變成殭屍，而不是日常生活的壓力，那種需要駕馭當前日益擴大的城市環境的壓力，或只是爲了在複雜的全球化世界中兼顧家庭、學校和工作。

任何通訊傳播（以及其他）科技的歷史都證明了發明和物質與其他後果的加速步伐，一些理論家傾向於識別不同的階段。例如 Rogers（1986）將轉折點定位於文字的發明、15 世紀印刷術的開始、19 世紀中葉開始的電信時代，以及 1946 年隨著主架構電腦（mainframe computer）的發明而開啟的互動式通訊時代。Schement 與 Curtis（1995）提供了從史前到現代的傳播科技發明的詳細時間軸，列舉了通訊科技發明的各個時期，並將它們分類爲「概念／制度」（例如書寫）、「取得和儲存的設備」（例如紙張和印刷）或與處理和發行有關（例如電腦和衛星）。歷史顯示了幾個明顯的趨勢，尤其是隨著時間的推移，朝著更快、更分散、更廣泛的範圍和更大的靈活性方向轉變。總的來說，通訊傳播科技的歷史強調了通訊傳播更容易跨越時間和空間障礙的能力。這些問題將在第 5 章中更詳細地討論，並參考塑造媒體科技發展的文化和社會因素。

多倫多學派

　　第二次世界大戰結束後的一段時間，加拿大經濟史學家哈羅德·殷尼斯（Harold Innis）創立了「**多倫多學派**」（Toronto School），成為此一傳統的早期重要理論家之一。殷尼斯（Innis, 1950, 1951）將歷代古代文明的特徵歸因於當時居主導地位的傳播方式，每種方式在社會形式方面都有自己的「偏向」。例如他認為從石器到紙莎草紙的轉變引起了從皇權向祭司權力的轉變。在古希臘，口述傳統和靈活的字母表促進了創新和多樣性，並防止出現壟斷教育的祭司階級。羅馬帝國的建立和延續得益於書寫文化和文件，並以此為基礎建立了能夠管理遙遠省份的法律官僚機構。印刷術挑戰了官僚主義的權力壟斷，並促進了個人主義和民族主義的萌芽。

　　殷尼斯的著作有兩個主要的組織原則。首先，就像在經濟領域一樣，隨著時間的推移，傳播會導致一個群體或階級對生產資料和知識分配的壟斷。反過來，這會產生一種不平衡，阻礙變革或導致其他傳播方式崛起爭鋒，從而再次恢復平衡。這也可以解釋為新的傳播科技會瓦解舊的社會權力基礎。其次，帝國最重要的面向是**空間**和**時間**，某些傳播方式更適合一種而不是另一種（這就是所謂的傳播偏向）。因此，帝國可以持續存在於時間（例如古埃及）或廣泛存在於空間（例如羅馬），這取決於當時占主導地位的通訊傳播方式。

　　麥克魯漢（McLuhan, 1962）對該理論的發展提供了新的見解，闡述了印刷媒體興起的後果（另見 Eisenstein, 1978），儘管他的主要目的是解釋電子媒體對人類經驗的重要性，但這一目的實際上並未實現（McLuhan, 1964）（另見第 5 章）。關於印刷術，麥克魯漢寫道：「印刷技術擴展了民族主義、工業主義和大眾市場，以及普及的識字率和教育。」

　　古德納（Gouldner, 1976）從傳播科技角度解釋了現代政治史上的關鍵變化。他將「意識形態」（定義為一種特殊的理性論述形式）的興起與印刷和報紙聯繫起來，認為這些傳播媒介在 18 和 19 世紀刺激了人們對詮釋和思想（意識形態）的需求。然後，他將後來的廣播、電影和電視媒體描繪為由於從「概念象徵主義到圖像象徵主義」（conceptual to iconic symbolism）的轉變導致了意識形態的衰落，揭示了生產意識形態的「文化機器」（知識分子）與控制新大眾公眾（mass public）的「意識工業」（consciousness industry）之間的分裂。這預示了基於電腦的新資訊網絡的出現，將持續導致「意識形態的衰落」。古德納的著作反映在世界幾家著名新聞機構晚近的宣稱之中，即「阿拉伯之春」（發生在 2010 年及以後）等新興社會運動可被視爲「社交媒體革命」，因爲這些科技在各地中發揮了深刻的作用（例如臉書在突尼斯的影響，推特在埃及發揮的作用，以及 YouTube 在敘利亞扮演的角色）。

　　近年來，「硬」或「軟」媒體決定論領域的理論進展已經在一般媒體，特別是電視方面取得了進展（Scannell, 2014），並特別考慮了網際網路作爲一種可以被視爲生命和人類狀況的延伸（Briggs and Burke, 2010: 286）。Katherine Hayles（2012）和 John Durham Peters（2016）都提供了當代最全面的理論闡述，爭論了世界正在進行的數位化和數據化——與人類進化平行發展的歷史過程〔Hayles 稱之爲「科技創世紀」（technogenesis）〕，如何從根本上影響我們對自然和文化的理解，激發了對媒體的本體論和符號論的認識。換句話說，對 Hayles 和 Durham Peters 來說，媒體不僅是**關於**世界，媒體**就是**世界。媒體科技決定論的主要命題如方框 4.12 所示。

4.12

媒體科技決定論：主要命題

- 傳播科技對社會具有根本性的重要性
- 每種科技都偏向於特定的傳播形式、內容和用途
- 傳播科技的發明和應用順序影響社會變遷的方向和速度
- 傳播革命引發社會革命

遠離媒體決定論

大多數學者對社會變遷的單因解釋持謹慎態度，並不眞正相信新科技會產生直接的機械效應。只有當發明被接受、開發和應用時，效果才會發生，通常首先用於現有用途，然後根據科技能力和社會需求進行廣泛的擴展和改變，其發展始終受到社會和文化背景的影響（Lehman-Wilzig and Cohen-Avigdor, 2004; Stober, 2004）。

以所謂具有某些獨特屬性的單一主導媒體來思考將不再有意義，相反地，正如 Bausinger 在 1984 年所說，我們應該將媒體視爲一個「集合體」（ensemble），同時具有多種不同的科技和用途。目前，許多不同的新媒體形式與許多「舊」媒體並存，沒有任何一種消失。同時，所謂媒體正在匯流和連結，正在構成一個無所不包的網絡的論點，具有相當大的力量和影響（Neuman, 1991）。此外，社會歷史學家 Briggs 與 Burke（2010）提醒我們，在傳播科技史上，持續的流動是關鍵的推動力，而不僅僅是（媒體及其使用方式）朝著不斷匯流的方向前進。新的媒體形式也可能具有特定的科技、社會或文化「偏向」（見本書第 6 章），這可能會產生某些影響。下一節將討論這些可能性。

媒體—社會理論 VI：資訊社會

新傳播科技會帶來革命性的社會轉型的假設已經存在很長一段時間，儘管它並非沒有批評者（例如 Leiss, 1989; Ferguson, 1992; Webster, 1995, 2002）。Ferguson（1986）將這種「新科技決定論」（neo-technological determinism）視爲一種**信仰體系**，這種體系越來越像是一種自我實現的預言。「傳播革命」（communications revolution）一詞，連同「資訊社會」（information society）一詞，現在幾乎已被接受爲對我們這個時代、正在出現的社會型態和正在發生的大規模社會事件的客觀描述。

「資訊社會」一詞似乎起源於 1960 年代的日本（Ito, 1981），儘管

其系譜通常可以追溯到社會學家 Daniel Bell（1973）首次提出的「後工業」社會的概念。另一個來源是經濟學家 Machlup（1962）和 Porat（1977）提出的「資訊經濟」（information economy）概念。Bell 的著作屬於將社會類型與經濟和社會發展的後續階段聯繫起來的傳統。後工業社會的主要特徵是服務業在經濟中相對於製造業或農業的興起，因此「資訊相關」工作占主導地位。理論知識（科學、專家、基於數據的）正在成爲經濟中的關鍵因素，超過了實體設施和土地作爲財富基礎的地位。相應地，一個擁有知識和人際關係技能的「新階級」正在興起。大多數觀察到的後工業趨勢在 20 世紀的最後 25 年加速發展，各種資訊的生產和流通，特別是使用基於電腦的網路科技，已成爲經濟的主要部門。

　　除了有越來越多的證據顯示資訊在當代經濟和社會的重要性之外，關於「資訊社會」的**概念**還沒有太多的共識或明確性。Melody（1990: 26-27）將資訊社會簡單地描述爲那些「依賴複雜的電子資訊網絡並將大部分資源分配給資訊和通訊傳播活動」的社會。Van Cuilenburg（1987）將其主要特徵視爲各種資訊的生產和流動呈指數級增長，這主要是由於微型化和電腦化降低成本的結果。然而，他也指出我們相對沒有能力處理、使用甚至接收越來越多的資訊供應。從那時開始，這種不平衡變得更加嚴重，傳輸成本的降低繼續推動指數級增長的過程，對距離和成本的敏感度不斷降低，而通訊傳播可能達成的速度、數量和互動性則不斷提高。

　　儘管正在發生的趨勢很重要，但還沒有真正確定社會已經發生任何革命性的轉型，相較於資本主義的進一步發展（Schement and Curtis, 1995: 26），仍然缺乏證據表明社會關係發生了轉變（Webster, 1995）。一些評論家強調，由於「資訊社會」趨勢擴展到全球層面，社會「互聯性」有所增加。根據Neuman（1991: 12）的說法，這是「新科技浪潮背後的邏輯」。

　　一些作者（例如 van Dijk, 1992; Castells, 1996）選擇使用「網絡社會」（network society）一詞，而不是「資訊社會」。van Dijk（2005: 240）認爲現代社會正在成爲一個網絡社會：「一種越來越以媒體網絡組織關係的社會型態，這些媒體網絡正在逐漸取代或補充面對面溝通的社交網絡。」社會的網絡結構與中心—邊緣和階層式的大眾社會，或是那種大致符合

19 世紀和 20 世紀工業社會的典型傳統官僚組織模式形成對比。它展示了許多重疊的傳播圈（overlapping circles of communication），可以上下左右延伸擴展，進一步增加了資訊和傳播過程的複雜性和不可預測性。這樣的網絡兼具排除和連接的作用。

「互聯性」（interconnectedness）的概念涉及當代社會另一個引起關注的方面，即對他人的高度**依賴**。這並不是一個新概念，因爲它是涂爾幹一百年前有關勞動分工的社會理論的基礎。但可以說，在我們這個時代，由於資訊科技在生活各個方面的持續介入，尤其是在智慧機器（即機器學習和人工智慧）增強或甚至取代人類能動性的地方，我們有了質的變化。紀登斯（Giddens, 1991）強調的一個方面是我們必須在何種程度上信任各種專家系統以維持正常的生活條件。我們生活在越來越多的風險意識中（健康、環境、經濟、軍事），這些風險都來自資訊的公共流通，並透過參考資訊進行管理。紀登斯在其他著作（Giddens, 1999: 2）裡將全球化的世界稱作一個「失控的世界」。此外，當代社會的「文化」，在傳統意義上的精神和象徵追求，以及傳統義務中解脫出來的消磨時間的習慣方式中，基本上都被大眾媒體之外的眾多資訊服務所主導，而且所有的這些服務、過程和網絡都已經數位化。

資訊社會和網絡社會的當代理論是「數據社會」（data society），我們生活中的所有行爲都已經「被數據化」（datafied）——即變成可以被電腦處理的數據——而這些數據現在推進了全球資訊經濟。或許並不是所有公司都是發明了這種資訊和網絡社會，但最成功地將這種資訊和網絡社會的接合予以變現的是那些被稱爲平台的公司：一個數位化的地方，人們聚集在一起購物、學習、娛樂、工作，交換各種產品和服務。一般來說，這些平台提供免費服務——比如優步（Uber）、Airbnb、臉書、推特（Twitter）、Instagram、Tinder、亞馬遜、Google 及許多更專業的網站和應用程式——因爲它們的主要收入來源是人們在平台上互動所產生的數據。隨著我們越來越多的日常生活在媒體中進行，這些平台的經濟（和相應的政治）力量是巨大的，尤其是考慮到它們的存在時間相對較短（Helmond, 2015）。儘管它們對公共事務有重大影響與衝擊，但對這個

「平台社會」（platform society）的日益關注集中在它們普遍缺乏透明度和缺乏公共價值來規範它們的行為（Van Dijck et al., 2018）。

資訊社會概念（例如網絡社會和平台社會概念）一直受到經濟、社會學、地理和科技因素所主導。這符合 James Carey（2009: 27）所描述的歷史模式，即傳播科技的每一次新進展主要被視為政治和經濟機會，而很少被當作「擴大人們學習和交流思想與經驗的機會」。雖然**文化面向**相對被忽視，但與資訊社會的現實相比，更容易證明「數位文化」（digital culture）的興起已經延伸到日常生活各個層面（Deuze, 2006）。

很明顯地，「資訊經濟」遠比單獨的大眾媒體更龐大，且涉及的主要資訊科技不是大量生產和分發印刷品供大眾使用或透過廣播或電子錄音傳播。可以說，大眾傳播預示著「資訊時代」的誕生，標誌著一條新的、獨立的歷史路徑。當然，在所謂的資訊「革命」之前，大眾媒體就已經很成熟，可能更應該被視為工業時代的一部分，而不是它的繼承者。有些早期的看法預言大眾媒體即將消亡，因為新興的資訊科技已讓它們變得過時（例如 Maisel, 1973）。

資訊社會的概念並沒有被普遍認為有助於分析，部分原因前面已經解釋過了。一個核心問題是缺乏明顯的政治面向，因為它似乎沒有核心的政治目的，只有一個（被歸因於）自身的、必然的技術官僚邏輯（van Dijk, 2005）。在這一點上，它至少可以與流行和「西方」知識分子圈子中的時代精神相匹配。很明顯，在某些情況下，資訊社會的想法已被用於符合民族國家或地區技術官僚目標的公共政策（Mattelart, 2003）。關於傳播科技發生變化的重要性具普遍共識，但對於它的社會後果卻沒有達成一致意見。哈桑（Hassan, 2008）認為，資訊社會的想法本質上是意識形態，它支持從全球互聯互通中獲益最多的新自由主義經濟項目。其中一些問題將在第 6 章有所討論，該章將討論新媒體的發展。不過，某些主要的理論觀點在方框 4.13 有所總結。

─ **4.13** ─

資訊社會理論：主要命題

- 資訊工作取代工業工作
- 資訊的生產和流動加速
- 社會的特點是不斷增加的互聯性
- 不同的活動正在匯流和整合
- 對複雜系統的依賴程度越來越大
- 全球化趨勢加速
- 時間和空間上的限制大大減少
- 後果有多種可能性，包括正面和負面的
- 失去控制的風險增加
- 資訊社會理論是一種意識形態，而非一種理論

媒體—社會理論 VII：媒介化

　　隨著媒體變得越來越普遍和無處不在，近用媒體、特別是使用網際網路已被許多人視為世界各地日常生活的主要（有些人會說是平庸）部分。媒體已成為社會和日常生活各方面的深刻影響因素，這一點已變得司空見慣和顯而易見。這意味著媒體從對人和社會具有「影響」，轉變成媒體是任何影響社會事務過程的一部分。

　　在 21 世紀初，很明顯，媒體和大眾傳播不僅在社會的既定過程中發揮作用，而且還在內部和社會機構之間創造常規。早期關於媒體—社會關係的「宏大理論」（grand theories）是基於既定的人文和社會科學學科的典範，而媒體研究和（大眾）傳播研究領域則轉向了自己的概念和研究傳統（包括媒體系統依賴、涵化／潛化和框架理論、媒介理論和媒介生態理論）。來自跨學科理論和實證研究，研究不同媒體出現並在日常生活、不同文化內部和跨文化中找到一席之地的各種方式，以及歐洲（Silverstone, 1999, 2007）和拉丁美洲社會機構的內部運作（Martín-Barbero, 1993;

Canclini, 1995[1989]），學者們提出「媒介化」（mediatization）作爲一個敏感概念（另見：Asp, 1990; Mazzoleni and Schulz, 1999; Krotz, 2007）。正如 Stig Hjarvard 在定義該概念的早期嘗試中所暗示的那樣，社會的「媒介化」指的是一個階段或過程，在這個階段或過程中，社會「越來越多地服從或依賴於媒介及其邏輯。這一過程的特點是具有雙重性，即媒體**已融入**其他社會機構的運作中，同時**它們本身**也獲得了社會機構的地位。因此，社會互動——在各機構內、機構之間以及整個社會——透過媒體進行。」（Hjarvard, 2008a: 113；粗體字強調處爲原文所加）

　　Hjarvard 認爲，隨著時間的推移，媒體已經在某種程度上取代了社會的主要機構（例如國家、教會和家庭），成爲提供資訊和道德導向的重要角色，「與此同時，媒體成爲關於社會本身最重要的敘事者。」（Hjarvard, 2008b: 13）自此，媒介化已被廣泛應用於媒體和大眾傳播研究中，因爲它既適用於以社會科學導向的方法，也適用於更廣泛的文化研究方法，以研究媒體—社會關係和轉型。在對新興領域的回顧中，Couldry 與 Hepp（2016）認爲有三個因素和研究流派激發了此一發展：

- 媒體對人的重要性日益增加；
- 越來越多的跨學科和多樣化的媒體研究方法（超越了傳統的發送者—訊息—接收者的傳播模式）；和
- 媒體和（大眾）傳播迅速成爲各種學科的研究對象，包括但不限於人類學、科技研究、哲學、教育學、政治學和社會學。

　　由於其雙重性，媒介化理論產生了兩個研究方向：「制度主義」（institutionalist）和「建構主義」（constructionist）傳統（Hepp, 2013）。在制度主義的敘述中，媒介化被視爲一個過程，非媒體的社會行爲者必須適應「媒介的規則、目標、生產邏輯和限制」的過程（Mazzoleni and Schulz, 1999: 249）。在社會建構主義的描述中，媒介化被視爲媒體、資訊和傳播科技變化影響和塑造著文化和社會運作方式的過程。這一概念的廣泛吸引力在該領域引發許多批判性討論，Deacon 與 Stanyer（2014）

和 Corner（2018）特別對其相當寬鬆和包羅萬象的定義和應用表示擔憂，以及媒介化作為一個研究框架迄今仍然缺乏獨立身分的事實，而媒體和大眾傳播研究的現有成果則對研究對象進行了仔細的社會、文化、政治和科技背景的關注。

儘管也提出批評，Lunt 與 Livingstone（2016）指出，媒介化作為一般性的框架，激發了將媒體和（大眾）傳播研究與其他領域相結合的跨學科研究。他們指出媒介化理論如何使媒體研究者對歷史有深刻的認識，更留意媒介變遷和社會轉型之間的聯繫，以及全球化、個體化、商業化和城市化等「後設過程」（metaprocesses）與媒介化之間的交集。方框 4.14 強調了關於媒介化理論的主要理論要點。

4.14

媒介化理論：主要命題

- 媒體在社會中扮演要角
- 媒體是日常生活中不可或缺的一部分
- 作為一種制度／機構，媒體在文化、政治和經濟中發揮著重大作用
- 非媒體的社會參與者必須適應媒體才能發揮作用
- 這種雙重性是一個歷史階段或過程
- 媒介化是一個比理論更具敏感度的概念

本章小結

這些關於媒體與社會關係的理論觀點在幾個方面是多樣的，強調變遷的不同原因和類型，並指向通往未來的不同路徑。它們不能全部調和，因為它們代表了不同的哲學立場和方法學偏好。然而，我們可以從方法的主要面向來理解它們，每個面向都提供了視角和方法的選擇。首先，對所討論的事態發展持批評態度與大致持正面態度之間的對比。儘管科學探究追求一定程度的**客觀性**和中立性，但這並不妨礙人們對理論所表明的趨勢表

示贊同或反對。在馬克思主義、政治經濟學理論和大眾社會理論方面，都有內建的批判成分。相反地，就媒體的運作而言，功能主義傾向於正面看待。資訊社會和媒介化理論對批判和正面觀點持開放態度，而社會建構主義和科技決定論對變遷的來源（而不是方向）也是持開放態度。

其次，以社會為中心的觀點和以媒體為中心的觀點之間存在差異。我們可以將媒體視為依賴並反映社會，或者視之為主要推動者和塑造者。媒體中心主義的理論是那些與傳播科技和資訊社會有關的理論，而媒介化理論傳統的學者選擇的是「以媒體為中心」（media-centred）、而不是「媒體中心主義」（media-centric）的觀點。

如果不討論媒體和文化相關理論，本章的敘述會是不完整的，但本章提供了關於大眾媒體和社會關係思考的一般結構和概念，引領當代人們思考媒體（除了產業、文本和閱聽人之外，它也作為科技和制度／機構）在社會事務中扮演的日益重要的角色。

進階閱讀

Bausinger, H. (1984) 'Media, technology and daily life', *Media, Culture & Society*, 6: 343-351.

Couldry, N., Rodriquez, C., Bolin, G., Cohen, J., Volkmer, I., Goggin, G., Kraidy, M., Iwabuchi, K. and Linchuan Qiu, J. (2018) 'Media, communication and the struggle for social progress', *Global Media and Communication*, 14(2): 173-191.

Curran, J. and Hesmondhalgh, D. (2019) *Media and Society*, 6th edition. London: Bloomsbury Academic.

Mihelj, S. and Stanyer, J. (2019) 'Theorizing media, communication and social change: towards a processual approach', *Media, Culture & Society*, 41(4): 482-501.

Silverstone, R. (2007) *Media and Morality: On the Rise of the Mediapolis*. Cambridge: Polity Press.

Thompson, J.B. (1995) *The Media and Modernity*. Cambridge: Polity Press.

5

媒體、大眾傳播和文化

本章探討第 4 章相關理論中更偏向「文化」的面向，並介紹其他的一些觀點。「中介」的一般性架構仍然重要，但此處焦點轉為**什麼被中介**（特定意義）以及意義被賦予（有時被稱為「表意」）和理解的過程。早期的媒體和大眾傳播研究即已發展出一種獨特的關於大眾媒體的「文化主義」觀點（'culturalist' perspective），特別是在人文學科（文學、語言學、哲學和文化研究）的影響下，這與較為強調社會科學的傳播研究不同。在某些時候，或在某些問題上，這兩種傳統已經彼此融合，儘管它們在思維和方法上仍有很大差異。本書和本章的初版主要是從社會科學角度編寫，但後來在修訂版裡則越來越多地遵循媒體和大眾傳播研究領域，追求更加整合、混合和跨學科的取徑、理論和方法，期能適當地因應當今媒體環境的複雜性。

文化主義取徑方法涵蓋這種意義上的文本的產製、形式和接收的所有方面，以及圍繞它們的話語。雖然大眾媒體必然涉及文化研究的領域，但後者的範圍要廣泛得多，而且兩者在研究課題和理論只有一小部分重疊之處。正如下文所述，文化不能只從文本定義，而是關乎生活和思想模式，甚至可能和人類的所有活動有關。簡單地說，「媒體—文化」理論（'media-cultural' theory）不僅關注大眾媒體的內容，也關注產製和接收的脈絡，以及所有周圍的話語和實踐，特別關注人們如何透過媒體來體驗和了解自己、了解彼此及他們生活的世界，以及這種了解如何與各種社會力量相互關聯（Grossberg, 1986）。

傳播與文化

James Carey（1975）提出了一種「儀式」模式（'ritual' model，見本書第 3 章）的傳播，有別於強調**傳輸**（transmission）的主流傳播觀點。他還提倡一種研究傳播和社會的研究取徑，將文化置於更為核心的地位。「社會生活不僅僅是權力和交易……它還包括分享審美經驗、宗教觀念、個人價值觀和情感，以及知識概念，亦即一種儀式秩序。」（Carey, 1988: 34）循此，他將傳播定義為「一種符號象徵過程（a symbolic process），從而眞實（reality）得以被產生、維持、修復和轉變。」（同上註：23）

　　爲了在這個意義上進一步探討媒體、**大眾**傳播和文化之間的關係，我們需要更準確地了解研究對象。「文化」一詞的意義歧異讓這變得困難，這本身就反映了現象的複雜性。文化被 Carey 定義爲一個**過程**，但它也指一個人類群體的某些**共同屬性**（例如他們的物理環境、工具、宗教、價值觀、習俗和實踐，或是他們的日常生活全貌）。文化也可用來指涉由具有特定文化認同的人以特殊意義編碼的**文本**和**符號象徵產物**（例如藝術和建築作品，也包括紋身刺青或塗鴉）。

嘗試定義文化

　　由於「文化」一詞所涵蓋的事物繁多，用法殊異，不可能對它下一個精確的定義，但若我們從這些不同用法中萃取要點，似乎文化必須具有以下所有屬性：它是集體的，並與他人共享的東西〔純然的個人文化（individual culture）並不存在，個人文化總是在某種程度上是與他人發生關係〕。它必須具有某種符號象徵性的表達形式，無論是否有特定意圖。它有一些模式、秩序或規律，因此也有一些評價面向（一定程度必須符合文化規定的類型）。文化有著（或曾經有）一種歷時的動態連續性（文化存續和變化，有其歷史和潛在未來）。也許文化最普遍和最本質的屬性是傳播，因爲沒有傳播，文化就無法發展、生存、擴展與普及。最後，爲了研究文化，我們需要能夠識別並定位它，本質上需要關注三個地方：人、物（文本、文化產品）和人類實踐（受到社會影響的行爲）。方框 5.1 統整了這些主要特徵。

　　媒體和大眾傳播研究有其顯而易見的意涵，因爲大眾媒體產製和使用的每個方面都具有文化面向。我們可以關注**人們**作爲具有文化意義的媒體文本的產製者，或是作爲從中獲取文化意義的「文本閱讀者」（readers of texts），並對社會生活的其他部分產生影響。我們可以關注**文本**和**文化產品**本身（電影、書籍、報紙文章）以及它們的符號象徵形式與可能意義。我們可以研究媒體產品**產製者**或媒體**使用者**的**實踐**。媒體閱聽人的組成和

行為（亦即他們在媒體選擇和使用上的各種實踐）受到文化所形塑，不管在他們的媒體使用體驗之前、之後和使用期間皆然。

5.1

文化的主要屬性

- 集體形成與集體擁有
- 受到符號象徵表達所影響
- 有其等級次序和差異化的評價方式
- 被系統性地類型化
- 充滿動態、變化
- 受到空間上的定位影響
- 可以跨越時間和空間進行傳播

媒體—文化理論的主題

如下所述，透過指認主要問題和理論議題，可以縮窄此一廣泛領域的範圍。

1. **大眾文化的品質**。媒體理論議程上首先需要討論的「文化」問題是大眾傳播所造就的新的大眾文化的品質。這個主題已經在前面有所討論（見本書第 3 章），正如我們所見，人們最初傾向以負面眼光看待大眾文化。它幾乎總是包含將人們視為大眾（a mass）的觀點，而大眾則是一種新形式的社會集體，否則通常被認為沒有屬於自己的文化。

2. **流行文化的本質**。這種獨特的「媒體文化」（media culture）的興起也激起對「流行文化」（popular culture）本質的重新思考。如今，它不僅被視為一種廉價的替代品、為了提供大眾消費而進行大規模生產，也是創造力和享受的重要的文化新分支（Schudson, 1991; McGuigan, 1992）。大眾文化問題也刺激了批判文化理論的興起，該理論已擴展至與大眾傳播相關的性別、種族、性傾向和次文化等議題。

3. **科技的衝擊**。第三個關鍵主題涉及新科技本身對生活經驗、意義建構，以及新興現代世界中的人權（例如隱私）的潛在影響。傳播科技對我們了解自己的社會世界和我們在其中的位置的方式有很多影響。在視聽媒體發明之前，文化體驗是透過個人接觸、宗教儀式、公開表演或印刷文本（對於少數人而言）來中介的。如今可以讓幾乎所有人、以各種多元形式獲得中介文化體驗（mediated cultural experience），而這些多元的傳播形式可能會改變其意義和顯著性。

4. **政治經濟與文化**。以大眾媒體產業為代表的有組織的文化產製，以及新興的平台經濟（platform economy），都存在政治經濟方面的問題。我們將媒體視為一種「意識產業」（consciousness industry），受經濟邏輯和文化變遷所驅動。一個重要方面是文化的「商品化」（commodification），其形式為「軟體」，為用於傳播「硬體」而生產，兩者都在不斷擴大的市場中出售和交換。

5. **全球化**。伴隨著科技變革和「市場化」（marketization），文化產製和流通的國際化（這有時被稱為「美國化」）穩定增加。「全球化」（globalization）的主題抓住了一系列辯論，關於它的成本和效益，或是關於它對既有文化內容和形式造成的影響。全球化會導致同質化、多樣化還是混雜化（hybridization）？受到衝擊的少數文化形式能否存活並蛻變出新的形式？全球媒體產業的生產網絡如何影響說故事的方式、誰被聽到和看到，以及它對媒體製作的創意過程有何影響？

6. **身分／認同**。這與媒體文化理論的另一個主題有關，涉及文化身分和階級，可以在不同的層面上定義，從國家或族群到在地和語言，包括與性別和族群有關的問題。主要媒體產業生產的典型文化（在媒體文本的意義上）往往以全球化形式出現，即使它以當地或各國的變體和語言形式呈現。傳播對身分認同是必要的，而大眾媒體（包括網際網路）對身分認同既有害又有益。在世界的某些地方，人們一直在透過公共政策尋找某種方式來保障有價值的文化多樣性形式。最近，關於身分認同和媒體的研究集中在身分認同和主體性的交叉探索上

（Hermes, Kooijman, Littler and Wood, 2017）。

7. **意識形態**。最後一個重要問題是不同種類的意識形態（ideology）如
何體現在文化產製當中，以及它如何在媒體文本中被「解讀」，並且
對閱聽人產生某些影響，特別是源於文化背景或所使用的語言或編碼
系統的那些隱蔽或無意識的意義（covert or unconscious meanings）。
方框 5.2 統整了這些要點。

5.2

媒體 ─ 文化理論的主題

- 大眾文化品質與流行訴求的基礎
- 傳播科技的效果
- 文化的商品化和市場化
- 全球化
- 文化多樣性和身分認同
- 文化認同與階級
- 性別、種族、性傾向和次文化
- 鑲嵌於文化形式當中的意識形態和霸權

開端：法蘭克福學派與批判文化理論

針對大眾文化興起，一種基於社會的批判性關注至少可追溯到 19 世
紀中葉，而在 20 世紀中葉，英國出現了更為基進（和民粹主義）的批判
理論，正如理查德‧霍加特（Richard Hoggart）、雷蒙‧威廉斯和史都
華‧霍爾等人著作中所表達的那樣。這些批評家最初的主旨是攻擊文化
「墮落」的商業根源，並為大眾文化的工人階級消費者發聲，因為他們更
多是身為大眾文化的受害者（而且不只是那樣），而非加害者。這些文化
批判是為了平反那些被認為是「低品味」的人，他們往往被認為需要為大
眾文化的低劣品質負責。大約在同一時間或更早，北美有一場類似的辯論

正在激烈進行（參見 Rosenberg and White, 1957），雄辯滔滔地譴責大眾文化的庸俗。從那時到現今，「大眾文化」本身在很大程度上已經擺脫了低劣品質的汙名，儘管在此過程中，大眾文化的原始概念在很大程度上已被拋棄。

在國際的架構下，就大眾傳播和「媒體文化」特性更廣泛的思想發展而言，個別國家內部關於文化品質的各種辯論可能還不如戰後興起與流傳的新馬克思主義來得有影響力。「批判理論」（critical theory）一詞指的就是這一悠久而多樣的傳統，源於 1933 年後德國法蘭克福及馬克思主義傾向的應用社會研究所的一群**流亡**學者的著作。該學派最重要成員是馬克斯·霍克海默（Max Horkheimer）與西奧多·阿多諾（Theodor Adorno），但萊奧·羅文索（Leo Lowenthal）、赫伯特·馬庫色（Herbert Marcuse）與華特·班雅明（Walter Benjamin）等人也是其中要角（參見 Jay, 1973; Hardt, 1991）。

法蘭克福學派的創立初衷，是為了檢視馬克思所預言的革命性社會變革為何以失敗收場。為了解釋這種失敗，他們著眼於「上層建築」（尤其是大眾媒體所再現的觀念和意識形態）的能耐，可能顛覆了經濟變遷的物質和歷史力量（以及啟蒙運動的承諾）。歷史（如馬克思所解釋的）似乎「出錯了」，因為支配階級的意識形態已經制約了經濟基礎，特別是透過在工人群眾中宣揚「虛假意識」（false consciousness）。**商品**是促成這一過程的主要工具。商品化理論源於馬克思的《政治經濟學批判大綱》（*Grundrisse*），他在書中指出，物品是透過獲得交換價值而商品化的，而不僅僅是具有內在的使用價值。同樣，文化產品（以圖像、觀念和符號象徵等形式）作為商品在媒體市場上生產和銷售。消費者可以從這些產品消費中換取情感上的滿足、娛樂，以及對我們在世界上的位置的虛幻概念，這往往遮蔽了社會的真實結構及我們在其中的從屬地位（虛假意識）。

馬庫色（Marcuse, 1964）以「單向度」（one-dimensional）一詞描繪這種建立在商業、廣告和虛假平等主義基礎上的大眾消費社會。媒體和整個「文化產業」（culture industry）都深深地捲入了這一批評。其中許

多觀念是 1940 年代由阿多諾與霍克海默（Adorno and Horkheimer, 1972, in translation）提出的，包含對大眾文化的尖銳和悲觀的攻擊。他們批判大眾文化的順從性、技術崇拜、單調、逃避現實與創造虛假需求、將個體降格為消費者，並且剝奪了所有的意識形態選擇（參見 Hardt, 1991: 140）。

　　在某些方面，法蘭克福學派上述對大眾文化的批判，與當時多種不同版本的大眾社會理論（mass society theory）非常接近。馬克思的知識傳統、不同世代的法蘭克福學派成員，以及後來的思想家，例如更為實用主義傾向的社會學芝加哥學派（Chicago School of Sociology）（Wahl-Jorgensen, 2006），共同啟發了一種批判性的文化理論。根據 Fuchs（2016）的說法，這種批判性的文化理論結合以人的積極能力（例如為爭取自由而奮鬥、社會性、合作……等）為基礎的普適倫理（universal ethics）、對支配、剝削和異化的批判、辯證理性的原則（每個概念體現著其自身的否定，從而提供了超越自身狀態的機會）、對意識形態的批判、支持人和事物的真實再現，以及致力於「為更美好世界而進行社會鬥爭」（Fuchs, 2016: 8）。

意識形態與抵抗

　　批判文化理論現在已經遠遠超出其早期對意識形態支配（ideological domination）的關注，儘管在某種程度上，媒體文化的意識形態研究仍然是核心課題。媒體文化對於社會特定群體經驗的意義也是如此，例如青年、工人階級、少數族群和其他邊緣群體。這些主題的相關研究和理論，伯明翰大學當代文化研究中心在 1970 年代首開風氣之先。史都華・霍爾是這個學派最具代表性的人物。他對文化研究取徑的關鍵定義可參見方框 5.3。

— 5.3 —

史都華‧霍爾論文化研究取徑

〔文化研究取徑〕反對以基礎—上層建築（base-superstructure）的方式來表述觀念和物質力量之間的關係，特別是它反對簡單地將基礎定義為受到「經濟」所決定的產物。……它將「文化」定義為在獨特的社會群體和階級當中產生的手段和價值，他們基於特定的歷史條件和關係，透過文化來「處理」和回應他們所處的生存狀況。（轉引自 Gurevitch, Bennet, Curran and Woollacott, 1982: 267）

　　與伯明翰學派（Birmingham School）（該學派由於校方啟動的系所調整而於 2002 年驟然關閉）相關的批判取徑也引領風騷，將原本鑲嵌在媒體文本之中的意識形態問題，轉變為閱聽人如何「解讀」意識形態的問題。史都華‧霍爾（1974/1980）提出了一種媒體論述的**編碼—解碼**模式（model of encoding–decoding），該模式將媒體文本置於產製者及其閱聽人之間，產製者以某種方式框架意義，閱聽人則根據自己與前者迥異的社會情境和詮釋框架「解碼」文本的意義（參見本書第 3 章）。

　　這些觀念相當程度地促成意識形態和虛假意識相關理論的重新思索，帶動了關於「差異化解碼」（differential decoding）的研究（例如 Morley, 1980），尤其是要找到工人階級抵抗主流媒體訊息的證據。這方面的直接成果不多，但有不少間接成果，因為該理論非常有效地「重新培力／賦權」（re-empowering）閱聽人，並且回歸媒體和文化研究的樂觀主義。它還促成對中介媒體經驗的社會和文化影響的更廣泛的觀點，特別是族群、性別和「日常生活」（everyday life）（Morley, 1986, 1992）。批判文化理論的主要命題，臚列於方框 5.4。

— 5.4 —

批判文化理論要點：主要命題

- 大眾文化是資本主義社會的墮落形式
- 大眾文化產製虛假意識

（續）

- 商品化是核心過程
- 大眾文化體現的是霸權意識形態
- 意識形態可以被差異化地解讀、抵抗或甚至翻轉

流行文化的救贖

　　大眾媒體對我們所謂的「大眾文化」或「流行文化」（popular culture）負有主要責任，並且在此過程中「殖民」了其他文化形式。我們這個時代最廣泛傳播和享受的符號象徵文化（姑且用英語「文化」一詞的單數形來表述）是透過電影、電視、雜誌、音樂、數位遊戲等媒體帶來的資訊巨流。沒有道理認為這股巨流可以用某種方式防堵、逆轉或淨化，也沒有理由將當代主流文化簡單地視為原本純正，但遭商業扭曲的畸形後代。

　　更不可能的是區分菁英品味和大眾品味，因為每個人都被流行媒體文化的某些多樣化元素所吸引，不同的產製和品味文化間的分離屬於例外狀況而非規則。口味總是有所差異，而且適用不同的評量標準，但至少當代媒體文化已是一個既成事實（雖然不斷變化和高度多樣化），應該以更公平的方式看待它。「大眾文化」一詞可能會繼續流行，但另一種「流行文化」的稱呼（本質上是指「受歡迎的文化」，獲得眾人喜愛）似乎更為可取，不再帶有貶義。從這個意義上說，流行文化是無數和無盡的努力所構成的混合產物，以能夠觸達人們和攻占市場的當代詞彙表達，也是出於人們對 Fiske（1987）所謂的「意義和愉悅」的主動需求。此外，流行文化已獲媒體學者認可，尤其是年輕人透過社群媒體平台挪用、重混的媒體素材、病毒式擴散傳播的影音與迷因（spreadable videos and memes），這些創作不僅是為了獲得認可和樂趣，也為了提高意識和促進政治變革（Jenkins et al., 2016）。

人們的（符號）權力

所謂「流行文化的救贖」，很大程度上有賴於上述霍爾的解碼理論（參見本書第 3 章）。據此，同一個文化產品可以用不同的方式「解讀」，即使該文化產品似乎已經內建了某種具有支配性的意義（dominant meaning）。Fiske（1987）將媒體文本定義為閱聽人解讀和欣賞的結果。他將文本意義的多元性稱作「多義性」（polysemy）。相關術語「互文性」（intertextuality）指的是不同媒體內容之間的意義互聯性（interconnectedness of meanings）（模糊了菁英文化和流行文化之間的任何界限），也意指跨越不同媒體和其他文化經驗的意義相互聯繫。可以說明這兩個術語的例子是像流行歌手或熱門電影這樣的文化現象，能夠同時吸引使用不同媒體的不同群體，但對不同群體的意義則是迥然有異。

在不同的次文化中，人們對很多流行媒體內容的解讀完全不同。這為想要逃避可能的社會控制的人們提供了一條路徑。Fiske（1987: 126）寫道：

> 電視裡的偏好意義（preferred meanings）通常是那些服務於支配階級利益的意義；其他意義是在這種支配—從屬關係（relations of dominance–subordination）中形成的……從屬階級創造自己的意義的符號權力（semiotic power），等同於他們擁有了逃避、反對或與這種社會權力進行協商的能力。

對 Fiske 來說，流行文化的主要優點正是它的流行性，包括字面上的這兩層意義：「人民的」（of the people），以及有賴於「人民力量」（people power）。他寫道：「此處，受歡迎程度是衡量一種文化形式滿足其顧客需求的能力的標準。……一種文化商品要想變得流行起來，必須能夠兼顧人們的各種利益與生產者的利益（Fiske, 1987: 310）。流行文化必須與人們的需求相關並且回應這些需求，否則它將失敗，而它（在市場上）的成功可能是文化兩者兼而有之的最佳測試（實際情況裡，在市場上獲得成功的判準凌駕於任何內在品質的概念之上）。Fiske 反對所謂文

資本（cultural capital）劃分線遵循經濟資本（economic capital）劃分線的論點（Bourdieu, 1986）。相反地，他認為有兩種具有相對自主性的經濟存在，一種是文化經濟（cultural economy），另一種是社會經濟（social economy）。即使階級社會中的大多數人處於從屬地位，他們在文化經濟中也具有一定程度的符號權力，亦即根據自己意願來塑造意義的權力。除了關注閱聽人如何「處理」（'do' with）媒體和流行文化，越來越重要的是考察人們如何與媒體一起「創造」（'make' with），因為他們在數位環境中同時具有消費者與生產者的角色（Jenkins, 2004），以及人們轉化、顛覆或只是轉發並推送其中某些媒體訊息的關鍵潛力。

尚未回答的問題

　　儘管已經發生了對流行文化的重新評估，以及如下所述的後現代（或「液態」現代）文化的興起，法蘭克福學派學者提出的幾項指控仍然有效。流行和商業成功媒體提供的大部分內容仍然遭致與過往的菁英和不開明時代同樣的反對聲浪。市場導向的媒體文化往往表現出以下一種或多種侷限：它可能是各種重複、水準不高、主題有限和墨守成規的。吾人可以找到許多流行內容含有特定意識形態傾向、令人厭惡與全然反智的例子。它的產製主要受商業邏輯的支配，因為大多數流行文化都是由大公司資助並推至市場上的，它們最關心的是自己的利益，而不是為了豐富人們的文化生活。閱聽人被看成是一個需要被操縱和經營的消費市場。流行的配方和產品往往會被過度濫用，並且在無利可圖時被丟棄，無論閱聽人在「文化經濟」中可能有什麼要求（儘管閱聽人有時會反擊，例如透過社群媒體發起活動，有時可以成功地為某些節目和系列電影注入新生命）。但即使企業媒體產製者在內容中包含進步訊息，例如解決電玩遊戲對女性的性化再現（sexualized representation），製作由黑人（或其他少數族裔）主演的「支柱大片」（tentpole movies），以及記者在進行重大調查報導時分享他們的消息來源和過程，還是有人可以說（而且這說法至少可以部分成立），他們這樣做是因為有利可圖。

　　這種新興的「文化民粹主義」（cultural populism）導致反彈

（McGuigan, 1992; Ferguson and Golding, 1997），並不令人訝異。Gitlin（1997）將這種新興的文化研究視爲一種民粹主義方案，它只是簡單地顛倒了舊的文化價值等級，而不是推翻它。在他看來，它已經變得反政治（anti-political），雖然這不是它會公開承認的意圖。與其說它在反對資本主義，它已變得「與資本主義的邏輯相呼應」（同上註：32）。

前述的「救贖」論在很大程度上忽略了持續存在的符號權力不平等（semiotic inequality），亦即教育程度較高、較富裕的少數群體既可近用流行文化，又可近用「非流行」文化（例如古典音樂、偉大文學及現代和前衛藝術），而大多數人所近用的僅限於流行文化，而且完全依賴於商業媒體市場（Gripsrud, 1989）。

但針對擁護流行文化的爭議和誇大說法所發出的強烈反彈本身也有其風險。在不必倒退回到過去的前提下，跳脫此一僵局的方式之一是使用「生活風格」（lifestyle）這個概念，承認當代社會生活的流動性和多樣性，特別是文化資本透過教育系統而變得更加廣泛和均等地分布（Andersson and Jansson, 1998）。當代的生活風格可從媒體使用行爲的偏好和風格窺見，屬於折衷、碎片化和低調的風格，而且當代「混雜」媒體文化也傾向於放大和加速這種經過中介的生活。

即使它的意義已經發生變化，大眾媒體文化供給的「品質」概念仍然是應用媒體理論（applied media theory）的重要課題，因爲仍有相關政策問題，而且公眾仍然關切其品質。品質不再僅僅指符合傳統文化規範的程度，而是取決於選擇誰的觀點，從而可以根據創造力、原創性、文化身分認同的多樣性，以及各種倫理或道德原則來定義它（Schrøder, 1992）。當然，正如流行文化的擁護者所主張的那樣，品質也必須透過它所提供的愉悅和滿足來衡量，而且可以粗略地以它在市場上的成功與否來表述。我們當然不再能夠這樣假定：最吸引人的文化產品，其「品質」必然較低劣。文化產製的物質經濟動力與其「符號」文化經濟之間，無法再簡單二分。對「文化品質」的意義和衡量標準的研究也清楚地表明，沒有單一的客觀定義來源存在，例如專業媒體製作人、閱聽人、社會或文化評論家和媒體經營者所採用的標準大不相同（Ishikawa, 1996）（參見本書第10

章）。沒有公認的流行文化理論，各方爭辯的重點可見於方框 5.5 臚列的
幾個命題。

5.5

關於流行文化的辯論：爭辯重點

- 流行文化代表的是人民的力量
- 受歡迎程度本身就是一種品質
- 流行文化具有普遍的吸引力
- 流行文化與許多次文化群體的身分認同息息相關
- 流行文化是一種商品化的文化

性別與大眾媒體

〔荷蘭學者〕Hermes（2007: 191）認為，我們需要了解媒體如何再現
性別，因為「女性特質和男性特質的建構是主流意識形態的一部分」。
除此之外，她指出，媒體仍然提供行為的指引和示範，我們需要能夠解
碼這些訊息。在與女權主義研究合作中，媒體文本的差異文化閱讀理論
（theory of differential cultural reading of media texts）在性別方面取得了重
要進展。雖然傳播研究，甚至是基進的批判傾向，長期以來似乎在很大程
度上是「性別盲」（gender-blind，也許更多的是不願正視），但在 1990
年代和 2000 年代初期，人們已可以名正言順地談論「文化女權主義媒體
研究方案」（cultural feminist media studies project）（van Zoonen, 1994;
Gallagher, 2003）。這比最初的有限議程更加深入和廣泛，例如女性的媒
體再現不足，以及刻板印象和性別角色社會化，這些問題持續是許多媒體
內容的特徵。研究關注焦點也已超越原本對色情媒體內容的關注，女權
主義者（和其他人）重視色情媒體的部分原因是它們具有冒犯性且象徵
地貶低女性，可能會激發強姦和暴力行為。（在批判文化理論的辯證精

神下，）相關研究已開始欣賞色情內容，視之為多元性別身分認同的遊樂場，是一種自我表達的形式，並且被女權主義看作是控制自己性幻想的一種權利（Jacobs, Janssen and Pasquinelli, 2007）。

　　與性別相關的媒體研究現在非常多，雖然它在某種程度上遵循以社會階級和族群性為基礎的理論路線，但它另有幾個面向。其中包括追隨雅克・拉康（Jacques Lacan）和 Nancy Chodorow 的思想，關注佛洛伊德精神分析理論，聚焦性別在「定位」閱聽人與男性和女性形象（電影、電視、攝影）的關係上發揮的作用。另一個研究路線聚焦在媒體如何推波助瀾，傳播那種關於女性社會地位的父權意識形態。目前，更廣泛的女權主義研究領域（Long, 1991; Kaplan, 1992）與性別、性和媒體（Ross, 2012）相關研究之間有許多連結。

　　〔荷蘭學者〕van Zoonen（1994）認為，早期大多數的性別相關媒體研究基於接收者對訊息刺激的直接反應，包括精神分析理論，至少隱性地追隨效果的傳輸模式。她建議採取另一種典範，本質上屬於文化主義取徑，提供一種更好的理解媒體與性別關係的方式。該取徑的核心是「作為話語／論述的性別，亦即一組重疊但有時矛盾的關於性別差異之文化描述和規範」（van Zoonen, 1994: 40）。第二個關鍵基礎是強調媒體文本「讀者」的主動**建構**意義和身分認同。總的來說，這種媒體研究處理以下主要問題：性別話語／論述是如何在媒體文本中被編碼的？閱聽人如何使用和詮釋性別化的媒體文本（gendered media texts）？閱聽人接收（audience reception）如何在個人身分認同層面對性別建構有所貢獻？

　　性別問題幾乎涉及媒體與文化關係的每一個面向，其中最核心的或許是性別定義問題。Van Zoonen（1991: 45）寫道，性別的意義「從來都不是給定的，而是根據特定的文化和歷史背景而變化……並且是在不斷進行的話語／論述鬥爭和協商中受到影響的。」問題的一部分在於如何表意性別差異和獨特性（見 Goffman, 1976; Hermes, 2007）。鬥爭的另一個面向是社會如何賦予男性和女性特質不同的價值。

　　內容的性別化，也可以從產製端進行研究，因為大部分媒體選擇和產製由男性主導，或是由置身於高度性別化產業環境中的男男女女所完成。

在這個議題上，注意力也轉向了「新聞」這個長期由男性主導的領域，其主要形式和內容（政治、經濟、運動賽事）更偏向男性閱聽人。女權主義媒介批評（feminist media critique）的一個持續主題是女性在新聞中的可見度（作爲消息來源和專家）相對較低，或是限縮在某些主題，以及她們通常作爲年長男性主播年輕搭檔的角色。這種情況已經開始發生改變，尤其是因爲線下和線上新聞媒體彼此激烈競爭，正在積極吸引女性閱聽人。鑒於媒體專業工作者總體上缺乏多樣性（見第 10 章），媒體工作的性別議題仍然是媒體產製研究的一大重點。

媒體閱聽人和媒體內容接收的相關研究顯示，媒體使用方式及其意義存在著相對大的性別差異。某些類型的媒體內容在製作價值觀和訴求上都明顯有性別差異（Grabe and Bucy, 2009）。很多證據可見於性別社會角色、男性和女性的日常經驗和關注焦點，以及性別影響其可支配時間和使用方式的差異。它也涉及家庭中的權力角色，以及女性與男性伴侶之間或大家庭裡不同女性之間的關係（Morley, 1986）。

不同種類的媒體內容（以及它們的製作和使用）也與基於性別的共同身分認同表達（Ferguson, 1983; Radway, 1984），以及從中獲得的不同愉悅和意義（Ang, 1985）有關。然而，在考慮這些問題時，特別重要的是要注意 Van Zoonen 的警告，即脈絡在不斷變化，「賦予女性特質符號意義的符碼有其文化和歷史特殊性，永遠不會完全明確或一致。」（van Zoonen, 1994: 149）

基於性別的研究取徑也引發了一個問題，亦即在仍然普遍存在不平等的社會情境中，媒體選擇和詮釋是否能夠爲所有邊緣化群體提供某種改變或抵抗的資源？對立式解讀（oppositional reading）和抵抗的潛力被用來解釋何以女性被具有明顯父權訊息的媒體內容（例如羅曼史／言情小說）所吸引，並且有助於重估這種吸引力的表面意義（Radway, 1984）。

女權主義是一個政治方案，也是文化方案，因此在關於流行文化是否具有政治意義的更廣泛的文化（媒體）研究辯論，女權主義媒體研究也不可避免地參與其中。這一部分源於她們高度關注以女性爲主要目標觀眾的肥皂劇和脫口秀等流行文類。媒體的情況發生了變化，現在有更多由女

性製作、為女性而製作的內容，而且不再壓抑女性情慾（例如 McRobbie, 1996）。性和情慾在某種程度上已經脫離了色情產業的慣例和控制，現在包括了「色情電影」（real sex films）等有趣的新文類（Tulloch and Middleweek, 2017）。即使是數位遊戲這個勞動力和螢幕性別再現上多樣性表現最差的產業，現在也嘗試推出更多樣的角色及性別身分認同。

　　基於性別的媒體和大眾傳播研究的主要貢獻之一是它奠定下了基石，有助於身體（body）和情感（emotion）的重要性在當代獲得肯認，會影響人們處理和賦予媒體意義的過程。在此脈絡下，學者 Hermes 提出了「文化公民身分」（cultural citizenship）的概念，她寫道（1997: 86）：

> 　　公共領域理論的關鍵是理性……流行文化研究（受到後現代主義和女權主義理論影響）認為情感和感覺對我們的日常生活同樣重要。如果民主可以說成是多數人關於如何讓最多人過上最好的生活的審議過程，那麼在民主的理論化過程中設置理性論辯這種排他性的障礙是沒有意義的。我們有必要重新將公民身分視為文化公民身分，並且接受那些生活在大眾民主國家的人們使用許多不同的邏輯來形塑他們的生活。

　　近年來，數位媒體文化日益複雜的性質，以及來自各行各業（和世界各角落）的人們越來越多地參與線上活動，已促使性別和媒體議題更重視跨界、跨領域的範疇，因為性別與族群、階級、年齡和各種其他概念相互關聯，而性別概念往往過於強調二分法（Collins, 2000）。方框 5.6 就媒體和性別的主要命題臚列前述討論過的一些重點。

5.6

性別與媒體：主要命題

- 媒體邊緣化女性在公共領域的角色
- 媒體提供女性特質和男性特質的刻板印象 （續）

- 媒體的產製和內容受到性別化的影響
- 媒體的接收受到性別化的影響
- 女性觀點提供了替代的品質標準
- 個人的，即是政治的
- 媒體提供正向楷模與負向案例
- 基於性別的研究重視身體和情感的作用
- 性別越來越涉及跨界、跨領域的辯論

商業化

　　鑲嵌於早期的大眾文化批判的「商業主義」（條件）或「商業化」（過程）等概念，仍可見於關於網際網路未來的許多討論（當然是在媒體政策的脈絡下）。對商業價值的支配地位與市場邏輯主導關於人們媒體近用和使用的辯論和政策的關切，整合了與當前媒體產業動態與媒體文化變遷息息相關的思想，也與針對商品化的批判關係密切。在某種程度上，對商業化的批判難以與流行文化的救贖相互矛盾，因為大眾通常是商業成功的必要條件，不喜歡其中一個就意味著也不喜歡另一個。另一方面，使某些事物變得流行的因素不一定與商業吸引力或商業成功一致。與其強調市場成功（或失敗），商業化批判所關切的關鍵問題是媒體產業正在努力調和（並在此過程中注入）大眾訴求與商業價值。

　　雖然在某一層面上，「商業主義」（commercialism）一詞指涉特定的自由市場安排，但它也暗喻大規模生產這類媒體內容，並且把它們當作商品來「行銷」，以及媒體供應商和消費者之間的關係所造成的後果。用來形容某些類型媒體內容的「商業」（commercial）一詞，亦與競逐更大的市場有關（Bogart, 1995）。從這個角度來看，除了大量廣告（商業宣傳）之外，商業內容可能更傾向於消遣和娛樂，更膚淺、要求不高和墨守成規，更缺乏原創性與流於標準化。儘管大多數報紙和廣電新聞機構都在

某種商業需求下運作，但若過度向商業化傾斜則可能導致品質下降（見方框 5.7）。支持其觀點的證據可見於 McManus 的著作（1994），而 Esser（1999）的研究亦顯示，新聞媒體轉向感官、情感和醜聞，可能會對民主產生負面影響。另一方面，一項針對北美、南美和西歐七國優質報紙之跨國比較研究發現（Boczkowski and Mitchelstein, 2013），新聞消費者和記者的新聞偏好存在著明顯的「新聞差距」（news gap），這意味著這些優質新聞媒體顯然並沒有把「可銷售性」當作首要考量。

5.7

報紙商業化

當今報紙的主要內容是商業化新聞，旨在吸引並取悅廣大閱聽人、追求成本效益，並且將閱聽人的注意力販售給廣告主。影響所及，新聞媒體忽略可能冒犯讀者的新聞，偏好報導那些更能夠被多數讀者接受且更具娛樂性的新聞，而成本較高昂的新聞或可能導致金融危機的新聞報導則被淡化或忽略。這導致報紙內容的同質化，只報導安全的議題，限縮了意見和觀念表達的範圍。（Picard, 2004: 61）

　　這種報紙競逐讀者而導致的「小報化」（tabloidization）現象，很多人有所評論。同樣的過程也發生在電視，帶來了許多新形式的「實境」電視節目（'reality' television），以各種格式處理所有「人情趣味」和戲劇性的話題。「小報化」一詞，源於盛行於某些國家、比一般報紙（大報）尺寸更小的八卦報紙。一般來說，正如 Langer（2003）所說的，這是一個關於近用（亦即新聞做給誰看）和再現（新聞是如何描述的）的問題。Connell（1998）討論英國小報時，認為這個詞意味著「聳人聽聞的」新聞話語／論述已經取代了「理性主義」的話語／論述，而且相當強調故事性。Bird（1998）研究美國電視新聞的「小報化」，並且從她的閱聽人研究中得到這個結論：美國電視新聞確實有**個體化**和**戲劇化**的趨勢，而這確實使許多人更容易近用新聞，但也導致人們實際上從新聞得知的內容變得更加瑣碎化（trivialization）。為了強調這個關聯，「資訊娛樂」

（infotainment）一詞已經被廣泛使用（Brants, 1998）。

在網際網路躍為世界上具支配性的（大眾）媒體的同時，人們越來越擔心它缺乏公共治理和監督，因為企業從這種監管缺席狀況下發展出的營收模式，幾乎完全基於提取、操縱和銷售人們的個人資料／數據，這種商業系統被 Shoshana Zuboff（2019）批評為「監控資本主義」（surveillance capitalism）。儘管若干政府和國際組織如歐盟近年來透過立法手段來因應企業對網路空間的肆意侵占，但網際網路商業化的趨勢仍在繼續。

誠然，本質上相同的市場安排大可支持供給和消費多樣化與高品質的文化產品與服務，但對商業的批判還有另一面向。可以說，傳播的商業關係本質上具有疏離和剝削的特性。傳播關係的商業變體不利於形成具有共情的紐帶，也不導向共享的身分認同或共同體。它對兩造而言都是充滿算計和功利考量的，反映了「傳輸」或「公開性」的基本特徵，而不是社會傳播的「儀式」模式（見本書第 3 章）。根本問題是利潤至上的追求，減少了人們使用媒體的能動性和選擇。

自由市場機制讓印刷媒體維持了五百年、讓視聽文化產製維持了一百年，也讓網路產製維持了幾十年，因此沒什麼道理說自由市場機制在本質上「有害於」文化。我們在進行批判時，需要一個更為狹義的「商業」概念，並指出其中的關鍵組成部分。方框 5.8 統整各界關於商業化這個關鍵但具爭議性概念的主要命題。

5.8

商業化的批判：主要命題

- 導致瑣碎化和小報化
- 導致內容和服務的決策以市場為導向
- 涉及剝削「弱勢」消費者
- 促進對文化和生活的消費主義態度
- 將文化和與閱聽人的關係商品化
- 降低媒體內容的文化真誠性
- 導致過度依賴廣告和失去獨立性
- 限制媒體使用者的選項、選擇和能動性

傳播科技與文化

　　麥克魯漢（McLuhan, 1964）將殷尼斯的理論（見本書第 4 章）發揚光大，強調人們透過不同傳播媒介來體驗世界的過程，而不僅僅是關注傳播與社會權力結構之間的關係。麥克魯漢宣稱，所有的媒介（他指的是任何體現文化意義且可被「解讀」之物）都是「人的延伸」，因此也是我們感官的延伸。與其他人一樣，他要我們注意從純粹**口語**傳播轉變為基於書寫語言的傳播（約西元前 5000 年）的影響，以及在 20 世紀（後期）視覺語言和傳播占主導地位的影響（另見 Ong, 1982）。直到最近，大部分文化經驗仍然主要透過口頭傳承。麥克魯漢還關注我們**如何**透過媒體來體驗世界的方式，而不是我們在媒體裡體驗了**什麼**。每一種新媒體都超越了早期媒體所能達到的體驗界限，並且促成後續的進一步改變。麥克魯漢正確地理解了不同媒介的協同作用。

　　受益於麥克魯漢〔以及高夫曼（Irving Goffman）〕的影響，Meyrowitz（1985）提出了一種大眾媒體和社會變遷的理論。Meyrowitz 的論點是，透過打破早期對社會空間的典型劃分，無所不在的電子媒體已徹底地改變了社會經驗。在他看來，人類經驗傳統上是按照角色和社會狀況劃分的，並且截然二分私人（「後台」）和公共（「前台」）領域。按年齡、性別和社會地位**區隔化**，並且在不同經驗區域之間築起「高牆」。電視似乎無差別地向所有人展示著社會經驗的各個方面，從而不再有任何祕密可言，例如關於成人世界、性、死亡或權力的祕密。

　　當代理論將科技（和媒體科技基礎設施）當作起點，用以解釋我們在媒體中與彼此和世界的關係，關注新媒體（例如網際網路）如何帶來一個普遍比較（universal comparison）的時代，無數陌生人的私人生活被永久展示，既展示給每一個網路使用者，也展示給提供線上訪問、產品和服務的公司。在這個過程中，Bolter 與 Grusin（1999）在他們的「再中介」（remediation）理論中提出，新媒體採用並重新混合舊媒體的特徵，同時變得越來越直觀易用。媒體這種相對的「不可見性」使它們在塑造人們的經驗和對真實的意義建構方面更具影響力，因為我們的生活越來越以某種

方式在媒體中展現。所有這些理論，都可歸功於麥克魯漢最初將媒介理論化為我們感官的延伸。

麥克魯漢關於大眾媒體的一般命題是，隨著我們更多的感官參與意義的獲取過程（隨著媒體變得越來越「酷」，或者使用起來越來越無摩擦、直觀易用，而不是單一感官或「熱」媒體），體驗就越能引起人們的投入和參與。根據這種觀點，透過閱讀印刷文本來體驗世界是孤立的和不參與的（鼓勵理性、個人的態度）；看電視是參與的，雖然不是很有資訊性，但有利於一種不那麼理性和計算的態度。從未提供過任何證明（或反證），麥克魯漢本人只是將這些想法描述為感知或「探索」。正如他所願，在一個視聽媒體似乎在許多方面取代了印刷媒體，兩種媒介形式都被網路媒體所包含的時代，它們引發了很多猜測。

多倫多學派（見本書第 4 章）是所謂「媒介理論」的主要推動力。在這個背景下，媒介是指能夠承載意義的任何載具，在科技、形式、使用方式、編碼工具或社會定義方面具有一些獨特的特徵。這涵蓋了廣泛的範圍，從繪畫到印刷，乃至於當前的所有電子媒體。這裡有一種「軟性」的決定作用，即一種媒介被賦予對特定類型的內容、用途和效果的某種偏向。事實證明，在識別媒體使用方式的更微妙的影響方面，這種方法比「硬性」的決定作用更具成效，例如在政治傳播中，並且能看到新舊媒體之間的差異。

大多數與傳播科技相關的理論都關注特定媒體訊息的形式或內容的可能影響，以及它們所提供的意義。即便如此，沒有直接的或因果關係的科技－文化效應可以被確定，因為這些科技本身也是文化產物，而且沒有打破這個循環的方式。我們所擁有的理論只不過是對關於大眾媒體所提供的文化意義中可觀察到的模式的描述，這些模式可能受到特定媒介的各種特徵的影響，而不僅僅是科技特徵。圖 5.1 提供了一般觀點，闡述了科技如何影響媒體文化的過程。其中最重要的一點是科技不太可能對文化實踐產生直接影響，它們的影響是透過相關機制來中介的，就本例而言，這個中介機制是大眾媒體。

在試圖解釋科技對（媒體）文化的影響時，我們可以擴展殷尼斯引

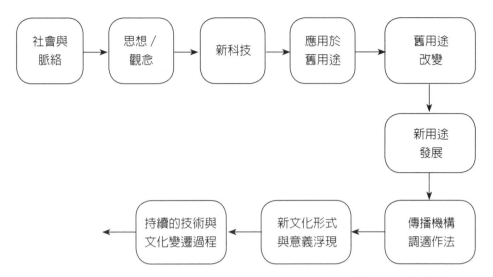

圖 5.1　傳播、科技、文化變遷的互動序列：科技源於社會，其社會影響取決
　　　　於應用形式

介的「**偏倚／偏向**」（bias）概念，並且肯認特定媒體科技（及其制度發
展）特徵所產生的幾種趨勢。我們可以將五種媒介偏倚（media bias）命
名如下，但還有其他可能的命名方式。如麥克魯漢的觀點所述，有一種
「**感官經驗的偏倚**」（bias of sense experience）存在，因此我們可以或
多或少地以視覺形象（見 Hartley, 1992）、或多或少地涉入和參與的方
式來體驗世界。其次是存在著「**形式和再現的偏倚**」（bias of form and
representation），「訊息」被強烈地編碼（例如印刷）或是如照片那樣基
本上未被編碼（Barthes, 1967）。第三是有一種「訊息**內容**的偏倚」（bias
of message content），例如在或多或少的寫實主義或多義性方面，更開放
或更封閉的格式（以及其他的可能面向）。第四，存在著一種「**使用情
境**的偏倚」（bias of context of use），一些媒體傾向於私人和個性化的接
收，而另一些媒體則更具集體性和共享性。第五是「**關係偏倚**」（bias of
relationship），單向與互動式的媒介形成鮮明對比。

　　偏倚並不等同於決定論，但它偏愛某些類型的經驗和中介方式。Ellis
（1982）對廣播電視與戲院電影的比較很有啟發性，說明了媒介（非刻意

的）偏倚如何以微妙但系統和多重的方式發揮作用，影響內容、感知和接收方式。這個比較在方框 5.9 中以摘要形式顯示。這些差異不僅或甚至主要不是因為科技因素造成的，而是與許多其他因素有關。儘管許多事情在接下來的幾十年中發生了變化，但這種比較大體上仍然有效，可以作為探索當代媒體和傳播科技偏倚的靈感來源。

5.9

媒介偏倚的例子：電視和電影某些典型特徵的比較（Ellis, 1982）

廣播電視	劇院電影
內容與形式	
指認敘事者	無敘事者
區分事實與虛構	虛構或虛實交錯
現實的	夢幻般的
國內的、熟悉的	異國的
開放的	邏輯的、序列的
現場直播的印象	非現場直播、歷史的當下
中立態度	選邊站
正常與安全的調性	張力與焦慮
閱聽人方面	
永恆持續的觀眾	偶一為之的觀眾
低參與度	全神貫注、渾然忘我
親密性	疏離、偷窺

　　新傳播科技公認的一種影響是大眾傳播的國際化趨勢，而其所帶來的潛在文化效果問題一直備受爭議。邁向全球媒體文化的趨勢有多種來源，最顯著的是在跨越國界和世界各地以低成本傳輸聲音、影像與圖像的能力大幅提高，克服了時間和空間的限制。全球媒體企業（以及媒體產品的全球市場）的崛起同樣具有影響力，它為全球化提供了組織框架和驅動力。這兩種情況都不是突然出現的，跨國文化的概念本身已經存在很久（它甚至比國族的概念更早出現），但新的可能是影像和音樂的跨文化傳播潛力

增加，以及日益複雜的國家和國際媒體政策（例如關於網路平台的治理、網路使用者的隱私和專業媒體製作者的版權保護）。媒體產業結構和全球媒體流動的相關變化已被廣泛研究，但其文化後果卻少有觀察，引起很多猜測。正在發生的文化「跨國化」（transnationalization）過程具有多種意涵，將在第 9 章更詳細討論。

大眾媒體與後現代文化

「後現代狀況」（postmodern condition）這個概念（Harvey, 1989）捕捉了許多社會和文化理論家的想像，似乎相當適用於資訊社會（見 4 章）。儘管它的廣泛流行，以及「晚期現代性」（late modernity）（Giddens, 1991）或「液態現代性」（liquid modernity）（Bauman, 2000）等更細緻的翻新，但它是一個複雜且晦澀的概念，涉及與媒體和大眾傳播理論相關的一些觀念。它的政治意涵是「啟蒙方案」（Enlightenment project）已經抵達歷史性的結局，特別是強調物質進步、平等主義、社會改革和運用官僚手段來實現社會計畫的目標。現在，通常將我們的時代稱為「後現代」或「晚期現代」，字面上的意義是指這個「現代」時期的晚期階段，其特點是社會變遷快速、工業化和工廠體系、資本主義、官僚形式的組織和大眾政治運動等。這些理論的當代表述強調不同版本的現代性是如何或多或少同時發生作用的，這需要學者在進行媒體研究時謹慎使用社會理論（Hesmondhalgh and Toynbee, 2008）。

後現代性及其與晚期現代相關的理論暗示著與「現代主義」有所區別的時間順序和概念。正如 Morley（1996）所指出的，「後現代」的說法本身就帶來了一些困難，因為「現代」一詞（的拉丁字源）最早出現在西元 5 世紀，其後在不同時代具有不同的含義。就當前的意義而言，它通常是指 19 世紀和 20 世紀初的社會和文化的典型特徵，沒有明確的分界線。一個世紀前的「現代化」主要理論家（當時沒有明確提出「現代化」一詞），或許非德國社會學家馬克斯·韋伯（Max Weber）莫屬。他用以分析社會

變遷的關鍵概念是「理性化」（rationalization）。就這方面來說，我們也可以合理地認為現代主義最初是一個特定的西方（歐洲）概念。

作為一種社會文化哲學，後現代主義破壞了將文化視為固定和具有等級性的傳統觀念。它偏好的形式和對文化（及相關概念如身分認同）的理解是瞬間即逝、當下的、情緒的和情感的。（商業）流行媒體文化的許多特徵反映了後現代主義或晚期現代的元素，有助於將社會互動從當地環境中剝離（透過將它們轉移到網路上），也促成了群體和社區透過媒體自我組織的一種新的「網絡化」方式〔例如線上支持團體、標籤行動主義（hashtag activism）和加密的即時通訊系統〕，而非透過傳統機構。後現代和晚期現代主義對媒體和大眾傳播角色的關注還包括內容，特別是來自世界各地的流行文化元素被人們透過線上的方式取用、混搭和分發。MTV 音樂頻道被譽為第一個後現代電視服務（Kaplan, 1987; Grossberg, 1989; Lewis, 1992），而在 YouTube 時代，這種（重新）混搭訊息的擴散傳播得到進一步放大和加速（Burgess and Green, 2018）。

這是一套強有力的觀念，不只是為了辯護曾經毀譽參半的「大眾文化」（culture of the masses），也是一種全新的情境，讓文化批評家的某些武器陷入自相矛盾的窘境（例如他們宣稱自己是代表大眾發聲）。後現代主義這個概念的特徵，從文化角度描述比社會角度更容易些，因為「現代」社會的特徵仍然存在，而且如果人們想到世界在多大程度上被無情與統一地運作的全球金融市場所統治，其現代社會特徵甚至更為強化。這激發了晚期或液態現代主義（liquid modernism）的批判，傳統機構仍然存在但陷入持續的合法性危機，並且越來越被線上過程「去中介化」（disintermediated）。

可以說，後現代主義最有力的貢獻之一，來自 Lyotard（[1979]1984）被廣泛引用的對後現代主義特徵的描述，他說已經不再有任何宏大敘事（grand narrative）存在，也不再有組織性或解釋性架構，或是屬於全人類的核心方案（另見第 18 章）。後現代主義的文化美學包括否定傳統，以及對新奇、發明、瞬間享樂、懷舊、玩樂、模仿和不一致性的追求。Jameson（1984）將後現代主義稱為「晚期資本主義的文化邏輯」（cultural logic of late capitalism），儘管它的邏輯被認為是極度混亂且本質上不穩定。Gitlin（1989）甚至認為後現代主義特別具有北美色彩，捕捉了美國文化的許多特徵，尤其是它的媒體。Grossberg、Wartella 與 Whitney（1998）特別將後現代主義與一切商品的過程聯繫起來。在對後現代性及其理論家最引人注目的批評中，Ziauddin Sardar（1999）認為，後現代主義的作用是進一步邊緣化，甚至抹除非西方地區，認為它們面對西方文化、消費主義和資本主義的衝擊下將無以為繼，也無力以任何其他方式為自身的歷史、身分和文化賦予意義。

當然，與早期的文化觀點相較，後現代精神（postmodern ethos）更加有利於商業，因為和資本主義的對立被削弱了，商業可以被視為回應消費者需求或積極促進時尚、風格和產品的變化。然而，在後現代思想的範疇內，還是同時存在著社會和文化的樂觀主義和悲觀主義。作為知識分子的態度，Ien Ang 強調需要區分保守的和批判的後現代主義。她寫道：「前者（保守的後現代主義）確實屈服於「隨便什麼都可以」（anything goes）的態度……〔但〕後者，批判的後現代主義的動機是對哈伯瑪斯所謂的『現代性的未竟方案』的侷限性和失敗的深刻理解。」（Ang, 1998: 78; also Habermas, 1997）

後現代、晚期現代或液態現代思維都可以從當代媒體分析中受益，包括對許多形式的廣告、跨越不同媒體的新敘事類型〔例如「跨媒介」（transmedia），見第 13 章〕，以及我們在同時生活於不同現實（線上和離線）時所經歷的不協調和令人困惑的體驗。Castells（2009）將這種生活體驗稱為「真實虛擬性」（real virtuality）的文化，樂觀期待人們會利用這些網絡從事合作和非營利工作，正如 McRobbie（2016）也記錄了世界不同地區的文化工作者，他們試圖在嚴格的資本主義或商業框架之外謀生，就像 Deuze 與 Witschge（2020）所描述的那些在世界各地創辦新聞組織的記者。Poster（2006: 138）提醒我們，應該用後現代性的概念（以及相關概念）對新媒體進行文化研究，「以一種實事求是的方式分析（新媒體文化），既無須像粉絲那樣頌揚它，也無須對它明褒暗貶。」

後現代和液態現代等概念的吸引力，在於它有助於將媒體（包括新媒

體）中的許多被察覺的趨勢聯繫起來，以及它統整了媒體自身邏輯的本質。它似乎也是一個有用的詞彙，可以連結各種社會變遷（例如階級結構的碎片化與階級仍然是一個重要的社會分析類別、政治意識形態的興衰，以及全球化和在地化的雙重過程）。方框 5.10 顯示此一社會理論與媒體和大眾傳播研究相關的一些主要命題。

5.10

後現代主義、晚期現代主義和液態現代主義：主要命題

- 理性、線性的現代時期正在消逝
- 關於文化和社會的可靠的宏大敘事已不復存在
- 沒有固定的文化價值觀或身分認同
- 作為理解世界和經驗的判準，情感和情緒等概念越來越流行
- 線上與線下真實並存
- 後現代文化的主要性質是諷刺和反諷、新奇、模仿、幽默和震驚
- 商業文化是當代現代文化的主導特徵

本章小結

本章統整了與大眾媒體有關的廣泛的文化問題。事實上，現在不可能像過往那樣區分「文化」領域和媒體領域。凡是使用「文化」一詞的所有意義皆然，包括符號象徵的再生產（symbolic reproduction）、我們使用的文化產品、日常社會生活及所有的社會儀式。媒體是整個複合體的中心，理論的中心任務必須重新定義。在人類意識到媒體的最早階段（20世紀上半葉），有可能辯論廣播、電視、電影等媒體對所謂「文化」的「影響」，而文化通常指的是一組被賦予價值的物品、實踐、關係和觀念。這個定義現在大體上已經過時，儘管在科技發展的時刻有一些機會觀察文化的變遷。然而，消除「因果模式」（causal model）無法減少能夠被處理的問題數量，也不會阻止我們透過替代路徑和方法與新觀點尋求解

答。批判性思維的一個主軸仍可應用於我們所觀察的現象。媒體時代的文化仍有許多新的問題（以及正面的）特徵，有待吾人進行研究和辯論。

進階閱讀

Fiske, J. (1987) *Television Culture*. Abingdon: Routledge.

Fuchs, C. and Qiu, J.L. (2018) 'Ferments in the field: introductory reflections on the past, present and future of communication studies', *Journal of Communication*, 68(2): 219-232.

Hermes, J. (2005) *Re-reading Popular Culture: Rethinking Gender, Television, and Popular Media Audiences*. Malden, MA: Wiley-Blackwell.

Hesmondhalgh, D. and Toynbee, J. (eds) (2008) *The Media and Social Theory*. Abingdon: Routledge.

McRobbie, A. (2016) *Be Creative: Making a Living in the New Culture Industries*. Cambridge: Polity Press.

Morley, D. (2015) 'Cultural studies, common sense and communications', *Cultural Studies*, 29(1): 23-31.

6

新媒體理論

我們有必要根據新科技及其應用狀況，持續地重新評估媒體和大眾傳播理論。在這本新版教科書裡，我們肯認新類型媒體的到來，它們擴展和改變了公共和私人傳播的整個社會科技的可能性。說它是徹底轉型還為時過早，但很明顯地，數位時代將在相當長時間內帶來深刻的變革。本章的基本假設是，媒介不僅僅是一種應用於傳輸某些符號象徵內容或讓參與交流的各造之間相互連結的科技，它還體現了一種與新科技特徵相互作用的社會關係。在媒體科技的社會組織形式、所促進的社會關係，或是 Carey（1998）所說的「具支配性的品味和感覺結構」（dominant structures of taste and feeling）發生根本變化時，我們會需要新的理論。同時，我們儘量留心 Scannell（2017: 5）所警告的媒體研究之「當下主義」（presentism）陷阱，亦即「未能與早期傳播理論的傳統相結合，而應該採取一些避免遺忘的作為」。

新媒體與大眾傳播

相較於 20 世紀初期的單向、單方面、無差別化地傳播給無差異化的大眾，大眾媒體誠然已經發生非常大的變化。這種變化有其社會、經濟和科技因素，但發生的變化是實實在在的。其次，如第 4 章所述的資訊社會和網絡理論，也預示著一種新型社會的興起，其特點是複雜、互動的傳播網絡，與過往的大眾社會截然不同。在這個情況下，我們需要重新評估媒體社會文化理論的主要重點。

此處所討論的「新媒體」事實上是一組完全不同的傳播科技，除了相對較新、透過數位化而成為可能，以及作為廣泛供個人使用的傳播設備和基礎設施之外，它們具有某些共同特徵。首先，我們肯認 Nancy Baym 所謂「新是一種時間狀態，而不是科技狀態」（轉引自 Baym et al., 2012: 258），這應該引導我們指認特定科技的具體屬性或能供性（affordances），而不是聚焦於它們的新奇性。

正如我們在前面章節所述（第 2 章），「新媒體」非常多樣化且不易

定義，但我們對那些以各種理由進入大眾傳播領域、直接或間接影響「傳統」大眾媒體的媒介和應用程式特別感興趣。我們主要聚焦在「網際網路」的相關集體活動，尤其是那些更具公共用途的，包括線上新聞、廣告、廣播應用程式（包括下載音樂和上傳影音等）、論壇和討論活動、萬維網、資訊搜索、某些形成社區的潛力，所有這些和更多線上平台包含的活動，透過各種資訊和傳播科技（information and communication technologies, ICTs）提供。

一般來說，人們（尤其是舊媒體）對新媒體抱持濃厚興趣、正面或甚至樂觀的期望和預測，並且普遍高估它們的重要性（Rössler, 2001）。與此同時，記者、專家和學者同樣可能對它們帶來的破壞性，甚至毀滅性的衝擊表達極大關注，並且予以反烏托邦式的分析。隨著所有這些科技的競爭和發展，重要的是要注意，從歷史的角度來看，新媒體及其使用不會取代、而是傾向於加速和放大其他媒介在社會技術史上的長期趨勢。這個發展過程沒有必然的終點，不同的媒體通常透過真實和可察覺的需求、競爭和政治壓力，以及持續的社會和科技變遷的複雜相互作用而轉變。Fidler（1997）把這種發展過程稱為「媒體型態變化過程」（mediamorphic process）。總的來說，Fidler 對「科技短視」（technomyopia）的警告似乎是有道理的：人們傾向於高估科技的短期影響，同時低估其長期潛力。本章的主要目的是初步回顧網際網路和線上媒體發展對其他大眾媒體的影響，以及它們對大眾傳播本質的影響。

作為這個主題的基本導向，了解個人媒體和大眾媒體之間的關係是有幫助的，正如 Marika Lüders（2008）對這兩種媒體的概念化分析，如圖 6.1 所示。其基本假設是大眾傳播和親身傳播（personal communication）之間的區別不再清晰，因為相同的科技可以用於這兩種目的（見第 2 章），其間的差異只能透過導入與所涉及的活動類型和社會關係相關的社會面向來理解。Lüders 不喜歡「媒介」（medium）這個概念，她更偏好「媒體形式」（media forms）一詞，後者指的是網路科技的特定應用，例如線上新聞、社交網絡等。她寫道（Lüders, 2008: 691）：

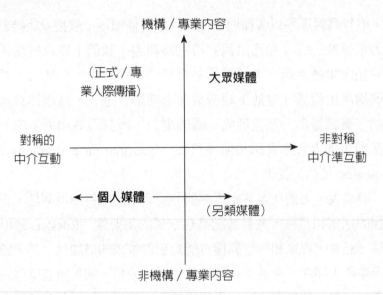

圖 6.1　個人媒體與大眾媒體關係的雙軸模式

資料來源：Lüders (2008)

　　　　個人媒體和大眾媒體之間的區別，可以概括為使用者所需
的參與類型之差異。個人媒體更具對稱性（symmetrical），要求
使用者主動地扮演訊息的接收者和產製者這兩種角色。

　　第二個主要面向是涉及大眾媒體產製的制度或專業脈絡是否存在。在
它們之間，對稱性和制度主義這兩個面向定位了個人媒體與大眾媒體之間
不同類型的關係。另一個要素是 Thompson（1993）對（技術上的）中介
傳播和準中介傳播（quasi-mediated communication）所做的區分。

新媒體，新在哪裡？

　　要確定任何媒介的「新奇」程度，首先必須決定採用何種取徑：所涉
及科技的科技特徵和可供性、使用者的觀點，以及該媒介是在何種特定社
會脈絡下被使用，或是透過特定設備、平台或介面提供的內容和服務。

就科技特徵而言，網際網路的特徵是它的數位化、網絡化、互動性、虛擬性、客製化和普遍開放性（任何人都可以產製與消費線上內容和服務）。

資訊和傳播科技最基本的面向可能是數位化這一事實，亦即所有文本（以任何形式編碼和記錄的符號象徵意義）都可以簡化爲二進位編碼，並且可以共享其產製、分配與儲存過程。數位化對媒體機構的潛在影響，最廣爲人知的是既有媒體形式在組織、發行、接收和監管方面的匯流。迄今爲止，許多不同形式的大眾媒體都還得以存活下來，保留了各自的身分或甚至蓬勃發展，儘管這些媒體機構的市值遠低於網路平台和服務，而這些網路平台和服務也越來越多地提供過去屬於傳統媒體的內容和服務。目前，大眾媒體仍然以作爲公共社會生活的一個獨特元素而存在，「新興電子媒體」不必然會取代既有的媒體光譜。另一方面，我們必須考慮到數位化和匯流可能會產生更多革命性的後果，長期來看更是如此。

如果我們考慮媒體機構的主要特徵，如方框 3.4（見第 3 章）所述，網際網路似乎已偏離媒體六種典型特徵當中的三種。首先，網際網路不只關注訊息的產製和發行，至少也同樣關注處理、交換和儲存。其次，新媒體既是私人機構，又是公共傳播的機構，並且因此受到程度不等的監管。第三，新媒體的運作通常不像大眾媒體的組織方式那麼專業化或科層化。這些相當顯著的差異凸顯了這樣一個事實，亦即新媒體與大眾媒體的主要對應之處在於廣泛傳播，原則上可供所有人用於傳播，並且在一定程度上免於受到政府的直接控制（世界部分地區除外，因爲當地的網路接取服務是由國營機構提供）。

試圖描述新媒體，特別是以網際網路爲代表的新媒體，面臨一定的困難，因爲它們的用途和治理方式相當多樣，而且未來發展充滿不確定性。正如應用於通訊傳播的電腦就有許多不同的可能性，沒有一種是占據主導地位的。Postmes、Spears 與 Lea（1998）將電腦描述爲一種「獨特的非專用」傳播科技。與此類似，Poster（1999）將網際網路的本質描述爲它的不確定性，不僅因爲它的多樣性和未來的不確定性，還因爲它本質上是後現代主義的特徵。他還指出廣電和印刷媒體的主要區別，如方框 6.1所示。

6.1

新媒體與舊媒體的區別

網際網路整合了廣播、電影和電視，並透過「推送」科技進行傳播：
它透過以下方式超越了印刷和廣播模式的限制：(1) 啟用多對多的對話；
(2) 能夠同時接收、更改和重新分發文化物件；(3) 使傳播活動脫離國家的疆
界，脫離現代性的地域化空間關係；(4) 提供即時的全球聯繫；(5) 將現代／
晚期現代主體置於一個網絡化的機器裝置中。（Poster, 1999: 15）

更簡潔地說，Livingstone（1999: 65）寫道：「網際網路的新穎之處
在於互動性與大眾傳播的創新特徵的結合，包括無限的內容範圍、觸達
的閱聽人數量與傳播的全球本質。」這種觀點強調延伸而不是替代。5 年
後，Lievrouw（2004）進行的一項評估強調一種普遍觀點，亦即「新媒
體」已逐漸「主流化」、常規化甚至「平庸化」。關於政治傳播的研究談
到了網際網路的「正常化」，這意味著它適應了當前的競選形式的需求
（Vaccari, 2008b）。當代對網際網路及其所有相關現象的研究確實從人
們日常生活中網路媒體的平庸、日常和平凡的本質中得到啟發，因為正是
在它們不特別引人注意的那些方面，新媒體能夠扮演重大角色，足以形塑
我們彼此和世界的經驗。

一般來說，如果我們考慮在傳統媒體機構中發現的主要角色和關係，
特別是那些與創作（和表演）、出版、製作和發行以及接收有關的角色和
關係，就可以更詳細地了解新舊媒體之間的差異。簡而言之，其主要意涵
如下。

在網際網路上發布文章、自助出版、**寫網誌**（blogging）、影音網誌
等自主行為，為創作者提供了更多機會。然而，到目前為止，作者的地位
和獎勵取決於出版的重要性和地點，以及受到公眾關注的程度和類型。寫
一封私人信函或一首詩歌，或是拍攝一張照片，並不算真正的創作。公眾
認可和尊重的條件並沒有真正隨著新科技而改變，擁有大量觀眾和廣泛知
名度的條件甚至可能變得更加困難。除非獲得傳統大眾媒體或提供線上出

版空間的平台的合作，想要在網際網路上出名並不容易。此外，由於競爭對手提供的免費的用戶生成內容（free user-generated content），維護版權與某些可靠的收入來源也越來越困難。

出版商的角色仍在，但由於與創作者相同的原因而變得更加模糊。到目前為止，出版商通常是商業公司或非營利性公共機構。新媒體開闢了另類的出版形式，也為傳統出版業帶來機會和挑戰。在某些網際網路出版物中，人們會發現傳統的出版職能，包括守門（gatekeeping）、編輯干預和作者身分驗證等，但在其他類型的出版物中則沒有。平台公司越來越多地取代出版商，成為將作品（無論是文字、音頻、影音、圖像或是它們的組合）發布給大眾閱聽人的主要機構。這些平台企業的出版和分發管理通常由不斷變化的演算法決定，因此營運方式有所不同。

就閱聽人的角色而言，也有改變的可能性，特別是與來源和供應商的關係正朝著更大自主權和平等的方向發展。閱聽人不再是群眾的一部分，而是自我選擇的網絡或特殊公眾或個人的成員。此外，閱聽人活動的平衡從接收轉變為更加個人化的搜索、諮詢和互動，以及將自己的「作品」付諸出版。這種轉變恰逢媒體產業越來越匯流其運作和生產流程以捕捉虛幻的觀眾，也就是 Jenkins（2006）所說的「匯流文化」（convergence culture）的雙重過程。因此，「閱聽人」一詞需要用意義有所重疊的「使用者」一詞來補充，兩者有相當不同的內涵意義（參見本書第 15 章）。

儘管如此，有證據顯示大眾閱聽人存在著持續性（參見第 14 章），而且閱聽人仍然需要守門、策展（curation）和編輯指導，即使這些功能在某種程度上被線上軟體和演算法接管。Rice（1999: 29）談及閱聽人面臨的選擇範圍擴大的悖論：

> 現在個人必須做出更多的選擇，必須有更多的先備知識，並且必須付出更多的努力來整合和理解溝通。互動和選擇不是普遍的好處；許多人沒有精力、渴望、需求或受過訓練來參與這樣的過程。

在閱聽人的能動性和實際努力之間的落差，平台公司如雨後春筍般湧現，提供透過演算法自動化大部分的用戶選擇。這些說法如果沒有提及與媒體經濟相關的角色變化是不完整的。在大多數情況下，大眾媒體的資金來源是向觀眾出售產品，並由廣告客戶支付費用，以獲得觀眾關注其資訊的機會。網際網路引入許多複雜變化，帶來了新類型的關係和商品化形式、新的競爭者和新規則。

就不同角色之間的關係而言，我們可以假設有一種普遍的鬆動和更獨立的趨勢存在，而且對於作者和閱聽人的影響尤其大。Rice（1999: 29）指出，「出版商、製作人、發行商、消費者和內容審查者之間的界限變得更模糊」，儘管這並不意味著所有人都具有相同的（法律、經濟）地位。這讓人懷疑媒體作為一種機構的想法是否仍然適用，因為機構指的是較統一的社會組織，擁有一些核心實踐和共同規範。在這種普遍的崩解中，我們很可能會看到獨立的、更專業的機構綜合體和媒體活動網絡的出現。這些基於技術或某些用途和內容〔例如與新聞、娛樂跨媒介製作（電影、電視和電子遊戲）、商業、運動、色情、旅遊、教育、專業等相關領域〕，有時具有有限或不存在的機構身分。從這個意義上說，20 世紀的大眾媒體已經消亡。與此同時，透過匯流運作、鞏固跨領域業務運作、與網路平台合作，以及培養與「粉絲」閱聽人的關係，許多大眾媒體公司尋求維持其機構地位。

最後，我們必須指出人工智慧在媒體和大眾傳播研究中日益增加的重要性（Guzman and Lewis, 2019）。隨著「大數據」成為全球經濟的基本驅動力，強大的電腦軟硬體對於處理所有這些資訊並將其轉化為有用的情報（例如商業機會、選舉收益和聲譽提升）的重要性，引起研究者極大興趣。與電腦工程和數據科學、數位方法、數位人文學、資訊研究等方面專家的合作比比皆是。這一新興研究領域的關鍵問題包括人與機器之間不斷發展的關係和界限、倫理在基於電腦的決策過程中的角色，以及涉及許多網路公司商業模式的所謂「預測分析」（predictive analytics）等一系列的監管問題。

方框 6.2 列出了新媒體帶來的主要變遷。

6.2

與新媒體興起相關的主要變遷

- 媒體在各方面的數位化和匯流
- 增強的互動性和網絡連接性
- 發送和接收的行動性和去地域性
- 出版和閱聽人角色的調整
- 多種新型媒體「門戶」的出現
- 「媒體機構」的碎片化與邊界模糊化
- 平台作為強大線上中介者的出現
- 人工智慧和預測分析的興起

政治參與、新媒體與民主

　　早期的報紙和廣電媒體被公認為對民主政治的開展和有效的國家控制是有利的（甚至是必要的），因為它們為所有公民提供有關公共事件的資訊，並將政治人物和政府暴露於公眾的視野之中。然而，也有負面效應，因為少數聲音支配、主導的「垂直流動」和媒體市場商業化的加劇而怠忽了民主傳播角色。大眾傳播的典型組織和形式限制了近用，也阻礙了積極參與和對話。

　　新的電子媒體被廣泛認為是一條擺脫大眾民主國家具有壓迫性的「自上而下」政治的潛在途徑，在這種政治中，組織嚴密的政黨單方面制定政策，並以最少程度的協商和基層參與來動員支持。新的電子媒體提供高度差異化的政治資訊和思想，理論上幾乎可以無限地近用所有聲音，並在領導者和追隨者之間提供了大量的回饋和協商。它們承諾為利益集團的發展和意見的形成提供新的論壇。它們允許政治人物和積極公民之間進行對話，而無須經過政黨機器的干預。最重要的是，正如 Coleman（1999: 73）所指出的，「在威權控制傳播工具的情況下，新媒體為自由表達提供顛覆威權的機會。」政府確實不容易控制異議公民接觸與使用網際網路，

但也不是不可能辦到。

　　據說，在即時電子投票和新的競選工具的幫助下，即使是「舊政治」也可能會運作得更好（而且更民主）。關於公共領域和公民社會（civil society）的想法，已在其他地方討論過，它們激發了這樣一種觀念，即新媒體非常適合占據介於私人領域和國家活動之間的公民社會空間。公共對話、辯論和思想交流的開放場所的理想似乎可以透過各種通訊傳播形式（尤其是網際網路）來實現，讓公民在家中、工作地點或行動設備上表達自己的觀點，彼此以及與他們的政治領袖相互溝通交流。

　　這些支持基於新媒體的「新政治」的論點相當多元，涉及不同的觀點。Dahlberg（2001）描述了三種基本陣營或模式。第一種是「網絡自由主義」（cyber-libertarianism）的模式，它想要一種基於消費市場模式的政治取徑。調查、公民投票和電視投票符合這一前景，可以取代舊的政治過程。第二種是「社群主義」（communitarian）的觀點，認為更多的草根基層參與和投入以及加強地方政治社區會帶來好處。第三種是「審議式民主」（deliberative democracy），強調透過改進在公共領域進行互動和交流思想的科技，可以帶來明顯的好處。

　　Bentivegna（2002）從六個主要屬性總結了網際網路對政治的潛在好處，詳如方框 6.3 所示。她還描述了迄今阻礙民主轉型的主要限制和障礙。在她看來，「政治領域與公民之間的鴻溝顯然沒有縮小，政治生活的參與保持……穩定。」（Bentivegna, 2002: 56）她引用的原因包括「資訊過剩」限制了有效利用資訊的能力；網際網路創造了有別於以虛擬社區形式的公共和政治生活的私人「生活方式」；網路上的眾聲喧嘩妨礙了嚴肅討論；以及許多人使用網際網路時仍遭遇各種困難。此外，已經有充分證據顯示，新媒體主要是那些已經對政治感興趣並參與其中的少數人使用（Davis, 1999; Norris, 2000）。如果有的話，新媒體的可能性之一是擴大積極參與者與其他人之間的差距。

6.3

網際網路促進民主政治的理論意涵

- 雙向互動與單向流動的可能性
- 垂直和水平溝通／傳播同時存在，促進平等
- 去中介化，意味著新聞業在公民和政治人物之間的中介角色減弱
- 發送和接收資訊的低成本
- 雙方能夠直接即時地聯繫
- 無邊界和無限制的接觸

作為一種獨特的中介民主過程（mediated democratic process），線上政治參與往往涉及兩個主要角色：全球居主導地位的媒體企業（提供人們可以線上參與的大部分近用和基礎設施）和跨國社會運動（可能只是透過社交網站上的主題標籤短暫加入參與的人）。這一過程與以國族為基礎的大眾媒體機構和民族國家的政治和政治人物所代表的那種較傳統的導向並存。Chadwick（2017）指出，當今的政治傳播越來越多地受到新舊媒體邏輯之間的相互作用影響，構成了一個「混雜的」媒體系統（a 'hybrid' media system）。Chadwick 認為，權力的行使，掌控在那些創造、利用和引導資訊流以達成目標的人，並且在新舊媒體環境中操縱或左右其他人的能動性。

早期關於網路對人們參與政治過程有重大影響的預期，現已被更複雜的觀點所取代。Scheufele 與 Nisbet（2002: 65）從網際網路和公民身分的調查得出結論是，「網際網路在促進效能感、知識和參與上的作用非常有限」。一個對 38 項關於網路使用對政治參與的影響研究的後設分析非常令人信服地得出這樣的結論：新媒體（對政治參與）沒有負面影響，儘管其正面影響與使用網際網路獲取新聞特別相關（Boulianne, 2009）。更近期的研究同樣指出，網路使用與政治參與之間的聯繫並未使人們與先前媒體時代的行為有什麼太大的不同——即那些使用網路尋找政治和政黨資訊的人比那些只是偶爾在網路上對政治和政治議題表達看法的人更有可能投票（Feezell, Conroy and Guerrero, 2016）。

　　證據也顯示，現有的政黨組織普遍未能發揮網際網路的潛力，反而將其變成了宣傳機器的另一分支。Vaccari（2008a）說這是一種寄予厚望之後回歸「正常化」（normalization）的過程。這並不一定意味著這種對新媒體的「傳統」使用是不成功的，正如唐納德‧川普（Donald Trump，2016 年當選美國總統）和賈爾‧波索納洛（Jair Bolsonaro，2018 年當選巴西總統）等更多「民粹主義」政治人物的競選活動所展示的那樣。這些競選活動的特點是有效利用社交媒體通道，例如 WhatsApp、推特和臉書，向特定選民群體發送量身定做的資訊。

新媒體理論的主題

　　在第 4 章中，我們從四個非常廣泛的主題討論傳統大眾媒體：權力與不平等、社會整合與身分認同、社會變遷與發展，以及空間與時間。在某種程度上，關於新媒體的理論觀點仍然可以就相同的主題進行討論。然而，很快就會發現，在某些問題上，早期理論的術語不完全適用新媒體的情況。例如就權力而言，要把新媒體與權力的擁有和行使聯繫起來變得更困難，它們的所有權不像以前那麼明確，也不是以過去那種能夠輕易控制資訊內容和流動的方式在壟斷（新媒體的）近用。

　　傳播並非從社會的「頂部」或「中心」以主要是垂直或中央化的模式進行。政府和法律不像對待「舊媒體」那樣對網際網路採取階層式的控制或監管（Collins, 2008）。隨著網際網路成為世界各地的主導媒介，政府、大型媒體集團及「網路原生」公司開始加入限制網路自由的行列（Dahlberg, 2004）。隨著透過（自願和非自願）監控網路用戶蒐集的數據變得越來越全面和有利可圖，新媒體可以被視為有助於中央權威在商業和國家事務中的控制權力。

　　現在，作為發送者、接收者、觀眾或某些交流或網絡的參與者，近用機會變得更加平等。儘管新「通道」的自由度問題還未明朗，但現在不再可能描述資訊流動的主導「方向」或偏向（如報紙和電視新聞與評

論那樣）。從早期階段的開放和民主，網際網路如今越來越受到在全球範圍內運作的電信公司和企業的監管和主導。關於「網路中立性」（Net neutrality）和其他與網路治理（Internet governance）相關問題的爭論一直很激烈，而且不太可能很快得到解決。至關重要的是大數據時代的消費者保護問題和「數據監控」（dataveillance）作為線上收入的主要來源。立法，例如 2016 年歐盟的《通用數據保護條例》（GDPR），旨在確保隱私與數據保護，儘管它（以及世界其他地方的類似法律）也引起很多討論和爭議。

　　關於整合和身分認同，概念領域與之前討論的相同。同樣的廣泛問題仍然是新媒體是否是社會分裂或凝聚的力量。然而，早期的批評者認為，網際網路的基本結構及使用性質指向主要是分裂的社會影響（Sunstein, 2006; Pariser, 2012）。另一方面，它開啟了新穎和多樣化的替代關係和網絡，這些關係和網絡以不同的方式整合，可能（讓社會）變得更具凝聚力（Slevin, 2000）。網際網路的「橋接」（bridging）和「聚合」（bonding）效應（Putnam, 2000; Norris, 2002）顯示了新媒體環境如何同時促進社會整合和兩極分化。過往對大眾媒體的關切以民族國家為核心，而民族國家通常與大眾媒體所服務的疆域相吻合。如果不是的話，它也可能是一個地區、城市或其他政治行政區的概念。身分認同和凝聚在很大程度上是用地理名詞定義的。現在的關鍵問題不再侷限於現有的社會關係和身分認同。Wellman（2002）建議，新媒體背景下的社會整合主要透過「網絡化的個人主義」（networked individualism）來發揮作用，指的是社會從基於群體互動的單一本地家庭和社區，轉變為跨越空間和時間的多重、稀疏編織在一起的網絡。研究發現，雖然各個世代的人都喜歡使用資訊傳播科技來維持與家人、朋友和線上網絡的聯繫和關係，但大多數人仍然更喜歡面對面共度美好時光（Quan-Haase, Wang, Wellman and Zhang, 2018）。關鍵在於認識到這些傳統關係和中介互動的過程如何並存，它們可能會重疊和相互矛盾，構成了我們在線上的身分認同和歸屬感。

　　Rasmussen（2000）認為，新媒體對現代網絡社會中的社會整合產生了不同性質的影響，這是借鑑了紀登斯（Giddens, 1991）有關現代化理論

的觀點。其主要貢獻在於將媒體視為同時促進了橫向整合和拉大了私人世界和公共世界之間開始出現的差距，即「生活世界」（lifeworld）和系統與組織世界（world of systems and organizations）之間的差距。與電視迥異的是，新媒體可以在個人的生活方案中發揮直接作用，並且促進了多樣的使用和更廣泛的參與。簡而言之，新媒體有助於在現代化的「去鑲嵌」（disembedding）效應之後重新鑲嵌個人，但其結果很少是統一的或單向的。

關於社會變革的潛力，新傳播科技作為計畫經濟或社會變革的推動者的潛力需要重新評估。初步看，大眾媒體可以透過大量資訊和說服（例如在健康、人口和技術創新宣導活動）系統地應用在有計畫的發展目標，這與新傳播科技的開放式、無目的性使用之間存在著很大差異。訊息的發送者失去了對方向和內容的控制權，這一點似乎非常關鍵。

不過，更具參與性的媒體可能同樣或更適合產生變革，因為它們更具吸引力、靈活性與資訊豐富性。這與更先進的變革過程的模式一致。隨著網際網路的發展和關於人們使用各種網際網路相關產品和服務的數據變得更加豐富，透過針對個別網路用戶客製化（商業或政治）訊息的微定向（micro-targeting），有可能實現某種社會變革。但另一方面，這類已被廣告和行銷公司應用的方法很少非常有效，而且我們在網上接收到的資訊仍然必須與一般人會接觸到的各種其他資訊和傳播來源競爭。

關於新媒體克服空間和時間障礙的著述已經不少。事實上，「舊媒體」擅長彌合空間，儘管在文化多元方面表現較差。它們比之前的形體移動和交通運輸要快得多，但它們的能量有限，克服距離的傳輸科技需要固定結構和龐大開支。發送和接收在很大程度上都受限於實體位置（在生產工廠、辦公室、家中等）。新科技使我們擺脫了許多限制，儘管還有其他社會和文化原因導致許多傳播活動仍在固定地點進行。網際網路，儘管明顯沒有國界，但在很大程度上仍然是根據疆域構建的，尤其是國家和語言的邊界（Halavais, 2000），儘管在其地理邊界上出現新的因素（Castells, 2001）。過去傳播主要集中在美國和歐洲，跨境傳播原本以英語為主。今天，網際網路的主要地理區域是亞洲（特別是中國和印度），雖然英語

仍然是線上使用最多的語言，但其他語言也變得相當突出，尤其是中文、西班牙文、阿拉伯文和葡萄牙文。

時間到底被克服了多少是比較不確定的，除了傳輸速度更快、擺脫固定的時間表，以及隨時隨地向任何人發送訊息的能力（但不能保證接收或回應）。我們仍然無法更好地了解過去或未來，也沒有更多的時間能夠用於傳播，新的靈活性所節省的時間很快就被用於新科技和互聯互通的新需求上。

將媒介理論應用於新媒體

正如 Rice 等人（1983: 18）先前觀察到的，「在傳播過程中，傳播通道可能是一個與傳播來源、訊息、接收者和回饋一樣重要的變項，但這可能被忽視了。」他們提到多倫多學派的研究（見第 4 章），並補充說：「人不需要成為科技決定論者，就可以同意媒介可能是傳播過程中的基本變項。」然而，要確定任何特定媒體的「本質」特徵仍然非常困難，區分「新」和「舊」媒體的基礎也不是很堅實。

主要問題在於實際經驗中很難區分傳播通道（或媒介）與其承載的內容、典型用途或使用情境（例如家庭、工作或公共場所）。正是同一問題，困擾著早期對不同「傳統」媒體作為傳播通道的相對優勢和能力的研究。然而，這並不意味著新舊媒體之間沒有重要區別或不連續性。目前，我們只能提出尚稱合理的區分。

Rice（1999）認為，嘗試根據每種媒介的特定屬性來描述其特徵的意義不大。相反地，我們應該研究一般媒體的屬性，檢視新媒體在這些方面是如何「表現」的。Baym（2015）提供了一份有用的核對清單，列出了對每種新媒體可以提出的問題，以便將其與其他媒體進行比較：

- 有哪些種類的互動性？
- 什麼是可能的時間結構（同步、非同步）？

- 社交線索的可用性如何，包括身體、非語文和社交／身分線索？
- 該媒介是否具儲存能力？
- 該媒介是否具可複製性？
- 使用該媒介可以傳達資訊給多少人？
- 該媒介可以提供哪些類型的行動參與（mobile engagement）？

媒體的對比和比較往往「理想化」一種媒介的某些特徵（例如面對面的傳播或傳統書籍的優點），而忽略了正面和負面後果的悖論。「新媒體」的多樣性及其不斷變化的性質，為關於其「後果」的理論形成設置了明顯的限制。科技形式正在成倍地增加，但這往往也是暫時的。我們可以確定五個主要類別的「新媒體」，它們具有某些傳播通道上的相似性，並根據使用類型、內容和使用情境大致區分如下：

- **人際傳播媒體**（Interpersonal communication media）。其中包括電話（現在主要是手機）、電子郵件和即時通訊應用程式（例如 Whatsapp 和 Telegram）。一般來說，內容是私密且易消失的，藉此建立和加強的關係可能比傳達的資訊更重要。
- **互動遊戲媒體**（Interactive play media）。這些主要是基於電腦和電子遊戲，以及虛擬現實設備。主要創新在於互動性，而且「過程」可能比「使用」所帶來的滿足更具支配性。
- **資訊搜尋媒體**（Information search media）。這是一個廣泛的類別，但網際網路（及其介面，萬維網）是最重要的例子，被視為具有前所未有的規模、現實性和可近用性的圖書館和數據來源。搜尋引擎作為用戶的工具和網際網路的收入來源，已經上升到了一個新的高峰。除了用於上網的電腦外，智慧型手機和平板電腦（以及筆記型電腦）等行動設備也是重要的資訊檢索通道。
- **集體參與媒體**（Collective participatory media）。這個類別尤其包括使用網際網路來共享和交換資訊、想法和經驗，以及發展積極的（電腦中介的）親身關係。社交網站屬於這個類別的媒體，使用方式包括

純粹的工具性使用與情感性使用。這些媒體的商業層面具體表現在一些線上平台，它們將人們生活的所有面向都商品化和虛擬化〔從優步（Uber）到 Deliveroo，從 Tinder 到 AirBnB〕。

• **廣電替代媒體**（Substitution of broadcast media）。這主要是指使用媒體來接收或下載過去通常透過其他類似方法廣播或分發的內容。看電影和電視節目、聽廣播和音樂等是主要活動。

上述分類所顯示的多樣性，讓我們很難對新媒體獨有的，或適用於所有五種類型的媒體特徵進行任何有用的總結。Fortunati（2005a）強調網際網路「媒介化」和大眾媒體「網際網路化」（Internetization）的平行趨勢，作爲理解相互匯流過程的一種方式。在可供性方面，新媒體的某些特徵很突出：(1) 互動性和虛擬性（的能耐）；(2) 隨選（on-demand）和即時近用；(3)（幾乎）每個人都能參與內容的創造、分發和消費；以及 (4) 它們的混合特徵（匯流不同類型的媒體形式和中介傳播，爲大眾傳播和人際傳播提供平台）（Baym et al., 2012）。

人們對新媒體特徵的主觀認知存在著巨大差異。一組不同的判準，可與大眾傳播進行比較。從個別「使用者」的角度來看，方框 6.4 指出了某些有助於區分新舊媒體的面向或變項。

6.4

從使用者角度區分新舊媒體的關鍵特徵

• **互動性**（Interactivity）：例如使用者對來源／發送者所「提供」的訊息做出反應或採取行動的比例
• **虛擬性**（Virtuality）：媒介可以在多大程度上產生可供使用者自由漫遊的替代現實、社區或「世界」
• **社交臨場感**（Social presence，或社交性）：由使用者體驗，意味著可以透過使用媒介產生的與他人的個人接觸感
• **媒體豐富性**（Media richness）：媒體可以在多大程度上彌合不同的參考框架、減少歧義、提供更多線索、涉及更多感官和更個性化（包括多媒體、跨平台或跨媒介選項）　　　　　　　　　　　　　（續）

- **自主性**（Autonomy）：使用者感覺控制內容和使用的程度，獨立於來源，包括創造（以及重新混合和分享）自己的內容的機會
- **隱私**（Privacy）：與媒體的使用和／或其典型或選擇的內容相關
- **個性化**（Personalization，或可客製化）：內容和使用的個性化和獨特程度

互動性的意義和測量

　　雖然互動性是最常被提及的新媒體的定義特徵，但它可能意味著不同的事物，而且已經有大量文獻討論這個主題。Kiousis（2002）透過參考四個指標來得出一個早期的「操作性定義」：接近性（與他人的社交接近程度）、感官啟動、感知速度和遠距臨場感（telepresence）。在這個定義中，更多的取決於使用者的感知而不是任何內在或客觀的媒介品質。Downes 與 McMillan（2000）提出了五個互動性的向度，如下所述：

- 傳播進行的方向；
- 傳播交流進行中，時間和角色的彈性；
- 在傳播環境中具有地方感（sense of place）；
- （傳播環境的）控制程度；
- 傳播目的（以交流或說服為導向）。

　　從這個描述可以明顯看出，互動性的條件不只是取決於所使用的科技。儘管我們可以根據新媒體的潛力來描述它們，但這並不等同於實證驗證。一個例子是社交性和互動的潛力。雖然電腦可以將人與其他人聯繫起來，但在使用的時候，它涉及孤獨的行為、個人主義的選擇和反應，以及頻繁的匿名性。新的通訊傳播設備建立或促進的人際關係可能是短暫、膚淺且缺乏承諾的，同時也可能是有意義的、豐富的，並成為社會支持的重要來源。它們被視為對抗現代生活中的個人主義、孤獨感和缺乏歸屬感的解藥，以及實現有序的商品化社交互動形式的合理發展。整體而言，對大

多數人來說，線上社交互動並不能取代或替代其他形式的人際關係，這顯示研究應該有意識地混合線上－離線實踐與意義理解過程。

資訊流動的新型態

考量前述變遷的影響的另一種有用方法是思考資訊流動的各種型態，以及它們之間的平衡。兩位荷蘭電信專家 Bordewijk 與 van Kaam（1986）提出了一個模式，有助於釐清和調查正在發生的變化。它們描述了四種基本的傳播型態，並展示了它們之間的關係。這些型態被標記為「垂訓」（allocution）、「對話」（conversation）、「諮詢」（consultation）和「登記」（registration）。

垂訓

透過「垂訓」（allocution，源自拉丁語 allocutio，指羅馬將領對集結部隊的講話）是指資訊從核心同時分發給多個邊陲接收者，而回饋機會有限的傳播型態。這種型態適用於幾種熟悉的傳播情境，從演講、教堂禮拜或音樂會（聽眾或觀眾在禮堂內親身參與）到廣播，其中廣播訊息同時被大量分散的個人接收。另一個特點是，傳播的時間和地點由發送者或「核心」決定。雖然這個概念對於比較各種不同的模式非常有用，但親身性的個人對多人演講和非親身性的大眾傳播之間的差距非常大，無法用單一概念來彌合。「聚集的閱聽人」（assembled audience）與「分散的閱聽人」（dispersed audience）是截然不同的。

對話與交流

透過對話和交流，個人（在潛在的傳播網絡中）可以繞過中心或中介來直接互動，並且可以選擇傳播的對象、時間、地點和主題。這種型態適用於各種可能進行互動的情況，包括個人信件或電子郵件的交流。然而，電子媒介下的對話通常需要中心或中介（例如電話交換機或服務提供

商），即使中心在傳播活動中沒有積極或啟動作用。傳播界面（例如即時通訊應用程式的特定軟體環境）也會影響交流。對話模式的特點是交流雙方平等。原則上，可有多於兩人參與（例如小型會議、電話會議或電腦中介的討論群組）。然而，參與人數的增加最終會導致接近於垂訓模式的情境。

諮詢

　　諮詢指的是一系列不同的傳播情境，其中個人（在邊陲位置）在核心的資訊儲存庫—數據庫、圖書館、參考書、電腦檔案系統等通道尋找資訊。這樣的可能性在數量上不斷增加，類型上也越來越多樣化。原則上，這種型態也可能適用於傳統印刷報紙的使用（不然會被視為垂訓式大眾媒體），如果諮詢的時間、地點與主題是由邊陲的接收者決定，而不是由核心決定。

登記

　　所謂「登記」（registration）型態的資訊流動實際上是反向的諮詢模式，因為是核心「請求」並從邊陲的參與者那裡接收資訊。這適用於核心在系統中保留個人紀錄的情況，以及所有監控系統。例如它包括在核心交換機房自動保存電話通話紀錄、電子警報系統，以及自動登記電視收視率、運用「觀眾測量儀」（people-meter）的閱聽人調查。它還指為了廣告與定向的目的而蒐集彙整電子商務客戶的詳細個資。核心的資訊積累通常是在不涉及或不知曉個人的情況下進行的。雖然該模式在歷史上並不新，但由於電腦化和擴展的電信連接，登記模式的可能性已經大大增加。在這種模式中，核心通常比邊陲的個人更具有決定傳播流動的內容和發生的控制權。

一種整合的類型學

　　這四種型態彼此互補和毗鄰（或重疊）。該模式的兩位作者已經展示它們如何以兩個主要變項相互關聯：核心與個人對資訊的控制，以及核

心與個人對時間和主題選擇的控制（見圖6.2）。垂訓模式代表了典型的大眾傳播「老媒體」，基本上符合傳輸模式，尤其是廣播，其中以有限的內容供大眾閱聽人使用。諮詢模式得以增長，不僅因為電話和新的遠距媒體，還因為錄影和錄音設備的普及，以及有線和衛星設備帶來的頻道數量增加。新媒體也不同程度地增加了所有這些不同傳播模式的潛力。正如所指出的，「登記」變得更加實用並更有可能發生。它可以被視為在電子時代擴展監控權力的一種方式。

圖6.2中插入的箭頭反映了從垂訓模式到對話和諮詢模式的資訊流動重分配（redistribution of information traffic）。一般而言，這意味著傳播權力平衡的廣泛轉移從發送者轉向接收者，儘管這可能會被登記模式和進一步發展的大眾媒體的影響所平衡。垂訓模式未必在數量上減少，但已經採取了新的形式，更多地為基於興趣或資訊需求的閱聽人區隔提供更多小規模服務（「窄播」）。最後，從這幅圖中我們可以得出結論：資訊流動的模式並不像它們看起來那樣涇渭分明，而是會因科技和社會原因出現重疊和匯流，而且可能越來越多。同樣的科技（例如電信基礎設施）可以為家庭提供前述四種模式的傳播服務。

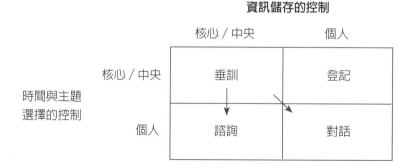

圖6.2　資訊流動的類型學。傳播關係根據對供應和內容選擇的控制能力進行準確的區分，趨勢從垂訓模式轉向諮詢或對話模式。

資料來源：Bordewijk and van Kaam (1986)

　　這種對正在發生的變化的描繪方式，促使我們重新考量既有的關於「效果」媒體理論的相關性。似乎其中的大部分理論只適用於垂訓模式，其中傳輸模式仍然有效。對於其他情況，我們需要一種互動、儀式或由使用者決定的模式。顯然地，在新媒體環境中，不同的傳播型態、模式和媒體並存，並展示了相互形塑的效果（參見第 16 章和第 17 章）。

電腦中介社群的形成

　　「社區／社群」（community）的概念長期以來一直在社會理論中占據重要地位，特別是作爲評估社會變革影響與作爲大眾觀念的對立面。在早期的思考中，社群是指一群人共享某個地方（或其他有界限的空間）、身分認同、特定規範、價值和文化實踐，而且通常規模較小，成員之間彼此認識或互動。這種社群通常表現出一些成員地位上的差異，因此存在非正式的等級和組織形式。Doreen Massey（2005, 2007）警告說，我們不應該過分浪漫化社群的概念，她引用了有關社群形成的歷史研究，指出構成空間社群的界限往往是關係性、時間性和符號象徵性的，而不是存在於絕對空間的網格上。任何比較穩定的社群觀念都必須被看作是基本上具有偶然性的。這有助於我們符合有關線上社群的更穩定或短暫本質的規範性主張。

　　傳統大眾媒體與典型（地方）社群的關係被看成是矛盾的。一方面，由於規模龐大和引進外部價值觀和文化，傳統大眾媒體被認爲削弱了基於個人互動的當地社群。另一方面，適應在地化形式的媒體可以服務和強化當地社群，潛在地提供社會凝聚力。雖然這是對「社群」詞語的另一種用法，但人們也觀察到，大量分發的小型媒體（專業刊物或當地廣播）可以幫助維持「利益共同體」（communities of interest），這在世界上的許多地方仍然非常普遍（尤其是在非洲大陸）。一般估計認爲，分發規模越大，對社群和當地社交生活的影響越不利，但即使如此，仍有證據顯示持續存在著在地化的人際行爲，對這一判斷的挑戰也不容忽視。最重要的

是，大眾媒體通常提供討論話題，有助於家庭、職場甚至陌生人之間的社交生活。

在這種背景下，對於每一次媒體創新的後果一直存在著持續的辯論。在 1960 年代和 1970 年代，有線電視的引入不僅被歡迎為擺脫大眾廣播電視的侷限和缺點的方式，而且被視為一種積極的社區建設手段。地方有線電視系統可以將鄰里的家庭連接起來，並與當地中心連結。節目可以由當地居民選擇和製作（Jankowski, 2002）。可以用低成本增添許多額外的資訊和幫助服務，特別是可以用有限的費用提供廣泛的群體甚至個體的媒體近用。廣播電視的頻寬限制不再是一個主要的實務限制，有線電視可望達成印刷媒體的豐富性，至少在理論上是這樣。

「連線社區」（wired community）和「連線城市」（wired city）的概念變得流行（參見 Dutton, Blumler and Kraemar, 1986），許多國家開始進行有線電視的實驗以測試其潛力。這是第一個被認真對待的「新媒介」，作為「老式」大眾媒體的替代品。最終，這些實驗大部分被中止，未能達到預期效果。更烏托邦式的期望則是建立在錯誤的基礎上，尤其是基於一個假設，即這些以社區為基礎的小型專業媒體的微型版本足夠受到它們所服務的人們的歡迎。財務和組織問題通常是最難克服的。有線電視傳輸系統不是大眾媒體的替代品，而主要只是另一種大量分發的手段，儘管在某些地方還有一些在地近用的空間。這些有線願景的獨特之處在於，一個實際的「社區」已經存在，但具有未實現的潛力，更好的相互傳播（intercommunication）被認為可以實現。關於數位或「智慧」城市（digital or 'smart' cities）的潛力也有類似的主張和期望，這是一個模糊的概念，首次在 1990 年代被使用，其中包含以下關鍵特徵（Albino, Berardi and Dangelico, 2015: 13）：

- 城市的網絡基礎設施，使效率和發展成為可能；
- 強調由企業主導的城市發展和促進城市增長的創意活動；
- 各種城市居民的社會包容（social inclusion）和城市發展中的社會資本（social capital）；

● 將自然環境視為未來的策略組成部分。

虛擬社群

　　圍繞著電腦中介傳播（computer-mediated communication, CMC），形成了一套關於社群的新期望。其核心理念是「虛擬社群」，可以由任意數量的個體透過自己選擇的網際網路或對某種刺激做出回應而形成（Rheingold, 1994）。

　　一些真實社群的特徵在虛擬社群中得以實現，包括互動、共同目標、身分認同感和歸屬感、各種規範和不成文規則（例如「網路禮儀」），並存在著排斥或拒絕的可能性。同時，也存在著慣例、儀式和表達形式。這種線上社群具有一個額外的存在優勢，即原則上是開放和可近用的，而真實社群通常很難進入。傳統的社群概念在有關新媒體影響的理論中是一個有用的起點，因為無論是地方或虛擬社群，連結的形式都可能展現不確定、流動和世界主義（cosmopolitan）的特性（Slevin, 2000）。

　　有許多關於線上「社群」的實證研究，通常基於某種共同興趣，例如對音樂團體的狂熱追隨，或者基於某種共享特徵，例如性取向或特定的社會或健康狀況（參見 Jones, 1997, 1998; Lindlof and Schatzer, 1998）。形成虛擬社群的典型條件似乎包括社會地位（通常被認為是基於少數群體的）、成員在實體上散居各地和某種興趣程度。可以理解的是，電腦中介傳播提供了從大眾媒體或直接的物理環境中無法獲得的有動機的和互動的傳播可能性。大多數線上社群的研究顯示，面對面和線上的接觸並不是互斥的，而是彼此互動的。

　　透過電腦中介傳播形成的群體缺乏透明度和真實性，未盡符合「社群」一詞應有的意涵。其中最重要的是「成員」缺乏承諾（the lack of commitment）。Postman（1993）批評了採用社群隱喻，因為缺乏責任和相互義務的基本要素。同樣，Bauman（2000: 201）對這樣的群體表示遺憾，稱其為「衣帽間社群」（cloakroom communities），人們暫時聚集在一起是「為了避免真正（全面和持久）的社群凝聚，他們模仿並（具有誤導性地）承諾從零開始複製或生成社群。」另一方面，近年來研究線

上社群的學者，特別是那些由難民和移民形成和參與的社群，指出此類關切未能意識到虛擬社群對參與者具有各種有意義的功能，並且確實在線上環境之外產生實際後果（Paz Aléncar, Kondova & Ribbens, 2018; Leurs, 2019）。儘管電腦中介傳播確實提供了跨越社會和文化界限的新機會，但也可能間接地強化了同樣的界限。那些希望屬於網路社群的人必須遵守其規範和規則，以獲得認可和接受。在新媒體背景下的社群概念的核心是「情感公眾」的概念，正如 Zizi Papacharissi（2014）所提出的，人們被個人情感驅使，就像對在地社群一樣，他們會被吸引到虛擬社群中。在這樣的過程中，傳播的私人性和公共性在我們當代的「網絡化生活」（networked life）中混合在一起，正如 Sherry Turkle（2011: 157）所指出的，「始終在線上，總是與我們同在。」

自由的科技？

本節標題源自於 Ithiel de Sola Pool（1983）的重量級著作的書名，該書讚揚了電子傳播工具，因為它們提供了一種規避方式，讓人們可以規避他認為屬於不正當強加的廣電審查和監管。他認為，國家對媒體進行控制的唯一正當性（儘管有爭議）是頻譜稀缺和在半壟斷條件下分配近用機會的需要。浮現中的新時代可以使所有公眾傳播媒體獲得印刷媒體和共同載具（電話、郵政、有線電視）所享有的自由。透過有線電視系統、電話線、新的無線電波和衛星進行的分發迅速消解了由於稀缺性而需要監管的宣稱。再者，不斷增加的傳播匯流使得監管一種媒介而不監管其他媒介變得越來越不可能，也越來越不具合理性。

新媒體（尤其是網際網路）所聲稱的自由並不完全等同於 Pool 當初為一般媒體爭取的自由。基本上，Pool 希望市場的自由和美國憲法第一修正案的「消極自由」（無政府干預）適用於所有媒體。與網際網路相關的自由形象更多地與其龐大的容量、「網絡中的網絡」（network-of-networks）科技基礎設施，以及其早期歷史上的缺乏正式組織、治理

和管理有關，當時它是一個對所有人開放的遊樂場，許多使用由學術機構或其他公共機構資助。Castells（2001: 200）寫道：「在網路上蓬勃發展的是各種形式的言論自由……它是開源（open source）、自由發布（free-posting）、去中心化式的廣播（decentralized broadcasting）、偶然互動（serendipitous interaction）……這些都在網際網路上找到了表達的方式。」這種觀點符合其創始人的期望。該系統開放給所有人使用，即使最初創建它的動機是基於戰略和軍事考量，但其後的推廣和擴展主要出於經濟和電信營運商的利益。

這個系統具有並保持著抵抗控制或管理的內建特性。它似乎沒有特定的所有者或管理者，也不屬於任何領土或管轄範圍。實際上，即使可以建立管轄權，其「內容」及用途也不容易控制或處罰。在這一點上，它與郵件和電話等共同載具媒體有許多共同之處。

隨著網際網路逐漸成熟，其相對自由和未受監管的開端也在發生變化，這一點與其他大眾媒體的歷史相似。隨著網際網路成為更像是一種大眾媒體，具有高滲透率和觸達重要的消費者市場的潛力，對於各種形式的監管和管理，利益也相對提高。正如 Lessig（1999: 19）所指出的：「網路空間的架構使得行為的監管變得困難，因為你試圖控制的對象可能位於網路的任何地方。」然而，透過控制架構和掌握架構的符碼，實現監管是可行的。它越來越成為商業媒體（不僅銷售商品還提供資訊服務），因此必須實現財務安全。它也已經成為一個大型企業。Hamelink（2000: 141）指出，儘管沒有人擁有網際網路並且沒有中央監管機構，「一些產業巨頭可以擁有近用和使用網際網路所需的所有技術手段」。他預計，在不久的將來，「對網路空間的治理和近用將落入少數守門人的手中……由少數市場領導者控制」（同上註：153）。20 年後，這個預測似乎得到了確認。

隨著網際網路上滲透進入到越來越多家庭，成為人們日常生活中平凡的一部分，人們對於「端正性」（decency）（以及其他問題）的判準及執法手段的需求也日益增長，儘管存在司法管轄上的困難。與早期媒體一樣，一旦聲稱具有巨大的社會影響力，對控制的需求就會增長，而控制的實際障礙也變得不是那麼難以克服。對於公眾傳播媒體而言，越來越多正

當的問責要求浮現（例如有關智慧財產權、誹謗、隱私等方面的要求）。
許多服務提供商和內容組織者表面上的無政府狀態正在讓位給更加結構化
的市場環境。對服務提供商和平台公司施加壓力，要求他們對其服務上出
現的內容承擔一定的責任，即使控制是隨意的、不透明的並可能產生「寒
蟬」效應（'chilling' effect）。當代有影響力的關於網際網路和特別是社
交媒體的監管和媒體政策呼籲，主要是主張將公共價值（Van Dijck et al.,
2018）、公眾利益（Napoli, 2019）和「基進民主多元主義」（Cammaerts
& Mansell, 2020）作為新媒體問責的指導原則。

一種新的控制手段？

　　警察和情治機構更加關注監視和控制的必要性，特別是在跨境犯罪、
兒童色情、恐怖主義、國內不滿情緒以及許多新型網路犯罪等方面。進
入 2020 年代，有越來越多網路自由的例外情況，這些情況因國家司法管
轄範圍的不同而異，並與每個國家的整體自由程度（或其缺乏）相關。自
2001 年以來，西方宣布「反恐戰爭」後的情況使得政府和當局更容易對
網路自由實施限制，就像在大多數其他領域一樣（Braman, 2004）。整體
而言，這種趨勢導致網路無政府和開放形象的嚴重式微，儘管這可能只是
反映了之前在其他媒體領域已經展示過的「正常化」現象的開始。目前情
況尚不明朗，無法做出評估，但現在可以說，即使是最自由的傳播手段也
無法逃避社會生活的各種「法則」的運作。這些法則包括傳播本身的法則
（將參與者聯繫在一起形成某種相互義務或期望），尤其是經濟和社會壓
力的法則。

　　更加災難性的未來展望指出，透過電子手段實現的社會控制潛力
遠遠超過了工業時代的可能性。資訊流動和人際接觸的監控和追蹤正
在增加，基本上是基於上述電腦化資訊流動的「登記」模式（Jansen,
1988）。在這樣的分析的當代版本中，觀察家們注意到「監控資本主義」
（surveillance capitalism）已成為數位時代的主導經濟（和政治）模式，
提供了操縱甚至控制消費者和公民的新途徑（Zuboff, 2019）。

　　從歷史的角度來看，Beniger（1986）對 19 世紀初以來的傳播創新詮

釋史研究具有洞察力，因為它們符合的不是一種越來越解放的型態，而是越來越多的管理和控制的可能性。Beniger 使用「控制革命」（control revolution）這一術語來描述這場通訊傳播革命。無論潛力如何，商業、工業、軍事和官僚機構的需求扮演要角地推動了發展並決定創新的實際應用方式。另一位從事傳播創新史研究的學者 Winston（1986）承認，大多數新科技都具有創新潛力，但實際情況始終取決於兩個因素，第一是「監督性社會必需」的運作，它決定了發明的發展程度和形式。第二個是「壓抑激進潛力的法則」，它作為一種煞車器來保護社會或企業的現狀。整體而言，Winston 主張採用「文化」而不是科技決定論。Carey（1998: 294）對「新媒體」持類似立場，主張「全球化、網際網路和電腦傳播都不受科技和歷史決定。這些新形式的最終決定與政治有關。」

在研究這些發展時，至關重要的是對「自由」在這種脈絡下的含義有一種細緻精微的理解（Chalaby, 2001）。免於監控的自由和「隱私權」是不同類型的自由，保護的是匿名性，而不是出版。這兩種（以及其他）形式的自由都很重要，但網際網路的潛力和實際用途過於多樣化，以至於無法要求所有形式的自由。言論自由和表達自由，正如其他媒體所確立的，承認在他人權利、社會需要和社會壓力的現實下，對權利施加某些限制。期望網際網路可以獨享其他媒體基於被視為正當理由而受限制的自由，是不切實際的。

新的平等促進者或鴻溝擴大者？

縱觀歷史，圍繞新媒體的論述常常宣稱，新媒體（無論是印刷報紙、廣播電視或網際網路）有助於建立一個更平等、資訊更豐富和更自由的社會。從歷史的角度來看，如此高的期望往往與社會現實發展背道而馳，儘管在 20 世紀，全球的媒體素養和公民素養都在穩定提高。對「新媒體」解讀過於樂觀的批評者指出，新媒體在所有權和近用方面的社會階層化通常與舊媒體無異。富裕的人首先擁有並升級科技，他們總是走在窮人

的前面。他們的權力不平等，如果有的話，還會進一步拉大差距。社會和資訊的差距擴大而不是縮小，出現了「資訊底層階級」（information underclass）和社會底層階級。

「數位鴻溝」（digital divide）被視為「資訊鴻溝」（information gap）的後繼者，而資訊鴻溝曾被預測為電視的出現帶來的結果（Norris, 2000; Hargittai, 2004）。歷史條件在塑造新科技的影響上發揮了一定作用，不僅僅是在發展中國家，還包括俄羅斯等前共產主義國家（Rantanen, 2001; Vartanova, 2002）。正如 Selwyn（2004）所指出的，近用通道並不等同於實際使用。即使使用也受到技能和其他資源可用性的制約，而且這些資源的分配並不均衡，從而導致了科技無法克服的第二層次的「數位鴻溝」。此外，可以根據誰從線上獲益最多來確定第三層次的「數位鴻溝」（Helsper, 2012），這顯示網際網路如何可能較有利於社會地位較高的人。這一領域的研究結果表明，「對網際網路的近用和使用可能會擴大既有的不平等，超出網路使用的強度。」（Van Deursen and Helsper, 2015: 45）

確實，基於電信和電腦的新科技所建立的使用者之間的網絡、朋友圈和連結不必像舊的大眾媒體那樣遵循國家疆界。因此，將大眾傳播的核心一邊陲模式應用於這一情境可能不太適當，該模式反映了貧窮和較小國家與地區對新聞和娛樂的少數「主要產製者」的依賴程度的差異。擁有合適的科技確實打開了資訊和相互傳播的新可能性，無論自己所處的地區的「發展程度」如何，都可以獲得這些機遇。一些發展中的差距和障礙可能會被跳過。對於西方新媒體使用者與全球南方的新媒體使用者之間，或是已開發國家與開發中國家之間的其他區分和差異的建構也可能需要修正，正如 Payal Arora（2019）對中國、印度、巴西以及中東地區網路使用者研究所示範的那樣：貓咪影片是普世的，而且人們無論社會地位或地理位置都喜歡在線上享樂和建立人與人的聯繫。

媒體和大眾傳播研究中一個尤其引人關注的領域是研究科技對環境的影響。部分原因與我們的媒體運作所需的電池、電腦晶片和其他硬體所需的貴重金屬的來源有關。這些材料往往在開發中國家開採，工作條件

很少或根本沒有受到監管。然後，這些材料在工廠中組裝，大多數位於中國——那裡的工人，其中一些年僅 16 歲，為了生產這些極受歡迎的設備而在夜間和加班工作，違反了勞動法令。關於這些生產設施不人道工作條件的定期報告促使三星、蘋果和亞馬遜等公司制定和實施嚴格的供應商行為準則，儘管對這些契約的執行還遠遠沒有達到普遍的程度。

在媒體設備的壽命結束時，同樣存在問題，這涉及到電子廢棄物或稱為「電子垃圾」對全球的巨大影響。鑒於消費電子產品（例如智慧型手機、平板電腦和電視機）的快速升級和更換速度——這些媒體設備的過時性往往是計畫好的，每年有數億台電子設備被棄置，其中大多數都還可以使用。相應地，一個有利可圖的全球市場正在迅速發展，用於蒐集和處理電子廢棄物，但受到的監督不足。我們的媒體中的大多數材料和零件最終都流入非法垃圾場，主要集中在非洲（根據聯合國的資料，奈及利亞和迦納是世界上最大的電子廢棄物目的地）。為了解決這個嚴重問題，聯合國和其他組織於 2007 年發起了解決電子廢棄物問題（STEP）倡議。由於安全地處理由許多危險但同時具有價值的材料組成的媒體製品，其所涉及的複雜性和成本，使追蹤、管理和處理電子廢棄物成為一個全球性（而非市政或地方性）問題。電子廢棄物的價值部分來自於許多零件仍可運作或可以重新啟用，並且正在出現繁榮的當地回收經濟。與此同時，那些在電子垃圾場工作的人經常暴露於會導致呼吸系統和皮膚問題、眼部感染、神經發育問題，甚至縮短壽命的毒素中。Maxwell 與 Miller（2012）是那些主張對媒體進行「綠化」的媒體學者之一。

在大眾媒體的早期歲月，當時人們還相信廣播和電視的傳播觸達與力量可以幫助彌合社會和經濟發展的差距。事實證明情況不同，至少在跨國形式下，大眾媒體更有可能為來源國的社會和文化做更多貢獻，而不是為所謂的「第三世界」受益者做出貢獻。將科技視為改變世界的力量的這種趨勢仍然存在（Waisbord, 1998），儘管新媒體的「使用者」和接收者有更多潛力主張近用權並接管文化壓迫手段，但很難看到情況有所不同。與往常一樣，要抵制科技和新媒體強化與放大現有權力關係和文化、社會和經濟的不平等趨勢，還需要的是有意識的努力。

本章小結

這裡對新媒體理論的探索並未得到明確的結論，儘管承認有強烈的修正理論的必要性。即便如此，公眾傳播仍然繼續進行，核心價值觀如自由主義、民主、工作、人權，甚至傳播倫理在 21 世紀依然在演化而非崩潰。甚至那些由這些價值觀致力於解決的舊問題也仍然存在，包括無節制的消費主義、不正義、不平等、犯罪、恐怖主義和戰爭。這一章所探討的更具體和核心問題是，過去有關媒體和大眾傳播的觀念和架構在當前的新媒體時代是否仍然有用。

有一些理由可以認為這些理論可能不再適用。隨著傳輸通道和平台的不斷增加，舊媒體趨於「非大眾化」（demassification），「大眾閱聽人」逐漸流失，取而代之的是許多數量較少也更「專門化」的閱聽人。隨著這種情況的發展，這同樣適用於廣播和電視，大眾媒體提供共同知識和觀點基礎將越來越少，也無法再充當「社會的粘合劑」（cement of society），這被廣泛認為是對民主和社會正義的更大事業的損失。關於人們在民主中的公民角色，一些證據顯示新媒體促成了新型民粹主義政治的崛起，政黨和領導人的聲勢在很大程度上受到使用社交媒體數據驅動的宣傳活動的推波助瀾（同時繞過「主流新聞媒體的「傳統」路徑），這反駁了所謂政治參與度下降可歸咎於新媒體的說法。然而，它們也不是解藥，因為對這種人和觀念的政治依附往往是善變的。

可以說，已經不再有「媒體機構」，而是許多不同但鬆散連接的元素在全球媒體產製網絡中運作。有新的力量和新的趨勢興起，可能無法用過往熟悉的概念和公式來理解。然而，媒體在公共和私人生活中的基本角色似乎仍然存在。新媒體逐漸被接受為大眾媒體，原因是它們的使用表現出許多與舊媒體相似的特點，特別是當它們被所有者用來作為大眾廣告商和媒體內容（例如音樂和電影）的發行中心時。正如眾多研究所顯示的那樣，網路使用行為存在顯著的規律性，符合熟悉的大眾媒體模式，例如大量用戶集中在少數非常受歡迎的網站上。

　　似乎清楚的是，不同的傳播方式、模式、機構安排和媒體產製與消費的不同實踐正在持續地混雜化和匯流。在這個過程中，強大的新角色崛起，特別是由於網路平台的主導地位以及科技、媒體和電信產業的匯流（Faustino and Noam, 2019）。

　　迄今的證據並不支持新科技在中期內對變革產生強烈的決定性影響的觀點；它既沒有可靠地增加新的自由，也（至少目前）沒有嚴重減少已經存在的表達自由。然而，還有一些潛在的變革領域需要密切關注。其中之一是社會（和文化）邊界的重新劃定，新的相互連結個體網絡的形成鼓勵了這一點。另一個是政治傳播（實際上是政治）在最廣泛的意義上的潛在轉型，因爲舊有的「垂訓式」手段似乎表現不佳。最後，仍然存在著由於潛在的社會和經濟不平等而可能加劇新媒體效益分歧的問題。

進階閱讀

Arora, P. (2019) *The Next Billion Users*. Cambridge, MA: Harvard University Press.

Baym, N.K. (2015) *Personal Connections in the Digital Age*, 2nd edition. Cambridge: Polity Press.

Fortunati, L. (2005a) 'Mediatizing the net and intermediatizing the media', *International Communication Gazette*, 67(6): 29-44.

Lüders, M. (2008) 'Conceptualizing personal media', *New Media and Society*, 10(5): 683-702.

Morris, M. and Ogan, C. (1996) 'The Internet as mass medium', *Journal of Communication*, 46(1): 39-50.

Quan-Haase, A. (2020) *Technology and Society: Social Networks, Power, and Inequality*, 3rd edition. Oxford: Oxford University Press.

第三篇　結構

7

媒體結構和績效表現：
原理和問責

　　本章主要是從外部社會和「公共利益」的角度來討論可以應用於大眾媒體運作的品質標準和判準。對媒體功能的期望隨著時間推移而在不同的地方發展起來，它們的應用方式也因時因地因環境而有所不同。所謂為公共利益服務並沒有一套獨特的標準，即使是「公共利益」這個概念本身也頗有爭議。因此，本章從媒體的公共利益角色的歷史評價著手。遵循這種概念的媒體績效評估判準可能與市場判準重疊，尤其是與物超所值、消費者選擇和營利能力有關的判準，而且它們通常與社會規範性判準有所重疊；例如新聞閱聽人通常重視替代來源和可靠、不帶偏見的資訊，而且大多數人傾向於同意這一點，亦即媒體有責任報導某些具有「社會重要性」的事務。

　　儘管期望、判準和利益各不相同，但有少數基本價值在公眾傳播方面通常受到高度重視，這些價值為本章的呈現方式提供了架構。這些價值可以被這些名詞所概括：**自由、平等、多樣性、真相和資訊品質**，以及**社會秩序和團結**。

　　這裡的主要目的是簡要說明為什麼這些價值很重要，以及每個價值對於媒體通常所做的事情意味著什麼。如果我們要評量媒體品質並且向媒體問責，我們需要能夠根據較具體或至少可觀察的「產出」來定義價值。由於這些價值應用在媒體運作的不同層次，因此定義這些價值的任務有點複雜。就目前而言，我們可以區分三個層次：結構（structure）、行為（conduct）和績效表現（performance）。**結構**是指與媒體系統相關的所有事務，包括其組織形式和財務、所有權、監管形式、基礎設施、發行設施等。**行為**是指組織層面的運作方式，包括選擇和產製內容的方法、編輯決策、市場政策、與其他機構建立的關係、問責程序等。**績效表現**本質上是指內容：實際傳送給閱聽人的內容。本章介紹的幾種主要價值在每個層次上都有不同的參考意義，而且在大多數情況裡我們會聚焦在結構和績效表現層次，而不是行為層次。

媒體與公共利益

我們說媒體表現符合「公共利益」，這是一種言簡意賅的表達方式，概括了媒體受到各種壓力、被要求必須為社會帶來某些利益。這個概念在社會和政治理論中既簡單又充滿爭議。公共利益這個概念有著深厚的歷史淵源，用於確定那些為了社會或國家利益而需要的一些集體公共控制和指導的事務，例如道路和水道建設和維護、度量衡和貨幣監管，以及提供警力和國防。在更現代的時期，「公共利益」一詞被用於管理和擁有公用事業（public utilities），例如水、天然氣、電力和電話。這些公用事業不能輕易交由私人或市場運作（Held, 1970; Napoli, 2001）。

應用於大眾媒體時，公共利益的簡單含義是指媒體在當代社會中扮演著許多重要，甚至是必要的角色，而良好履行這些任務符合整體社會利益。這也意味著我們應該擁有一個媒體系統，該系統按照與社會其他部分相同的基本原則運作，特別是在正義、公平、民主和符合主流社會和文化價值觀等方面。顯然，符合公共利益的媒體不應造成社會問題或導致極端冒犯情況。但公共利益的概念也涉及正面的期望，就像在最初應用的領域一樣。

這個簡單的概念在實踐中無法讓我們走得太遠。首先遇到的問題是，即使是在所謂的公共利益下，對所有媒體進行公共控制（public control）將會與吾人通常所理解的言論自由相悖。此外，媒體的建立通常不是為了公共利益本身，而是為了它們自己選擇的某些目標，其目標有時與文化、專業或政治相關，但更常見的是追求商業利益，有時則是兩者兼而有之。這指出了一個關鍵問題：如何確定什麼是公共利益，應該由誰來決定？關於什麼對整個社會有益，總是有不同和相互衝突的版本，甚至有人主張媒體最好不要追求任何規範性目標；相反地，應該讓眾多不同的媒體在法律允許的範圍內自由地做它們想做的事。在媒體以商業為基礎運作的情況下，媒體傾向於將公共利益等同於公眾興趣，這等同於（媒體）將規範、倫理和價值的責任推給社會。

　　Held（1970）描述了主要的公共利益觀，以及如何確定其內容。一種是「多數派」觀點（a 'majoritarian' view），主張這個問題應該透過普選來解決。就媒體而言，這往往會將公共利益等同於「提供公眾想要的東西」，從而取悅媒體市場的大多數消費者。詮釋多數派立場的另一種方式是考量公眾之間的某種社會團結，媒體應該報導具有「社會重要性」的事務。與此對立的觀點被稱為「一元論」或「絕對論」（'unitarian' or 'absolutist' view），主張公共利益係透過某種單一的支配價值或意識形態決定。而就算在最好的情況下，這也會導致一種家父長制模式（paternalistic model），由監護人或專家決定什麼對社會來說是好是壞。在公共利益的自由市場模式（free-market model）和家父長制模式之間，另有其他方案存在，但沒有一個能夠提供明確指導。其中一種主要方式是一方面透過辯論和民主決策，另一方面是檢視特定案例是否符合或不符合公共利益的司法決定。正如我們稍後將看到的，媒體對社會負起責任的方式有很多不同的方式，以實現或至少追求公共利益（參見本書第 7 章）。

　　無論公共利益概念的立論為何，世界各地的大眾媒體明顯地都受到法律和其他正式或非正式手段的廣泛控制和監管，以期讓它們做「社會」所期望的事情，或是防止它們做有違社會期待的事情。控制的實際手段及其內容，因各國的媒體「系統」而異，通常受政治、文化和經濟因素影響。它們也因媒體而異，而且少有內部連貫性或一致性。

　　撇開理論不談，在媒體政治、法律和監管的實踐中，似乎對大眾媒體公共利益的主要組成部分達成諸多共識，遠超過僅僅避免造成傷害的最低要求。從許多需要明確界定公共利益的案例來看，媒體被責成履行的主要義務如方框 7.1 所示。這些要點統整了西方式民主社會的媒體結構和內容相關的主要規範性期望。

┌─ **7.1** ─────────────────────────

媒體的主要公共利益標準

結構
- 出版自由
- 多元所有權
- 廣泛的觸達率
- 通道和形式的多樣性

內容
- 支持民主政治制度
- 支持公共秩序和法律
- 資訊、意見和文化的多樣性
- 高品質的資訊和文化
- 尊重國際義務和人權
- 避免對社會和個人造成傷害

└────────────────────────────

媒體自由作為一種原理

表達和出版自由的追求，一直是新聞史的核心主題，也與民主密切相關。正如 Colin Sparks（1995: 45）指出，「即使是最有限和形式的民主定義，也不可能不承認媒體對民主所有要素的實際運作發揮不可或缺的作用。」在對 1990 至 2008 年全球 47 個成熟民主國家的媒體表現模式的比較研究中，Lisa Müller（2014: 219）獲致以下結論：「毫無疑問，媒體績效表現（media performance）是民主政體各個面向良好運作的主要決定因素。」這一點也適用於成熟西方民主國家以外的國家。正如 Müller 所指出的，在許多原先的非民主政權中，逐漸自由化的大眾媒體有助於政治態度、偏好和選擇上的多元化發展，並且有助於大眾和菁英學習適應新的民主遊戲規則（另見 Gunther and Mughan, 2000）。

然而，自由有不同的版本和面向，自由一詞本身的意涵不明。自由是

績效表現的狀態之一，而非一種評判標準，因此主要適用於媒體結構。一旦自由權利存在，我們無法輕易地區分自由選擇下的不同表達自由，它們同樣都受到法律限制，我們會根據其他價值來評估。

我們必須區分媒體自由（freedom of the media）和表達自由（freedom of expression），儘管有時意思相同。表達自由是一項更廣泛的權利。它指的是所傳達的實質內容（觀點、想法、資訊、藝術等），而新聞自由指的是一個主要的「容器」、載體或實現出版的手段。Zeno-Zencovich（2008）將其比喻爲葡萄酒（內容物）和瓶子之間的差異。重要的是，在法律法規當中，對自由的保障已有從實質轉向手段的趨勢。根據他的說法（Zeno-Zencovich, 2008: 7），「表達自由作爲個人和他們所交往的群體所享有的政治自由的感覺已經喪失，並且與在觀念傳播中被視爲邊緣人物的人相關聯。」這種觀點是對媒體老闆以擁有出版工具爲由而聲稱擁有全部自由權利的隱性抨擊。

除了表達自由這種權利本身的價值之外，自由可以爲個人和社會帶來各種潛在利益，有助於指明可以應用的其他相關評量標準。方框 7.2 概述了媒體自由帶來的這些公共利益。

7.2

媒體自由的主要公共利益

- 對當權者進行系統和獨立的公眾監督，並充分提供有關其活動的可靠資訊（這一點指的是「看門狗」或新聞界的關鍵角色）
- 促進積極和掌握充分資訊的民主體系和社會生活
- 表達對世界的想法、信仰和觀點的機會
- 促進文化和社會的不斷更新和變革
- 增強人們可享有的各種自由

結構層面的自由

表達自由包含兩個面向：提供廣泛的聲音和回應廣泛的需求或需要。爲了實現表達和出版自由的好處，需要某些條件。必須有近用表達通道的

機會，也要有機會接收各種資訊。有效的媒體自由，其主要的結構條件如下：

- 政府未施加審查、許可或其他控制，媒體享有不受阻礙的出版和傳播新聞和意見的權利，並且沒有義務發布它所不想出版的內容；
- 眞正獨立於媒體所有權人和外部政治或經濟利益的過度控制和干涉；
- 公民近用表達和出版通道，以及作爲近用獲得資訊的平等權利和可能性〔「傳播權」（right to communicate）〕；
- 維持媒體系統的競爭性，限制媒體集中化和交叉所有權；
- 新聞媒體從各種相關來源獲取資訊的自由。

這些結構條件尚有許多未解決的問題。這些要求中內含一些潛在的衝突和不一致。首先，公共傳播的自由永遠不可能是絕對的，而必須承認有時受到他人利益或社會整體利益的限制。實際上，「更高的善」（higher good）通常由國家或其他掌權者定義，尤其是在戰爭或危機時期。其次，媒體通道的所有權人或控制者與可能想要但無權力（或合法權利）確保近用通道的人（無論是作爲傳播者或接收者）之間存在潛在的利益衝突。第三，上述條件將自由的控制權交給擁有出版媒體的人，不承認媒體工作者（例如記者、製片人等）的出版自由權利。第四，傳播者想說的話和其他人想聽到的內容之間可能存在不平衡：一個人傳播訊息的自由可能與另一人的選擇自由不一致。最後，政府或公權力可能有必要介入媒體結構，以確保一些在實踐中未能實現的自由（例如透過建立公共廣播或規範媒體所有權）。其中一些問題，經常透過採取不具法律約束力的行爲準則和公約來處理。

績效表現層面的自由

如前所述，評量媒體內容的自由並不容易，因爲只要不造成實際傷害，表達自由可以有多種行使方式，甚至有可能被濫用。儘管如此，如方框 7.2 中所概括的，出版自由的預期好處確實提供了一些額外的評量標準

和期望。例如在新聞和資訊（新聞業）方面，人們期望媒體應利用其自由遵循積極和具批判性的編輯政策，提供可靠和相關的資訊。自由媒體不應太墨守成規，應以觀點和資訊的多樣性爲標誌。它們應該代表公眾扮演調查和監督的角色（參見 Waisbord, 2000）。自由媒體系統的特點是創新和獨立。類似的標準，也適用於文化和娛樂領域。自由的條件應該帶來獨創性、創造力和多樣性。必要時，自由媒體將敢於冒犯有權有勢的人，表達有爭議的觀點，偏離常規和平庸。越缺乏上述內容品質，我們就越可能懷疑媒體自由的結構條件未獲滿足，或是媒體未能充分善用它們的自由。

　　爲了充分評量不同國家和不同時期的媒體績效表現，Müller（2014）針對大眾媒體民主的標準提出了一個雙向度（two-dimensional）的概念：垂直和水平的媒體功能（另見 McQuail, 1992; Voltmer, 2000）。垂直媒體功能（vertical media function）指媒體必須「向盡可能多的公民傳播有關公職人員的活動和決策的資訊，特別是有關官方不當行爲的資訊。」（Müller, 2014: 207）水平媒體功能（horizontal media function）的評量，可以檢視媒體是否成功地建構反映社會多樣性的開放公共領域。這些功能可透過媒體**結構**（全國人口是否可以廣泛地近用來自印刷、廣播和線上新聞來源的資訊）來衡量，也可以透過媒體**內容**（特定國家的新聞媒體是否能以批判的方式報導政治事務、行政、立法與司法部門，以及公共行政，例如揭露腐敗、瀆職和詐欺）來衡量。

　　前面討論的主要元素，可以表述爲相互關聯的組成部分，如圖 7.1 所示。其中一些元素會再度出現在其他價值方面，尤其是多樣性。

自由原則

結構條件

| 通道獨立性 | 通道近用性 | 內容多樣性 |

績效表現的價值

| 可靠、批判立場、原創性 | 選擇、改變、相關性 |

圖 7.1　媒體結構和績效表現的自由判準

媒體平等作為一種原理

平等原則在民主社會中受到重視，儘管將其應用於大眾媒體時必須轉化為更具體的意義。作為一項原則，它是前述幾個規範性期望的基礎。

結構層面的平等

關於傳播和政治權力，結構層面的平等應該導致社會中不同或相反利益的人擁有相對公平的大眾媒體近用機會。實際上，這是非常不可能實現的，儘管公共政策可以採取措施來矯正一些不平等問題。建立公共廣電機構就是朝這個方向發展的一種方式。公共政策還可以限制媒體壟斷，並為與之競爭的媒體提供一些支持。平等支持提供廣電和電信普及服務、分攤基本服務成本的政策。平等還意味著自由市場的正常原則應該是以自由、公平和透明的方式運作。

績效表現層面的平等

平等要求媒體不給予權力持有者特別的好處，並且應該向競選公職的人提供近用媒體的機會，一般來說，對反對或偏離主流的意見、觀點或主張應給予和主流立場相同的近用媒體的機會。關於媒體的商業客戶，平等原則要求以同等待遇（相同的費率和條件）對待所有合法的廣告商。平等將支持符合相關標準的替代聲音（另一種形式的多樣性原則）在同等條件下的公平近用機會。簡而言之，平等要求在可行的情況下，發送者或接收者可以近用的數量和種類不存在歧視或偏見。平等的考量將被引入客觀性的範疇，下文將更詳細地討論，以及多樣性的主題（接續討論）。媒體平等的真正機會可能取決於社會和經濟發展水準及其媒體系統的能力。在不同的、相互獨立的通道上必須有足夠的空間，才能在實際上實現任何程度的平等。即便如此，高經濟福利和廣泛的制度都不是平等的充分條件。例如美國同時滿足這兩個條件，但似乎在這個理應同樣獲得資訊的社會中，人們實際的媒體使用或其結果方面並沒有達到傳播平等（communication equality）（Entman, 2005; Curran, Iyengar, Lund and Salovaara-Moring,

2009）。原因可能在於美國對機會自由的重視超過實際的經濟和社會平
等。與平等價值相關的主要子原則如圖 7.2 所示。

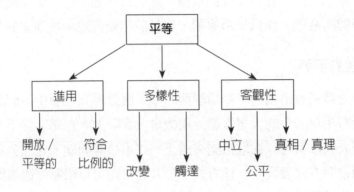

圖 7.2　作為媒體績效表現原則的平等，以及相關概念

媒體多樣性作為一種原理

　　多樣性原則（也被認為是自由的主要好處，並與近用和平等的概念相
關）特別重要，因為它支撐著社會進步變革的正常過程。這包括統治菁英
的周期性更替、權力和職位的流轉，以及不同利益的相互制約，這些都是
多元民主形式應該實現的。作為任何媒體理論討論的關鍵概念，多樣性與
自由非常接近（Glasser, 1984）。最普遍地說，它預設了一個前提是公共
傳播通道越多、越不同，向最廣泛的閱聽人傳遞最豐富多變的內容，就越
好。如此說來，多樣性似乎沒有任何價值方向或關於實際傳播內容的規
定。事實上，這是一個正確的解釋，因為多樣性和自由一樣，是內容中立
的。它是對多樣性、選擇和變化本身的評量。即便如此，社會仍然需要決
定媒體系統應該維護哪些價值，例如種族、政治或宗教價值等。媒體提供
的多樣性顯然也帶給觀眾直接的好處，並且可以反映對出版通道的廣泛近
用。儘管對多樣性進行了普遍的評價，但過多的多樣性可能會導致社會分
裂和分化，而鑒於任何人都可以在網上使用大量可能的資訊和娛樂來源，
這是一個人們普遍關切的問題。

方框 7.3 概述了多樣性對社會的主要預期益處。

─**7.3**─

多樣性帶來的主要公共利益

- 為社會和文化變革開闢道路，特別是它提供近用創新的、無權力者的或邊緣的聲音
- 對濫用自由的行為進行監督（例如自由市場導致的所有權集中化現象）
- 使少數群體能夠在更大的社會中保持其獨立存在
- 透過增加不同群體和利益之間的相互理解的機會，從而降低社會衝突
- 總體增加文化和社會生活的豐富性和多樣性
- 將「觀念自由市場」（free marketplace of ideas）的好處極大化

結構層面的多樣性

至於媒體系統多樣性的主要結構性要求，與平等的基本結構要求大致相同。社會需要許多（或夠多）不同且獨立的媒體公司或製作者來滿足需求。在考量**供給**的多樣性時，可以根據幾個不同的標準來確定實際的選擇多寡。媒體系統應包含不同類型的媒體（例如報紙、廣播或電視）。它應該反映地理多樣性，有適合國家、地區或當地人需求的媒體。媒體也應反映社會結構，例如語言、種族或文化身分、政治、宗教或信仰。然而，有證據顯示，增加頻道和選擇的數量（就像歐洲鬆綁電視管制後所發生的情況那樣）並不一定會擴大內容的多樣性；相反，只是同樣的內容變得更多（van der Wurf, 2004）。

「作為平等對待的多樣性」（diversity as equal treatment）原則有兩個基本變體。根據其中一個版本，應該提供字面上的平等：每個人都能得到相同水準的服務，並具有與發送者相同的近用機會。例如這適用於選舉期間爭論的雙方能夠獲得相同時間，或是在那些不同語言群體獲得同等的獨立媒體服務的國家（例如加拿大、瑞士或比利時）。另一種更常見的版本則意味著近用和對待的「公平」或適當分配。公平性通常根據比例原則進行評估。因此，媒體提供的內容或服務應按比例反映社會相關事物（社

會群體、政治信仰等）的實際分布，或反映閱聽人需求或興趣的不同分布。結構層面的多樣性還有另一個基本變體，即爲不同利益〔所謂「外部多樣性」（external diversity）〕設立單獨的通道（例如報紙），或是在同一通道中再現不同的聲音〔「內部多樣性」（internal diversity）〕。

在完全的商業媒體系統中，媒體所有權的比較研究已經證實其結構性供給的不足（Noam and The International Media Concentration Collaboration, 2016）。縱觀歷史，媒體產業一直在匯流，公司也越來越朝向集團化發展，無論是發生在 20 世紀的廣播、有線電視和電話的整合，還是爲了應對與數位網路公司及線上串流媒體服務日益激烈的競爭。事實上，跨國媒體公司主要傾向於透過收購和合併來賺錢，而不是透過製作特定媒體內容（Knee, Greenwald and Seave, 2009）。自由主義多元主義觀點所支持的多樣性與市場驅動的自由概念適成對比，前者要求媒體有效地掌握在無權與弱勢的群體手中，讓他們有同等機會代表自身發聲，而後者則強調所有權優先於監管的權利，允許少數大公司控制世界上的大多數媒體。一方是以多樣性和多元化的公共價值爲出發點的解釋，另一方是對自由的嚴格商業解釋，兩者之間存在著微妙的平衡。

績效表現層面的多樣性

媒體供給（內容）的差異化，大致對應於來源或接收端的差異。本質上，媒體系統提供的內容整體上應該符合社會的資訊、傳播和文化需求。實際上，績效表現的多樣性最有可能根據特定媒體組織（報紙、電視台等）的產出來評量。媒體內容的多樣性問題可以從多個面向進行評量，包括文化和娛樂的類型、品味、風格或形式；涵蓋的新聞和資訊主題；政治觀點等等。評量的可能性是無止盡的，但多樣性問題大多數取決於以下一個或多個標準：反映社會和文化差異；平等近用所有聲音；以及爲消費者提供廣泛選擇。方框 7.4 總結了衡量多樣性的主要判準。

─── **7.4** ───

多樣性規範對結構和績效表現的主要要求

- 媒體應在其結構和內容中以較符合比例的方式反映該社會（和社區）的各種社會、經濟和文化現實
- 媒體應提供相對平等的機會，讓各種社會和文化少數群體得以發聲
- 媒體應成為一個平台，展示社會或社區中不同利益和觀點
- 媒體應在某一時間點提供相關內容的選擇，並且持續地提供符合閱聽人需求和興趣的多樣性內容

　　與表達自由一樣，完全的多樣性是一個無法實現的理想。這些規範性要求也存在某種程度的不一致和問題。多樣性的程度受限於媒體通道容量和必須做出的編輯選擇。媒體越能夠**符合比例地**反映社會，就越有可能使一部分或甚至人數相當多的弱勢群體被有效地排除在大眾媒體之外，因為有限的近用機會權需要被分配給許多擁有不平等的社會和經濟資源的人。同樣地，為了迎合主流群體及大眾媒體中一致的期望和品味，限制了提供非常廣泛的選擇或改變的機會。然而，一個社會中眾多不同的、服務少數群體的媒體有助於彌補「傳統」大眾媒體的侷限性。因此，結構上的多樣性可以彌補主導通道缺乏多樣性的問題。重要的是要記住，多樣性本身不一定具有價值，除非它能夠連結到某些重要的判準或面向。Karppingen（2007）批評媒體政治中與多樣性相關的「幼稚多元主義」（naïve pluralism）。過多的多樣性甚至會導致公共領域的功能失調，因為它會導致社會分裂，例如考慮到網際網路迎合每個特定品味與次群體的方式，以及媒體產業傾向於將公眾劃分為目標市場的趨勢，這兩個過程因為數據／資料科學（data science）而大幅加速發展（特別是那些驅動 Netflix 推薦和 YouTube 播放清單的演算法）。

眞理和資訊品質

表達自由的這種歷史權利主張，與一種或另一種意義上的**眞理**價值密切相關：在公共傳播（透過印刷）的早期，最重要的是受到教會體制保護的宗教眞理；根據個人良心的個人宗教眞理；科學眞理；法律眞理；和歷史眞相（社會和經濟現實），尤其是當它對政府和企業有所影響的時候。儘管眞理的含義及其價值根據脈絡和主題而有所不同，但在擁有來自可信賴來源（可靠性）且符合實際經驗現實的（相關性和實用性）「知識」（資訊）的近用方面，存在著廣泛共享的興趣（有時是必要性）。雖然媒體應該提供一定品質的資訊的期望比哲學或規範基礎更爲實際，但在現代關於媒體標準的思考中，它的重要性不亞於自由、平等或多樣性原則。

提供可信賴的知識所帶來的好處自不待言，尤其是當人們考慮到相反的情況可能帶來的後果：謊言、錯誤資訊、宣傳、誹謗、迷信或無知。但值得注意的是有助於產生高品質資訊（和眞理）的媒體結構之主要論據，如方框 7.5 所示。

7.5

資訊品質的好處（媒體眞相）

- 有助於建立一個資訊充分的社會和技能優異的勞動力
- 為民主決策提供基礎（資訊充分且具批判能力的選民）
- 對宣傳和非理性訴求具抵抗力
- 風險警告
- 滿足公眾對資訊的日常需求

客觀性概念

媒體理論中與資訊品質相關的最核心概念可能是「客觀性」，尤其是它被應用在新聞資訊時。客觀性是媒體**實踐**的一種特殊形式（如下所述），也是對資訊蒐集、處理和傳播任務的一種特殊態度。它不應該與更

廣泛的眞理概念混淆，儘管它是眞理的版本之一。其主要特點之一是對報導對象採取超然和中立的態度。其次，努力避免黨派偏見：在爭議問題上不偏袒任何一方或表現出某種偏向。第三，客觀性要求嚴格遵守正確性和其他眞實標準（例如相關性和完整性）。它還假定沒有其他動機或爲第三方服務。因此，觀察和報導的過程不應受到主觀性的汙染，也不應干擾所報導的現實。在某些方面，它與哈伯瑪斯（Habermas, 1962/1989）倡導的理性、「未經扭曲的」溝通理想有相似之處。

這一版本的理想報導實踐標準已成爲專業記者角色的主要理想（Willnat, Weaver and Choi, 2013）。它與**自由**原則有關，因爲獨立性是超然和眞實的必要條件。在某些情況下（例如政治壓迫、危機、戰爭和警察行動），只有在保證客觀性的情況下才能獲得報導的自由。另一方面，自由也包括有權表達偏見或黨派立場。與**平等**的聯繫也很緊密：客觀性要求對消息來源和新聞報導對象採取公平和無差別待遇的態度，所有這些都應該平等對待。此外，在其他條件相同的情況下，當議題在事實層面有爭議時，不同觀點應被視爲具有同等地位和相關性。

在媒體的運作環境中，客觀性可能至關重要。國家機構和各種利益的倡導者能夠透過媒體直接與他們選擇的閱聽人對話，而不會受到看門人的過度扭曲或干預，也不會損害媒體通道的獨立性。由於客觀性的既定慣例，媒體通道可以將其編輯內容與所承載的廣告內容區分開來，而廣告商在編輯內容方面也可以這樣做。編輯意見也可以與新聞區分開來。

一般而言，媒體閱聽人似乎相當了解客觀表現的原則，而這種客觀性的實踐有助於提高公眾對媒體所提供的資訊和意見的信任度。最後，由於客觀性標準具有如此廣泛的流通性，它經常被用於有關偏見或不平等對待的聲索（claiming）和解決。許多國家的廣電政策透過各種方式要求公共廣播系統恪守客觀性，有時作爲其獨立於政府的條件。大多數現代新聞媒體都非常重視客觀性的多種含義。近年來，在一定程度上受到能見度增加和觀眾監督的影響，記者和某些新聞機構已經將透明度作爲客觀性的定義，即「使他們自己的眞相和意義建構過程中的侷限性變得可見和透明」（McNair, 2017: 1331）。在客觀性的歷史和這個概念在不同新聞文化和

組織中的各種含義中，一個普遍的趨勢是媒體自己發現客觀性賦予了它們的新聞產品更高和更廣的市場價值（Schudson, 1978）。儘管 Vos 與 Craft（2017: 12）發現記者和新聞機構現在經常將透明度作爲判斷新聞實踐的標準，但他們也警告不要不加批判地接受這種當代的客觀性表述，因爲「它是一種壓倒性、無序的力量。它做得過頭了，它的擁護者過度激動，而公眾感到不知所措。它提供了與它所承諾的相反的東西——我們留下的不是清晰，而是混淆。最糟糕的是，它是天眞的；而且它是軟性的。」

客觀性研究和理論的框架

Westerstahl（1983）在研究瑞典廣電系統的客觀性表現的脈絡下，闡述了其組成元素的一個版本。這個版本（圖 7.3）承認客觀性必須處理**價值**和事實，並且事實也具有評估的意涵。

在這個架構中，「事實性」（factuality）首先指的是一種報導形式，它處理的事件和陳述可以根據來源進行查核，並且不帶評論，或是至少與任何評論明確分開。眞實性涉及其他幾個「眞理判準」（truth criteria）：描述的完整性、正確性，以及不誤導或隱瞞相關內容的意圖（善意）。事實性的第二個主要方面是「相關性」（relevance）。這更難以客觀的方式定義和實現。它涉及選擇過程而不是呈現形式，並要求根據對預期接收者和（或）社會具有重要意義的明確和一致的原則來進行選擇（Nordenstreng, 1974）。一般來說，最直接和最強烈影響大多數人的可能被認爲是最相關的（儘管公眾感興趣的內容與專家認爲重要的內容之間可能存在差距）。

根據 Westerstahl 的架構，公平性（impartiality）以「中立態度」（neutral attitude）爲前提，並且必須透過對立的解釋、事件的不同觀點或版本之間的平衡（balance）（相等或符合比例的時間／空間／強調），以及呈現時的中立性來實現。

圖 7.3 中的架構還提供了一個額外的元素，即「資訊性」（informativeness），這對於更全面地理解客觀性很重要。它是指資訊內容的品質，這些品質可能會提高將資訊實際傳遞給閱聽人的機會：被注

意、理解、記憶等。這是資訊的實用面，在 **規範性理論** 中經常被低估或忽視，但它對更全面的良好資訊績效概念至關重要。

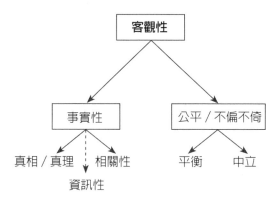

圖 7.3 客觀性的組成元素

資料來源：Westerstahl (1983)

主要的資訊品質要求如下：

- 大眾媒體應全面提供有關社會和世界事件的相關新聞和背景資訊。
- 所提供的資訊應該客觀，即以紀實的形式，符合正確、誠實、足夠完整和真實等標準，而且可靠（可查核和區分事實與意見）。
- 資訊應該是平衡和公平的（不偏不倚），盡可能以非羶色腥，且無特定偏見的方式報導不同的觀點和詮釋。

客觀性的限制

這些規範存在著一些潛在的困難，特別是關於何為充分或相關的資訊供給及「客觀性」在本質上的不確定性（Hemánus, 1976; Westerstahl, 1983; Hackett, 1984; Ryan, 2001）。從根本上說，Muñoz-Torres（2012）認為，關於客觀性的主張，尤其是在新聞業中，是被誤導的，因為他們認為透過將價值和觀點排除在事實和中立的觀察之外，報導就會變得更好。在這樣做的時候，關於客觀性的基本假設中會湧現價值問題。此外，嚴格遵守「事實」的記者仍然必須對省略哪些事實做出價值判斷，因為世界為我

們提供了無窮無盡的事實。Muñoz-Torres（2012）也同樣批判客觀性的對立面，亦就是相對主議（relativism），展示這些立場如何成為同一概念框架的一部分。與 Ward（2005）一樣，Muñoz-Torres（2012: 581）提出了「對真理概念的重新思考，將真理理解為心智與真實之間的對應，經驗和理性在其中共同扮演要角。」

　　除了這些基本問題之外，人們經常認為，遵循客觀性規則會導致新的、隱而不顯的偏見形式。無論所採取立場的內在價值如何，它都可以使組織良好、資金充足或在爭議問題上占主導地位的那一方受益。很少有人會主張對邪惡行為保持公平，但客觀性這個概念無助於我們釐清界限。媒體自由（不區分「真」和「假」表達）和多樣性（強調真實的多樣性和不一致性）的主張也可能存在不一致。我們還可以指出，這些判準更適合於社會中媒體資訊的**整體性**，而不是套用在任何特定媒體通道或產業部門。並不是所有媒體都同樣被其受眾期望在「嚴肅」話題上提供完整客觀的資訊。

　　關於適當的資訊標準的辯論引起了兩派之間的分歧，一派主張追求最高資訊品質（「完整新聞標準」），另一派則主張更務實的最低標準（即「防盜警報」版本，主要是提供標題和短篇消息）。後者只向公民示警當下的重要事項、相關問題和危險。作為完整新聞標準的擁護者，Bennett（2003）批評後面這種最低標的觀點，理由是它通常沒有發出警報。另一種觀點認為，新聞的數量和重要性不如其多樣性重要，這讓公民真正有機會了解事件並評估替代行動方案（Porto, 2007）。

社會秩序與團結

　　從不同（甚至相反）的角度來看，與社會秩序與團結相關的規範判準涉及的是社會整合與和諧。一方面，當權者通常有這種傾向，期望公共傳播媒體至少默默支持維護秩序的任務。另一方面，不能將多元社會設想為必須維持一個單一的主導秩序，因為大眾媒體具有混合且分歧的責任，特

別是在涉及另類社會群體和次文化，以及表達大多數社會裡會有的衝突和不平等問題。媒體能支持反對派或潛在顛覆派（從「高層」看來）到什麼程度，也可能會遭遇問題。關於媒體的相關原則是混雜的、互不相容的，但可以用如下方式表達。

秩序的概念在這裡以相當靈活的方式使用，適用於宗教、藝術和習俗等象徵（文化）系統，以及社會秩序的形式（社區、社會和既有的關係結構）。這種廣泛的區別也跨越另一種視角的區別，亦即從「由上而下」和「由下而上」的視角。這種區別基本上是既定的社會權威與個人和少數群體之間的區別。它也大致對應於控制意義上的秩序與團結以及凝聚意義上的秩序之間的區別，一個是「強加的」，另一個是自願的和自我選擇的。這些關於秩序的觀念如圖 7.4 所示。

視角

	由上而下	由下而上
社會	控制 / 遵從	團結 / 歸屬感
文化	順從 / 層級	自主性 / 身分認同

領域

圖 7.4　關於大眾媒體和秩序的觀念取決於涉及到誰的秩序和哪一種秩序

任何複雜且可行的社會系統都會展現出上述的這些秩序的子面向。其中涉及的社會控制以及自願歸屬等機制，通常透過社會群體的成員身分來實現。人們會共享著共同的意義和經驗定義，同時也存在著身分認同和實際經驗的分歧。共享文化和團結經驗往往是相輔相成的。大眾傳播與這些不同概念之間的關係在媒體和社會理論中以分流的方式處理，儘管這處理方式在邏輯上並不矛盾（見第 4 章）。功能主義理論認為，透過促進合作和社會與文化價值方面的共識，大眾媒體具有確保社會秩序的連續性和整合性的潛在目的（Wright,1960）。

批判理論通常將大眾媒體視為掌握權力的主導控制階級的代理人，他們試圖強加自己對情境和價值的定義，並將異議的聲音邊緣化或去正當

化。媒體通常被視為服務於各種相互衝突的目標和利益，並提供了實際或理想社會秩序的替代版本。必須首先解答「**誰的秩序？**」的問題。相關的規範理論不能只關注秩序的破壞（例如衝突、犯罪或偏差行為），還應該關注邊緣或少數的社會和文化群體眼裡那些既有秩序本身的種種弊病。

與秩序有關的期望和規範

從社會控制的角度來看，相關規範經常被用來譴責對暴力、混亂和偏差行為，或用於支持既有「秩序」機構和權威——法律、教會、學校、警方、軍方……等等。第二個子面向（團結原則）涉及承認社會是由許多子群體、不同的身分基礎和不同的利益所組成的。從這個角度來看，大眾媒體的一個可行的規範期望是它們應該給予另類方案某種同情的肯認，並為相關的少數群體和觀點提供近用機會和象徵性的支持。總的來說，這種（規範的）理論立場將包括對社會群體和情境的外向與共情的取向，而這些社會群體和情境從占主導地位的國家社會的角度來看是邊緣的、遙遠的或偏差的。

一組非常複雜的關於社會秩序的規範觀點，彙整如下：

- 對於它們服務的相關公眾（在國家或地方層面，或根據群體和興趣的定義），媒體應提供相互溝通和支持的通道。
- 媒體可以透過關注社會弱勢或受損害的個人和群體來促進社會整合。
- 媒體不應透過鼓勵或象徵性地鼓勵犯罪或社會混亂來削弱法律和秩序的力量。
- 在國家安全問題上（例如戰爭、戰爭威脅、外國顛覆或恐怖主義），媒體的行動自由可能會因國家利益的考慮而受到限制。
- 在道德、端正和品味的問題上（特別是在描繪性和暴力及使用粗俗語言方面），媒體應在一定程度上遵守普遍接受的主流規範，避免引起嚴重的公眾反感。

文化秩序

「文化」的領域很難與「社會」的領域保持分離或界定，但這裡主要指的是傳遞的象徵性內容。規範性媒體理論通常關注文化「品質」（媒體內容）或與真實生活經驗相關的「純正性」（authenticity）。在規範性框架中為當前的再現目的而對文化領域所做的更細的劃分，遵循了與社會領域中應用相似的路線：在「主導」、官方或既有文化與一組可能的另類文化或次文化之間。在實踐中，前者意味著一種文化的階層觀；根據該觀點，相較於「另類」文化價值和形式，已獲得「認證」的文化價值和藝術品相對優越。

文化品質規範

通常體現在更廣泛的文化政策中，規範性理論可以支持大眾媒體中不同類型的文化品質。首先，它通常保護一個國家或社會的「官方」文化遺產，特別是在教育、科學、藝術和文學方面。其次，基於真實性、身分認同及政治原因，它支持獨特的區域、地方或少數群體的文化表達。第三，一些理論承認所有文化表達形式和品味的平等權利，包括「流行文化」，無論其商業化程度如何。

儘管有關大眾媒體可能承擔的文化責任一直有許多激烈的討論，但對於應採取何種行動，人們很少達成共識，實際行動更是有限。文化品質的原則可能會被認為是可取的，但很少付諸實行。對於何種文化品質判準之於採取行動的意義，也很少有足夠的共識。即便如此，我們可以確定最常被引用的一些原則如下：

- 媒體內容應該反映和表達媒體所服務的對象（國家、地區和地方）的語言和當代文化（文化產物和生活方式）；它應該與當前和典型的社會經驗相關。
- 應該優先強調媒體的教育作用，以及一個國家的文化遺產精華的表達和延續。

- 媒體應鼓勵文化創造力和原創性，以及高品質作品的製作（根據審美、道德、智識和職業標準）。
- 文化供應的內容應該具備多樣性並反映需求，包括人們對「流行文化」和娛樂的需求。

問責的意義

在確立了評估公共傳播品質，特別是媒體績效表現的基本價值和原則之後，還剩下的一個問題是如何讓媒體機構對其行為負責。問責（accountability）這個概念是建立在自由和責任的概念之上。因此，自由在這個脈絡下並不是一種獨立的力量，而是以表達自由人權為基礎的要素，根據《公民權利和政治權利國際公約》第 19 條所確定的特殊職責和責任（Nordenstreng, 2010: 423）。通常，「問責」一詞與「當責」（answerability）互換使用，特別是後者意味著必須解釋或證明自己的行為。這可以透過幾種不同的方式來落實。Pritchard（2000: 3）寫道，問責的本質在於命名（naming）、指責（blaming）和聲索的過程。基本上，這意味著要找出問題，指出需要為此負責的媒體並要求道歉或賠償。

就問責而言，核心參考是一個公眾監督的過程，媒體的公共活動（出版行為）在這個過程中面臨著社會的合理期望。後者（社會的合理期望）可以用前述判準來表達。我們在這裡暫時定義媒體問責如下：

> 媒體問責是媒體直接或間接地對社會以及那些直接受到刊播出版品質及（或）後果影響的人做出回應的所有自願或非自願過程。

由於所涉及問題的複雜性和易感性，顯然我們不是在處理簡單或單一的社會控制或監管機制。有助於問責媒體的各種要素是任何開放社會中媒體正常運作的一部分。為了與規範性理論的中心原則保持一致，即媒體應

該或**被**期望按照更廣泛的公共利益或整體社會福祉來組織和作為，媒體問責過程應該滿足四個一般判準：

* 它們應該尊重自由刊播出版的權利。
* 它們應該防止或限制刊播出版對個人和社會造成的傷害。
* 他們應該促進刊播出版的積極面向，而不僅僅是限制性的。
* 它們應該是公開和透明的。

　　這四個判準中的第一個反映了民主社會對表達自由的首要要求。第二個判準意味著對「社會」的義務首先是對擁有權利、需求和利益的個體的義務。第三個判準強調媒體與其他社會機構之間的對話和互動。第四個判準意指靠媒體內部控制是不足夠的。滿足這四個判準的根本困難在於自由與責任之間不可避免的緊張關係，因為完全的自由在法律的正常範圍內不承擔對他人行為的義務。通常，民主國家的憲法禁止對「新聞自由」施加任何限制，因此避免被問責的合法範圍非常廣泛（參見 Dennis, Gilmor and Glasser, 1989）。鑑於許多國家總體上不符合自由民主國家的判準，或是對「自由」或「公共利益」的定義存在廣泛分歧，因此必須明確地指出，媒體問責在不同脈絡下意味著不同的東西。

　　這裡所提出的論述基於一個假設，即存在所謂「公共利益」的假設，正如前面所討論的。其次，它假設媒體對社會的重要性足以證明有必要讓它們承擔責任，而有效的問責不一定與基本自由相矛盾。自由包含對他人負責的某些要素，並為了兼顧他人權利而受到限制。在這裡，我們理解的自由指的是媒體機構和專業人士對來自於非媒體行為者的控制或監督擁有一定的自主權。

　　在這裡，區分問責和責任的概念是有用的。後者指的是針對媒體的義務和期望。另一方面，問責主要是指要求媒體負責的過程。正如 Hodges（2004: 173）所說：

　　　責任要問的問題是：我們應該期望記者能夠對什麼樣的社會
需求做出明智的回應？問責要問的問題是：社會如何要求記者解
釋和證明他們履行了他們被賦予的責任？責任涉及界定適當的行
為，問責則涉及迫使它履行。

　　在考慮問責過程時，根據所涉的強制程度來區分責任是有用的。有
些是完全出於自願和自我選擇的，有些是媒體與閱聽人或客戶之間簽訂的
契約，還有一些則是法律所要求的。因此，承擔責任的壓力可能是道德
的或社會的，而不是法律上的責任。一般而言，問責機制越是屬於自願、
軟性或更具選擇性，與自由的衝突就越少。一種較溫和的問責模式是不涉
及經濟或其他處罰，而是通常涉及口頭的詢問、解釋或道歉的過程。媒體
通常希望避免外部裁決和懲罰，理由顯而易見：因此，問責的自律機制盛
行。這些也可能更適合通常沒有造成物理或物質性損壞的傳播問題。

　　儘管責任應先於問責，但媒體產業和專業人士在實踐中通常不會
區分兩者。Maras（2014）展示了期望和標準之間的這種「責任差距」
（responsibility gaps），以及對角色理解方式的差異非常普遍，從而威脅
到了問責的整體理念。和 Maras 一樣，我們主張更加深入地思考問責的性
質和要求。

兩種問責模式

　　為了實現問責，必須對媒體的所作所為（刊播出版）做出某種回應，
而媒體必須傾聽。問責意味著根據某種**判準**和媒體方面不同程度的義務為
某事對某人做出回應。結合這些想法，就有可能勾勒出兩種替代性的問責
模式：一種稱為「應負責任模式」（liability mode），另一種稱為「當負
責任模式」（answerability mode）。

　　應負責任模式強調媒體刊播內容可能產生的潛在傷害和危險，無論是
對個人還是對社會的傷害（例如對道德或公共秩序的危害）。根據這種模

式採取的措施將涉及私法或公法施加的物質處罰。

相反地，**當負責任模式**是非對抗性的，強調辯論、協商、自願性和對話是彌合媒體與其批評者或受影響者之間產生的分歧的最佳手段。問責手段將主要是口頭而非正式裁決，任何處罰也會是口頭的（例如刊載道歉聲明、更正或答辯），而非物質處罰。

在私人（個人）傷害（例如對公眾人物的聲譽）和可能的公共利益（例如揭露某些醜聞或濫權）之間進行權衡總是很困難的。實際上，出版後可能會受到嚴厲的物質處罰，也可能對出版產生「寒蟬效應」（chilling effects）。這對小型出版商構成最大危險，也為富裕的媒體公司提供了更大優勢，這些公司有能力在追求閱聽人時冒著財務損失的風險。「當負責任」模式通常最符合參與民主的理念，最有可能鼓勵表達的多樣性、獨立性和創造力。表 7.1 彙整了這兩種「模式」的主要特徵。

表 7.1　兩種問責模式的比較（McQuail, 2003a: 205）

當負責任		應負責任
道德／社會基礎	v	法律基礎
自願的	v	強制的
語文形式	v	正式裁決
合作的	v	對抗的
非物質處罰	v	物質處罰
涉及品質	v	涉及傷害

問責方式和關係

根據定義，問責涉及媒體與其他各方之間的關係。我們可以指認問責的兩個不同階段：**內部**問責與**外部**問責。前者涉及媒體內部的控制鏈，使得特定的刊播行為（例如新聞報導或電視節目）可以由媒體組織及其所有者負責。在這方面確實出現了一些重要問題，涉及媒體工作者（例如記

者、作家、編輯、製片人）的自主或表達自由程度。可以說，媒體「圍牆內」的自由和責任之間存在著一種緊張關係，這種緊張關係往往以有利於媒體所有者的方式解決。無論如何，我們不能依靠內部控制或管理來滿足更廣泛的社會問責需求。內部控制可能過於嚴格（保護組織免受聲索），因此是一種自我審查（self-censorship），或是為了媒體組織利益多過於為了社會利益服務。

在這裡，我們關注媒體與受刊播內容影響或對刊播內容感興趣的人之間的「外部」關係。如圖 7.5 所示，我們可以從主要潛在合作夥伴的簡單列舉中了解到，這些是多種多樣且重疊的。問責關係通常出現在媒體和以下各方之間：

* 它們自己的（消費和共創的）閱聽人；
* 它們的客戶，例如廣告主、贊助者或支持者；
* 提供內容的人，包括新聞來源和娛樂、運動和文化產品的製作人；
* 被報導的個人或群體〔此處稱為「參照者」（referents）〕；
* 媒體公司的所有者和股東；

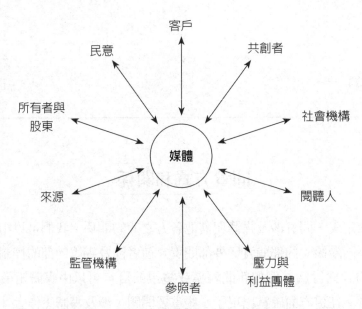

圖 7.5 媒體和外部行動者之間在刊播內容方面的問責關係

- 政府監管機構和立法者作爲公共利益的守護者；
- 受媒體影響或依賴媒體正常運作的社會機構；
- 公眾輿論（民意），代表「整個社會」；
- 受刊播內容影響的各種壓力和利益團體。

問責的框架

　　鑒於問題和潛在聲索人（claimants）的多樣性，存在多種類型的過程也就不足爲奇了。此外，不同的媒體受制於不同的「制度」規範，有些媒體甚至根本沒有。整個大規模生產過程涉及到一個例行和持續的問責，無論是防患未然的內部問責，或是在內容刊播之後由許多利害攸關的各造（包括線上觀眾）所進行的外部問責。大多數此類活動都屬於上述「當負責任」模式的範疇。然而，確實可能出現更艱難的問題和更強烈的聲索，而媒體可能會抗拒它們。在這種情況下，可能會涉及更具強制性的程序。通常，此類情況下的問責過程，需要一些正式程序和外部第三方裁決機制。這裡也有很大的多樣性空間，因爲裁決形式可以從被控違反法律（例如誹謗）的司法系統到媒體自己建立的自願系統。

　　由於這種多樣性，從少數基本的「問責框架」（frames of accountability）的角度來思考是有用的，每個框架都代表了一種替代的，儘管不是相互排斥的問責取徑，每個都有自己的典型話語、邏輯、形式和程序。這種意義上的框架包含幾個共同的要素：存在著媒體「行動者」和一些外部「聲索人」之間的關係，通常以第三方作爲裁決者；有一些良好行爲的判準或原則；並有規則、程序和問責形式。我們可以將問責框架定義如下：

　　　問責框架是一個參考框架，在該框架內產生對行爲和責任的期望以及聲索的表達。問責框架還指示或規範應處理這些聲索。

在某種程度上，參照 Dennis 等人（1989）的作法，我們可以將四個最普遍的問責框架分別歸類爲：**法律和監管、金融／市場、公共責任和專業責任**。我們可以透過這些問責框架的典型工具和程序來簡要描述它們；它們最適合處理的問題；所涉及的強制程度；以及它們的相對優缺點。

法律與監管框架

這些框架中的第一個是指影響媒體結構和營運的公共政策、法律和法規。主要目的是爲社會創造和維護自由與廣泛的相互溝通條件，促進公共利益，限制對合法私人和公共利益可能造成的潛在危害。

主要**機制和程序**通常包括關於媒體可以做什麼和不可以做什麼的監管文件，以及執行任何監管條款的正式規則和程序。在這個範疇下處理的主要問題涉及對個人造成的傷害，或是對媒體（尤其是電子媒體）的其他事項進行監管和追究責任。

至於這種問責取徑的**優點**，第一個是最終有某些權力來強制執行聲索。其次是透過政治系統的民主控制遏止濫用強制權力，明確規定對自由的任何限制以及對任何法規的範圍。但這種問責取徑的**缺點**和侷限性也相當嚴重，最重要的是因爲保護出版自由與媒體問責之間可能存在衝突。對懲罰的恐懼與（出版前）審查的方式大致相同，即使這是不合法的。通常，法律和監管更容易適用於結構問題（例如所有權問題），而不那麼適用於涉及表達自由和難以定義的內容問題。一般而言，法律和監管賦予有權力和金錢的人更多優勢，即使是爲了保護所有人的利益。Tettey（2006）在評估了整個非洲大陸的媒體問責系統後指出，國家控制的機制並不總是有利於民主，因爲它們可能會被濫用並且往往充滿政治緊張局勢。

最後，有觀察指出，法律和監管措施往往無效，難以執行，其更廣泛和長期的影響無法預測，而且當它們過時時很難改變或刪除。它們也可能成爲既得利益體系的一部分（例如在補貼或許可方面）。

市場框架

市場並不總是被視爲公共問責的重要機制，但實際上它是平衡媒體組織、製作者及其客戶和閱聽人（消費者）利益的重要手段。這些**機制**是自由（因此是競爭性）市場中的正常供需過程，理論上應該鼓勵「好」表現並阻止「壞」表現。除銷售外，各種閱聽人和市場研究也提供關於公眾對媒體內容的反應證據。

原則上，市場責任涵蓋了廣泛的議題，儘管主要關注的是消費者眼裡所見的傳播「品質」各面向。傳播品質不僅與內容有關，還與技術素質有關。市場應該透過競爭來促進改善。在市場力量的控制下，沒有**強制性的要求**，這是這種取徑的**優勢**之一。供需法則應該確保生產者和消費者的利益保持平衡。該系統具自我調節和自我修正功能，不需要外部的監管或控制。

市場的**侷限性**可能比其優勢更受關注。從批判的觀點來看，媒體的主要問題是它們過於「商業化」，這意味著它們被組織成以獲利爲目的，而不是以傳播爲目的，缺乏眞正的品質標準。從這個觀點看，市場無法自我約束。如果不採取這種原則性的立場，也還有其他反對將市場作爲一種問責手段的論據。一是市場很少是完美的，競爭的理論優勢往往無法實現。在私人壟斷形成的地方，對於只尋求最大化短期收益的媒體行爲，缺乏有效的制衡手段。市場思維傾向於根據媒體所有者的自由和福利來定義媒體的自由和品質。

公共責任框架

這指的是媒體機構也是社會機構，以不同程度的自願和明確承諾履行著某些重要的公共任務，這些任務超越了其盈利和提供就業的直接目標。Dennis 等人（1989）使用「受託人」模式一詞來指稱代表公眾以信託方式持有媒體的類似觀點。其他人也提過類似的媒體「受託人模式」（trustee model），但通常參考的是公共廣電（Hoffmann-Riem, 1996; Feintuck, 1999）。無論它們是否承認，開放社會中的公眾輿論普遍期望媒體（作爲一個整體）在資訊、宣傳和文化方面爲公眾利益服務。當媒體被認爲未能履行這一角色時，它們可能會被公眾輿論或其他維護公共利益

的機構（包括政治人物）追究責任。

　　機制和程序主要包括壓力團體的活動，包括媒體消費者組織和表達公眾輿論的民意調查。在許多國家，媒體產業自願採用各種形式的新聞或廣播委員會和公眾申訴程序，作為滿足社會訴求的一種手段。政府有時會設立委員會和啟動調查來評估媒體績效表現。一些媒體在非營利的基礎上以公共信託的方式運作，以服務於公共資訊或社會目的。經常由媒體（或其中一些媒體）進行的大量公開辯論、評論和批評，也是非正式控制的重要手段。

　　一個發展完善的公共責任框架的主要**優點**包括以下幾點：首先，社會需求能以直接的方式表達，通過對媒體提出相應的訴求來滿足這些需求。此外，這種框架內在地涵蓋了媒體與社會之間的持續互動關係的概念。公眾能以公民身分、某些利益團體或少數群體的成員身分回應媒體，而媒體也面臨著回應的壓力並具備相應的手段。這種問責模式在本質上非常開放和民主，同時也是自願性的，因此能夠保護自由。

　　同時，這種問責框架也有其**限制**。一個明顯的弱點是前面提到的自願性特徵。一些媒體拒絕擔任受託人的角色，並會利用它們的自由不負責任。除了與公共廣電有關的情況外，這裡不一定有任何真正的問責「系統」，而且它在某些國家和傳統中運作得更好，而在其他國家則較差。全球化趨勢（跨國媒體控制）和媒體集中化削弱了這種模式的有效性。

專業責任框架

　　這種問責框架是指媒體專業人士（例如記者、廣告商、公關人員）基於自我尊重和道德發展而產生的責任，他們設定自己的良好表現標準。這種專業責任框架也可以適用於所有者、編輯、製作人等協會，這些組織旨在通過自律手段以保護業界的利益。

　　這種專業責任框架的**機制和程序**通常包括由媒體專業團體成員採納的一套公開原則或行為準則，以及一些處理對特定媒體行為的申訴和聲索的程序。這些問題可以是任何在倫理或行為準則中涉及的任何事項，但通常與對個人或群體造成的某些傷害或冒犯有關。媒體專業主義的發展通常得

到政府和其他公共機構的支持，並透過加強教育訓練而得到促進。

問責系統（如果有的話）的**優點**是通常能夠奏效，因爲它既是自願的，又符合媒體和專業人士的自身利益。它具有非強制性的好處，鼓勵自願的自我改善和自我控制。然而，在實踐中，也存在著相當多的**限制**。它的應用範圍相對狹窄，通常無法對強大的媒體施加強大壓力。它並沒有充分獨立於媒體本身，而且其涵蓋範圍也非常零碎（Fengler, 2003）。總體而言，媒體內部的專業性並沒有得到很強的發展，相對於管理層和所有者的員工自主權相對較小。此外，正如 Wasserman（2010）所指出的，在媒體系統（例如在新非洲新興民主國家的脈絡下）中的各個不同角色之間，對於媒體自由和責任的含義沒有明確的共識。

比較評估

很明顯，在一個開放的社會中，可能會有許多重疊的問責過程，但沒有一個完整的系統，而上述任何一種「框架」都不足以單獨完成任務或特別優於其他「框架」。其中存在許多差距（績效表現問題沒有得到充分處理），而且除非受市場力量影響，某些媒體幾乎不願承擔任何責任。

問責形式和手段的多樣性本身可以被認爲是一個積極的特點，即使總體結果尚未令人滿意。一般而言，根據公開的原則，我們應該更喜歡透明、自願、基於主動的關係、對話和辯論的問責形式。外部控制、法律強制和裁罰威脅的方式在短期內可能更有效，有時是實現某些目標的唯一途徑，但從長遠來看，它們違背了開放社會的精神。

本章小結

本章描述了媒體運作所適用的主要規範性原則，以及人們普遍期望它們遵守的標準。我們已簡要概述問責過程，儘管它們提高了實現上述標準的機會，但不應與政府或其他任何人的控制手段相混淆。它們與媒體自由並非不相容，而是開放社會中媒體正常運行環境中不可避免的組成部分。

　　媒體的持續變化尚未從根本上改變上述規範的**內容**，但它們已經影響了它們的相對力量和優先順序。尤其是替代性媒體通道數量的增加，減輕了所謂「主導」媒體（例如全國性報紙或廣播電視）履行某些公認的公共角色的壓力。儘管存在著寡頭壟斷的集中化趨勢，但人們對媒體壟斷的憂懼可能會減少，因為競爭的潛力更大，特別是在全球範圍內。更多的媒體通道似乎也預示著更多的多樣性，儘管這種多樣性的品質還遠遠未得到保證。隨著網際網路的出現，對於網路媒體的責任和問責的新聲索（和規則）正在出現，特別是涉及到像臉書和 Google 等平台的市場主導地位和隱私相關功能的擔憂。除了對新聞業的特別規定和期望之外，其他媒體專業也面臨著問責系統的要求，例如關於廣告中的性別刻板印象或 Netflix 等國際串流媒體服務中本國內容的比例。儘管網際網路經常被聲稱是「無法控制的」（Lessig, 1999），但很難想像它能夠無限期地逃避責任。當然，除此之外，過多的系統性問責將違背對自由和多樣性的承諾，而這些是當代媒體環境帶來的主要好處。

進階閱讀

Bertrand, C.-J. (2003) *An Arsenal for Democracy: Media Accountancy Systems*. Creskill, NJ: Hampton Press.

Everwein, T., Fengler, S. and Karmasin, M. (2019) *Media Accountability in the Era of Post-truth Politics: European Challenges and Perspectives*. Boca Raton, FL: CRC Press.

Kreiss, D. and McGregor, S.C. (2019) 'The "arbiters of what our voters see": Facebook and Google's struggle with policy, process, and enforcement around political advertising', *Political Communication*, 36(4): 499-522.

Lauk, E. and Kus, L. (2012) 'Media accountability – between tradition and innovation', *Central European Journal of Communication*, 2: 168-174.

McQuail, D. (1992) *Media Performance: Mass Communication and the Public Interest*. London: Sage.

Müller, L. (2014) *Comparing Mass Media in Established Democracies: Patterns of Media Performance*. Basingstoke: Palgrave Macmillan.

8

媒體經濟學與治理

迄今為止，人們在討論大眾媒體時向來視之為一種社會機構，而不是社會中的一個產業。它們的產業特性越來越明顯，雖然不一定會減少作為社會機構的屬性，因此要了解媒體結構和動態的主要原則，需要進行經濟、政治和社會文化分析。儘管媒體是為滿足個人和社會的社會和文化需求而發展起來的，但它們在很大程度上是以商業公司的形式營運。近幾十年來，這一趨勢加速，原因有幾個，特別是因為整個資訊和通訊傳播部門的產業和經濟重要性越來越大。與此相關的是國有電信企業的廣泛私有化以及它們在國內和國際上活動的擴展。前共產主義國家或相對較獨裁國家轉向自由市場經濟是另一個因素。即使媒體以公共機構的形式營運，它們也更加受到財務紀律的約束，並在競爭激烈的環境中運作。

一本關於媒體和大眾傳播理論的書不是徹底探討這些問題的地方，但如果不至少描繪出正在塑造媒體機構行為的更廣泛的政治和經濟力量，就不可能理解大眾媒體的社會和文化影響。媒體的公共監管、控制和經濟體現了某些屬於理論範疇的一般原則，媒體機構所做的決策在塑造公共領域和私人領域方面都發揮著重要作用。本章的目的是解釋這些原則，但避免詳述在地和臨時情況的細節。

媒體「和其他商業有所不同」

媒體機構的獨特之處，關鍵在於它的活動既具有經濟和政治特性，又非常依賴不斷變化的科技。這些活動涉及產品和服務的生產，這些產品和服務通常既是私人的（滿足個人需求的消費），也是公共的（被視為對整個社會運作所必需的且屬於公共領域）。媒體的公共性主要源於媒體在民主社會中的政治功能，但也源於資訊、文化和思想被視為所有人的集體財產的這一事實。與空氣和日光等其他公共財一樣，它們的使用也不會減少對其他人的可用性。

更具體地說，大眾媒體在歷史上以一個強大且廣泛共享的形象成長，在公共生活中扮演重要角色，並且本質上屬於公共領域。媒體做什麼或不做什麼對社會很重要，這反映在關於它們應該做什麼或不應該做什麼的

複雜觀念系統中（見第 7 章）。它還體現在各種機制中，這些機制旨在促進、影響、保護或限制媒體，以維護所謂的「公共利益」。儘管如此，媒體通常必須完全或部分按照市場經濟的指令運作。即使在這方面，它們也可能會引起政府的注意，與其他私營企業受到各種形式的法律和經濟監管的原因相同。

另類的理論觀點

不足爲奇的是，沒有一致同意的關於媒體機構的客觀描述可以與媒體所運作的國家／社會環境分開。其中一種選擇是應用**經濟／產業**視角（參見 Tunstall, 1991），將媒體視爲經濟企業的獨特性和差異性，以及不同媒體和不同脈絡之間的差異特徵。另一種視角是批判性的**政治經濟學**理論（如第 4 章介紹的那樣），這提供了特別是從對資本主義的批判中衍生出來的概念，涉及所有權集中和商業化的過程。第三種主要可能性是根據前一章討論的行爲和績效表現的規範性判準，從**公共利益**或政策的視角審視媒體結構。還有第四種可能性：從**內部**或**媒體專業**的角度來看待媒體機構。在接下來的幾頁中，爲了某些目的，上述每一種視角都會被援引。

我們可以將媒體的獨特地位表述爲處於政治、經濟和科技這三種主要力量的中心，從而需要其他的分析模式（圖 8.1）。

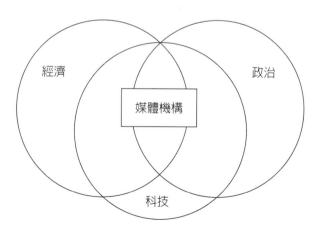

經濟

政治

媒體機構

科技

圖 8.1　媒體置身於三種交疊力量的中心

理論要回答的主要問題

只有先確定某些一般性的議題或問題，才可能進行理論分析。在描述層次上，我們主要關注**差異**問題。媒體在經濟和政策方面有何不同？媒體的經濟和監管方式如何以及為何不同於一般的商業和公共服務？國家媒體機構在結構和控制方面如何及為何有所不同？這種比較的最後一個方面特別重要，因為媒體不僅是企業，對經濟力量做出反應，而且還是深植於（通常以國家為基礎的）社會和文化機構。

也有關於媒體產業當前**動態的**相關理論，特別是媒體的擴張、多樣化和匯流趨勢，主要基於新科技和新的經濟機遇，以及鬆綁監管的趨勢（例如關於媒體所有權的限制）。媒體活動的集中化、整合化和國際化趨勢正在顯現。特別重要的是，科技、媒體和電信部門逐漸匯流，以應對網際網路作為大眾媒體的挑戰和機遇（Faustino and Noam, 2019）。這裡出現了四個主要問題。首先，媒體集中化可能帶來什麼後果，這些趨勢是否可以代表公眾利益加以管理？其次，媒體國際化對媒體和社會有何影響？第三，媒體變革在多大程度上是由科技驅動，又在多大程度上是由經濟或政治和社會力量推動的？第四，透過電信和資訊傳播科技，特別是基於行動電話和網際網路的媒體傳播的擴展和匯流，帶來了新的監管問題，同時也產生了前所未有的監管壓力。特別是，電信系統越來越成為原本是廣電內容（例如電影、音樂和電視節目）的傳輸媒介。這是科技匯流的一個例子，所有媒體都數位化，並且原則上可以相互連結。

方框 8.1 提出了主要的理論問題。

8.1

經濟和治理方面的理論問題

- 特定媒體在經濟和政治方面有何不同？
- 國家媒體系統在結構和控制方面如何及為何不同？
- 媒體的經濟特性與其他產業有何不同，以及為何不同？
- 媒體集中化的原因和後果是什麼？
- 國際化的原因和後果是什麼？　　　　　　　　　　　　　　　（續）

- 科技發展在媒體變革過程中的作用相對重要嗎？
- 媒體的績效表現如何受資金來源的影響？

媒體結構和分析層次的基礎

　　首先，讓我們回顧一下經濟高度發展的媒體系統的主要特點。「媒體系統」（media system）一詞指的是特定國家社會中實際存在的大眾媒體的集合體，儘管這些元素之間可能沒有正式的聯繫。從這個意義上說，大多數媒體系統都是歷史發展的結果，既有媒體隨著一個又一個新科技的發展而進行調適。有時，一個媒體系統與共享的政治經濟邏輯相關，比如美國的自由企業媒體或中國的國有媒體。許多國家都有「混合」系統，有私人和公共元素，這些系統很可能根據一套國家媒體政策原則進行組織，從而實現一定程度的整合。有時，可能會有一個單一的通訊傳播部會或通訊傳播監管機構，它對一系列私人或公共媒體負有一些監管責任，這增加了另一個「系統性的」組成部分（Robillard, 1995）。媒體也可能被它們的閱聽人或廣告商視為一個相互連貫的系統；當然，「媒體」一詞通常在這種集體意義上使用。

　　在媒體系統中，有基於不同的媒體科技的不同類型的媒體：印刷、電視、廣播、錄製音樂、網際網路、電信等。然而，這些媒體通常被細分為不同的「媒體形式」，例如將印刷媒體分為書籍、雜誌、報紙等。由此產生的分組也可以被描述為媒體「部門」，尤其是在政策討論或經濟分析中，但這些分類往往是任意的和臨時的，因此這些「部門」的統一性往往與整個系統一樣虛幻，存在著許多差異化和整合因素（特別是透過獨立或共享的發行系統，以及透過特許經營和跨媒介製作的）。例如電影這個媒介可以指電影院、錄影帶和 DVD 出租或銷售、廣播、訂閱或串流媒體電視等。這些是不同的發行方式，通常是不同的企業和組織，儘管通常存

在某種形式的垂直整合。電影也可以僅指更廣泛的特許經營權（例如漫威電影宇宙或寶可夢）的一個元素，其中可能包括數位遊戲、電視劇、（漫畫）書籍和雜誌、行動應用程式、網站和線上社群。此類特許經營權和**跨媒介作品**（各種媒體形式是更廣泛故事世界的一部分）已成為大型媒體公司的主要關注點，因為它們允許在一系列不同媒體之間進行搭售。

我們需要區分另一個分析單位：公司或企業，它們可能是部門的重要組成部分，或是擁有跨越媒體類型或地理邊界的控股公司（多媒體，通常是跨國公司）。一些媒體產品可以被視為屬於特定的「類型」（例如國際新聞、浪漫小說等），最終可以被視為特定產品（例如電影、書籍、歌曲等）並進行分析，獨立於媒介或不同的媒體產業部門。主要（大致）的媒體系統組成部分如方框 8.2 所示。一個新的、略有不同的元素被加進了網際網路平台（internet platform）。一般來說，這些公司最初並非媒體公司，而是逐漸發展壯大，收購和納入媒體產品，例如串流媒體影音、數位遊戲和線上新聞，作為其投資組合的一部分，以便為其平台帶來更多流量。主要的例子包括西方的 Google、蘋果公司、臉書、亞馬遜和微軟，以及東方的騰訊、信實（Reliance）和樂天（Rakuten）。正如該術語所暗示的，平台是媒體產品和服務的生產者和消費者相遇的地方。它們的經濟力量來自網絡效應（network effects），即隨著更多人使用平台，平台獲得額外價值，並且隨著平台成為企業和消費者會面的重要介面，它降低了新平台進入市場的可能性。儘管這些平台是設於特定國家的公司的財產，但它們在全球範圍內透過無數的中介機構運作，這在理解當代媒體機構時引進了某種程度不同層次的分析。

8.2

媒體結構和分析層次

- 國際媒體
- 媒體系統（特定國家的所有媒體）
- 跨媒介公司（擁有多種媒體股份的企業）
- 媒體部門（報紙、書籍、電視、電影、音樂等）　　　　　　　（續）

- 流通／發行區域（國家、地區、城市、地方）
- 單一媒體頻道（報刊、電視台等）
- 特定類型
- 單一媒體產品（書籍、電影、歌曲等）
- 網路平台

媒體結構的經濟學原理

不同的媒體市場和收入來源

根據 Picard（1989: 17）的說法，「市場由那些向同一群消費者提供相同商品或服務，或相近可替代商品或服務的賣方所組成。」一般來說，市場可以根據地點、客群、收入類型和產品或服務的性質來界定。在大小規模不等的媒體公司內部運作的核心是它們的商業模式，即公司如何在商業價值鏈的各個層面創造價值：概念形成、創造、生產、包裝、促銷和行銷、發行和消費。

報紙、廣播和電視等主流媒體可以按照媒體產品和服務的**消費市場**與**廣告市場**之間的經濟區隔進行分類。在廣告市場中，產品或服務以觸達觀眾的形式賣給廣告商。兩者之間通常沒有區別，因為例如報紙同時提供兩種類型的市場。在消費市場中還有另一個劃分：直接向消費者銷售的書籍、遊戲、影音和報紙等「一次性」（one-off）產品的交易，以及有線電視、廣播電視或串流媒體等連續性媒體服務的訂閱。事實上，除了上述兩種收入來源外，媒體還有其他收入來源。隨著全球競爭加劇及維持媒體製作和公司所涉及的成本上升，廣告和銷售收入正在下降，這些替代性收入來源變得越來越重要。它們包括贊助（sponsorship）、商品推銷（merchandising）、產品植入／置入性行銷（product placement）和公共關係，以及公共資金和來自私人支持者、非營利信託的支持，還有來自觀

眾的直接支持（例如透過禮物、會員資格或眾籌／群眾募資）。

　　網際網路的出現進一步增加了複雜性，因為公司和創作者必須尋找新的收入來源，同時承擔更多成本，包括上網費用、網站支付、編碼和編程、數據管理和分析等費用。它還透過免費提供大多數內容或因為容易被盜版，而破壞了傳統媒體的經濟利基。網路廣告的第一個受害者似乎是地方報紙和全國性報紙。就新聞的「大眾閱聽人」而言，這種影響似乎是不可逆轉的。自世紀之交以來，網路媒體在所有廣告市占率不斷增長，其中還包括多種不同類型的廣告，尤其是展示型廣告（display advertising）、搜索廣告和分類（classified advertising）。這帶來了幾個實際和理論上的問題。

　　最迫切的實際問題是如何衡量「閱聽人」使用的價值，以便向廣告商收費。Bermejo（2009）描繪了衡量閱聽人的各種努力，最終將「訪問」或「點擊」作為使用頻率的指標。然而，這並不能反映在特定網站上花費的時間，而且必須找到其他定價方式，以便向那些想要在其他位置（尤其是平台和搜尋引擎）放置廣告或訊息的人收取費用，這些位置因其高受歡迎程度和盈利能力而成為關注焦點（Machill, Beiler and Zenker, 2008）。由於媒體內容的閱聽人越來越多地被網路平台聚合，而不是那些涉及內容生產和行銷的媒體產業，這些平台對媒體公司實現投資回報構成了重大挑戰。另一方面，透過平台，媒體製作者和公司可以觸達大量（新）閱聽人並與他們建立關係（本書第 10 章和第 11 章對此有更詳細的介紹）。所提到的理論問題主要涉及對內容「商品化」（commodification）與閱聽人關係的影響。

廣告、消費者和靈活收入：影響

　　媒體產業的三種主要收入來源——直接產品銷售（direct product sales）、廣告和來自各種來源的替代或靈活收入——之間的差異，仍然是進行比較分析和解釋媒體特徵與趨勢的有用工具。這種區分跨越了媒體類型之間的差異，儘管有些媒體不太適合做廣告，而另一些則可以在不同的市場（尤其是電視、廣播、報紙、雜誌和網路）運作。一些「只有廣告收

入」的媒體，幾乎沒有來自消費者的收入，例如免費報紙、宣傳雜誌、相當多的電視媒體和網路平台。

這種區別也具有非經濟意義。特別是，從批判性或公共利益和專業的角度看，通常認為對廣告作為收入來源的依賴程度越高，內容與廣告商和企業利益的關聯性越大。這並不一定意味著獨立性降低，但如果新聞內容與廣告宣傳的內容相關，則可能意味著作為資訊來源的可信度降低，而且創意自主性也可能降低。在完全由廣告資助的媒體的極端情況下，表面上的內容很難（如果不是不可能）與廣告本身、宣傳或公共關係區分開來。尤其是對於「原生」廣告（'native' advertising）來說，情況更為明顯：這些廣告在新聞媒體中出現，與該媒體的編輯內容相似，但由廣告商付費，旨在推廣廣告商的產品或品牌。

原生廣告被描述為廣告商觸達閱聽人的一種新方式，也是新聞機構的額外收入來源。正如記者、廣告和公共關係專業人士所同意的那樣，這種原生廣告欺騙觀眾的可能性很大（Schauster, Ferrucci and Neill, 2016）。對閱聽人的研究表明，如果消費者將這種編輯內容視為廣告，他們對這些內容的評價會更加負面（Wojdynski and Evans, 2016）。在非新聞媒體中，也有很多類似的策略，廣告商提供或參與電視劇和電影的劇本創作，以及更成熟的策略，例如產品植入／置入性行銷（包括在數位遊戲裡）。

第 10 章會再次討論廣告商對媒體組織的影響。對於某些一般類型的影響，人們沒有太多疑問，例如偏向於年輕人和高收入群體，以及對中立媒體而非政治化媒體的偏好（Tunstall and Machin, 1999）。

從經濟角度來看，在不同市場的營運會引發其他考慮因素。其中一個是收入來源問題，因為廣告支持的媒體成本通常在製作之前就得到了支付，而在消費者市場中，收入必須跟隨內容的製作和刊播。當涉及多種或靈活的收入來源時，必須在媒體價值鏈各個階段之間取得微妙的平衡。廣告作為主要收入來源的下降，直接影響了主要媒體公司的投資，即從製作轉向發行、行銷和推廣。在這種脈絡下，Bilton（2017）提出了一個「正在消失的產品」（disappearing product）的理論概念，因為媒體產品不再是媒體產業的主要價值來源。

　　其次，評估市場表現有不同的標準和方法。以廣告爲基礎的媒體是根據特定資訊觸達的消費者人數（例如發行量、讀者數和觸達率／收視率）和類型（他們是誰、他們住在哪裡），以及這種觸達率轉化爲業界所謂「參與度」（engagement）的程度：衡量消費者圍繞在特定品牌、產品或服務相關的活動程度，包括某種互動連接、情感依附和情緒涉入（Brodie, Hollebeek, Jurić and Ilić, 2011）。這些指標對於吸引潛在廣告客戶和確定可以收取的費率來說是至關重要。直接由消費者支付的媒體內容的市場表現，是根據銷售和訂閱獲得的收入來評估。（質性和量化）滿意度和受歡迎程度的評級對兩個市場來說都是重要的，並且隨著從參與度和銷售獲得的資訊被測量和轉化（通常是即時的），這些評估越來越多地以數據化的方式進行。在回顧「平台化」（platformization）影響下媒體生產如何變化以及市場表現的即時測量時，Nieborg 與 Poell（2019: 85）得出結論，透過數位平台近用的媒體產品和服務成爲「機緣商品」（contingent commodities）：具有可塑性、模組化設計（modular in design）、由數據化的用戶回饋提供資訊，並且可以不斷地修訂和再循環。

　　對於同時在兩個市場營運的媒體來說，一個市場的表現會影響另一個市場的表現。例如報紙銷量的增加（產生更多的消費者收入）可能會導致更高的廣告費率，前提是增加的讀者不會導致低於平均水準的社會經濟構成，進而反過來壓低單位廣告費率。同樣清楚的是，收入基礎的差異可能導致更廣泛的經濟情況下出現不同類型的機遇或脆弱性。與向個別消費者銷售（通常是低成本）產品的媒體相比，對廣告依賴程度較高的媒體可能對總體經濟衰退的負面影響更敏感。對前者來說，在需求下降時更有條件削減成本（但這取決於它的生產成本結構）。

　　大多數媒體公司，無論是傳統媒體公司還是數位媒體公司，都在將商業模式轉變爲基於訂閱（subscription-based）的模式或（訂閱、廣告和其他收入來源的）混合模式。根據 Chan-Olmsted 與 Wang（2019）的說法，這種基於訂閱模式的成功意味著媒體產業的消費者主權的提升。媒體消費者的賦權意味著他們迴避廣告，並且願意爲高品質的內容和良好的消費體驗付費。

媒體市場觸達範圍和多樣性

　　主要收入市場之間的差異與媒體市場的其他特徵相互作用。如上所述，由於購買力的差異和廣告所推銷的不同商品類型，所觸達（並「出售」給廣告商）的閱聽人的社會構成很重要。基於廣告的大眾媒體有一種邏輯，即存在一種偏向於媒體口味和消費模式的趨同性（較少的多樣性）。這是因為同質閱聽人通常比異質和分散市場更具成本效益（除非它們是大規模的大眾產品市場）。這也是免費報紙可行性的一個原因，它在相對高度同質化的特定區域提供全面的覆蓋（Bakker, 2002）。然而，在數位經濟中，能夠準確地觸達小但有利可圖的利基市場時，多樣性可能會受到重視。這是網際網路的潛力之一，有時被稱為「長尾」（long tail）經濟，由許多利基，而非由大眾市場組成，儘管這兩種市場結構在網路上都很常見。

　　就網際網路的情況來說，追求大眾市場與閱聽人同質性之間的關係就不是那麼清晰，因為網際網路的巨大容量使其能夠觸達各種屬性的觀眾，並提供各式各樣的內容，即使在同一個平台或服務中也是如此。這並不一定意味著開啟了一個充滿多樣性和非分層的媒體供給的新時代，因為線上媒體的經濟模式往往與網絡效應最相關，即有利於最大的網站、平台和串流媒體服務。網際網路作為廣告媒體的一項重大創新是它能夠根據線上點擊、花費時間和我們的「數位影子」（digital shadow）的其他來源（包括透過智慧音箱、網路語音通話和聊天記錄），來定向和觸達許多分散的特定產品和服務市場。

競逐營收

　　一般認為，「競逐單一收入來源會導致模仿的一致性（imitative uniformity）」（Tunstall, 1991: 182）。Tunstall 認為這就是北美電視網被認為具有「低品味」品質（或僅僅是「模仿的一致性」）的原因，其資金幾乎完全來自大眾消費者廣告（參見 DeFleur and Ball-Rokeach, 1989）。這同樣適用於英國小報的所謂低標準，它們競逐幾乎相同的大眾（低端）

市場。當然，公共電視的好處之一是它避免了所有廣播電視都競逐相同的觀眾收入來源的情況（例如 Peacock, 1986）。然而，廣告本身也越來越多樣化，從而得以支持多樣化的媒體內容。不同媒體對相同廣告收入的競爭可以鼓勵多樣性。競爭的程度和種類是重要的修正變項，對廣告的依賴本身不一定會導致媒體內容的同質性。

使用網際網路投放廣告的情況出現了快速增長。無線電視網和公共電視越來越多地讓位於網上瀏覽行為、數位遊戲和串流媒體影音服務，後面這些服務除了廣告之外，還有更多樣化的收入來源。傳統媒體公司，例如報紙出版商和廣電機構，與其他爭奪閱聽人注意力的媒體企業相比，處於一個特別脆危的位置。

媒體成本結構

先前曾提及媒體成本結構問題，它是媒體經濟營運的一個變項。相較於其他經濟企業相比，傳統大眾媒體的特點之一是生產過程中的「固定成本」和「可變成本」之間可能出現的不平衡狀況。前者是指土地、實體設施、設備和發行網絡等。可變成本是指原料、「軟體」和（有時）勞動力。固定成本相對於可變成本的比率越高，企業就越容易受到不斷變化的市場環境的影響，而傳統大眾媒體通常具有較高的比率，因此需要透過訂閱、銷售和廣告收入來彌補沉重的資本投資（例如印刷機、片場和其他昂貴的基礎設施）。

典型媒體產品的固有特性是它具有極高的「首次拷貝」成本（'first-copy' cost）。一份日報或一部電影的首次拷貝承擔了所有固定成本，而額外拷貝的邊際成本迅速下降。這使得報紙等傳統媒體容易受到需求和廣告收入波動的影響，驅使媒體朝向規模經濟（economies of scale）和集團化（agglomeration）發展。這也促使了生產與發行的分離，因為後者通常涉及高昂的固定成本（例如電影院、有線電視系統網絡、衛星和發射機）。高昂的固定成本也對新進媒體業者設置了相當高的市場進入障礙。在威權主義政權下，報紙和廣電服務的經濟脆弱性使得政府更容易以極高的供給或發行成本來威脅它們。

　　在這件事上，數位媒體也為傳統媒體帶來了新的不確定性。數位媒體的固定成本可以比傳統媒體低得多，市場進入障礙也較低，因此更容易進入市場。儘管如此，在電影、遊戲等國際市場爭奪高人氣的高價值內容（high value content）的製作成本仍將面臨上升壓力。隨著社交網絡或線上市場和平台等新格式和網站的出現，以及用戶產製內容（user-produced content）的普遍出現，媒體市場引入了新的因素。固定成本和可變成本之間的區分與新的發展不再那麼重要。作為回應，許多傳統媒體公司正在重組其成本結構和工作流程，以適應新媒體環境，例如報紙變成「數位優先」（digital first）的出版物。這個過程通常涉及削減價值鏈的各個階段的固定成本，包括勞動力。方框 8.3 彙整了從媒體市場研究中得出的主要結論。

8.3

媒體市場的經濟原理

- 媒體仍然根據其固定或可變成本結構的差異而有所不同
- 媒體市場具有越來越多的收入特徵，尤其是線上媒體
- 依賴廣告收入的媒體更容易受到外部對內容的不利影響
- 基於消費者收入的媒體容易出現資金短缺
- 不同的收入來源需要不同的市場績效指標
- 在適用多個市場的情況下，一個市場的表現會影響另一個市場的表現
- 廣告可以促進專業小眾媒體的多樣性
- 某些類型的廣告受益於閱聽人市場的集中度
- 對相同收入來源的競爭導致媒體內容的一致性／同質性
- 市場表現越來越取決於消費者參與度

所有權和控制

　　對於理解媒體結構，所有權問題以及所有權權力如何行使是至關重要的。所有權最終決定媒體性質的觀點，不僅僅是政治經濟學的問題，而且實際上是 Altschull（1984: 254）「新聞第二定律」（second law of journalism）中總結的一個常識性公理：「媒體的內容總是反映資助它們的人的利益」。毫不奇怪，不同媒體有不同的所有權形式，所有權的權力行使方式也不盡相同。

　　正如 Altschull 的評論所暗示的，重要的不僅僅是所有權，還涉及誰真正為媒體產品支付成本的更廣泛問題。儘管有些媒體的所有者確實會為了影響內容的特權而自己買單，但大多數所有者只想要利潤（和聲望），而且大多數媒體的資金來源是多樣的。這些資金來源包括各種私人投資者（包括其他媒體公司）、廣告商、消費者、各種公共或私人補貼提供者，以及政府。由此可見，所有權對內容的影響往往是間接且複雜的，而且它很少是唯一的影響途徑。

　　大多數媒體屬於三種所有權類別之一：商業公司、私人非營利機構和公共部門。然而，在每個類別中都有顯著的分歧。對於媒體所有權而言，公司是上市公司還是私人公司、大型媒體連鎖企業或企業集團，還是小型獨立公司，這些都將是重要的區別。媒體企業是否由所謂的「媒體大亨」或「鉅亨」擁有，例如常見那種想影響編輯政策的（Tunstall and Palmer, 1991）。非營利機構可以是中立的信託機構，旨在保障營運的獨立性（例如《衛報》），也可以是具有特殊文化或社會任務的機構，例如政黨、教會等。公共所有權也有許多不同形式，從直接的國家行政管理到旨在最大限度地提高內容決策獨立性的精細化和多樣化的結構。

　　媒體業的股權結構和組織結構呈「兩極分化」，呈沙漏狀，在沙漏的一端是少數大型跨國公司，中間是極少數的中型企業，而在另一端則是大量的小型企業。此外，這些較大的公司以多種方式相互連結，通常不是透過正式的所有權關係，而是透過業務夥伴關係、合作和財務安排。廣告、電影或遊戲等產業某一部分的大公司也越來越多地涉足其他媒體，尋求匯

流運作或使其資產多樣化（Hesmondhalgh, 2018）。在比較正常的產業規模分布中，大型組織較少，中型組織較多，形成金字塔而非沙漏形的結構。正如歐盟執委會媒體和文化部門的一份報告所述，這種特殊的結構在就業分布上產生了相應的「沙漏效應」（hourglass effect），「從業人員集中在少數大公司，或是在數量不斷增加的小型或微型企業。除了少數高級主管，該產業的大多數勞工經歷了工作流動、季節性變化、不連續的職涯發展、短期契約、兼職工作、延長工時、職業精神和多重工作（在媒體內外累積工作和專業知識）。」（Hackett, Ramsden, Sattar and Guene, 2000: 4）

所有權的影響

對於大眾傳播理論來說，最重要的往往是最終的刊播決定（ultimate publication decision）。自由主義理論基於這樣的假設，即所有權可以有效地與編輯決策的控制分開。關於資源、業務策略等的更大（分配）決策，由所有者或所有者組成的董事會來決定，而製作人、編輯和其他決策者則可以自由地對內容做出專業決策，這是他們的專長所在。在新聞業方面，某些情況和國家中存在著旨在維護編輯政策完整性和記者自由的中介制度性安排（例如編輯規章）。否則，專業精神、行為準則、公眾聲譽（因為媒體總是受到公眾關注）和（商業）常識理應解決所有者不當影響（這將在第 10 章中討論）。在數位時代，消費者也正在成為媒體公司和所有者必須正視的力量。例如如果所有者威脅要結束一部電視劇，消費者可以在社交媒體上非正式地組織一場運動來抗議，有時會迫使電視台撤銷該決定。

然而，權力制衡的存在無法掩蓋日常媒體管理的幾個現實。一是商業媒體最終必須獲利才能生存，這通常涉及直接影響內容的決策（例如削減成本、關閉、裁員、投資與否以及合併營運；參見 Doyle, 2013）。公有媒體也無法逃脫同樣的市場邏輯，尤其是現在公共媒體在世界各地正面臨來自很多政府的壓力。另一個現實是，大多數私營媒體對資本主義體制有著既得利益，傾向於支持其最明顯的捍衛者，也就是主流政黨，尤其是那

些在意識形態光譜上比較保守的政黨。類似傾向的運作還有很多不太明顯的方式，尤其是來自大型廣告主的潛在壓力。

公共產權／所有權（public ownership）被認為可以抵消或平衡這些壓力，儘管這也意味著遵循一定的編輯路線（儘管是中立的）。自由主義理論慣於認為解決此類問題的最佳或唯一方法在於多樣化的私有產權／所有權。理想的情況是，許多中小型公司透過提供廣泛的觀點、資訊和文化類型，為了吸引公眾興趣而相互競爭。所有權帶來的權力本身並不一定是壞的，只有在權力集中或被有選擇地用於限制或拒絕近用時才會變得糟糕。但這一觀點低估了規模和利潤的市場標準與品質和影響力的社會文化標準之間的根本緊張關係。它們可能根本無法調和（Baker, 2007），或是至少在持續緊張的情況下運作。媒體集中化問題是理論辯論的核心。方框 8.4彙整了有關所有權和控制權的關鍵命題。

8.4

媒體所有權和控制權

- 新聞自由支持所有者有決定媒體內容的權利
- 所有權形式不可避免地會對內容產生影響
- 多樣化的所有權與自由競爭是防止濫用所有權的最佳辦法
- 媒體系統中通常有權力制衡機制來限制所有者的不當影響，包括線上消費者權力

競爭與集中

在媒體結構理論中，一致性／同質性和多樣性問題向來備受關注。大多數關注「公共利益」的社會理論都重視多樣性，並且還涉及經濟面向：壟斷（monopoly）與競爭（competition）。如前所述，自由競爭應該會導致媒體結構的多樣性和變化，儘管批評者指出了相反的效應：它導致了壟斷，或至少是寡頭壟斷（在經濟和社會方面來說都是不可取的）（Lacy and Martin, 2004）。就媒體經濟學而言，這個問題主要涉及三個方面：**不同類媒體間**競爭（intermedia competition）、**同類媒體間**競爭（intramedium competition）和**企業間**競爭（interfirm competition）。不同類媒體間競爭主要取決於產品是否可以相互替代（例如網路新聞替代電視新聞或報紙新聞），以及廣告是否可以從一種媒體轉移到另一種媒體。兩種替代都是可能的，但僅在一定程度上可能發生。似乎總是存在某種特定媒介具有優勢的「利基」（Dimmick and Rothenbuhler, 1984）。所有媒體類型似乎都能為廣告商提供一些獨特的優勢：資訊形式、時機、閱聽人類型、接收脈絡等（Picard, 1989）。網際網路的崛起同時在多個方面挑戰所有的媒體（見Küng, Picard and Towse, 2008）。

水平與垂直集中

一般而言，由於**同類**媒體的組織比**跨**媒介之間的組織更容易被替代，因此關注的焦點通常集中在同類媒體的內部競爭（例如在同一地理市場的一家報紙與另一家報紙的競爭）。這是集中化最容易發展的地方 —— 在同類媒體內部（部分原因也可能是由於公共政策限制跨媒介壟斷）。一般來說，媒體集中化（media concentration）分為「水平」集中（horizontal concentration）或「垂直」集中（vertical concentration）。垂直集中是指一種所有權模式，它跨越製作和發行的不同階段（例如擁有電影院線的電影製片廠）或跨越地理市場（例如一家全國性報紙併購城市或地方報紙）。

大型媒體公司往往會經歷集中化和去集中化的階段，通常在收購或出售事業、財產和資產的過程中賺取巨額利潤。在此過程中，非媒體公司可能出於各種考量而擁有媒體資產。正如 Noam（2018）在對 26 個國家的趨勢比較研究所示，此類收購遵循三個不同的理路：第一，為了追求個人或商業利益的影響力；其次，為了在企業集團中追求業務合作和協同效應；第三，作為實現公司、產品和服務組合多樣化的一種方式。儘管媒體和非媒體公司的這種交叉所有權在 20 世紀很流行，並且在拉丁美洲、阿拉伯世界和印度的影響力繼續上升，但總體而言，Noam 得出結論，「在競爭相對激烈的經濟高度發展國家中，擁有媒體資產的企業集團的營運表現欠

佳。」（Ibid: 1105）長期表現欠佳的原因與管理此類企業集團的（實際或感知上的）複雜性、在不斷變化的市場需求中缺乏靈活性、文化不兼容以及投資者偏好更專注於本業的公司有關。近年來，出現了更多間接形式的交叉所有權，主要是透過金融和投資公司。

雖然朝向匯流和集中化的總體趨勢是全球媒體產業的結構特徵（Flew, 2018），但媒體活動也同時存在著「分散化」（disaggregation）的趨勢，尤其是生產活動與推廣、行銷和發行的分離。網際網路加速了這一進程，因爲有許多相互競爭的內容提供者，並且媒體內容和製作也呈現過度豐饒的現象。大型媒體公司對生產過程的舊式控制層級已經被另一種更加非結構化的網絡模式所取代，在這種模式中，市場安排驅動著組織各部分之間的關係，而不是直接的「命令和控制」（Collins, 2008）。

「水平集中」是指同一市場內的合併（例如兩個相互競爭的城市或全國性報紙機構的合併，或是一家電話公司和一家有線電視系統的合併）。這些過程在許多國家已經很普遍，儘管其可能受到持續的媒介選擇和新媒體興起的影響。多樣性通常受到公共政策的保護，反對「跨媒介所有權」（尤其是在同一地理市場的不同媒體由同一家公司擁有和營運）。媒體也可以透過合併不同產業的公司而參與水平集中，使得一家報紙或電視頻道可以被非媒體企業所擁有（見 Murdock, 1990）。這並不會直接減少媒體的多樣性，但可能增加大眾媒體的影響力，並且極大地促進了媒體企業崛起成爲經濟、文化和政治生活中的重要力量。

嚴格地就擁有多個媒體資產的所有權而言，Noam（2018）發現美國的媒體不像許多其他國家那樣集中。最集中的國家媒體系統是中國、埃及、南非、俄羅斯、土耳其和墨西哥。除了一家公司擁有的媒體機構和資產的數量之外，Benson（2019）還主張媒體和大眾傳播研究應該更加關注所有權形式。他區分五種媒體所有權形式如下：

- 股票市場交易的公司（stock market traded firms），其中大多數（如果不是全部）的商業決策是在追求股東利潤最大化的壓力下做出的；
- 大股東所有權（dominant shareholder ownership），單一所有者、所

有者團體或家族有可能淡化追求獲利的需求；

- 私人所有權（private ownership），包括個人或家族所有權及私人投資者，例如對沖基金；
- 公共或國家所有權（public or state ownership），例如公共廣電媒體；
- 民間社會所有權（civil society ownership），包括教會和其他宗教團體、工會、政黨、藝術社團和其他類型的協會或非營利組織。

其他類型的集中效應

另一組按集中化類型劃分的相關區別（de Ridder, 1984），與集中化發生在哪一個層次有關。De Ridder 區分了出版商／集團（所有權），以及編輯和閱聽人的層次。第一個層次是指所有者的權力增加（例如報紙、電視台或電影製片廠的大型連鎖集團的發展）。組成此類媒體企業的單位可以在編務上維持獨立（就內容決策而言），儘管業務和組織的合理化、協調和精簡通常會導致某些服務的共享，從而減少它們之間的差異。無論如何，關於編輯集中化（editorial concentration）程度（以獨立營運的個別報紙數量而計）是否隨著出版商集中化程度而升降。編務獨立程度通常很難評估。網際網路對這兩種類型的集中化的影響也尚難適當評估。服務、平台和所有者的數量明顯增加，但 Google 和騰訊等大型成功企業打造商業帝國的趨勢也很明顯。

第三個問題是閱聽人集中化（audience concentration），意指閱聽人市場占有率的集中程度，也需要個別地評估。相對較小的所有權變動能夠大幅提高閱聽人集中度（就一個出版集團能夠「控制」的比例而言）。如果大多數閱聽人集中在一、二家報紙，或者由一、二家公司提供服務，那麼其他報紙數量再多也無法限制其媒體權力或確保閱聽人有太多真正的選擇。在這種情況下，該媒體系統的狀況一定不太具有多樣性。吾人需要關注集中化的問題，正是基於這兩點。

閱聽人集中化無須所有權即可能實現。大型媒體集團尋求跨媒介和所有權邊界的產品發布通道。目的是最大限度地擴大對特定目標群體的觸達率。所有形式的曝光都有助於實現這一目標，包括在 YouTube 等社交

媒體網站上的非正式提及或露面，通常以支付費用的方式回報（這些網紅）。近年來，媒體產業（以及其他產業）已經開始倚重高人氣的網路影音自媒體人，請他們以「網紅」（influencers）之姿在通常面向全球觀眾的內容中使用和推廣產品。由於網誌和網路影音自媒體（Vlogging）（以及其他形式的網路出版）往往免於受到像報紙與廣電媒體廣告和贊助那麼嚴格的監管，這對某些人來說可能是一筆有利可圖的生意。

集中化程度

　　媒體集中化程度通常以最大的幾家公司控制內容製作、人員僱用、發行和閱聽人的程度來衡量。根據 Picard（1989: 334）的說法，雖然沒有一個明確上限可以說該程度的集中化是不可取的，但可接受的集中化程度的一個經驗法則上限是產業中前四大公司控制超過 50%，或是前八大公司控制超過 70%。由於媒體產業的沙漏結構，大多數媒體產業已經超過這些可接受的集中化程度限制。

　　媒體集中化程度可以從「完全競爭」（perfect competition）到「完全壟斷」（complete monopoly），還有介於這兩者之間的各種集中化情況。出於各種原因，不同的媒體在這個連續體上占據不同的位置。完全競爭的情況很少見，但許多國家的書籍和雜誌出版業都有較高的競爭程度。電影、電視和全國性報紙通常是寡頭壟斷的市場，但真正的壟斷現在已經很少見了。它曾經出現在「自然」壟斷（'natural' monopoly）的特殊案例中，例如在有線電視系統和電信領域。所謂的「自然壟斷」是指基於成本和效率考慮，消費者最好由單一供應商提供服務（通常伴隨著保護消費者的措施）。在電信私有化和鬆綁監管的浪潮中，大多數此類壟斷已被廢除。

　　增加媒體集中化程度和整合業務的原因與其他產業的情況相同，特別是為了追求規模經濟和更大的市場力量（market power）。就媒體產業而言，垂直整合運作具有一些優勢，因為從發行賺取的利潤可能比製作更大。媒體公司也有誘因收購擁有穩定現金流的媒體資產，這種現金流過去由傳統電視頻道和日報提供（Tunstall, 1991），而今天更有可能來自跨越多種媒體屬性的特許經營和內容授權（例如《星際大戰》或漫威電影宇

宙）。對於需要在產品開發和創新上進行大量投資的電子公司和數位遊戲工作室來說，對軟體生產和發行的控制非常有幫助。

共享服務和能夠連接不同的發行系統與市場，也帶來越來越大的優勢。這通常被稱為「綜效」（synergy）。正如 Murdock（1990: 8）所說：「在一個建立在『綜效』基礎上的文化體系中，更多並不意味著不同；它意味著同一種基本商品出現在不同的市場上，以各種不同包裝形式出現。」在這種環境中，集中化程度不斷如螺旋般上升，因為生存的唯一途徑就是增長。自 1993 年以來，歐洲單一市場的統一也在推動著這種螺旋式效應（spiralling effect）。單一國家對增長的限制（由於反壟斷或跨媒介所有權法規）往往促進了跨國壟斷的形成（Tunstall, 1991）。1994 年，旨在落實《關稅及貿易總協定》（GATT）的世界貿易組織（WTO）成立，標誌著媒體跨國化進入新階段。國際化的鬆綁監管趨勢促使媒體企業越來越多地在全球範圍內運作，包括全球生產和發行網絡。總的來說，全球化和「自由市場」的推動顯然是相互促進，主要受經濟和商業動機驅使，並在網際網路崛起和媒體公司需要（或希望）多元化其投資組合（包括各種線上資產）的相應需求下進一步加速。

政策問題的出現

政策是大眾媒體產業和組織的關鍵領域，各國政府通過立法、監管和補貼設定和定義了它們能夠有效營運的參數。隨著媒體、電信和資訊傳播科技業務的匯流，我們不應忘記這不僅僅是因為科技可供性（technological affordances）或經濟機遇，而且在很大程度上是由於政府政策（例如深具影響力的美國《1996 年電訊傳播法》；參見 Aufderheide, 1999）和一個持續的鬆綁監管過程，「在 1990 年代後期為文化產業的大規模整併鋪平了道路」（Hesmondhalgh, 2018: 161）。

為了在當代數位化脈絡下生存，媒體公司通常訴諸於遊說政府和國際政策機構（例如世界貿易組織和歐盟），促使著作權法和實務朝著「更長、更強」的版權保護（同上註：166），犧牲了消費者和媒體內容製作業的利益。最近的一個例子是 2019 年通過立法的歐盟著作權指令，該指

令旨在確保報紙、出版商和媒體集團在數位和跨境使用受保護內容方面的權利。媒體產業大力遊說通過該指令，其中包括讓 Google 和臉書等公司對用戶在其平台上分享的內容負責的條款。有些人認為這將不可避免地導致上傳過濾器（upload filters）、扼殺言論自由的結果。反對該指令的意見來自於主要的科技公司和網路用戶，以及人權組織和倡議人士。

　　媒體匯流和集中化的趨勢是媒體政策的結果，因為它引發了一系列相對新型的公共政策問題。其中一個問題與定價（pricing）有關，另一個與產品有關，第三個與競爭對手的地位有關。主要的定價問題涉及消費者保護：壟斷程度越高，服務提供者單方面決定價格的權力就越大。主要的產品問題與由壟斷企業提供的媒體服務的內容有關，特別是消費者和潛在內容提供者來說，品質和選擇是否足夠的問題。第三個問題與競爭對手有關，指的是由憑藉規模經濟或市場優勢（廣告、贊助和其他形式的財務支持）來驅逐競爭對手，利用高密度的覆蓋率或財力遂行「毀滅性競爭」（ruinous competition）。

　　基於上述原因，已經有很多針對媒體集中化後果（無論是好或壞）的研究。研究結果通常並無定論，部分原因是由於其中的複雜性，因為集中化通常只是動態市場情況的一個面向。Baker（2007）警告說，許多關於集中化效應的實證研究的價值和相關性有限，尤其是 1980 年代後期常見的統計研究。通常，這些研究的時間框架太短而無法揭示問題，凸顯權力濫用的關鍵事件也過於零星而無法掌握全貌。此外，權力濫用的風險無法精確衡量，需要進行評估性的研究。大部分研究關注集中化對內容的影響，特別是**地方新聞和資訊**的充分性，媒體在**政治和輿論形成**功能的表現，不同聲音**近用媒體**的程度，以及**選擇和多樣性**的程度和類型。根據定義，媒體集中化總是在某些方面減少選擇，但壟斷的利潤有可能以更好的媒體形式（這也是一種價值判斷）返還給消費者或社區（Lacy and Martin, 2004）。更有可能的是，集中化帶來的利潤將流向股東，這是集中化背後的主要目的（Squires, 1992; McManus, 1994）。

　　這標誌著圍繞集中化和匯流的第二個研究領域，即市場化（marketization），指的是「市場交換作為一種普遍通行的社會原則」

（Slater and Tonkiss, 2001: 25）。在對 1980 年代以來媒體和大眾傳播普遍市場化的歷史進行批判性評估時，David Hesmondhalgh（2018: 164）得出結論，「全球化和匯流的壓力對政策制定者來說極難抗拒」。由於使媒體政策和法規適應當今匯流媒體環境的複雜性，這一困難被放大了（Flew, 2016）。一個關鍵的例子是備受爭議的問題，即 Google、臉書、蘋果和騰訊等公司是否是媒體企業，這將使它們對我們在平台上分享和使用的內容負責。另一個問題是中國的角色，因為中國政府倡議建立所謂的「全球互聯網治理架構」，以體現它所強調的「國家網絡主權」（national cyber-sovereignty），這將可能導致用戶的網際網路體驗更加破碎，取決於他們上網的地理位置（Flew, Martin and Suzor, 2019）。在強大的市場邏輯主導全球政策辯論的脈絡下，保護公共領域、用戶權益和合理使用仍然是一場持續的鬥爭。

方框 8.5 總結了本節中關於媒體競爭和集中化的要點。

8.5

集中化與競爭

- 媒體集中化程度可以在三個層次上找到：不同類媒體間競爭、同類媒體間競爭和企業間競爭
- 集中化可以是水平的或垂直的
- 在一個組織內可以觀察到三個層次的集中度：出版商／所有者、編輯和閱聽人
- 集中化程度可以用市值占有率、閱聽人市場占有率和媒體通道市場占有率來衡量
- 除了增加市場力量和減少多樣性之外，集中化的影響很難評估
- 如果前三大或前四大公司控制超過 50% 的市場，就會被視為過度集中化
- 集中化是由過度競爭、尋求綜效和極高利潤所驅動的
- 某些形式和程度的集中化可能使消費者受益
- 過度集中化的不良影響包括多樣性喪失、價格上升和和近用媒體的機會受限
- 可以透過監管和鼓勵新業者進入市場來對抗集中化

大眾媒體治理

在民主社會中，對媒體的控制方式既反映了它們（整體）對商業、政治和日常社會與文化生活的不可或缺，也反映了它們對政府監管的相對豁免權。一些控制、限制和規範是必要的，但（言論和市場的）自由原則要求對監管控制採取謹慎的，甚至是最小程度的取徑。在這種脈絡下，使用「治理」（governance）一詞來描述一整套法律、法規、規則和公約是有道理的，旨在為包括媒體產業在內的整體利益提供支持和控制。治理是一個過程，在這過程中，來自市場和民間社會機構以及政府的行為者為著不同目的而合作。因此，它不僅涉及正式的和具有約束力的規則，還涉及媒體內部和外部的眾多非正式機制，從而將它們「引導」到多重（而且往往不一致）的目標上。

儘管存在「反對控制的偏向」，媒體存在著大量實際或潛在的控制形式。由於所涉領域的多樣性和全球複雜性，談論所謂治理「體系」是不恰當的，儘管在許多國家可以發現一些大致相同的一般原則和規律。本質上，治理包含一些標準或目標，以及一些寬嚴不一的程序來執行或監管它們。一般而言，治理是一種採用較少層級的取徑，通常具有很強的自律成分。根據 Collins（2006）的說法，逐漸告別層級結構的主要原因是相關系統的複雜性不斷增加。它尤其適用於網際網路，因為網際網路通常不存在直接的國家控制、法律框架不明確（在某種程度上是無邊界的），而且涉及私人和公共用途的混合狀態。

治理的目的和形式

適用於大眾媒體的各種治理形式反映了不同行為者出於不同的控制目的。這些目的包括：

- 保護國家和公共秩序的基本利益，包括防止對公眾造成損害；
- 個人權益的維護；
- 滿足媒體產業對穩定和支持性營運環境的需求；

- 促進自由和其他的傳播與文化價值；
- 鼓勵科技創新和經濟事業發展；
- 制定技術和基礎設施標準；
- 履行國際義務，包括人權保障；
- 促進媒體問責。

　　很明顯，鑒於政府直接行動的範圍有限，如此廣泛的目標需要一套多樣化的機制和程序。第 7 章曾概述媒體問責的四個框架（透過法律、透過市場、公共責任和專業責任）。這個複雜的領域可以根據兩個主要面向進行描繪：**外部 vs. 內部，正式 vs. 非正式**，如圖 8.2 所示。治理的主要形式以這種方式分為四種類型，每一種類型都有適當的實施機制。

	正式的	非正式的
外部的	法規適用 透過法院與 公共監管機構	市場力量 遊說團體 民意 評論與批評
內部的	管理 公司或產業自律 專業主義 倫理與行為準則	組織 文化 反思

圖 8.2　媒體治理的主要形式

　　治理適用於各個層面。首先，根據媒體系統的組織方式，我們可以區分國際、國家、地區和地方層面。在實際操作上，國際監管傳統上主要侷限於技術和組織事項，但控制範圍正在擴大，特別是隨著媒體變得更加國際化和全球網路平台成為強大的參與者（見第 9 章）。人權、隱私保護和潛在的公共傷害等問題越來越受到關注。媒體宣傳的潛力，有時被線上社交網絡的演算法放大，引發種族和國際間的仇恨，這一點已在巴爾幹半

島、阿拉伯世界、東南亞和其他地區的災難性事件及衝突後重建媒體的艱鉅任務中獲得舉世關注（參見 Price and Thompson, 2002）。大多數治理形式在國家層面運作，但一些具有聯邦或區域結構的國家將媒體事務的責任從中心下放至地方。隨著大眾媒體、電信和資訊傳播科技產業的匯流和跨國營運，國際政策機構變得越來越重要。

這裡更需要注意的是已經引入的**結構、行為**和**績效表現**等層次之間的區別（參見本書第 7 章），以及監管可以分別適用於媒體系統、特定公司或組織，或是內容的某些方面。作為一般規則，控制點越遠離內容，就越容易應用，因為侵犯表達自由基本權利的可能性較小。這裡的結構層次主要涉及所有權、競爭、基礎設施、普及服務或其他載具義務等條件。它也包括公共廣電的主要課題。行為層次涉及編輯獨立性、與消息來源和政府的關係、與司法系統、正式的自律和問責相關的事項。績效表現層次涵蓋了與內容和向觀眾提供的服務有關的所有事項，通常特別涉及所謂的傷害或冒犯問題（harm or offence）。方框 8.6 提供了在相對自由的媒體系統裡有關媒體治理的主要命題。

8.6

媒體治理：主要命題

- 不同的媒體需要不同形式的治理
- 鑑於可能的影響規模，大眾媒體的控制比小型媒體更合理
- 控制可以更合理地應用於結構而非內容
- 對出版的事前審查，或僅僅對刊播行為施以懲罰，都不符合自由和民主
- 自律通常優於外部的或層級式的控制
- 治理越來越多地在國際層面上進行

大眾媒體監管：互爲替代的多種模式

　　由於歷史和其他原因，不同的媒體受到不同類型和程度的監管。這些差異與四個主要因素有關：首先，一種媒體主張其自由的力度，特別是從其典型內容和用途來看；其次，社會對潛在危害的感知程度；第三，出於公平分配的原因；第四，是有效監管的相對可行性。具體有三種監管模式被指認出來（Pool, 1983），以下對它們進行概述。這些模式仍然有助於解釋政府可以介入到的程度的主要差異，儘管它們的差異已因鬆綁監管和科技匯流而變得不那麼明顯。每個模式的基本特徵詳見表 8.1。

表 8.1　三種監管模式的比較

	印刷	廣電	共同載具
基礎設施監管	無	高	高
內容監管	無	高	高
發送者近用	開放	受限	開放
接收者近用	開放	開放	受限

自由報業模式

　　新聞業的基本模式是不受任何意味著審查或限制出版自由的政府監管和控制的自由。新聞自由通常作爲一項原則被確立在國家憲法和國際憲章之中，例如《歐洲人權公約》（ECHR）第 10 條或《聯合國憲章》第 19 條。然而，新聞自由模式經常被公共政策修改或擴展，以確保自由和獨立新聞業所帶來的預期公共利益。公共政策對新聞業特別是報紙的關注，其中一個突出的原因是電視和網路通道的集中化和匯流趨勢，儘管這是自由經濟競爭的結果，但它實際上減少了公民對新聞通道的近用和選擇。

　　正因爲如此，媒體通常得到一些法律保護及經濟利益。國家治理通常會在一定程度上支持國家電影（國片）製作，而這同樣也適用於新聞自由。無論動機如何良善，兩者都意味著某種程度的公眾檢視和監督。經濟

利益可以包括郵政補貼、租稅優惠、融資和補助，也可能有限制外國所有權的反集中化法規。這種「新聞自由模式」（press freedom model）以幾乎相同的方式應用於書籍出版（它的起源所在）和大多數其他印刷媒體。它也適用於音樂，儘管沒有任何特殊優待。對於某些違法行為，例如誹謗，仍然可以對新聞媒體提起法律訴訟。

廣電模式

相比之下，廣播和電視廣播以及不那麼直接的許多新的視聽傳播工具從一開始就受到高度限制和指導，通常涉及直接公共產權／所有權。對廣電進行監管的最初原因主要是技術性的，或是為了確保稀缺的無線電頻譜的公平分配，以及為了防制媒體壟斷。然而，監管變得根深蒂固地制度化，至少直到1980年代的新科技興起和新的輿論氛圍才翻轉了這一趨勢。

「公共服務」（public service）的概念是廣電模式的核心，儘管有幾種變體和較弱的形式（例如在美國，以及幾乎不存在的形式如非洲大部分地區）、程度居中的形式（例如拉丁美洲的碎片化媒體景觀），以及較強的形式（例如歐洲某些地區），儘管市場化也對全球公共廣電的地位產生了深遠的影響。在發展成熟的公共服務廣電形式（例如英國），通常具有幾個主要特徵，並獲得政策和監管的支持。廣電模式可能涉及許多不同類型的監管。通常，會有特定的媒體法律來監管媒體產業，並且會由某種形式的公共服務官僚機構來執行法律。很多時候，製作和發行服務可能由私營企業承擔，政府給予營運許可，並遵循一些法律上可執行的監督指引。

上述這種「廣電模式」正在式微，可見於廣播的「私有化」（privatization）和「商業化」趨勢（參見 McQuail and Siune, 1998; Steemers, 2001; Bardoel and d'Haenens, 2008; Enli, 2008）。其中最明顯的包括將媒體頻道和運營從公有轉移到私有所有權，廣告作為財源的比例提高，以及與公共廣電頻道競爭的商業廣電業者取得營運許可。為了保護其他媒體免受政府補助媒體的不公平競爭，對公共廣電媒體的活動（例如線上）實施了新的限制。任何類似的服務擴張都必須經過公共利益檢驗。儘管處於相對衰退狀態，但廣電模式並沒有出現被廢棄的跡象，世界各地普

遍有公共和商業廣電並存的混合系統。它在閱聽人市場上的總體表現良好（得益於其財務保障），其對公民社會的價值獲得認可，一如它也面臨著市場化的壓力。它最大的優勢在於它保證所有政黨在民主過程中能夠充分和公平地近用公共廣電媒體，以及它傾向於優先考慮「國家」利益相關議題。

共同載具模式

第三種主要監管模式早於廣電模式，通常被稱為「共同載具模式」（common carrier model），因為它主要涉及郵件、電話和電報等通訊服務，這些服務純粹是為了流通訊息，旨在作為普遍服務向所有人開放。監管的主要動機是為了效益和消費者利益而對這些（或曾經是）「自然壟斷」的事業進行有效率的管理。一般而言，共同載具媒體包含對基礎設施和經濟剝削的嚴格監管，但對內容的監管非常有限。這與廣電媒體形成鮮明對比，廣電媒體的特點是在內容方面接受高度監管，即使基礎設施日益掌握在私人手中。

儘管這三個模式仍然有助於描述和理解不同的媒體監管模式，但保留這些分立的監管機制卻越來越受到質疑。主要挑戰來自不同傳播模式之間的科技「匯流」，這使得印刷、廣電和電信之間的監管分離變得越來越人為和任意（Iosifides, 2002）。相同的傳播手段，尤其是衛星和電信，可以傳送所有三種媒體（以及其他媒體）的訊息。有線電視系統現在通常被允許合法提供電話服務，廣電媒體可以提供報紙內容，電話網絡可以提供電視和其他媒體服務。

網際網路的混合狀態

網際網路在事實上免於任何控制的精神下發展起來（Castells, 2001），並且在早期被認為是一種「共同載具」媒介，使用電信系統來傳輸和交換訊息和資訊。實際上，它仍然相對免費，甚至比新聞業更自由，因為它為所有潛在的訊息發送者提供了開放的近用機會。即便如此，它的自由在法律上缺乏正式的保護，並且可能相當脆弱，既容易受到國家

干預，也容易受到無節制的市場化的影響。這是由於它不斷增長的商業功能、對其用途和影響的擔憂，以及它逐漸兼具包括廣電在內的一些其他功能。它同時兼具上述三種不同模式的狀態，各國政府和國際監管機構正在引入和發展針對網際網路的治理結構，因為網際網路已成為公民和消費者近用（和創建）媒體的主要方式。

網際網路的一個顯著特性是它往往不受國家層面的特別監管，也不完全隸屬於任何司法管轄區域。由於其跨國性、功能多樣性和非實體性，它也特別難以監管。雖然有各種國際和國家自律和指導機構，但它們的責任和權力是有限的（Hamelink, 2000）。大部分的控制責任落在網路服務供應商的肩上，但他們的權利和法律義務在過去未能明確定義（Braman and Roberts, 2003）。這種不確定性有時可以保護自由，但它也阻礙了發展，並且為來自企業或國家的外部控制開闢了道路。

網際網路太重要了，以至於越來越不可能讓它繼續處於半監管（semi-regulated）狀態。Collins（2008）批判了有關網際網路治理的三個神話：首先，市場可以處理大多數決策；其次，自治（self-governance）是普遍有效的；第三，它的治理與舊媒體的治理有著本質的不同。他列舉了許多國家和國際間出現的外部控制的例子，特別是網際網路不是單一的媒介，而且不需要一個單一的監管體制。在網際網路作為我們這個時代的主導媒介的脈絡下，有一個論點是要從國家媒體政策轉向全球媒體政策（Mansell and Raboy, 2011），立基於公共利益的概念（Napoli, 2019）。

圖 8.3 概述了媒體在兩個關鍵面向上的主要差異，即大眾與人際（I/P）模式以及即時與延遲或中介接觸，這些差異對於公共監管政策具有重要意義。在每個媒體類型下摘述的結構和政策原則可適用於美國的情況，但由於私有化和鬆綁監管的結果，目前在世界其他地區的情況也普遍相同。主要的例外是廣電媒體，它通常具有一定的公共產權／所有權和控制。需要特別注意的一點是，網際網路可以出現在所有四個象限當中的任何一個，取決於所討論的用途及其分類方式。它可以是廣播、交流、諮詢或個人媒介。由於網際網路沒有固定的分類，任何單一的制度都無法達到監管的目的，而且無論科技如何，政策都必須考慮到傳播的目標。公共和

私人用途之間的區別仍然是最重要的。

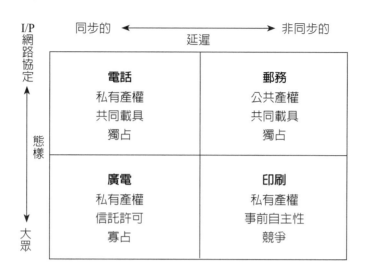

圖 8.3　治理傳統傳播平台的政策體制

資料來源：Bar and Sandvig (2008: 535)

媒體政策典範更迭

　　不同媒體的監管模式趨向匯流，這是媒體政策取徑發生較大變革的一部分。其中的一些因素已經被注意到，包括早期試圖使大眾媒體對社會更加負責的嘗試，以及最近全球化、媒體「放鬆監管」和私有化的趨勢。繼 van Cuilenburg 與 McQuail（2003）之後，在長達一個世紀的傳播發展過程中，我們可以指認出世界各地傳播政策的三個主要階段。

　　第一個階段被描述為從 19 世紀後期到第二次世界大戰的**新興傳播產業政策**階段。除了保護政府和國家的戰略利益及促進新傳播系統（電話、線纜、無線電報、無線電廣播等）的產業和經濟發展之外，並沒有統一連貫的政策目標。

　　第二個主要階段可以被描述為**公共服務**階段。它始於對廣播立法需要的認識，但這次是對媒體在政治、社會和文化生活的社會意義有了新的認

識。傳播被視為不僅僅是科技，「傳播福利」（communication welfare）的新理念被提出，這遠遠超出了對具稀缺性的頻率進行控制分配的要求。政策有積極和消極這兩種手段，例如促進某些文化和社會目標屬於積極監管，而禁止對「社會」造成某些傷害則是屬於傳播政策的消極監管。媒體首度納入公共政策的範圍，以限制壟斷的媒體所有者的權力，而且要求媒體面向商業壓力仍應維持「標準」。這一階段在 1970 年代在歐洲達到頂峰，此後呈現相對下降趨勢，儘管其重要元素仍然存在。

　　受到先前討論過的許多趨勢，特別是市場化、國際化、數位化和匯流的影響，開啟了世界各地傳播政策發展過程的第三階段。其中的關鍵事件是電信站上舞台的中心（Winseck, 2002）。我們所處的時期是全球範圍內密集創新、增長和競爭的時期。政策挑戰是因應當前這個資訊豐饒但分配不均的時代（Winseck, 2019）。政策最終仍受政治、社會和經濟目標指導，但它們已被重新詮釋和重新排序。經濟目標優先於社會和政治目標。當前的政策典範似乎是以國際政策機構確立的消費者權益和「輕觸式」監管（'light touch' regulation）為基礎，而不是本於公共價值的相對較嚴格的品質和控制概念。另一方面，不管是在民主國家還是更為獨裁的政權下，國家利益仍然影響著對新媒體的政策回應。對於今後的媒體和大眾傳播研究來說，這將是一個引人入勝的領域。

媒體系統和政治體系

　　前面對媒體政策和監管的大部分討論，包括前幾章關於媒體在國家脈絡下的作用和期望，毫無疑問地表明了大眾媒體與國家政治體系（甚至政府本身）之間複雜且強力的聯繫，即使在形式上很少或沒有聯繫。這並不是說媒體必須從屬於政客或政府。兩者之間的聯繫往往以衝突和懷疑為特徵，它們之間也同樣存在相互依賴的關係，或是產生某種「媒體邏輯」（media logic），使得政治和媒體系統似乎主要面向彼此，而不是面向消費者或公民。

政治和媒體系統之間的聯繫確實存在著很大的跨文化差異（Gunther and Mughan, 2000）。然而，在每種情況下，這些聯繫都與結構、行為和績效表現有關。首先，每個國家都有一套透過政治體系協商出來的法律、法規和政策，它們保障權利和自由，賦予義務或甚至對公共領域中最自由的媒體也設定了限制。在許多國家，政府擁有最終控制權的公共部門媒體（通常是廣電），這些組織的管理以多種方式被政治利益滲透，即使它們有一定程度的自主性。

私人媒體的所有者通常有其財務和策略利益，促使他們試圖影響政治決策。他們往往有公開的意識形態立場，甚至有自己的政治企圖。報紙對政黨的支持比不支持更為常見，有時政黨甚至控制報紙。出於選舉原因，政客們常常不得不討好有影響力的媒體，所以影響力的流動可以是雙向的。

在績效表現層面上，大多數日常新聞媒體的內容仍然常常由政治主導，但這不是因為它對公眾來說具有吸引力及新聞價值。雖然從長期來看，公民確實需要被告知和建議，但新聞媒體每天提供的並非公民真正需要的東西。部分原因在於新聞媒體作為一種免費大宗商品（a free staple commodity）的優勢，另一部分原因在於政治利益（在最廣泛的意義上）出於各種目的想要觸達公眾而做出的巨大努力。這還源於媒體和政治機構之間長期以來的聯繫，這種聯繫不容易被打破。政治離不開媒體，而我們擁有的（新聞）媒體在沒有政治的情況下也將會面臨困難。

有很多人嘗試分析這種關係。Siebert、Peterson 與 Schramm（1956）合著的經典著作《新聞業的四種理論》（*Four Theories of the Press*）仍然提供了指導大多數嘗試的基本原則。方框 8.7 援引了該書的精華內容。

8.7

媒體與社會關係的基本原則

新聞業總是呈現出其運作所在的社會和政治結構的形式和色彩。尤其是，它反映了個人與機構之間關係調整的社會控制體系。（Siebert et al., 1956: 1）

　　Hallin 與 Mancini（2004）根據他們對 17 個西方民主國家的研究，提煉出三種關於國家媒體系統和政治體系之間關係的理念型模式（ideal-typical models）。第一種模式被標籤為「自由」或「北大西洋」模式；第二種是「民主統合主義」（democratic corporatist）或「北歐」模式；第三種是「極化多元主義」（polarized pluralist）或「地中海」模式。這些標籤表明了模式的地理背景，反映它們受到許多深具歷史淵源的重要文化和經濟因素的影響。方框 8.8 對每個模式的一些關鍵面向提供精簡的比較，源自於他們研究的一些主要變項。在這個精簡比較中，「平行主義」（parallelism）一詞意味著媒體的結構與立場與該國的主要政黨和意識形態相仿。「侍從主義」（clientelism）意味的是媒體被外部利益滲透，自願地或爲了金錢爲外部利益服務，背離法理上的行爲規範（Roudikova, 2008）。

8.8

媒體與政治體系關係的三種模式（Hallin and Mancini, 2004）

	自由	民主統合主義	極化多元主義
國家對媒體的影響力	弱	強（福利）	強
政治共識或極化程度	混合	更多共識	更極化
新聞的專業化程度	中	高	低
新聞─政治平行主義	低	中	高
侍從主義	低	低	高

　　Hallin 與 Mancini 對媒體系統的比較分析，其侷限是它的基礎相對狹窄，僅適用於類似的民主體制，儘管它已被應用於許多其他國家的研究中，並且可以調適和擴展。它也相當偏向媒體。通常，任何特定案例都或多或少地偏離上述任何一種類型，從而降低了這些分類方式的價值。儘管如此，它已經證明其作爲分析切入點的價值。將 Hallin 與 Mancini 的研究應用於 1990 年共產主義垮台後加入歐盟的「新興民主國家」

（Jakubowicz, 2007）、以色列、巴西、南非、俄羅斯、中國和阿拉伯世界的媒體系統（Hallin and Mancini, 2012），以及整個中歐和東歐地區（Herrero et al., 2017），已被證明是有用的，儘管沒有單一模式能夠充分捕捉國家之間甚至國家內部的差異。儘管 Hallin 與 Mancini 最初得出結論，媒體產業發展最有可能出現的結果是這些模式的持續匯流，但後續研究中對此提出挑戰，顯示出一個更複雜的「混合」媒體系統，每個系統的元素都存在於同一個國家或地區的脈絡當中。

媒體與國家關係的問題不能僅僅透過參考一般模式來解決，也不能侷限在新聞業（而不包括所有其他的媒體和文化產業），或僅僅限於治理的政治脈絡。問題在於，為何現代自由民主國家的主流媒體似乎如此傾向於反映，而不是挑戰執政當局的政策方向。為什麼它們如此樂於扮演了幾十年前就被指出的「社會控制者」（social controller）的角色，而不是像新聞意識形態所頌揚的「看門狗」（watchdog）和批評者的角色？這有幾種解釋。Bennett（1990）提出了一個個關於國家和政府權力與新聞業之間關係的理論，該理論在美國情境下得到了研究證據支持。該理論認為，負責任的記者通常將他們對與國家有關的批判角色的理解，侷限在出現爭議性議題時致力於以再現（representing）或「索引」（indexing）政府和其他主要機構行動者的觀點。他們沒有義務引介少數或「極端」觀點，或反映「公眾輿論」的獨立聲音。針對《紐約時報》如何報導美國資助尼加拉瓜反對派的分析結果證實了這個理論。隨後，針對其他案例的研究，特別是 2003 年伊拉克戰爭（Bennett, Lawrence and Livingstone, 2007）。Bennett 等人（2007）在 2004 年阿布格萊布監獄酷刑照片發表的案例中生動地說明了前述所謂的「索引化效應」（effects of indexation）。政府拒絕使用「酷刑」（torture）一詞，更喜歡「濫權」（abuse）或「虐待」（mistreatment）等字眼，而美國主流媒體則是一面倒地跟進以這種方式報導。正如 Bennett 等人在方框 8.9 裡所表達的，「索引化」理論（'Indexing' theory）為這種現象提供了令人信服的解釋。

索引化理論的中心思想

美國主流新聞系統的核心原則似乎是這樣的：主流新聞媒體在處理新聞時通常停留在官方共識和衝突的範圍之內。記者們根據這種動態權力原則來校準新聞。……記者們進行的這種持續的、隱晦的校準過程，創造了一個加權系統，用於調整新聞報導的內容、重要性、報導時間長短，以及誰可以在這些報導裡發聲。（Bennett et al., 2007: 49）

　　儘管方框 8.9 所描述的理論與民主原則是一致的，但由於記者主要反映民選代表的觀點，這也使得後者有很大權力來定義自己的輿論觀點並採取相應的行動，而不受新聞界太多的限制。媒體似乎較少為公眾發言或獨立提供資訊方面的角色。所謂「索引化」過程在其他國家也明顯存在，部分原因是由於記者對客觀性實踐的依賴，這需要「平衡」和容易取得可靠的消息來源，這通常會將他們導向權力當局和既有的「專家」。在擁有健全公共廣電系統的國家，這些系統往往遵循「索引化」邏輯的某種版本，儘管存在著多樣性的空間。然而，具體情況取決於主流政治文化。例如在日本，公共廣電機構負責提供公正客觀的資訊，而主流報紙媒體儘管存在政治多樣性，卻運作著一種新聞卡特爾（記者俱樂部），與權力保持著密切的關係，並且通常充當政府和其他機構對外發布資訊的通道（Gamble and Watanabe, 2004）。在俄羅斯，有很多證據表明媒體非常依賴政府和商業支持，幾乎形成制度化的侍從主義影響著新聞業（Dimitrova and Strömbäck, 2005; Roudikova, 2008）。顯然，在大眾媒體和國家之間，存在著合作和衝突的各種方式，而且往往同時有國內和國際的顯著差異。

本章小結

　　本章概述媒體經濟學的主要特徵和典型的監管體系（治理）。與其他產業部門和其他制度領域相比，媒體經濟與媒體監管體系都具有鮮明的特

點。兩者之間的差異關鍵在於媒體的雙元特性，既是商業公司，又是社會政治、文化和社會生活的關鍵要素。它們不能完全交給市場決定，也不能受到嚴格監管。媒體公司和政府都不能自行其是。儘管發展趨勢將是越來越自由，但行動仍會受到限制，特別是考慮到網際網路的興起，以及來自電信和資訊傳播科技產業強大的全球新角色進入媒體市場的影響。

　就治理而言，最典型和顯著的特點如下。大眾媒體只能由政府以邊際或間接的方式監管。治理形式極為多樣化，包括內部和外部、非正式和正式的手段。其中，內部和非正式手段可能更加重要。不同形式的監管適用於不同的傳播科技。治理形式根植於每個國家社會的歷史和政治文化，而且越來越常與國際監管機構處於協商和緊張關係。主要爭端在於兩方之間的衝突，一方強調商業價值和市場化，另一方堅持公共價值和公共利益。

進階閱讀

Cammaerts, B. and Mansell, R. (2020) 'Digital platform policy and regulation: Toward a radical democratic turn'. *International Journal of Communication* 12, 135-154.

Chadwick, A. (2017) *The Hybrid Media System*, 2nd edition. Oxford: Oxford University Press.

Flew, T., Martin, F. and Suzor, N. (2019) 'Internet regulation as media policy: rethinking the question of digital communication platform governance', *Journal of Digital Media & Policy*, 10(1): 33-50.

Hallin, D.C. and Mancini, P. (eds) (2012) *Comparing Media Systems beyond the Western World*. Cambridge: Cambridge University Press.

Küng, L., Picard, G. and Towse, R. (eds) (2008) *The Internet and the Mass Media*. London: Sage.

Noam, E. (2018) 'Beyond the mogul: from media conglomerates to portfolio media', *Journalism*, 19(8): 1096-1130.

9
全球大眾傳播

國際化的步伐加快，是由於 David Held（2010: 149-150）所說的全球化的「深層驅動因素」（deep drivers）：全球市場的發展和複雜的全球經濟、全球遷移和難民流動的壓力、民主和消費價值觀在全球的持續擴散，所有這些都受到全球通訊傳播和媒體相互連結的基礎設施和文化的推動。大眾媒體在全球化進程中既是客體又是主體，也是我們意識到全球化的手段。發行技術的變化是變革最明顯和最直接的原因，但經濟因素也發揮了決定性的作用。我們關注媒體所有權的國際化以及透過媒體通道流動的內容。

媒體和大眾傳播的這一方面，有幾個原因需要單獨用一章來討論。其中一個原因是歷史，特別是第二次世界大戰後大眾媒體的全球特徵日益成為問題。問題源於自由市場的西方陣營和共產主義東方陣營之間的意識形態鬥爭、已發展國家和發展中國家之間的經濟和社會不均衡，以及全球媒體集中化程度威脅到表達自由。已開發國家媒體對發展中國家的文化和經濟壟斷問題，以及這對世界各地少數民族文化造成的後果，都具有相當重大的意義，與之對應的是：全球範圍內持續的社會碎片化（social fragmentation）。我們已經到了這樣一個階段，質變可能會帶來真正的全球媒體，包括獨立媒體為跨國界的閱聽人提供服務。這意味著這種國際媒體的出現，擁有國際閱聽人，而不僅僅是內容和媒體組織的國際化。網際網路在未來國際傳播的情景中占據中心地位，也使全球媒體治理問題成為焦點。

全球化的起源

全球化的歷史可以從多種角度來書寫；我們在這裡關注的是媒體和大眾傳播，考察它們在推進全球化過程的角色。

書籍和印刷在起源上是國際化的，因為它們的出現早於民族國家形成之前，並且服務於遍及歐洲及其他地區的文化、政治和商業世界。許多早期的印刷書籍都是用拉丁語書寫或翻譯自其他語言，早期的報紙通常是根據歐洲廣泛流傳的時事通訊彙編而成。從紐約到新南威爾斯，從符拉迪沃

斯托克（Vladivostok）到瓦爾帕萊索（Valparaiso），20 世紀初的報紙、電影或廣播電台都大同小異。然而，隨著報紙的發展，它成為了一個非常國族化的機構，國家疆界在很大程度上劃定了印刷媒體的發行流通範圍。語言的排他性及文化和政治因素強化了早期大眾媒體的國族性。當電影被發明出來時，它也主要侷限於國界之內，至少在第一次世界大戰之前是如此。它隨後的擴散，特別是以好萊塢電影的形式，是跨國**大眾**媒體的第一個實例（Olson, 1999）。當廣播在 1920 年代被廣泛引入時，它再次成為一種本質上的國族媒體，不僅因為使用不同語言的口語，而且因為其傳輸範圍通常僅限於國家領土範圍之內。

相較之下，我們現在不斷地被提醒媒體變得多麼國際化，新聞和文化的流動如何涵蓋全球，並將我們帶進單一的「地球村」（global village），用麥克魯漢（McLuhan, 1964）的話來說。19 世紀中葉以降，主要報紙充分得到強大且組織良好的新聞通訊社的服務，後者善用國際電報系統，外國新聞成為世界各地許多報紙的大宗商品。地緣政治場景的主要特徵，尤其是民族主義本身和帝國主義，激發了人們對國際事件的興趣，尤其是戰爭和衝突提供了暢銷的新聞素材（這可以追溯到 19 世紀之前；例如 Wilke, 1995）。20 世紀初，政府開始發現媒體在國際和國內宣傳方面的優勢。自第二次世界大戰以來，許多國家利用無線電廣播提供全球資訊和文化服務，旨在塑造正面的國家形象、推廣國族文化並與海外僑民保持聯繫。

早期的錄製音樂也具有準國際性的特點，首先是因為古典曲目，其次是因為美國流行歌曲的日益擴散，有時與音樂電影有關。在維持國家、文化和政治霸權與希望分享其他地方的文化和科技創新之間，一直存在著真實或潛在的緊張關係。面對字面意義上的帝國主義文化統治（例如在英國、奧地利和俄羅斯帝國內部），少數民族也試圖伸張其文化認同。美國在扮演帝國主義角色上屬於後來者。特別是在第二次世界大戰之後，它推行了一項促進美國媒體在全球滲透的政策，尤其是以一種關於理想的社會媒體結構的信仰體系——自由市場、表達自由與表面上的政治中立的組合，但其中存在著必然的矛盾。

　　在加速的媒體全球化進程中，電視一直是最強大的影響力，部分原因是，與電影一樣，它的視覺特徵有助於它跨越語言障礙。在早期，大多數國家的無線電視傳播範圍僅限於國境之內。現在，有線電視、衛星和其他傳輸方式已經在很大程度上克服了這些限制。網際網路是國際化的進一步加速器，它完全不必遵守國家界限，即使語言、法規與監管、文化和社會關係確保了國界仍然左右內容流動。

　　我們是否可以將媒體視為全球性的，取決於人們是從科技和工業基礎設施的角度考慮媒體設備、內容和社會安排，還是從人們如何使用它們的角度來考慮。Flew（2018）認為，媒體的全球化是觸達範圍而非有無設置海外分支機構的問題。媒體當然具有全球影響力，它們的運作通常是國際網絡化的（internationally networked）。然而，人們如何使用和體驗它們，媒體如何適應當地的傾向和環境，以及全球和在地媒體之間的競爭和合作如何激發新型產品和服務，所有這些都有助於形成一種獨特的、具體而具有情境性的對媒體的理解。

驅動力：科技和金錢

　　科技確實為全球化提供了強大的推進力。1970 年代後期，電視衛星的到來打破了廣電空間的國家主權原則，對境外電視傳輸和接收的有效抵抗變得困難甚至不可能。但衛星直接觸達全球觀眾並提供來自國外內容的程度往往被誇大，即使在歐洲等地區，這種情況仍然相對較少。還有其他傳播方式也朝著相同方向發揮作用，例如透過連接有線電視系統，或是簡單地以實體方式運輸光碟（譯註：VCD 或 DVD）。主要的傳播途徑是透過各國媒體向外輸出內容。隨著串流媒體迅速成為世界各地人們的首選媒介，網際網路已成為電視觸達觀眾的主要方式，儘管每個國家／地區的可用內容各不相同，而且國際串流媒體平台也努力包含本地內容，以迎合特定口味和區域市場的需求。

　　雖然科技一直是廣泛全球化的必要條件，而網際網路這種真正的全球

媒介最清楚地說明了這一點，但全球化背後最直接和持久的驅動力是經濟（而文化則是剎車）。電視是以無線電廣播的模式建立起來的，至少在晚間時段提供連續服務，後來延伸到日間時段，最終變成 24 小時全天候放送。以原創或國內自製內容填滿播出時間的成本始終超過製作機構所能負擔的程度，即使在富裕國家也是如此。如果沒有大量重播或廣泛地進口節目，幾乎不可能填滿節目表。

自 1980 年代以來，電視的擴張得益於新的、高效和低成本的傳輸科技，背後的驅動力是商業動機，刺激了對進口節目的需求。它還刺激了視聽製作業在許多國家的崛起，這些產業進一步尋找新市場。主要受益者和主要出口國傳統上是美國，美國擁有大量且過剩的流行娛樂產品，這些產品因為已有數十年優勢的美國電影而在許多市場上具有文化上的熟悉度。英語是一個額外的優勢，但不是決定性的，因為大多數的電視節目輸出總是經過配音或加上翻譯字幕。近幾十年來，這種情況發生了變化，因為國際合製已成為重要的市場力量，本地內容的全球發行已經起飛，以及印度、中國、巴西和奈及利亞等國家的（在經濟和文化上）強大的媒體產業的崛起。

國際大眾傳播的一個重要組成部分是廣告，它與許多產品市場的全球化密切相關，反映了許多廣告公司的國際性，以及少數幾家公司的市場主導地位。相同的廣告資訊出現在不同的國家，對承載廣告的媒體也產生了間接的國際化影響。最後但並非最不重要的全球化驅動力量是電信基礎設施和業務的大幅擴張和私有化（Hills, 2002）。方框 9.1 彙整了媒體全球化的主要原因。

9.1

媒體全球化的原因

- 更強大的遠距離傳輸科技
- 商業公司
- 貿易和外交關係的影響
- 過去和當前的殖民和帝國主義　　　　　　　　　　　（續）

- 經濟依賴
- 地緣政治失衡
- 廣告
- 電信擴張

全球媒體結構

作為討論的背景，有必要對這個「全球媒體系統」（global media system）進行概述，儘管並不存在超越國界的正式安排。最簡單的起手式是觀察獨立主權國家之間的互動與傳播。國家之間流動和交換的路徑遵循一些有規律的和可預測的（雖然是變化的）模式，這有助於我們想像有某種結構存在其中。所涉及的國家差異很大，這些差異因素很大程度上塑造了整體「結構」。主要因素是（領土和人口）規模、經濟發展水準、語言、政治制度和文化。一個國家的大小影響媒體的各個方面，而人口數量為本國內容產製提供了經濟基礎，或是成為其他國家出口產品的巨大目標市場。語言和文化鼓勵具有共同親近性的國家之間的某些流動，並限制了可能性，政治和意識形態障礙也是如此。經濟實力是整體關係中占支配地位的主要決定因素。媒體世界在某些方面也按地區分層。Tunstall（2007: 330）指出四個層級：在全球層級之下是民族國家、全國地區和地方。鑒於過去 20 年來媒體集中化和匯流的加速，媒體越來越多地以跨國公司或國家企業的形式組織起來（它們通常仍以各種方式與世界其他地方的媒體公司有所聯繫）。

許多理論和研究都探索了上述的基本結構，但有個核心組織概念是國家之間的核心—邊陲關係模式（centre-peripheral pattern of relations）（Mowlana, 1985）。處於核心地位的國家擁有最發達的媒體，更富裕，人口也更多。邊陲國家剛好相反。當然，還存在中間位置的國家。核心國家可能有更多的資訊流向其他國家，但從邊陲國家回流的資訊卻微不足

道。地理、文化或經濟關係較為「密切」的國家之間的相互流動可能較多。邊陲國家出口媒體內容的可能性較小，但其進口能力也因缺乏發展而受到限制。這有時會導致一種不同於富裕核心國家所享有的自給自足。

全球媒體系統的基本結構，奠定了關於全球化的現實性和可取性的理論、辯論和研究的基礎。一開始，大約在 1960 年代，相關問題的思考受到美國享有的獨霸地位所影響，尤其是在好萊塢娛樂和全球新聞機構方面。蘇聯是核心對手，它與中國和共產主義世界的其他國家屬於同一陣營。第三世界有大量的邊陲國家，儘管它們之間的差異很大。隨著共產主義瀕臨消亡及亞洲和拉丁美洲大部分地區的快速發展，世界結構丕變。美國不再是獨霸全球的國際娛樂生產國，媒體產業和媒體製作投資來源越來越多地來自印度、中國和其他大國，包括日本、巴西、印尼、奈及利亞和墨西哥（參見 Flew, 2018）。最近關注的是網路平台公司（例如臉書、Google、百度和騰訊）的角色和地位，它們可能不想被視為「媒體」公司，但已成為大多數人近用媒體內容的主要入口。這些公司是全球市值最高的商業公司，也開始投資自己的內容通道，努力使它們的投資組合多樣化，設法讓人們增加這些平台的使用時間。這些公司的影響力是全球性的，它們的結構也是如此，總部位於美國和中國，以及無數的部門和子公司，例如包括菲律賓和其他地方的公司，這些公司遍布世界各地，負責監控和策展用戶上傳和分享至網路平台的內容。

全球媒體結構問題的核心是文化和政治經濟問題，涉及（使用者和專業媒體產製者）聲音的多樣性與包容或排斥，以及所有權集中化和缺乏透明治理和監督的問題（Flew, 2018; Napoli, 2019）。方框 9.2 臚列了全球媒體系統結構引發的主要問題。

9.2

全球媒體結構：引發的主要問題

- 媒體流動的支配和不平衡的類型是什麼？
- 這些類型的形成原因是什麼？
- 這個結構所造成的影響是什麼？　　　　　　　　　　　　　（續）

- 變化的動力和方向是什麼？
- 我們應該如何評估媒體全球化趨勢？

跨國媒體所有權和控制

「傳播革命」（communications revolution）的最近一個階段以新的媒體集中化現象爲標誌，包括跨國和跨媒介，導致世界媒體產業越來越被少數非常大型的媒體公司所主導（Chalaby, 2003）。在某些情況下，這些發展是一種相當傳統的媒體「鉅亨」的成就（Tunstall and Palmer, 1991），儘管有了新的名稱。雖然具有傳奇色彩的媒體鉅亨非常顯眼，但這種趨勢很可能會朝著更無個人色彩的所有權和營運模式發展，這適合此類大型全球企業。在快速增長的市場，例如拉丁美洲和印度，媒體發展已經催生了自己的國家媒體巨頭和多媒體公司，通常包含外國投資（見 Chadha and Kavoori, 2005）。不是少數媒體集團的全球「支配」，而是相對溫和的國際化，部分原因是國家文化和所有者的私人利益，但也因爲反媒體壟斷運動、抗議和抵抗（Miège, 2019）。

某些類型的媒體內容適合於所有權的全球化以及對製作和發行的控制。這些類型包括新聞、劇情片、流行音樂唱片、電視連續劇和書籍。Miège（1989）將這些稱爲「編輯」媒體（'editorial' media），Tunstall（1991）將它們視爲「一次性」媒體（'one-off' media），與報紙、廣播和電視台的「流動」媒體（'flow' media）形成鮮明對比。流動媒體通常抗拒跨國所有權，並且更多地依賴廣告而非銷售作爲主要收入來源。「一次性」產品更容易爲國際市場設計，並有助於在更長的時間跨度內進行靈活的行銷和發行。隨著公司變得更加整合和多元化，焦點已經從「一次性」產品轉移到可以在相同和不同媒體上進行特許經營和系列化的媒體資產，並且通常有相關衍生產品（與某一電影、電視節目等有關的產品，例如玩具、消費電子產品和時尚）。

「新聞」是最早透過主要國際新聞通訊社「商品化」的產品之一。實際上,它們是新聞商品的「批發」供應商,考慮到外國新聞台的成本和風險,很容易理解為什麼國家新聞媒體發現「購買」世界其他地方的新聞比自己蒐集新聞更方便和經濟。20世紀全球新聞機構的興起是由科技(電報和無線電話)促成的,並受到戰爭、貿易、帝國主義和工業擴張的刺激(Boyd-Barrett, 1980, 2001; Boyd-Barrett and Rantanen, 1998)。政府參與相當普遍。由於這些原因,二戰後時代的主要新聞通訊社是北美(合眾國際社和美聯社)、英國(路透社)、法國(法新社)和俄羅斯(塔斯社)。從那時起,隨著合眾國際社(UPI)的形同消亡,美國的主導地位相對下降,而其他通訊社卻在成長〔如德國德新社(DPA)、中國新華社和日本共同社)〕。1992年,蘇聯解體後,塔斯社(Tass)被伊塔爾─塔斯社(Itar-Tass)取代,仍然維持一個國家通訊社的屬性。Tunstall與Machin(1999: 77)稱之為由美國美聯社(AP)和英國路透社(Reuters)控制的「世界新聞雙頭壟斷」(world news duopoly)。法國法新社(AFP)、德國德新社和西班牙艾菲社(EFE)也是重要的新聞通訊社。顯然,主導地位是由相關媒體機構的國內實力影響,包括市場規模、集中化程度和經濟資源決定的。英語提供了額外的優勢。

媒體所有權、製作和發行國際化導致媒體產業形成一種「沙漏結構」(見第8章),很好的例子是流行音樂產業,其中有三家公司掌握了幾個主要市場的很大比例。廣告提供了另一個高度集中化和國際化的例子,大約五家居領導品牌的超級廣告代理商占據了全球廣告支出的最大市場占有率:英國WPP集團(WPP Group)、美國宏盟集團(Omnicom Group)和埃培智集團(Interpublic Group)、法國陽獅集團(Publicis Groupe)和日本電通(Dentsu)。廣告代理商越來越多地擴展為「全方位服務」代理機構或網絡公司,還提供和控制市場研究、媒體購買與公共關係公司。正如Thussu(2009a: 56)評論的那樣,「在全球廣告中,可以看到西方的戳記,更具體地說,是英美戳記。」並且趨向全球品牌化。人們往往更關注全球營運總部位於美國的跨媒介公司,但現在世界其他地方也有不少跨媒介集團,它們都是多元化的實體,都在尋求規模經濟和市場力量。

大型媒體公司的全球化和集中化也往往導致卡特爾的形成（cartel-forming），這些大公司以各種方式合作和競爭。它們還透過分享收益、合製、合購電影和劃分本地市場來進行合作。儘管隨著日本、印度、巴西和歐洲媒體企業的崛起，情況變得越來越複雜，但毫無疑問地，美國整體上從媒體市場的全球擴張中受益最大。與此同時，全球媒體市場在很多方面都遭受到來自非媒體競爭對手的「破壞」，一股力量來自於平台公司，另一股力量來自於在網際網路上尋求利基閱聽人（niche audiences）和風險投資的小型高風險媒體企業（或新創公司）。這導致了一個「兩極分化」的競爭環境，在這種環境中，全國性報紙和廣電組織等中型大眾媒體公司的前景並不樂觀，因為它們通常採用較保守的商業策略（見第 8 章和第 10-11 章）。

各種全球大眾媒體

全球大眾傳播是一種具有多種形式的多方面現象。其中包括：

- 將媒體通道或完整出版物從一個國家直接傳輸或分發給其他國家的觀眾。這包括報紙（有時是特別版）和書籍、某些衛星電視頻道和官方贊助的國際無線電廣播服務的國外銷售。
- 某些特定的國際媒體，例如 Eurosport、CNN International、BBC World、TVCinq、Telesur、Al-Jazeera、Russia Today、Africanews 等，以及國際新聞機構。這包括具有國際閱聽人的難以分類的英語線上媒體，例如歐洲多區域數位新聞出版商 The Local（Archetti, 2019）。
- 進口的多種內容項目（電影、音樂、電視節目、新聞項目等），構成國內媒體輸出的一部分。
- 改編或重製以適應國內觀眾的外國來源的格式和流派。
- 出現在國內媒體上的國際新聞，無論是關於外國的還是在外國製造的。

- 運動賽事、廣告和圖片等雜項內容具有外國參考或來源。
- 萬維網（最後但並非最不重要）有許多不同的形式，與上面的一些重疊。

　　從這份清單中可以清楚地看出，「全球」媒體內容與「國家」或地方媒體內容之間沒有明顯的分界線。儘管大多數國家的媒體供應主要是國內媒體，但大眾傳播的潛力幾乎可以定義爲「全球性」。美國就是這樣一個例子，但美國媒體文化確實透過貿易和移民受到許多外國文化影響。它也間接全球化，因爲它自己的大部分產品都面向世界市場，以及它對國際媒體類型、產品、服務和「明星」的選擇，以及它傾向於外包其大部分媒體生產到其他國家〔稱爲「失控生產」（runaway production）的過程〕。

　　儘管媒體全球化有多種表現形式，但很少有媒體通道（頻道、出版物等）眞正直接面向大量外國閱聽人（即使就家庭而言，潛力很大）。至多，某些成功的產品（例如熱門電影或電視節目、音樂錄音或運動賽事）最終將獲得全球觀眾。這意味著「輸出」國仍有相當大的能力影響「接收」國的「國家」媒體體驗。我們必須考慮在導入點（例如在熟悉的背景下，編輯、篩選和選擇、配音或翻譯），「外國」內容在多大程度上受到「看門人」控制。「控制」的主要機制通常不是政策或法律，甚至不是經濟（通常鼓勵進口），而是觀眾對本國語言的「自己的」媒體內容的需求。存在著多種抵制全球化的語言和文化的天然障礙（Biltereyst, 1992）。經濟也可能限制和刺激進口。一般來說，即使人口較少，一個國家越富裕，它就越有機會擁有媒體自主權。全球化的形式是多種多樣的，而且這個詞的含義是有彈性的。方框 9.3 顯示了其中一些含義。

9.3

媒體全球化的意義

- 全球媒體公司的所有權不斷增加
- 世界各地的媒體系統越來越相似
- 在全球範圍內存在相同或非常相似的新聞和娛樂產品　　（續）

- 閱聽人可以選擇來自於其他國家的媒體
- 文化同質化（cultural homogenization）和西方化（westernization）的趨勢
- 在地點和文化方面的媒體體驗的去脈絡化（decontextualization of media experience）
- 弱化的國家傳播主權（national communication sovereignty）和更自由的傳播流動（free flow of communication）

國際媒體依附

　　依附理論家認為，擺脫依附關係的必要條件是在資訊、思想和文化領域有一定的自給自足。Mowlana（1985）提出了一個模式，其中兩個面向是傳播依附或自主（communication dependence or autonomy）的最重要決定因素。該模式代表了現在熟悉的從發送者（1）到接收者（4）的序列，由基於科技的製作（2）和發行（3）系統進行中介。在國際傳播中，與典型的國家媒體情況相反，來源、生產、傳播和接收四個階段可以（並且經常）在空間、組織和文化上相互分離。來自一個國家的媒體產品通常被進口並整合到一個完全不同的發行系統中，並且觸達它們原本不打算觸及的閱聽人。相當普遍地，特別是在電影和電視方面，產品的整個來源和製作都在一個國家進行，而發行流通則在另一個國家進行。

　　這種典型的擴展和不連續過程取決於兩種專業知識（與資產），一種與硬體有關，另一種與軟體有關。製作硬體包括攝影機、工作室、印刷廠、電腦等。製作軟體不僅包括實際的內容項目，還包括表演權利、管理、媒體組織的專業規範和日常運作實踐（專業知識）。發行硬體是指發射器、衛星鏈路、傳輸、家庭接收器、錄影機等。發行軟體包括宣傳、管理、行銷和研究。製作和發行階段都受到媒體外部和媒體內部變項的影響，在製作方面受所有權情況和文化與社會脈絡的影響，在發行方面則受

到特定媒體市場的經濟狀況影響。

因此，該模式描述了從已開發國家到發展程度較低國家的傳播流動中的多重依附狀況。後者通常依附於所有四種主要類型的硬體和軟體，並且每種都可能由來源國控制。媒體方面的自給自足幾乎是不可能的，但可能存在極端程度的不足，而且永遠不可能真正「迎頭趕上」，尤其是在大型公司從網絡效應中受益極大的數位環境中。正如 Golding（1977）首先指出的那樣，媒體依附（media dependency）的潛在影響並不限於內容中的文化或意識形態；它還包含在專業標準和實踐中，包括新聞倫理和 新聞價值。這些觀點也可以用上面討論的核心—邊陲模式來解釋。值得注意的是，在數位時代，當地產業、媒體新創公司，以及線上網路媒體製作者和用戶所擁有的「傳播權力」（Castells, 2009）並非微不足道，為全球媒體系統的設計和結構提供抵抗、異議和鬥爭的機會。

由於新市場、新媒體以及經濟命運和地緣政治現實的變化，全球傳播形勢日益複雜，但某些形式的依附仍將持續存在，不同媒體的模式會有所不同。然而，總體而言，這個框架的解釋力不若從前，越來越難指認資訊和文化的原產國（country of origin）。控制大型公司和多邊媒體流動的跨國製作和行銷將建立自己的主導和依附模式。與此同時，很多事情仍然取決於本地和國家利益、政策、品味和文化，並受其支配。正如 Flew（2018: 26）警告我們的那樣，在考慮當代全球媒體時，我們應該「避免落入假設媒體全球化意味著民族國家、國族文化和身分認同，以及地域界定的製作、發行和治理系統的終結的決定論陷阱。」

文化帝國主義及其超越

第二次世界大戰之後，傳播研究在很大程度上被美國壟斷，大眾媒體通常被視為現代化（即西方化）最有前景的通道之一，尤其被看作是克服傳統態度的有力工具（Lerner, 1958）。從這個觀點看，大眾媒體從高度發展或資本主義的西方世界流向發展程度較低的國家，被視為既對其接受

者有利，也有利於打擊基於社會主義、計畫經濟和政府控制的另一種現代化模式。它所設想的媒體流動類型不是直接的宣傳或教育，而是普通的娛樂活動（加上新聞和廣告），用以展示繁榮的生活方式與自由民主社會制度的運作。美國印刷媒體、電影、音樂和電視的湧入提供了該理論的主要例子和測試。

　　這是一種非常「種族中心主義」（ethnocentric）的看待全球傳播流動的方式，最終引起學者、政治活動家以及接收端、閱聽人和消費者的批判反應。很快，這個問題不可避免地捲入關於「冷戰」的論爭和半殖民地情境下的抵抗運動（尤其在拉丁美洲，媒體和傳播研究議程開始立足於對美國文化產業的支配地位、媒體市場資本主義結構以及這些現象之間的關聯的批判性分析；參見 Waisbord, 2014）。但是，與以往的國際宣傳不同，新的「媒體帝國主義」（media imperialism）似乎是在大眾對流行文化的熱切需求下進行的，因此「成功」的可能性更大。當然，這不是閱聽人直接做出的選擇，而是本國媒體公司代表他們做出選擇，出於經濟而非意識形態的原因。

　　圍繞全球大眾傳播的問題，大多都與「文化帝國主義」（cultural imperialism），或是範圍更狹窄的「媒體帝國主義」的概念有著直接或間接的關聯（詳下）。這兩個概念都暗示著有意支配、入侵或顛覆他人的「文化空間」，並暗示了這種關係中存在一定程度的脅迫。就權力而言，這無疑是一種非常不平等的關係。它還暗示著某種整體的文化或意識形態模式，這種模式通常被解釋為「西方價值觀」，尤其是個人主義、世俗主義和物質主義的價值觀。

　　它具有政治和文化內容，然而在第一種情況下，它本質上是對美國資本主義全球方案的順從（Schiller, 1969）。就前述的與拉丁美洲的關係而言，美國在 1960 和 1970 年代在該區域推動的「帝國主義」方案並非空想（Dorfman and Mattelart, 1975）。批判理論家們並不總是就全球市場控制的經濟目標或「西方化」和反共的文化與政治目標的優先順序達成共識，儘管這兩個方面是相互關聯的。（批判的）政治經濟理論家強調全球媒體市場的經濟動力，這些經濟動力形塑了媒體商品的流動。毫不奇怪地，這

種動力有利於自由市場模式，並且總體上促進了西方資本主義。

　　全球媒體帝國主義的批評者通常遭到形形色色的自由市場的支持者所駁斥，包括那些頌揚鬥爭和抵抗聲音的人，或是那些將流動不均衡視為媒體市場正常特徵的實用主義者。在他們看來，全球化對所有人都有好處，而且不必然有什麼問題（例如 Pool, 1974; Hoskins and Mirus, 1988; Noam, 1991; Wildman, 1991）。在某些情況下，它甚至可能是暫時或可逆轉的現象。Biltereyst（1995）用**依附**和**自由流動**這兩種主導和對立的典範描述這種情況。在他看來，這兩種典範都建立在經驗上有些脆弱的基礎上。批判的依附模式（critical dependency model）很大程度上基於流動的證據和對內容意識形態傾向的一些有限解釋。對（所謂文化帝國主義或媒體帝國主義的）影響之研究則尚無定論。持「自由流動論」（free flow theory）的學者傾向於以閱聽人自願為由，認為影響不大，並且傾向於認定全球交易的內容之文化中立性和意識形態無辜性。他們也很可能將正在進行中的媒體全球化視為沒有最終目標或目的，沒有實際影響（與第 4 章中提到的「文化自主性」立場一致），只是當前政治、文化和科技變革的偶然結果。

　　根據媒體帝國主義的論點，如果全球大眾傳播過程從接收端的國家社會的角度思考，至少有四個命題需要考慮。這些如方框 9.4 所示，本章稍後將予以討論。然而，關於全球化的思考已經開始從媒體帝國主義的一面倒的負面觀點轉向。這並不是重返現代化階段的「樂觀主義」，而更像是對「第二現代」、「晚期現代」或「液態現代」（Bauman, 2000）思想和新文化理論的反映，這些理論與早期理論的規範性判斷有著細微差別。

9.4

媒體帝國主義：主要命題

- 全球媒體促進依附關係而不是經濟增長
- 大眾媒體內容流動的不均衡破壞了文化自主或阻礙了其發展
- 新聞流動中的不平等關係增加了大型和富裕新聞生產國的相對全球權力，阻礙了適當的國家認同和自我形象的成長
- 全球媒體流動導致文化同質化或同步化（synchronization），形成一種與大多數人的真實經歷沒有具體聯繫的主導文化

重新評估全球化

　　文化帝國主義的論點在很大程度上已被拋棄（Sreberny-Mohammadi, 1996; Golding and Harris, 1998）。正如我們所看到的，對大眾媒體的批評及其普遍的文化悲觀主義遭遇到強烈的挑戰。這也影響了對全球文化交流影響的思考，儘管可能與全球新聞流動無關。當然，我們經常會看到對大眾媒體，特別是網際網路帶來的全球包容性（global inclusiveness）的正面觀點。共享的符號空間可以擴展，並且可以避免與國家劃分的媒體系統相關的地點和時間限制。與某些國家媒體系統的種族中心主義、國族主義和仇外心理相比，文化全球化甚至看起來還不錯。本應在冷戰結束時迎來的國際和平新時代（「新世界秩序」）被認為需要國際主義媒體（internationalist media）的大量存在（Ferguson, 1992）。正在進行的「反恐戰爭」的長期後果難以計算，但像 Parks（2018）和 Palmer（2019）在媒體娛樂和新聞報導以及全球媒體產業結構方面所做的研究顯示，媒體公司一直在努力透過未經事實查證的報導和仇外心理對不同文化的再現，進一步推動西方或特別是美國的觀點。

　　源自媒體帝國主義理論（media imperialism thesis）的大多數命題都傾向於將全球大眾傳播視為一個因果過程，彷彿媒體正在從一個地方到另一個地方，從發送者到接收者「傳遞」觀念、意義和文化形式。在這個程度上，批評者使用的語言與最初的「發展理論家」（theorists of development）大致相同。普遍的共識是，這種媒體如何運作的「運輸」模式（'transportation' model）在某些有計畫的傳播案例之外不太適用。至少，我們需要更多地考慮閱聽人在形塑從大眾媒體中獲得的任何「意義」方面的積極參與（Liebes and Katz, 1990）。

　　可以說，媒體有助於文化成長、傳播、發明和創造力，而不僅僅是破壞現有文化。許多現代理論和證據支持這樣一個觀點：媒體文化「入侵」受到當地文化和經驗**抵制**或重新定義。其中所涉及的「國際化」往往是自主選擇，而非帝國主義的結果。Lull 與 Wallis（1992）使用「文化移入」（transculturation）一詞來描述這種「中介的文化互動」（mediated cultural interaction）的過程，在這個過程中，越南音樂與北美音樂相互融合，產生了一種新的文化**混合體**（cultural hybrid）。世界上有許多類似的例子，尤其是透過電影和電視領域中日益增多的國際合製，形成了全球媒體的生態體系（Baltruschat, 2010）。理論家傾向於將全球化視為伴隨著「全球在地化」（glocalization）的過程，根據這一過程，國際媒體會適應所服務地區的情況（Kraidy, 2003）。將不同格式和績效標準納入國內製作也是這個過程的一部分（Wasserman and Rao, 2008），國際頻道和串流媒體服務（例如Netflix）納入和推廣本地內容也是如此出於同樣的需要。

跨國媒體可能對文化造成潛在損害的「問題」可能被誇大了。在全球範圍內，儘管媒體產製和消費比以往任何時候都更加網絡化，但歐洲和其他地區的許多不同的區域和國家（以及次國家）文化仍然強大且有抵抗力，在媒體消費者和製作者方面都是如此。閱聽人可能可以容忍多個不同且矛盾的文化體驗（例如地方、國家、次群體和全球），而不必摧毀其他文化。媒體可以創造性地擴展文化選擇，國際化可以發揮具有創造性的作用。當然，問題經過這樣相對化後並沒有就消除它，在某些情況下確實會發生文化喪失（cultural loss），例如原住民媒體與以少數民族語言製作的媒體內容所面對的處境。

這種對全球化的修正觀點基於以下觀察：媒體的國際流動通常是對需求的回應，並且必須從接收者的需求來理解，而不僅僅是供應者的實際或假設動機。由於全球媒體市場的內部運作，這一事實本身並沒有讓媒體帝國主義的批判失去效力。媒體帝國主義理論的一個重要的當代組成部分，關注全球媒體流動（新聞和娛樂）主要反映和促進「跨國資本主義階級」（transnationalist capitalist class）價值觀的方式（Sklair, 2000）。世界媒體環境的許多特點證明，資本主義機器和精神（capitalist apparatus and ethos）對幾乎所有地方的媒體的控制都變得更強，而且無處可藏。

媒體跨國化過程

　　在這個標題下，我們著眼於內容和閱聽人體驗在某種意義上的全球化過程。如果有發生這樣的全球化過程，它是一個效果過程（effects process），包含兩個階段：第一，內容轉化；其次，對閱聽人的影響。在對電視國際流動的分析中，Sepstrup（1989）建議我們按以下方式區分**流動**：

* **國內型**（national）：在本國電視系統中發行流通外國（非本國製作）內容；
* **雙邊型**（bilateral）：將源於某個國家且面向該國觀眾的內容直接傳遞到鄰國；
* **多邊型**（multilateral）：在沒有考慮特定國家觀眾的情況下製作或傳播內容。

　　在**國內型**的情況下，所有內容都由本國媒體發行流通，但其中一些內容來自國外（電影、電視節目、新聞報導等）。**雙邊型**主要指直接的跨國界傳輸或接收，其中鄰國的觀眾會定期接觸到這些內容。例如美國和加拿大、英國和愛爾蘭、荷蘭和比利時之間都存在這種情況。**多邊型**則包括大多數明顯國際化的媒體頻道。第一種類型的國際化在流動和觸達閱聽人的規模上是最重要的，但與此同時，正如我們說過的，它可能受到來自個別國家的控制。

　　Sepstrup（1989）基於這一特徵提出「跨國化效果模式」（model of transnationalizing effects），如圖 9.1 所示。這顯示了三個概念國家之間的關係，其中 X 是媒體內容的主要生產國和出口國，Y 和 Z 是進口國。跨國化效果的三個主要方面是：國內型、雙邊型和多邊型。其中第一個是在進口的基礎上運作的，實際上是一個國家媒體系統透過借用內容實現國際化的過程。這個過程的下一步，如果有的話，是國家系統成為影響其觀眾朝向「國際」方向的代理人，無論是好是壞。為了實現這一點，內容不僅需要被傳輸，而且必須以積極的方式被接收並做出回應。只有在這種情況

下，我們才能談論影響文化和社會的國際化過程。

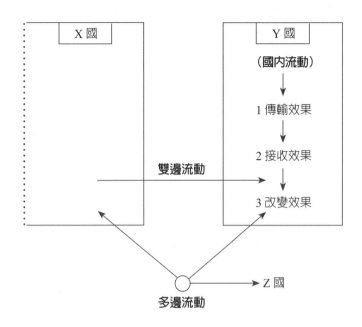

圖 9.1 電視國際化：三種流動

資料來源：McQuail and Windahl (1993: 225), based on theory in Sepstrup (1989)

　　在其他兩個過程中，雙邊流動（bilateral flow）（直接跨境傳輸）的情況最常發生在與鄰國文化、經驗以及通常在語言方面已經有很多共同之處的情況下。隨著網際網路的發展，從一個國家直接流向許多其他國家的多邊流動變得相當重要，因為這促進了多重的多邊流動（multiple multilateral flows）。

　　內容越是經過國家媒體系統的過濾，就越需要進行選擇和改編、重構和重新脈絡化，以適應當地的品味、態度和期望，從而減少了「文化衝突」（culture clash）的可能性。如果接收國在文化和經濟上都高度發展，這種內容轉化會更大。如果來源國和接收國之間已經存在文化親近性（cultural affinity）（因此文化變遷的空間較小），內容轉化過程（在傳輸中）較無用武之地。如果接收國貧窮和發展程度較低，那麼文化距離也較高，且接受外來影響（以新思想或行為的形式）的機會也較低。

　　從上述世界媒體系統的結構來看，任何跨國化效果的方向似乎都非常可以預測，儘管單靠大眾傳播的影響程度非常不確定。藉助網際網路，近用全球資訊和文化資源的可能性大大增加，儘管仍有一些國家嚴格控制和審查這種媒體近用情況。在大多數地方，現在可以在不依賴於傳統媒體的各種守門人的情況下獲取這些內容。這些守門人在發行流通通道的發送端和接收端運作。網際網路（和萬維網）是一個真正的全球媒體，早期網際網路「內容」由「西方」（和英語）主導，無論有多麼多樣化，但現在由於巴西、俄羅斯、印度、中國、南非（所謂的「金磚國家」）和世界其他地方的網路使用、工業發展和創新的興起，這種情況已經得到平衡。現在的一個關鍵問題可能不再是美國或西方在媒體系統跨國化過程的主導地位，而是遍布於網際網路和全球媒體流動的相對不受約束的資本主義企業市場邏輯。

國際新聞流動

　　在全球媒體的背景下，新聞的國際流動值得特別關注。如前所述，新聞全球化真正開始於 19 世紀國際新聞通訊社的興起（參見 Boyd-Barrett and Rantanen, 1998），而且新聞是第一個為了國際貿易而被有效商品化的媒體產品。雖然其中的原因並不完全清楚，但大眾媒體的歷史顯示，提供當前資訊服務對於吸引閱聽人來說一直都很重要。作為印刷和電子媒體的組成部分，「新聞」及「新聞故事」（news stories）已成為相對較為標準化和普遍的類型（standardized and universal genre）。新聞故事可以作為具有價值的有用資訊，可以滿足好奇心和人情趣味，並且特別適合在線上與親朋好友分享，無論是在哪裡聽到或接觸到。

　　電視新聞加速了新聞的跨文化吸引力，透過圖片講述故事，可以添加任何語言或任何「角度」的文字。電視新聞影片通訊社緊隨印刷新聞通訊社的腳步。電視新聞影片與印刷新聞一樣，一直基於新聞「客觀性」的原則，旨在確保事件報導的可靠性和可信度。雖然早期的國際「外國」新聞

主要集中在政治、戰爭、外交和貿易上，但國際新聞的範圍現在已經大大擴展，特別是涉及運動、娛樂界、金融、科技、旅遊、時尚、性……等。

1970 年代，一場關於南北新聞流動不均衡的辯論如火如荼，並且變得高度政治化，陷入冷戰的爭論之中。有一些媒體依附國家（media-dependent countries）試圖利用聯合國教科文組織（UNESCO）作為建立世界資訊和傳播新秩序（NWICO）的手段，該秩序將為國際報導建立規範性的指導原則（參見 Hamelink, 1994; Carlsson, 2003）。它們還提出了以平等、主權和公正為由對新聞報導進行某些控制的主張。這些要求被「自由流動」原則（本質上是自由市場）的捍衛者強烈拒絕，主要是西方政府和西方新聞媒體（見 Giffard, 1989）。一項國際調查報告提出建立一套新的指導原則的建議（McBride et al., 1980），但這份報告在很大程度上被忽視，透過聯合國教科文組織進行改革的途徑也被關閉（見 Hamelink, 1998）。無論在國內或國際上，進入一個新的加速自由化的傳播階段，以及其他的地緣政治變化，導致這場辯論基本上處於停擺狀態，儘管國際新聞流動的基本情況幾乎沒有改變。

然而，在此過程中，關於新聞流動的實際結構和全球新聞業的潛在動態的研究與公開辯論提供了許多洞見。不斷被證實的是，發展程度較高的國家的新聞（無論報紙或電視）通常不會提供很多外國新聞（專業或菁英出版物除外）。外國新聞主要關注的是那些大的、鄰近的、富裕的或與本國語言和文化關係密切的國家的事件。它狹隘地聚焦於本國利益，有時甚至帶有仇外情緒。這可以歸因於對少數持續危機（例如中東地區的衝突）的關注，這些危機攸關已開發世界的利益，由越來越多以臨時和自由撰稿人身分工作的外國特派記者報導，而他們又高度依賴當地的「新聞助理」（fixers）（Palmer, 2019）來完成報導工作。在由新聞事件地點所代表的世界「地圖」上可以發現，實體世界的大片區域系統地缺席，或被壓縮成微不足道的存在（例如 Gerbner and Marvanyi, 1977; Womack, 1981; Rosengren, 2000）。尤其是，發展中國家只有在某些事件威脅到「大國」的經濟或戰略利益時，才有可能進入已開發國家的新聞視野。或者，當問題和災難的規模達到引起遠方和相對安全國家觀眾的興趣時，才會成為被

西方媒體報導的新聞。這種情況似乎無法在網路上得到矯正，因為在已開發富裕國家發生的動盪會導致國際新聞媒體報導同類型的新聞，而這些新聞被報導時往往沒有提供必要的脈絡。

在很大程度上仍然存在的國際新聞選擇的地域「偏見」（provincial 'bias'）的原因不難發現或理解。首先，它們是新聞流動組織方式的結果，受到通訊社和每家新聞媒體本身的守門過程所影響。最終的裁決者是普通的新聞消費者，他們通常被認為對遠方的事件不太感興趣。通訊社蒐集「國外」新聞是為了迎合最終的「國內」閱聽人的興趣，而本國媒體的外國新聞編輯更是採用一套類似但更加精確的標準。其結果是在很大程度上消除了與本國無關或沒有直接關係的遙遠他方的新聞。

關於影響外國新聞結構的因素已經有很多研究。最基本的事實是，新聞流動反映了經濟和政治關係的模式，以及地理上的親近性和文化親和力（Rosengren, 1974; Ito and Koshevar, 1983; Wu, 2003）。新聞流動與國家間其他形式的交易呈正相關，我們需要或想了解與我們進行貿易或友好或不友好的國家／地區。另一個主要因素是權力：我們需要了解可以影響我們的更強大的國家。對於外國新聞選擇還有更詳細的解釋，Galtung 與 Ruge（1965）最早提出，選擇是三組因素的結果：**組織**因素，涉及新聞的可用性和發行；**與類型相關**（genre related）的因素，涉及通常被認為是新聞閱聽人感興趣的內容；以及**社會文化**因素，主要涉及選擇主題的價值觀。

其他對外國新聞關注模式的分析，在很大程度上證實了這些觀點的有效性（最近的跨國比較研究，參見 Segev, 2015; Grasland, 2019）。新聞往往不會關注遙遠且政治上不重要的國家／地區（除了處於某些暫時危機），也不會關注非菁英、思想、結構和機構。像通常理解的那樣，長期的過程（例如發展或依附）不容易變成新聞。然而，我們應該記住，大多數新聞研究都集中在既有「優質」新聞媒體中的「嚴肅」（即政治和經濟）內容和硬性新聞，較少關注可能在數量上或其他方面更重要的領域，特別是有關運動、音樂、天氣、生活方式、文化和娛樂、名人八卦新聞和其他可能很容易成為「新聞」的人情趣味素材。大多數人喜歡的新聞都以此類

主題為主，而且它們很可能具有國際性，反映著全球媒體文化。

Cristina Archetti（2008）對與九一一事件相關的國際新聞的研究展示了上述趨勢的很多細微差別。她對四個國家（美國、法國、巴基斯坦和義大利）的研究檢視了新聞報導引用的消息來源。研究結果顯示，每個媒體通道都有自己獨特的消息來源模式，其中大部分是本國來源。其次，幾乎沒有證據顯示外國的媒體議程被引入，因為新聞選擇是根據國內（本國）的觀點進行的。第三，新聞系統中的較弱角色，例如巴基斯坦，實際上比美國媒體擁有更多樣化的消息來源模式，外國新聞不太可能占據主導地位。總而言之，這項研究對全球化和同質化效果（globalizing and homogenizing effects）都提出了質疑。

單純是因為無限的網路能量與世界各地的便利來源，早年人們對網際網路寄予厚望，期待它能夠擴大國際新聞近用並豐富國際新聞流動。對15 個國家新聞影響因素的研究表明，網絡新聞遵循著與傳統新聞媒體幾乎相同的模式，相關因素也相同，尤其是貿易類型、新聞通訊社、地理鄰近性和文化鄰近性（Wu, 2007; Chang, Himelboim and Dong, 2009）。相比之下，英國媒體與其他國家明顯有別，它與絕大多數邊陲國家有著相當清晰的連結。英國媒體，尤其是 BBC，更傾向於提供新聞報導所涉及的國家的相關網站超連接網址。

方框 9.5 彙整了與新聞流動相關的因素。

9.5

影響國際新聞選擇和流動的因素

- 國外發生與本國相關或本國民眾可能感興趣的事件
- 事件發生的時機和新聞週期
- 可運用的報導和傳遞資源
- 國際新聞通訊社的運作
- 新聞價值
- 地理、貿易和外交類型
- 國家之間的文化親近性（cultural affinity）

全球媒體文化貿易

自1970年代以來，美國以外地區的電視與電影製作和傳播有了大幅進展，使得美國在全球媒體的主導地位相對低於 20 世紀大部分時間。這意味著有更多國家可以透過本國製作來滿足自身需求。Sreberny-Mohammadi（1996）引用的研究結果顯示，例如印度和韓國的本土製作有令人出乎意料的高水準。她警告不要過度解讀「本土化」（indigenization）的證據，因為很多作品都是由大型企業製作，遵循與文化帝國主義的前惡棍相同的邏輯。在歐洲案例的背景下，長期以來一直有人（通常是文化菁英）抱怨「美國化」對文化價值，乃至於甚至文明的威脅。二戰後，美國媒體的主導地位是既成事實，但貧窮國家仍然限制電影進口，扶持新興的國家影視產業。總體而言，電視服務是基於國家公共服務模式發展起來的，並賦予促進和保護國家文化認同一定的優先性。

除了擴張和私有化之外，西歐最近對進口視聽內容的態度受到三個主要因素的影響。一個是歐盟的政治文化方案。第二個是創建一個龐大的歐洲內部市場的目標，而且歐洲視聽產業應該在其中占據一席之地。第三，廣泛希望減少媒體產品的巨額貿易逆差。單向的跨大西洋內容流動被認為有損上述每一個目標的達成。根據 Tunstall 與 Machin（1999）的說法，透過建立歐洲單一市場並對外開放競爭，主要受益者還是美國出口商，

文化和經濟動機與爭論的混合讓這個問題變得相當複雜，但歐盟接受了開放市場的原則。由此產生的妥協讓自由貿易和文化主權的原則得以延續，儘管對事件的進程沒有太大的實際影響。歐盟保留並引入了一些保護歐洲電視和電影產業的政策（特別是其「電視無疆界指令」，該指令賦予歐洲產製的內容某種特權），各國的媒體政策也有助於補貼本地媒體製作，例如瑞典的電視政策、丹麥的電影政策、韓國的遊戲和南非的廣告政策。

儘管對於國內市場而言，媒體進口內容基本上是由於產品對媒體觀眾的吸引力（無論是真實還是感知上）所致，但同時也清楚地看到，在任何一個國家，最受歡迎的電視節目（收視率最高）和電影（票房銷售）幾乎

總是本國製作的（即使是基於國際媒體格式）。美國出口內容的價格總是根據特定市場情況進行調整，並且操作中存在著「文化折扣」（cultural discount）因素，將價格與出口國和進口國之間的文化親近性聯繫起來（親近性越低，價格越低）（Hoskins and Mirus, 1988）。從美國進口的內容主要是戲劇和虛構作品，意味著其他國家難以負擔製作這些內容的成本考量，而非單純因為美國影視產品的吸引力或優越品質。

MTV 這個最早且最大規模的跨國媒體頻道的故事，正如 Roe 與 de Meyer（2000）所述，反映了在 1980 和 1990 年代帶頭「入侵」歐洲和世界其他地區的跨國衛星電視頻道在日後的普遍情況。MTV 最初在吸引主要以英美流行音樂為主的年輕觀眾方面非常成功。然而，德國、荷蘭和其他地方的競爭頻道迫使其採取區域化政策，使用「當地」語言，但音樂內容並未有顯著改變。這一過程持續進行，但成功的範圍越來越有限，結果似乎是觀眾最終（也）希望在媒體中看到屬於他們自己的明星、語言和文化。

由於本書主要關注大眾媒體，它在很大程度上忽略了其他形式的文化全球化，儘管這些形式通常與媒體相關且相互影響。富裕國家一直以來都從殖民地、附屬國和貿易夥伴那裡吸收文化元素，包括思想、設計、時尚、美食、植物等等。移民群體也將他們的文化帶到同一個富裕國家而傳播。符號象徵文化的擴散現在也透過媒體、廣告和行銷進行，通常透過尋找新產品來滿足消費者的生活風格需求。這種傳播是雙向的（核心和邊陲）。Moorti（2003）描述了印度紋樣進入美國時尚文化的案例，特別是印度紅（bindi，用於身體上的朱砂印記）和鼻環。這些符號被美國女性接受為時尚宣言，也是世界主義和異國情調的象徵，但白種和亞洲女性之間的層級關係並沒有任何改變。Moorti 把這種現象稱為「符號象徵意義上的同類相食」（symbolic cannibalism），這是一個「商品化」的典型案例，而非真正的「多元文化主義」（multiculturalism）。類似的案例還有很多。

遊戲產業是一個非常成功的全球媒體產業的案例，它以跨文化的方式混合和傳播文化產品，例如日本的「寶可夢」和「超級瑪利歐」系列，

在引用西方和東方角色與影響的同時獲得全球讚響。遊戲產業的另一個例子顯示這些改編可能具有的爭議性，即流行射擊遊戲《德軍總部》（*Wolfenstein*）的德國版本被嚴格審查，刪除或替換其中的納粹意象以符合當地法律。數位遊戲的本土化已成為一個複雜的過程，其中特定的故事情節、角色和設計元素都經過精心調整以適應當地的敏感性和口味。以消費者為中心的本土化、跨國化和國際化實踐現今在全球遊戲產業（Kerr, 2016）及電視和電影（Esser, Smith and Bernal-Merino, 2018）中相當常見。

全球媒體文化、全球媒體研究

　　（文化）身分認同和社區／共同體這兩個由媒體全球化引起的反覆出現的辯論和研究主題，在「永遠在線上」的數位媒體時代得到更新。首先，進口的媒體文化被認為會阻礙本土文化的發展，甚至阻礙一個國內許多地方和區域文化的發展。通常，這與處於強勢大國陰影下的弱小國家有關，例如加拿大相對於美國，或是愛爾蘭相對於英國的情況。

　　上述問題的基礎是一個強烈的「信仰體系」，認為文化既是國家和地區的珍貴集體財產，而且很容易受到外來影響的威脅，尤其是來自世界最富裕地區的影響。國族文化（national culture）被賦予的價值根植於 19 世紀和 20 世紀發展起來的思想，當時民族獨立運動往往與重新發現獨特的民族文化傳統密切相關。雖然新建立的國界（通常是被發明的）與民族的「自然」文化劃分之間經常缺乏相關性，但這並未改變關於國族文化內在價值的修辭。

　　一些少數民族面臨的處境也類似，他們被困在一個更大的民族國家之中，而且自治權有限。儘管在特定情況下通常很清楚其所涉及的內容，然而國族或文化認同（national or cultural identity）的含義存在很多混淆。Schlesinger（1987）提出一種透過「集體認同」（collective identity）概念來解決此問題的取徑。從這個意義上說，集體認同在**時間**上持續存在並且抗拒變革，儘管其生存也需要有意識地表達、強化和傳遞。出於這個原

因，獲得相關傳播媒體的近用和支持顯然很重要。電視可以透過語言和再現在支持國族認同上發揮重要作用。援引加泰隆尼亞的經驗，Castello（2007）提出了一個令人信服的案例，即一個國族需要有自己的虛構作品，因此需要有助於其繁榮的文化政策。此外，由於國際媒體流動有利於富裕的西方國家，且電子頻譜往往分布不均，全球媒體文化本質上即偏向於掌握著世界上大部分媒體和電信基礎設施的富裕國家的價值觀和優先事項。媒體國際化在一定程度上導致同質化或「文化同步化」，以及各種形式的文化帝國主義（Miller and Kraidy, 2016: 28ff）。根據 Hamelink（1983: 22）的觀點，這一過程「意味著一個特定國家的文化發展決策是根據另一個強大的核心國家的利益和需求做出的。然後，它們以微妙但毀滅性的效力強制實施，而不考慮依附國的調適需求。」結果，文化變得不那麼獨特、凝聚力變弱，也不再那麼專屬於某個國族。

　　媒體全球化的其中一個文化影響可能會被忽視，因為它是那麼顯而易見的：全球媒體文化的興起（見 Tomlinson, 1999）。透過大眾傳播（和新媒體），不乏文化主題、風格、形象和表演在全球範圍流通和消費的例子。全球媒體文化在某種程度上的典型是強調新奇、時尚、名人（各領域）、運動、青年和性。名人文化中的特定明星通常是真正的全球性明星；有時是本地明星，但現象本質上是相同的。這並非偶然，國際媒體被認為在推動這種文化方面有一定的功勞（或受到指責）。這一趨勢在新聞和娛樂領域同樣普遍存在。根據 Thussu（2009a）的說法，以美國市場驅動模式為基礎的電視全球化導致了「資訊娛樂」（infotainment）在全球傳播，無處不在，遵循同一套新聞價值標準，新聞和消息來源也往往相同。雖然這樣一種全球媒體文化看似無價值取向，但實際上它體現了西方資本主義的許多價值觀，包括個人主義和消費主義、享樂主義和商業主義。另一方面，正如 Henry Jenkins（Jenkins et al., 2016）等觀察家所指出的，全球媒體文化也可以成為國際青年行動主義的遊樂場，並且可以稱為「玩樂」型的公民身分（'playful' type of citizenship），他們利用流行媒體文化中廣為人知的符號來提高人們對各種重要的地方和全球議題的意識，例如難民困境、氣候變遷等（Glas et al., 2019）。

　　關於全球媒體文化的第二個關鍵問題是它對人們的社區意識和體驗的影響。幾乎每個人，即使是那些不一定有上網或連接媒體的人也不例外，都會在某個時刻被媒體吸引。在此過程中，很可能會形成新的共處方式、組建群體和聯盟、與他人社交，或以其他方式保持歸屬感。越來越多的人，無論老少，透過媒體相互交流的方式被視爲一種新的社區形式。網路社區的承諾往往被認爲是在彌合現有的社會分歧，或是將抱持相似信念的人聚集起來。Pippa Norris（2002）根據各種國際研究計畫的數據，斷言大多數線上群體同時具有這兩種功能，她的結論得到最新的一些研究證實。這種社群意識可能與舊的、前現代社會網絡沒有什麼不同，因爲這些社交網絡也主要基於血緣、鄰近性、同儕地位和相互依賴的關係，這些關係是透過家族近親、工作或學校環境來定義的。

　　將新興的社區形式（和社會規範）與新媒體聯繫起來，Ito（2005）指出了一種新興的「超社交性」（hypersociality），人們在日常生活中發展並展現與可客製化的互動媒體形式（例如電子遊戲和電視劇與網站結合）相關的身分認同。Wittel（2001）提出了一種「網絡社交性」（network sociality），感嘆人們在網上擁有的短暫、轉瞬即逝的聯繫和接觸。Lash（2002）對社區和媒體問題進行了廣泛研究，他認爲，以前持久的和近距離的社會紐帶，例如鄰里社區、大家庭、同事之間的聯繫，正在逐漸讓位給遠距離的社會紐帶，並且通常是屬於「溝通性」（communicational）的暫時紐帶。

　　關於社區「虛擬化」（virtualization）的說法，即社區創建和維護幾乎完全可以依賴網際網路，可能有忽略了歷史先例的風險。早期關於社區形成和保存的研究表明，在世界的城市和鄉鎮中，社區的界限和實踐往往是與偶然性、關係性、時間性、象徵性和排他性相關，這與線上社交網絡、聊天群組或大型多人線上角色扮演遊戲中的情況相似（Castronova, 2005; Massey, 2007）。一種將線上和線下社區結合起來的觀點被發展爲「網絡個人主義」（networked individualism），它被定義爲社會從單一、本地、通常團結的家庭和社區中基於群體互動，轉變爲透過數位科技以鬆散的個人網絡相連的一些個體（Quan-Haase et al., 2018），這反過來又引

發對數位不平等的嚴肅關切，以及網絡個人主義如何在「壽命、性別、種族和階級，以及醫療、政治、經濟活動和社會資本」等方面緩解或加劇現有的不平等問題（Robinson et al., 2015: 569）。

方框 9.6 彙整了全球化可能的主要影響。

9.6

全球化的文化影響：潛在影響

- 文化同步化
- 文化帝國主義：削弱國族、地區和地方文化
- 文化符號的商品化
- 文化形式的混雜與演化
- 全球「媒體文化」（global 'media culture'）的崛起
- 文化的去疆域化
- 線上與線下社群的整合
- 數位不平等狀況出現

我們是否擁有真正的全球媒體文化，取決於「媒體」和「文化」在這個情境下的含義。Flew（2018）認為，有相當多的證據顯示，透過媒體匯流來實現文化全球化這件事並沒有發生（參見方框 9.7 中所引述的話）。

9.7

全球媒體、全球文化

隨著媒體日益成為這種傳播系統的核心，如果從更具結構意義上的共享符號秩序來理解文化，那麼全球媒體可能確實正在產生全球文化的形式。……然而，如果從人類學意義上理解文化的概念，即作為一種**鮮活和共享的經驗**，或是「一個民族的生活方式」，那麼就很難說我們生活在一種全球文化中，或是說我們正走向一個全球文化。（Flew, 2018: 22，粗體字強調處為原文所加）

　　鑑於網際網路實現的全球相互連接、國際媒體流動的活力，以及在全球媒體文化背景下對文化身分和社區的關注，Miller 與 Kraidy（2016）勾勒了一個全球媒體和大眾傳播研究的輪廓。他們提出了一種混雜取徑（hybrid approach），包括但不限於社會科學和人文科學，並關注全球媒體的生產、發行和接收如何解決或強化「文本、科技、環境和勞動力」的不平等交換（同上註：36）。全球媒體研究的這一議程使我們意識到，全球資訊傳播科技基礎設施與主要由廣告和資料探勘（data mining，或譯數據挖掘）支持的主導媒體產業的政治經濟密切相關，需要將媒體研究「擴大到全球人類的範圍」（同上註：180）。

全球媒體治理

　　在沒有全球政府的情況下，國際傳播不受任何中央或一致的控制系統約束。自由市場和國家主權的力量相結合，使其保持這種狀態。然而，有相當多的國際控制和監管規範確實限制了以國家為基礎的媒體，通常是出於必要或互利的自願合作的結果（ÓSiochrú and Girard with Mahan, 2003）。在大多數情況下，此類監管旨在促進全球媒體在技術和貿易事務方面的發展，但其中有些元素涉及規範性事務，儘管不具約束力。

　　全球治理的起源可以追溯至 19 世紀中葉的萬國郵政聯盟（Universal Postal Union），旨在促進國際郵政服務的協議。大約在同一時間（1865 年），國際電報聯盟成立，旨在協調互連並建立資費協議，隨後擴展至無線電頻譜的責任。在這兩種情況下，政府和國家壟斷事業都發揮了關鍵作用。二戰後，聯合國成為大眾媒體問題的辯論場所，特別是關於表達自由（受《聯合國憲章》保障）、國家傳播的自由和主權問題。1978 年，聯合國教科文組織在第三世界國家的要求下，試圖引入一份媒體宣言，闡明國際媒體的一些行為準則，特別是與戰爭宣傳和敵對報導有關的原則。西方國家和自由市場媒體的反對導致了它的失敗，但它確實將一些新的、有爭議的問題搬上關切和辯論的議程，並有助於肯認某些傳播權利和義務。

國際上也有一些法規，包括韓國的《2011 年個人資訊保護法》（Personal Information Protection Act of 2011）、歐盟 2016 年的《通用數據保護條例》（GDPR）、巴西的《2018 年綜合數據保護法》（2018 Lei Geral de Proteçao de Dados, LGPD）和澳洲的《2018 年隱私法》（2018 Privacy Act），為那些因通訊和個人資料濫用而權益受損者提供某種救濟措施。

由於朝向鬆綁監管和私有化的典範轉變，加上基於電腦和電信的新「傳播革命」，關閉了通向更大規模的國際監管（international normative regulation）的道路。但同樣的轉變增加了在一系列問題上進行技術、行政和經濟合作的需要。網際網路的發展，尤其是平台公司（platform companies）的迅速崛起，激起了國際監管的呼聲。

以下機構目前在新興的全球治理體系中扮演著各種關鍵角色：

- 國際電信聯盟（The International Telecommunication Union, ITU）由各國政府提名的代表組成的理事會治理，負責處理電信技術標準、頻譜分配、衛星軌道等問題。
- 世界貿易組織（The World Trade Organization, WTO）在經濟事務上擁有巨大的權力，並且對媒體的影響越來越大，因為媒體成為規模更大的事業且越來越商業化。其中的核心問題涉及自由貿易和保護，以及對媒體政策的國家主權限制的意涵。歐盟保護（公共）廣播的政策因此而岌岌可危。除歐盟外，北美自由貿易協定（NAFTA）等區域貿易組織也可能影響媒體問題。
- 聯合國教科文組織（The United Nations Educational, Scientific and Cultural Organization, UNESCO）是聯合國的一個分支機構，成立於 1945 年，在文化和教育事務上擁有廣泛的職權，但實際權力有限。它在表達自由和網際網路等問題上的表現活躍，並且越來越多地投資於媒體素養（media literacy）的相關倡議行動。
- 世界智慧財產權組織（The World Intellectual Property Organization, WIPO）成立於 1893 年，其主要目標是協調相關立法和程序，解決權利人、作者和使用者之間的紛爭。

- 網際網路名稱與數位位址分配機構（The Internet Corporation for Assigned Names and Numbers, ICANN）是一系列治理機構的最新成員。它是一個旨在代表網際網路使用者社區的非營利性公私聯營機構。它始於 1994 年萬維網私有化後，主要功能是分配地址和域名，以及一些服務器管理功能。它幾乎沒有能力直接處理與網際網路有關的新社會問題和其他問題。它過去向美國商務部和國家電信和資訊管理局（NTIA）負責，但從 2016 年開始，ICANN 的協調和管理轉交給私部門代表、技術專家、學者、民間社會、政府和個人網際網路終端用戶組成的全球多方利益攸關者社群。
- 網際網路治理論壇（The Internet Governance Forum, IGF）是一個多方利益攸關者的論壇，用於就網際網路治理問題進行政策對話，於 2006 年應聯合國的要求成立。
- 對於與國際媒體有關的問題，還有許多其他機構具有不同的職權範圍。許多代表著不同的產業利益，包括出版商、記者和製作人的利益。還有許多非政府組織（NGOs）為「公民社會」（civil society）的利益發聲。由於上述原因，有效的監管仍然主要侷限於技術和經濟問題，而不是社會和文化問題，表達自由和消費者數據保護可能除外。然而，有許多跡象表明國際主義正在增長，並且可以說，在以國家為基礎的分析框架之外，還需要一個全球性的分析框架。

本章小結

　　全球媒體和大眾傳播已成為現實，而且自 20 世紀下半葉以來，幾乎可以肯定，全球化的條件持續加強。這些條件包括：媒體和資訊傳播科技產業存在一個充滿活力的商業市場；存在並尊重有效的「資訊權」（right to information），從而實現政治自由和言論自由；以及能夠提供快速、大容量和低成本的跨國界和遠距離傳輸通道的科技。然而，實現全球發送或接收的真正機會以及其發生的可能性取決於更平凡的事情，尤其是與國家

媒體系統及其與其他系統的連接程度有關的事情，以及新舊數位鴻溝的持續存在。

矛盾的是，美國恰好具備了所有上述條件，但它卻是最不可能成為從自身國境以外傳入的大眾媒體的受益國之一。這不適用於其他的許多產業，因為美國從世界各地輸入「文化」以及其他產品。〔美國人接觸境外國際媒體的〕手段是有的，但意志和動力似乎付之闕如。最有可能真正體驗到國際媒體的國家往往是那些小而富裕的國家，它們有足夠的實力維護一個有活力的國族文化，並享受全球資訊社會帶來的多樣化成果。要使全球大眾傳播繁榮發展，就必須對這些成果有所認識或是產生某種迫切需求，而網際網路無疑為這種共享的媒體文化奠定了基礎。

全球傳播若要成為公共傳播的一個更重要組成部分（而不只是媒體市場的重要元素），一個條件是持續向全球政治秩序和某種形式的國際政府發展，儘管這一趨勢在許多地區都受到加強國家主權發展的制衡，包括那些長期以來一直引領全球媒體文化發展的國家，例如英國和美國。

進階閱讀

Archetti, C. (2008) 'News coverage of 9/11 and the demise of the media flows, globalization and localization hypotheses', *International Communication Gazette*, 70(6): 463-485.

Flew, T. (2018) *Understanding Global Media*, 2nd edition. London: Palgrave Macmillan.

Miller, T. and Kraidy, M.M. (2016) *Global Media Studies*. Cambridge: Polity Press.

Robinson, L., Cotten, S.R., Ono, H., Quan-Haase, A., Mesch, G., Chen, W., Schulz, J., Hale, T.M. and Stern, M.J. (2015) 'Digital inequalities and why they matter', *Information, Communication & Society*, 18(5): 569-582.

Sklair, L. (2000) 'The transnational capitalist class and the discourse of globalisation', *Cambridge Review of International Affairs*, 14(1): 67-85.

Tunstall, J. (2007) *The Media Were American*. Oxford: Oxford University Press.

第四篇　組織

10

媒體組織：結構和影響

　　大眾傳播理論最初對媒體訊息起源地知之甚少，除了模糊地將「大眾傳播者」指定為來源。發送訊息組織被認為是理所當然的存在，理論焦點一開始就擺在訊息本身。對媒體產製的研究，從描述媒體職業特別是電影和新聞業開始（Rosten, 1937, 1941），逐漸擴大其關注點，以納入可能會影響產出內容的專業文化和媒體工作的職業脈絡。

　　本章依次探討在大眾傳播的製作和處理階段所產生的各種主要影響力。其中包括來自社會、科技和媒體市場等外部影響，以及來自所有者、廣告商和閱聽人的影響。這些影響，主要是從「傳播者」本身的角度來看的。同時也關注媒體組織的內部關係，以及其中遭遇到的衝突、緊張關係和問題。主要的緊張關係源於媒體製作中持續出現的困境，包括在利潤與藝術或社會目的之間潛在的衝突，以及在創意和編輯自由與日常和大規模製作需求之間協調的問題，以及與那些要求嚴格、「參與式」閱聽人的互動。

　　本章的首要目標是識別和評估各種組織和傳播因素對實際產出的潛在影響。有關媒體產製的研究非常重要，有助於理解媒體和大眾傳播過程中這個相對不可見和難以接觸的面向。它揭示了媒體產製已成為文化、經濟和政治生活重要組成部分的產業之內部運作，並從理論上探討中介訊息在內容生產者和使用者之間的交流中意味著什麼的問題。

　　媒體產業結構的重大變化，特別是全球化、所有權集團化、組織碎片化和勞動脆危性（labour precariousness）的過程，提供了新的理論挑戰。網際網路還催生了新型媒體組織，並擴大了閱聽人作為內容共創者（co-creator of content）的角色。

研究方法和觀點

　　第 8 章介紹了一個非常簡單且通用的框架，可以用來提出問題。結構特徵（例如規模、所有權形式和媒體產業功能）對特定媒體組織的行為有直接影響。行為指的是所有系統性活動，這些活動又會影響績效表現，即產製和提供給閱聽人的媒體內容和服務的類型和數量。根據這個模式，我

們不僅要看媒體組織的內部特徵，還要關注它們與其他組織以及更廣泛社會的關係。

在接下來的內容中，大多數研究和理論都是「以媒體爲中心」而非「以社會爲中心」（見第 1 章），從媒體內部的視角進行觀察和記錄，而這可能導致高估組織對內容的影響力。從「以社會爲中心」的觀點來看，媒體組織所做的大部分事情都是由外部社會力量決定的，當然也包括媒體閱聽人的（眞實或感知的）品味和需求。媒體產製研究的歷史往往受到這種組織偏向的影響，因爲社會學家（主要在法語和英語世界）從 1960 年代後期開始研究藝術和娛樂的產製現象。此類研究往往受到文化產品日益增長的經濟重要性、對「文化商品化」（Miège, 1979）的關切，以及各國政府爲促進、補貼和保護某些媒體產業（例如國族電影和公共廣電）而興起的文化政策所鼓舞。早期製作研究的第二條主線基於更全面的政治經濟學取徑，關注傳播的產製、發行和消費與歷史和文化背景的關係（Mosco, 1996）。隨著媒體產業作爲社會機構和經濟力量的重要性不斷增長，管理研究、商業研究和政策研究的學者開始關注此一領域（Hesmondhalgh, 2010）。所有這些學術研究傾向於發現整個媒體產業存在著的結構上的不穩定和不平等的權力關係，通常是高度類型化、公式化和常規化的活動和流程，以及越來越複雜的製作，跨越並混合多種媒體，以吸引（消費和共創的）閱聽人的注意力（Deuze, 2007）。

主要的研究方法是進行參與觀察，觀察媒體從業人員的工作情況，或者深入訪談相關資訊提供者。然而，這種方法需要得到所研究的媒體組織的合作，而這往往很難獲得。在某些方面，調查研究提供了必要的額外資訊（例如關於職業角色和社會組成的問題）。此外，還進行了基於市場統計、銷售數據、公開可獲得的所有權和財務紀錄的研究，儘管這主要由媒體和大眾傳播領域之外的學者進行。

總的來說，基於媒體組織的研究而形成的理論雖然是破碎零散，但還是具有相當程度的一致性。它支持這樣一種觀點，即媒體內容受組織慣例、實踐和目標的影響，大過於受到個人或意識形態因素的影響。然而，這一命題本身對其他解釋持開放態度，它可以被理解爲所有權和控制影響

內容，從而支持社會批判觀點。或者它可以反映這樣一個事實，即任何一種標準化或大規模生產過程都會對內容產生某種系統性影響。從後一種觀點的角度來看，媒體內容中觀察到的「偏向」更可能是由工作慣例而非由隱藏的意識形態所引起的。

主要問題

David Hesmondhalgh（2010: 6-7）將媒體產業、組織和產製研究的核心問題整理如下：

- 組織：媒體產品來到我們這裡的過程是什麼？它們的產製是如何被組織、協調和管理的？
- 所有權、規模和策略：媒體公司的規模和所有權有多重要，小公司的角色是什麼？
- 工作：媒體產業的工作性質是什麼？

在這些擔憂中，一個關鍵問題涉及媒體組織相對於更廣泛的社會所擁有的自由程度。例如組織內部可能有多少自由，以及那些以自由／特約（freelance）、外包（outsourced）、分包（subcontracted）或其他「非典型」（atypical）方式為媒體產業工作，而在媒體組織外部工作的人的相對自主權（或缺乏自主權）。媒體和大眾傳播產製研究的第二個重要主題涉及對媒體專業人士、製作人、組織和產業的影響。這兩個問題大致對應著結構因素對組織行為的影響，以及後者對產生的內容的影響之雙重性。Reese 與 Shoemaker（2016）提出了關於結構與組織因素對內容的影響的五個主要假設，如方框 10.1 所示。

---**10.1**---

關於內容影響因素的假設（Reese and Shoemaker, 2016）

- 內容受到媒體工作者的個人特徵、社會化和態度的影響（以傳播者為中心，個人層次的取徑）
- 內容受專業慣例、儀式和常規的影響
- 內容受特定媒體組織文化的影響
- 內容受經濟、政治和文化因素相互作用的影響（媒體的中層環境）
- 內容受到媒體營運的更大社會系統的影響（包括全球化、商品化和意識形態等宏觀因素）

正如 Reese 與 Shoemaker（2016）所指出的，影響媒體產業和組織的許多發展呈現出動態且趨於匯流的特性，這使得人們更加意識到單一問題（例如科技在媒體產製中的角色）應該在這些分析層次上進行研究。一般而言，他們提出的「影響層級模式」（hierarchy of influences model）假設媒體組織並不真正具有自主性，而是被其他力量（尤其是科技、政治和經濟力量）所滲透。外部力量塑造媒體營運的程度越大，這一假設就越有可能成立。

很難將「媒體組織」說成是有一個單一的理想類型形式。這個術語最初主要是基於獨立公司的模式，例如早期的報紙，其中的管理、財務控制、資訊蒐集、編輯和處理、內容（新聞）的製作，以及印刷和發行等主要活動都在同一個屋簷下進行。這種模式在一般媒體中並不常見，例如電影、書籍出版或音樂產業並不適用，最多僅適用於一部分的廣播和電視媒體。幾乎不可能將它應用於大多數所謂的「新媒體」，它們將幾個獨立且完全不同的組織職能相互關聯。

組織形式的多樣性與可能符合「大眾傳播從業者」的職業群體的多樣性相匹配。這些職業群體可能包括電影大亨和報業鉅子、演員、電視製作人、電影導演、編劇、書籍作者、報紙記者、廣電新聞記者和網路新聞記者、詞曲創作人、音樂 DJ、音樂家、文學經紀人、報紙和雜誌編輯、網站設計師、廣告創意人、公關從業人員、遊戲開發人員、藝術家和曲目

（'A&R'）經理等等。這些類別中的大多數可以根據媒體類型、工作組織的規模或地位、就業狀況等再做細分。越來越多的媒體工作以自由／特約撰稿人或其他創業方式進行，許多媒體從業人員不屬於單一的生產組織，即使他們可能是專業或手工藝協會的成員。結果，「大眾傳播從業者」和「媒體職業」的概念幾乎與媒體組織的概念一樣具有流動性。

　　對於何謂媒體組織和大眾傳播從業者的界定存在不確定性，這種不確定性還受到當代觀念的影響，即在日益趨於非正式化的勞動市場中，個人專業人士成為自己的「組織」。從事產製研究的學者認為，在一個以「液態性」（liquidity）、流動性（mobility）和缺乏分隔為特徵的世界中，這種不確定性是媒體工作的主要特徵（Hesmondhalgh and Baker, 2011; Deuze and Prenger, 2019）。這種不確定性影響著媒體製作價值鏈的各個方面，包括在數位線上環境中如何講述故事的方式，從而使得媒體通道之間的明確界限變得模糊。相同的內容可以出現在許多媒體平台上，無論是複製黏貼（例如多媒體製作），還是為了滿足每種媒體的要求（即跨媒介製作），或是以一種跨媒介敘事形式（transmedia storytelling），即作為跨越多個媒體的複雜敘事或「故事世界」的一部分，可能包括消費者的參與（Jenkins, 2006; Scolari, 2009）。儘管平台公司的搜尋和推薦演算法在一定程度上充當了新的守門人，但透過網際網路觸達大量閱聽人的潛力還沒有被專業或經濟壟斷。此外，社交媒體充當媒體內容的來源、產製者、發行者和推廣者，部分是由於媒體組織刻意為之，但通常超出了專業媒體產製者的控制範圍。

　　儘管存在這種不確定性和多樣性，但嘗試將媒體組織問題置於一個共同框架中仍然是有意義的。一個有用的步驟是從分析層次進行思考，以確定媒體工作的不同階段、組織活動單元之間，以及媒體與「外部世界」之間的重要關係。例如 Dimmick 與 Coit（1982）描述了一個具有九個不同級別的等級結構，在這些等級結構中可以行使影響力或權力。影響力的主要層次和相關來源按照與生產點「距離」遞減的順序排列，分別是超國家（supranational）、社會、媒體產業、超組織（supra-organizational）（例如媒體集團）、社區、組織內部和個人。Weischenberg（1992）使用了一

個有點類似「洋蔥」模式（'onion' model）來區分媒體系統（社會脈絡、標準和法律、媒體政策）、媒體機構（政治、經濟、科技和組織要求）、媒體內容（媒體形式和通道、來源、觀點和目標）以及媒體行動者（專業傳播者的個人層次）。前述由 Reese 與 Shoemaker 提出的「影響層級模式」（他們在 1991 年首次提出，並在 2016 年做了更新和修改）被廣泛使用。這個模式中其實並沒有所謂的層級結構，因為「較高層級」的影響因素在力度和方向上不具有優先性。

　　總的來說，將媒體傳播從業者、組織及其環境之間的關係視為原則上是互動的和可協商的是適當的，還應強調媒體組織在其自身的「邊界」（儘管具有可穿透性）內運作並保持一定程度的自主性。Dimmick 與 Coit、Weischenberg 以及 Reese 與 Shoemaker 的模式都肯認執行媒體工作並受到組織要求影響的個人的重要性，但同時也擁有一定的自由度來定義自身角色。接下來的大部分討論都與「組織層次」的核心領域有關，但也考慮到工作組織與更廣泛的媒體機構和社會的其他行動者與機構之間的跨界關係。

　　從第 7 章可以清楚看到，媒體組織在與更廣泛的社會關係中，受到正式或非正式的監管和影響，雙方都有相應的期望。諸如基本的出版自由和許多專業活動的道德準則等問題是由特定社會的「遊戲規則」所規定的。這意味著，媒體組織與其環境之間的關係不僅受法律、市場力量或政治權力的支配，還受到不成文的社會和文化準則與義務的約束。

媒體產業的結構和組織

　　在公共關係、行銷、廣告和新聞等多元及相互關聯領域營運的媒體公司，傳統上被視為文化產業，代表著那些主要負責文化工業生產和流通的公司和職業（Hesmondhalgh, 2018）。文化工業最初是由阿多諾（Adorno）與霍克海默（Horkheimer）在 1948 年定義的，指涉的是從事文化作品的創作、工業再生產和大規模發行的公司和企業。1990 年代後期，澳洲和

英國政府在其政策中擴大了這一定義，以調整（並推動）本國經濟從製造業和農業生產轉向「創意」經濟。英國率先將「創意產業」（creative industries）定義為「源於個人創造力、技能和才華的產業，透過智慧財產權的生成和利用，這些產業具有創造就業和財富的潛力。」（'Creative Industries Mapping Document', Department for Digital, Culture, Media and Sport, 2001）

　　「創意產業」的概念旨在調和發生在文化產業當中的越來越多的個人和小規模、項目導向或其他形式的商業和非營利媒體與文化生產的制度化觀念（Hartley, 2005）。在此過程中，媒體產業（廣告、電影和影音、遊戲、音樂、出版、電視和廣播）與文化遺產（博物館、自然景觀）、節日、（藝術）攝影、建築、藝術和古董市場、手工藝、（平面）設計、時尚和表演藝術被一起納入。

　　此處可提供兩個反對將「文化工業」和「創意產業」混為一談的論點。首先，可以對將個體文化工作和大眾文化生產合併提出基本批評，因為這種合併「將創造力降格為市場的形式冷漠」（Neilson and Rossiter, 2005: 8）。特別是關於媒體作為文化工業的結構和主要特徵，Miège（2019）指出文化工業與創意產業之間至少有四個關鍵差異（如方框 10.2 所彙整的那樣）。

10.2

媒體作為文化與創意產業的特殊性（Miège, 2019）

- 媒體產業有許多常規化的生產實踐；在創意產業中，生產實踐方式的異質性較高
- 創意產業必須將更大部分資源用於固定資產（例如排練和表演空間）和實體發行（例如商店）
- 媒體產業擁有非常多樣化的產品，可以很容易地進行大規模（甚至全球）複製
- 媒體產業的工作條件基於明顯的工業生產環境中的工匠職人精神（artisan appeal）

媒體產業的一個基本特點，涉及到其結構和組織方式，就是其產品和服務的不可預測性，這是經濟學家 Caves（2000）所描述的「無人知曉」原則（the 'nobody knows' principle）：由於很難預測觀眾對產品的反應，因此存在不確定性，市場的成敗也不容易理解。媒體產業往往採取一系列策略來應對生產商品和服務中存在的巨大不確定性和風險，例如計算成本時以系列或目錄為單位而不是以產品為單位；定價時設定寬鬆的利潤空間；不支付工資，而是依賴項目合約和各種形式的無償工作；以及將經濟風險分配給較小的分包商，要求它們承擔藝術風險和創新（Miège, 2019: 76）。這又與整個媒體產業組織工作的具體方式有關，因為公司和企業往往僅有一小部分固定員工，將大部分實際產製工作分包和外包給沒有正式身分的大量專業人士（通常透過著作權法執行和特約等方式在作品完成構思後支付薪酬）。正如 Miège 所指出的，這種結構性的作法「有助於提供靈活的管理方式，管理強大的藝術和知識勞動力，使其能夠隨時適應任何數量的新需求：類型、形式、標準、科技、市場。」（同上註）

主要的大眾媒體產業，包括廣告（含行銷傳播和公共關係，因為這三個專業通常在「全方位服務」的廣告代理商或商業網絡的背景下一起運作）、電影、廣播（電視和廣播及線上串流媒體服務）、新聞、數位遊戲、音樂和錄音，共享著越來越相似的產業結構，呈沙漏狀。大眾媒體產業的沙漏結構（如第 8 章所討論的）源於兩個同時發生的發展狀況：媒體通道和媒體產品的數量一直在快速增長，而媒體公司變得越來越大，經常透過結合或與競爭對手合作，並且收購新創公司。因此，用圖示方式概述媒體產業組織和企業，可以看到就業分布中的「沙漏效應」，人們集中在少數大公司工作，或是在越來越多的小型和微型企業工作，而中型企業的就業人數較少，甚至在下降（Deuze, 2007: 61）。較大的媒體公司致力於實現某種水平和垂直整合。水平整合透過擴展對單一行業的整個生產和分銷過程的控制來實現，在廣告業中，這意味著大多數著名的廣告公司已被宏盟集團、埃培智集團、哈瓦斯集團（Havas Group）和陽獅集團等大型策略控股集團收購。在其他媒體中也可以觀察到類似的趨勢，這些集團通常是更大企業集團的一部分，這意味著透過結合相關或互補業務來實現水

平整合。

在沙漏的另一端，你會發現無數的小企業，從個體媒體企業家到小公司，以及合作專業人士的鬆散網絡，通常以兼職、特約／自由接案、受僱、分包或其他臨時方式工作。例如主要的電影、遊戲和音樂公司一直在與所謂的「獨立」製作公司、「精品電影」或「藝術電影」製作公司及唱片公司維持平衡關係，以發現、培養和推廣新人才（並將風險從主營業務中重新分配）。例如在遊戲產業中，第三方開發者或「Indie」〔獨立（independent）一詞的縮寫〕開發工作室扮演重要角色，它們開發自己的遊戲並試圖賣給發行商，或直接在線上向遊戲玩家推廣。媒體作為一個產業的歷史顯示兩種類型的媒體組織如何相互需要，一種是為了開發和外包專業活動（例如創新和實驗），另一種有時擔當有影響力的贊助商或客戶。

總體而言，媒體製作往往發生在特定機構的辦公室和工作空間：製作公司、開發工作室、公司結構。然而，大部分工作是偶然的、自由／特約和臨時的。人們不斷進出這些機構，不斷重構創作過程。媒體產業的工人流動速度往往較快，無論是全職員工，或是短期受僱或分包的工人皆然。企業和公司可以被理解為「有人居住的」（inhabited）機構（Hallett and Ventresca, 2006），其中有不斷進進出出的專業人士在裡面工作。這種「居住性」在很大程度上解釋了製作過程的工業化、高度例行化和有時相當嚴格的公式化等特性（請參閱第 11 章）。

社會力場域中的媒體組織

對媒體組織和職業的任何理論描述都必須注意組織內部和組織邊界之間的多種關係。這些關係通常是積極的談判和交流，有時是潛在或實際的衝突。在魏斯理與麥克林（Westley and MacLean, 1957）繪製的一個很有影響力的大眾傳播模式中，傳播者的角色被描述為中介者，介於兩者之間：一方面是社會中希望發送訊息的潛在「倡導者」，另一方面是尋求滿

足資訊和其他傳播需求與利益的公眾。

　　葛本納（Gerbner, 1969）將大眾傳播從業者描述為在各種外部「權力角色」的壓力下運作，包括客戶（例如廣告商）、競爭者（主要是其他媒體）、權力機構（尤其是法律和政治）、專家、其他機構和觀眾。他寫道（同上註：246–247）：

> 　　雖然在分析上是有區別的，但顯然權力角色和影響手段實際上都不是分開的或孤立存在的。相反地，它們經常相互結合、重疊和伸縮……權力角色的積累和影響手段的可能性使得某些機構在其社會的大眾傳播中占據主導地位。

　　利用這些想法，並依靠研究文獻中對這種觀點的廣泛支持，我們可以概括地描繪媒體組織的立場如下：那些在其中的人，無論是臨時簽約或全職受僱，都必須在一個具有不同約束、要求或試圖使用權力和影響力的領域中心做出決定，如圖 10.1 所示。影響力的一般等級已經轉化為媒體組織環境中更具體的行動者和機構的觀點。這種表述主要來自新聞媒體相關研究，但對於許多類似的「自給自足」和多用途媒體包括廣播電視來說，情況大致相同（例如參見 Wallis and Baran, 1990）。

　　圖 10.1 所展示的壓力和要求並不一定都會限制媒體組織。有些可以成為解放的來源，例如透過替代收入來源或政府保護政策。一些力量相互抵消或平衡（例如閱聽人支持對抗廣告商壓力，或媒體機構聲望對抗外部機構或來源壓力）。缺乏外部壓力可能表明該媒體組織的社會地位邊緣化或無足輕重。

　　基於 Engwall（1978）的著作，若將上述情況進一步細化，可將媒體組織內部劃分為三種主要的工作文化（管理、技術和專業），指出存在於媒體組織內部的主要緊張關係和分界線。這種呈現方式讓我們能夠確定五種主要的關係——與社會的關係、與壓力團體的關係、與所有者、客戶和來源的關係、與閱聽人的關係，以及內部關係，並且需要對其進行檢查，以便了解影響組織活動和大眾傳播者角色的條件。以下幾頁將討論五種關

係中的每一種。

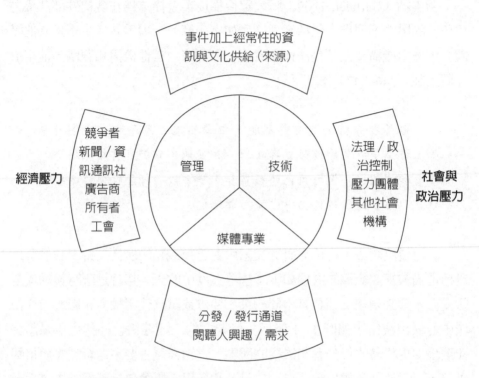

圖 10.1　在各種社會力場域裡的媒體組織

與社會的關係

　　關於這個問題已經有很多討論，特別是在第 7 章和第 8 章。社會的影響是無所不在且持續存在的，幾乎在媒體的所有外部關係中都會出現。在自由民主的社會中，媒體在法律的限制範圍內自由運作，但在與政府和有權勢的社會機構的關係中仍然會發生衝突。媒體也不斷地與它們的主要消息來源和有組織的壓力團體進行交涉，有時甚至是對抗性的。在新興民主國家中，媒體組織通常被期望在國家建設和國家凝聚力的利益下行動，而在更獨裁的政權中，媒體被視為國家的喉舌。在所有類型的社會中，媒體都被視為至關重要。如何定義和處理這些問題，很大程度上取決於媒體組

織自我定義的目標。

媒體組織目標的模糊性

　　大多數組織都有多種目標，很少公開表述。大眾媒體也不例外，在這方面它們甚至可能特別模稜兩可。在組織理論中，通常區分爲功利性和規範性組織目標（例如 Etzioni, 1961）。功利性組織旨在爲財務目的生產或提供物質商品或服務，而規範性組織旨在基於其參與者的自願承諾來推進某種價值或實現某種有價值的狀態。大眾媒體組織往往兼具功利性和規範性的目標和運作形式。大多數媒體是商業機構，但通常有一些「理想」的目標，而一些媒體主要是爲了「理想主義」的社會或文化目的而運作，不追求利潤——但仍然需要承擔開支。例如公共廣電組織（尤其在歐洲）通常具有官僚化的組織形式，但其目標是非營利的社會和文化目標。大多數主要電影製片廠也經營著較小的「藝術電影」製作公司，嘗試以較小的預算進行實驗，贏得培養人才的聲譽和信譽，並使其（打算）推出的「支柱」（tentpole）或「票房大片」（blockbuster）電影組合多樣化。

　　媒體組織的目標是複雜的。一般來說，媒體公司或專業人士傾向於接受或偏愛「編輯」邏輯（'editorial' logic），這意味著創作決策應該基於媒體製作者認爲值得追求的內容。但是，由於大多數媒體都是商業公司，因此也存在「市場」邏輯（'market' logic）。在這種情況下，目標是根據目標閱聽人的品味和需求以及商業吸引力。在這種情境中，成功是透過閱聽人指標（例如收視率、售票量、點擊次數和花費的時間）來衡量的。第三種邏輯，特別是自 2000 年代初以來，隨著與網際網路的互動性質相結合，將閱聽人的積極參與（以用戶生成的內容和其他類型的閱聽人「共創」貢獻）視爲媒體機構追求的重要目標。在某些情況下，特別是在媒體組織的自由受到國家利益限制的國家，或是公司在完全依賴外部客戶的情況下運作時，第四種也就是「外部」邏輯（'external' logic）將占主導地位。在這種情況下，決策將嚴格按照其他地方設置的規則和參數進行管理。在實踐中，媒體組織的這些邏輯和目標經常發生衝突，有時又趨於一致。

　　某些媒體組織（尤其是公共服務媒體和具有形成輿論或提供資訊目的的媒體）確實希望在社會中扮演一定的角色，但這一角色的性質也有多種不同的解釋。某些類型的出版物，尤其是有聲望的或菁英報紙，明確希望透過其資訊的品質或觀點的權威性來發揮影響力（Padioleau, 1985）。還有其他幾種影響力的行使方式，並且這並不僅僅是國際知名的菁英報紙的專屬特權。小型媒體可以在更有限的範圍內產生影響力，而主流大片和受歡迎的電視節目顯然也可以行使影響力。在廣告和公共關係方面，有一系列思想和工作主張促進社會目標，以實現社會的積極變革（Dahlen and Rosengren, 2016）。類似的企圖心也可以在遊戲開發者當中找到，例如「新聞遊戲」（newsgames）（使用遊戲來解釋重要的新聞故事）和「嚴肅遊戲」（serious games）（製作具有娛樂以外目標的遊戲，例如在個人健康、運動和教育等領域）。

　　方框 10.3 總結了媒體組織的各種目標。這些目標之間並不存在互斥關係，但通常會給予其中一個較高的優先性。

10.3

媒體組織的主要目標

- 利潤
- 社會影響力和聲望
- 最大化其閱聽人數量
- 特定目標（政治、宗教、文化、教育等）
- 為公共利益服務

記者的角色：參與或中立？

　　在廣泛的媒體組織和產製領域中，新聞工作脫穎而出，作為學術研究的對象，以及社會對記者所從事工作和新聞專業在民主社會中角色的期望。雖然過去已經對各種媒體產業的組織進行研究，但新聞組織，尤其是新聞編輯室是一個專門引起學術興趣的場域，從 1950 年代（在德國、英

國和美國）報紙研究開始，一直持續到今天。Westlund 與 Ekström（2019）認爲，這種對新聞機構進行研究的悠久傳統之所以引人注目，其原因在於，儘管 20 世紀中葉和今天之間存在明顯差異，但記者在追求從多元可靠來源獲取資訊的過程中進行類似的程序和常規，將其轉化爲遵循特定持久新聞價值的新聞（Harcup and O'Neill, 2017）。從一開始到現在，這種固定實踐、工廠式生產流程、儀式和常規一直被質疑將有損作爲媒體專業人員核心價值的創造力（Lynch and Swink, 1967; Tuchman, 1971; Bantz, McCorkle and Baade, 1980; Malmelin and Virta, 2016）。

特別重要的是，學術研究文獻建立了記者在工作中重視的價值觀與他們績效表現之間的聯繫。專業認知與績效表現之間的相關性直接反映了記者對其社會角色和責任的看法。有充分證據顯示，儘管記者的個人特徵不同，但他們從事新聞工作的方式主要取決於他們如何定義自己的目標、動機和社會角色。正如 Willnat 等人（2013: 11）所說，「記者如何定義他們期望的社會角色與記者的專業能力密切相關。這是因爲他們感知到的角色往往會設定新聞技能、知識和能力的界限。」當涉及到新聞業、特別是個別記者所追求的目標時，記者必須在更積極和參與式的角色或更中立和社會性角色之間做出廣泛的選擇。Cohen（1963: 191）區分了記者角色的兩種不同的自我概念，即「中立記者」或「參與者」。第一種是指新聞界作爲資訊提供者、詮釋者和政府工具（作爲通道或鏡子）的觀念，第二種是指新聞界作爲公衆的代表、政府的批評者、政策倡導者和普遍監督者的傳統「第四階級／第四權」（fourth estate）觀念。

有充分的證據顯示，大多數記者更偏好中立、提供資訊的角色，並且他們非常重視客觀性作爲核心的專業價值觀（Janowitz, 1975; Johnstone, Slawski and Bowman, 1976; Schudson, 1978; Tuchman, 1978; Weaver and Wilhoit, 1996）。強烈的政治承諾（和積極參與）在定義上很難與不偏不倚的中立報導調和一致，因此許多新聞機構都有旨在限制個人信念影響報導的指導方針。偏好「客觀性」也符合媒體企業的商業邏輯，因爲黨派偏向往往會降低對閱聽人的吸引力。流行小報媒體的記者似乎與菁英媒體的重量級記者在這一點持有相同觀點，即使結果可能截然不同（Deuze,

2005）。

　　在後續的調查中，代替簡單的「中立 vs. 參與者」二分法，Weaver 與 Wilhoit（1986, 1996）採用三方角色劃分，即詮釋者、傳播者和敵對者。詮釋者角色基於「分析和解釋複雜問題」、「調查政府提出的主張」和「即時討論國家政策」等項目。第二類角色（傳播者）主要涉及「快速傳達資訊給公眾」和「專注於盡可能最大量的閱聽人」。第三類角色（敵對者，適用於政府和企業）相對較弱，但在一定程度上仍然得到大多數記者的認可。Weaver 與 Wilhoit（1986: 116）一直強調記者持有的多種角色，他們寫道：「只有大約 2% 的受訪記者完全以單一角色為導向。」他們還提醒我們，在角色認知和新聞倫理等問題上，似乎存在很大的跨文化差異。角色概念既是可變的，又與政治文化和民主程度密切相關（參見 Weaver, 1998: 477-478）。例如在民主較弱的國家，對監督角色的重視程度較低。

　　後來的研究，尤其是在更多的跨國比較研究中，這些角色（每個角色都包含一組相關聲明，涉及記者的目標和動機）得到了肯定，並添加了適用於不同國家、文化和在地脈絡的各種角色觀念（Mellado, Hellmueller and Donsbach, 2017）。Willnat 等人（2013）在一項涵蓋 22 個國家的記者研究概述中得出結論：迅速向公眾報告新聞、提供事件分析以及擔任監察角色被大多數人認為是重要的，儘管不同國家對這些目標的相對重要性存在相當大的差異，而且這些角色的確切定義往往有所不同。一項名為「新聞世界」（Worlds of Journalism）的比較研究顯示，該研究在 2012 至 2016 年間對來自 67 個國家的超過 27,500 名記者進行了調查，顯示出豐富多樣的新聞文化，其中角色觀念不能被國家界限清晰地捕捉或解釋（Hanitzsch, Hanusch, Ramaprasad and De Beer, 2019）。當結合新聞的內容分析時，研究人員得出結論，新聞中存在著「新聞文化的多層次混雜化（multilayered hybridization of journalistic cultures），在表現層面上顯示出專業角色的異質性，同時也反映了流動和動態的新聞文化。」（Mellado et al., 2017: 962）這些當代研究結果表明，新聞的價值觀、目標和報導風格在國際上出現了同質化的趨勢，同時也在全球範圍內出現了

情境、組織甚至個人的異質化的「新聞業」。儘管不同國家存在確定的差異，並且一個國家的國家新聞文化在某種程度上影響著記者的行為，但很明顯，新聞業遠比其原始的定義和理解所描述的更加豐富多元。

新聞作為一種專業

關於新聞業與社會的關係，即新聞業角色的研究受到職業社會學的一般概念的強烈影響。新聞業與社會的關係往往受制於它的職業地位，即一個社會依賴其提供可靠、值得信賴的、具有公共價值和利益的資訊之「專家系統」。一個專業（profession）通常被認為具有幾個關鍵特徵：特別是在社會中具有重要的公共角色；需要長時間培訓的核心專業知識；自我控制的入職和行業規範；以及明確的道德和行為準則。總體而言，否定新聞職業地位的論據似乎更有力。Knight、Geuze 與 Gerlis（2008）提出了對這種論調的種種異議，尤其是對新聞工作者的低公眾評價和信任，以及關於他們易受強勢消息來源或商業利益影響的說法。

Fengler 與 Russ-Mohl（2008）提出「新聞經濟理論」（economic theory of journalism），為辯論增添了新的面向，即透過個別記者或媒體公司的經濟動機和計算來解釋該產業。對這一觀點的支持可以在皮耶・布迪厄（Pierre Bourdieu）的「新聞場域理論」（field theory of journalism）中找到著重於自主性的核心問題。在這個理論中，指的是一個「場域」，其中有許多來自外部的影響。就新聞業而言，壓力主要來自相鄰的經濟或政治領域，導致自主性較低。Benson 與 Neveu（2005: 11）強調新聞業本身已成為一種政治機構。將新聞視為一組鬆散相關、界限不明確的活動，似乎確實符合「新聞工作」（newswork）日益多樣化的現實（Deuze and Witschge, 2020）。最後，對於外界來說，該職業是否被歸類為專業可能並不重要，儘管滿足相關專業標準的程度確實很重要。這些標準牽涉所完成工作的品質、所發布資訊的可靠性、目的的誠實性，以及所尋求的社會利益。

一些觀察家強調了「新聞意識形態」（ideology of journalism）的存在，儘管其具體內容因機構環境和國家不同而有所差異。Deuze（2005:

447）對新聞意識形態的主要組成元素提供了相對符合共識的觀點，如方框 10.4 所示。

10.4

記者的專業意識形態：主要組成元素（Deuze, 2005）

- 公共服務
- 客觀性
- 自主性
- 即時性
- 倫理

新聞意識形態中的理念型價值觀（ideal-typical values）可以在不同國家、不同文化和新聞類型的記者工作和自我認知中找到。正如 Deuze 所指出的，其中一些元素是不一致或矛盾的。此外，對於在西方自由民主國家為優質報紙工作的記者來說，「客觀」意味著什麼，可能與烏干達社區新聞新創公司，或中國大陸國營廣電機構的記者和編輯對客觀性這一價值觀的理解大不相同，儘管所有這些記者都會說客觀性是他們工作中的一個重要價值觀。因此，新聞業的專業意識形態在特定國家或工作地點的新聞文化中具有意義——各有其工作方式、製作新聞和理解新聞工作的方式。

對於大多數專業的成員來說，他們所履行的適當社會角色通常由機構負責，例如醫學或教學領域，使個人能夠專注於專業技能的實踐。在一定程度上，大眾傳播從業者確實也是如此，但媒體的內部多樣性和各種目標的廣泛存在阻礙了完全的專業化進程。對於記者而言，核心和獨特的專業技能實際上是什麼仍存在著持續的不確定性（對於其他媒體職業來說這個問題更成問題）。社會學家馬克斯·韋伯（Max Weber, 1948）稱記者屬於「一種賤民種姓」（a sort of pariah caste），與藝術家一樣缺乏固定的社會分類。由於缺乏明確的邊界，Schudson（1978）恰當地將新聞業描述為「未被隔離的專業」（uninsulated profession）。這同樣也適用於許多（如果不是大多數）媒體專業。

　　關於新聞業是否應該被視為一個專業的問題，無論在媒體界內外都存在爭議。Windahl 等人（2007）得出的結論是，記者的知識基礎並不像被公認為專業的職業群體那樣受到尊重。Kepplinger 與 Koecher（1990: 307）認為，「記者不能真正被算入專業階層」，主要是因為他們在與他們打交道的人中表現得非常具選擇性，而專業人士應該平等對待每個人。他們寫道，記者們也否認對他們報導在無意中造成的負面後果負有道德責任，但同時用更嚴格的標準對待其他人。然而，這兩位學者也觀察到「這種選擇性是新聞業聲譽的基礎，也是其成功的先決條件。」（同上註: 307）Olen（1988）提出類似觀點，認為新聞不應該成為一種專業，因為它涉及行使表達自由的權利，而這種權利不能被任何機構（包括新聞機構）所壟斷。

　　也可以說，新聞界的批判角色有時可能驅使它以（既有體制所定義的）「不負責任」的方式行事。這裡指的是違反規則和慣例但可能是符合公共利益的行動。此類行動的範圍從揭露高層醜聞到披露所謂的國家機密。1971 年，《紐約時報》頂著強大的政府壓力，刊登了祕密的「五角大廈文件」（Pentagon papers），就是一個膾炙人口的案例。這些文件以非常負面的方式顯示了美國在越南的政策，並導致公眾對戰爭的支持進一步下降，但（揭露這些機密文件）也被認為導致美國軍人喪生。在英國，人們普遍認為英國媒體 2009 年揭露國會議員不當核銷醜聞的機密細節是應該的。Michael Schudson（2005）對新聞在（民主）社會中的角色提出了一個有趣的看法，表明媒體的某些「不受人愛」（unlovable）的傾向，例如對事件的關注、對（選舉的）賽馬式報導和衝突的執迷、對政治（和政治人物）的懷疑態度，以及記者與他們報導的消息來源和社區之間的強烈疏離，可能是必要的。他的論點是「新聞媒體應該是制度化的局外人，即使他們實際上已經成為制度化的局內人。」（Schudson, 2005: 30-31）

與壓力和利益團體的關係

　　媒體與社會之間的關係，通常透過範圍廣泛的、相對上非正式的，但通常有組織的壓力團體居間中介，這些壓力團體試圖直接影響媒體的行為，尤其是試圖限制媒體刊播的內容。許多體制內機構例如宗教、職業或政治機構，就一系列問題進行申訴和遊說，這些問題通常涉及道德問題、媒體被認為有政治偏見，或與少數群體的媒體再現問題有關。在許多國家，媒體面臨法律和社會壓力，媒體被要求正面對待各種少數群體，包括少數民族、婦女、同性戀者，並對兒童、窮人、身障者、無家可歸者與心理疾病患者等弱勢群體的需求更加敏感。

　　雖然媒體在處理此類壓力時通常很謹慎，並且不願讓出自主權（壓力往往會相互抵消），但有證據顯示外部機構成功地影響了媒體內容。通常近用取決於某一說法應該被人聽到的正當性感知，但有時公關操作會影響這種感知（Yoon, 2005）。在媒體的商業利益可能受到不良負面宣傳威脅的情況下，可能會給予相應的近用機會。除了直接施加壓力外，外部機構對媒體內容的製作也有廣泛的影響和近用。例如在發展中國家，非政府組織為記者提供資料（有時自己也製作新聞）（Wright, 2018），編劇與商業和教育夥伴合作編寫連續劇和電影劇本，以及在衝突地區的外國記者大量依賴當地的「新聞助理」和當地的媒體工作者（Palmer, 2019）。

　　通常不太可能將不可接受的壓力（或屈服於壓力的行為）與媒體盡可能取悅觀眾（和廣告商）、避免傷害少數群體或避免鼓勵反社會行為的一般趨勢區分開來。媒體對法律報復持謹慎態度，傾向於避免不必要的爭議。應對社會或法律壓力時，媒體的迴避行為必須在媒體制度的「遊戲」規則內被接受為合法的，但總體結果是確保給予組織程度越完善、社會地位越核心的少數群體和訴求不同且更正面的待遇（Shoemaker, 1984）。較弱和更偏離常態的群體受到較差的報導，並且對媒體幾乎沒有影響力。Paletz 與 Entman（1981: 125）指出，邊緣群體很少積極接觸或控制媒體報導，例如「非官方罷工者、城市暴徒、福利母親（welfare mothers）、學生激進分子、激進分子和貧困的反動分子」。該類別的組成可能有所不

同，但總體原則保持不變。

社交媒體有時爲少數群體的發聲提供了一個強有力和引起共鳴的通道，利用許多網站、平台和服務的相互關聯的特性來獲得認可和支持——例如 2014 年以後的 #BlackLivesMatter 和 #AllLivesMatter 線上辯論（Carney, 2016）、香港的雨傘運動（Lee and Chan, 2015），以及歐洲各地的反撙節運動（T Treré, Jeppesen and Mattoni, 2017）。根據 Karatzogianni（2015）的說法，數位抗議和行動主義採取的不同形式，源自於 1990 年代墨西哥的薩帕塔民族解放軍運動（the Zapatista movement）、獨立媒體（Indymedia）、反全球化運動和占領運動（2011年興起）的全球擴散。數位媒體被認爲是預測抗議參與和協調連結行動的平台。Kaun 與 Uldam（2018: 2102）指出，數位行動主義往往被以非歷史的方式探討，強調以科技爲中心的觀點，而且有許多研究強化了數位媒體以普遍方式促進政治變革的神話。總體而言，超越強調本地和個別脈絡的解釋或偏重科技和媒體特殊性的解釋似乎是富有成效的，反映了以社會爲中心和以媒體爲中心的研究取徑之間的古老區別（見第 1 章）。

與所有權人和客戶的關係

在這個標題下出現的核心問題是媒體組織在多大程度上可以聲稱對其所有者行使自主權，其次是對直接往來的經濟機構，特別是那些提供運作資金的機構：投資人、廣告商和贊助商。在某些國家和脈絡下，必須承認國家作爲所有者或客戶的角色爲媒體組織行爲提供強大動力。根據 Altschull（1984: 254）的名言「新聞媒體的內容總是反映那些爲新聞業提供資金的人的利益」，答案是相當明確的——不僅僅是新聞業，所有媒體組織都與所有者、收入來源和國家等外部行動者之間有著複雜而相互依賴的關係。

媒體所有者的影響

　　毫無疑問，以市場為基礎的媒體擁有者對內容擁有最終的權力，可以要求他們想要包含或排除什麼。有大量間接證據表明使用了這種權力（Shoemaker and Reese, 1991; Curran and Seaton, 1997；另見第 9 章）。隨著過去幾十年來媒體所有權的日益集中，為媒體製作的商業化提供了新的推進力，這種來自於所有者的壓力是媒體工作的日常。即便如此，新聞業和其他媒體職業相關的規範仍然非常強大，可以保護專業媒體製作者的決策自主權。正如 Marjoribanks（2011）指出的那樣，應該對媒體製作的組織、實踐和效果進行全面的描述，包括跨國公司，並且肯認來自所有者的影響所提供的機會和限制。

　　然而，媒體所有者不可避免地制定廣泛的政策方針，這些政策方針在一定程度上被他們僱用的員工遵循。對於所有者關心的特定問題（例如與其他商業利益相關的問題），可能也存在非正式和間接的壓力（Turow, 1994）。隨著媒體組織與包括金融、科技和政治組織在內的其他產業建立不同的夥伴關係、聯盟和交叉投資（Arsenault and Castells, 2008: 730），來自全球的力量越來越多地影響在地媒體製作，導致持續的跨國化趨勢。

　　另一方面，媒體組織和專業人士也會反擊，透過正式的抗議行動（儘管在媒體工作中很少看到以工會為基礎的行動主義，例如罷工），合力呼籲各界關注新聞自由或創作自主性受到的限制，並且透過其他「組織化的網絡」（organized networks）（Rossiter, 2006）。正如 Giffard（1989）所報導的那樣，世界各地的新聞媒體譴責聯合國教科文組織改善國際報導的嘗試，這是媒體產業保護自身利益的一個明顯例子。

　　寡頭壟斷媒體所有權對內容的一般影響難以確定（例如參見 Picard, McCombs, Winter and Lacy, 1988），儘管真正的壟斷狀況毫無疑問地會損害表達自由和消費者選擇。Shoemaker 與 Reese（1991）得出的結論是，為大型媒體集團工作的人可能對他們派駐工作的當地社區沒有太強的情感聯繫與參與度。對他們來說，（較大的）媒體組織對他們的影響大過當地

社區。相應地，本地媒體可能會從與他們所服務的社區或城市的聯繫中獲得力量和獨立性。公共廣電媒體的記者、製作人、作家和演藝人員的自由程度可能在形式上低於市場導向的媒體（儘管不必然如此），但限制通常是明確的，不容任意違反或暫停。

針對「新聞集團」（News Corporation）旗下不同控股公司的工作場所自主性的個案研究顯示，存在著「媒體的梅鐸化」（Murdochisation of the media）現象，例如在中國和印度（Thussu, 2007），商業利益和市場價值變得比公共價值更加重要，而 Marjoribanks（2011）強調在跨國媒體產業中工作的專業人士可能發動情境協商（situational negotiation）或抵抗。這些研究凸顯了從不同層次考量媒體組織影響因素的重要性，從媒體製作者的背景和互動的微觀層面，組織文化、企業策略和編輯政策的中觀層面，以及監管、科技和競爭環境的宏觀層面（Cottle, 2003: 24）。

廣告商的影響

廣告資金對媒體內容的影響一直是被討論的話題。一方面，顯而易見的是，在大多數資本主義國家的大部分大眾媒體產業結構中反映了廣告商的利益——這是歷史上隨著其他社會和經濟變革而發展起來的現象。媒體市場經常與其他消費者部門相吻合，這絕非偶然。大多數自由市場的媒體都經過精心調整，以共同滿足廣告商的需求並追求自身利益，這是正常運作的條件。這種「正常」的影響還表現在根據目標閱聽人的消費模式來匹配媒體內容的模式。媒體內容、設計、排版、計畫和排程通常反映廣告商的利益。例如電影和數位遊戲中的產品植入／置入性行銷，與商業夥伴合作的劇本開發，以及新聞媒體為商業客戶製作「原生廣告」。不太容易證明的是，特定廣告商甚至可以直接介入影響其自身利益的重大刊播決策，超出了系統已經提供的範圍。

與所有者對新聞的干預一樣，毫無疑問地，它不時發生在本地或特定的基礎上。McManus（1994）描述了商業對報導的系統性影響類型，其學術研究及調查報導揭示了廣告商利用其市場影響力試圖阻止損害其利益的特定內容被傳播，以及廣告商壓力對媒體人員和編輯決策的影響。但影響

的形式多種多樣，往往難以察覺，也不必然是不合法的（例如提供具有促銷價值的資訊、產品植入／置入性行銷、贊助等）。

廣告主的影響通常在道德上不被認可，特別是當它影響新聞時（Meyer, 1987），而且媒體（尤其是新聞媒體）或廣告主之間若過從甚密，甚至可能不符合雙方的利益。如果被懷疑有針對媒體公眾的某種形式的陰謀，兩者都可能失去可信度和效力。考慮到「付費換得」（paid-for）而非「自然獲得」（earned）知名度的宣傳手段的興起，尤其是品牌內容和原生廣告已成為新聞刊物（以及其他媒體）盈利的來源，有必要調查公眾信任與商業公司之間的關聯。一般而言，經濟實力強大且有影響力的媒體機構更能夠抵抗不當壓力，正如 Gans（1979）所觀察的。同樣的情況，也適用於獲得多元均衡收入來源支持的媒體。最可能受到廣告商壓力影響的媒體組織，是那些以廣告為唯一或主要收入來源的媒體，尤其是在競爭激烈的情況下（Picard, 2004）。一些人認為，由於網路平台（特別是 Google 和臉書）在廣告市場上的支配地位，受廣告支持的媒體可能正在走向滅亡。然而，廣告可能既是對不當影響的防衛手段，也可能是依賴的來源。

McManus（1994）用「市場模式」（market model）一詞總結了媒體市場對新聞產生的主要壓力和制約因素。該模式基於市場力量，要求採取能夠降低成本、保護所有者和客戶的利益，以及最大化能夠帶來收益的閱聽人的操作原則。該模型在方框 10.5 中關於新聞選擇的陳述中得到了體現。

10.5

市場模式的主要預測（McManus, 1994）

一個事件／議題成為新聞的機率為：

- 與該資訊可能對投資人或贊助者造成的損害成反比
- 與報導該事件的成本成反比
- 與該事件預期對廣告商願意支付的閱聽人具有多少吸引力成正比

與「新聞產製的新聞學理論」的主要區別在於，這種理論缺乏對損害所有者或成本的任何參考，而聚焦於新聞報導的重要性和感興趣的觀眾的人數規模。正如 McManus 所指出的，這兩種理論在所有情況下並不會產生選擇差異，在某些符合理性、完美知識和多樣性的理想條件下，這兩種模式甚至可能趨於一致。

與閱聽人的關係

儘管按照傳統觀點，閱聽人是任何媒體組織環境中最重要的客戶和影響力，但研究往往顯示，對於許多實際的傳播者來說，觀眾的重要性並不高，無論管理階層如何密切關注參與度、點擊率、收視率和銷售數字。媒體專業人員展示出很高的「自閉症」程度（Burns, 1969），這或許與專業人士的一般態度一致，他們的地位正是依賴於他們比客戶更懂得什麼對他們有益。儘管客戶互動和關係在行業中被認為非常重要，但媒體專業人員之間的內部等級制度通常是由負責用戶親和性、閱聽人互動和發展的人占據了底層。在遊戲開發中，這一點體現在每個人（尤其是新人）都必須做的工作，但卻沒有人喜歡：品質保證。在開發的最後階段，遊戲的每個方面都會進行問題測試，這種測試報告會在製作團隊和測試部門之間產生緊張關係（有時被稱為遊戲發布時的「死亡行軍」；Deuze, 2007: 221）。在新聞業中，公評人（ombudsmen）和讀者代表（reader representatives）同樣被認為不如政治記者和國會記者重要，但後者最不可能與觀眾互動。然而，隨著觀眾互動和參與對於創意開發和商業成功的重要性增加，微妙且重要的變化正在發生（Jenkins, 2006；另見本書第 11 章）。

對閱聽人的敵意？

Altheide（1974: 59）指出，由於對更高收視率的追求，導致他所研究的電視台「對觀眾持懷疑態度，認為觀眾愚蠢、無能和缺乏欣賞能力。」Elliott（1972）、Burns（1977）和 Schlesinger（1978）發現英國電視也是

如此。Schlesinger（1978: 111）將這部分歸因於專業主義的本質：「在傳播者的專業主義帶來一種緊張關係，一方面專業主義隱含的自主性，另一方面是需要滿足觀眾需求和期待，這又會限制了自主性。」Ferguson（1983）還發現女性雜誌編輯對讀者帶有某種睥睨的態度。在對澳洲記者的研究中，Schultz（1998）發現記者對於取悅觀眾而限制了自主權有一種不滿情緒。她將此與「理解公眾輿論的能力下降」（同上註：157）和不願接受問責機制聯繫起來。Gans（1979）的研究指出，美國電視記者對於觀眾對他們認為好的東西缺乏認可一事感到震驚。

這種情況部分源於這樣一個事實，即組織應用的主要標準幾乎總是閱聽人指標（audience metric，即產品的銷售量、出售給廣告商的閱聽人規模、點擊次數，在網站或應用程式上花費的時間）。然而，大多數媒體專業人士有理由認為這些指標是非常可靠的內在品質的衡量標準。有趣的是，正如 Boczkowski 與 Mitchelstein（2013）的研究所顯示的，閱聽人也不認為這些指標（線上指標衡量的閱聽人注意力）就是他們想要的或認為有價值的內容。

受訪的媒體從業者可能誇大了對閱聽人的敵意和對指標的厭惡，因為有相反的證據顯示，有些媒體人對他們的觀眾抱著強烈的正面態度，致力於提升用戶的積極體驗和福祉。對於希望獲得認可，並且在工作中尋求自主性的媒體產製者而言，閱聽人衡量指標非常重要。Willnat 等人（2013）發現，影響 21 個國家記者工作滿意度的最重要因素是自由和工作自主性的感知程度。與此同時，對媒體專業人士，尤其是記者而言，產生影響是最重要的。他們對收視率和其他閱聽人統計數據的抵制（這些數據在很大程度上是一種管理工具，對了解實際觀眾方面並沒有什麼幫助）（Ang, 1991），不一定等同於對觀眾持有負面看法。在線上媒體領域，來自觀眾的直接回饋有時會威脅到個別傳播者，但也有機會將這種聯繫轉化為管理工具。閱聽人參與已經成為媒體產業的一個有影響力的因素，因為媒體閱聽人越來越多地成為媒體（共同）製作人，在「互惠新聞學」（reciprocal journalism）（Lewis, Holton and Coddington, 2014）、上游行銷（upstream marketing）、雙向對稱公共關係（two-way symmetrical public relations）及互動廣告（interactive advertising）等實務方面——所有這些都表明媒體組織和觀眾之間的參與關係越來越密切，重新定義了媒體產業。

絕緣和不確定性

從歷史上看，大多數傳統媒體中的大眾傳播從業者不需要關心閱聽人的即時反應，在任何反應之前就對內容做出決定。這一點，再加上「了解」一個數量龐大的觀眾的困難，導致上述相對隔離的狀況。與閱聽人建立聯繫的傳統機構工具，即閱聽人研究，提供了基本的管理功能，並將媒體與周圍的財務和政治系統聯繫起來，但對個別的大眾傳播從業者來說幾乎沒有什麼意義。對閱聽人的態度往往會根據上述角色定位進行引導和區分。然而這種情況已經改變，閱聽人指標、回饋和參與已經成為媒體產製實踐的重要組成部分，儘管有些專業人士對分享他們的創作過程的建議有所遲疑。

閱聽人的形象

對於那些確實想要溝通、想要改變或影響公眾並利用媒體達到此目的，或者對於那些專注於少數群體或少數派議題且影響力至關重要的人來說，仍然存在著不確定性的問題（參見 Hagen, 1999）。一個可行的解決方案是建構一個抽象的閱聽人形象，這種形象代表了他們希望觸達的人群（Bauer, 1958; Pool and Shulman, 1959）。閱聽人從來都不是一個固定的概念，而是必須被視為 Ien Ang（1991）所稱的一個在社會中建構和在機構中形成的類別。在這種情況下，閱聽人變成了一種想像出來的存在。對於那些關心傳達訊息、被認可和賞識自己工作的人以及希望產生某種影響力的人來說，向一個龐大而模糊的閱聽人群體進行傳播始終會是一個問題。

在當代媒體組織中，閱聽人通常不再是以前那些無面孔的「大眾」。相反地，有時可以獲得非常詳細的閱聽人資訊，尤其是關於那些線上近用媒體產品或服務的資訊。關於媒體專業人員在創作決策時是否實際上積極

利用這些數據仍存在疑問，但目前已經成爲一個相對常見的事實，即現今的閱聽人善變，有許多其他選擇，需要不斷獲得驚喜（和娛樂），並且不願相信媒體組織。將這種「新」賦權消費者表述爲不可預測的大眾並非沒有問題。Turow（2005: 120）認爲 21 世紀行銷和廣告產業對媒體用戶的建構是混亂的、自我關注的、不關心線上共享個人數據的，只是爲主流媒體組織的新興策略邏輯服務，用來「呈現它們的活動不是侵犯隱私而是雙向客戶關係，不是商業侵入，而是對繁忙消費者在令人困擾的世界中進行精準銷售的幫助。」

媒體組織與個別的「傳播從業者」有所區別，它們在很大程度上從事製作精彩節目的業務，以創造閱聽人、產生利潤和就業機會。考慮到前面提過的「無人知曉」的困境，它們需要一些堅實的基礎來預測閱聽人的興趣和關注程度。正如 Pekurny（1982）所指出的，傳統的觀眾指標，例如收視率的回饋，無法告訴你如何改進電視節目，而且通常要在節目製作之後很長一段時間才能獲得這些回饋。Pekurny 提及，眞正的回饋系統不是家庭觀眾，而是編劇、製片人、演員和電視台主管。此外，對特定製作人和製作公司的「歷史紀錄」以及重複使用過去成功的公式也有很大的依賴。這一結論得到了 Ryan 與 Peterson（1982）的支持：在流行音樂中，指導製作選擇的最重要因素是尋找一個良好的「產品形象」，這本質上意味著嘗試匹配先前成功歌曲的特性。這種媒體製作模式仍然存在，但一般而言，數據分析師和市場研究人員（利用幾乎即時的線上消費者行爲統計數據）在決策管理和製作方面的共同決定作用日益重要。

內部結構和動態等面向

迄今爲止的分析，與圖 10.1 中的模式一致，指出了媒體組織邊界內存在一定程度的差異和分歧。有幾個分歧的來源，其中一個最明顯的是許多媒體組織在功能（例如新聞、娛樂或廣告）上的多樣性，彼此爭奪地位和資金。媒體組織的人員來自不同的社會背景，因年齡、性別、種族、社

會背景和其他屬性而異。除了功能和員工的多樣性之外，我們已經注意到許多媒體的目的存在雙重性（物質和理想），以及在組織、規劃、籌資和「銷售」媒體產品之間的內在衝突。大多數對媒體組織目標的描述都指出了方向和目的的差異，這可能是潛在衝突的根源。此外，針對媒體工作中的脆危性和缺乏多樣性的新興研究也引起了（媒體政策制定者以及管理階層和產製者的）顯著關注。

目標的內部多樣性

　　大眾媒體組織具有混合的目標，這一事實具有重要意義，有助於將媒體置於社會脈絡中，了解其所面臨的壓力，以及區分媒體工作者可以有哪些主要的職業選擇。媒體組織既從事製作產品又提供服務，它還使用了從簡單到複雜的各種生產科技。在一個組織內，有幾種不同的「工作文化」（work cultures）蓬勃發展，每一種都根據不同的目標或工作任務而合理存在。Engwall（1978）將媒體組織視為「混合型」，在他研究的報紙中，他識別出以新聞為導向的文化和以政治為導向的文化，以及以經濟為導向和以技術為導向的文化。前兩者傾向於共同存在，並體現了媒體工作者按照「編輯」邏輯遵循的典型規範態度，而後兩者則更具「功利性」，在許多方面與其他商業組織的對應方案相似。如果這種情況可以適用於不同的媒體和時間，媒體組織在內部的目的上可能會像它們彼此不同一樣分裂。這種情況能夠在不引起過多衝突的情況下發生，表明對相關問題存在相當穩定的適應形式。這種適應在 Tunstall（1971）所稱的「非常規的科層制」（non-routine bureaucracy）中可能是必不可少的，並且在理解媒體組織時點出了一個基本悖論：雖然工作組織往往受到相當嚴格的公式、慣例、常規和儀式的規範和影響，但媒體組織和個人專業人士的態度和行為卻並非是正式的。

大眾傳播者個人特徵的影響

　　許多關於媒體組織或職業的研究理所當然地包括對研究對象群體的社會背景和社會觀的考察。這有時是因為一種假設，即直接負責媒體製作者的個人特徵會影響內容。這是一個非常符合媒體本身的意識形態或神話的假設，它優先考慮個人創造力和專業自主性，並反對組織、商業或科技決定論。對閱聽人來說，這也是一個很熟悉的觀點，即例如作者的個性和價值觀將賦予作品（小說、遊戲或電影）主要含義，儘管它在媒體產業中經過處理。期望媒體能「反映社會」可以基於兩個理由支持，即這是閱聽人所期望的，或是意味著媒體工作者至少在價值觀和信念上可以代表社會。鑑於閱聽人形象往往是一種工業建構，而媒體職業又很難被認為代表了社會，這種期望必須被相應地細緻化。

　　這類對於個人特徵所產生的假設影響的觀點需要修正，以便將組織目標和環境的影響一併納入考量。大多數媒體產品是團隊的作品，並不是單一作者的作品，儘管媒體往往傾向於推廣個人明星和名人，但個別作者的概念並不太相關。對於更多樣化的媒體組織（例如在性別、年齡或種族方面）的研究顯示，與那些不那麼多樣化的媒體組織製作的內容沒有顯著差異，這意味著社會化作為決策過程的強大決定因素仍然占主導地位。

　　首先要問的問題是，媒體傳播從業者中是否存在任何獨特類型的社會經驗或個人價值觀。不可避免地，對於社會背景的描述與研究一樣多，儘管大多數與記者有關，但並沒有發現任何單一的模式。然而，有大量的證據表明，在許多國家，媒體從業人員來自（或具有）受過良好教育的中產階級社會經濟背景，但並不富裕。話雖如此，無論在任何學科中，明星、普通的薪資階層和媒體產業的廣泛的臨時勞工之間存在明顯的差異。這些特徵是交織在一起的，即文化背景、種族、性別和年齡的差異往往貫穿整個行業。在新進人員和年輕記者、廣告專業人士以及電影和電視產業中，相比於資深的從業人員，女性和有色人種的比例更高。如前所述，關於普通媒體從業人員的一般階級地位，幾乎沒有疑問：這是一個中產階級職業，但比其他已建立的專業（法律、醫學、會計等）的專業化程度低，薪

酬也較低，只有少數高薪明星的菁英階層。Peters 與 Cantor（1982）對電影演員職業的描述是一個早期的例子，強調無權力和不安穩的多數人與少數菁英之間的巨大差距，而隨著媒體產業中日益嚴重的不確定就業情況，這一差距已經顯著擴大。

在決定個人在媒體組織中的角色方面發揮重要作用的其他變項，包括個人動機和信念、個性（例如內向或外向）、才能和技能發展。鑒於媒體就業的不確定性不斷增加，以及這對從業者的負面影響，包括高比例的壓力和倦怠、難以在工作和生活之間維持平衡（work–life balance）的挫敗感，以及對未來的不確定性。這些因素在理解媒體組織的運作和表現上變得相當重要。

這種觀察的理論意義不太容易確立。Johnstone 等人（1976）得出結論，「掌控大眾傳播的人往往來自與掌控經濟和政治體系的人相同的社會階層。」Gans（1979）也提出，新聞職業的中產階級地位是他們對體制的最終忠誠的保證。因此，他們是自由的，因為可以信任他們以與實際的權力掌握者相同的方式看待和詮釋世界，持有相同的基本意識形態和價值觀。Gans 發現，新聞記者普遍懷抱著所謂的「母職」價值觀，包括對家庭的支持和對小鎮田園生活的懷舊情懷。他們也傾向於種族中心主義、個人主義，支持「負責任的資本主義」、中道主義、社會秩序和領袖。Gans 的詮釋具有說服力，尤其因為這種觀點往往得到其他媒體專業的證據支持，不僅在美國，其他地方也是如此。

媒體產業一直存在著「中產階級化」趨勢，這降低了媒體產業的社會流動性。這主要是由於進入該產業所需的成本增加（包括需要具備特定的高等教育學位、遷居到媒體產業所在地的昂貴城市中心，以及不得不從事投機性或其他低薪工作 ），限制了專業媒體組織中觀點和參與者的多樣性。

為了試圖理解媒體組織整體行為和表現，對媒體專業人士的個人特徵的意義進行理論化，Hesmondhalgh 與 Baker（2015）批判性地評估了「性別工作隔離」（sexual work segregation）的趨勢，即某些媒體工作領域與女性有較強關聯，而其他領域則與男性有關。在遊戲開發產業中，大部分

遊戲的編程和編碼都是由男性完成的；在新聞業，鮮少有女性報導主要的政治和經濟機構（例如國會、政府和大企業）；在廣告、電影、電視以及音樂和唱片產業，擔任「開綠燈」（greenlighting）職位（即批准創意項目）的女性很少。雖然這不一定等同於性別歧視，但男女之間這種性別分工的影響可能是深遠的。方框 10.6 介紹了 Hesmondhalgh 與 Baker（2015）概述的與媒體職業中男女（缺乏）平等有關的問題。

10.6

性別工作隔離的後果（Hesmondhalgh and Baker, 2015: 25）

- **不平等**：由女性而不是男性從事的工作和職業往往報酬較低；
- **自主性、自由和認可的限制**：如果某項工作被認為是「男性」的，它可能會阻礙女性追求該工作，或阻礙她們基於自己的願景和想法來追求它；
- **限制集體繁榮**：人們難以將自己的才能與職業相匹配，抑制了所有人做出貢獻的能力；
- **助長社會刻板印象**：對人的普遍和重複分類（例如認為女性比男性「更貼心」和「友善」）強化了性別分工。

　　Hesmondhalgh 與 Baker 的分析重要性在於，它可以透過交織性（intersectionality），將其與其他大眾媒體從業者的個人特徵相結合，這在一定程度上有助於解釋爲何媒體產業及其組織的結構呈現出當前的樣貌。Linda Steiner（2012）提醒我們，在研究媒體產業勞動力缺乏多樣性（尤其是在權力職位方面）時，性別可能是一個過於二分法的變項。不僅勞動分工是性別化的，作爲媒體專業人士的經驗細分也沿著「種族、階級、國族文化、專業文化、世代和歷史時刻」的軸線進一步階層化（同上註：219）。

　　性虐待、性騷擾和性暴力一直是社交媒體交流中反覆出現的話題（在世界各地的不同國家和語言中）。2017 年，美國女演員阿莉莎‧米蘭諾（Alyssa Milano）在推特上使用 #MeToo 主題標籤，啟動了網上分享職場性騷擾故事的全球趨勢。或許不足爲奇的是，這一行動是好萊塢女演員對

著名電影製片人哈維・韋恩斯坦（Harvey Weinstein）被廣泛報導的性掠奪行為的呼應。成千上萬的人回應了這一行動，其中包括許多來自媒體產業的人，這些推文被傳播和閱讀了數百萬次。#MeToo 現象不僅涉及性別歧視和厭女症，還涉及媒體組織中不成比例地影響女性的不平等權力關係。Verhoeven、Coate 與 Zemaityte（2019）還發現，即使女性確實在該產業擔任了重要職位，例如成為電影導演，她們的作品也不會獲得與男性導演的電影相同甚至相似的發行量。作者得出結論稱，「男性主導的守門行為（male-dominated gatekeeping）出現在女性導演的電影生命週期的許多階段。」（同上註：136）他們認為非二元和交織性的取徑（non-binary and intersectional approach）能夠超越僅僅簡單地肯認女性的崛起，展示了幕後持續存在的排斥過程。

關於媒體專業人士的角色和個人特徵，以及缺乏多樣性如何成為這個產業的結構性問題，還有很多值得討論之處。當代對此的關注，重要的是要理解交織性（intersectionality）或人們身分認同的「多面向」（multi-dimensionality）特性，其中包括的不僅僅是性別、種族或階級等群體分類。該領域新興研究的第二個重要主題是將脆危的經驗（experiences of precarity）和「不確定的文化」（culture of uncertainty）（Ekdale, Tully, Harmsen and Singer, 2015）與心理健康、生活品質及其缺乏聯繫起來（Reinardy, 2011; O'Donnell, Zion and Sherwood, 2016），這阻礙了創新，使從業者感到恐懼和沮喪，並可能使人們遠離各種媒體專業。

角色衝突和困境

毫無意外地，大多數對媒體組織的研究揭示了許多不同類型的潛在衝突，這些衝突基於各種因素，但通常反映了「下層」參與者的願望與媒體控制者之間的緊張關係。其中來自所有者的影響已經討論過了。Breed（1955）早期對新聞室的研究詳細介紹了有助於確保政策維持的（主要是非正式的）社交機制。年輕記者被期望閱讀他們工作的報紙並參加編輯會

議。報社政策也是透過與同事之間的非正式閒聊來了解的。透過對上級的責任感、歸屬於內部群體的滿足感，有時還受到管理階層處罰和獎勵，從而抑制偏離報社政策的可能性。一般來說，根據 Breed 的研究，報社政策實際上保持著某種隱密性。然而，Bantz（1985）的研究得出結論，新聞媒體的組織文化本質上是以衝突為導向的。

衝突是媒體組織緊張、壓力大的工作環境的一個關鍵方面，這一點在跨國比較研究中得到了證實，例如在廣告團隊（Grabher, 2002）和電影製作（Cantor, 1971; Miller et al., 2005）。衝突源於媒體製作過程中充滿壓力的典型工作環境，通常與時間（或缺乏時間）、治理（涉及參與者和利益攸關者動態多樣性的複雜方案，經常在相互衝突的目標下一起工作）和溝通有關。最不容易與所有者及管理階層發生衝突的專業人士和群體，往往是那些目標和動機與所有者密切一致的人。

其他有關傳播工作者的研究似乎得出了類似的結論：媒體組織與員工之間發生衝突的地方，很可能是組織的政治傾向或經濟利益阻礙了個人的表達自由。Bauman（2005: 55）認為這種緊張是一個惡性循環，因為「管理階層無法容許文化的固有自由是永遠的導火線。另一方面，文化創造者需要管理者，如果他們希望……被看到、聽到和被傾聽，並且有機會看到他們的任務／項目完成。」Flegel 與 Chaffee（1971）支持這樣的觀點，即對工藝的投入和對優質產品的「技術導向」（technical orientation），需要合作來幫助減少衝突並促進自主意識。根據 Sigelman（1973）的觀察，透過選擇性招聘和自我選擇，媒體組織能夠避免因為信仰而引起的潛在衝突問題。也許在媒體領域最重要的是，根據組織的政策和目標來處理工作本身就是一種技能，甚至成為一種價值。這反過來又導致媒體勞動力的某種同質化，並要求媒體工作者承擔大量的「情感勞動」（emotional labour），即「期望員工根據組織定義的規則和準則來管理其情感的過程」（Wharton, 2009: 147）。

Turow（1994）指出，由於媒體所有權越來越集中化，內部衝突的可能性正不斷增加，甚至需要這種可能性。Turow 的研究證據表明，大型媒體企業內部確實存在角色衝突，並且存在一種傾向，即進行「私下議價」

（silent bargains），以鼓勵與公司整體政策的一致性和合作。媒體企業內部也存在一種強調謹慎和忠誠的隱蔽獎勵制度（covert reward system）。這可能是媒體產製過程的一個悖論：一方面，媒體工作發生在組織內部和組織之間，這些組織依賴於非正式但相當穩定的結構、一套共同的信念（主要透過工作場所的社會化建立）和一個高度常規化的過程；另一方面，這些行業普遍需要在鼓勵衝突和意見分歧的環境中才能實現創造力和創新（Küng, 2017）。

方框 10.7 總結了出現的主要角色困境。然而，有跡象顯示，媒體工作者作為獨立工作者（或「自由代理人」）運作的壓力或機會正在引發新的困境。對一家既有報紙或頻道的忠誠被分割或變得更加薄弱，而對於那些擁有廣泛技能和客戶組合的媒體工作者及那些已為自己確立利基的自由／特約工作者來說，則有了新的自主選擇的機會。

10.7

媒體—職業角色困境

- 積極參與 vs. 中立和提供資訊
- 創意和獨立 vs. 科層化和常規化
- 傳播目的 vs. 滿足消費者需求
- 個人傾向 vs. 工作要求
- 合作 vs. 衝突

本章小結

正如我們所見，與法律、醫學或會計等職業相比，媒體職業的「制度化」程度較低，職業成功往往取決於公眾口味的不可預測的波動，或是取決於個人獨特的品質，這些品質無法被模仿或傳遞。除了某些表演技能外，很難界定媒體職業的基本或「核心」成就。儘管工作環境既有科層官

僚主義又充滿不確定性，許多媒體人仍然珍視自由、創造力和批判性，但
這些價值觀在傳統意義上與充分的專業化，以及媒體所有者和管理者決策
的主導商業價值觀可能是不相容的。媒體工作中存在著無法避免的衝突，
無論是公開的還是隱蔽的。也許最基本的困境是在一個既重視原創性和自
由的機構中，面臨自主性與限制之間的抉擇，而這個機構的組織環境要求
相對嚴格的控制。

進階閱讀

Arsenault, A.H. and Castells, M. (2008) 'The structure and dynamics of global multimedia business networks', *International Journal of Communication*, 1(2): 707-748.

Banks, M., Taylor, S. and Gill, R. (eds) (2013) *Theorizing Cultural Work*. Abingdon: Routledge.

Deuze, M. and Prenger, M. (eds) (2019) *Making Media: Production, Practices and Professions*. Amsterdam: Amsterdam University Press.

Hesmondhalgh, D. and Baker, S. (2011) *Creative Labour: Media Work in Three Cultural Industries*. Abingdon: Routledge.

Mellado, C., Hellmueller, L., Márquez-Ramírez, M., Humanes, M.L., Sparks, C., Stepinska, A., Pasti, S., Schielicke, A., Tandoc, E. and Wang, H. (2017) 'The hybridization of journalistic cultures: a comparative study of journalistic role performance', *Journal of Communication*, 67: 944-967.

Reese, S.D. and Shoemaker, P.J. (2016) 'A media sociology for the networked public sphere: the hierarchy of influences model', *Mass Communication and Society*, 19(4): 389-410.

11

媒體文化的產製

　　到目前為止，我們已經探討了一系列在媒體組織工作中塑造的相對穩定的因素。這些因素特別涉及媒體勞動力的組成和內部社會結構，以及在各種經濟和社會壓力下與組織外部世界之間的關係。媒體的環境從未真正靜止不變，但由於外部力量和組織目標之間達到的平衡，可能會出現穩定的表象。這個領域充滿了變革和不穩定。變革的最重要原因是匯流的過程，而最重要的實際變革則是線上和行動**連接性**的崛起，以及將新舊大眾傳播通道整合到媒體產品和服務中的創意（以及商業）潛力。

　　在產製方面，匯流主要表現在媒體平台的可互換性和可操作性上，以及專業與業餘、公共與私人、固定與行動之間幾個長期存在的界限的模糊化。在更詳細地考慮媒體組織活動之前，我們要先了解確定媒體文化產製的主要特徵和趨勢。在接下來的章節中，我們主要關注組織活動的兩個相互關聯的方面，可以分別描述為「選擇」和「處理」。第一個方面是指決策的順序，從「原材料」的選擇到交付成品。第二個方面則涉及工作例行程序和組織標準的應用（包括專業和商業方面，這些因素影響著產品在決策「鏈」中的性質。

　　這種描述媒體組織工作的方式主要源於新聞產製（news production）研究，但它同樣適用於其他一系列媒體產品和媒體環境（Hirsch，1977）。就新聞而言，這條產製鏈從「注意到」世界上的一個事件開始，透過撰寫報導或拍攝，最終準備好一則新聞以進行傳播。對於一本書、一部電影、一個電視節目或一首流行音樂，類似的鏈條從某人腦海中的想法開始，經過編輯選擇過程和多個轉化階段，最終產生成品（Ryan and Peterson, 1982）。在此背景下，我們還將討論前面概述的媒體所有權集中（第8章）、全球化（第9章），以及媒體組織內外工作者普遍脆危的工作條件（第10章）所帶來的後果。

　　媒體產製的所有階段都需要大量的工作，這些工作需要變得常規化。由這些常規所產生的行為和思維的規律性使得經驗性的通則化成為可能，並有可能對所發生的情況進行理論化。這些常規也反映了媒體工作者腦海中的「操作性」理論。

　　鑑於新聞業的悠久歷史及其在社會中的特權地位，這裡的大部分爭論和討論都將集中在新聞媒體和新聞工作者身上。在可能的情況下，將與其

他媒體產業建立聯繫。考慮到當前整個媒體產業的崩潰感（而不是聽起來更具有策略性的「匯流」），這一點尤其重要：例如部分、單位、職能、角色、業務和收入模式的崩潰。這包括新聞業與其他媒體職業之間界限的崩潰，因為記者成為「內容管理人」（content managers）並從事「原生廣告」（native advertising），為雇主賺取額外收入，或是成為「媒體創業者」（media entrepreneurs），一方面低薪為新聞媒體工作，另一方面在其他的媒體產業從事薪酬較高的工作，特別是在行銷和公關領域。

媒體產製的特性

　　媒體產業是公共服務和營利性公司的組合，從事文化的工業和創意生產與流通。這種「文化」不僅指口語和書面文字、音頻、靜態或動態圖像的生產，而且（越來越多地）為人們提供產製和交換自己的內容的平台。對這些行業內生產涉及的內容進行當代定義時，四個要素容易混淆，這在一定程度上使得對媒體工作進行充分評估變得相當困難：內容（content）、連接性（connectivity）、創意（creativity）和商業（commerce）——所有這些都轉化為文化生產（見圖 11.1）。媒體產業生產內容，但也在連接性的平台進行投資——粉絲和觀眾在平台上為媒體公司和製片人提供推廣、宣傳和傳播資訊所需的免費勞動力（Jenkins et

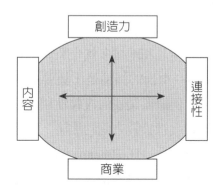

圖 11.1 媒體工作的模型

al., 2013）。媒體產製包括半自主的文化創造，但往往發生在明顯的商業環境中。這四個價值和目標，即內容、連接性、創造力和商業，是媒體產業內不斷進行鬥爭和協商的主題。

從經濟的角度來說，媒體通常服務於雙元產品市場：媒體以報紙、雜誌、電影、遊戲等形式銷售給閱聽人，同時閱聽人的注意力以收視率、發行量、網站不重複訪客（unique site visitors）等形式販售給廣告商。這是產業內一個引人入勝的領域，存在著閱聽人、創作者和廣告商之間的緊張關係，因爲他們的需求可能並不總是一致的，而在當前的數位和網路媒體生態系統中，廣告創意、媒體製作者和內容消費者所扮演的角色日益交織在一起。這種網絡化的特徵也揭示了媒體產製過程（或「管道」）通常具有全球性，因爲許多產業如數位遊戲開發、電影和電視在產製過程中將各種元素離岸（offshore）、分包和外包以節省成本、吸引新型資本（例如國家補貼和減稅）和人才，並重新分配風險。例如爲電視專案項目爭取國際投資，「離岸」在世界各地拍攝電影；將報紙的線上部門或行銷部門轉移到其他地方；由倫敦的工作室完成在洛杉磯錄製音樂的後製混音；將設定在某個地區、文化或國家背景的遊戲在地化到世界其他地區；爲全球品牌的通用廣告活動添加本地的配樂和熱門歌曲；將書籍的行銷和發行分開等等。這種以市場爲基礎的超國家形式的文化生產，主要受益於近年來媒體產業的結構性趨勢：增長、整合、全球化和所有權集中（見第 9 章和第 10 章）。

儘管認爲占主導地位的跨國媒體公司可以有效規避風險的想法很誘人，但對國際策略管理與全球媒體集團公司績效的研究顯示並非如此。例如分析這些企業集團的產品和地域多樣化戰略，Sylvia Chan-Olmsted 與 Byeng-Hee Chang（2003）得出的結論是，儘管這些公司最初進行擴張和多樣化以降低總體風險，但國際業務的複雜性和風險的不確定性增加，再加上消費者口味、法規和發行投資方面的風險，實際上會導致績效下降。此外，貝塔斯曼集團（Schulze, Thielmann, Sieprath and Hess, 2005）和新聞集團（Marjoribanks, 2000）等媒體集團對協同管理、全球—本地關係和企業內部合作的研究表明，這些公司的工作組織遠非精簡、統一或必然成

功，因爲很大程度上取決於產製過程中個別參與者的特定價值觀、行爲和
信念。

　　儘管媒體中的每個領域、流派或學科都有其獨特性和優越之處，但商
業整合、科技匯流，以及在地化和全球化（「全球在地化」）相輔相成的
發展趨勢使得媒體產業的工作經驗越來越相似。正如方框 11.1 中彙整的
那樣，我們可以根據幾個主要特徵來討論「媒體」。

11.1

媒體產製的主要特性

- 合作、專業知識和影響力的非正式網絡
- 製作主要以專案項目爲基礎
- 高度結構化、類型化和有時公式化的流程
- 高度的溝通複雜性（communicative complexity）和情感勞動

　　Bilton（2007: 46）將媒體產業的文化地理定義爲由一系列合作、專業
知識和影響力的非正式網絡所組成：「這些網絡在兩個面向上擴展，水平
上透過與組織和個人的點對點的同儕關係（peer-to-peer relationships），
垂直上透過供應鏈關係，這些關係有助於文化生產和發行的不同階段。」
Bilton 強調產製過程的非正式、協作和無形的特性。同時，媒體產製中的
大部分實際工作都遵循高度結構化、類型化且有時是公式化的流程，一部
分是爲了滿足截止期限，符合製作和發布的時間表，以及有效管理爲大眾
市場製作文化產品所涉及的風險。

　　媒體工作在商業、連接性、內容和創意的協商中，第二個關鍵的脈絡
方面爲產製主要是基於專案項目的性質。爲執行生命週期有限的專案項目
而形成的工作組織，既發生在某些公司內部（例如在一家提供全方位服務
的廣告或整合行銷傳播公司爲特定客戶組建的臨時團隊），也發生在公司
之間。媒體所有者、經理人和工作者實踐及賦予工作意義的方式表現出一
定程度的溝通複雜性，這也是爲了應對媒體產製動態、快節奏、高壓力和
複雜性所需要的。

最重要的是，媒體工作是情感勞動的一種形式：這種工作自從業人員那裡引發超出有意識思考的情感投入，旨在喚起觀眾類似的無意識反應。在當代注意力經濟中，閱聽人的參與是媒體產製的一個關鍵面向：不僅讓人們注意到並關注你的產品或服務，而是讓人們參與進來，懸置他們的懷疑，讓消費者持續回來。消費者心理學和行為設計的洞察力在媒體產業中越來越受歡迎，這得益於媒體用戶在線上產生的大量數據。與此同時，媒體從業人員在某種程度上也被期望完全投入到工作中，部分原因是舒適且有時甚至是富有趣味的工作環境的鼓勵——就自由／特約工作者而言，這也包括私人住宅，或作為媒體製作的城市景觀的無數咖啡店和餐館之一（Hartmann, 2009）。

簡而言之，可以總結為在由複雜且高度結構化的基於專案項目的工作主導的廣泛媒體產業結構中，由通常是短期（且常常是自由／特約工作者）僱用的媒體工作者組成的非正式網絡，他們對自己的工作非常關注，這是媒體產製的縮影。

媒體文化產製的主要趨勢

在大大小小的媒體產業中工作，意味著要適應一些相關且重疊的趨勢。著重於那些對媒體工作者的專業身分有關的趨勢，我們考慮到文化公司在特定城市地區群聚的趨勢、媒體業務的風險和不可預測性、以專案項目為基礎的勞動及商業公司中控制和與創意人員合作的複雜性，以及科技和資訊管理在創意過程的各個方面的普遍性（Deuze, 2007: 63-74; Deuze and Prenger, 2019）。

媒體公司被城市所吸引，Scott（2000）所說的「城市文化經濟」（the cultural economy of cities）的發展與文化公司和媒體產業群聚的存在息息相關，從大型垂直整合公司到小型媒體創業者網絡（networks of media entrepreneurs）。群聚的主要動機是為了應對媒體業務的風險性質。媒體工作的主要風險在於媒體產品的矛盾本質。從某種意義上說，一個文化商

品（cultural commodity）如電影、數位遊戲、廣告活動，與任何其他商業產品一樣，它是爲了吸引特定的閱聽人而製作的。另一方面，媒體產品的成功或失敗取決於其新穎性和差異性，以及其滿足難以預測的消費者敏感性和品味的能力。第一個趨勢表明，在市場中已經證明有效的內容生產是一種經濟上合理的策略。在文化商品的生產和發展中，這種線性差異化過程（Turner, 2003）可以與需要多元化和差異化生產的同時需求相對應，因爲公眾的品味、偏好和注意力會很快（且不斷地）改變。因此，專注於多樣化〔「液化」（liquefying）〕生產組合對於媒體產業來說同樣重要。

　　線性（linearity）和液態（liquidity）是完全不同的生產風格和市場策略。這造成的張力可以被視爲媒體產製創作過程的典型特徵，甚至是基本特徵。選擇其中任何一種方式都涉及風險，因爲這兩種策略的結果都是不可預測的。風險（risk）與信任（trust）是媒體工作的組織和管理之組成部分。在媒體產業，「風險在非正式的情境、社交網絡和社交空間中得到管理，信任在這些情境中得以協商……新的信任聯繫，無論是強或弱，有助於打破行業界限，本身成爲導致意想不到的合作和（或）新的文化產品的創作過程的一部分。」（Banks, Lovatt, O'Connor and Raffo, 2000: 463）。因此，對於專業人士來說，與同一產業的不同雇主合作是相當常見的，這些公司通常物理上位於同一街區的街道和辦公樓，而員工經常在同一餐廳、酒吧和俱樂部用餐、下班後活動和網絡聚會。在這個過程中，這些專業人士可能同時或連續地參與符合線性或液態生產風格的項目。

媒體管理和產製的特殊性

　　媒體專業人士在某種程度上與其他生產領域的同事有所不同，因爲他們通常對自己的工作非常投入，正如前面提到的。媒體管理的困難之處在於結合了媒體工作者對專業身分的獨特認同感和文化生產過程中核心的結構性風險和不可預測性。創意過程靠靈感維持，又受到才華、活力和承諾的影響，使創意工作具有易變性、動態性和充滿風險。這種工作受到關鍵的隱性技能的塑造，這些技能通常模糊且未明言（Leadbeater and Oakley, 1999）。「在媒體組織中，你會感受到一個快速變化、充滿活力的氛

圍，組織內的人們通常更多地視自己為獨立承包商而不是員工。他們認為組織只是他們工作的傳輸通道。」（Redmond and Trager, 2004: 59）Caves（2000）補充說，由於這個原因，想要在這些行業工作的人比可用的工作職位多得多，而且他們大多願意接受低於平均水準的薪資、臨時工資和沒有福利或任何未來就業保證的臨時合約安排。這使得產業中的權力平衡偏向於所有者和雇主，但「明星」和高知名度的人才以及某些時刻當產業依賴創新和新思想吸引閱聽人時（例如全球遊戲行業引入新一代遊戲主機，或者特定電視劇集或電影系列在國際成功的程度需要相對快速地委託和製作新的一季或續集）除外。

媒體產業的管理可以說是特殊的（Lowe and Brown, 2016）。它不僅涉及在基於專案項目的勞動和商業公司的背景下監督和協助創意人才，還包括管理、外包和分包勞動力以及各種輔助行業（例如複製設備、授權方、供應商、發行商和零售商）的聯繫和合約。這些領域的人之中有些是媒體公司內部的人，但大多數不是。通常，每個專案項目（例如數位遊戲、電影、雜誌或報紙的特別版面）都是由專門為此目的組建的團隊製作的。有趣的是，就像消費者可以主要基於符號價值（sign-value）而不是使用價值（use value）選擇產品一樣，組建團隊不一定意味著選擇最適合當前專案項目的人；它還意味著將彼此信任、過去贏得經理或客戶信任的人、或彼此能夠在沒有太多衝突的情況下共同工作的人聚集在一起。換句話說，基於專案項目的媒體產製，就像媒體消費一樣，更多地是在參與者所認知的文化背景下進行，而不是根據理性、科學、客觀或嚴格的經濟原則。

在媒體領域，團隊合作的組織方式主要是為了滿足一系列交付成果和進度的截止期限，例如系列故事的一部分、雜誌版面的一組照片、電子遊戲的特定資產（例如配樂），這迫使專案項目參與者協作，他們具有不同的技能和對專案項目成果的觀點。團隊合作的勞動力也往往是具有可攜性的（portable），工作者會從一個專案項目轉移到另一個，而不是執行一系列連續的任務。這意味著雇主不斷面臨重新組建工作團隊的挑戰，而工作者則一直在尋找並為下一份工作做準備（Christopherson and van

Jaarsveld, 2005）。

科技的特殊角色

在有關媒體結構、管理和工作的文獻中，科技的普遍和無處不在的角色相當突出。媒體產業是新資訊和傳播科技發展與創新的關鍵加速器之一。印刷新聞業是一種媒體專業，它對印刷機、數位複製和發行方法以及桌面出版工具的效率、成本效益和品質需求不斷增加。數位遊戲產業加速了個人電腦和遊戲主機的處理器速度、內存壓縮、3D 圖形和螢幕像素科技的升級。電影產業為影院（和越來越多的家庭）數位環繞音響和寬屏投影系統的發展做出了貢獻。而音樂和錄音產業極大地促進了便攜式音樂播放器和聲音編輯軟體的引入和提升。

在媒體的日常工作環境和實踐中，科技在創作過程中扮演至關重要的角色。關於這一趨勢，一個重要問題是無處不在的科技所暗示的工作實踐的標準化。為了促進科技匯流和相應管理期望，在不同實踐和流程之間產生協同效應，媒體公司越來越依賴內容管理系統（CMS）。這些系統是一種複雜的套裝軟體，通常在商業市場上購買，使用開源應用程式進一步開發，最後形成內部的客製化應用。隨著不同的媒體格式（音頻、動態和靜態圖像、文本）在數位化轉換方面越來越趨於標準化，多媒體內容的交換、重新利用或「窗口化」變得更易於管理。然而，降低科技匯流門檻的同時，這種作法對媒體工作者來說可能是個問題，他們喜歡將自己視為創意工作者，而不是在 CMS 等科技提供的預設模板和格式之下選擇相對有限的「奴隸」。

對於科技的高效排序（efficient ordering）、標準化（standardizing）和精簡化（streamlining）的承諾與影響的擔憂，可以與更多的「科技樂觀主義」觀念並列，這些觀念頌揚其數位化、網絡化、互動性和易於使用的潛力。Bar 與 Simard（2006: 360）指出，在組織中對科技配置和應用的控制，可以靈活地與網絡基礎設施的所有權分離。他們認為，這為使用這些科技的個人和團隊創造了參與形塑社會的新機會。然而，這種參與形塑社會的可能性，並非能在所有人身上實現，正如 Aronowitz 與 DiFazio

（1995）警告的那樣，他們警示電腦化的有害影響以及這種工作場所「賽伯化／網絡化」（cybernetization）所帶來的機會增加了剝削性勞動實踐。例如在新聞業中，一個相關的當代關注點是新聞工作的自動化和「機器人」記者的崛起，即是與工作場所自主性的持續喪失相關的軟體生成內容（software-generated content）（Carlson, 2015）。

儘管媒體產業的不同領域在不同情境下使用不同科技，但今天的媒體專業人士被期待在工作中適應眾多科技。媒體產製的這一特殊方面在媒體和大眾傳播研究中得到越來越多的關注，學者們認為產製的物質脈絡是需要考慮的眾多變項之一（Lewis and Westlund, 2015）。此外，媒體產製中常用的許多科技正在匯流。科技匯流（technological convergence）是指將音頻、視訊、電信和數據匯聚到一個共同平台上，這是透過數位化所有這些以前分離的科技而實現的。人們越來越多地使用同一設備於多種功能，使電腦（作為獨立設備，或集成到其他硬體，例如手機）成為真正的「萬能機器」（universal machine），可以同時用於工作和娛樂。由於在家和辦公室都可以實現這些目的，這些地方和體驗之間的界限開始失去意義。因此，媒體工作中的匯流涉及兩個相互交織的過程：場所的匯流（例如工作場所和家庭辦公室），以及科技的匯流（例如可用於設置生產過程參數的數位、網路硬體和軟體，並進一步加強對媒體工作的管理控制手段）。這種控制是透過工作流程標準化、工作場所監督，以及透過遠程工作將專案項目的特定部分〔如「可交付成果」（deliverables）〕外包給外部參與者和網路的方式進行。因此，匯流直接影響大眾媒體產業的四個關鍵方面：傳播內容、媒體產製者和消費者之間的關係、公司結構，以及媒體專業人士的工作方式。

在新聞編輯室、廣告公司、電影和電視（後期）製作公司中引入各種內容管理系統、公司內部網以及桌面管理和出版軟體，對於相關專業人士來說往往意味著兩個不同但重要的事情：它加快並標準化了製作過程，可能會導致自主性的喪失，並且讓人們感覺必須以現有能力、技能和才能學習和執行更多工作。新科技迫使人們學習新技能，同時製作過程也在加速。不同組織甚至同一組織的各個部分也以不同方式開發和應用科技，從

而導致不斷重組適應過程和經驗。

　　無論是實際上或感知上，整個媒體產業普遍存在一種觀念和論述，即傳統的做事方式在數位時代不再有效。特別是在商業模式方面，原本相對穩定的廣告和銷售已經崩潰，轉而採用結合多種收入來源的線上（和離線）商業模式，培養和商品化與消費者的關係，並且完全繞過媒體工作者，與媒體使用者（例如公民記者、網紅和具有生產力的粉絲）一起共創。與此同時，數位設備和平台快速普及成為近用和體驗媒體的首選科技，徹底改變了觀眾的習慣，使媒體消費和媒體產製之間的界限不再清晰。這種情況也出現在媒體產製的「製作」方面，因為類型、敘事形式和創意實踐的界限崩解，有利於混雜化的媒體產品和製作過程。無論何處，我們都可以看到媒體產業內部和跨媒介產業之間不斷發生的不同領域、部門和學科的融合，為媒體公司和產製過程帶來新的挑戰。

媒體組織活動：守門和選擇

　　媒體組織活動是媒體產製的總體趨勢和特徵在操作和表達中的具體實例。在這裡，我們關注兩個基本活動，可以分別描述為「選擇」和「處理」。第一個是指一系列的決策，從「原材料」的選擇到交付成品。第二個是指透過決策「鏈」應用工作常規和組織標準（包括專業和業務方面），這些標準影響著產品的性質。

　　「守門」（gatekeeping）一詞已被廣泛用作隱喻來描述媒體工作中進行選擇的過程，尤其是關於是否允許特定新聞報導透過新聞媒體的「大門」進入新聞通道的決定（見 White, 1950; Reese and Ballinger, 2001; Shoemaker et al., 2001）。然而，「守門」概念具有更廣泛的潛在應用，因為它可以應用於文學代理人和出版商的工作，以及多種類型的編輯和製作工作。它適用於有關現有媒體產品（例如電影、遊戲）的發行和行銷的決策。從更廣泛的意義上說，它指的是給予或拒絕社會中不同聲音進入媒體的權力，而這通常是衝突的焦點。民主社會中一種常見的緊張關係是，

政府（或政治人物）和媒體之間關於他們在大眾媒體中受到關注的程度和形式的糾紛。另一個例子涉及少數群體的再現類型和近用程度。當代的一個關注點與網路企業的演算法有關，例如平台、串流媒體服務和網路商店（即臉書、Netflix、亞馬遜），它們將人們之後將會看到的內容自動化，在媒體的出版和發行中增加了另一層守門／把關程序。

　　儘管守門概念具有吸引力和合理性，但它也有一些弱點，並且自首次應用以來一直在不斷修訂。其中的弱點是它暗示有一個（初始）門禁區域和一套主要的選擇標準，它對媒體產品「供應」的簡單看法，以及它傾向於將決策化約到個人或單一組織。在對該概念和相關研究的綜合概述中，Shoemaker（1991）擴展了原始模式，以考慮更廣泛的社會脈絡和許多影響因素。特別在新聞業方面，她提醒我們注意廣告商、公共關係、壓力團體以及各種消息來源和「新聞經理」（news managers）在影響決策方面的角色。在她的模式中，守門通常涉及在新聞製作期間多次連續的選擇行為。通常涉及群體決策。不僅提到內容的各個方面，還提到了預期的閱聽人類型和成本問題。該模式的主要觀點很大程度上已在新聞機構案例研究中得到證實。

　　更重要的是，守門在多大程度上是一種自主的專業行為，而不是主要受媒體組織經濟壓力或外部政治壓力下的被迫選擇（參見第 10 章，關於對組織決策的各種影響）。線上的守門行為通常是自動化的，可以繞過大眾媒體，使「守門人」的原始概念變得過時（Bro and Wallberg, 2015）。傳統新聞業不再是新聞的特權來源，也不再有選擇性地控制新聞資訊的供應。儘管如此，各方仍然希望確保他們的特定資訊能夠迅速、廣泛和顯眼地獲得公眾關注，而為此通常仍然需要透過大眾媒體的守門過程。或者，品牌代言人和政治人物都尋求透過社交媒體直接與消費者和公民互動，利用他們的知名度和聲譽來「去中介化」（disintermediate）新聞媒體（Hermida, 2010）。隨著線上搜尋和查找、過濾、策展及選擇有價值的資訊成為所有人的挑戰，專業的守門人可能會重新成為一項被重視的服務。

意識形態因素與組織因素

　　在新聞守門的早期研究中（White, 1950; Gieber, 1956），最大的關注點放在大量未能獲得報導機會的內容上，以及它們被排除的原因。在早期研究的性質上，有強調新聞選擇決策的主觀性和新聞編輯的自主性的傾向。後來，人們更加關注對選擇的系統性影響，這些影響因素可以區分為「組織因素」（organizational factors）或「意識形態因素」（ideological factors）。前者主要指科層制慣例和工廠式程序，後者指的是價值觀和文化影響，這些影響不僅是個人的，還來自媒體活動的社會（和國家）脈絡。對於新聞選擇過程需要受到常規影響的必要性，Walter Lippmann（1922: 123）早在很久以前就意識到了，他寫道：「沒有標準化，沒有刻板印象，沒有常規判斷，沒有對細微差別的相對無情的漠視，編輯恐怕很快就會死於激情（die of excitement）。」

　　隨後的研究表明，新聞媒體的內容往往呈現出可預測的模式，當面臨相同事件和相似條件時，不同的組織表現出類似的行為方式（Glasgow Media Group, 1976; McQuail, 1977; Shoemaker and Reese, 1991）。新聞決策者對於什麼可能引起觀眾興趣有一種穩定的認知，同一社會文化環境中也存在相當大的共識（Hetherington, 1985）。這種概括的一個條件是整個媒體系統內多樣性有限。對新聞產業的這一觀察在某種程度上可以延伸到所有大眾媒體產業，並點出了文化生產中的一個矛盾：這些產業擁有靈活性、人才、創意和創新的特權，並基於這種可說是令人興奮的承諾來吸引更多的工作者。同時，研究也顯示，這些產業主要依賴於工廠式的生產流程，嚴格遵循時間表和程序，限制了實驗性和原創性，而偏向於「剝削性創新」（exploitative innovation）（March, 1991），指的是做更多相同的事情並堅持已經行之有效的方法。

　　對於媒體產製被視為一種類型化的程序，而非主觀個人判斷的替代解釋可以在新聞價值（news value）的概念中找到。新聞價值是一個新聞事件的特性，將其轉化為觀眾感興趣的「故事」。然而，新聞價值始終是相對的，一個目前令人感興趣的事件可能很快被更近期且更有趣的事件所取

代。儘管新聞價值的一般概念已經很熟悉，但 Galtung 與 Ruge（1965）對挪威報業的外國新聞進行的研究首次明確陳述了影響選擇的新聞價值（或「新聞因素」）。他們指出有三種主要類型的因素起了作用：組織、類型相關和社會文化因素。組織因素是最普遍且難以逃避的，它們也具有一些意識形態後果。新聞的蒐集必須組織起來，並且對符合時間框架和選擇與再傳輸機制的事件和新聞故事有所偏好。這有利於發生在報導設施（通常是在擁有良好通訊設備的國際化中心）附近的最新事件並且有可信的消息來源。類型相關因素包括偏好符合觀眾先前期望（與過去新聞一致）並且可以輕易置於熟悉的解釋「框架」內的新聞事件，例如衝突或地方性危機的框架。

同時，這些新聞價值是取決於脈絡的，不應被解釋為與較為超然的專業方式相關的中立實踐。對外國新聞選擇的社會文化影響源於特定的西方和意識形態價值，這些價值聚焦於個人，涉及對菁英人物以及負面、暴力或戲劇性事件的興趣。因此，新聞價值可以被視為記者們用來幫助他們理解世界的共識結構或地圖（Hartley, 1982）。自從 Galtung 與 Ruge（1965）具有影響力的研究問世以來，已經有許多後續研究在某種程度上證實了這些價值的運作方式，添加了額外的價值與額外的媒體影響，或是提出了方法論和概念上的更新。在對 50 年來新聞價值研究的回顧中，Joye、Heinrich 與 Wöhlert（2016）發現了整個研究領域中存在的一個主要不足之處：既有新聞媒體往往基於它們所稱的「扭曲」的世界觀進行報導，這是由於新聞機構使用相對穩定的國家（或地方社區）概念作為主要參考框架。這種批評的核心是，面對全球化世界，新聞業應該承擔起包容更多聲音的責任，提供「多重觀點」（multiperspectival）的新聞（Gans, 2011），並以此代表全球各種觀點的多樣性，特別是考慮到全球遷移和當代多元文化社會的背景。當代新聞在某種程度上回應了這一呼聲，例如不乏不同國家和媒體的記者之間的「網絡化」（Beckett and Mansell, 2008）和跨境合作的例子（Alfter, 2019），包括與不一定自我認同為記者的人（Robinson, 2017）合作。關於新聞價值的研究的第二個觀察是，有必要研究非傳統媒體通道製作的新聞，包括公民、（國際）非政府組織和世界

各地湧現的各種媒體創業者所製作的新聞。

　　方框 11.2 列出了一個事件是否會獲得媒體報導的主要預測因素，整理自近期較新的一些有關新聞價值的研究（Harcup and O'Neill, 2017: 13）。

11.2

新聞事件報導的預測因素（Harcup and O'Neill, 2017: 13）

- **獨家**（exclusivity）：新聞機構透過採訪、信函、調查、民調等方式產生或首先提供給新聞機構的故事。
- **壞消息**（bad news）：帶有特別負面意涵的故事，例如死亡、受傷、失敗和損失（例如失去工作）。
- **衝突**（conflict）：涉及衝突的故事，例如爭議、爭論、分裂、罷工、鬥毆、暴動和戰爭。
- **驚奇**（surprises）：帶有驚奇、反差及（或）不尋常元素的故事。
- **視聽效果**（audiovisuals）：有引人入勝的照片、影像、音頻及（或）可以用資訊圖表說明的故事。
- **可分享性**（shareability）：被認為可能透過臉書、推特和其他社交媒體產生分享和評論的故事。
- **娛樂性**（entertainment）：關於性、娛樂圈、運動、人情趣味、動物的軟故事，或提供幽默治療的機會、詼諧的標題或列表。
- **戲劇性**（Drama）：涉及正在發展的戲劇情節的故事，例如逃脫、事故、搜查、圍困、營救、戰鬥或法庭案件。
- **跟進報導**（follow-up）：關於新聞中已經出現的主題的故事。
- **權力菁英**（the power elite）：關於有權勢的個人、組織、機構或公司的故事。
- **相關性**（relevance）：關於被認為對閱聽人有影響力，或在文化或歷史上為觀眾所熟悉的群體或國家的故事。
- **量級／程度**（magnitude）：參與人數眾多或是在潛在影響方面具有足夠重要性的故事，或是所涉事件或行為的極端程度。
- **名人**（celebrity）：有關已經出名的人的故事。
- **好消息**（good news）：具有特別積極意義的故事，例如康復、突破、解藥／對策、勝利和慶祝活動。　　　　　　　　　　　　　　　（續）

- **新聞機構的議程**（news organization's agenda）：設定或符合新聞機構自身議程的故事，無論是意識形態的、商業的或是作為特定倡議活動的一部分。

　　儘管最初的守門研究假設新聞選擇是基於專家對閱聽人感興趣內容的評估，但相關研究對這一假設的支持卻參差不齊。比較閱聽人對新聞主題的興趣和對同一問題的編輯判斷，一項跨國比較研究顯示出廣泛的不匹配，確實存在著一種「新聞差距」（Boczkowski and Mitchelstein, 2013）。對新聞價值的研究可以外推到其他媒體產業，關於產製過程的性質有兩個關鍵觀察。首先，在決定要生產和推向市場的內容時的決策方式，無論涉及電影、數位遊戲、電視節目還是廣告活動，仍然傾向於以國家界限作為基本前提。儘管媒體和社會已經全球化，但大多數內容不是專門為（假定的）「國族觀眾」製作，就是外國格式被改編以適應當地口味（有關媒體文化的全球貿易，參見第 9 章）。而就各國的內部情況觀察，閱聽人根據越來越具體的數據資料被進一步細分，按照種族、性別、階級、年齡和其他變項來分析，這使人們在媒體中「相遇」並在共享敘事中肯認自己的可能性變小。第二個觀察似乎與前述趨勢有所牴觸，它涉及的是（崛起的）全球生產網絡和新的國際文化分工的雙重發展。

　　正如關於網絡社會的社會理論所示（參見第 4 章），網絡化的企業形式在媒體工作中相當普遍，特別是考慮到在全球範圍內持續外包、離岸外包和分包（專業和靈活的創意過程的各個部分，從融資到發行和使用）。雖然跨國多元化媒體公司仍然在日本、美國和歐洲等首選的「本土」市場上占據著地理位置，但它們的網絡已經延伸到全球（Arsenault and Castells, 2008）。儘管如此，有證據表明，在高度不均衡的全球媒體體系中，「全球企業媒體策略的地區性（regionality）持續強烈」（Hoyler and Watson, 2013: 106）。全球生產網絡領域學者的著作（Coe et al., 2004; Johns, 2006）顯示，這些「超地域性」（extra-local）（即將不同地點的人和公司聯繫成一個媒體生產體系）的過程不僅僅有利於強大的公司，而

且在特定的時間和情境下，這些過程可以被媒體工作者利用，有利於企業家個人、自由職業者或更小（因此更靈活）的公司。

隨著文化的生產變得依賴於全球公司和人才網絡，準備、尋找和保持就業（或收入／收益）的責任被整合到一個新的國際分工體系中，該分工體系主要是由靈活的臨時勞動力所組成（Miller and Leger, 2001）。媒體傾向於群聚在特定（城市）地區，在這些地區，人們和組織之間進行著資金、資源、勞動力、人才和技能的持續交流（Scott, 2000）。人們湧向這些地區尋找文化產業的就業機會。然而，國際文化分工中的遷移模式往往是區域性的或虛擬的，而不是全球性的。人們往往會堅守原地，而他們的才華則遷移參與一部分的產製過程，例如電影拍攝地點、參與開發數位遊戲特定資產、協助新聞組織處理市場營銷和客戶關係管理服務等。因此，可以看到區域群聚和全球網絡化企業相互加強，增加了媒體產製的偶然性，同時這些產業和整個價值鏈中的專業人士比以往任何時候都更加緊密地聯繫在一起。媒體產製的文化地理被組織成一系列非正式的合作、專業知識和影響力的網絡，可以遍及全球。

Miller 與 Leger（2001）認為，所有這些生產和工作的國際化不應被誤認為是削弱了企業，尤其是美國的控制。在 Netflix 等公司努力在全球範圍內擴展其服務（包括在當地的製片工作室和辦公室，以及挖掘當地人才）的脈絡下，這是一個值得考量的尖銳批評。正如既有媒體公司對新聞的選擇傾向於遵循某些可預測的類型一樣，透過全球生產網絡的媒體產製也是如此。

媒體與社會之間的近用之爭

社會的任何一個制度元素（社會本身以閱聽人的身分）近用媒體的問題已經在幾個地方提及。第 4 章（圖 4.2）中的初始參考框架將媒體描述為在社會制度及其成員「之間」創造（或占據）通道。媒體組織面臨的主要壓力之一來自於社會和政治利益要求近用媒體。

　　這個問題的提出，是基於這樣的假設：大眾媒體有效地控制著社會與其成員之間的資訊流動。然而，這一觀點在新媒體出現後引起質疑，因為新媒體不僅產製內容，還提供了任何人與其他任何人的「連接性」（connectivity）。這使得許多新的、不受控制的通道得以發展，發送者和接收者的角色也趨於匯流（Jenkins, 2006）。雖然在大多數社會中，權力的中介似乎仍然以新的、整合的形式由大眾媒體執行，但因為網路平台的迅速崛起，在全球範圍內，媒體流動和近用關係受到了顛覆，每天透過這些線上服務的媒體連接、分享和評論的人數是驚人的。

　　在民主社會中，包括那些給予媒體高度自由的社會，人們對大眾媒體有明確的期望，有時伴隨著相當大的壓力，要求媒體提供社會廣泛的傳播通道，尤其是從領袖或菁英階層對社會基層的「向下」傳播。這可以透過法律規定、在自由市場上購買時間／空間，或是由媒體自願作為公開的公眾傳播手段來實現。「為社會提供近用機會」的實現方式對媒體來說非常重要，因為媒體的自由，尤其是新聞自由，通常被認為也包括媒體不發布某些資訊、拒絕某些人近用媒體的權利。同樣的邏輯也適用於全球各國政府當前為了約束或限制網路平台和線上社交媒體的自由而進行的努力，逐步實施旨在保護公民（特別是兒童和青少年）、要求透明的治理結構，並將一些控制權重新交還給社會的政策。

媒體自主性的連續體

　　這種情況可以從一個「連續體」（continuum）的角度來理解：在一個極端情況下，媒體完全被外部利益（無論是國家還是其他）「滲透」或同化；在另一個極端情況下，媒體完全可以自由地排除或接納它們認為（不）合適的內容。在正常情況下，上面兩種極端情況都不會存在。多元主義理論假定，組織的多樣性和近用的可能性將確保為社會的「官方」聲音、批判和替代性觀點提供充分的機會。

　　然而，「為社會提供近用機會」不僅僅意味著提供一個發表意見、資訊的平台，它還涉及媒體描繪社會現實的方式，它們可能會以改變、扭曲或挑戰的方式進行。最後，社會近用問題涉及一系列非常複雜的慣例，

根據這些慣例，媒體自由和社會要求可以得到行使和調和。很大程度上是取決於格式和類型的標準化特徵，以及它們被認為以何種方式呈現社會現實，或是以何種方式被觀眾理解。

這個問題在早期一項由 Elliott（1972）所做的關於（英國）電視產製的研究中得到了闡明，而他的觀點可以用來解釋新聞媒體和其他國家的媒體系統。他的分類方式（圖 11.2）顯示媒體組織在提供或限制其他傳播者近用方面的能力的變異性。它描繪了社會可獲得的近用自由程度與媒體控制和行動的廣泛程度之間的反向關係。媒體自身對控制的範圍越大（產製範圍），社會的直接近用就越有限。在「社會之聲」或社會現實與作為觀眾的社會之間，媒體存在不同程度的干預或調解。這種表述強調了媒體自主性與社會控制之間的基本衝突。近用無疑是一個鬥爭的場域。

生產 / 媒體自主性的範圍	生產功能	社會近用的直接程度	社會近用型態	電視案例
受限的	1 技術利用	完全	1 直接	政黨廣播
↑	2 利用與選擇	↑	2 相對直接	教育內容
	3 選擇與呈現		3 過濾	新聞
	4 選擇與彙編		4 重製	紀錄片
↓	5 實現與創造	↓	5 諮詢建議	寫實社會劇
延伸的	6 想像的創造	零	6 社會不具控制力	原創電視劇

圖 11.2　社會近用的生產範圍和直接程度的分類方式：社會近用與傳播者（編輯）自主權成反比

資料來源：Elliott（1972）

在當代的脈絡下，近用已經變成了一個更為複雜的概念，因為希望傳達資訊的行動者不再需要透過專業媒體的過濾和「守門過程」來觸達閱聽大眾。使用廣泛可購得的個人數據／資料，無論是公司還是個人，都可以做到客製化資訊，針對特定人群發送量身訂作的資訊，旨在影響觀點並改變行為。這種對公民和消費者的「微定向」（micro-targeting）引起了極大的關注，儘管我們應該謹慎對待關於這些對人們態度和行為

影響的過度誇大的說法。例如對人們在臉書上接觸到的政治個性化廣告
（personalized advertisements）與選民對這些廣告的反應之間的關係進行
研究時，Kruikemeier、Sezgin 與 Boerman（2016）發現用戶似乎普遍理解
在社交媒體上使用的說服傳播技巧，對此類廣告持有抵抗態度。在後續研
究中，Metz、Kruikemeir 與 Lecheler（2019）確實發現，透過線上分享個
人生活的政治人物可以獲得正面回應，這表明對於公眾人物來說，繞過或
「去中介化」專業新聞媒體，以便能夠直接接觸公民（作爲選民或消費者）
可能是值得做的。

媒體組織活動：處理和呈現

　　媒體產業、組織和專業人士都是特定媒體生產價值鏈的一部分——從
構思、執行（也包括前期製作）、製作（包括編輯、轉錄、複製）、行銷
（包括包裝和推廣）到發行和消費（見 Hesmondhalgh, 2018: 95-96）。儘
管各個產業在這些步驟的展開方式上存在明顯差異，但最終所有產品都遵
循某個特定的邏輯（Deuze, 2007: 110–112）。

　　一個有助於了解媒體組織如何處理和呈現其工作的工具是 Dahlgren
提出的**媒體邏輯**的概念，因爲它指的是「媒體的特定制度結構特徵，即對
媒體內容以及完成方式產生影響的技術和組織屬性的集合體。換句話說，
媒體邏輯指的是特定的形式和流程，這些形式和流程組織了特定媒體內
部的工作。然而，媒體邏輯也表明了閱聽人／使用者的文化能力和感知
框架，這反過來又強化了媒體內部的產製方式。」（Dahlgren, 1996: 63）
媒體邏輯可以與特定媒體有關，因爲它主要涉及在特定的科技和組織背
景下的生產模式。Dahlgren 的概念是根據 Altheide 與 Snow（1991）早期
著作的延伸，與其他媒體組織活動模式〔例如 Peterson 與 Anand（2004）
的綜合性的「文化生產六面向模式」（six-facet model of the production
of culture）〕相比，更具體地探討了媒體產業的內部運作，後者考察了
科技、法律和監管、產業結構、組織結構、職業生涯和市場的角色。在

早期的研究中，Miège（1989）提出了**生產邏輯**（production logic）的概念以理解媒體產業，該概念基於五個特點：經濟價值鏈（economic value chain）、主導權力仲介（dominant power brokers）、創意工作者／專業人士、收入來源（revenue stream）和整體市場結構。

　　就主要媒體職業而言，每個職業都可以從其媒體邏輯的角度進行分析，這意味著在廣告（包括公共關係和市場傳播）、新聞、電視和電影、音樂和錄音產業以及數位遊戲等領域中，媒體生產的制度、科技、組織和市場特徵。這裡的重點將放在媒體產製活動的組織上，因為大眾媒體的主要制度和組織特徵已在第 10 章中討論過，閱聽人的角色將在本章末尾討論。一般而言，正如之前所提到的，當今媒體職業的特點是不同領域、學科、實踐和類別之間的界限越來越模糊甚至崩解。

媒體產製的組織方式：廣告

　　廣告代理商往往集中在世界上特定的地區。在集中了創意人才和潛在專案項目合作夥伴的頂級城市中心，包括東京、紐約（麥迪遜大道的「廣告界」）、法蘭克福、巴黎、倫敦（蘇活區被認為是一個「廣告村」）、洛杉磯、米蘭、聖保羅、阿姆斯特丹和馬德里。廣告、公共關係和行銷公司的工作組織幾乎完全基於專案項目。在廣告行業中，有兩種與項目組織相關的類型，一種是在提供媒體購買、策劃和創意功能以及行銷和公關服務的全方位公司內部，由來自不同部門的員工組成；另一種是基於跨越公司界限的臨時合作團隊，通常包括眾多外部服務和專業人士。大型和小型廣告代理機構的工作架構可以最好地理解為 Grabher（2002）所稱的「背對背」（對於一些人來說，同時進行）的「專案項目生態系」（project ecologies），以及 Cottle（2003: 170）所指的「產製生態系」（production ecology），它可以被描述為「一組競爭性的制度關係和合作的依賴」。專案項目生態系的概念最接近廣告行業日常工作的實際情況，因為它允許「專案項目之間的相互依賴以及其他更傳統的『永久』組織形式」（Grabher, 2002: 245）。

　　理解廣告中的專案項目生態系的關鍵在於它們的階層特徵：專案項目

團隊是由（暫時）共享共同目標的專業人員組成的網絡，在其中每個參與者在權力和職權方面都處於較為對等的水平地位。廣告的專案項目生態系包括：

- 一名或多名行銷經理直接派駐客戶端；
- 廣告代理商或媒體購買公司的客戶經理、規劃師和創意人員，有時與同一集團或控股公司內的一個或多個其他代理商建立合作夥伴關係；和
- 一群本地甚至國際創意（例如藝術和電影導演、專業攝影師、平面設計師）和技術（提供音頻和影像處理、印刷、平版印刷、資訊傳播科技服務）專業人士，他們以專案項目為基礎，主要透過個人聘用網絡聯繫。

　　廣告代理商保護專案項目和客戶的方式通常是透過「比稿／比案」（spec-work）〔「推測性作品」（speculative work）的縮寫〕，它可以是概念設計，有時也可以是免費製作的整個活動，以免費方式呈現給潛在客戶，希望這能為他們贏得新的客戶。這種投機性勞動在媒體產業非常普遍（Fast, Örnebring and Karlsson, 2016），電影和電視的編劇和「幕後」工作人員可以證明這一點。即使是在新聞產業以及這裡討論的其他產業中越來越常見的無薪或低薪實習，也可以被視為一種投機性勞動（speculative labour）。

　　網際網路以及社交媒體和行動媒體的興起，已經顯著改變了廣告產業的運作方式。傳統的佣金制度（commission system），即廣告代理商向客戶收取一定比例的費用，逐漸被基於績效的制度所取代。廣告代理商不再僅僅為特定媒體製作廣告，其中電視廣告曾經是黃金標準，現在它們更傾向於跨越多種媒體進行。而廣告活動的成功與否越來越取決於在共創、發行和推廣品牌資訊方面的閱聽人參與程度（Nixon, 2011）。一個有趣的當代趨勢是企業「利用廣告來實現不僅僅是影響客戶和銷售，還可能對社會產生正向的變革。」（Rosengren, 2019: 390）

媒體產製的組織方式：新聞

在新聞業中，報紙、雜誌、電視、廣播和網路新聞編輯室往往有相當不同的工作方式。一般而言，新聞媒體機構位於核心觀眾所在地城市或地區，競爭對手往往群聚在一起，這也是文化產業中的一個常見趨勢。新聞選擇的組織過程通常是非常階層化的，而不是民主或合議制的，儘管在特定的製作單位中可能會有後者的應用。新聞機構中的大部分工作都基於一套常規化、標準化的活動。總結了新聞記者一般報導新聞的方式，Bennett（2003: 165ff）指出，有三個誘因使他們將工作習慣標準化：與新聞來源（例如公共關係官員、組織發言人、名人和政治人物）的日常合作；特定新聞機構的工作常規，新進記者通常透過適應（主要是非書面的）規則和慣例以適應「本社風格」；以及與其他記者的每日資訊共享和工作關係，在某些領域的情況下，這會導致記者們作爲一個群體從一個事件轉到另一個事件，他們在同一個地點遇到競爭同事，並報導相同的議題。

這種相對穩定且標準化的工作方式與新聞工作更具動態的組織形式並存，部分原因是當今許多（如果不是大多數）記者以兼職、臨時或自由／特約工作的方式從事新聞工作。這一現實引起了學界對新聞產製知識來源的批判性思考，因爲新聞編輯室在很多方面都是「有問題的田野調查場域」（Anderson, 2011: 152）。這不僅僅是當下新聞工作不穩定氣候下的一個營運問題。正如 Karin Wahl-Jorgensen（2009: 23）所說，新聞研究中的新聞編輯室中心性（newsroom-centricity）意味著學者們傾向於關注新聞編輯室和其他中央化新聞產製場所內的記者文化，通常很少關注這個空間被限定的新聞產製宇宙邊緣的地方、空間、實踐和人。這種以新聞編輯室爲中心的取向不僅僅涉及偏向某些行動者並排斥其他行動者，它還偏向對新聞工作相對固定的模式進行分析。Cottle（2007: 10）指出，這種對「組織功能主義」（organizational functionalism）的強調導致新聞產製過程的固定模式和常規程序被重視，但同時卻忽略了新聞產製過程的差異和分歧。一些較爲非正式的新聞產製方式的例子通常涉及記者爲較不制度

化、更以閱聽人爲導向的媒體機構工作，例如新聞新創公司（journalism startups）、大眾雜誌、地方新聞台、人情趣味和資訊娛樂等類型（van Zoonen, 1998）。

新聞業的處理流程源於編輯分配的新聞任務開始，經歷新聞會議、播放決策（重要性和時間安排）、版面或節目安排、最終編輯、內容頁面排版或電視主播稿，以及最終排版的一系列過程。這個流程可以一直延伸到截止期限前的倒數第二個階段，在當前的數位環境中，這通常包括接近預定的某個廣電節目播出或報刊送印時間的「滾動」截止期限（'rolling' deadline）。一般而言，這個過程從考慮大量實質性想法的階段開始，透過根據新聞判斷和來自來源通道的內容進行篩選縮小範圍，進入第三個階段；在這個階段，根據新聞呈現的媒體通道的科技特性，進行格式、設計和呈現方式的決策。

新聞處理模式（The model for news processing）與其他情境下的內容處理狀況類似，儘管後者的處理時間更長，製作過程對內容的影響更大（參見圖 11.2）。例如 Elliott（1972）在對電視紀錄片系列製作的研究中區分了三個「鏈條」：一個是涉及該系列節目設計創意的「主題鏈」（subject chain）；一個是「聯繫鏈」（contact chain），將製片人、導演和研究人員與他們的人脈和來源相連接；以及一個「呈現鏈」（presentation chain），將工作檔期和預算的現實與有效呈現的慣常想法連接起來。

媒體產製的組織方式：音樂與錄音

音樂產業提供了一種不同的模式，儘管還是存在從構思到傳播的一個過程。Ryan 與 Peterson（1982）提出了一個流行音樂產業的「決策鏈」（decision chain）模式，該模式由六個獨立的環節組成。它們分別是：(1) 從歌曲創作到出版；(2) 從演示帶（demo tape）到錄音（選擇製作人和藝術家）；(3) 和 (4) 從錄音到製造和行銷；(5) 和 (6) 接著透過廣播、點唱機、現場表演或直接銷售進行消費。在這種情況下，詞曲作者的原創構想透過音樂出版商對表演形式（特別是藝術家和風格）的想法進行過濾，

然後在多個不同市場推廣產品。

網際網路的出現和檔案分享的興起（例如 1999 年成立的 Napster 和 2000 年的 Limewire），以及串流媒體平台的出現（例如 2006 年開始營運的 Spotify），徹底改變了音樂產業。在公司方面，唱片公司透過試圖讓藝術家簽訂所謂的「360 度」（全方位）合約來應對，允許唱片公司從藝術家的所有活動中獲得一定比例的收益，包括音樂銷售、演出和巡演、電影和電視或廣告宣傳中的露面、代言和商品化等。這種策略在音樂銷售下降的背景下，可以減輕唱片公司的一部分商業風險。對於藝術家而言，他們理論上有可能完全繞過音樂產業，直接在線上發布和宣傳音樂，與閱聽人建立和保持聯繫，並獨立定價。Baym（2018）認爲這種「關係勞動」（relational labour）潛在地具有解放作用，但她也對這種新型的藝術家與粉絲關係的極度勞動密集本質提出了警告。

媒體產製的組織方式：電影和電視

電影和電視產業的公司和服務具有「強烈的地點群聚趨勢」（Scott, 2000: 83），其中洛杉磯好萊塢就是最好的例子。某些地方被認爲有利於電影或電視等媒體產業的聲譽或形象而具有特殊的群聚效應：人才、服務和輔助公司聚集到這些地方，將它們變成與衆不同的區域，每個人似乎都以某種方式參與其中。這種群聚使得不同的媒體產業能夠快速且相對廉價地獲得服務、人才和技能。

雖然世界各地的電影和電視勞動市場具有不同的歷史，但情況越來越相似。這些產業的雇佣關係已從歐洲公共廣電機構內部勞動市場的結構化且界限明確的狀態，轉變爲「無界限的」（boundaryless）外部勞動市場，其中一群不斷增長的技能純熟的專業人士和專家靈活地爲少數大公司和衆多小型製片公司提供服務。電影和電視專業人士會制定各種策略來應對這種不穩定性，尤其是透過組成團隊或群組，他們在一段時間內往往一起從一個專案項目轉移到另一個專案項目。這些相互依賴或「半永久工作團隊」（Blair, 2003）的網絡對雇主和受僱者都有好處，因爲雇主可以將團隊成員的招聘和解僱外包給負責特定製作過程的人（比如遊戲開發中的團

隊領導人、雜誌編輯或電影和電視中的助理導演），而受僱者可以透過自己的人脈網絡確保未來的就業。這些網絡並不缺乏力量，因為他們的創意（非正式）領導者的才能通常是製作過程中的重要元素，這使得他們能夠提出一定的要求。

　　由於產製過程的動態性和彈性的工作安排，電影和電視製作的組織實際上是相當等級分明的，並且受到嚴格的分工規定，區分了概念和執行，「前者來自具有創造力、高技能、高附加價值的工作者，後者則由例行公事、低技能、低附加價值的工作者執行。」（Warhurst, Thompson and Lockyer, 2005: 15）儘管許多專業人士和小型製片公司不斷送出節目構想提案、提交劇本，並參與各種關於概念和專案項目的比稿／比案（speculative work），但只有少數實際上獲得「綠燈」（greenlighted），這是指正式獲得投資開拍，將該項目從開發階段移至前製和主要攝影階段。這樣的決策過去是由製片廠的執行長或董事長負責的，但隨著媒體產業的融合和多元化，這些決策越來越多地由公司不同部門代表組成的委員會負責。尤其對於大型、高預算的製作，電影或電視節目只是需要考慮的變項之一，此外還有（線上）行銷、商品授權，甚至玩具和主題樂園都扮演某種角色。

媒體產製的組織方式：數位遊戲

　　遊戲產業的基本組織結構由開發工作室和發行公司這兩個相互作用的機構實體組成。在遊戲開發中，主要的工作包括設計、製作、美術、編程、音效和品質保證，這些工作由一位團隊領導人（有時被稱為製作人或導演）協調。設計師（領導人、成員、助理）確定基本遊戲概念、角色和遊戲機制。在進行任何工作之前，這些遊戲工作者首先會撰寫一份詳細的設計文檔，類似於電影的劇本，該文檔概述遊戲的各個方面。與電影或電視節目不同，遊戲的設計文檔往往是一個動態的文檔，可以不斷修改。儘管遊戲編劇（負責故事結構、對話、情節和角色發展）是設計團隊的一部分，但他們的工作通常由自由／特約工作者完成。美術指導、美術師、建模師和動畫師開發角色、虛擬世界、動畫和特效。音效工程師在遊戲開

發中也很重要，考慮到環繞音效的引入，以及流行音樂的跨媒介使用授權。事實上，今天有很多熱門遊戲都有獨立的配樂。也就是說，音效設計是經常外包的專業領域之一。編程人員開發遊戲引擎（遊戲運行的整個軟體），或者修改現有的引擎以適應專案項目的設計文檔，並設計遊戲的重要人工智慧（即哪些人工智慧對遊戲的難度和可玩性具有特定的影響）。最後，測試人員負責玩遊戲以評估其中的問題和可玩性。

在專案項目結束時，這個產業的專業人士已經習慣了所謂的「關鍵時刻」（crunch time），即每週工作六到七天，每天工作十到十六個小時，在某種程度上被認為是業內的正常情況（Prescott and Bogg, 2011）。需要注意的是，每個遊戲開發專案項目都可能以不同的方式組織，大型公司產製的遊戲具有更具體的相似性，而在較小的獨立開發者中則更具多樣性。Kerr（2006）指出了日本和歐洲公司之間的具體差異，例如英國公司往往將所有必要的技能和專業人才集中在現有團隊（這意味著有時人們可能沒有太多工作可做），而日本公司更傾向於臨時指派專業團隊來完成特定任務，之後這些工作人員會轉移到另一個專案項目。

Johns（2006）記錄了自 1960 年代和 1970 年代初期以來，遊戲產業如何在工作的組織和方向上出現了兩個主要趨勢。首先，數位遊戲產業一直高度依賴產業內外的科技創新，無論是來自產業內部或是外部。第二個趨勢顯示這個產業越來越多地在全球範圍運作，以團隊的形式製作遊戲，有時人數可達數百人，分散在世界各地的多個工作室，每個工作室負責遊戲的不同部分。這些工作室通常位於美國（加州、德州、華盛頓州）、加拿大（溫哥華、蒙特婁）、歐洲（尤其是法國、英國和愛爾蘭）和亞洲（主要是日本和韓國）。Johns（2006: 177）認為軟體生產網絡的這種在「超區域」（supra-regions）的集中化現象有問題，因為「如同許多其他文化產業一樣，媒體集團的全球主導地位限制了小公司獲得資金和發行的機會。」近年來，該產業一直在遠離實體遊戲製作（用於遊戲機和電腦桌機），將更多精力放在手機和線上遊戲。與遊戲相關的新興行業包括電競和中介遊戲串流（mediated game streaming）（Taylor, 2015）。

以上對媒體產製的組織方式的綜述顯示，各種媒體專業在產製組織方

面面臨著相似的挑戰。製作往往在全球範圍進行，儘管主導性的公司通常位於歐洲、北美和東北亞的主要城市中。就業往往是靈活彈性組織且具有臨時性，即使對於擁有永久合約的人來說也是如此，因為這些產業的變動和動態性質。製作過程在構思和前製階段尤其不穩定，因為融資和付款是在概念形成之後透過著作權法、專案項目報酬和自由／特約工作者報酬等系統進行的。大多數主要機構的收入越來越多地來自於服務、發行協議、商品推廣等，而不是從物質商品的生產，例如音樂、電影、電視節目、報紙或適用於主機和個人電腦的遊戲。這使整體產製過程變得更加複雜，因為越來越多的部門、利害攸關者和利益參與決策過程。產製過程往往嚴格按照階層（有時是非階層）的方式組織，以應對涉及不同媒體和不同技能組合的複雜製作，並在緊迫的截止期限前完成。

決策模式

　　回顧大眾媒體商業和工業世界的文化產製機制，Ryan 與 Peterson（1982）描述了五個可以用來解釋決策過程的主要框架。他們的第一個模式是裝配線／流水線（assembly line）模式，它將媒體產製過程與工廠進行比較，所有技能和決策都內置於機器中，並具有明確的程序規則。因為媒體文化產品與物質產品不同，彼此之間必須略有不同，結果是每個階段的生產過剩（overproduction）。

　　第二個模式是工藝和創業精神（craft and entrepreneurship）模式。在這種模式中，具有選才眼光、籌集資金和組織能力的厲害人物以創新方式管理著藝術家、音樂家、工程師等人才的所有創意貢獻。這個模式尤其適用於電影業，但在有個人魅力與選才眼光的編輯掌舵的出版物也可以適用。隨著當代媒體工作日益增加的複雜性和利害關係，這些人越來越多地以團隊或委員會的形式進行操作。

　　第三種是慣例和公式（convention and formula）模式。在這種模式中，相關的「藝能界」成員就「配方」達成共識，形成了一套廣泛接受的

原則，告訴工作者如何結合元素來製作特定類型的作品。第四個模式是閱聽人形象和衝突（audience image and conflict）模式，它將創作過程視為設法將製作內容與觀眾喜好的形象相契合。在這種情況下，關於閱聽人的決策是至關重要的，彼此競爭的厲害創業家之間會因為這方面的決策發生衝突。

最後一種模式是產品形象（product image）模式。方框 11.3 整理了產品形象的要義。

11.3

產品形象

擁有一個產品形象是為了塑造一件作品，使它被鏈條的下一個環節的決策者接受。最常見的方式是製作與最近通過決策鏈上所有環節並取得成功的產品非常相似的作品。（Ryan and Peterson, 1982: 25）

這一模式不假設所有相關人員之間達成共識。這個模型似乎最接近「專業主義」或「編輯邏輯」（見第 10 章）的概念，它被定義為關於什麼是好的媒體產製成果的特殊知識，與「市場邏輯」形成對比，後者涉及對商業成功的預測。

大多數媒體產製研究似乎證實了老派專業人士的強烈感覺，即他們知道如何在不可避免的限制條件下最好地結合所有可用的生產要素。這可能會以不與觀眾實際溝通或傾聽觀眾為代價，但確實確保了產品在其條件下的完整性。

11.4

媒體決策的五種模式

- 裝配線／流水線
- 工藝和創業精神
- 慣例和公式
- 閱聽人形象和衝突
- 產品形象

　　Ryan 與 Peterson 的分類方式特別有用，強調在文化商品（包括新聞）的生產中具有多樣性的框架，可以實現一定程度的規律性和可預測性。在處理不確定性、應對外部壓力，以及協調持續生產與藝術原創性、專業自主性或創意自由之間的需求方面有不同的方式。經常被用於描述媒體產製的概念如類似工廠式製造（factory-like manufacturing）或例行公事般的科層體制（routine bureaucracy），應謹慎使用。

媒體參與和匯流文化

　　儘管我們將在第 14 和 15 章考量閱聽人在媒體中所扮演的角色，但重要的是肯認閱聽人參與在媒體產製上扮演的角色。在整個歷史上，閱聽人扮演著重要的角色——透過進行消費「工作」，從而使媒體公司能夠將他們的注意力賣給廣告商。有一些類型節目順勢崛起，邀請（或要求）閱聽人與媒體互動，例如透過報紙「讀者投書」（Letters to the Editor）專版或「電台談話節目」（talk radio），以及其他的廣播「扣應」（call-in）形式。然而，消費者並沒有真正被期望參與創作過程。網際網路的互動性極大地改變了這種情況。

　　在對記者和公民之間雙向自發的互動潛力的早期評估中，Bucy 與 Gregson（2001）考慮了線上可能的參與類型——主動和直接，相對於電視、廣播、報紙和雜誌等「舊」媒體提供的被動／間接參與方式。兩位作者仍然認為閱聽人在所有類型的媒體參與大多是一種象徵性的賦權（symbolic type of empowerment）。回顧線上媒體和閱聽人參與的早期歷史，Domingo 等人（2008）將新的互動媒體和傳播原則置於一個全球性的轉變背景中，從小型地方社區向需要專家系統的複雜社會轉變——例如新聞業，其中的專業觀察者和傳播者訪問、選擇和過濾、製作和編輯新聞，透過大眾媒體向大眾閱聽人發行。隨著「網絡社會」的出現（見第 4 章），在全球化、新型互動科技以及新聞工作的文化和經濟條件變化的影響下，新聞發送者和接收者之間的關係逐漸變得更具相互性。他們將新聞

產製過程分為五個階段——訪問和觀察、選擇和過濾、處理和編輯、發行流通、消費和解釋——並在九個國家的線上新聞網站測試每個階段的閱聽人參與程度，研究人員發現這些選項通常僅限於使用戶能夠對新聞內容進行操作，例如對其進行排名或評論。後續的研究重申了專業控制和閱聽人參與在媒體工作之間的這種緊張關係（Lewis, 2012）。

　　許多關於閱聽人參與媒體產製的研究，都是從專業大眾傳播工作者「分享」舞台給公眾的角度出發。Loosen 與 Schmidt（2012）提出了一種修正觀點，將閱聽人在媒體工作中的參與視為「相互協調和互動」的過程，具有兩個主要面向：參與表現（inclusion performance）和參與期望（inclusion expectations）（見圖 11.3）。參與表現涵蓋了與媒體產製過程中某種形式的參與關係有關的特徵指標和實踐方面。參與期望則是指引媒體專業人員和閱聽人實踐的認知模式的總和（同上註：875）。

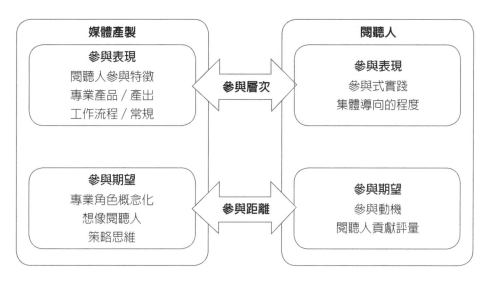

圖 11.3　閱聽人參與媒體產製的啟發模式

資料來源：Loosen and Schmidt (2012: 874)

　　對於媒體產業來說，關於閱聽人在媒體產製中的參與，有兩個重要的警示需要注意。首先，我們必須考慮到媒體專業人士普遍存在的「固執性」，特別是記者，在許多研究中都有記錄到他們對改變的抵制，這

是由於「多年來形成的常規、實踐和價值觀」（Borger, van Hoof, Costera Meijer and Sanders, 2013: 50）。對於閱聽人在創作過程中的角色，這種抵制是透過專業自主性和品質控制而擴大的。第二個警示是 Quandt（2019）生動地稱爲「暗黑參與」（dark participation）的現象，它以負面、自私或邪惡的形式表現，例如網路霸凌（cyberbullying）、「酸民／引戰」（trolling，線上故意發表不請自來且常常引起爭議的評論，以激起情緒反應）、「肉搜」（doxxing，發現並公開特定網路用戶的眞實身分，以便針對他們進行惡意攻擊）、策略性地利用媒體專業人士的聲譽「沾光／蹭流量」（piggy-backing），以便盡可能廣泛地散播虛假資訊、仇恨言論或宣傳。對於 Quandt 來說，這些行爲並不是放棄對媒體中閱聽人參與的曾經充滿希望的分析的理由，而是對過度樂觀地解讀合作和共創提出必要的警告。

在這些充滿希望的媒體參與描述中，最有影響力和最廣泛認可的是 Jenkins（2004）創造的「匯流文化」概念。該概念指的是一系列相關現象，這些現象源於科技匯流、產業匯流和角色匯流，並似乎由這些現象引起（Jenkins and Deuze, 2008）。首先，它們包括以下內容：閱聽人參與製作、專業和業餘之間界限的模糊，以及製作者和消費者之間界限的崩解——所有這些都在媒體產業匯流和整合的背景下發生。生產者和消費者的匯流產生了新的術語，例如「生產消費者」（prosumer）和「生產使用者」（produser）（Bruns, 2008）。Jenkins（2006; Jenkins and Deuze, 2008; Jenkins et al., 2013, 2016）在他隨後關於這一概念的工作中，擴展了匯流文化的概念，主張媒體應該是「擴散式」（spreadable）的，以適應積極參與的媒體使用者，並且肯認共創媒體（co-creating media）對年輕人的作用，特別是在講述和分享對他們重要的問題方面所發揮的作用。這項工作在媒體素養的相關人士中得到了廣泛應用，他們認同參與製作媒體（making media）可能是兒童和青少年在使用媒體時學習關鍵技能和培養對媒體的批判態度的最佳途徑之一（Livingstone and Sefton-Green, 2016）。

本章小結

　　本章主要探討了正式媒體組織內的產製過程的結構和要素，即是將想法和圖像轉化爲用於發行的「產品」。對這一過程的影響是多方面的，而且常常相互衝突。儘管存在某些反覆出現的特徵和恆定因素，媒體產製仍然具有不可預測性和創新性，這在一個自由社會中應該是如此。經濟、文化和科技因素的限制也可以發揮促進作用，只要有足夠的資金購買自由和文化創造力，而且擁有能夠克服障礙的科技創新。

　　我們需要回顧一下「宣傳」模式相較於「傳輸」或「儀式」傳播模式（如第 3 章所述）的主導影響。傳輸模式捕捉了媒體組織的一個形象，即作爲一個有效地將事件轉化爲可理解的資訊，或將想法轉化爲熟悉的文化包裹的系統。儀式模式意味著一個私人世界，在這個世界中，遵循常規主要是爲了參與者及其客戶的利益。兩者都捕捉到了現實的某些元素。宣傳模式有助於提醒我們，大眾傳播通常主要是一項商業活動，並且是演藝業務。在許多媒體組織的核心存在著相互矛盾的傾向，即使不是公開的戰爭，也經常處於緊張狀態，這使得對其工作的任何全面理論的探索變得不太可能。

　　從根本上說，媒體專業人士所做的工作很重要，他們的意圖和決定也很重要，因爲這些「對文化、經濟和政治進程有著巨大影響」（Hesmondhalgh, 2018: 466）。如果我們正在研究媒體和大眾傳播過程的任何元素，例如產製、內容或閱聽人，我們也需要對其他元素有基本的理解（和尊重）。

進階閱讀

Baym, N. (2018) *Playing to the Crowd: Musicians, Audiences, and the Intimate Work of Connection*. New York: New York University Press.

Fast, K., Örnebring, H. and Karlsson, M. (2016) 'Metaphors of free labor: a typology of unpaid work in the media sector', *Media, Culture & Society*, 38(7): 963-978.

Hesmondhalgh, D. (2018) *The Cultural Industries*, 4th edition. London: Sage.

Jenkins, H. (2006) *Convergence Culture: Where Old and New Media Collide*. New York: New York University Press.

Paterson, C., Lee, D., Saha, A. and Zoellner, A. (eds) (2016) *Advancing Media Production Research: Shifting Sites, Methods, and Politics*. London: Palgrave Macmillan.

Tuchman, G. (1978) *Making News: A Study in the Construction of Reality*. New York: Free Press.

第五篇　内容

12

媒體內容：問題、概念和分析方法

　　大眾傳播如何運作的最直接證據來自於其內容。從字面上看，我們可以將媒體與訊息等同起來，儘管這樣做可能極具誤導性。在這方面，訊息和意義之間的區別是相當重要的。在印刷、聲音或圖像（靜態或動態）的實質訊息中，我們可以直接觀察到，從某種意義上說，它是「固定的」，特別是在數位環境中，這些「文本」不僅並列存在，而且幾乎不斷地被操作——更新、編輯和刪節、剪輯和黏貼、混搭和分享。我們不能簡單地從文本中「讀出」「嵌入」或傳遞給閱聽人的意義。這些意義並非不言自明，而且絕對不是固定的。它們的意義是多重的，且經常是曖昧含糊的。

　　這種訊息和意義之間的區別，在關於大眾傳播內容的理論和研究中存在著分歧，這在很大程度上與「傳輸」和「儀式」（或文化）傳播觀點的選擇有關（參閱第 3 章）。這樣的說法暴露了確定地討論內容時所遇到的困難。即便如此，我們經常遇到關於整個大眾媒體內容或特定類型內容的概括性陳述，特別是關於媒體意圖、「偏見」或預期效果的問題。我們之所以能夠對這些問題進行概括，得益於媒體內容通常採用的類型化和標準化形式。

　　本章的主要目的是回顧媒體內容的各種取徑與可用方法。然而，取徑與方法的選擇取決於我們心中的目的，其中存在某些差異。我們主要處理內容分析的三個方面：內容作為資訊；內容作為意義；以及內容作為更大的、多重方法研究的對象（涉及傳播者和閱聽人）。媒體內容的研究和中介資訊的分析在媒體和大眾傳播研究以及許多其他學術學科中具有悠久的歷史，但這段歷史在某種程度上往往遭受「缺乏理論化」的問題（Riffe, Lacy, Fico and Watson, 2019: 12），導致許多描述性研究並不十分關注媒體內容發揮作用的更廣泛脈絡。因此，我們從目的問題開始討論。

為何研究媒體內容？

　　對媒體內容進行系統性研究的首要原因是，出於對大眾傳播的潛在效果（無論是有意還是無意）的興趣，或是出於希望理解內容對閱聽人的吸引力。這兩個觀點都有從大眾媒體傳播者的角度出發的實務基礎，但它們

逐漸擴大並補充了更廣泛的理論問題。早期的內容研究反映出對與媒體相關的社會問題的關注。特別關注的焦點包括流行娛樂中對犯罪、暴力和性的描繪、媒體作為宣傳工具的使用，以及媒體在種族或其他偏見方面的表現。研究目的的範圍逐漸擴展到包括新聞、資訊和許多娛樂內容。

　　大多數早期的研究是基於這樣的假設：內容或多或少直接地反映了其創作者的目的和價值觀；可以從訊息中發現或推斷出「意義」；接收者會或多或少按照產製者的意圖理解訊息。甚至有人認為，可以透過從內容中顯示的「訊息」的推論來發現「效果」。更有說服力的觀點是，大眾媒體的內容通常被視為關於其所產生的文化和社會的相對可靠的證據。所有這些假設後來都受到了質疑，對內容的研究也變得更加複雜和具有挑戰性。可以說，媒體內容最有趣的方面往往不是明顯的訊息，而是存在於媒體文本中的許多相對上較為隱藏和不確定的意義。

　　儘管存在這些各種複雜因素，但現在回顧一下影響媒體內容研究的主要動機仍然是有益的，具體如下所示：

* **描述和比較媒體產出**。在對大眾傳播進行分析的許多目的中（例如評估變化或進行比較），我們需要能夠描述特定媒體和通道的內容。
* **將媒體與「社會現實」進行比較**。媒體研究中一個反覆出現的問題是媒體訊息與「現實」之間的關係。最基本的問題是媒體內容是否反映社會現實，以及如果是這樣，反映了什麼或誰的現實。
* **媒體內容作為社會和文化價值觀的反映**。歷史學家、人類學家和社會學家對媒體內容感興趣，因為它是某個特定時間、地點或社會群體價值觀和信念的證據。
* **假設媒體的功能和效果**。我們可以根據內容的潛在後果（無論是好是壞，有意還是無意）來解釋內容。儘管僅憑內容無法作為效果的證據，但如果沒有對內容（作為原因）有所了解，就很難研究效果。
* **將內容視為產製過程的結果**。內容特徵可以看作是大眾媒介訊息產生的條件和影響的結果，包括個人、社會、經濟和其他脈絡因素。
* **評估媒體表現**。Krippendorf（2004）使用「績效表現分析」

（performance analysis）一詞指稱那種根據特定標準來評判媒體品質的研究（見第 7 章和第 12 章）。

- **媒體偏見研究**。許多媒體內容對有爭議的事項有明確的評價方向，或者容易被認為偏袒某一方，即使是非意圖地或無意識地。

- **閱聽人分析**。由於閱聽人總是至少在某種程度上是由媒體內容所定義的，因此我們在研究觀眾時也不能不研究內容。內容分析與調查數據的結合，即所謂的「關聯研究」（linkage studies）（De Vreese et al., 2017），在這種情況下是特別有用的工具。

- **處理類型、格式、敘事和其他形式的問題**。在這種情況下，文本本身就是研究的對象，以了解它如何「運作」，以產生作者和讀者所期望的效果。

- **內容分級**（Rating）**和分類**（classification）。監管或媒體責任通常要求根據潛在的傷害或冒犯來對某些類型的內容進行分類，特別是在暴力、性別、歧視、語言等方面。分級系統的制定需要先對內容進行分析。

內容的批判觀點

批評大眾媒體的主要依據已在前幾章中介紹過。在這裡，我們特別聚焦在生產和傳輸的內容成為關注焦點的情況。問題在於可能的失敗、遺漏和不良意圖，特別是在社會生活的再現方式上，特別是涉及基於社會階級、種族、性別或類似區分因素的群體。另一組關注點與被認為具有暴力或其他冒犯性或危險性的內容可能造成的潛在傷害有關。媒體的文化品質有時也成為問題，例如在關於大眾文化或文化和國家身分的辯論中。

馬克思主義的研究取徑

一個主要的批判傳統基於馬克思主義的意識形態理論，主要與階級不平等有關，但也可以處理其他一些問題。Grossberg（1984）指出了幾

種涉及「文本政治」（politics of textuality）的馬克思主義文化解釋的變體。他確定了三種「古典」的馬克思主義研究取徑，其中最相關的源於法蘭克福學派和有關「虛假意識」的思想（見第 5 章）。後期方法根據 Grossberg 的區分有「解釋分析」（詮釋分析）和「話語／論述分析」，同樣存在幾種變體。然而，與古典方法相比，主要的不同之處在於首先承認「解碼」（decoding）是有問題的，其次認爲文本不僅被視爲「中介」現實，而且是實際建構經驗和塑造身分認同。

　　馬克思主義思想傳統對新聞和現實給予了最多關注，因爲它有能力界定社會世界和事件世界。史都華・霍爾（Stuart Hall, 1977）吸收了來自巴特（Barthes）和阿圖舍（Althusser）等人的不同思想養分，他認爲透過語言進行符號象徵化的實踐，建立了促進統治階級意識形態的文化意義地圖，尤其是透過建立一種霸權觀點，其中現實的描述是被框架的。新聞以多種方式貢獻於此任務：一種方式是「掩蓋」（masking）現實的一些方面，特別是忽視階級社會的剝削性質，或將其視爲「自然」的理所當然。其次，新聞產生了興趣的「碎片化」（fragmentation）（例如按照新聞「路線」來結構內容，將閱聽人劃分爲分開的目標群體和品味文化），這削弱了人們的團結感。第三，新聞強加了一種「想像中的統一或連貫」（例如透過召喚社區、國家、公共輿論和共識等概念以及各種形式的符號象徵性排斥）。Fuchs（2017: 40-41）指出，馬克思主義思想傳統以階級結構和鬥爭的方式來思考，例如若這種思考能夠在大眾媒體內容中被複製，可以提供一種批判性的反敘事（counter-narrative），以反駁將社會分析爲相對中立的「資訊社會」或「網絡社會」的觀點。

對廣告和商業主義的批判

　　對廣告進行批評的長期傳統有時借鑑了馬克思主義取徑，但也源於其他文化或人文價值觀。Williamson（1978）在她對廣告的研究中應用了熟悉的「意識形態」概念，這一概念由阿圖舍（1971: 153）定義爲代表「個體與其眞實存在條件之間的想像關係」。阿圖舍還表示，「所有意識形態都有將個體『構成』爲主體的功能」。對於 Williamson 來說，廣告的意

識形態工作是透過將重要的意義和觀念從經驗（例如美麗、成功、幸福）轉移到商業產品上，再經由這個途徑轉移到我們自己身上（在廣告的「讀者」的主動合作下）。

商業產品成爲實現期望的社會或文化狀態，成爲我們想成爲的那種人的方式。我們被廣告「重新構造」，但最終卻擁有一種想像（因此是錯誤的）對眞實自我和我們的生活條件的認知。這具有與批判理論中所歸因於新聞的意識形態趨勢相同的傾向，即掩蓋眞實的剝削並破壞團結。Williamson（1978）也以「商品化」概念描述了一個非常相似的過程，這是基於亞當・斯密（Adam Smith）在 1776 年的早期著作，指的是廣告將產品的「使用價值」或實用價值轉化爲「交換價值」或市場上的價格，使我們（在我們的願望追求中）能夠獲得（購買）幸福或其他理想的狀態。

廣告的意識形態工作基本上是透過爲我們建構環境，告訴我們我們是誰，以及我們眞正想要什麼來實現的（參見 Mills, 1951）。在批判的觀點中，所有這些都是虛幻的和轉移注意力的。廣告的實際影響可能超出了任何內容分析的範圍，但可以從內容追溯到意圖，而「操控」（manipulation）和「剝削」（exploitation）的批判術語可能比新聞中的意識形態更容易被證明。在對廣告和行銷對社會的「鏡子或模子」效應（'mirror or moulder' effect）進行廣泛評估時，Lantos（1987: 122）得出結論：大多數廣告和宣傳活動內容主要提供了「一面不完全而且常常落後的鏡子」來反映社會的價值觀和關注，而不會形塑任何特定的態度或行爲。

大眾媒體中的暴力

就已經被寫出來的文章數量和在公眾心目中的顯著性而言，對大眾媒體的主要批評觀點可能與暴力內容這個主題有關。儘管不容易建立直接因果關係，批評者們不斷關切著流行媒體的內容——從雜誌到廣播，從電視到流行音樂，再到數位遊戲和社交媒體。相對於眞實經驗，媒體在新聞和虛構作品中呈現的暴力和侵略行爲往往超出眞實生活經驗的比例，這一點一直很容易證明，而顯示其效果則較爲困難。許多研究提供了看似令人震

驚的人們接觸媒體暴力內容的平均統計數據。批評者指稱，媒體暴力內容不僅可能導致暴力和犯罪，尤其是年輕人，而且它在本質上是不可取的，會引起情緒困擾、恐懼、焦慮和不正常的品味。

驚悚和動作是大眾娛樂的主要組成部分，不能單純地禁止它們（儘管在這個問題上某種程度的審查已被廣泛合法化），而內容研究通常致力於理解描述暴力的方式在多大程度上可能造成危害。後來批評的範圍擴大，不僅包括兒童社會化問題，還包括針對女性的（言語和非言語的）暴力侵犯問題。這種情況經常發生，不僅僅在色情內容裡。

交織性的批評

對於媒體內容的批評觀點還有其他幾種。最初，這些觀點主要關注「再現」（representation）問題，特別是與性別有關的再現問題。具體的焦點包括對女性的刻板印象、忽視和邊緣化（參見 Tuchman, Daniels and Benet, 1978）。正如 Rakow（1986）所指出的，媒體內容永遠不能成為真實的描述，更重要的是挑戰許多媒體內容中潛藏的性別主義意識形態，而不是改變媒體再現（例如增加女性角色）。逐漸地，對性別的關注開始包括交織性的問題（intersectional issues），涉及到那些不一定符合專業、白人、異性戀和中產階級背景的（西方國家）主流社會規範的人如何被再現。Murdock（1999: 13）指出，關於性別、種族、階級、身障、性傾向等方面的媒體再現，關注的焦點包括：

> 首先，這涉及社會代表性（social delegation）的問題，即誰有權利代表和談論他人，以及他們對那些他們聲稱代表的群體的觀點和希望承擔什麼責任……這也涉及文化形式和類型的問題，即語言和圖像的原始素材如何結合，以及這些結合對於滿足完整公民身分行使所需的資訊、經驗、解釋和說明的資源有多大貢獻。

交織性批判分析最核心的問題是超越（但不排除）再現的廣泛問題，

即文本如何在敘事和文本交互中「定位」（position）主體，從而有助於與消費者共同定義和建構社會身分（例如女性特質或男性特質）。對於最初的女性主義批評來說，出現了兩個問題。首先是媒體為女性娛樂而設計的文本（例如肥皂劇或愛情故事）在體現父權社會和家庭制度的現實時，是否能夠真正解放女性（Radway, 1984; Ang, 1985）。第二個問題是挑戰刻板印象並試圖引入積極角色模範的新型大眾媒體文本（例如基於漫畫書的媒體改編作品中的女性、亞洲和黑人超級英雄），是否能夠產生任何「賦權」的效果（同時仍然在主流商業媒體體系內）。最終，這些問題的答案取決於文本在閱聽人中的接受程度。

　　在對內容進行批判性研究時，使用了各種文學、話語／論述和精神分析方法，傳統上更加重視詮釋而不是量化分析。當然也存在例外情況（例如參見 Verhoeven et al., 2019）。

關於媒體批評和品質問題

　　對大眾媒體的菁英主義和道德主義批評永遠不會過時，但通常無法對大眾文化提供明確的定義，也無法提供評估文化品質的主觀標準。儘管如此，這個問題仍然是公眾辯論甚至政策的議題。馬克思主義對大眾（包括社交）媒體的批評在數位媒體環境越來越普及和無所不在，以及媒體、資訊傳播科技和電信公司在其中扮演主導角色的情況下，得到了一定程度的復興。

　　近年來，在不同國家，尤其是對媒體的擴展和私有化做出回應的背景下，已經有許多試圖評估媒體（尤其是電視和社交媒體）品質的努力。其中一個例子是日本公共廣播公司 NHK 的《廣播品質評估計畫》（Ishikawa, 1996）。該計畫的一個值得注意的地方是試圖從不同的角度評估節目品質，即從「社會」、專業廣播人員和閱聽人的角度。最有趣的是由節目製作者自己的評估。我們可以發現應用了許多準則，這些準則特別與工藝技能的程度和類型、資源和產製價值、原創性、相關性和文化真實性、所表達的價值觀、目的的完整性和閱聽人吸引力有關。由於內容的範圍非常廣泛，還有其他的評估準則和方法。關於社交媒體，在文獻中，

人們在「過濾泡泡」、「迴聲室」以及虛假訊息（有時被錯誤地稱爲「假新聞」）的快速增加之間進行了辯論，而媒體和大眾傳播學者則提供了一般缺乏實證證據的觀點來支持這些擔憂，或是指出開放網際網路的好處超過潛在的問題（Valkenburg and Piotrowski, 2017; Bruns, 2019）。

有學者提出（Schrøder, 1992），在評估媒體品質時，基本上可以應用三種文化標準：審美（aesthetic）標準（涉及多個方面）、倫理（ethical）標準（關乎價值觀、誠信度、意圖的含義等）和「狂喜」（ecstatic）標準（以受歡迎程度、愉悅感和表演價值爲衡量指標，基本上是消費的方面）。Costera Meijer（2001; Costera Meijer and Groot Kormelink, 2014）提出了「公共品質」（public quality）的概念，其評估標準是媒體產品和服務對於共同體驗和公民權益的貢獻程度。此外，Hesmondhalgh 與 Baker（2011）從生產的角度提出了品質問題，即媒體工作理想上應該導致（並且可以部分透過）追求卓越和促進共好的產品和服務。

社會和文化理論的發展顯著擴大了根據明確標準估算媒體產出品質的範圍。即便如此，這樣的評估仍然會是主觀的，基於模糊的標準和不同的觀感。內在的品質更是無法被測量。

媒體績效話語／論述

對大眾媒體內容根據一系列規範性標準進行研究的成果相當豐富。社會期望媒體呈現某種品質或「績效表現」。同樣地，媒體專業人士對媒體應該如何表現也抱有希望，有時甚至是浪漫的理想。其中的主要困難在於，在自由社會中，「媒體」大部分情況下並無義務履行許多被認爲具有正面價值的目標，這些目標被視爲理所當然。媒體不由政府營運，也不代表社會行事。它們的正式責任在很大程度上與社會內的其他公民和組織相同，主要是以否定的方式來定義。它們只需要避免造成傷害。除此之外，媒體有選擇或避免追求各種正面目標的自由。它們往往對任何企圖規定其在社會中角色的嘗試感到反感，無論是來自政府、特殊利益集團、個人，

甚至是媒體理論家。儘管如此,在媒體機構的歷史、組織結構和行爲中,有很多未明確規定的責任,在實踐中常常受到尊重,這是出於各種原因。同時,還存在著幾個無法忽視的外部壓力來源。媒體的規範性理論涵蓋了內部選擇的目標,以及外部對其行爲方式的要求。

在規範性期望的來源中,最基本的可能是源於塑造媒體機構角色的歷史背景。在大多數民主國家,這意味著民主政治機構與媒體的角色之間存在密切聯繫,媒體不僅是新聞和觀點的傳遞者,還是傳遞特定於當地背景的公眾價值的「載體」。這些聯繫通常並未在憲法中明確規定(雖然德國是例外),且往往無法強制執行,但這也不是可有可無的。在世界各地,媒體的角色實際上在近年來變得較不自由,無論是在獨裁政權還是成熟民主國家中,這是出於對線上資訊和思想相對不受限制的傳播引起的日益關注。社會和政治理論中廣泛提及了媒體(尤其是新聞業)的期望和義務。與此相關的是新聞業更廣泛地面向國家社會和國際社會的公共生活。其他媒體產業,例如廣告、遊戲和電視,也面臨著審查,例如有關對女性的刻板描繪。所有這些都深深根植於習俗和慣例,以及對專業要求和願望的表達中。

其次,公眾對媒體作爲整體的主張也對媒體產生影響,這種要求可以體現爲公眾輿論,或是更加不可避免地體現爲閱聽人對特定媒體出版物的反應。在這種情況下,如果公眾對媒體應該做什麼有明確表達,這種觀點具有較強的約束力。這反映出媒體與其客戶和客戶之間的市場關係緊密相連,後者(例如廣告商或贊助商)對媒體的行爲也具有一定的影響力。還有兩個來源的影響力,具有不同的力量。其中之一是國家和政府機構。不管媒體在多大程度上能夠獨立於政府觀點,政府始終具有一定的獎懲能力。大多數大型且成熟的媒體很少不考慮尊重國家合法意願和利益(例如公共秩序或國家緊急情況),即使保留批評的權利。

另一個影響力的來源則更加分散,但通常是有效的。這源於許多利益,尤其是經濟利益,但也包括文化和社會利益,這些利益受到大眾媒體,尤其是新聞和資訊方面的影響。強大的個人和組織可能會受到新聞的傷害,同時也可能需要新聞來實現他們的目標。因此,他們密切關注媒體

的行為，以保護自己或尋求影響。總而言之，這形成了一種期望和審查的環境，對媒體內容的製作和評估具有相當可觀的累積影響力（cumulative influence）。方框 12.1 提供了對媒體行為和績效表現的主要規範性期望的概述。

12.1

媒體規範性期望的來源

- 新聞業的社會與政治理論
- 新聞業的專業理論與實踐
- 作為公民的公眾（民意）
- 公眾作為閱聽人
- 媒體市場
- 國家及其機構
- 受媒體影響的各種社會利益團體

對媒體內容的研究，包括其品質和績效表現，通常基於對公共利益（或社會利益）的某種理解，該理解提供了參考點和相關的內容標準（McQuail, 1992）。儘管一組特定的價值觀為媒體分析提供了起點，但所採用的程序是中立科學觀察者的作法，目的是找到獨立的證據，以便於公眾就媒體在社會中的角色進行辯論（Stone, 1987; Lemert, 1989）。這一研究傳統的基本假設是，儘管品質不能內在地或直接地進行衡量，但許多相關的面向是可以可靠地評估的（Bogart, 2004）。之前提到的 NHK 品質評估計畫（Ishikawa, 1996）就是這類研究的一個很好的例子。至於所尋求的證據，應與特定媒體相關，但也需要具有普遍性。

可以說，這種特定的話語／論述涉及媒體內容的政治性。它與批判傳統相鄰並偶爾重疊，但不同之處在於它始終在系統本身的範圍內，以自己的方式接受媒體在社會中的目標（或至少是更理想主義的目標）。以下是一些在不同的績效表現原則中隱含對媒體提供品質的可測試期望的例子：自由和獨立、內容多樣性和客觀性。

自由和獨立

也許對於媒體內容（在各種形式的自由民主社會中）最重要的期望是，儘管存在許多制度和組織壓力，它應該反映或體現表達自由的精神。很難看出自由的品質（主要指媒體的新聞、資訊和意見功能）在內容中如何被識別。然而，一些內容的一般方面可以被識別為更多或更少的自由（不受商業、政治或社會壓力的影響）。例如總的來說，編輯的「活力」（vigour）或活躍度應該是一種行使自由權利的標誌，並以多種方式展現。這些方式包括表達觀點，特別是在有爭議的問題上；願意報導衝突和爭議；對來源採取「先發制人」（proactive）的政策（因此不依賴新聞稿和公關，或與權力者過於親密）；並提供背景、解釋和事實。

「編輯活力」（editorial vigour）的概念是由 Thrift（1977）提出的，它涉及到與內容相關的幾個方面，特別是處理相關和重要的地方事務，採取議論形式，並提供「動員資訊」（mobilizing information），即幫助人們根據自己的意見行動的資訊（Lemert, 1989）。一些批評者和評論家還尋求以倡議和支持弱勢群體為自由媒體的證據（Entman, 1989）。調查報導（investigative reporting）也可以被視為新聞媒體善用其自由的標誌（參見 Ettema and Glasser, 1998）。

從某種程度上說，大多數大眾媒體的內容都可以根據上述「自由程度」進行評估。在新聞領域之外，人們會尋找文化事務中的創新和不可預期性、敢於與眾不同，以及實驗性。最自由的媒體也可能在品味上偏離主流，願意在閱聽人和當局中不受歡迎。然而，如果是這樣，它們不太可能繼續成為大眾媒體。

內容多樣性

在自由之後，「績效表現論述」中最常見的詞語可能是多樣性。它基本上涉及內容的三個主要特徵：

- 在所有可能的興趣和偏好方面，為觀眾提供廣泛的選擇；

- 社會中的聲音和資源有許多不同的近用媒體的機會；
- 媒體在內容中真實或充分反映社會中多樣的實際經驗。

　　這些概念都可以進行衡量（McQuail, 1992; Hellman, 2001; McDonald and Dimmick, 2003）。在這個脈絡下，我們只有在對媒體文本應用一些外部標準（無論是閱聽人偏好、社會現實或是社會中的潛在來源）時，才能真正談論內容多樣性。只有透過確定缺少或再現不足的來源、參照、事件和內容類型等，才能確定缺乏多樣性。就其本身而言，媒體文本不能說是在絕對意義上具有多樣性的。

　　最近 Katherine Champion（2015）試圖在媒體公司日益追求多平台策略、循環再利用內容的脈絡下衡量內容多樣性，她的研究顯示，由於內容在印刷和廣播平台上製作，它們在線上（網站和行動應用程式）被部分重新運用，這支持了多個平台出現後，媒體組織生產的內容量增加的觀點（Doyle, 2010）。然而，關於多樣性的證據是「不完整的」，正如 Champion（2015: 50）所指出的，因為組織並不僅僅是將內容複製黏貼到不同平台上，有時需要長期策略來實現這一點（需要長時間的內容分析），或是專注於社交媒體——這是原始研究設計中未包括的一個平台。她的研究結果「確認了需要轉向對媒體多樣性和多元性更廣泛的視角（超出對媒體所有權和集中化的單一關注）」（同上註：51）。

　　從本質上講，多樣性是差異化的另一個詞，它本身並沒有很具體的含義，因為我們可以區分的一切都是不同的，至少在某種程度上不是完全相同的東西。媒體內容的多樣性價值取決於某些顯著差異的標準。這些標準有時由媒體自身提供，以不同的格式、類型和文化形式呈現。因此，相同或不同的媒體通道可以提供多樣的音樂、新聞、資訊、娛樂、喜劇、戲劇、問答節目等。外部批評者援引社會重要性的標準通常更關注水準、品質以及格式和類型的差異。還有其他與社會相關的標準，例如對整個社會群體的再現情況，或者為主要的少數群體提供服務。選擇標準必須根據手頭的目的進行選擇和證明，而可能性幾乎是無限的。然而，目的通常是根據上述三點之一來決定的：閱聽人的選擇和偏好問題；社會群體和聲音的

近用機會；以及對社會現實的公平再現。關於媒體影響的許多問題取決於能夠清晰地闡述內容多樣性的概念和衡量手段。

客觀性

　　新聞客觀性的標準引發了關於新聞媒體內容的許多討論，涉及各種方面，尤其是與某種偏見相關的問題，這是客觀性的反面。大多數西方媒體的主導規範要求以某種中立、提供資訊的方式報導事件，然而，許多新聞在這種正面期望下被發現存在著不足。來自世界各地的記者往往重視某種形式的客觀性，作為一個中立的觀察者，一個冷靜的見證人，一個純粹的事件記錄者，儘管這種理念型價值在主流新聞文化和日常實踐中的具體含義可能因不同的新聞機構而大相逕庭。當我們超越了新聞應該可靠地（因此誠實地）報導世界上真實情況的簡單想法時，客觀性是一個相對複雜的概念。

　　新聞告訴我們的有關現實世界的最簡單版本，可以被稱為事實性（factuality）。這指的是由必要的資訊單元組成的文本，這些資訊單元對於理解或採取對新聞「事件」做出反應是必不可少的。在新聞術語中，它至少意味著對以下問題提供可靠（正確）的答案：「誰？」、「什麼？」、「在哪裡？」、「什麼時候？」，或許還有「為什麼？」以及更進一步的內容。新聞可以根據提供的（經過查證的）事實數量在「資訊豐富度」（information richness）上有高低之分。

　　為了分析新聞的品質和新聞機構的績效表現，需要更精細的標準。特別是要問所提供的事實是否準確，以及它們是否足夠構成充分的報導（完整性的準則）。正確性本身可以有幾種含義，因為它不能僅僅透過檢查文本來直接「閱讀」或「測量」。正確性的一個含義是與事件的獨立紀錄一致，無論是在文件、其他媒體還是目擊證人口述中。另一個含義更加主觀：正確性是與報導來源或新聞主題（報導對象）的感知相符。正確性還可能是新聞文本內在一致性的問題。

　　完整性（completeness）同樣很難確定或衡量，因為即使是簡單事件的完整報導也是不可能的或不必要的。雖然我們總是可以根據提供的資訊

多寡進行評估和比較，但問題實際上在於需要多少資訊或可以合理期望多少資訊，這是一個主觀問題。我們很快就進入了事實性的另一個層面——所提供的事實的相關性（relevance）。同樣地，這是一個簡單的概念，即新聞資訊只有在有趣和有用時才具有相關性（反之亦然），但是關於何謂相關的觀點和標準，存在相互競爭的不同概念。其中一個標準來自於理論對新聞應該如何的說法；另一個來源是專業記者認爲最爲相關的內容；第三個來源是閱聽人實際上認爲有趣和有用的內容。這三個觀點不太可能在相同的標準或內容評估上達成一致。

理論傾向將相關性視爲在歷史的長期觀點下眞正重要以及對社會運作（例如資訊充分的民主政治）做出貢獻的內容。從這個觀點來看，許多新聞，例如有關個人、「人情趣味」、運動或娛樂的新聞並不被視爲具有相關性。記者傾向於應用專業標準和對新聞價值的敏感度，在長期的重要性與他們認爲公眾感興趣的事物這兩端之間求取平衡。

在新聞中什麼算是公平性／不偏不倚（impartiality）的問題在理論上似乎相對簡單，但在實際操作中可能變得複雜，主要是因爲很難實現一種不帶任何價值觀的價值中立（value-free）的評估。公平性的重要性主要體現在許多事件涉及衝突並且存在多種解釋和評價的可能性（這在政治新聞中最爲明顯，但在運動新聞中也同樣如此）。通常情況下，公平性的標準要求在選擇和使用消息來源方面保持平衡，以反映不同的觀點，並在評斷或事實有爭議時呈現兩個（或更多）立場。

公平性的另一個方面是在新聞呈現中的中立性：將事實與意見區分開來，避免價值判斷、情緒性的語言或圖片。「羶色腥／感官主義」（sensationalism）一詞被用來指稱偏離客觀性理想的呈現形式，並已開發了評估新聞文本羶色腥主義程度的方法（例如 Tannenbaum and Lynch, 1960）。還有一些方法已經被測試用於對新聞視覺內容的應用（Grabe, Zhou, Lang and Boll, 2000; Grabe, Zhao and Barnett, 2001）。

還有證據表明，詞語／措辭的選擇在報導敏感問題時可以反映和暗示價值判斷，例如與愛國主義相關的報導（Glasgow Media Group, 1985）或種族（Hartman and Husband, 1974; van Dijk, 1991）。還有一些跡象表明，

特定的視覺和攝影鏡頭的使用可以引導觀眾朝向某些評價方向（Tuchman, 1978; Kepplinger, 1983）。公平性最終通常簡單地意味著沒有故意或可避免的「偏見」和「擅色腥主義」。不幸的是，這並不簡單，因為偏見在很大程度上是感知的問題，而不僅僅是可測量的內容面向（D'Alessio and Allen, 2000; D'Alessio, 2003）。

反映現實或扭曲現實：有關偏見的問題

偏見或新聞內容的缺乏平衡通常指的是對現實的扭曲，負面描述各種少數群體，忽視或曲解婦女在社會中的角色，或是有選擇性地偏袒某個政黨或哲學。有許多這樣的新聞偏見並不涉及謊言、宣傳或意識形態，但通常與虛構內容中的類似傾向重疊並相互強化。一般而言，這類偏見可以歸類為「無意識的偏見」（unwitting bias），源於產製的脈絡。對新聞偏見研究（news bias studies）的回顧確實顯示，雖然新聞報導中的不平衡有時會發生，但這主要是由於媒體常規運作方式所致，而不是任何特定的政治或其他偏倚的信念系統滲透到媒體內容中（Hopmann, van Aelst and Legnante, 2012）。

雖然媒體偏見的領域幾乎無窮且不斷擴展，包括閱聽人的觀念和既有態度所產生的偏見，而與實際的媒體內容無關，我們可以從眾多來源和實例中歸納出以下關於新聞內容的最重要和最受文獻支持的概括性陳述：

- 媒體新聞在來源上過度再現社會的「頂層」和官方聲音。
- 新聞關注不同程度地傾向於政治和社會菁英的成員。
- 最強調的社會價值觀是既有共識且支持現狀的。
- 國際新聞偏向於更鄰近、更富裕和更有權勢的國家。
- 新聞在選擇主題和表達觀點方面具有國族主義（愛國主義）和種族中心主義的偏見，並以特定的世界觀假設或描繪。
- 新聞對男性的關注和突出程度高於女性。
- 少數族裔、移民和難民在新聞中受到不同程度的邊緣化、刻板印象或汙名化。

- 有關犯罪的新聞過度呈現暴力和個人犯罪，忽視了社會風險的許多現實（例如「白領犯罪」：身分盜竊、侵吞公款和逃稅）。
- 健康新聞更關注最令人恐懼的醫療狀況和新的治療方法，而不是預防措施。
- 與工會和工人相比，商界領袖和資方得到更友善的待遇。
- 窮人和領取社會福利的人被忽視和（或）汙名化。
- 戰爭新聞通常會避免死亡或人身傷害的圖像，以淨化現實。
- 資源充足且組織良好的新聞來源更有機會根據自己的條件定義新聞。

　　對小說和戲劇進行的內容分析顯示出類似的系統性傾向，將關注和尊重分配給在新聞中占主導地位的同一群體。相應地，同樣的少數群體和外群體往往被刻板印象和汙名化。類似的傾向是對犯罪、健康和其他風險和酬賞的再現不夠真實。通常，這些證據是應用量化分析方法來分析文本的明顯內容，其假設是媒體再現世界的相對頻率將被視為反映「真實世界」。

對反映現實規範的批評

　　令人注目的是，對媒體內容的評價往往歸結為與現實的關聯性問題，似乎媒體應該以某種適當的比例反映某種經驗現實，並且在優勢和弱勢群體之間始終應該「公平」對待。這被 Kepplinger 與 Habermeier（1995）稱為「對應假設」（correspondence assumption），通常被歸因於閱聽人。媒體應以某種直接且成比例的方式反映現實的假設一直是對媒體績效表現的批評基礎，也常常是媒體效果研究的關鍵因素，但這一假設本身也存在疑問。根據 Schulz（1988）的說法，它源於一種對媒體與社會關係的過時的「機械論」觀點，或多或少類似於傳播效果的「傳輸模式」。它未能認識到媒體文本的特殊性、任意性和有時的自主性，忽視了閱聽人在意義生成中的主動參與。最重要的是，缺乏證據表明閱聽人確實認為媒體內容與現實之間存在任何統計上的對應關係。另一方面，對現實反映的期望也可能涉及希望（在某些群體和特定閱聽人中）在新聞報導中不被刻板印象化

和邊緣化。在這種情況下,對應的不僅僅是關於事實,更關乎情感,以及對多元視角新聞(multi-perspectual news)和多元媒體系統的假設。

除了對於符合比例的現實反映的期望存在根本疑慮之外,還有幾個原因使得人們通常不應該期望媒體內容以任何字面上(統計上具代表性)的方式「反映」現實。例如媒體作爲社會控制機構的功能主義理論,將使我們預見媒體內容過度再現社會中主導的社會和經濟價值觀。我們還預見社會菁英和權力當局在能見度和近用方面更具優勢。事實上,當媒體在關注上偏向社會中的權力者及世界上的強大國家時,它們確實反映了不平等的社會現實。問題是,媒體這種報導傾向可能還加劇了這種不平等。

對媒體組織的分析顯示,新聞極不可能與現實的某種「平均值」相吻合。對權威新聞來源的需求、趕在截止期限前完成製作新聞(線上環境中這變成了一個全天候的「滾動式」截止期限)以及「新聞價值」的要求,都是可能引起扭曲的明顯原因。根據定義,戲劇、名人、新奇、犯罪和衝突都是異常的。此外,虛構媒體(影劇作品)通常刻意在故事中加入比一般觀眾成員更精彩、更富有、更年輕、更時尚和更美麗的人物角色來吸引觀眾(Martel and McCall, 1964)。對「關鍵事件」和新聞的「框架」的研究使得人們清楚地理解到,即使在同一類別中,「現實」也不能被視爲所有事件都具有同等意義。

大眾媒體通常以其閱聽人作爲資訊和娛樂的「消費者」爲導向,這一簡單事實可以很容易解釋上述大部分關於現實扭曲的證據。顯然,閱聽人喜歡許多脫離現實的事物,特別是虛構、幻想、異常和奇特、神話、懷舊和娛樂,儘管這些興趣和偏好未必與對品質的欣賞相同。媒體通常被視爲暫時的現實替代品和逃離現實的途徑。當人們尋找要追隨的模範或認同的對象時,他們往往會尋求理想化的對象或模範,而不僅僅是現實的對象或模範。從這個角度來看,內容中觀察到的現實「扭曲」本身並不令人驚訝,也不一定是令人遺憾的。然而,一個重要的決定因素是特定利益代理人(interested agents)試圖塑造自己的形象和主導傳播過程。

以下我們簡要回顧主要的媒體內容分析方法,以了解媒體和大眾傳播研究領域從理論和實證層面上如何探討媒體品質和績效表現。

結構主義、符號學和話語／論述分析

　　一種對媒體內容有影響的思考方式源於對語言的一般研究。基本上，結構主義（structuralism）涉及到在文本中建構意義的方式，該術語適用於某些「語言結構」，包括符號、敘事或神話。一般來說，語言之所以能夠運作，是因為它的內在結構。「結構」一詞意味著元素之間的固定和有序關係，儘管這可能在表面上不明顯，需要進行解碼（decoding）。人們假設這樣的結構存在於特定的文化中，並受到廣泛的意義、參照和符號化系統的支配。符號學（semiology and semiotics）是一種更具體的結構主義方法。有幾種對媒體內容結構主義方法的經典闡釋（例如 Barthes, 1967, 1977; Eco, 1977；另見 Fiske, 1982）。

　　結構主義是索緒爾（de Saussure, 1915/1960）和皮爾斯（Peirce, 1931-1935）的語言學和哲學成果，並結合了結構人類學的一些原則。它與語言學的不同之處主要有兩點。首先，它關注的不僅僅是傳統的口頭語言，還包括具有類似語言特性的任何符號系統，包括視聽材料。其次，它的注意力不僅僅集中在符號系統本身，而更多地關注選定的文本以及文本在「東道主」文化（the 'host' culture）中的意義。因此，它關注的是文化和語言意義的闡明，這項活動需要對符號系統有一定程度的了解，但僅僅具備符號系統知識是不夠的。儘管符號學作為一種方法已經不再流行，但其基本原則對於其他形式的內容分析仍然有意義。這些分析不僅僅關注特定文本標記（特定詞語、特定聲音和圖像）的出現，還對其可能意味著什麼感興趣。

邁向符號科學

　　在此之後，北美洲（Peirce, 1931-35）和英國（Ogden and Richards, 1923）的學者致力於建立一個「符號的一般科學」（general science of signs，符號學）。這個領域包括結構主義和其他事物，以及所有與符號化（透過語言賦予意義）有關的東西，無論它們是否結構鬆散、多樣化還是碎片化。語言學、結構主義、符號學中常見的「符號系統」（sign system）和「表意」（signification）的概念主要來自索緒爾。這三位理論家在某種程度上以稍有不同的方式使用了相同的基本概念，但以下是其中的要點。

符號是語言中意義的基本物理載體；它是我們能夠聽到或看到的任何表達，通常指涉我們希望進行交流的某個物體或現實的一個方面，這稱爲「指涉物」（the referent）。在人類傳播中，我們使用符號向他人傳達關於經驗世界中的客體的意義，他人根據共享語言或對符號系統的知識來解釋我們使用的符號（例如**非語文傳播**）。根據索緒爾的說法，表意過程（process of signification）由符號的兩個要素完成。他將物理要素（詞語、圖像、聲音）稱爲符號的「符徵」（the signifier，或譯：能指／符號具），並使用「符旨」（the signified，或譯：所指／符號義）一詞來指稱在特定語言符碼中被物理符號所引發的心理概念（圖 12.1）。符號學（semiology）可以被看作是符號學中的特定於語言的方法，而符號學（semiotics）則是關於符號和符號過程的整體科學[1]。有趣的是，根據一些符號學家的觀點，每個文化現象都可以被視爲傳播研究的對象。

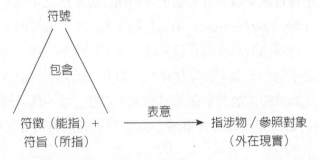

圖 12.1　符號學要素。意義系統中的符號有兩個要素：文化和使用中的物理意義和相關意義

通常在（西方）語言系統中，物理符徵（例如某個單字）與特定指

1　譯註：雖然中譯名稱相同，但 semiology 是相對比較小的研究領域，屬於範圍比較大的 semiotics 的一部分。

涉物之間的關聯是任意的，但符徵和符旨（所傳達的意義或概念）之間的關係受文化規則控制，必須由特定的「**詮釋社群**」（interpretative community）學習，並且通常依賴於脈絡／語境。原則上，任何能夠引起感官印象的事物都可以作爲符號，而這種感官印象與符旨所引起的感官印象並沒有必然的對應關係（例如「tree」這個英文單字在外觀上並不像一個實際的樹的再現）。重要的是符號系統或「指涉物系統」（referent system），它統治並相互關聯著整個表意過程。

　　一般而言，單獨的符號從語言或符號系統代碼中所規定的系統差異、對比和選擇中獲得其意義，以及根據文化和符號系統的規則給予的價值（正面或負面價值）。符號學試圖探索超越語法和句法規則的符號系統的本質，以及調節複雜、潛在和依文化而異的文本意義，這些意義只能透過參考其所嵌入的文化和出現的具體脈絡／語境才能理解。

內涵與外延

　　這導致人們關注符號的內涵意義（connotative meaning）和外延意義（denotative meaning），即某些用法和符號組合所引起與表達的聯想和形象。**外延意義**被描述爲「表意的第一層次」（first order of signification）（Barthes, 1967），因爲它描述了符號中的符徵（物理面向）和符旨（心理概念）之間的關係。符號的明顯直接意義是它的外延意義。Williamson（1978）舉了一個廣告的例子，其中使用了影星凱瑟琳‧德納芙（Catherine Deneuve）的照片來宣傳一款法國品牌的香水。這張照片的外延意義就是凱瑟琳‧德納芙。

　　內涵意義涉及到符號所指示的對象可能引起的相關聯的意義，屬於「表意的第二層次」（second order of signification）。在廣告的例子中，凱瑟琳‧德納芙通常被相關語言（和文化）社群的成員與法國的「時尚」聯繫在一起。廣告商關注的是，所選模特兒（在這裡是一位電影明星）的內涵意義透過聯想轉移到她所使用或推薦的香水上。

　　在對 Panzani 食品雜誌廣告的分析中，巴特（Barthes, 1977）提供了這種文本分析方法的一個重要示範。廣告中展示了一個包含雜貨的購物網

袋（物理符號），這些雜貨預期引起新鮮和家庭的積極形象（內涵意義層次）。此外，紅、白和綠等顏色也表示「義大利本色」（Italianness），並可能召喚出有關烹飪傳統和卓越的神話。因此，符號通常在兩個層次（或次序）的意義上起作用：表面層次的字面意義和關聯或內涵意義的第二層次。觸發第二層次的意義，需要讀者對義大利文化有一定程度的相關知識或熟悉度。

巴特進一步擴展了這個基本思想，引入了「神話」（myth）的概念。通常，由一個符號所表意的事物在更大的獨立意義系統中占有一席之地，這個系統也可供特定文化成員使用。神話是源於文化並透過傳播傳遞的預先存在且包含價值觀的一套觀念。例如可能存在著關於某一民族的性格或偉大，或是涉及科學或自然（某一民族的純潔和善良）的神話，這些神話可以為了傳播溝通的目的而召喚（例如廣告中經常所見）。

外延意義具有普遍性（對所有人而言有相同的固定含義）和客觀性（指涉物是真實的，不涉及評價），而內涵意義則包含根據接收者的文化而變化的含義以及評價元素（正面或負面方向）。這種方法所面臨的主要批評是其對普遍性的宣稱，因為有些人會認為，符徵和符旨的含義都不是固定的。這對於媒體和大眾傳播研究的相關性主要在於，結構主義方法（以及後結構主義批評）讓我們意識到嵌入在任何媒體內容中的結構，以及它們在特定情境中對特定（群體的）人的特定含義。媒體內容由大量的「文本」（從新聞故事到手機遊戲，從音樂影片到個人社交媒體資料的更新）組成，這些文本通常是一種標準化且重複的類型，它們是基於某些程式化的慣例和符碼編寫的。這些慣例通常借鑑了產製者和接收者文化中的熟悉或潛在的神話和形象（Barthes, 1972）。媒體產製的公式和慣例因此不僅是大眾傳播工作者進行工作的規律方式的結果，而且還可以被看成是必要的，因為這樣閱聽人才能「讀懂」和理解這些經過中介的訊息。

視覺語言

長期以來，媒體和大眾傳播研究者在很大程度上忽視了視覺語言。視覺圖像被認為沒有自然書面語言的規則體系，這些規則使我們能夠相對準

確地解釋文字符號。正如 Evans（1999: 12）所指出的，一個靜態圖像，例如一張女人的照片，更像是一系列不相關的描述：「一個老年女人，在遠處穿著一件綠色大衣，在過馬路的時候觀察著交通狀況。」她還指出照片沒有時態，因此在時間上沒有明確的定位。因為這些和其他原因，巴特曾經將照片描述為一種「沒有符碼的圖像」（picture without a code）。正如 Evans 所寫，它向我們呈現了一個**既成事實**的客體。儘管情況已經有所改變，但大多數媒體內容的研究仍然更偏向於書面文字、對話和劇本，而不是對視覺語言進行系統性分析。

視覺圖像與所有形式的傳播一樣，不可避免地具有含糊性和多義性，但它們也具有某些優勢，優於文字。其中一個優勢是在刻意且有效地使用時，它們具有更強大的外延意義的威力。另一個優勢是它們能夠成為**圖像符號**（icons），即直接以清晰、有衝擊力且廣為人知的方式再現某個概念。一個關於視覺語言力量的例子是 2004 年 5 月被全球公開刊播的「阿布格萊布監獄虐囚事件」的酷刑和虐待照片。Anden-Papadopolous（2008）將這些描述為具有塑造新聞和公眾觀念力量的圖像，超越當局的反制或控制能力。它們還被轉化為抗議和反對所再現的行徑（虐囚行為）的場所。靜態或動態的視覺圖像、資訊圖表或照片（或影片視覺圖表），可以在一個藝術形式（例如電影或肖像畫）或特定類型（例如電視新聞）的傳統和慣例中獲得一系列已知的意義，這使它們在特定脈絡下具有巧妙傳播的潛力。廣告是一個主要的例子，選舉競選宣傳活動也是。

在對政治候選人、記者和選舉的視覺再現和框架的研究中，Bucy 與 Grabe（2007）在 Doris Graber（2001）的研究基礎上提出了對視覺研究的全面論點。首先，他們認為視覺體驗仍然是最主要的學習方式。其次，他們引用了演化史，解釋了為什麼人類更容易處理視覺而不是口頭或書面溝通。他們展示了視覺語言包含大量重要的社會資訊，並提醒我們觀眾更容易記住所看到的圖像，而不是（電視上的）口述（verbal narration）或（印刷和線上的）附文（accompanying text）。隨後，Grabe 與 Bucy（2009）開發了一種工具，以產業的類型慣例和製作程序作為起點對電視新聞進行內容分析，例如他們的研究顯示至少在電視新聞中，對美國媒體存在所謂

「自由派」偏見的指控不成立，因為共和黨人比民主黨人獲得自始至終都更有利的視覺處理（favourable visual treatment）。

鑒於大眾媒體發生的所有變化，迫切需要發展更好的概念和方法來分析許多新的格式和表達形式，特別是那些混合和創新媒體形式、符碼和格式的媒體。在媒體匯流並出現新的敘事形式〔例如多媒體（multimedia）、跨平台（crossmedia）和跨媒介（transmedia）；請參見本書第 13 章〕的時代，具有主導性的視覺元素占主導地位，針對此類媒體內容的全面系統分析對我們領域的知識體系做出了重大貢獻（Grabe, Bas and van Driel, 2015; Grabe and Myrick, 2016）。

總體而言，結構主義和符號學取徑的主要原則，彙整如方框 12.2。

12.2

結構主義和符號學：主要原則

- 文本中的意義是透過語言建構而成的
- 意義依賴於更廣泛的文化和語言參照框架
- 文本再現了表意過程
- 在文化和符號系統的知識基礎上，符號系統可以被「解碼」
- 文本的意義可以是內涵的、外延的或具有神話性的
- 視覺語言比口頭和書面語言更容易被理解
- 在數位化和匯流的脈絡下，研究涉及多種媒體和語言形式非常重要

話語／論述分析

一般而言，「話語／論述分析」（discourse analysis）一詞逐漸取代了「質性內容分析」（qualitative content analysis）這個表述，儘管兩者之間並沒有太大的區別，而 Hijmans（1996）將話語／論述分析視為質性內容分析的一個子集，其他的質性分析方法還有修辭／語藝分析、敘事分析、結構主義和符號學分析。內容分析傳統上與大眾媒體的內容密切相關，而「話語／論述」一詞具有更廣泛的含義，涵蓋了以任何形式或語言編碼的所有「文本」，並且特別暗示一個文本的建構是由那些閱讀和解讀

它的人以及那些制定它的人共同完成的。Scheufele（2008）提到了在目前脈絡下所有話語／論述所共享的四個特點。首先，話語／論述涉及對**社會或政治議題**的討論，而這些議題對於社會或至少對於一個主要群體是相關的。例如我們可以講述「核能話語／論述」或「毒品話語／論述」。其次，話語／論述的元素被稱為言語行為（speech acts），強調它們是社會互動和更廣泛**社會行為模式**的一種形式。第三，可以透過研究**各種文本**來分析話語／論述，包括文件、辯論的文字紀錄和媒體內容。第四，話語／論述是**集體建構社會現實**的過程，通常以框架和基模（schemata）的形式呈現，這些框架和基模允許進行通則化。至於話語／論述分析的目的，Scheufele 提醒我們，主要是揭示特定話語／論述的實質內容或品質，而非對不同話語／論述的出現進行量化。

根據 Smith 與 Bell（2007）的觀點，很難精確定義什麼是話語／論述分析，但他們認為更常見的是將其稱為「批判性話語／論述分析」（critical discourse analysis），因為它關注權力的角色。這與 Scheufele 的觀點一致，即它通常與當前重要的社會問題相關聯，以及 Hijman 的分析：質性內容分析的不同類型背後的邏輯是尋找訊息的潛在或「深層」含義。

Wodak 與 Meyer（2001: 2-3）將批判性話語／論述分析定義為「從根本上關注語言中體現的支配、歧視、權力和控制的不透明和透明的結構關係的分析。」這個定義聽起來似乎涵蓋了早期和更正式的結構主義和符號學的許多應用，如上文所述。基本上，（批判性）話語／論述分析專門應用於對書面文本的研究，其中關注從一個觀點識別文本和語言的結構（van Dijk, 1985），這一方法專門應用於新聞報導的研究（van Dijk, 1983）。正如 van Dijk（2011）所主張的，將媒體內容（尤其是新聞）視為具有自身結構和特性的話語形式，這表明應該將媒體內容作為一種獨立的「溝通／傳播事件」（communicative event）在特定社會脈絡下進行研究，而不只存在那種將內容與對媒體生產的影響或媒體的使用和效果聯繫起來的分析取徑。在話語／論述分析中，就像在結構主義和符號學分析中一樣，研究過程中的關鍵步驟概述如方框 12.3 所示（基於 van Zoonen,

1999: 84）。這些步驟的目標是揭示文本如何爲媒體的製作者和消費者產生特定的意義。

12.3

結構主義、符號學和話語／論述分析的關鍵步驟

- 辨識文本中的結構基礎（即命題）
- 描繪這些命題如何組合在一起
- 將文本中的語法、順序、詞語選擇和其他「微觀選擇」進行分類
- 辨識文本中的各種修辭策略

研究方法問題

前面討論過的媒體內容的各種理論框架和觀點，通常暗示了它們在研究方法上的明顯差異。這裡無法討論所有的選擇，因爲不同目的有很多不同的研究方法（已經介紹了一些）。研究方法的範圍從對內容類型進行簡單而廣泛的分類，以達到組織或描述的目的，到對具體內容的深度詮釋性研究，旨在揭示微妙和隱藏的潛在含義。從根本上講，這涉及到喬治・葛本納（George Gerbner）在 1958 年所稱的「微觀」傳播內容分析——該分析「關注於蒐集有關個人的資訊並對其行爲做出預測」——和「宏觀」分析，尋求「隱藏的動態」和「文化產品中反映的個人和制度動態」的「社會決定因素」（Gerbner, 1958: 87）。

按照第 3 章介紹的理論劃分，我們可以廣泛區分量化和描述性的研究，前者探討明顯意義，後者則注重更深層意義的質性和詮釋性研究。還有一些研究致力於理解各種「媒體語言」（media languages）的本質以及它們的運作方式，特別是與視覺圖像和聲音有關的研究。另一個分界線可以在內容分析中劃出，一方面考慮媒體產製的影響（參照比較：「內容即影響」取徑），另一方面作爲媒體使用和效果研究項目的一部分（參照比

較：「內容與效果」取徑）。在方法論上，這兩種研究方向都可以遵循質性或量化的方法，如圖 12.2 所示。在這個模式上，可以繪製出內容分析中最常用的方法，也許除了（批判的）話語／論述分析方法外，該方法將內容視爲其自身的溝通／傳播事件。

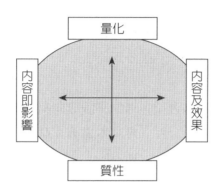

圖 12.2　媒體內容分析的取徑

意義在哪裡？

理論一直關注意義的「位置」問題。意義是否與發送者的意圖一致，還是嵌入（視聽、口頭和書面）語言中，或是主要取決於接收者的解釋（Jensen, 1991）？正如我們從之前的章節中所看到的，大眾傳播的資訊和文化是由複雜的組織生產的，這些組織的目的通常不是非常具體，但往往優先於個別傳播工作者的目標。這使得我們很難知道「發送者」的眞正意圖是什麼：例如誰能說新聞的目的是什麼，或者是誰的目的？專注於訊息本身作爲意義來源的選擇一直非常具有吸引力，部分原因是出於實用性的考慮。實體文本本身始終可以直接進行分析，與人類受訪者相比，它們有一個優勢，即對研究者來說是「無反應的」。它們不會隨時間衰變，儘管它們的脈絡可能會衰變，以及眞正了解文本最初對發送者或接收者的含義的可能性。數位脈絡增加了這種情況的複雜性，因爲線上材料通常流變性更甚於固著性，基於網際網路的內容可以持續進行編輯、更新、混合、聚合和重新分發。

　　在沒有形成假設的情況下，從媒體內容文本中「提取」意義是不可能的，而這些假設本身就會塑造所提取的意義，例如假設對某件事情的關注程度或頻率是對訊息的含義、意圖和效果的可靠指引。通常，內容分析的結果並不是「不言自明的」（除非放在更廣泛的社會背景中）。此外，媒體的「語言」很不簡單，我們對其理解還只是局部的，尤其是涉及音樂和視覺圖像（靜態和動態）以及多種組合，使用了眾多不同的編碼和慣例。

主導典範 vs. 替代典範

　　研究方法的選擇通常遵循主導的經驗取向典範與更為質性（並且常常是批判性）的變體之間的分野（參見本書第 3 章）。前者主要由傳統的內容分析代表，該方法被貝瑞森（Berelson, 1952: 18）定義為「對傳播的顯性內容進行客觀、系統和量化描述的研究技術」（參見本書第 12 章）。這種方法假設文本的表面意義相當明確，可以由研究者閱讀並用量化術語表達。事實上，人們認為文本中各個元素的數值狀態（例如分配給一組主題的字數或空間／時間）可靠地指示了整體意義。現在已經發展出一些相對複雜的量化內容分析，遠遠超出了早期研究特有的簡單計數和分類內容單位的範疇。即便如此，仍然存在一個基本假設，即媒體內容是根據與其所指涉的現實相同的語言進行編碼的。

　　另一種取徑則基於相反的假設，即隱藏或潛在的意義最為重要，而這些意義無法直接從數值資料中讀取。特別是，我們需要考慮文本中元素之間的聯繫和關係，還要注意到被遺漏或被認為理所當然的內容。我們需要指認和理解文本所編碼的特定話語／論述。總的來說，在研究任何類型的作品時，我們需要意識到其所屬類型的慣例和符碼，因為這些慣例和符碼更高層次上反映了文本中的內容（Jensen and Jankowski, 1991）。相比之下，內容分析可能會忽視話語／論述多樣性，將幾種不同類型的媒體文本混為一談。

　　這兩種分析都具有一定的科學可靠性。隨著自動化和電腦化（量化以及質性）內容分析的大幅進展，它們運用的方法原則上可以由不同的人和軟體進行複製，而且這些「研究發現」應當根據科學程序的準則接受挑

戰。其次，它們都旨在處理文化產品中的規律性和重複性，而不是獨特和不可複製的內容。因此，它們更適用於應用於文化產業的符號象徵性產品，而不適用於「文化菁英」（例如「藝術作品」）。第三，它們避免對道德或審美價值進行評判（這也是客觀性的另一種意義）。第四，所有這些方法原則上都是達到其他目標的工具手段，它們可用於回答關於內容、創作者、社會脈絡和接收者之間聯繫的問題（Barker, 2003）。

量化內容分析

基礎知識

依據貝瑞森（Berelson, 1952）所定義的量化或「傳統」內容分析（content analysis），是最早、最核心且目前仍然被廣泛使用的研究方法。它的使用可以追溯到 20 世紀初的幾十年（參見 Kingsbury and Hart, 1937）。應用這種技術的基本步驟如下所述：

- 選擇一個內容的範圍或樣本。
- 建立一個與研究目的相關的外部指涉物為類目框架（例如一組可能在內容中提及的政黨或國家）。
- 從內容中選擇一個「分析單元」（可以是一個字、一個句子、一個項目、一個完整的新聞報導、一張照片、一個序列等）。
- 透過計算每個選擇的內容單元中與類目框架中相關項目的引用頻率，將內容與類目框架相匹配。
- 透過涉及多個編碼人員的匹配程序確定結果的有效性，確立編碼人員間的一致性。
- 以所尋求的指涉物的出現頻率，將結果表示為整個範圍或所選內容樣本的整體分布。

　　該程序基於兩個主要假設。首先，外部指涉物與文本中對其的引用之間的關聯將相對清晰和明確。其次，所選定指涉物的出現頻率將以客觀方式有效地表達文本的主要「意義」。原則上，這種方法與對人們進行調查並無二致。選擇一個人群（這裡是一種媒體類型或子集），從中選擇代表整體的受訪者樣本（分析單元），根據變項蒐集有關個體的數據並為這些變項指定一個數值。與調查一樣，內容分析被認為是可靠的（可重複性），並且不僅限於調查者自己（透過編碼人員間的一致性來確立）。該方法對更大的媒體現實進行統計摘要，它已經用於許多目的，尤其是將媒體內容與「社會現實」中已知的頻率分布進行比較。

內容分析的限制

　　傳統的內容分析存在許多限制和缺陷，這些限制和缺陷不僅在理論上具有一定的意義，而且在實際應用中也具有相關性。在應用之前建構類別系統的通常作法存在著一個風險，即研究者可能會將一個意義系統強加於內容中，而不是在內容中發現它。即使小心翼翼避免此情況，任何類別系統都必須有選擇性，並且潛在地可能產生扭曲。內容分析的結果本身就是一個新的文本，其意義可能與原始來源資料相異，甚至必然相異。這個結果還基於研究者對內容的「閱讀」，在自然情況下，實際的「讀者」不太可能進行這種閱讀。這種新的「意義」既不是原始發送者的意義，也不是文本本身的意義，也不是閱聽人的意義，而是第四個建構，一種特殊的解釋。這種分析未能考慮到指涉在單一文本中或全部文本中的脈絡，在抽繹過程中，可能忽略了文本中指涉之間的內部關係。它有一個假設，即可以訓練「編碼員」對類別和意義做出可靠的判斷。

　　實際上，內容分析的範疇相當彈性，許多變體可以納入相同的基本框架中。如果對信度（reliability）的要求放鬆，就越容易引入在解釋上有用但「客觀性」較低且有些含糊的類目和變項。這在捕捉價值觀、主題、場景、風格和詮釋框架的引用時尤其明顯。由於試圖包含一些較主觀的意義指標，內容分析往往呈現出廣泛的信度區間。

　　目前和過去媒體內容（特別是報紙等印刷媒體）的大規模數位化，開

啟了許多對大量資料進行電腦輔助量化分析的新可能性，它已成爲分析數位化內容大數據的重要方法。然而，正如 Deacon（2007）所指出的，也存在著一些嚴重的問題。除了特定資料庫的缺陷（例如檔案中的缺漏或重複）並非故意爲之，但通常也是未知的，還有一些不易克服的內在障礙。例如透過關鍵詞來捕捉複雜的主題並不容易；爲了進行計數，必須將大量文本分割，但單位的選擇並非固定；分析通常不包括視覺內容，或者對非書面內容的納入並沒有遵循系統性的框架；資料中的特定指涉的脈絡不易恢復。總而言之，Deacon 得出結論，應該在可能的情況下以其原始形式研究內容。Stemler（2015）同樣警告說，大量數位存檔的文本、視覺和聽覺資料的可取用性不應分散「對指導性理論的需求」。Christian Baden 與 Keren Tenenboim-Weinblatt（2018）在回顧他們對近 90 萬篇新聞文章進行的大量自動化比較內容分析時認爲，他們的方法有望揭示一般模式，但在內容樣本中蒐集、分組、消除歧義和整理概念的多個階段的工作量大且複雜。他們還指出，在使用指標將資料中的類型操作化時存在困難，因爲自動化方法只要求正確測量明確的指涉。

量化和質性分析的比較

對比傳統內容分析和解釋性方法，這裡可以做出總結。其中有些差異是不言而喻的。首先，結構主義和符號學（如本章前面討論的）不涉及量化，甚至對計數作爲獲得意義的方式有所反感，因爲意義來自於文本關係、對立和脈絡，而不是來自數量和指涉的平衡。其次，注意力集中在潛在內容而非外顯內容，並且認爲潛在（因此更深層次）的意義實際上更爲重要。第三，結構主義在系統性上與內容分析有所不同，不那麼重視抽樣程序，並且拒絕將所有內容的「單元」都平等對待的概念。

第四，結構主義不允許假設社會和文化「現實」世界、訊息和接收者都涉及相同的基本意義系統。社會現實由眾多較爲離散的意義世界所組成，每個都需要單獨闡釋。「閱聽人」也分爲不同的「詮釋社群」，每個

社群都擁有一些獨特的賦予意義的可能性。正如我們所見，媒體內容也是基於不只一種編碼、語言或符號系統。所有這些都使得不可能甚至荒謬地假設可以建構任何指涉類目系統（category system of references），其中一個特定的元素在「現實」、內容以及對閱聽人和媒體分析師之間有可能意味著完全相同。也就是說，無論是哪種方法，都需要在內容分析之上（或與之結合）進行脈絡分析（contextual analysis），特別是在快速發展的自動化內容分析世界中，質性（比較參照：話語／論述）分析階段是必不可少的，以釐清在資料中所測量的概念和類型的意義。

混合方法

這種比較並不表示其中一種方法優於另一種方法，因為儘管一開始宣稱這些方法有共同之處，但它們基本上適用於不同的目的。在質性內容分析方面，傳統上很少明確地對其分析步驟進行編碼，並使其方法具體化（Hijmans, 1996）。根據追求可複製性的信度標準，其結果不容易得到證實。除非涉及形式（例如將一種類型與另一種類型進行比較），以及透過修辭、敘事和話語／論述分析揭示的更深層次的意義結構，否則從結果推論到其他文本是不容易的。

為了某些目的，離開純粹的「貝瑞森式」或「巴特式」分析是可以且必要的，許多研究即使在其背後有不同的假設，也結合了這兩種方法。例如格拉斯哥媒體小組（Glasgow Media Group）對英國電視新聞的研究（Glasgow Media Group, 1976, 1980, 1985）就是一個運用混合方法的例子。該研究對勞資爭議新聞做了嚴謹和詳細的量化分析，並試圖「解構」特定新聞故事的更深層文化意義。另一個例子是葛本納和他的同事所代表的「文化指標」（cultural indicators）學派，他們透過系統性的量化分析電視再現的明顯元素，試圖得出主流電視內容的「意義結構」（meaning structure）。

有些方法不容易歸類為上述兩種主要方法之一。其中一種是在內容研究的早期受到青睞的精神分析取徑。它關注「角色人物」的動機以及特定社會或時期的流行（或不太流行）文化中主題的潛在意義（例

如 Wolfenstein and Leites, 1947; McGranahan and Wayne, 1948; Kracauer, 1949）。它也被用於研究性別議題及廣告的意義和影響（例如 Williamson, 1978）。

前述的其他分析方法還有一些變體，例如敘事結構分析（Radway, 1984）或內容功能的研究。在過去十年左右，已經發展出自動化和演算法化的內容分析（automated and algorithmic content analyses），並且出現了所謂的「連結研究」（linkge studies，將內容分析與閱聽人調查結合）。在使用數位方法分析線上內容，尤其是社交媒體上的內容（Rogers, 2013, 2019），以及多平台媒體內容（Champion, 2015）方面，許多令人著迷的挑戰正在等待著我們。

這些可能性提醒我們內容分析的相對特徵，因為總是需要一些外部參照點或目的，以決定使用哪種分類形式而不是其他形式。理論必須指導資料的蒐集和分析。即使是符號學也只能在更大的社會脈絡、文化意義和意義建構實踐的系統中提供詮釋。量化和質性方法之間的主要區別如方框 12.4 所示。這些差異是優勢還是劣勢，取決於研究目的。

12.4

媒體內容分析類型之比較

訊息內容分析	文本的結構分析
量化	質性
碎片化	全面的
系統性	選擇性
通則化、延伸的	闡釋的、特定的
顯著意義	潛在意義
客觀的	相對於觀眾的

所有這些方法和觀點都存在一個反覆出現的問題，那就是內容分析的結果與創作者或閱聽人的認知之間經常存在著差距。創作者往往認為他們的作品有其特殊和獨特之處，而閱聽人則傾向於從傳統的類型或類型標籤

和已經體驗過或預期的滿足中理解內容。從事內容分析的研究者從內容中提取的版本對於大眾傳播產業的兩個主要參與者（產製者和接收者）來說，通常不太被認可，往往只是一種科學或文學的抽繹。同樣地，格拉斯哥媒體小組的著作是一種「公共社會學」（public sociology）的典範，因為這些學者與記者和閱聽人長期合作進行研究（Eldridge, 2000）。

本章小結

　　內容分析的未來，無論如何，都必須與社會中更廣泛的意義結構和社會脈絡相關聯。這條路徑可能最好是透過話語／論述分析來實現，該分析考慮到起源文化中的其他意義系統，或是透過結合內容分析和閱聽人接收分析的連結研究來實現，該研究認真對待媒體使用者也會產製意義的概念。這兩者在某種程度上都是必要的，因為這樣才能對媒體進行適當的研究。

　　前述各種媒體內容理論框架和觀點往往意味著研究方法的明顯分歧與目的差異。大眾媒體的品質和績效表現至關重要；而系統性、理論驅動的質性和量化內容分析仍然是我們應對這一關鍵問題的最佳工具。面對產業匯流和多平台策略、大量文本和視聽檔案的數位化，以及數位和自動化方法的快速發展，研究面臨著令人興奮的機會，儘管研究成果有時缺乏明確理論和方法論基礎的情況令人憂慮。

進階閱讀

Baden, C. and Tenenboim-Weinblatt, K. (2018) 'The search for common ground in conflict news research: comparing the coverage of six current conflicts in domestic and international media over time', *Media, War & Conflict*, 11(1): 22-45.

De Vreese, C.H., Boukes, M., Schuck, A.R.T., Vliegenthart, R., Bos L. and Lelkes, Y. (2017) 'Linking survey and media content data: opportunities, considerations, and pitfalls', *Communication Methods and Measures*, 11(4): 221-244.

Grabe, M.E. and Bucy, E.P. (2009) *Image Bite Politics: News and the Visual Framing of Elections*. New York: Oxford University Press.

Hijmans, E. (1996) 'The logic of qualitative media content analysis: a typology', *Communications*, 21(1): 93-108.

Krippendorf, K. and Bock, A. (eds) (2009) *The Content Analysis Reader*. Thousand Oaks, CA: Sage.

Rogers, R. (2019) *Doing Digital Methods*. Boston, MA: MIT Press.

13

媒體類型、格式和文本

　　本章的目的是透過應用第 12 章中概述的一些方法和取徑，更仔細地研究一些典型媒體內容的例子。也將介紹一些用於分類大眾媒體產出的概念。特別是，我們在媒體產業內外新興的敘事取徑（approaches of storytelling）的脈絡下探討媒體類型和格式（media genre and format）的概念，以適應當代媒體環境。

類型問題

　　在一般使用中，「類型」（genre）這個詞僅指文本的種類或型態，通常鬆散地應用於任何具有獨特特徵的文化產品類別。在電影理論中，這個術語首次應用於媒體和大眾傳播研究中（從修辭學／語藝學引入後），由於個別創作者與類型之間的緊張關係，這個術語一直存在爭議（Andrew, 1984）。對於類型的強調往往將作品的價值歸功於文化傳統，而不是個別藝術家，後者只是遵循特定創作流派制定的規則。Fiske（1987）將類型視為建構閱聽人的一種方式，因為對特定類型或類型元素的吸引或呼應產生了一種特定類型的閱聽人，具有特定的期望和偏好。例如一部結合了「科幻小說」和「超級英雄」元素的電影為自己建立了目標市場。Negus（1998: 376）關於音樂類型的研究同樣顯示了它們作為產業建構的存在，這是一種利用投資組合管理技術來配置人員、藝術家和投資的「公司策略」。Negus 指出了一個具有諷刺意味的現象，即音樂主要在不同的音樂家和音樂傳統相遇和混合時發展和創新，而產業則傾向於在特定的類型和傳統周圍建立壁壘，以便從中獲取利益。

　　類型不僅由產業定義和分類，閱聽人也傾向於擁有自己對類型的概念（並相應地選擇產品和服務）。這兩種建構可能與電影、電視、遊戲或新聞學者或評論家的概念一致，也可能不一致。此外，很難對一種類型和另一種類型進行明確的區分：因為存在著類型重疊（genres overlap）的現象，而且有很多「混合類型」（mixed genres）和交叉類型。Mittell（2011:

7）主張一種細緻的取徑，將「類型定位在文本、產業、閱聽人和歷史脈絡之間的複雜相互關係之中」。

　　在數位化的脈絡下，類型通常由演算法定義，例如由亞馬遜和 Netflix 等公司開發的推薦軟體，它們根據基於數據匹配的方式將產品分類，包括特定客戶檔案（人們消費什麼、何時消費、在消費之前和之後做什麼、他們過去消費了什麼）的數據、公司目錄中產品的可得性和策展等。這種演算法建構產品類別的結果會被標籤化，產生「超特定」的微類型（'hyperspecific' micro genres），用以針對個別的每一位平台用戶。

　　儘管必須明確指出類型的分類並不是一個中立的過程，而且類型「最終是一個抽象的概念，而不是在現實世界中存在的東西」（Feuer, 1992: 144），然而類型的概念對於研究大眾媒體內容還是有用的。為了便於說明，「類型」可以指任何具有以下特徵的內容類別：

- 它的集體身分被其產製者（媒體專業人員、組織和產業）及其消費者（媒體閱聽人）在某種程度上認可。
- 這個身分（或定義）涉及目的（例如資訊、娛樂或其變體）和形式（長度、節奏、結構、語言等）。
- 這個身分隨著時間的演進而確立起來，遵循著熟悉的慣例；文化形式得以保留，儘管在原始類型的框架內也可以發生變化和發展。
- 特定的類型將遵循預期的敘事結構或行動序列，依賴於可預測的圖像庫，並具有基本主題的多種變體。

　　值得注意的是，每個文本都屬於一個或多個類型，或是參照著一個或多個類型。類型及其元素非常有用，可以幫助（或有時阻礙）理解。根據 Andrew（1984: 110）的觀點，電影的類型包括：

　　　　類型是一個特定的公式網絡（specific networks of formulas），
　　為等待的消費者提供經過認證的產品。它們透過調節閱聽人與圖像和敘事結構的關係來確保意義的產生。事實上，類型為它們自

身建構了合適的觀眾（proper spectators）。它們建立了欲望，然後代表了這些欲望所引發的滿足。

　　這種觀點高估了媒體能夠決定閱聽人反應的程度，但至少與媒體本身控制其營運環境的渴望是一致的。事實上，有很多證據表明閱聽人在討論媒體時認可並使用這些類型。例如 Hoijer（2000）對不同電視類型的解釋應用了接收分析，發現每個類型都產生了特定的期望。以現實模式為基礎的通俗劇被期望能夠提供對日常現實的有效反映，觀眾將這類觀念用作批評的標準。可以根據特定類型案例的文本特徵進行區分。Altman（1996）指出類型概念在媒體產製、內容和接收過程中扮演的三種不同角色（參見方框 13.1）。

13.1

類型在大眾媒體中的作用

- 類型為製作決策提供了一個模板，有助於快速交付產品
- 類型提供了一種產品差異化和促銷的方法，透過通用的識別標誌（Altman 將其描述為對忠誠的類型消費者的一種「求偶呼喚」）
- 類型描述了閱聽人參與的標準模式和期望

　　根據 Carolyn Miller（1984）關於類型作為社會行動形式的研究，從媒體類型的角色和功能的概念中可以得出一個重要的考慮：類型產生意義。透過以某種方式格式化文本（無論是書面的、攝影的、錄影的還是資訊圖表的），創作者增加了特定閱聽人理解該文本的可能性，儘管不一定同意其中的觀點。這迫使我們將媒體產品視為本質上是關聯的和脈絡化的，而類型的使用，亦即 Schmidt（1987）所稱的「媒體行動基模」（media-action-schemata）產生了某種行動，同時也反映了特定的傳播者實踐。在對其著作影響的反思中，Miller（2015）指出，網際網路的出現使得類型問題變得相當複雜，因為如此多的新媒體形式由眾多參與者不斷製作，包括但不限於媒體專業人員、政策制定者、學者、作為共創者的消費者和普

通用戶。這使得媒體類型比以往更具動態和開放性，儘管類型仍然在意圖和需求之間，以及形式和實質之間提供了重要的「中介功能」（mediating function）（同上註：67）。

類型可以被視爲一種實用工具，有助於任何大眾媒體實現持續高效率的產製，並將其產製與閱聽人的期望相關聯。由於它幫助個別的媒體使用者規劃他們的選擇，它也可以被視爲一種管理產製者和閱聽人之間關係的機制。

類型示例

類型分析的起源可以歸功於 Stuart Kaminsky（1974: 3），他寫道：

> 對電影類型的研究基於一種認識，即某些流行的敘事形式既具有文化根源又具有普遍性，當今的西部片與過去 200 年美國的原型以及民間故事和神話有關聯。

史都華・霍爾（Stuart Hall, 1974/1980）也將類型概念應用於「B 級西部片」。在他的分析中，類型依賴於特定的「符碼」或意義系統的使用，該系統可以在特定文化中的符碼使用者（無論是編碼者還是解碼者）之間形成一些對於意義的共識。根據霍爾的觀點，在編碼和解碼非常接近並且意義相對明確（接收方式與發送方式相似）的時候，這時就有一種類型存在了。

據稱，經典西部片是源於征服美國西部的特定神話，其中包含展示男子氣概和女性勇氣的元素、廣闊空間中命運的演繹，以及善與惡的鬥爭。西部片類型的特點是可以產生許多變體形式，這些形式可以與原始基本形式相關聯並被迅速理解。例如我們曾看過心理西部片（the psychological western）、模仿西部片（the parody western）、義大利西部片（the spaghetti western）、喜劇西部片和肥皂劇西部片。變體形式的意義通常取決於對原始符碼中的部分元素的反轉。Altman（1984）利用西部片發展了一種基於**語意**和**句法**元素區別的電影類型的理論方法。語意取徑著重於

分析一系列構成要素：共同特點、態度、人物角色、鏡頭、場景、布景等等，而句法取徑則考慮連接詞彙元素的關係。從句法觀點看，西部片的特色取決於文化與自然之間的關係、個人主義與共同體之間的關係，以及文明與邊疆之間的關係（同上註：10-11）。

　　許多熟悉的媒體內容適用於類型分析，以揭示其基本的重複特徵或公式，就像 Radway（1984）對羅曼史／言情小說所做的那樣，揭示了其典型的「敘事邏輯」。同樣，可以對同一類型的不同變體進行分類，就像 Berger（1992）對偵探推理劇／小說所做的那樣。根據 Berger 的觀點，「公式」是一個子類型，包含該類型的慣例，特別是時間、地點、情節、服裝、英雄、女主角和反派角色等方面。例如西部片具有某些公式元素的可能範圍，經驗豐富的觀眾將熟悉這些元素。這種知識使得觀眾能夠在出現特定的符號時正確地閱讀內容，例如他們知道白色帽子代表好人，他們也知道當某種音樂響起時意味著騎兵隊即將出現在電影裡。

　　Mills（2004: 78）透過對情境喜劇（situation comedy，簡稱 'sitcom'）的電視類型之分析顯示，即使是這樣一個相對穩定的類型也在不斷演變，因此「提供了對電視媒體進行微妙而強大的批評的場所」。通俗肥皂劇（從澳洲、美國和英國開始）和拉丁美洲的電視小說（telenovela）是全球廣泛認可和具吸引力的連續劇典型形式。在 1980 年代，對於連續劇《朱門恩怨》（Dallas）的極大興趣（Ang, 1985; Liebes and Katz, 1990），出於稍微不同的原因，也引起了對「肥皂劇」（soap opera）作為一種類型的關注。那個特定的例子也擴展了該「肥皂劇」一詞的含義，包括一種與早期廣播或電視日間連續劇非常不同的媒體產品。即使如此，對「肥皂劇」一詞在不同類型的戲劇中的廣泛而長期的使用，在某種程度上證實了類型和肥皂劇概念的有效性和實用性。

　　媒體文化研究的發展突出了一些熟悉的電視類型以及新興的線上和多平台敘事類型（multi-platform storytelling genres），並為新的研究領域提供了界限（Liebes and Livingstone, 1998; Jenkins, 2004）。在當代媒體匯流的背景下，出現了結合、混合和混搭多種平台和通道上的類型元素的新型多平台敘事方式。有三種基本的多平台敘事型態：

- **多媒體**（multimedia）：一個故事以多種形式呈現，透過一個媒體通道進行分發。在新聞界，最著名的例子是 John Branch 於 2012 年 12 月 20 日〔以「雪崩」（Snowfall）為題〕發表在《紐約時報》上的普立茲獎獲獎多媒體專題報導，該報導在報紙的網站上發布，包含六部分故事，交織著照片集、短影音報導和訪談、互動圖表和動畫模擬。這種「數位長篇報導」（digital longform）取徑甚至在（全球）新聞業中產生了一個新動詞：是否要「雪崩」某個新聞故事（Dowling and Vogan, 2015）。
- **跨平台**（crossmedia）：一個故事跨越多個媒體通道講述，旨在分別滿足每個媒體的要求。跨平台的典型案例是《星際大戰》（*Star Wars*）系列的原始版本，因為故事情節的完整性在其各個衍生作品中得到了保持。當迪士尼收購這一系列作品時（於 2012 年），公司及其創作者將其引向跨平台方向，追隨粉絲創作（fan-fiction）和實現觀眾訴求。
- **跨媒介**（transmedia）：不是只有一個故事，故事的元素在多個媒體平台上發展，形成一個更大的「故事世界」（story world）（Jenkins, 2006）。在音樂界，早期的例子是 2007 年發行的九寸釘樂團（Nine Inch Nails）的概念專輯《Year Zero》。該專輯被設想為一個故事，講述了一個設定在 2022 年美國的反烏托邦未來的大敘事。發行活動包括一張混音專輯，一個另類現實遊戲，粉絲透過找到預錄的電話留言中的線索，以及在樂團的演唱會上留下的 T 恤、網站和 USB 隨身碟參與其中（其中一個演唱會上發生的警方突襲被編排成為整體敘事的一部分）。所有這些元素幫助粉絲作為「玩家」取得進展並理解這個概念專輯、相關演出及粉絲參與活動的意義。

Henry Jenkins 是少數在媒體界和學界都有忠實（以及批評）讀者的媒體學者之一。他可以被視為當代大眾媒體中跨媒介作為一種類型的關鍵理論家之一，他對「跨媒介敘事」的定義可見於方框 13.2 中。

13.2

跨媒介敘事作為一種類型

跨媒介敘事代表了一種過程，其中虛構作品的核心元素被系統地分散在多個傳播通道上，以創造統一且協調的娛樂體驗。理想情況下，每種媒介都對故事的展開做出獨特的貢獻。（Jenkins, 2007: n.p.）

作為一種類型，跨媒介是一個涉及敘事和研究的新興領域，因此某種概念上的混淆是可以預料的。例如在 Hassler-Forest 與 Guynes（2018）對跨媒介敘事的歷史進行的最新綜述中，他們以《星際大戰》系列作為跨媒介的基本例子，考慮到它作為一個「故事世界」（story world）的當代版本，始於 1977 年首部電影的票房成功，這部電影「立即引發了一波無法控制的商品化和跨平台衍生產品的浪潮，逐步發展成一個具有獨特神話、美學和粉絲文化的精心建構的故事世界。」（同上註：1）他們展示了《星際大戰》作為跨媒介類型的成功並不完全是文化經濟力量或喬治·盧卡斯（George Lucas）的創意天才的結果，而更多地是來自一個相對不可預測、不穩定且動態的過程，其中涉及了許多利害攸關者，包括觀眾。

在對跨媒介類型進行符號學分析的研究中，Scolari（2009）確定了其「消費者巢套結構」（consumer-nested structure）作為關鍵的建構元素，展示了跨媒介敘事如何為消費者創造多個進入點（透過多個通道發布的故事產製，或是透過相對預先規劃的發布時間表）。可以產生多種類型的故事，標誌著擴展虛構世界的四種特定策略：

- **創造間隔式「微型故事」**（microstories）：短篇敘事（例如漫畫和遊戲）填補電視劇不同季度之間的空白，與整體「鉅型故事」（macrostory）密切相連。
- **創造平行故事**（parallel stories）：與「鉅型故事」同時展開的其他故事，可以演化並轉型為衍生作品。
- **創造邊緣故事**（peripheral stories）：在「鉅型故事」中發生的其他故

事，通常涉及其他角色或包含「起源」敘事的元素。

- **創建及（或）支持用戶生成內容平台**（user-generated content platforms）：這些環境可以被視爲相對上採取開放來源碼（open-source）（取決於著作權控制的程度）的故事創作平台，允許用戶對虛構世界做出貢獻（同上註：598）。

在對跨媒介類型的創新觀點中，Hancox（2017）展示了跨媒介取徑如何作爲一種研究方法，以此來消解研究者與被研究者之間的階層關係，肯認所有參與者以自己的方式貢獻材料和故事，並設計一個基於人們透過媒體參與研究的計畫。

類型這個概念的一個優勢在於它能夠適應和擴展以應對動態發展。例如這在「脫口秀」（talk show）類型的崛起中得到體現，它最初是與名人進行的娛樂性訪談和「早餐電視」的節目形式，並且在全球範圍內得到豐富多樣的發展，從羶色腥的搞笑節目（sensationalist knockabout）到非常嚴肅的政治參與場合。除了談話的核心地位和主持人的存在外，很難確定讓這個類型成爲一個類型的共同要素，但它們通常包括現場觀眾或觀眾參與、衝突或戲劇性元素、某種程度的事實性或事實的幻象、大量的親身性以及親密感的假象（參見 Munson, 1993）。眞人秀（reality television）類型節目也以類似方式發展，最初是將來自各種來源的眞實場景按主題重新包裝（例如警察、事故、天氣、犯罪、寵物等）作爲娛樂節目，然後發展成新形式，其中自願者被置於各種受控的競賽或壓力情境中，爲觀眾提供了一種偷窺和身歷其境的「實況」體驗，而且觀眾也能以某種方式介入其中。

在對類型相關研究的回顧中，Miller、Devitt 與 Gallagher（2018）提供了一份對類型分析的可應用於媒體和大眾傳播研究的功能概述。這些關鍵命題彙整如方框 13.3 所示。

13.3

關於類型分析的四個命題

- 類型是**多模態的**（multimodal），提供跨符號學模態、跨媒介和跨傳播科技的分析和解釋框架
- 類型是**多學科的**（multidisciplinary），修辭學／語藝學、電影和電視研究、資訊科學和許多其他學科都對類型研究感興趣
- 類型是**多向度的**（multidimensional），包含對情境、中介和有目的性的傳播互動的多重觀點
- 類型是**多方法的**（multimethodological），適用於多種實證和詮釋取徑

類型的分類

　　到目前為止，似乎類型分析只能應用於具體的內容類別，每個類別都有特定的關鍵面向。Berger（1992）早期曾嘗試進行更多的後設分析，他認為所有的電視內容都可以根據情感程度（degree of emotionality）和客觀程度（degree of objectivity）進行四種基本分類。這個分類如圖 13.1 所示。

		客觀性	
		高	低
情緒／情感性	強	競賽	戲劇節目
	弱	紀實節目	說服節目

圖 13.1 電視類型的結構：一種分類方式
資料來源：Berger (1992: 7)

　　其中的若干術語解釋如下：

- **競賽**（Contests）是涉及真實玩家競賽的節目，包括遊戲節目、問答節目和運動節目。它們在本質上既是真實的，也具有情感投入（在意圖上）。

- **紀實節目**（Actualities）包括所有新聞、紀錄片和真人秀節目。它們在原則上是客觀和不帶情感的。
- **說服節目**（Persuasions）在這兩個面向上都比較低，反映著發送者意圖透過廣告、某種倡議或宣傳方式來說服觀眾。
- **戲劇節目**（Dramas）涵蓋了幾乎所有的虛構故事和各種類型。

　　正如 Berger 所指出的，上述分類方式的應用受到一個複雜因素的影響，即不斷創造出不屬於既有類別的新式和混合的類型。熟悉的例子有「紀錄式劇情片」（docudrama）和其他形式的「娛樂資訊節目」（infotainment）。但這也是個別類型的一個特點，有助於追蹤和分析發生了什麼。在任何特定案例中〔例如《老大哥》（*Big Brother*）〕，「真人秀」這個類別不容易被劃歸到一個獨特的類別，儘管該格式中有一個重要的競賽元素。這表明了上述分類本身的侷限性，它暗示了在當代匯流媒體環境中，類型混雜化（genre hybridization）可能比類型「純粹」（genre 'purity'）更常見。

　　根據對電影和電視劇類型研究的綜述，Chandler（1997）總結了更全面的關於類型關鍵屬性的分類方式。改編自 Chandler 的分類方式，我們可以區分以下幾個方面：

- **敘事**（narrative）：相似的（有時是公式化的）情節和結構、可預測的情況、序列、插曲、障礙、衝突和解決。
- **人物角色塑造**（characterization）：相似類型的人物（有時是刻板形象）、角色、個人品質、動機、目標和行為。
- **型態**（patterns）：基本和重複出現的主題、話題、主題領域、命題和價值觀。
- **背景設定**（settings）：地理和歷史背景。
- **圖像符號**（iconography）：熟悉的圖像或主題的固定內涵；主要但不一定僅限於視覺方面，包括布景、服裝和物品、熟悉的對話模式、特色音樂和聲音。

- **技術**（techniques）：（在電影和電視中）攝影、燈光、錄音、色彩使用、剪輯等方面的風格或形式慣例。
- **語氣、情緒和敘說方式**（tone, mood and mode of address）：涉及對觀眾的內在假設的元素。
- **與觀眾的關係**（audience relationships）：特定類型的內容帶來對觀眾參與的期望。

正如我們在這個簡要回顧中所展示的，類型可以是一個有用的概念，可以幫助我們在豐富多樣的媒體產出內容中找到方向，並有助於我們描述和分類內容。一個類型與另一個類型之間的區別不容易客觀確定，而產製者和閱聽人之間的認可和理解的對應關係，如上所述，也不容易證明。

類型分析的原則

儘管類型分析廣泛適用於多種媒體文本，但該分析取徑的核心在於關注文本的組織方式，以及這種組織方式如何對文本的產製者和使用者產生意義。換句話說，類型分析展示了特定文本（包括書面、口頭、聲音和影片）如何與其環境「交流」。該取徑因此作為一種假設的實施方式，即媒體內容只存在於其產製和接收（實踐）中。類型分析可以看作是一種話語／論述分析，因為它通常對媒體文本所運作的文化和認知背景非常明確。正如 Mittell（2011: 16）所主張的，「類型定義總是局部的與有條件的，是從特定的文化關係中出現的，而不是抽象的文本理想。我們需要研究類型如何作為概念框架運作，將媒體文本置於更廣泛的理解脈絡當中。」在方框 13.4 中，Mittell 提供了五個媒體研究特有的文化類型分析原則（principles of cultural genre analysis）。

─**13.4**─

文化類型分析的五個原則（基於 Mittell, 2011: 16-19）

- **媒介特異性**（medium specificity）：儘管媒體通道和特徵越來越趨向整合和混雜，研究者應該嘗試解釋特定時刻媒介的運作方式
- **媒介脈絡**（medium context）：無論是關於特定類型元素的分析，還是關於某種類型在特定媒體案例中的運作方式，都應該認識到產業和閱聽人實踐的更廣泛背景（但不要過度通則化）
- **媒介系譜**（medium genealogy）：類型分析不能僅僅將以往的類型過程（generic process）研究結果應用於新計畫（反之亦然），而應該蒐集盡可能多的關於特定類型過程實例的話語／論述實例
- **媒介作為文化實踐**（medium as cultural practice）：理論上的類型與作為文化實踐的類型之間存在區別，後者關注類型對閱聽人和創作者的運作方式
- **媒介作為權力關係**（medium as power relationship）：類型不僅僅是一種「獨立存在的東西」，它也是一種複雜的文化層級和權力關係過程的結果，例如關於美學價值、閱聽人身分認同（性別、族群、階級、年齡等）、寫實主義符碼和品味階層（hierarchies of taste）等方面

媒體格式

「類型」這個概念對於分析媒體格式非常有用。例如 Altheide 與 Snow（1979）開發了一種媒體內容分析模式，使用了**媒體邏輯**（media logic）和**媒體格式**（media format）這些術語。媒體邏輯主要指一組隱含的規則和規範，規定了如何處理和呈現內容，以充分利用特定媒體的特性，這包括滿足媒體組織的需求（包括媒體對閱聽人需求的認知）。Altheide 認為內容是根據媒體格式來設計的，而媒體格式則是根據聽眾／觀眾的偏好和假設能力來設計的。媒體格式本質上是用於處理類型中特定主題的子程序。例如 Altheide（1985）描述了電視新聞中的「危機格式」（format for crisis），它超越了事件的特殊性，為處理不同的新聞故事提

供了共同的形式。對於持續處理危機的新聞報導，主要條件包括資訊或危機現場的可近用性、影像品質（影片或任何其他素材的視覺品質）、戲劇性和行動性、與閱聽人的相關性以及主題的統一性。

Graber（1981）在研究一般政治語言及其電視特有的版本方面做出了顯著貢獻。她在觀察中證實了 Altheide 所提出的觀點，指出電視記者在政治中的許多特定情境有一些高度刻板印象的曲目／劇目、框架、邏輯和格式可資運用。她認為，視聽語言的編碼和解碼與口頭語言本質上有所不同，它更具聯想性、內涵意義、非結構性，比較不具邏輯性、較不明確定義和界定。

在離開類型、格式和相關概念之前，值得強調的是，它們原則上可以橫跨傳統的媒體內容類別，包括虛構和非虛構之間的界限。Fiske（1987）強調了類型之間的**互文性**。互文性曾經是一個主要的理論概念，提醒研究者媒體文本傾向於相互參照並建立在早期作品的基礎上，但在數位匯流和多平台敘事的時代，互文性已經成為一種或相對刻意的媒體策略，透過不同的媒體通道發展和推廣屬性（例如故事情節、特定人物角色和品牌）。

雖然媒體格式基本上是媒體組織和專業人士將故事和類型慣例轉化為相對上可用於產製的「現成」架構，但格式也可以使觀眾更容易理解特定的媒體內容。對兒童和成年閱聽人的研究表明，人們很快能夠識別和命名特定的格式，特別是在電影和電視方面，而在線上和印刷媒體方面則較少，因為這些媒體需要更多的認知資源來處理（參見 Yang and Grabe, 2011; Grabe et al., 2015）。

在研究媒體格式時，可以考慮到媒體的技術特點。例如 Bucy 與 Newhagen（1999）在分析觀眾如何處理各種政治傳播格式時，使用包括特寫鏡頭和全景鏡頭、多樣化的攝影角度、剪輯技術以及「圖像圖形化」技術（比如分屏、線條、邊框、資訊圖表和字幕等數位影像效果）。為了記錄電視選舉新聞中政治人物的「影像片段」（相對於更常見的「聲音片段」），Bucy 與 Grabe（2007: 662）在其內容分析中包括了各種格式慣例的「有聲有色、有影無聲，以及畫外音」等鏡頭。他們的研究是將媒體格式作為內容分析的入口的一個例子。

框架分析和新聞

　　新聞可以說是被最系統地研究過的媒體內容類別之一。從對這一類型進行的眾多內容研究中，一個普遍的結論是，按照傳統的主題類別進行衡量時，新聞呈現出一個相當穩定和可預測的整體模式。關於這一點，許多原因已經在前面的章節中討論過，涉及到媒體產製的一般情況以及新聞的特殊性（參見第 10 章和第 11 章）。

　　在新聞作為一種特定的媒體格式的背景下，人們很關注新聞資訊通常如何呈現或被「框架」（framed）的問題。Tuchman（1978）引用了高夫曼（Goffman, 1974）的觀點，即需要一個框架來組織本來零散的經驗或資訊。與新聞相關的「框架」（frame）這個概念已經被廣泛且寬鬆地用來代替諸如「參考架構」、「脈絡」、「主題」甚至「新聞角度」等術語。在新聞報導的脈絡下，故事透過與其他類似事件建立聯繫的特定「新聞價值」賦予意義。雖然這是一個常識性的觀念，但在研究新聞框架可能產生的影響時，有必要精確地使用這個術語。在這種情況下，內容框架必須與閱聽人的心智參考框架進行比較。根據 Entman（1993: 52）的觀點，「框架涉及**選擇性**和**顯著性**」。他總結了框架的主要方面，稱其為定義問題、診斷原因、做出道德判斷和提出解決方案。顯然，可以使用很多文本裝置（textual devices）來執行這些活動。這些文本裝置包括使用特定的字彙或詞語、進行某些上下文引用、選擇某些圖片或影片、舉例說明典型情況、參考特定的資訊來源等等。所有這些可能產生的影響將在第 17 章中進行討論，但一般來說，「框架研究已經證明對思維評價方向、問題解讀、態度、對問題的認知、政策支持程度和政治行為產生了影響。」（Schuck and Feinholdt, 2015: 3）

　　框架是對孤立的一個個事實進行整體解釋的一種方式。框架不僅僅是一個標題、一個特定的攝影機角度或在社交媒體中使用的特定主題標籤。框架是透過選擇、凸顯或強調、排除和（或）詳述來建立對問題的一致性建構（Chong and Druckman, 2007）。框架是記者將（經查證屬實的）事

實放入有意義的脈絡中的有用工具，因為它們有助於閱聽人理解新聞。同時，框架可以排除新聞中的某些方面和聲音，同時賦予其他人特權。閱聽人對記者特定的框架或框架努力（framing efforts）的意識會使他們警惕和不信任。記者幾乎無法避免這樣做，因此偏離了純粹的「客觀性」，引入了一些（無意中的）偏見。當新聞媒體從消息來源（通常如此）獲得資訊時，它們帶有適合消息來源目的並且在觀點上不太可能中立的內建框架（built-in frame）。Entman（2007）區分了故意偽造或省略的「內容偏見」（content bias），以及衝突情況下新聞真實似乎偏向一方的「決策偏見」（decision-making bias），後者涉及記者的動機和心態無意中產生的影響。框架是在第二種情況下發揮作用。內容分析的文獻中有許多框架的例子。例如媒體經常將種族關係問題呈現為對社會而非對移民少數群體構成問題（Horsti, 2003; Downing and Husband, 2005）。Van Gorp（2005）分析比利時媒體對尋求庇護者的報導發現，存在著一種「受害者」框架，引發了同情，以及一種「入侵者」框架，引發了公眾的恐懼和反對，這種框架模式在涉及移民和難民的新聞報導的許多後續分析中都得到了發現。幾十年來，關於蘇聯和東歐的大部分新聞報導都是以冷戰和蘇聯「敵人」的角度報導（McNair, 1988）。對於中國也是如此，直到中國變得太過重要以至於不可冒犯。

不可避免地，框架既反映了被選擇的消息來源，也反映了新聞產製的國家脈絡，因此也涉及相關國家的外交政策。伊拉克戰爭的許多證據表明，國家媒體系統與其政府和輿論觀點存在相當程度的一致性（例如 Tumber and Palmer, 2004; Aday, Slivington and Herbert, 2005; Ravi, 2005）。Dimitrova、Kaid、Williams 與 Trammell（2005）在網路新聞中發現了類似的態樣。Bird 與 Dardenne（2009）針對美國和英國媒體對美軍以「震懾行動」轟炸巴格達的報導進行比較發現，前者讚美地將其描述為展示實力的示範，而後者則將其描述為災難性、破壞性和令人髮指的。必須說清楚的是，即使故事的「事實」相同，記者也能以許多不同的方式報導一個故事。

根據框架理論進行文本分析通常能產生清晰且有趣的結果，並以透明

且有助於溝通的方式呈現，即使最後我們無法明確衡量所揭示的「框架」的力度和範圍。有許多線索可供參考，可能與閱聽人所使用的線索相同，這些線索會產生假定的效果，包括視覺元素、語言用法、標籤、明喻和隱喻、熟悉的敘事結構等等。

　　框架也會隨著消息來源的目標和變化的現實而發生改變。Schwalber、Silcode 與 Keith（2008）在伊拉克入侵初期分析了美國媒體中的視覺元素，觀察到在戰爭拖延的情況下，從愛國奮鬥的主要敘事轉變為更為碎片化和矛盾的觀點。框架分析提供了對潛在含義和假設的明顯令人信服的印象，但 Kitzinger（2007）提醒我們，最強大的框架可能是看不見的，或是因為太過明顯以至於被視為理所當然。例如在新聞中將一個議題視為有問題，可能會導出敘事和解決方案的另類框架，但一個議題本身的框架問題則不會受到質疑。她舉了過去同性戀議題的例子，但當前也有很多例子，包括氣候變遷和全球暖化、移民和難民危機等等。

　　與類型分析一樣，框架分析（framing analysis）不僅僅是對特定媒體內容的研究，它是一種（質性或量化的）系統性的考量，關注記者、新聞機構、政治菁英和公眾之間的互動，共同地影響著框架形成的方式（Hänggli and Kriesi, 2012）。

新聞報導的格式

　　新聞這種「類型」（the news genre）的力量，可以透過在印刷媒體、廣播和電視、網路和行動媒體等不同媒介中發現某些基本特徵的廣泛程度來證明，儘管每種媒介都有其獨特的可能性和限制。一些這種規律性特徵在不同國家中被發現是相似的（Rositi, 1976; Heinderyckx, 1993）。令人驚異的是，這個被認為不可預測的事件世界（universe of events）似乎每天都可以被整編進相同的時間、空間和主題框架。當然，偶爾會發生偏差，尤其是在危機或特殊事件發生時，但新聞形式是基於事件世界的正常性和可預測性。閱聽人在這裡也是參與其中的，因為對（印刷、廣播和線上）新聞的實驗研究表明，「形式特徵影響了閱聽人對新聞內容的意義理解」（Grabe, Lang and Zhao, 2003: 387）。

　　新聞格式（The news format）提供了事件的相對重要性和內容類型的指示。重要性主要透過內容的排序和所分配的時間或空間的相對多寡來表示。根據格拉斯哥媒體小組（Glasgow Media Group, 1980）所稱的「觀眾格言」（viewers' maxims），人們會理解到在電視新聞中，最早出現的項目「最重要」，通常花費較多時間報導的事件／議題也較重要。電視新聞節目通常以凸顯某一事件來引起初步的興趣，接著透過多樣性和人情趣味來維持興趣，並將一些重要資訊保留到最後（運動賽事比數和天氣預報），然後以輕鬆的方式結束，再來才讓觀眾離開。格拉斯哥媒體小組認為，這背後的隱藏目的或效果是加強一個「主要框架」（primary framework）的正常性和控制，以及一個基本上意識形態的世界觀。這樣，世界就變得「自然化」（naturalized）（另見 Tuchman, 1978）。大多數印刷和線上新聞格式也遵循類似的結構，使用「倒金字塔」風格，將新聞故事中最凸顯的事實放在最前面。與電視一樣，媒體的物質脈絡對新聞格式的發展具有重要影響：在報紙的排版時代，為了將新聞放在頁面上，編輯有時必須刪去新聞報導的末尾部分，因此記者有壓力要在報導的開始和頂部包含最重要的部分。在電視中，新聞節目的有限廣播時間和特定節目表共同確定了故事的長度和播出順序。

　　前述的規律特點是西方主流新聞形式的特徵，不同條件下運作的媒體可能會產生不同種類的規律。不同社會中的行動、線上和電視新聞無疑存在顯著且系統性的差異，儘管這些差異更可能遵循文化和制度的劃分線，而不是國家和語言的界限。例如早期對美國和義大利電視新聞的比較結論認為，每個體系的新聞對政治的概念存在顯著差異（Hallin and Mancini, 1984）。主要差異被歸因於國家以外的公共領域在義大利的占據空間更大。因此，在美國，記者作為公眾代表的角色比在義大利更大，這一點在義大利的記者並沒有採用或被賦予該角色。

新聞作為敘事

　　長期以來，文本作為敘事一直是研究的對象，「敘事」這個概念在理解各種媒體內容方面已被證明是有用的。基本的敘事形式涵蓋了廣泛的型

態，包括廣告和新聞的「故事」，以及更明顯的戲劇和小說。以某種方式，大多數媒體內容都在敘說故事，這些故事呈現出某種具有規律和可預測的形式。敘事的主要功能是幫助理解相關經驗的報導。它透過以邏輯、順序或因果方式將行動和事件相關聯，以及提供具有固定且可識別（真實）特徵的人物和地點元素，來實現這一點。敘事有助於提供人類動機的邏輯，使得碎片化的觀察變得有意義，無論是虛構或是現實的。當將新聞視為敘事時，我們可以欣賞它如何借鑑並重新講述社會中不斷出現且主導的神話，其中必然帶有一定的「意識形態」色彩（Bird and Dardenne, 2009）。

Darnton（1975）認為，我們對新聞的理解源於「古老的說故事方式」。新聞報導通常以敘事形式呈現，包括主要和次要人物角色、相互連接的事件序列、英雄和反派、起承轉合、戲劇性轉折的信號以及對熟悉情節的依賴。新聞敘事結構的分析已在話語／論述分析傳統中得到形式化，尤其是由 van Dijk（1983, 1985）提出基於「新聞基模」概念的新聞分析架構，提供了新聞故事的語法結構。Bell（1991）提醒我們，新聞不能按照正常的敘事結構進行，因為新聞結構要求在開始時提供故事的摘要，並且需要根據行為者和事件的不同新聞價值進行排序。記者將資訊碎片按照有新聞價值，而不是按照時間順序的方式重新組合。

文化文本及其意義

類型分析和框架分析是研究中的不同方法，但具有一個共同目標：提供一種在其文化脈絡下分析媒體內容的系統方法，幫助我們了解媒體產製者和使用者如何找到和賦予任何特定文本的意義。在這個脈絡中，文本可以指的是以書面、聲音、攝影、影像或資訊圖表形式呈現的任何符號語言。文本分析可以被視為一種更通用的方法來分析媒體內容，而類型分析（主要在電影和電視以及新興的網路敘事方式中）和框架分析（主要在新聞中，某種程度上也在廣告中）則尋找特定的結構。文本分析是一種方法

論，它涉及理解文本以了解人們如何理解和在世界中進行溝通。這種分析可以是描述性的，也可以試圖將文本與更大的社會結構和權力關係相聯繫。Fiske（1987）做了有說服力的努力，將有關文本分析的許多不同理論與具體的媒體（特別是流行電視節目）文化分析和理解相結合。他提出了媒體文本（media text）的新定義，以及識別其中一些關鍵特徵的方式。

文本的概念

「文本」一詞主要有兩種基本含義。一種非常普遍地指的是物理性的資訊本身，例如印刷文件、電影、電視節目、數位遊戲或樂譜，正如上面所提到的。另一種用法是由 Fiske 建議的，將「文本」一詞保留給內容和讀者之間相遇的有意義的結果。例如一個電視節目「在被閱讀的那一刻成為一個文本，也就是說，當它與其中一個觀眾的互動激發了它的一些意義／愉悅時」（Fiske, 1987: 14）。根據這個定義，同一個電視節目可以產生多種不同的文本，即所謂完成的意義（accomplished meanings）上的文本。總結這一點，Fiske 告訴我們，「節目由產業製作，文本由它的讀者生產」（同上註：14）。從這個角度來看，很重要的一點是要看到「製作／生產」這個詞既適用於「大眾傳播工作者」的活動，也適用於閱聽人的活動。

這是從接收（在某種程度上也包括生產）或內在意義的角度來看待媒體內容理論的核心觀點。這種取徑的其他重要元素是強調媒體文本具有許多潛在的替代意義，可能導致不同的閱讀結果。大眾媒體的內容原則上是**多義的**（polysemic），對於其「讀者」（readers，泛指閱聽人、媒體消費者或使用者）而言，它具有多個潛在的意義。Fiske 認為，多義性是真正蔚為流行的媒體文化的必要特徵，因為意義的潛在多樣性越大，就越有可能吸引不同的閱聽人和整體閱聽人中的不同社會類別。對於那些意圖透過自己的作品傳達非常特定意義的人，例如新聞工作者（或充當新聞消息來源的政治人物和商人），多義性也可能帶來問題。對於媒體專業工作者來說，類型、格式和框架可以被視為減少文本內在多義性的方式。

文本意義的多重性（multiplicity of textual meaning）還有一個額外的

面向，正如 Newcomb（1991）提醒我們的那樣。文本由許多不同的語言和意義體系構成，這些包括服裝符碼、外表、階級和職業、宗教、族群、地區、社交圈等等。在口語語言或戲劇的互動中的任何詞語都可能與這些其他語言中的任何一種或多種具有不同的含義。

差異化的編碼和解碼

　　儘管存在這種多義性，特定媒體內容的話語／論述往往被設計或傾向於控制、限制或指導意義的理解，部分是透過可識別的類型、格式和框架的慣例和共享敘事，而這可能被讀者所抗拒。這一討論與霍爾（1974/1980）的**編碼／解碼**模式（model of encoding/decoding）（第 3 章有討論過）相關，該模式認爲通常會在文本中編碼一個**偏好閱讀方式**（preferred readings），即資訊產製者希望接收者採納的意義。總的來說，透過對明確內容的分析，可以確定「偏好閱讀方式」，即字面或表面意義以及意識形態。其中一個方面涉及到「銘刻讀者」（inscribed reader）（Sparks and Campbell, 1987）的概念。根據布迪厄的理論（Bourdieu, 1986），特定的媒體內容可以說是「建構」了一個讀者，這種建構在一定程度上可以透過分析者基於文本中的一系列關注點來「回讀」（read back）。「銘刻讀者」也主要是某個訊息意圖**對話**的那類讀者。類似的概念是媒體內容的「隱含閱聽人」（implied audience）（Deming, 1991）。

　　這一過程也被稱爲「**確認身分**」（interpellation）或「召喚」（appellation），通常可以追溯到阿圖舍（Althusser, 1971）的意識形態理論。根據 Fiske（1987: 53）的說法，「確認身分指的是任何言論的使用『召喚』了話語／論述的對象。在回應時……我們隱含地接受了話語／論述對『我們』的定義，或者……我們採取了話語／論述爲我們提議的主體位置（subject position）。」這種話語／論述特徵在廣告中被廣泛利用（Williamson, 1978），廣告通常建構並展示它們所推銷產品的消費者形象。然後，它們邀請「讀者」在這些形象中認同自己。這些形象通常將使用該產品與某些理想的品質（例如時尚、聰明、年輕或美麗）聯繫在一

起，通常這對消費者和產品都是有利的。

互文性

正如 Fiske（1987）所提醒的那樣，讀者所產生的文本在意義上並不受製作方在節目或內容類別之間設定的界限所限制。媒體文本的「讀者」可以輕易地結合不同的經驗，例如將節目內插入的廣告或相鄰節目的體驗結合在一起。

這是媒體互文性的一個方面，它也適用於跨越媒體（例如電影、書籍和社交媒體）之間的界限。互文性不僅是讀者的成就，也是媒體本身的一個特徵，它們不斷地在不同媒體之間進行相互參照，同一個「訊息」、故事或人物角色可以在非常不同的媒體形式和類型中找到。基於媒體形象的行銷拓展了互文性的範圍，從媒體內容的「文本」擴展到各種消費品。根據 Fiske（1987）的說法，電視引發了「互文性的第三層次」（third level of intertextuality），指的是觀眾自己創造並在談話或書寫關於媒介體驗時再生產的文本。對媒體閱聽人進行民族誌研究的學者在聆聽對話或組織小組討論時，就會利用這種「第三層次」的文本來了解他們的媒體經驗（例如 Radway, 1984; Ang, 1985; Liebes and Katz, 1986）。

符碼是意義系統，其規則和慣例由一個文化中的成員或所謂的「詮釋社群」（例如同一跨媒介製作的系列產品、作者或表演者的粉絲群體）共享。符碼有助於建立媒體產製者和媒體閱聽人之間的聯繫，為特定文本的意義解讀奠定基礎。我們透過借鑑我們掌握的溝通符碼和慣例來理解世界。例如特定的手勢、表情、服裝形式和形像在特定文化中具有的相對明確意義，這些意義是透過使用和熟悉所建立的。一個電影符碼的例子（Monaco, 1981）是結合了哭泣的女人、枕頭和金錢的影像，藉以象徵羞辱。

開放文本與封閉文本

在討論有關媒體內容的特定話語／論述中，這些內容的意義可以被視為更加「開放」或「封閉」。根據 Eco（1979）的說法，開放文本（open text）是指其話語／論述不試圖限制讀者對一種特定意義或解釋的理解。

不同種類和具體的媒體文本可以根據其開放程度進行區分。例如一般而言，新聞報導的目的不是開放的，而是導向統一的資訊目的，而連續劇和肥皂劇則常常結構鬆散，容易產生不同的「閱讀」。這種區分在不同類型之間並不總是一致的，而在同一類型中，文本的開放程度也可能存在很大的變化。在商業廣告的情況下，雖然它們的目的是實現對廣告產品的長期利益，但廣告形式的範圍包含從充滿趣味和意義含糊的廣告到單向度的「硬推銷」或自說自話。有人也認為，電視節目的文本比電影更加開放和意義含糊（Ellis, 1982）。在研究網路傳播、網站和應用程式時，開放性與封閉性的程度更加複雜，這還取決於平台、設計和界面所提供的互動程度和類型（Deuze, 2003），以及專業創作者在與閱聽人之間建立直接、間接或持續的「互相關聯」關係（'reciprocal' relationship）的程度（Lewis et al., 2014）。

　　開放文本和封閉文本的區別具有潛在的意識形態意義。例如在討論電視對恐怖主義的描繪時，Schlesinger、Murdock 與 Elliott（1983）認為更開放的描繪帶來了另類觀點，而封閉的描繪則傾向於強化主導或共識觀點。他們還在「緊密」或「寬鬆」故事主線之間做出區別，這進一步加強了封閉或開放之間選擇的傾向。他們得出的結論是，電視新聞通常既封閉又緊密，而紀錄片和虛構類型節目則更加多變。他們觀察到，在虛構類型節目的情況下，預期觀眾越多，對恐怖主義的描繪就越封閉和緊密，從而趨於與新聞上呈現的「官方」現實形象趨同。這表明存在某種形式的意識形態控制（可能是自我審查），不願冒大眾閱聽人可能不買帳的風險。對於媒體專業人員與觀眾共同創作的程度，也可以做出類似的觀察，例如在新聞業中的「參與性新聞」（participatory journalism）（Singer et al., 2011）、廣告和市場傳播中的「上游行銷」（upstream marketing）過程，或單純只是音樂家向粉絲徵求參與（Baym, 2018）。這些都是媒體專業人員放棄了對創意過程的一定控制的例子，這往往是產製者關注的敏感問題，也是觀眾感到興奮和沮喪的來源。新的媒體環境使得在開放性與封閉性創意、敘事和敘事方式的選擇上更加靈活和動態。目前尚不清楚這是否實際上增強了媒體產業意識形態控制的潛力，或是這可能有助於

專業人員之間有更多的「集體智慧」（collective intelligence），以及催生了 Jay Rosen（2006）所描述的「以前被稱為觀眾的那些人」（The People Formerly Known as the Audience）。

連續性

敘事理論（narrative theory）一直受到持續的關注（Oltean, 1993），最初是由於媒體研究過往對電視劇、連續劇和影集的高度重視（例如 Seiter, Borchers and Warth, 1989），在當代則是因為媒體公司在多平台敘事和「打造世界」（world building）方面的發展，以保持跨媒介製作系列產品並維持觀眾的興趣。對於媒體來說，連續性（seriality）成為敘事理論的核心問題。它關注故事在小說、電影、多個季度的電視劇，以及跨平台／跨媒介製作或系列作品中逐漸展開和「連續重複的形式」（serially repetitious forms）。

敘事理論本身很大程度上歸功於 Propp（1968）的研究，他揭示了俄羅斯民間故事中敘事結構的基本相似性。現代流行媒體的虛構作品也證明了基本情節的高度恆定性和相似性。例如 Radway（1984）以一系列階段（參見圖 13.2）描述了為女性製作的大量羅曼史故事的基本敘事邏輯。它始於女主角的困擾，透過與貴族男性的敵意相識，經過中間的分離，再到和解與性結合，最終得以重建女主角的身分認同。

儘管基本情節可以在許多不同的類型中找到，並且存在著一系列既定但熟悉的變化，但還有其他值得注意的敘事差異。比方說，以敘事理論來看，**電視影集**和**連續劇**可以明確區分。電視影集由一系列獨立的故事組成，每集都有結局。而連續劇的故事則在每一集之間持續進行，沒有結局。在兩種情況下，皆透過保留相同的主要人物角色來實現敘事的連貫性。然而，存在一個區別。在電視影集中，主角們（主體）保持不變，而反派角色（客體）則在每一集中不同。同一個角色在同一個場景中經歷不同的敘事序列。正如 Oltean（1993）所指出的，在兩集之間，「有如懸絲傀儡（木偶）停留在一個位於虛構現實之外的小屋裡」。相比之下，連續劇（例如正常的肥皂劇，在其最初的形式中每天播出）每次出現的都是相

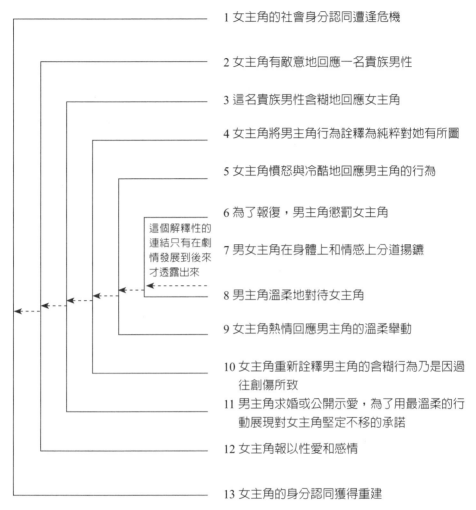

圖 **13.2**　羅曼史／言情小說的敘事邏輯

資料來源：Radway (1984: 150)

同的角色陣容，並且在集數之間培養了一種他們繼續活著的幻覺，即他們「在虛構中保持活躍」。

　　Oltean 強調敘事的另一個方面是「線性」（linear）和「並行」（parallel）處理之間的差異。在連續劇中，故事情節會從一個轉移到下一個，而在電視影集中存在著一個「元故事」（meta-story，有關永遠固定的人物角色），隨著每週的新冒險，有多個不同的故事情節。電視影集根

據線性原則組織故事情節，而連續劇（例如肥皂劇）則更喜歡並行處理，涉及不同子組合的固定角色在不同時間尺度上的互動和交織。

隨著企業在跨媒介製作系列產品（media franchises）的大量投資，當前媒體環境中的連續性有時具有明顯的互文性特色，例如同一位女演員在多個跨媒介製作系列產品中擔任重要角色，遊戲角色出現在不同的遊戲中（通常由不同的工作室製作），或是某一首曲子既可以是專輯中的一首歌曲，也是與品牌相關的主題曲，並且是使電影令人難忘的重要部分。此外，連續性不僅出現在跨媒介製作系列產品中，或是一個角色在多個媒體文本之間遷移，它還可以在另一種格式（例如警察類型劇）中使用一種類型（例如肥皂劇）的戲劇策略來建構和維持敘事發展時的辨識度（Mittell, 2006）。傳統上，連續性的研究使用文學和電視分析的洞見。最近，連續性的新元素已經被人們應用在社交媒體上講述和分享故事（Page, 2013），以及數位遊戲在生產過程和敘事結構方面的連續化（Denson and Jahn-Sudmann, 2013）。正如 Page（2013: 50）所指出的，連續性的感知不僅由文本的特性決定，為了被人這樣感知到也取決於脈絡，這意味著「連續性的體驗是根植於更廣泛的文化關注」。

寫實主義

敘事往往依賴於對寫實主義（realism）的假設，並透過調用人類行為的邏輯、常態和可預測性來幫助加強對現實感的感知。寫實主義小說的慣例是由早期小說形式確立的，儘管在其他藝術形式中也存在寫實主義。一方面，媒體的寫實主義取決於一種特定的態度，也就是它所描繪的內容「栩栩如生」（true to life），即使不是字面意義上的真實，也意味著它可能發生或可能發生過。即使是奇幻故事，如果它們使用實際的場景和社會背景，並透過應用具有可能性的行動邏輯獲得逼真的效果，也可以讓人覺得有真實感。事實上，寫實主義並不是一個簡單的概念。基於對閱聽人評價的探索，霍爾（Hall, 2003）的研究指出有多個向度（dimensions）。她將這些向度歸納為以下幾個方面：可能性、感知說服力、典型性、事實性、情感參與度和敘事一致性。她得出結論，不同的類型需要不同的寫實

主義概念。

　　有一些強調寫實主義的寫作和拍攝技巧。在前一種情況下，準確的類似紀錄片的描述和具體、邏輯和連貫的敘事手法，可以達到這一效果。而在拍攝方面，除了代表真實的地方外，連續的動作流也有助於創造出逼真的幻覺。有時會插入黑白膠片（例如在回憶鏡頭中），以表示場景具有真實或紀錄片的特點。還有一些經典的寫實主義風格手法（Monaco, 1981）。其中一種是所謂「正反打」（shot, reverse shot）的拍攝手法，將攝影機從一個發言者轉向對話中的另一方，以讓觀眾產生參與正在進行的對話的幻覺（Fiske, 1987）

　　電影和電視也可以在虛構作品中使用「紀錄片」模式或風格，這是建立在習得慣例的基礎之上。一般而言，紀錄片風格依賴真實的地點和社會背景來創造具有真實性的幻覺。根據 Fiske（1987）的說法，媒體的寫實主義走向「保守」（而不是激進）的方向，因為它傾向於「自然化」社會現狀，使其看起來正常且因此不可避免。根據上述術語，寫實主義走向「封閉」的方向，因為描繪顯得越真實，讀者就越難以建立任何另類意義，他們很可能將世界當前的現實視為理所當然。這與前面提到的 Schlesinger 等人（1983）關於新聞和虛構作品中不同程度的開放性和封閉性的證據相關。

　　在媒體充斥的社會裡，寫實主義的問題已成為 Gunn Enli（2015）所稱的「中介真實性」（mediated authenticity）的議題：我們對社會的理解基於對現實的媒體再現。在媒體中的真實性不一定是真相，而更多地成為一種展演，使用修辭策略，例如可預測性、即時性、（被安排的）自發性、告解、平常性、矛盾和不完美（或業餘主義）等。Enli 認為，透過產製者和觀眾之間的協商建立了中介真實性，而解決「真實性謎題」（authenticity puzzles），即區分什麼是虛假的與什麼是真實的，已成為當代媒體環境中的一種固有實踐。根據 Enli 的觀點，線上、行動和社交媒體出現之前的媒體並非更加真實，而是觀眾與媒體之間的「真實性契約」（authenticity contract）那時還維持得較為完好。

性別化的媒體文本

「銘刻」或「被確認身分」的讀者概念可用於分析特定媒體所追求的觀眾形象，涉及階級、文化品味、年齡或生活風格等方面。許多種類的媒體內容也有不同程度的性別化。它們對假設的某種性別特徵有內在偏見，可能是為了吸引目標閱聽人，或僅僅因為許多語言符碼本質上就帶有性別特徵。性別只是文本以特定方式建構，以吸引或獨特地讓特定群體理解的方式之一，而今天的線上媒體系統使得將訊息微定向（micro-target message）幾乎到個人層次成為可能。

一些作家（例如 Geraghty, 1991）主張，肥皂劇作為一種類型在本質上是「性別化」的女性敘事，透過其角色塑造、場景和對話，以及男性和女性角色的定位。Modleski（1982）指出，典型肥皂劇的鬆散結構與家庭主婦日常工作的碎片化模式相匹配。相比之下，電視動作連續劇和超級英雄系列作品通常是以男性方式進行性別化（Johnson, 2011）。某些差異（例如廣告）無疑是為了吸引不同的觀眾群體而設計的，遵循對男女差異的常規和經常刻板化的觀念。Radway（1984）描述的大量生產的羅曼史故事從一開始就明顯地「性別化」，大多由女性撰寫，並公開面向女性。然而，這不太可能是全部的解釋，「性別化」能以微妙而不總是有意的方式呈現，這使得追求這個主題是值得的。

例如根據 Real（1989）所轉述的一項由 Patsy Winsor 對女性和男性電影導演的研究顯示，男性和女性製作的流行電影內容存在一些重要差異。女性電影導演明顯不太傾向於呈現身體攻擊行為，或將其與男性聯繫得如此緊密。她們展示了女性在更積極的角色中，以多種不同且較不可預測的方式創造出獨特的文本。該研究得出結論，儘管受制於流行電影製作的限制，但有一些證據顯示「女性美學」（women's aesthetic）的出現。還有其他證據表明，製作人的性別可能會影響作品，儘管有更強大的組織因素在發生作用。例如 Lanzen、Dozier 與 Horan（2008）分析了一組美國黃金時段網路節目的樣本，發現了對性別刻板印象的普遍趨向，但那些有一名或多名女性編劇／創作者的節目相比於完全由男性製作團隊的節目，

更有可能包含男性角色在人際角色中的表現。最近的一項對超過八萬則以色列—巴勒斯坦衝突和剛果民主共和國衝突的新聞項目的態樣分析顯示，女性記者與男性同行相比，強調的風格略有不同（Baden and Tenenboim-Weinblatt, 2018）。儘管女性被發現更加注重精確性和專業距離，男性則更傾向於關注確定性和提供方向性，這些是性別報導風格和職業社會化的結果，整體上是一種微妙的差異。

　　本節（在「文化文本」標題下）所回顧的內容研究取徑，似乎適合研究流行的大眾娛樂，特別是虛構和戲劇形式，這些形式試圖讓讀者沉浸在幻想中，但通常是在現實的背景中。這種媒體內容的目的不是傳達任何具體的含義，而僅僅是提供「娛樂」，將人們從現實中帶入到想像的其他世界中，捕捉戲劇性的行動和情感。為此目的使用的文本往往相對「開放」，不需要在認知層面上努力。隨著電視和電影製作變得越來越複雜，無論是在全球製作網絡和敘事發展方面，還是在觀眾更加分散的情況下，媒體內容變得更加富有多層次的意義。這一領域的研究繼續揭示**多義性**的假設與文本按照特定方式結構化以實現其觀眾和預期效果之間的緊張關係。

13.5

文化文本的研究取徑

- 文本是與其讀者共同產製的
- 文本被差異化地編碼
- 文本具有「多義性」，即具有多種潛在意義
- 文本與其他文本相關（互文性）
- 文本運用不同的敘事形式
- 文本是性別化的（gendered）

本章小結

　　隨著媒體的擴展和多樣化，要用通則化的方式概括大眾媒體內容變得越來越困難，多媒體形式已經成為主流，已確立的類型不斷增加和變異。我們分析和理解文本如何運作的能力一直在不斷嘗試跟進媒體多樣化的輸出內容，更不用說線上、行動和社交媒體方面。我們仍然面對著一直以來都存在的挑戰，即如何找到「意義」，以及關於媒體的「真實性謎題」（Enli, 2015）的新挑戰。

　　儘管面臨挑戰和複雜性，但如果我們有明確的目的、可行的方法，並且對其中的風險和機遇有所認識，仍然有可能而且值得分析媒體內容。在這裡概述的方法的核心觀念是，內容始終在傳達資訊：關於製作人的意圖、接收者的感知，以及關於文本本身（與其他類似或不同文本的關係）。媒體內容增加我們對媒體脈絡的了解，而透過對類型、框架、格式和文本的分析，我們能夠理解意義是如何產生的，這一點可能比意義本身是什麼更加重要。

進階閱讀

Enli, G. (2015) *Mediated Authenticity: How the Media Constructs Reality*. New York: Peter Lang.

Hancox, D. (2017) 'From subject to collaborator: transmedia storytelling and social research', *Convergence*, 23(1): 49-60.

Jenkins, H. (2006) *Convergence Culture: Where Old and New Media Collide*. New York: New York University Press.

Mittell, J. (2011) 'A cultural approach to TV genre theory', *Cinema Journal*, 40(3): 3-24.

Page, R. (2013) 'Seriality and storytelling in social media', *Storyworlds: A Journal of Narrative Studies*, 5: 31-54.

Radway, J. (1984) *Reading the Romance*. Chapel Hill, NC: University of North Carolina Press.

第六篇　閱聽人

14

閱聽人理論與研究傳統

閱聽人是什麼？這似乎是一個非常直接的問題，但有關閱聽人的爭議貫穿於媒體和大眾傳播研究領域。閱聽人首先是一個產業建構出來的概念（industry construct）──媒體組織和專業人士如何從事「閱聽人製造」（audiencemaking）（Ettema and Whitney, 1994），以便將消費者劃分為一個個市場，以供廣告商、贊助商和其他客戶銷售和定向。另一方面，在當今媒體飽和的背景下，我們都在「成為閱聽人」（audiencing）（Fiske, 1992），因為對媒體的關注和理解「已成為與世界互動的重要方式」（Livingstone, 2013: 22）。在以產業為重點的研究中，閱聽人具有至關重要的地位，因為在媒體的雙元產品市場中，閱聽人既是客戶又是產品。在關注媒體效果以及人們賦予使用媒體的各種意義的研究中，閱聽人是涉及媒體資訊生產、內容和接收的大眾傳播過程中的重要元素。有趣的是，閱聽人在有些文獻中幾乎消失，部分原因是面對那些向全球提供大部分新聞、資訊、廣告和娛樂的跨國公司，閱聽人被視為無力招架（Turow and Draper, 2014），或是因為閱聽人被視為「主動的」、「參與的」（Carpentier, 2016），並且越來越具有「反思能力」（reflexive）（Sender, 2015），他們的意義創造過程（meaning-making processes）被理解為幾乎完全獨立於他們消費的媒體。

因此，閱聽人既是媒體和大眾傳播研究中不可或缺的一部分，也是一個有爭議的部分。在本章中，我們將在當今領域發展的背景下，對這一豐富的歷史和辯論進行探討，同時肯認到將這個閱聽人理論和研究「領域」定位和界定已經變得幾乎不可能，因為人們如今與媒體互動的方式是多重場域、碎片化和網絡化的（Cavalcante, Press and Sender, 2017: 7）。本章首先討論了「閱聽人」概念的起源，該概念具有多種不同的含義和表現形式。接著，本章將指認不同類型的閱聽人，解釋引導閱聽人理論的幾個主要議題，並概述閱聽人研究的目的。本章將提出一個閱聽人的分類方式作為分析架構，著重討論媒體傳播工作者與其閱聽人之間的關係，無論是實際存在的還是想像中的。本章也將繼續討論各種測量媒體觸達率的方式，最後評估關於閱聽人選擇性以及不同型態和程度的主動性。

閱聽人概念

大家非常熟悉「閱聽人」一詞，它是在大眾傳播過程的簡單線性模式（來源、通道、訊息、接收者、效果）中作為「接收者」的集體術語（參見 Schramm, 1955）。閱聽人通常被認為是拉斯威爾（Lasswell, 1948）的線性傳播過程的最後一個環節，被表述為「誰透過什麼通道對誰說了什麼，又產生了什麼效果？」儘管如此，閱聽人概念正在重新獲得關注，這是由於持續的研究不斷顯示出對閱聽人的許多假設的實證錯誤，包括他們是誰、他們如何行事，以及大眾媒體對他們的「影響」。閱聽人概念也受到新的審視，因為這種假設持續存在，即人們可能（和大規模地）被「假新聞」（fake news）和其他類型的不實訊息（disinformation）所欺騙。

「閱聽人」是一個被媒體從業人員和理論家所理解的術語，並被媒體使用者認可作為對自己的明確描述。然而，除了常識用法之外，這個詞的意義差異和理論爭議還有很大的空間。這主要源於這樣一個事實，即同一個字詞被應用於多樣化且複雜的現實，而這個現實可以有不同的陳述和競爭性的表述。有人指出，「正在發生的是，在人文和社會科學的傳播研究中『閱聽人』這個詞的**指涉物**正在崩解。」（Biocca, 1988a: 103）換句話說，我們保留了這個熟悉的詞，但它所指涉的對象本身正在消失。

首先，閱聽人這個概念暗指在相對較公開的場所聚集的一群專注、接受但相對被動的聽眾或觀眾。然而，大眾媒體的實際接收狀況是一種多樣且混亂的體驗，沒有太多規律性，未盡符合上述描述。尤其在移動性、個體化和媒體使用具有多重性的時代，情況更是如此。其次，新媒體的興起引入了全新的行為形式，涉及互動和搜尋，而非僅僅觀看或聆聽。第三，產製者和閱聽人之間的界限在匯流文化的條件下變得模糊（Jenkins, 2006；參見本書第 11 章）。

閱聽人既是社會、文化和地理脈絡的產物（這導致共享的語言、敘事、興趣、理解和資訊需求），也是對媒體供給的特定態樣的回應（Taneja and Webster, 2016: 178）。通常，它們同時存在，例如媒體致力於吸引某個社會群體的成員或特定地區居民，而媒體使用也反映了更廣泛

的時間使用、可得性、生活風格和日常規律的態樣。

因此，閱聽人可以用不同且相互重疊的方式進行定義：根據**地點**（例如在地方媒體的情況下，或是當人們從屬於由地理接近性定義的「閱聽人網絡」的一部分）；根據**人群**（例如當某個媒體具有吸引特定年齡組、性別、政治信仰或收入類別的特點）；根據涉及的特定**媒體或通道**型態（技術和組織結合）；根據其訊息的**內容**（類型、主題、風格）；以及根據**時間**（例如當談到「日間」或「黃金時段」觀眾，或是與持久的觀眾相比，另一種瞬逝的和短期的觀眾）。

有其他方式可以描述隨著媒體和時代變遷而出現的不同種類的閱聽人。Nightingale（2003）提供了一個能夠捕捉多樣性的關鍵特徵的分類方式，建議以下四種類型：

- 閱聽人作爲「**聚集的人**」（the people assembled）。基本上，這是在特定時間內對特定媒體呈現或產品付出注意力的集合體。這些人是我們所知的「**觀眾**」（spectators）。
- 閱聽人作爲「**被對話的人**」（the people addressed）。這指的是傳播者所想像並針對其形塑內容的人群。這也被稱爲「被銘刻」或「被確認身分」的閱聽人。
- 閱聽人作爲「**正在發生的事件**」（happening）。這是指單獨或與他人一起接收的體驗，作爲日常生活中的互動事件，受到地點和其他因素的脈絡所影響。
- 閱聽人作爲「**聆聽**」或「**試聽**」（hearing or audition）。這基本上指的是參與性的閱聽人體驗，當閱聽人被嵌入節目中，或能夠透過遠距方式參與或同步提供回應的時候。

根據所關注的媒體、所調查的活動和採用的觀點，有其他定義獨特種類的閱聽人的可能性。線上和行動媒體提供了各種不總是完全符合大眾傳播型態的傳播關係。當代閱聽人理論和定義的主要挑戰之一是媒體的無處不在（導致「高度選擇」的媒體環境）、媒體選擇的多地點和全球擴散，

以及閱聽人越來越具備媒體素養、批判意識和反思能力。閱聽人也越來越多地被捲入媒體產業的產製過程中，這進一步讓他們不再像過去那樣只是相對「被動」的讀者、觀眾、聽眾或使用者。正如 Napoli（2011, 2012）所指出的，過去相對簡單的基於閱聽人對媒體內容的接觸來衡量和評價觀眾的方式，正在被更複雜的基於閱聽人與內容的「參與」程度的方式所取代。

　　對於「閱聽人」概念的基本辯論涉及兩方面：一方面是它作為（一個群體、網絡或共同體的）個人使用、回應和賦予媒體資訊意義的存在，另一方面是人們與開放文本（涵蓋任何種類的媒介或通道）互動的參與。第一個觀點需要研究媒體效果，而第二個觀點則強調詮釋、鬥爭和抵抗的各種過程。

原始閱聽人

　　當前的媒體產業所理解的「參與度」較高的閱聽人概念，其早期根源可以追溯到公開的劇場和音樂表演，以及古代的遊戲和娛樂節目。我們對閱聽人最早的概念是指一群人聚集在特定的地方。例如古希臘或古羅馬的城邦都有劇院或競技場，毫無疑問，在這之前也會有類似活動和宗教或國家場合的非正式聚集。原始的觀眾（the original audience）具有許多在今天其他公開表演領域中熟悉的特點，其中包括在方框 14.1 中列出的一些特徵。

14.1

原始閱聽人特徵

- 觀看和聆聽以及表演本身的計畫和**組織**
- 具有**公眾**和「庶民」特徵的活動（無須正式啟動的儀式）
- 表演內容的**世俗性**（非宗教性），用於娛樂、教育和替代情感體驗
- **自願的**、個人的選擇和關注行為　　　　　　　　　　　（續）

- 作者、表演者和閱聽人角色的**專門化**（specialization）
- 表演和閱聽人體驗在**實體場所發生**（physical locatedness）

因此，作爲參與世俗公開活動的觀眾角色，閱聽人已經在二千多年前在各大洲形成。對於演出的時間、地點、內容、入場條件等，各有各自的習俗、規則和期望。它通常是一種城市現象，常常有商業基礎，內容根據社會階級和地位而有所不同。由於其公開性質，觀眾行爲受到一定程度的監控和社會控制。

現代大眾媒體閱聽人在某些方面與上述特徵相似，但也存在顯著差異。大眾媒體閱聽人在內容和社會行爲方面更加多樣化。通常不存在公眾集會的元素，儘管可以認爲使用智慧型手機來記錄和分享參加婚禮和音樂會等公共活動的經驗，是一種與行動媒體使用緊密相關的公眾集會形式。閱聽人保有持續存在的狀態，並偶爾爲特定表演重新組合（例如考量到電視連續劇一個季度的所有集數同時發布的情況）。大眾媒體閱聽人吸引了大量的內容供應，以保持其滿意度，而不是因爲某些週期性的令人感興趣的表演才重新聚集閱聽人（但現場即時轉播運動賽事是個例外，廣電媒體機構需要承擔很高的成本）。在英語以外的一些語言文化中，傳統上使用「公眾」（public）一詞而不是「觀眾」（audience），但這也同樣存在一些相似的限制，因爲許多媒體使用方式事實上並不是公眾的。

從大眾到市場

儘管許多人談過報紙、電影或無線電廣播等媒體迅速觸達到如此多不同的人的驚人新可能性，但媒體閱聽人概念的第一個理論表述源於對現代社會生活性質變化的廣泛考量。赫伯特・布魯默（Herbert Blumer, 1939）率先提供了一個明確的框架，其中閱聽人可以作爲一種新的集體形式在現代社會條件下實現。他稱這種現象爲「大眾」（mass），並將其與較舊的

社會形式（特別是群體、群眾和公眾）區分開來（請參閱第 3 章）。

　　大眾閱聽人是數量龐大、異質且廣泛分散的，其成員彼此不認識，也無法相識。這種對大眾閱聽人的看法更多地是對大規模新聞和娛樂生產與發行條件的特徵的強調，而不是對現實的描述。在早期的評論中，這個詞通常帶有貶義，反映了對流行品味和大眾文化的負面觀點。

重新發現作為一個群體的觀眾

　　這種閱聽人概念的不足早已顯而易見。人們對大眾印刷品和電影的實際體驗一直非常多樣化。儘管普遍而言，非親身性（impersonality）、匿名性和大規模可能描述這一現象，但實際的閱聽人體驗是親身性、小規模，並融入社會生活和熟悉的方式中。許多媒體營運於當地環境並嵌入當地文化之中。由於大多數人能夠自由選擇媒體，他們通常不會感到受到遠方力量的操縱。圍繞媒體使用而發展起來的社交互動有助於人們將其融入日常生活，使其成為友好而非疏離的存在。

　　在媒體研究史的早期階段，實際閱聽人（actual audience）被證明是由許多基於地域和共同利益的重疊的社會關係網絡組成的，而「大眾」媒體以不同的方式被融入這些網絡之中（Delia, 1987）。閱聽人的共同體特徵和社會群體特徵恢復了概念上的重要性（例如 Merton, 1949; Janowitz, 1952; Katz and Lazarsfeld, 1955）。批判思想家（例如 Gitlin, 1978）反對並認為這種所謂的保護個體免受操縱的作法，本身就是一種意識形態上的措施，用以掩蓋個體在大眾中更常見的脆弱性，以及消除對大眾社會的恐懼。Livingstone（2013: 27）指出，將閱聽人與其他集體（例如國族）並列，或與社會身分認同的各個方面相關聯，是重要的，因為這些集體「是由社會技術環境所計畫、設計、調節和預期的。因此，它們具有特定的、但常常是不可預測的力量。」

作為市場的閱聽人

　　當廣播在 1920 年代橫空出世但仍命運未卜時，報業和電影已然是非常有利可圖的事業。無線電廣播聽眾和電視觀眾迅速成為硬體和軟體的重

要消費市場。乍看之下，廣泛使用的「媒體市場」（media market）一詞似乎提供了一個更客觀的選擇，可以用於描述閱聽人現象，而不是使用其他更具價值色彩的詞語。隨著媒體產業變得更加商業化，「市場」這個詞變得越來越普遍。它可以用來代表由媒體提供服務的地區、社會人口統計分類，或特定媒體服務或產品的實際或潛在消費者。它也可以被定義為媒體服務和產品的消費者總體，具有已知的社會經濟特徵，在當前由數據驅動的數位經濟中，甚至可以在幾乎個體層面上進行考察。

　　儘管市場概念對於媒體產業和分析媒體管理與媒體經濟來說是一個務實且必要的概念，但它也有一些問題，而且不完全是價值中立的。它將閱聽人視為一群消費者，而不是一個群體或公眾。它建立在一種「計算性」的關係上，而不是以規範或社會關係為基礎，將發送者和接收者視為生產者和消費者之間的金錢交易，而不是一種傳播關係。它忽略了個體之間的內部社會關係，因為服務提供者對這些關係沒什麼興趣。它偏重於社會經濟標準，並且關注媒體**消費**而不是接收。

　　在市場思維中，閱聽人體驗對於更廣泛的公共領域的重要性往往被淡化。在最初的市場思維中，閱聽人體驗的品質並未真正納入考量。將閱聽人視為市場的觀點不可避免地是「從媒體本位的角度」來看（尤其是媒體的所有者和管理者），並且是在媒體產業的話語／論述框架內進行思考。個別閱聽人通常沒有意識到自己從屬於市場，而且與閱聽人相關的市場話語／論述暗含著操控的意味。

　　在一個創新而複雜的觀點中，Dallas Smythe（1977）提出了一個理論，即閱聽人實際上是為廣告主（也是他們最終的壓迫者）**工作**。他們透過花費自己的閒暇時間觀看媒體，而這種勞動被媒體轉售給廣告主，成為一種新的「商品」。商業電視和報紙的整個系統都建立在從經濟上受剝削的閱聽人身上提取剩餘價值的基礎之上。同一群閱聽人還必須再次支付媒體的費用，支付商品因廣告而增加的額外成本。這是一個巧妙且有說服力的理論，它以全新的角度揭示了大眾閱聽人現象（參見 Jhally and Livant, 1986）。可以合理地假設媒體對閱聽人的需求遠大於閱聽人對媒體的需求，並且有理由將閱聽人研究視為主要是為了緊密控制和管理（也可以稱

之為操縱）媒體閱聽人的工具。

在新的媒體環境中，閱聽人為媒體公司（和廣告商）提供免費勞動（free labour）的理論已經廣為流傳，特別是在自 1990 年代末和 2000 年代初以來，媒體使用「用戶生成內容」（user-generated content）和各種變體的真人秀節目〔例如《倖存者》（*Survivor*）、《老大哥》和《南非偶像》（*Idols*）；參見 Andrejevic, 2002〕。在網絡社交媒體方面，Terranova（2004）考慮了閱聽人的免費勞動如何同時享受和剝削，在這種情況下，閱聽人並非完全沒有主動性，即使他們的自願工作為企業的利潤做出了貢獻。在某種程度上，這種論點尤其適用於幾乎完全依靠廣告資助並且（或許因此）需要用戶進行更多「工作」的基於網際網路的媒體，Fuchs（2009）提供了這種新的政治經濟學解釋。然而，Dallas Smythe 的觀點也受到了 Bermejo（2009）的質疑，主要是因為並不太清楚到底生產和銷售的是什麼。它不是觀眾在傳統意義上的關注和時間。基本上，這首先必須轉化為基於時間的「收視率」。然而，同樣的基於時間的收視率體系（time-based ratings system）不適用於網際網路，媒體公司和廣告商越來越關注的是「參與度」（engagement），而不僅僅是花費的時間。

就電視而言，媒體產業將實際的電視觀眾轉化為一種商業資訊，稱為「收視率」（Ang, 1991）。收視率被描述為形成「廣告商和電視台購買和銷售觀眾商品的共識標準的基礎」（同上註：54）。Ang 提醒我們，「看電視是數以百萬計的人日常持續參與的文化實踐」，而「收視率論述」（ratings discourse）則旨在「以單一、客觀、裝配線／流水線化的『電視觀眾』概念捕捉和涵蓋所有這些人的收視實踐」（同上註：54）。這些評論基本上將觀眾的產業觀點歸類為本質上具有非人性化和剝削性質。再一次，它所強調的是觀眾在為商業大眾媒體效勞，而不是商業大眾媒體在服務觀眾。

Ang（1991）認為，媒體機構對**了解**它們的觀眾沒有真正的興趣，只關心能夠透過測量系統和技術（通常基於代表目標觀眾的有限樣本的統計數據）來證明他們的存在，以說服（廣告）客戶，但這些系統和技術無法完全捕捉「觀眾特質」（audiencehood）的真實本質。這種批評同樣適用

於網際網路，「收視率」的積極追求被點擊和點閱率（指用戶的鍵盤操作）替代，儘管是以新的甚至更詳細的方式進行。我們不應過分強調數位環境中觀眾測量的所謂有效性；正如 Press 與 Livingstone（2006: 186）所寫的那樣，「填寫一份調查表來記錄一個晚上的電視觀看情況很棘手，但絕不像記錄和解釋一個晚上的上網瀏覽行為或聊天那樣棘手。」

方框 14.2 回顧了作為市場的閱聽人的主要理論特徵。

14.2

作為市場的閱聽人：主要理論特徵

- 閱聽人是許多潛在或實際消費者的集合體
- 成員彼此無關，也沒有共同的身分認同
- 閱聽人的邊界主要基於社會經濟標準
- 閱聽人是媒體提供者的管理和控制對象
- 閱聽人的形構是暫時性的
- 公眾意義被降至次要地位
- 閱聽人與媒體的關係是相互計算的，而不是基於道德

閱聽人研究的目標

由於閱聽人一直以來都是一個有爭議的類別，因此進行閱聽人研究的目的各不相同，且經常不一致。在回顧閱聽人研究的歷史（或其缺乏）時，Sonia Livingstone（2015: 440）指出，閱聽人在研究中往往被默默地暗示，而不是被積極地研究，因為他們潛伏在一系列同質化的名詞（市場、公眾、使用者、公民和人民）和被名詞化的動詞（傳播、採納、文化、實踐、媒介、身分和改變）之後，這些名詞和動詞掩蓋了他們的主動性、多樣性、生活脈絡和攸關利益。Livingstone 進一步指出，與 Parameswaran（2013）一樣，我們迫切需要考慮閱聽人的跨國性、多元文化性，以及和特定地點和時間相關的歷史偶然性。

　　社會科學和人文視角的閱聽人研究共享一個特徵，即它有助於「建構」、「定位」或「識別」一個原本模糊、變動或不可知的社會實體（Allor, 1988）。但使用的方法、閱聽人的建構方式以及它們的用途都存在相當大的差異。暫且不談理論建構的目的，我們可以根據有關閱聽人資訊的主要用途將研究目標進行分類。這些目標如方框 14.3 所示。

14.3

閱聽人研究的多樣目標

以媒體為中心的目標

- 為簿記和廣告（銷售和收視率）目的測量實際和潛在觸達情形
- 管理閱聽人的選擇行為
- 尋找新的閱聽人市場機會
- 從發送者的角度進行產品測試和提高效果

以閱聽人為中心的目標

- 履行服務閱聽人的責任
- 從閱聽人的角度評估媒體績效表現
- 繪製閱聽人選擇和使用的動機
- 揭示閱聽人對意義的詮釋
- 探索媒體使用的脈絡
- 評估對閱聽人的實際影響／效果

　　或許最基本的目標區分是以媒體產業的目標和以閱聽人的觀點和「立場」為出發點的目標。研究可以再現閱聽人的聲音，或代表閱聽人發聲。儘管閱聽人研究能否真正僅為閱聽人服務仍存在不確定性，我們可以暫時將研究的不同目的視為在從閱聽人控制到閱聽人自主性的範疇上延伸。這種區分大致符合方框 14.3 所示。Eastman（1998）勾勒了閱聽人研究的歷史，描述其為媒體產業試圖管理閱聽人行為和人們尋求滿足自身媒體需求之間的一場永恆拔河。

　　到目前為止，數量最多的閱聽人研究屬於控制端，因為這是產業想要的並為此買單（Beniger, 1986; Eastman, 1998）。業界的研究結果很少出

現在公共領域，因此在學術界對閱聽人的描述中被忽視了。

耐人尋味的是，學術界對閱聽人的研究在媒體產業歷史上幾乎沒有產生任何影響。儘管存在這種整體不平衡和研究努力的普遍脫節，但閱聽人理論發展的最清晰趨勢是從媒體傳播者的觀點轉向接收者的觀點。似乎媒體產業也將這視爲一種實用的趨勢，因爲競逐閱聽人的注意力日益激烈，並考慮到自身對吸引閱聽人（因此需要理解閱聽人）的需求的變化。閱聽人研究的描述越來越強調「重新發現」人和使用者的能動性，即認識到選擇、詮釋、參與和回應的主動權主要在接收者而不是發送者身上，以及在面對企圖引導或明顯操縱時，閱聽人的主動和固執態度。閱聽人偏好仍然是媒體使用的驅動力；對媒體接收（media reception）情況的研究，尤其是新聞使用情況的研究，越來越多地建立在產業和研究者之間的跨界合作（例如參見 Costera Meijer and Groot Kormelink, 2014）。

主要研究傳統

方便起見，現在可以將相關研究主要區分爲三個傳統，分別是「結構」、「行爲」和「社會文化」。

觀眾測量的結構傳統

媒體產業的需求催生了最早，也是最簡單的研究形式，旨在「低度選擇」媒體環境中獲取對於原本未知的數量的可靠估計。特別是對於廣播聽眾的規模和觸達範圍，以及印刷出版物的「觸達」（潛在讀者數量，與發行量或印刷量不同）。這些數據對於管理至關重要，特別是爲了獲得付費廣告。除了規模，了解閱聽人的社會組成也很重要，即閱聽人是「誰」和「在哪裡」。這些基本需求催生了與廣告和市場研究相關的巨大產業。在這個研究傳統中，通常很少或根本沒有關注「認識」閱聽人的（不）可能性，或是關注媒體學者對於媒體專業人員對閱聽人缺乏了解所提出的批評（Schlesinger, 1978）。

行為傳統：媒體效果和媒體使用

　　早期的大眾傳播研究主要關注媒體對兒童和年輕人的影響，特別強調潛在的危害。幾乎每一個嚴肅的效果研究都是一個關於閱聽人的研究，其中閱聽人被概念化為「受到」影響或衝擊的對象，無論是說服、學習還是行為方面的影響（請參閱第 16 章）。典型的效果模式是一個單向的過程，閱聽人被看作是無意識的目標或媒體刺激的被動接受者。第二類「行為」閱聽人研究在很多方面與直接效果模式不同，媒體**使用**躍升為核心，閱聽人被視為一個相對上主動和有動機的媒體使用者／消費者，他們「掌控」自己的媒體體驗，而不是被動的「受害者」。研究聚焦於對媒體和媒體內容選擇動機的起源、性質和程度。閱聽人也被允許對自己的行為進行定義（參見 Blumler and Katz, 1974）。「使用與滿足」取徑並不完全屬於「行為」的研究傳統，因為它主要強調媒體滿足（media gratification）的社會根源，以及媒體的更廣泛社會功能，例如促進社交聯繫和互動，或減輕緊張和焦慮。

　　一個新興的學術關注領域是對媒體使用和效果進行「生物學」和神經科學取徑的探索，基於對特定媒體使用情況下的心理生理測量和腦部活動的解讀（Potter and Bolls, 2012）。媒體心理生理學（media psychophysiology）根據對嚴格行為主義取徑的限制進行批判，並基於對人類思維和認知的體現方式的認識，試圖理解個體對媒體和中介資訊進行接收、處理和回應的認知過程。這一領域的研究涵蓋了兩個測量領域：神經系統活動，例如膚電反應、心率、面部肌肉反應、皮層活動和腦影像，例如腦電圖和功能性磁振造影；以及心理領域，包括心理過程（Bolls, Weber, Lang and Potter, 2019）。

社會文化傳統與接收分析

　　文化研究傳統（the cultural studies tradition）處於社會科學和人文學科之間的邊緣地帶。最初，它幾乎專注於流行文化作品，與早期的文學傳統形成對比。特別是在人們的網路行為和意義建構實踐方面，文化研

究對基於點擊和點閱率的閱聽人研究提供了重要的糾正。文化研究取徑強調媒體使用作爲特定社會文化脈絡的反映，以及在日常生活中賦予文化產品和經驗意義的過程。這個研究學派拒絕刺激－反應的效果模式（the stimulus–response model of effects）和一個萬能的文本或訊息的概念。它將媒體使用視爲「日常生活」的一個重要方面。媒體接收研究則強調對閱聽人進行深入研究，將其視爲「詮釋社群」（Lindlof, 1988）。Drotner（2000）將閱聽人民族誌（audience ethnographies）特徵化爲三個主要特點：它關注的是一群人，而不是媒體或內容；它在不同的場所追蹤這個群體；它駐留夠長的時間，以避免先入爲主。接收分析實際上是現代文化研究中的閱聽人研究分枝，而不是一個獨立的傳統。

　　文化主義（接收）傳統的閱聽人研究的主要特點可以概括如下（雖然不是所有特點都僅是這個取徑所獨有的）：

- 媒體文本必須透過其閱聽人的感知來「閱讀」，閱聽人從所提供的媒體文本中建構意義和愉悅（這些都不是固定的或可預測的）。
- 媒體使用的過程及其在特定脈絡中的展開方式是核心關注對象。
- 媒體使用（media use）通常是與特定情境、與社會任務相關的，這些任務源於參與「詮釋社群」（Lindlof, 1988）。
- 特定媒體類型（media genres）的閱聽人通常包括獨立的「詮釋社群」，它們共享幾乎相同的話語／論述形式和框架，以理解媒體。
- 閱聽人從來都不是被動的，而且其中的成員並不是平等的，因爲有些人會比其他人更有經驗或者是更主動的粉絲。
- 方法必須是「質性的」和深入的，通常是民族誌的，同時考慮到內容、接收行爲和脈絡。

　　表 14.1 對三種閱聽人研究傳統進行了總結性比較。

表 14.1　三種閱聽人研究傳統之比較

	結構	**行為**	**文化**
主要目標	描述其組成，列舉並連接到社會	解釋和預測選擇、回應與效果	了解接收到的內容意義及其使用脈絡
主要資料	社會人口學、媒體與時間使用	動機、選擇行為與回應	社會和文化意義的理解
主要方法	調查與統計分析	調查、實驗、精神與心理生理測量	民族誌、定性、創造性

　　有跡象顯示，研究方法尚有越來越匯流的趨勢（Schrøder, 1987; Curran, 1990），特別是在量化和質性方法的結合上。不同學派之間在基本哲學和概念化方面存在著很大差異，但在整合和其他「混合方法」等取徑方面的需求越來越大，特別是在閱聽人研究中，儘管結合不同研究方法和傳統的出版物在媒體和大眾傳播學術界仍然相對罕見（Walter, Cody and Ball-Rokeach, 2018）。

　　有趣的是，在社會科學，尤其是在媒體心理生理學研究，以及人文學科中，媒體和傳播研究中的「向情緒轉」（the 'affective turn'），對於身體在人們使用媒體和大眾傳播方式，以及對媒體和大眾傳播的感受、理解和回應方面發揮關鍵作用的認識越來越多。這些方法的基本假設是「有可能克服現有文化與自然之間、認知與情感之間、內部與外部之間、心理與社會之間的二分法」（Lünenborg and Maier, 2018: 2）。

引起公共關切的閱聽人問題

　　除了對閱聽人的基本資訊有明顯的實際需求之外，上述對不同研究取徑的簡要回顧，有助於我們確定主要的議題和問題，塑造了對大眾媒體閱聽人的思考和研究。正如我們將看到的，將對閱聽人的直接問題轉變為一個「議題」或社會問題時通常需要注入一些價值判斷，如下面的段落所述。

媒體使用成癮

「過度」的媒體使用行為（'Excessive' media use）常被視為有害和不健康的（尤其是對兒童而言），可能導致成癮、與現實脫節、減少社交聯繫、偏離教育、取代更有價值的活動。傳統上，電視是最常被指責的媒體，之前的電影和漫畫也被視為類似的問題，而數位遊戲、網際網路和社交媒體則成為最新的罪魁禍首。特定的媒體類型，例如性和暴力內容，也同樣成為成癮問題的關注對象（參見本書第 17 章）。一般而言，媒體和大眾傳播學術界並沒有提供經驗證據來支持成癮的主張（因為在很大程度上，正面影響被認為比負面效應還多），但承認成癮行為可能發生在特定人群和特定情況、特定脈絡下。

大眾閱聽人與社會原子化

當閱聽人被視為孤立個體的集合，而非一個社會群體時，就越容易被視為具有負面特徵的大眾，包括非理性、缺乏規範性的自我控制和容易受到操控。有趣的是，在對大眾的這種恐懼的相反方向上，有人認為當代閱聽人的碎片化導致國族凝聚力的喪失，這是由於中央廣播機構的衰落以及相應的對網路傳播中社會極化現象興起的擔憂。媒體和大眾傳播研究中的去個體化理論（deindividuation theory）啟發的取徑顯示，這樣的群體恐懼往往是沒有根據的，因為作為「大眾」一員的人們並不缺乏道德觀念或忽視理性，而是更有可能遵循群體規範和行為，而這些行為不一定是「壞的」（Reicher, Spears, Postmes and Kende, 2016）。同樣地，關於存在於網際網路、特別是社交媒體的演算法基礎，所引起的過濾泡泡（filter bubbles）和類似問題的證據很少且充滿方法學挑戰（Moeller and Helberger, 2018: 24），而媒體對「迴聲室」的持續關注可能比（民粹主義政治化的）社會極化（social polarization）的潛在現象更具有害性（Bruns, 2019: 117）。

閱聽人行為的主動與被動

通常情況下，主動被視為好的，被動被視為壞的，無論是對兒童還是成年人而言。媒體因提供毫無意義和催眠般的娛樂而受到批評，而不是原創和刺激性的內容，這可能導致逃避現實和遠離社會參與。另一方面，閱聽人也因選擇輕鬆的路徑而受到批評。儘管媒體使用在本質上有些被動，但透過選擇性、有動機的關注和批判性反應，可以顯示出主動性的跡象。在這個問題上，許多人（特別是廣告業）都在談論從「被動旁觀」（lean back）到「主動參與」（lean forward）媒體的轉變，特別是在數位和行動設備的脈絡下，相較於更具吸引力的媒體如電腦、行動設備和網際網路，「被動旁觀」的媒體使用方式（例如電視和廣播）被認為相對「被動」。大多數學者在這個問題上一致認為「主動」和「被動」的區分是一種虛假的二分法，這些概念與媒體效果的多寡並沒有關聯（Livingstone, 2015）。

操控或抵抗

早期對閱聽人的描述認為他們容易受到操控和控制，容易受到影響並且盲目崇拜媒體名人。「頑固」的閱聽人這個概念是閱聽人理論的早期發展。後來，接收研究強調閱聽人通常具有社會和文化的根源和支持，可以保護他們免於受到不想要的影響，使他們在選擇和對所接收到的內容做出反應時具有自主性。這並不意味著閱聽人總是抵制所接收到的中介訊息裡的資訊和詮釋；在閱聽人研究中，重要的細微差別在於保持開放性，因為閱聽人可能以各種方式讓媒體創作者和學者感到意外，甚至抵抗或牴觸他們的期望（Livingstone, 2013: 27）。

少數群體觀眾權利

不可避免地，大眾傳播往往有違小眾和少數群體觀眾的利益。一個獨立且以人為中心的閱聽人研究計畫應該關注少數群體的需求和利益，以承認他們的存在並找到促進他們存續的方式。在這個脈絡下，少數群體包括一系列潛在的因素：性別、政治異議、地域性、品味、年齡、族群性等等。

閱聽人類型

　　閱聽人既來自於社會，也來自於媒體及其內容：人們可以激發適當的內容供應，或是媒體可能吸引人們來接觸它們供應的內容。如果我們採取第一種觀點，我們可以將媒體視為對國家社會、地方社區、既有社會群體或某些被媒體選為「目標群體」的各個類別需求的回應。另一方面，如果我們將閱聽人主要視為媒體所暗示、想像和創造出來的，我們可以看到他們通常是由某些新科技帶來的，例如電影、廣播或電視的發明，或者是被一些額外的「通道」所吸引，例如一本新雜誌、一個新的廣播電台、音樂或影音串流媒體服務。在這種情況下，閱聽人是由媒體來源（例如「電視觀眾」或「某一平台的用戶」）所定義，而不是根據他們的共同特徵。

　　媒體不斷尋求開發和吸引新的閱聽人，這樣做的同時，它們預測了可能出現的自發需求，或是識別尚未浮出水面的潛在需求和興趣。在不斷變化的媒體閱聽人形構和變化中，最初做出的鮮明區別並不容易證明。隨著時間的推移，向既有社會群體提供媒體的方式，已經很難與招募社會類別到所提供的內容的媒體區分開來。媒體創造的需求也變得難以與「自發」需求區分，或者兩者已經不可分割地融合在一起。然而，接收者和發送者創造的需求在理論上的區別，對於描繪前述的不同版本的閱聽人是有用的。該區別在圖 14.1 中呈現，首先是區分社會和媒體創造的需求，其次是區分過程運作的不同層次，即鉅觀或微觀層次。

　　圖 14.1 區分的四種主要型態，將在下節進一步描述。

		來源	
		社會	媒體
層次	鉅觀	社會群體或公眾	媒介閱聽人
	微觀	滿足集合	通道或內容閱聽人

圖 14.1　大眾媒體閱聽人形構的分類方式

作為群體或公眾的閱聽人

當前，媒體閱聽人最常見的例子，在某種意義上也是一個社會群體，可能是一份地方報紙的讀者群或社區廣播電台的聽眾群。在這裡，閱聽人至少共享一個重要的社會文化識別特徵，即共享空間和居住社區的成員身分。地方媒體對於當地意識和歸屬感的建立具有重要作用，儘管它們在某些城市和社區正在衰落，但社區媒體是全球各地公民生活中特別重要的一環（Janowitz, 1952; Stamm, 1985; Howley, 2009）。地方居民定義並維護了廣泛的媒體相關的利益（例如休閒、環境、工作相關、社交網絡等），地方媒體廣告服務了當地的零售貿易和勞動力市場，以及該地區的居民；社會和經濟力量共同加強了地方媒體的整合性角色。即使一家地方媒體關閉，它的閱聽人所形成的地方社區將繼續存在。

除了地方媒體，在其他情況下，共享的特徵、相對的同質性和組成的穩定性表明閱聽人具有某種獨立的和類似的群體特質。報紙往往以不同政治傾向的讀者群為特徵，即讀者透過選擇報紙來表達他們的政治身分認同，同時在報紙中找到增強其信念的內容。報紙和雜誌可能會根據這些情況調整其內容並表達相應的意見。

阻礙閱聽人形成群體和公眾的社會條件包括特別是極權主義政府，以及非常高度商業壟斷的媒體。在第一種情況下，社會群體沒有自主性；在第二種情況下，閱聽人被視為顧客和消費者，但在媒體市場上卻沒有足夠的力量來實現他們多樣的需求。還有其他一些相關的閱聽人群體和特殊公眾的例子，例如廣義上的「基進」媒體（'radical' media）（Downing, 2000）包括了一系列相對上屬於反對派的媒體通道（oppositional media channels），可以被認為是延續了早期激進和黨派媒體的傳統，尤其是在發展中國家。許多這樣的媒體都是「微型媒體」（micro-media），在基層運作，不連續，非專業，有時受迫害或是非法的。共產主義國家禁而不止的**地下報刊**、（智利）皮諾契特（Pinochet）統治下的反對派報紙，或是二戰期間歐洲被占領區的地下報紙，都是眾所周知的例子。這類媒體的公眾通常很小，但它們可能非常投入，通常有明確的社會和政治目標。

更常見且更持久的例子是許多少數族群和語言出版物和頻道在許多國家興起，爲移民群體提供服務。

較新的媒體爲形成基於許多不同目標和身分的非常小眾的閱聽人提供了新機會，並且具有能夠服務非常分散的群體的優勢。線上環境的一個重要元素是所謂的「超在地性的」（hyperlocal）媒體，Metzgar、Kurpius與Rowley（2011: 774）將其定義爲「基於地理、以社區爲導向的原創新聞報導組織，這些組織是網路原生媒體，旨在填補對一個議題或地區的報導空白，並促進公民參與。」這些閱聽人作爲不同群體的例子表明「閱聽人」作爲一個整體類別還不會太快消失。

作爲滿足集合的閱聽人

「滿足集合」（gratification set）一詞被用來指稱閱聽人基於某種與媒體相關的興趣、需求或偏好而形成和重新形成的多種可能性。使用「集合」一詞意味著這樣的閱聽人通常是由分散的個人組成的，彼此之間沒有相互聯繫。儘管作爲「公眾」的閱聽人通常有廣泛的媒體需求和興趣，並從共同的社會特徵中獲得統一性，但「滿足集合」是由特定的需求或需求類型所確定的（然而，這些需求可能仍是源於社會經驗）。在一定程度上，這種型態的閱聽人逐漸取代了舊式的公眾，這是媒體產製和供給差異化的結果，以滿足不同的消費者需求。不同於每個公眾（無論是基於地方、社會階級、宗教或政黨）都擁有自己專屬的媒體，許多自我認知的需求刺激了它們的供給。

在新媒體的脈絡下，暫時聚集的閱聽人在理論上獲得了新的重要性，因爲人們在線上圍繞特定議題或事件聚集在一起，受到社交媒體透過快速全球傳播新聞和資訊的推動而形成某種型態的閱聽人群體。與全球「網絡化的個人主義」社區的崛起同步（Quan-Haase et al., 2018；參見本書第9章），線上大眾閱聽人可以迅速形成和消散。一些社會理論學家對這種暫時形成且並非出於堅定承諾的集體感嘆不已，但對於閱聽人研究而言，這

確實帶來了有趣的挑戰：在線上數小時內獲得一百萬個「讚」是否是大眾閱聽人的一個例子？如果是，關於這樣一個閱聽人群體可以說些什麼？它涉及和展現怎樣的「閱聽人身分認同」？置身於這樣的閱聽人群體當中，人們對自身這樣的經歷有何感受？

　　「滿足集合」並不是新的概念，因為流行報紙以及八卦新聞、時尚和「家庭」雜誌早就滿足了各種特定但有重疊興趣的讀者需求。最近，所涵蓋的興趣範圍更加廣泛，每種媒介（電影、書籍、雜誌、廣播、唱片、數位遊戲、網站和平台、串流媒體服務、行動應用）以各種方式包裝其對閱聽人的潛在吸引力。由高度差異化和「客製化」供應產生的讀者／觀眾／聽眾／用戶群體不太可能具有任何集體身分認同感，儘管存在一些共同特徵。整合的媒體選擇理論（integrated media choice theory）考慮了個人傾向和結構在塑造媒體使用中的角色，提供了一些有趣的洞見，表明共同的語言和地理相似性往往會吸引人們使用特定的線上媒體（Taneja and Webster, 2016）。

　　在這裡相關的概念是「**品味文化**」（taste culture），由 Herbert Gans 於 1979 年提出，用於描述媒體所形成的閱聽人，其基礎是興趣的匯聚，而不是共同的地域或社會背景。他將品味文化定義為「同一批人所選擇的相似內容的聚合體」（引自 Lewis, 1981: 204）。品味文化更多是指類似的媒體產品集合，它們的形式、呈現風格和類型旨在與閱聽人的生活方式相匹配。這種情況越多，品味文化的社會人口統計特徵就越具特色。值得注意的是，Gans 對品味的看法「實際上扭轉了半個世紀對大眾文化的理論化」（Binkley, 2000: 132），因為他有意地消除了「高級」和「低級」文化之間的階層區別。在媒體中，閱聽人圍繞各種類型和產品匯聚在一起，避免簡單的分類。

　　「媒體使用與滿足」（media uses and gratifications）傳統的研究揭示了閱聽人需求的性質以及它們的結構方式。閱聽人對於選擇媒體內容的動機表達，以及他們詮釋和評價這些內容的方式，指出存在著一個相當穩定和一致的需求結構。這些觀點會在第 15 章中進一步討論。

媒介閱聽人

　　閱聽人概念的第三個版本（圖 14.1）是透過選擇特定類型的媒介來識別觀眾，例如「電視觀眾」或「電影院觀眾」。最早使用這種表達方式的是「閱讀公眾」（the 'reading public'）一詞，指的是在識字能力並不普及的時期，那些能夠且願意閱讀書籍的少數人（這一時期一直延續到 20 世紀初）。這個版本的閱聽人通常指的是那些行為或自我認知使他們被視為該媒介定期的和吸引的「使用者」的人群。也許直到最近，這是一個相對沒爭議的閱聽人類別；然而，隨著媒體的持續匯流和數位化，我們對於「媒介」的定義變得相當複雜。

　　Miconi 與 Serra（2019: 3444）認為「傳播研究是圍繞媒介展開的，但從未覺得有必要對其進行定義。」他們指出，對於「媒介」當代定義的關注是遠非學術性的，因為當「我們用智慧型手機閱讀報紙或在電腦螢幕上觀看電視時，我們不僅目睹了這些媒介本質的轉變，還出現了一系列從商業策略到當代媒體語言的新問題。」（同上註：3445）在他們針對知名媒體和傳播學術期刊編輯委員會成員所做的調查中，Miconi 與 Serra 並未找到對「媒介」的共識。大多數受訪者表示偏好將媒介理解為通道或平台，選擇了一種「弱」的媒介概念，認為媒介是在傳播過程中相對中立的工具，僅被視為傳輸資訊的通道（同上註：3457）。媒體理論提出了不同的觀點，認為媒介在傳播過程中扮演了相當強大的角色，它在發送者、內容和接收者之間結構關係。基於對「媒介」的較中立定義的媒介閱聽人可以被視為僅僅是基於使用通道或平台的群體（參見下一個類別，「通道定義的閱聽人」）。而從理論上更限定的「媒介」概念來看，媒介閱聽人在很大程度上被特定媒介的科技特點和文化脈絡所結構和塑造，這對於研究及其得出哪一種結論有著重要影響。

　　歷史上，每種媒介都必須建立一個新的消費者或愛好者群體。以這種方式找到相關的人群並不會特別成問題，但對這些閱聽人進一步的描述常常很粗糙和不精確，只基於廣泛的社會人口統計分類。這種型態的閱聽人接近於上述「大眾閱聽人」（mass audience）的概念，因為它通常非常龐

大、分散和多樣化，沒有內部組織或結構。它也對應於特定消費者服務的「市場」的一般概念。現在，大多數這類閱聽人之間的重疊非常大，除了主觀上的親近性和使用的相對頻率或強度之外，幾乎沒有區別。任何一個大眾媒介的閱聽人通常與其他媒介的閱聽人屬性相近。

閱聽人仍然根據媒體的特定社會使用和功能以及其被認為的優缺點來區分媒體。過去，媒體具有相當明確的形象（Perse and Courtright, 1992）。研究顯示，某些媒體在某些用途上可以相互替代，而其他媒體則具有獨特用途（Katz, Gurevitch and Haas, 1973）。在當代脈絡下，媒體之間的差異不太明確，區別更容易建立在媒體的可供性而不是其獨特或獨有特徵的基礎上。雖然使用者傾向於對自己最喜歡的「媒體」有明確概念，但實際上從觀眾的角度來看，對不同的數位（和被數位化的）媒體的定義可以重疊，甚至因人而異，這進一步使研究變得更加複雜。

不同媒體之間在閱聽人和廣告收入方面的競爭非常激烈，特別是在網路上，平台公司如臉書和 Google 主宰著全球廣告收入市場。儘管缺乏獨特性，對於那些希望利用媒體進行廣告和其他活動的人來說，「媒介閱聽人」（medium audience）是一個重要的概念。廣告中的一個關鍵決策通常是關於「媒體組合」（media mix）的問題，即在各種選擇之間如何分配廣告預算，考慮到每種媒體的特點、觸及的閱聽人以及接收條件。在數位化的背景下，閱聽人通常被認為比以前更加不可預測和自主。然而，新發現的獨立性是否等同於當代的媒介閱聽人擁有更多權力，這一點是值得懷疑的。點明媒體購買公司（media buyers）在廣告中建構和交易閱聽人的力量，Turow 與 Draper（2014: 650）認為，在這樣的產業定義中，「新興的數位環境的權力核心仍然不是互相連接的個體，而是互相連接的公司，它們通常透過鼓勵人們認為他們正在塑造媒體來行使影響力。」

在媒體經濟學中，媒體**可替代性**（media substitutability）的問題仍然非常重要，而且經常影響獨特的媒介閱聽人是否還持續存在（Picard, 1989）。除了閱聽人數量和人口統計學的問題外，還有幾個考慮因素：有些資訊在家庭或闔家共賞環境中傳遞效果最佳，選擇電視較為明智；而其他資訊可能更適合個人且有傷風化，那麼就應該選擇海報或雜誌。有些

可能適用於資訊性的情境，而其他適用於放鬆和娛樂的背景下。有些在行動環境中效果最佳，而其他的則適合固定地點的媒體消費。從這個觀點來看，媒體閱聽人作為目標的選擇，不僅基於社經特徵，還涉及到所傳遞的內容、特定的科技條件，以及與媒體行為相關的社會文化聯繫和脈絡。

由通道或內容定義的閱聽人

根據**特定**書籍、作者、電影、報紙、電視頻道和節目、遊戲、網站或手機應用程式來定義閱聽人，相對而言是比較直接的。這是最符合「簿記」傳統（the 'book-keeping' tradition）的閱聽人研究的定義方式，而且似乎沒有太多實證測量的問題。這種定義方式不需要考慮隱藏的群體關係或意識的向度，也不需要測量動機的心理變項。對於媒體業來說，特定內容或通道的閱聽人在這個具體意義上是最重要的。因此，在界定閱聽人方面，特定的內容或通道通常被優先考慮，尤其是在與產業相關的研究中。

這種對媒體和閱聽人的「弱」概念化也符合市場思維，根據這種思維，觀眾是特定媒體產品的消費者群體。閱聽人可以是付費客戶，也可以是每一單位媒體產品交付給廣告商並收取相應費用的人頭和口袋。閱聽人通常以「收視率」、「參與度」、「數字」等形式表現，這些數據在媒體業務中至關重要。它是媒體政治的任何領域（any arena of media politic）中衡量成功的主要標準，即使在不涉及利潤的情況下也是如此。這是「閱聽人」一詞的主導含義，是唯一具有立即實際意義和明確市場價值（market value）的含義。它還涉及將閱聽人視為媒體的**產品**之觀點，也是任何媒體的首要與最明顯的**效果**。

這種意義上的閱聽人是有效的，但我們不能僅僅侷限於此。例如存在著閱聽人意義上的「追隨者」或電視或廣播劇集的粉絲，這種閱聽人無法明確測量。還有特定電影、書籍、遊戲、歌曲以及明星、角色、作家和表演者的閱聽人，這些閱聽人隨著時間的推移才能積累到顯著數量或廣泛的觸達率。此外，根據類型，內容通常依照閱聽人在特定媒體界限內的劃分

進行辨識。以上林林總總，都是閱聽人體驗的相關面向，儘管它們通常還是難免掛一漏萬。

這將我們帶進了更加複雜的粉絲和**粉絲文化**現象（fans and fandom）的問題。「粉絲文化現象」一詞可以指涉對媒體明星、表演者、展演或文本非常忠實的一群追隨者（Lewis, 1992）。他們通常對吸引他們的對象表現出極度，甚至是痴迷的情感，也往往表現出對其他追隨者的強烈意識和共感。作爲一個追隨者，還包括一種附帶行爲模式，包括穿著、言談、其他媒體使用、消費等等。跨媒介製作系列非常希望能夠吸引這些追隨者，例如「寶可夢」、《星際大戰》、「瑪利歐系列」和「漫威電影宇宙」等，他們不僅作爲忠實的顧客，而且作爲參與者（在公開宣傳和推廣活動中），甚至有時作爲在這個有利可圖的價值鏈中的共同創造者。隨著追隨者在跨媒介製作系列內在多個媒體屬性間的遷移，以及跨媒介製作系列的設計越來越能吸引這種遷移，多重通道的閱聽人指標成爲媒體商業決策中的一個重點。在媒體和大眾傳播研究中，有關「閱聽人網絡」（audience networks）（Taneja and Webster, 2016；Mukerjee, Majó-Vázquez and González-Bailón, 2018）的研究即在處理這個問題，以追蹤閱聽人在多個媒體通道之間的重疊態樣。根據網絡分析的見解，Ksiazek（2011）提出了一種研究取徑，其中媒體通道被視爲節點，閱聽人在這些媒體通道間遷移的程度透過連結來表示，使得閱聽人能夠在（一組）媒體通道周圍聚集的同時被測量到。

閱聽人觸達問題

閱聽人概念中最直接的版本是各種形式的「收視率」，然而在數位化的脈絡下，這種概念的閱聽人變得越來越複雜而難以測量。媒體提供者需要對媒體觸達範圍（同時也是閱聽人注意力的測量指標）有相當了解，無論出於財務、政策還是組織和計畫的原因。這些關注使得媒體產業非常在意「典律閱聽人」（canonical audience），這個概念是 Biocca（1988b:

127）提出來的。這個概念源於劇院和電影，指的是一個可以被識別且相當專注的「觀眾」群體。相信有這樣的觀眾存在對媒體的日常運作至關重要，並為媒體組織提供共同目標（Tunstall, 1971）。擁有閱聽人，而且是合適的閱聽人，是媒體組織生存的必要條件，而且這一點必須不斷獲得證明。

　　然而，由於媒體之間的差異、定義特定媒體或訊息「觸達範圍」的不同方式，以及數位時代的媒體匯流，這種要求並不像看起來那麼容易達成。撇開媒體間的差異不談，至少有六個相關的閱聽人觸達概念。所有這些都是媒體產業界對閱聽人的建構，這些概念既反映了「制度現實」（institution realities）（Turow and Draper, 2014: 646），同時也指那些以特定且可測量方式實際使用著媒體的人：

- **可得／潛在**閱聽人（available or potential audience）：所有具有基本技能（例如識字能力）和（或）接收能力的人；
- **付費**閱聽人（paying audience）：實際為媒體產品付費的人；
- **專注**閱聽人（attentive audience）：那些真正閱讀、觀看、聆聽、遊戲或以其他方式參與內容的人；
- **內部**閱聽人（internal audience）：關注特定部分、型態或單項內容的人；
- **積累**閱聽人（cumulative audience）：在特定時間段內達到的潛在閱聽人的總體比例；
- **目標**閱聽人（target audience）：特定來源（例如廣告商）挑選出來想要觸達的特定一部分的潛在閱聽人。

　　同時，還有聆聽或觀看作為主要或次要活動的問題，因為這兩者都可以並且確實伴隨著其他活動，尤其是在收聽廣播方面比在觀看電視方面更常見。越來越常見的是，閱聽人觸達範圍還包括那些一邊消費媒體內容又一邊使用社交媒體的人。同時使用多個螢幕進行媒體消費的現象，在產業術語中被稱為「第二螢幕」（second screen）（De Meulenaere, Bleumers and Van den Broeck, 2015）。在概念上，這或許不是很重要，但對於測量來說非常重要。還可以區分其他的非傳統閱聽人，例如戶外廣告牌和螢幕牆、直郵、電話銷售活動的閱聽人。舊媒體的內容和使用也在不斷變化。這裡提出的術語和定義並非固定不變，不過閱聽人的分類原則基本保持不變，可以根據新情況進行調整。

　　對於可能扮演傳播者角色的人來說，閱聽人觸達的基本特徵如圖 14.2 所示，該圖源於 Roger Clausse（1968）的著作。儘管這個模式是為廣播而開發的，但原則上它可以適用於所有大眾媒體，涵蓋上面提到的大部分特徵。外圈代表了幾乎不受限制的廣播訊息接收的潛力。實際上，它將閱聽人與近乎普及的發行系統等同起來。第二圈表示實際訊息接收的最大範圍，這界定了**潛在的**媒體公眾，受到居住在接收地理區域和擁有接收所需設備、購買或借用出版物、唱片、錄影等工具等因素所影響。這也取決於識字程度和擁有其他必要技能的程度。

　　第三圈指的是媒體公眾的另一個層次，即一個廣播電台、電視頻道或節目或其他任何媒體觸達的**實際觀眾**。這通常是透過銷售、門票和訂閱數據、閱讀調查和觀眾收視率（通常以潛在觀眾的百分比表示）等進行測量的。第四圈和核心圈與注意力的**品質**、影響程度和潛在效果有關，其中一

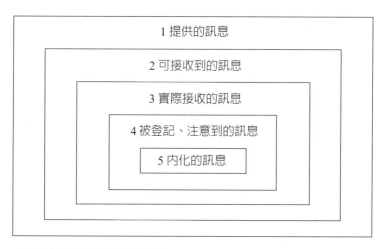

圖 14-2　差異化的閱聽人觸達範圍

資料來源：Clauses (1968)

些是可以實際測量的。事實上，我們只能測量到的是**實際觀**眾行爲的一小部分，其餘的部分是推斷、估計或猜測。

　　從傳播者的角度來看，圖 14.2 顯示大眾傳播存在著很高的「浪費」，儘管這可能並不會增加太多額外的成本。大眾媒體差異化的觸達率和影響力等問題不僅出於理論興趣，而且是因爲在策劃商業、政治或資訊目標的傳播時必須考慮到這些。大多數宣傳活動都是根據所謂的「目標群體」（選民、消費者等）的概念進行的，該目標群體成爲宣傳活動試圖觸達的閱聽人。在新的媒體環境中，宣傳和推廣活動還涉及策略，其中的目標群體不再是一般閱聽人，而是少數突出的媒體使用者或「影響者」（influencers；譯按：指擁有知名度和具影響力的人，例如社交媒體和影音分享平台上的「網紅」），期望可以透過他們分享和宣傳新進入市場的產品或服務。

閱聽人活動和選擇性

　　對閱聽人選擇性的研究最初是出於對大眾傳播影響的憂懼。大眾文化的批評者擔心人數眾多又**被動**的閱聽人會被利用並在文化上受到傷害，被動和非選擇性的注意（尤其是兒童）應該被防制。此外，媒體（特別是電視）被認爲會鼓勵兒童和成人的被動行爲（例如參見 Himmelweit, Vince and Oppenheim, 1958; Schramm, Lyle and Parker, 1961）。在此之前，對兒童和廣播（Eisenberg, 1936）以及閱讀書籍等新興現象，人們也曾有過類似的關切。

　　有人（將閱聽人活動）區分爲「儀式性」（ritualized）和「工具性」（instrumental）的使用模式（Rubin, 1984）。前者指的是對媒體有強烈親和力的人經常和習慣性地觀看。工具性使用則是有目的和有選擇性的，因此更有可能被視爲是主動的。對其他媒體的使用，尤其是廣播、音樂和報紙，也可以呈現類似的模式。這個活動概念的版本似乎意味著更主動的使用者在利用他們的時間方面更加精打細算。

　　整個問題也可以從規範性的角度來定義，即視被動性爲有害，而積極主動的媒體使用行爲則是好事。在這個問題上，涉及到重大的產業利益，因爲對於那些試圖透過操縱節目和利用大量媒體使用常規來控制觀眾的人來說，閱聽人活動可能被視爲一種麻煩（Eastman, 1998）。正如前面所述，過於簡單地區分「主動」和「被動」的媒體使用並不成立，特別是考慮到關於人們對媒體資訊的認知處理和賦予媒體使用意義的理論發展與眾多方式。對閱聽人活動的當代實證研究將「閱聽行爲」（audiencing）視爲一種「運動、流動和過程」（Markham, 2013: 438），而不是相對靜態的研究對象，並且認爲任何特定的媒體使用都不容易簡單分類。

　　Biocca（1988a）檢視關於**閱聽人活動**的不同含義和概念，提出了在文獻中找到的五種不同版本，如下所示：

- **選擇性**（selectivity）。在選擇媒體和媒體內容方面，閱聽人行使選擇和區分的程度。這主要體現在媒體使用的計畫和一致的選擇態樣方面（包括購買、租借或借用電影或書籍）的證據裡。

- **功利主義**（utilitarianism）。這裡指的閱聽人是「自利的消費者的化身」。媒體消費代表了對某些相對上有意識的需求的滿足，例如「使用與滿足」取徑中所假設的需求。

- **意圖性**（Intentionality）。更加有意識地參與的閱聽人可以在一些儀式中找到，例如在串流媒體網站上「追完」整部電視劇、訂閱特定媒體產品和服務，或使用小額支付系統購買特定故事、劇集、電影、歌曲或遊戲元素。

- **抵抗影響**（Resistance to influence）。遵循「頑固的閱聽人」概念（Bauer, 1964），這裡的閱聽人主動性概念強調了閱聽人對不想要的影響或學習設置的限制。讀者、觀眾、聽眾或用戶或多或少地保持「控制」，並且相對不受影響，除非出於個人選擇。

- **涉入感**（involvement）。一般來說，閱聽人越是「投入」或「全神貫注」於正在進行的媒體體驗中，我們就越能談到涉入感。涉入感可以稱爲「情感激發」。涉入感也可能透過諸如對著電視「回嘴」、對著

遊戲中的情節發展大喊大叫，甚至對自己的筆記型電腦撒謊等跡象顯示出來（Nass and Yen, 2010）。

這些閱聽人活動概念的不同版本並非都與媒體接觸序列中的同一個時刻有關。正如 Levy 與 Windahl（1985）所指出的，它們可能涉及**事前的**期望和選擇，或者涉及體驗過程**中**的活動，或者涉及**後續的**情況，例如將從媒體中獲得的滿足轉化為個人和社會生活中的情況（例如關於媒體或基於媒體衍生話題的交談）。

前述這五種版本的閱聽人活動可能會忽略一些其他主動的媒體使用行為。例如閱聽人活動可以是以書信、電話或手機簡訊的形式直接回應，無論媒體是否鼓勵這種行為。地方或社區媒體，無論是印刷媒體、廣播還是線上媒體，通常會擁有涉入程度較高的觀眾，或是有更多機會發展和鼓勵這種參與。

對媒體經驗的批判性反思，無論是否以「回饋」形式公開表達，都是閱聽人活動的另一個例子，而有意識地成為粉絲團體或俱樂部的成員也是如此。就電視而言，觀眾對節目的喜愛度評價通常是非常高或非常低的，這表明節目觀眾中存在一群對節目的回應非常正面或非常負面的活躍觀眾。從廣播或電視錄製和反覆聆聽觀看節目的行為，也是參與度高於平均水準的另一個跡象。考量到新興的深度沉浸式媒體形式（例如精心製作的多平台跨媒介製作系列和複雜的數位開放世界遊戲）時，涉入感的概念似乎未能完全捕捉到沉浸式的全部體驗。最後，我們可以注意到後面將更詳細地討論的觀點，即閱聽人通常透過賦予意義來參與媒體體驗，從而主動地產生最終的媒體「文本」（Fiske, 1987, 1992）。

顯然，「閱聽人活動」的一般概念不是令人滿意的。它的定義不一，且指標非常混雜和含糊，並且在不同媒體中有不同的含義。它有時以行為形式顯現，但有時只是一種心理構念（態度或感覺）。根據 Biocca（1988a: 59）的觀點，從整體上看它幾乎沒有實質含義，因為它是**不可證實的**：「根據定義，閱聽人幾乎不可能**不**主動／活躍。」這一點在類比媒體和當今數位媒體環境下同樣成立。

本章小結

　　正如我們所見，閱聽人這個看似簡單的概念事實上非常複雜。這個概念從不同的角度會有不同的理解。對於大部分的媒體產業來說，閱聽人概念更是或多或少等同於對媒體服務市場的想像和建構，並相應地進行分類。從閱聽人角度來看，這種對閱聽人的看法是邊緣的或未被認可的，因為閱聽人經驗作為一種社會事件或文化事件應該占據主導地位，而且成為閱聽人往往是多種不同動機的結果。然而，當考慮發送者或傳播者的觀點不是在銷售服務，而是試圖傳達意義時，就會出現其他可能性。傳播者可能會根據閱聽人的品味、興趣、能力，或他們的社會組成和他們的位置來思考。

　　總體而言，我們必須應對的一個悖論是，在一個無所不在、普遍存在的媒體環境中，我們都是「閱聽人」，而在這種脈絡下，作為一個獨特的閱聽人的我們也在某種程度上消失了。我們參與、涉入並沉浸於一個複雜、相互連接、多重平台的媒體環境中，而在這個領域中營運的組織和公司越來越依賴我們的參與，無論是作為粉絲和影響者的自願參與，還是作為向產業提供「免費勞動」（通常表現為線上分享詳細個人資料）的非自願參與。閱聽人和接收研究處於有利位置，可以幫助我們理解這種情況，而它相對較新的認識到身體在我們理解和體驗媒體和大眾傳播環境中扮演重要角色的方式，為進一步探索提供了真正的希望。

進階閱讀

Alasuutari, P. (ed.) (1999) *Rethinking the Media Audience*. London: Sage.

Carpentier, N. (2016) 'Beyond the ladder of participation: an analytical toolkit for the critical analysis of participatory media processes', *Javnost - The Public*, 23(1): 70-88.

LaRose, R. and Estin, M.S. (2004) 'A social cognitive theory of internet uses and gratifications: towards a new model of media attendance', *Journal of*

Broadcasting and Electronic Media, 48(3): 358-377.

Markham, A.N. (2013) 'Fieldwork in social media: What would Malinowski do?', *Qualitative Communication Research*, 2(4): 434-446.

Potter, R.F. and Bolls, P. (2012) *Psychophysiological Measurement and Meaning: Cognitive and Emotional Processing of Media*. New York: Routledge.

Taneja, H. and Webster, J.G. (2016) 'How do global audiences take shape? The role of institutions and culture in patterns of web use', *Journal of Communication*, 66: 161-182.

15

閱聽人形構與經驗

這一章探討閱聽人形成的原因——主要是他們關注大眾媒體的動機，以及他們預期或獲得的滿足。對此有不同的理論，因為成為閱聽人不僅是個人選擇的結果，還取決於可供選擇的內容、我們的社會環境或生活方式，以及當下的情況。這一章還關注閱聽人經驗的其他方面，包括它與社會和文化脈絡的關係。媒體使用是一種社交活動，並在一定程度上受到期望和規範的影響，這些期望和規範因地域和所涉媒體型態而有所不同。最後，這一章探討了媒體變革對閱聽人的影響，尤其是大眾閱聽人式微的問題。

媒體使用的「爲什麼」

與先前的評論一致，我們可以從閱聽人的角度來探討媒體使用的問題，探問個人選擇和行爲受到什麼影響；或是從媒體的角度來探討，探問勞資關係和環境、內容、呈現方式以及情境等因素如何幫助吸引和保持閱聽人的注意力，以及什麼樣的誘因促使閱聽人持續參與。兩者之間並沒有明確的劃分，因爲關於個人動機的問題無法在不參考媒體產品和內容的情況下回答。霍爾（Hall, 1974/1980）、Johnson（1986）和 Du Gay（1997）提出了一種相互形塑的「文化迴路」（circuit of culture）理論，旨在提高對媒體產製、再現、身分認同、消費和監管之間相互依賴的意識，以及凸顯在大眾傳播過程中各方利益攸關者的權力（或缺乏權力）（請參見本書第 17 章）。

我們還可以選擇遵循第 14 章中描述的閱聽人研究學派中的一個或多個，每個學派對媒體使用行爲提出了略有不同的解釋。「結構」傳統強調媒體系統和社會體系作爲主要的決定因素；行爲取徑將個人的需求、動機和環境視爲出發點；而社會文化取徑則強調閱聽人所處的特定脈絡（包括語言和鄰近性），以及媒體選擇的價值和意義。正如我們所見，每種研究取徑都有不同的理論基礎，並涉及不同類型的研究策略和方法。鑒於媒體和大眾傳播研究傳統的理論發展，媒體使用的「爲什麼」通常被認爲是個

人偏好和社會技術結構的產物（Taneja and Webster, 2016），需要整合性的研究取徑。

我們已經了解形塑閱聽人行為的一般因素，這些因素具有顯著的穩定性和可預測性（例如參見 Bryant and Zillman, 1986），儘管並非一成不變。有關媒體注意力的廣泛型態只會緩慢地改變，通常是由於明顯的原因，比如媒體結構的變化（例如新媒體的崛起）或是由於一些更廣泛的社會變革（例如青年文化的發展或共產主義社會向資本主義轉型）。比方說，美國電視長期由三大電視網主導，這種情況持續了 40 多年；由家族控制近乎壟斷市場的拉丁美洲媒體地景已持續很長的時間；在歐洲，觀眾在本世紀初開始分散化之前，收視率也是由兩到三個頻道所壟斷。閱聽人研究通常僅需對可預測的結果進行例行記錄，但其中總是存在著隨機的影響和因素的偶然組合。其中存在的謎團與媒體產業的細部選擇問題有關，也與閱聽人在頻道或產品之間如何切換有關，或是與某些特定創新或內容的成敗有關。如果沒有這樣的謎團存在，媒體業將不會像現在這樣充滿著風險，每一部電影、歌曲、遊戲、書籍或節目都可以成為大熱門。

上述這些評論提醒我們，大眾媒體使用的一般態樣和日常情況之間一直存在著差異。從某個方面來說，這可以理解為長期平均值（基於大量數據）與單一案例觀察之間的差異，後者可能是一天的態樣或某個人的習慣性媒體使用。作為個人，我們通常有相對穩定的媒體偏好、選擇和時間利用態樣（儘管某些態樣可能是不穩定的），但每一天的媒體體驗都是獨特的，受到不同和不可預測的環境因素影響。

在接下來的部分，我們將探討一些不同的理論模式，用以解釋媒體閱聽人的招募和組成。

研究閱聽人形構的結構取徑

如前所述，基本前提是媒體使用在很大程度上受個人特質、社會結構和媒體結構等相對穩定因素的影響。個人特質包括個性、態度、品味、所

追求的滿足、媒介和類型偏好。社會結構指的是「社會事實」，例如教育、收入、性別、居住地、生命週期中的位置等，這些因素對一般觀點和社會行為有著強大的影響力。媒體結構指的是在特定地點和時間提供的相對穩定的通道、選擇和內容。媒體系統會對來自閱聽人的壓力和回饋做出回應，以維持供需之間某種自我調節的穩定平衡。同時，媒體產業致力於拓展閱聽人的品味和偏好，既追求差異化和創新，也關注如何鞏固市場和收入來源。

圖 15.1 中展示了一個微調修改自 Weibull（1985）的模式，描繪了在某一天的情況下，媒體使用行為的習慣性模式與特定選擇之間的關係。在圖中，上半部展示了個人媒體使用的習慣性模式，它是兩個主要因素的結果，這些因素本身反映了整體社會結構。一個因素是個人所處的相對穩定的**社會情境**，以及與之相關的媒體需求（例如為了某些資訊、放鬆、社交等）。第二個因素（如圖中的「大眾媒體結構」）包括特定地方的可取得媒體的可能性，根據個人的經濟和教育狀況。這兩個因素不僅導致了一種規律的**行為**模式，還形成了相對穩定的傾向或「設定」，被稱為個人的**媒體取向**（media orientation）。這是社會背景和過往媒體經驗的共同結果，以對特定媒體的親近性、特定偏好和興趣、使用習慣、對媒體的期望等形式存在（參見 McLeod and McDonald, 1985; McDonald, 1990; Ferguson and Perse, 2000）。這提供了與圖的下半部所包含的內容的聯繫，在這裡，我們找到了特定的日常情況，人們在其中做出特定的媒體和內容選擇。而這些選擇可能受到三個主要變項的影響：

- 所提供的具體的每日內容菜單和呈現形式（圖中標示為「媒體內容」）；
- 當下的情況，例如閒暇時間的長短、是否能夠參加、可供選擇的替代活動範圍（圖中標示為「個體所處的環境」）；
- 媒體選擇與媒體使用的社會脈絡，例如家庭和朋友的影響。

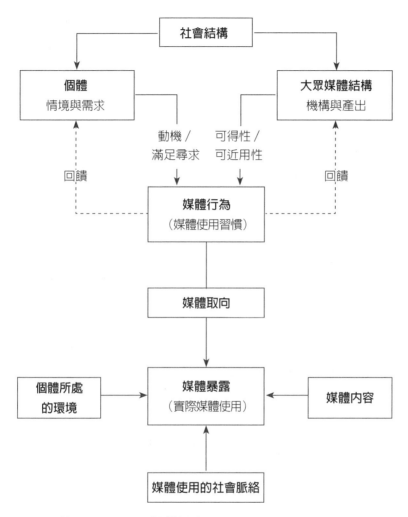

圖 15-1　關於媒體使用行為的結構模式

資料來源：McQuail (1997: 69)，追隨 Weibull (1985)

　　從一個人的「媒體取向」可以預測在日常基礎上會發生什麼事情，但具體情況取決於許多不可預測的情況。

　　Weibull（1985: 145）用報紙閱讀行為測試這個模式，並得出結論：「當個體極度渴望獲得特定的滿足（例如特定的體育新聞）時，他或她受媒體結構的影響較小……對媒體不太感興趣的個體似乎更容易受到特定內容或內容組合的影響。」這一發現與 Kim（2016）最近的研究結

果相一致，該研究比較了「媒體取向」和個人的「媒體庫存」（media repertoire）——衡量一個人在不同媒體平台上追蹤相似內容的程度——結果顯示在媒體選擇過程中，內容偏好的影響超過了媒體取向，尤其是在新聞方面。這提醒我們，在原則上，我們都具有很高的自由度，可以偏離由社會和媒體結構產生的一般模式。這也有助於解釋為什麼關於一般品味和偏好的證據在短期或個體層面上沒有太大的預測價值。

雖然日常媒體使用的許多特徵可以追溯到它們在社會和媒體結構中的起源，但這種模式只是對實際閱聽人形構問題的初步定位，取決於許多的個人選擇。然而，它的優勢在於顯示了媒體系統（或結構）與個別閱聽人的社會地位之間的關聯性。媒體系統反映了一個社會的現實情況（例如經濟、文化和地理條件），同時也回應閱聽人的需求，這些需求部分是由社會背景因素決定的，部分是由個人主觀因素和偶然性所決定的。即使是全球營運的公司，例如新聞集團（News Corp）、威瑞森（Verizon）、Netflix 和臉書，在進入特定國家市場時，它們也會為了適應特定利益、敏感性及媒體監管法規，而調整其提供的內容、設置和時間安排。

使用和滿足研究取徑

媒體使用取決於潛在閱聽人的感知滿足、需求、願望或動機，這個觀點幾乎和媒體研究本身一樣古老。如第 14 章所述，閱聽人通常是基於個人需求、興趣和品味的相似性形成的，其中許多似乎具有社會或心理根源。這些「需求」常見的例子包括對資訊、放鬆、陪伴、娛樂或「逃避」的需求。特定媒體和媒體內容的閱聽人往往可以根據這些廣泛的動機型態進行分類。這種取徑也被應用於研究更具互動性的新媒體對閱聽人的吸引力（Ruggiero, 2000），甚至是電話的使用（Dimmick and Rothenbuhler, 1984）。閱聽人與不同媒體的相對親近性，與他們對不同媒體的期望差異和尋求的滿足有關。

這種思維方式屬於一個被稱為「使用與滿足取徑」（uses and

gratifications approach）的研究學派，其起源可追溯至爲了理解爲何某些主要媒體內容具有這麼大的吸引力。它所提出的核心問題是：人們**爲什麼**使用媒體，他們用媒體做什麼？功能主義社會學（參見 Wright, 1974）將媒體視爲滿足社會各種需求的工具，例如凝聚力、文化連續性、社會控制以及各種公共資訊的大規模流通。它又假設個人也會使用媒體來實現相關目的，例如個人指引、放鬆、調適、資訊和身分認同形成。

　　這樣的研究始於 1940 年代初，主要關注不同廣播節目的受歡迎原因，並且還研究了日報的閱讀情況（Lazarsfeld and Stanton, 1944, 1949）。這些研究得出了一些意想不到的結果，例如日間播放的廣播肥皂劇，雖然經常被看成是填補時間的膚淺和無意義的故事，但卻被女性聽眾視爲意義重大的內容。這些廣播肥皂劇爲她們提供了建議和支持的來源，成爲家庭主婦和母親的角色模範，或是提供歡笑或淚水的情感釋放契機（Herzog, 1944; Warner and Henry, 1948）。研究者從與報紙讀者的交談中還發現，報紙不僅是提供有用資訊的來源，對讀者而言，它們也在安全感、共同話題和構成日常生活常規方面具有重要作用（Berelson, 1949）。

重新發現使用與滿足

　　該研究取徑在 20 年後（1960 年代和 1970 年代）被重新發現，其基本假設如下：

- 媒體和內容的選擇通常是理性的，並用於針對特定的目標和滿足（因此閱聽人是主動的，閱聽人形構可以在邏輯上獲得解釋）。
- 閱聽人意識到個人（個體）和社會（共享）情境中產生的媒體相關需求，並且可以根據動機表達這些需求。
- 廣義而言，內容的文化和審美特徵在吸引閱聽人方面的作用遠遠小於滿足各種個人和社會需求（例如放鬆、共享經驗、消磨時間等）。
- 原則上，閱聽人形構的所有或大部分相關因素（動機、感知或獲得的滿足、媒體選擇、背景變項）都可以測量。

　　根據這些假設，媒體選擇的過程被 Katz、Blumler 與 Gurevitch（1974:20）描述爲涉及以下幾個面向：

> (1) 基於社會和心理根源的需求；(2) 這些需求產生對 (3) 大眾媒體或其他來源的期望；(4) 期望導致 (5) 不同的媒體接觸活動（或參與其他活動），從而產生 (6) 需求滿足，以及 (7) 其他後果。

　　該研究學派的一個長期目標是達成一個通用的理論架構，以便將眾多有關閱聽人動機的具體發現納入。McQuail、Blumler 與 Brown（1972）在研究了英國的多個廣播和電視節目後，提出了一個「媒體—個人互動」（media–person interactions）的模式（這個術語本身反映了媒體滿足概念的雙重來源），捕捉了最重要的一些媒體滿足狀況。該模式如方框 15.1 所示。

15.1

媒體—個人互動態樣（McQuail et al., 1972）

- **娛樂**：逃避常規或問題，情緒釋放
- **人際關係**：陪伴、社會效用
- **個人身分認同**：自我參照、現實探索、價值強化
- **監控**（各種資訊尋求的形式）

　　McGuire（1974）提出了一個更具心理學基礎的閱聽人動機理論，基於人類需求的一般理論。他首先區分了認知需求（cognitive needs）和情感需求（affective needs），然後增加了三個額外的向度：啟動階段的「主動」與「被動」取向；「外部」與「內部」的目標取向；以及「成長」或「穩定」取向。當這些因素相互關聯時，可以產生適用於媒體使用的 16 種不同動機。例如爲了獲得認知一致性而閱讀報紙（基本上意味著將個人觀點與「同溫層」的他人觀點和相關資訊保持一致），屬於主動、外部導向且

以維持穩定爲導向的行爲類別。觀看電視劇「以找到個人行爲的模範」則是一種情感動機的例子。這種動機也是主動的，但是內在於個人，且以成長和變化爲導向，而不是穩定。根據這種心理學理論的性質，媒體使用者不太可能意識到動機背後的基本原因，也就是用這些術語表達出來的動機。即便如此，一些研究顯示，McGuire 提出的這些因素與電視使用的不同動機型態之間有一定的關聯性（Conway and Rubin, 1991）。

　　還有其他一些試圖建立使用與滿足過程模型的嘗試。Renckstorf（1996）根據符號互動論（symbolic interactionism）和現象學，概述了一種「社會行動」（social action）模式的閱聽人選擇。基本上，他認爲媒體使用是一種社會行動形式，受個人對情境的定義所影響，並以解決社會環境中一些新發現的「問題」，或處理非問題情況的日常例行事項爲目標。

評論使用和滿足理論

　　使用與滿足理論的一般取徑在當時受到批評，它被認爲過於行爲主義和功能主義。它也未能成功預測或解釋媒體選擇和使用的原因（McQuail, 1984）。預測能力不佳的原因部分在於動機的測量困難，部分在於許多媒體使用實際上是非常情境性且動機薄弱的。該取徑在特定型態的內容上似乎表現最佳，例如與政治內容（Blumler and McQuail, 1968）、新聞（Levy, 1977, 1978）或色情內容（Perse, 1994）相關的情況下，可能存在使用的動機。實際上，態度與媒體使用行爲之間的關聯相當弱，關係的方向通常不確定。動機的分類往往無法與實際選擇或使用的態樣相匹配，且很難找到**喜好／偏好**、實際**選擇**和事後**評價**等因素之間的邏輯、一致和序列的關係。

　　閱聽人行爲在多大程度上受特定和有意識的動機引導一直存在爭議。Babrow（1988）認爲應該更多地從基於經驗的「詮釋架構」（interpretative frameworks）來思考。因此，某些閱聽人的選擇在這樣的架構下是有意義的，而其他的媒體接觸則只是基於習慣和反射，可以被視爲無動機的（Rubin, 1984）。這些觀點與本章稍早介紹的「媒體取向」概念以及圖

15.3 所包含的一般偏好集合（general preference set）的概念一致。媒體使用的第三個因素超出了刻意選擇的範疇，因為人們在他們的環境中越來越多地同時接觸多種媒體（例如電視螢幕、智慧型手機或平板電腦、雜誌），其中一些甚至全部的媒體使用都未經深思熟慮的選擇或啟動。

在討論「使用和滿足」理論的地位時，Blumler（1985）基於大量證據做出了一個區分，即「社會根源」和持續的社會經驗。前者似乎與對選擇範圍的可預測限制，以及補償性、調整導向的媒體期望和使用相關。後者（持續的經驗和當前社會情境）在其效果方面要難以預測得多。它們通常伴隨著「促進性」的媒體使用，即以主動地選擇和應用媒體來實現個人目標。這意味著媒體使用是社會力、個人經歷以及周遭情況的結果。閱聽人形構的**原因**既可以發生在過去，也可以在當下，以及兩者之間的某些時刻。針對實際閱聽人現實進行一般**解釋**的嘗試收效甚微，這種結果並不令人驚訝。

由於媒體環境的持續多樣化，找到單一的解釋架構來解釋閱聽人行為模式變得更加困難。越來越多的媒體使用可能只能透過參考「媒體方面的因素」（見圖 15.3）來解釋，尤其是特定內容和宣傳。鑒於媒體產業從測量閱聽人選擇（往往聚焦在人口統計）轉向參與度（Kosterich and Napoli, 2016），使評估人們何時以及如何形成閱聽人變得更加複雜。特別是在廣告和行銷產業，「顧客參與」的概念被認為能夠提高消費者忠誠度和承諾、建立信任、自我品牌關聯性和情感依附（Brodie et al., 2011）。這種參與本質上是互動的與受到脈絡影響的，包括認知、情感和行為等多個向度，這些向度都不容易透過傳統的閱聽人指標（audience metrics）來確定。這反過來推動產業對（潛在）消費者追求更詳細的數據，蒐集大量的線上個人資料（即「大數據」），並投資於民族誌研究〔即「厚數據」（thick data）〕。

期望價值理論

在涉及個人使用媒體動機的大多數理論中，一個重要觀點是媒體提供預期的酬賞，這些酬賞是潛在觀眾基於相關的過去經驗所期望的。這些酬

賞可以被視爲個人所重視的心理效應（有時稱爲媒體「滿足」）。這些酬賞可以來自媒體使用本身（例如遊戲），或是來自特定喜愛的類型（例如偵探故事）或實際內容（某一部電影），並爲後續的選擇提供指引（或回饋），增加與媒體相關的資訊庫存。有趣的是，流行語「登入 Netflix，然後整晚放鬆」（Netflix and chill）的歷史對此提供了一個有趣的觀點。最初（大約在 2009 年出現時），這句流行語意指在影音串流媒體平台上追劇（bingewatching）帶來的滿足感，後來（從大約 2014 年開始），它變成一種全球公認的委婉網路用語，暗指（「約砲」、「一夜情」之類的）「性行爲」。

　　Palmgreen 與 Rayburn（1985）提出了一個過程模式，該模式基於一個原則，即態度（對媒體）是基於實證觀點和價值觀（以及個人偏好）的結果，其所得到的「期望價值」（expectancy-value）模式如圖 15.2 所示。期望價值理論（expectancy-value theory, EVT）最初在 1950 年代發展起來，將績效表現、持續性和選擇直接與個人的期望相關信念和任務價值相關信念聯繫起來。儘管在媒體和大眾傳播文獻中，對該模式的當代應用較少見，但基於考慮多種內部和外部力量之間相互作用對期望、價值和後續相映行爲的影響，這些基本假設形成了關於媒體使用的大多數理論和研究的基礎。

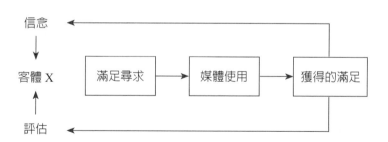

圖 15.2　尋求和獲得媒體滿足的預期價值模型

資料來源：Palmgreen and Rayburn (1985)

　　總的來說，該模式表達了這樣一個命題，即媒體使用取決於個體**感知**到的媒體所提供的好處，以及這些好處對個別閱聽人的不同**價值**。這有助

於解釋媒體使用既受到**規避行為**（avoidance）的影響，也受到對媒體預期滿足的各種程度的正面選擇（positive choice）的影響。該模式區分了期望（尋求的滿足）和滿足（獲得的滿足），並確定了媒體使用行為隨時間**漸增**。因此，當獲得的滿足明顯高於尋求的滿足時，我們很可能處於閱聽人滿意度高，對欣賞、關注和參與的評價也高的情況。相反的情況也可能發生，這提供了閱聽人流失、銷售或收視率下降以及電視觀眾頻道切換的線索。不過，這種理論的完善並沒有改變閱聽人動機理論難以轉化為敏銳的實證研究工具。

方框 15.2 統整了媒體使用所帶來的主要滿足感。

15.2

尋求或獲得的媒體滿足

- 資訊和教育
- 指導和建議
- 娛樂消遣和放鬆
- 社交聯繫
- 價值強化
- 文化滿足
- 情緒釋放
- 身分認同的形成和確認
- 生活方式表達
- 安全感
- 性刺激
- 打發時間
- 共同體和歸屬感
- 接受與支持

閱聽人選擇的整合模式

　　我們可以將多個對媒體選擇的影響因素結合成一個具有啟發性的模式，這個模式提供了理解閱聽人形構的序列過程的指引。這個模式的主要元素（圖 15.3）可以在媒體—個人之間的互動中的「閱聽人方面」或「媒體方面」進行操作。雖然這兩組因素被分開描述，但它們並非彼此獨立，而是一個持續的相互適應與調整的結果。這個模式的形式最初受到 Webster 與 Wakshlag（1983）著作的影響，他們試圖以類似方式解釋電視觀眾的選擇。這裡所展示的版本原則上適用於所有大眾媒體，而不僅僅是電視。首先，我們可以介紹主要的解釋因素。

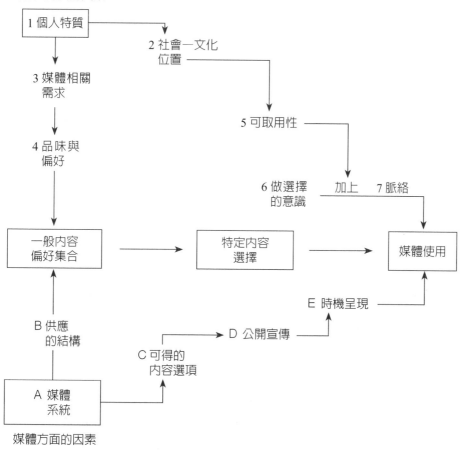

圖 15.3　媒體選擇過程的整合模式

「閱聽人方面」因素

1. **個人特質**。例如年齡、性別、家庭狀況、學習和工作環境、收入水準等，如果適用的話還包括「生活風格」。人格差異也扮演一個角色（參見 Finn, 1997），尤其是在新興、更具互動性的媒體中。此外，還應該考慮教育、媒體素養和數位技能，以提高個人在複雜的當代媒體環境中的駕馭能力。

2. **社會背景和環境**。尤其體現在社會階級、教育、宗教、文化、政治和家庭環境以及居住地的地區或地方。在這裡，我們還可以提到布迪厄（Bourdieu, 1986）所謂的「文化資本」（cultural capital），即透過家庭、教育和階級體系的代際傳承而學習的文化技能和品味。

3. **媒體相關需求**。如上文所述，例如需要陪伴、娛樂消遣與放鬆、獲取資訊等個人利益。這些需求是普遍存在的，但具體的平衡取決於個人的背景和情況。

4. 對特定類型、格式或內容的**個人品味和偏好**。這包括人們對特定媒體的情感回應和情感關係（Papacharissi, 2014）。

5. **閒暇時間的媒體使用習慣與媒體**在特定時間的**可取用性**（media availability）。由於媒體是在特定空間和時間被使用，可取用性指的是能夠接收媒體的適當場所（例如家中、火車上、開車時等）。可取用性還指的是成為閱聽人的經濟潛力（例如能夠並願意支付電影票或音樂出版品的價格）。

6. **對可取用選擇**和擁有的資訊數量和種類**的認知**也在閱聽人形構上發生作用。可以預期較積極參與的閱聽人會相應地規劃他們的媒體使用。

7. **使用的特定脈絡**。這一點因媒體而異，但通常指的是使用的社交性和場所。最重要的是，一個人是獨自還是與他人（朋友、家人、其他人）在一起。媒體的使用地點（例如家中、工作場所、旅行中、電影院等）也會影響體驗的性質，以及做選擇的過程。

8. **機緣巧合**（chance）。在這個模式中隨處存在，通常在媒體接觸（media exposure）中發揮影響，它的干預降低了真正**解釋**選擇或閱

聽人組成的能力。

「媒體方面」因素

A. **媒體系統**。偏好和選擇受（國家）媒體系統的構成（可取用媒體的數量、觸達範圍和型態）以及不同媒體通道的特定特徵的影響。遵循媒體理論的原則，我們應該將不同媒體設備和介面的（個人層面的）特徵和科技可供性添加到這個因素中。

B. **媒體供給結構**。這是指媒體在特定社會中供給的一般模式，它對閱聽人的期望產生長期影響。

C. **可取用的內容選項**。這些是在特定時間和地點向潛在閱聽人提供的特定設備、連接程度、媒體格式和類型。

D. **媒體宣傳**。這包括媒體自身的廣告和形象建立，以及一些媒體產品的密集行銷。

E. **時機和呈現方式**。根據競爭性閱聽人獲取策略，媒體選擇和使用可能會受到媒體資訊的時間、排程、布局、內容和設計等特定策略的影響。由於時光平移（time-shifting）的可能性（例如串流平台將整季電視劇同時上架），這個因素的影響變小了，但仍然有影響。

　　圖 15.3 代表了選擇行為的一般過程，其中不同種類的影響（來自個人、社會和媒體）根據它們與選擇或注意力（**媒體使用**）的相對「距離」而依序展示。最遠（並且相對固定）的是社會和文化背景，以及（至少對於大多數成人來說）一般的品味和偏好、喜好和興趣。因此，我們的社會背景（包括文化鄰近性和語言）對我們的選擇行為有著強烈導向和傾向的影響（Taneja and Webster, 2016）。另一個幾乎同樣距離較遠（但相對不固定）的因素是不同媒體的一般組成和類型的組合，我們已積累了相關的知識和經驗，我們的傾向包含有情感、認知和評價等方面（參見前述的期望價值模式）。

　　這種個人知識和相關態度塑造了我們的品味和偏好。這兩者的結合（感知和評價）導致了**一般的內容偏好集合**（general content preference set）。這是一個假設性的概念，但它在選擇行為中展現出一致且可預測的模式，也體現在相對一致或相對連貫的媒體使用模式和態樣中（這些與所謂的「品味文化」接近）。我們可以將其視為我們熟悉並從中進行實際選擇的可用來源和內容類型的「庫存」（參見 Heeter, 1988）。它與 Weibull 在結構模式中的「媒體取向」（見圖 15.1）非常接近，包括對某些媒體及內容態樣的親近性。選擇行為的模式始終根據環境變化和對媒體的經驗進行調整，這是一個持續的回應、回饋、學習和評估過程。在整個過程中，親近性和情感聯繫的概念貫穿其中，因為人們與媒體的關係往往是深刻的親身互動且經常是親密關係。在媒體研究中，這一媒體選擇和使用的重要意義已經受到情感／情緒相關研究重視，以至於有些人稱之為學術界的「向情緒轉」（Gregg, 2009），而在這一脈絡中的社會科學取徑則屬於「體化認知」（embodied cognition）的研究範疇（Bradley, 2007）。在這兩種情況下，學者們將身體視為人們處理、回應和做出媒體相關決策的一部分。在人機互動（human–computer interaction）研究中，尤其是在「以體驗為中心的設計」（experience centred design）領域，整合了來自物質性（例如「媒介理論」）、情感／情緒和媒體選擇理論的見解（Blythe, Wright, McCarthy and Bertelsen, 2006）。

在便於使用媒體的時間或地點，潛在觀眾成員的情況和媒體的可取用性相互重疊，從而形成實際閱聽人。這些閱聽人永遠無法完全被預測，儘管就整體而言，如上所述，其大致形構是相對穩定的。然而，它的內部組成始終在變化，因為個人的選擇行為受到脈絡和環境狀況的影響。

閱聽人形構的複雜性和多樣性使得任何簡單的描述或單一的理論解釋都不可能。我們可以確定的是，僅僅從收視率無法準確描述觀眾。觀眾通常是不斷變化的群體，並且沒有明確的界限。動機、情感和取向總是交織在一起，有時候甚至沒有明確的動機。即使動機更加清晰且不太混雜，它們也無法僅從內容中「讀取」，儘管在高效率運作的媒體市場中，我們可以假設內容和觀眾組成是相匹配的。這當中，存在著無法消除的巨大不確定性。儘管如此，在這種複雜性和看似混亂的情況下，仍然存在一些穩定和秩序的島嶼——人們和媒體在互相滿足並保持共存的時候。然而，這種

狀態是根據定義來說，不容易透過操控和宣傳來實現，而是源於眞正的社會需求或媒體創造力與公眾品味的偶然結合。

媒體使用的公共和私人領域

　　如前所述，某些形式的媒體使用具有明顯的公共特徵，既可以是指在家庭之外的地方進行（例如電影院或音樂會，或在外出時使用的行動媒體），也可以指在更廣泛的意義上作爲對公開演出和公共事件的共同回應。Saenz（1994: 576）提到了「廣泛分享、共同欣賞的表演，即時傳遞……給龐大和普遍的閱聽人」的持續重要性。他還補充說：「電視節目中的表演和文化價值，對於觀眾對電視劇作爲一個重要文化事件的欣賞構成了一個重要的向度。」（同上註：576）「公共」一詞可以指涉內容的型態、事件的地點，以及共享集體經驗的程度。在線上，這種共享經驗通常透過社交媒體上的「第二螢幕」（second screen）觀看而得到加強，人們可以與直播媒體內容（live media content）進行互動。

　　主要在家中使用的大眾媒體（特別是電視、串流媒體影音、音樂和書籍，儘管所有這些媒體也可以透過行動媒體消費），可以被視爲彌合私人、家庭世界與更廣泛社會關注和活動之間的鴻溝。在某些情況下，成爲閱聽人意味著分享社會更廣泛生活的意義，而在其他情況下，它是一種自發的體驗，可能完全是個人的，或只是被一小群粉絲、朋友或家人所共享。重要的不是閱聽人體驗的實體位置（例如電影院和劇院或家裡），重要的是將其定義爲更具公共性或更具私人性的意義。

　　公共型的閱聽人身分以有意識地關注具有廣泛社會意義的事件報導（例如選舉結果、重大災難、全球危機），或觀看現場直播的重大運動賽事或大型娛樂活動（例如音樂會）爲典型。公共型閱聽人體驗通常涉及與更廣泛的社會群體產生某種程度的認同，無論是被定義爲粉絲、公民、當地居民或是品味文化。它也可能是與某種程度的公共角色相關聯的體驗，例如公民、選民或勞工。越來越多地，這種版本的閱聽人身分與網際網路

相互交織，透過對大眾媒體內容的回應，建構了一個鬆散聯繫的網絡。

在對「媒體事件」的研究中，Dayan 與 Katz（1992）特別關注一個特殊類別的場合，媒體（尤其是電視）以一種近乎儀式的方式團結了一個全國／全球民眾，共同慶祝並參與某種更廣泛的國家或全球經驗。這種媒體事件總是特殊的，打破了例行性的常規。除了它們的重要性之外，它們通常是事先規劃的、遠距的和直播的。Rothenbuhler（1998）發展了「儀式傳播」（ritual communication）的概念，應用於透過媒體參與公共生活的儀式和典禮。作為這種事件的（媒體）觀眾，意味著更充分地參與國家或其他重要群體成員的公共生活。這項研究再次提醒了我們「閱聽人身分」（audiencehood）的集體特性。

私人型的閱聽人體驗是根據個人的情緒和環境而建構的，不涉及對社會甚至其他人的參照。在內省之餘，它可能涉及自我比較和與媒體模式、角色或個性的匹配，以尋求一種可接受的公開自我呈現身分（an acceptable identity for public self-presentation）。公共和私人閱聽人體驗之間的差異取決於多種因素：媒介和內容的型態，以及閱聽人的心態或定義。媒體的擴張和發展似乎為私人型的閱聽人體驗開闢了相對更多的可能性，透過將更多的媒體經驗納入個人的自主選擇（參見 Neuman, 1991）。閱聽人的碎片化被視為降低了閱聽人體驗的公共意義。另一方面，實證研究顯示，所謂網路新聞閱聽人比離線閱聽人更加碎片化的現象很少或沒有證據（Fletcher and Kleis Nielsen, 2017）。正如 Fletcher 與 Kleis Nielsen（2017: 493）提醒我們的那樣，這並不意味著我們不該擔心（閱聽人碎片化）對辯論、共享公共議程和共同文化的潛在損害，因為這些損害「在高度選擇的媒體環境中無須以碎片化的形式來實現」。

次文化與閱聽人

對於早期的「大眾社會」理論批評者來說，看似同質的「大眾」閱聽人卻存在著高度的社會差異化。隨著媒體產業的發展和對新的「利基」閱

聽人市場的追求，他們不需要說服就進入了定義和創造基於類型、品味或生活方式的新社會和文化次群體的業務，這些次群體可以與潛在的媒體消費者產生共鳴，甚至包括透過自動化的數據探勘實踐（automated data-mining practices）來針對個人用戶進行微定向（micro-targeted individual users）。這是一個持續不斷的過程，創造出以媒體為基礎的風格或虛假身分，旨在引起閱聽人的共鳴。

雖然如此，媒體使用往往主要受早期經驗、情感聯繫和身分認同的影響，這些經驗和認同可能是在個人生活中形成的，也可能與當下的社會背景有關。在家庭的特定社會環境之後，學校同學或鄰里朋友等同儕團體對品味和媒體消費也有影響，特別是在音樂、遊戲和影音等方面，這些是最受年輕人歡迎的媒體形式。除了年輕人偏好的年齡差異（von Feilitzen, 1976; Livingstone, 2002）和將「青年文化」與成年人文化區分開來之外，還存在許多層次的差異。年輕人的經驗受到工作和休閒活動中的社交聯繫的重塑，這些環境影響與許多其他特定因素相互作用，尤其是性別因素。

有很多證據顯示，媒體使用在不同種類的次文化身分認同表達和強化過程中發揮重要影響（Hebdige, 1978）。這並不令人驚訝，因為媒體是文化的一部分，但特別值得注意的是現代社會中離經叛道、具批判色彩和其他多樣性的次文化與媒體系統之間的緊密聯繫。抵抗社會主流力量和價值觀的焦點通常是被次文化所挪用，並成為抵抗象徵的音樂和舞蹈形式（Hall and Jefferson, 1975; Lull, 1992）。隨著多平台跨媒介製作系列的興起——通常涉及大型、複雜、多部門的全球媒體公司（見 Eisenmann and Bower, 2000）——次文化跨越了音樂、生活風格、電影、電視或遊戲等各種媒體類型和格式，不再受到限制。一個饒舌音樂的偶像可能也是一款數位遊戲裡的角色和一個電視節目中的明星。此外，許多音樂人、演員、記者和其他媒體人物透過社交媒體頻道來擴展品牌，進行「關係勞動」（relational labour）（Baym, 2018），與觀眾互動並分發新聞和資訊。這使人們能夠更多地參與明星以及特定次文化、部落或場景（scene）的相關訊息、符碼和儀式（Hesmondhalgh, 2005）。

生活風格

生活風格（lifestyle）的概念常被用來描述和分類不同的媒體使用態樣，通常作爲其他態度和行爲的組成部分（例如 Eastman, 1979; Frank and Greenberg, 1980; Donohew, Palmgreen and Rayburn, 1987; Vyncke, 2002）。法國社會學家皮耶・布迪厄（Pierre Bourdieu）的開創性著作代表了長期以來的研究傳統，將文化品味的各種表達形式與社會和家庭背景聯繫起來（Bourdieu, 1986）。在某種程度上，生活風格的概念使我們擺脫了一種假設，即媒體品味（與傳統的審美和藝術品味不同）由社會階級和教育所決定，因爲生活風格在某種程度上是自我選擇的行爲態樣和媒體使用選擇。

在商業行銷研究中，生活風格的概念有助於將消費者分類爲各種型態，以便有助於廣告的定向和設計。爲了這樣的目的，有必要超越基本的社會人口統計類別，進行更精細的區分，特別是在心理層面上。人口統計和心理特徵的結合被稱爲「心理變數」（psychographics）。生活風格研究涉及研究各種社會位置變項、行爲（包括媒體使用和其他休閒和消費行爲）以及態度、品味和價值觀。實際上，這種研究的潛在範圍是沒有限制的，也許可以確定出無數個與媒體有關的生活方式（參見 Finn, 1997）。Vyncke（2002）描述了一個旨在指示區分生活風格的分類建構方式。他發現，納入媒體使用變項可以明顯提高分類的區分能力。這意味著媒體使用在表達和形塑生活風格身分認同（lifestyle identity）中扮演重要角色。

Johansson 與 Miegel（1992）區分了三個分析層次：整個社會的層次（用於國際比較）、社會和文化內部差異的層次，以及個體的層次。這個概念的一個主要問題是找到一個適當的層次。第二個層次是最常應用的，但有時結果令人困惑。關於第三個層次，他們表示：「生活風格是個體創造其自身特定的、個人的、社會的和文化的身分認同的表達。」（同上註：23）Hesmondhalgh（2005: 25）對「生活風格」作爲一個概念的非批判觀點和使用提出了重要的批評，因爲它通常暗含對消費主義的頌揚，他質問道：「那些可能限制或束縛選擇的因素是什麼：貧困、成癮、精神疾

病、社會苦難、邊緣化、無力感、教育、兒童保育和醫療保健的不平等近用（unequal access）等等？」

潛在的生活風格與個體的數量一樣多。然而，這個概念有助於理解媒體與社會文化經驗之間的許多不同的有意義的關聯方式，以及不同的社群、次文化、部落和場景是如何圍繞著媒體產業的產品形成、建立和維護邊界和文化聲望的。儘管生活風格可能是一個焦點過窄的概念（且主要是為產業服務），但使用這種概念（例如類型或場景），以及類似的概念來理論化和理解媒體產業（例如音樂、電影和遊戲）與社會之間的關係，還是大有幫助的。

性別化和交織閱聽人

媒體使用顯著且持久地受到「性別化」的影響，這個想法也在接收研究中得到發展，主要是受到女性主義理論的影響（Seiter et al., 1989）。根據性別區分媒體使用的差異長期以來一直被認可，某些媒體型態專門針對女性閱聽人製作，而且往往由女性製作，特別是某些雜誌（Ferguson, 1983）和某些類型的小說（例如羅曼史／言情小說）。男性閱聽人也有專屬的獨特媒體型態和類型。最近，人們對這些差異的意涵更加感興趣，並且試圖理解性別的社會建構，以及性別、種族和階級的交織過程如何影響媒體選擇，反之亦然（Lünenborg and Fürsich, 2014）。

性別化的閱聽人體驗是一種複雜的結果，它涉及到特定種類的媒體內容、日常慣例以及更廣泛的結構，該結構可以描述為「父權社會」或在權力方面是「男人的世界」。一個被廣泛引用的例子是 Radway（1984）對大量生產的羅曼史／言情小說的一組忠實（即真正上癮）女性讀者進行的研究。Radway 首先接受了女性讀者自己提供的主要解釋，以解釋羅曼史／言情小說的強烈吸引力。從這個觀點來看，羅曼史／言情小說為女性提供了一種特別為她們設計的逃避方式，首先是透過閱讀行為，它建立了一個私人的「空間」和時間，不受丈夫和家庭責任的侵犯；其次，羅曼史／

言情小說透過提供理想版本的浪漫幻想形式，在情感上具有滋養作用。

「性別化閱聽人」（gendered audience）的概念，也被用於解釋另一種吸引大量女性閱聽人的類型——廣播和電視的「肥皂劇」（例如 Hobson, 1982, 1989; Allen, 1989; Geraghty, 1991）。相關研究將其敘事形式（連續性、不確定性）與家庭主婦的日常生活的典型特徵聯繫在一起，這些特徵包括碎片化和分散化的注意力（阻止持續關注），但也具有靈活性。一般而言，肥皂劇更受女性歡迎，即使她們承認這個類型的地位較低（例如 Alasuutari, 1992）。對女性肥皂劇觀眾進行的民族誌研究表明，這個類型被廣泛地視為專門為女性而設，常常被用於關於觀眾自身日常經驗的交談和反思當中（Livingstone, 1988）。

關於女性雜誌讀者，Hermes（1995）指認出有一組詮釋「曲目／劇目」（interpretative 'repertoires'）或意義結構（structures of meaning）的存在，女性讀者藉此詮釋自己的閱讀行為，以及她們對不同類型雜誌的相對好惡（從女權主義出版品到傳統出版品）。這些詮釋曲目／劇目可以包含支持女性事業的責任感，或是對閱讀傳統女性雜誌感到輕微的內疚感。這些想法通常相互矛盾或在彼此對話，但這種矛盾容易處理，因為即使是對最忠實的讀者來說，雜誌媒體的重要性相對較低。

性別化閱聽人的本質不在於其成員的性別比例，而是在於有意識地以特定的女性或男性經驗來賦予閱聽人（閱聽人身分認同）某種獨特的意義，並由媒體產製者主動建構。關於媒體使用的研究顯示，性別差異與不同的偏好和滿足有關。例如 Anderson、Collins、Schmitt 與 Jacobwitz（1996）發現壓力大的女性觀看更多的遊戲和綜藝節目，而壓力大的男性觀看更多的動作和暴力節目，從而凸顯出在整體觀眾中出現的差異。儘管存在性別差異，但有很多證據表明，在性別界限上存在共同的目標、行為和理解。此外，Fornäs（1995）建立了現代、壓力大且在許多方面不確定的生活與文化和媒體重要性增加之間的聯繫，指出在家庭、學校、工作和社區等傳統的賦予穩定意義的機構相對缺失的情況下，媒體提供了無窮的新身分認同形構的標記。

有關性別和數位遊戲的研究同樣發現，男性、白人和成年人在遊戲中

被系統性地過度再現，而女性、少數族群、兒童和老年人則被系統性地再現不足（Williams, Martins, Consalvo and Ivory, 2009）。儘管全球遊戲產業報告顯示遊戲玩家的性別比例相當，但開發者在設計內容時往往以男性（或男性化）玩家為主要考量。Lisa Nakamura 關於種族和民族在網路上的研究證實，類似的排斥過程也存在於廣義上的新媒體中（Nakamura, 2002；另見 Nakamura and Chow-White, 2012）。Payal Arora（2019）批判地強調，全球各地的「新興」網路閱聽人在特定的刻板印象中被建構，忽視了他們的聲音和資訊（以及娛樂）需求。這項研究提醒我們不要過於樂觀地看待媒體，特別是新媒體，認為它們是「中立的」或必然是民主化的。

媒體的社交性和使用

　　早期的閱聽人研究者並沒有忽略的是，媒體使用受到時間和地點的影響，以及社會和文化習慣的形塑。人們成為閱聽人的原因各有不同（例如為了交談，或作為組織日常活動的一部分），並非僅僅出於某種傳播價值或目的（例如從新聞中學習）。例如「去電影院看電影」幾乎總是被視為一種社交活動，而不僅僅是觀看特定電影的場合（Handel, 1950）。Eliot Friedson（1953）強調實際媒體體驗的群體特徵（與大眾行為理論形成對比），他借鑑了當時的電影觀眾和廣播聽眾的證據。他寫道：

> 因此，許多閱聽人行為發生在當地社交活動的複雜網絡中。一天中的某些時間、某些日子、某些季節是從事與各種大眾媒體相關的特定活動的適當時間。個人經常會有社交圈的其他人陪伴……〔並且〕參與一個由閱聽人組成的人際網絡，他們透過大眾傳播討論過往經驗的意義以及未來經驗的預期意義。

　　這種媒體場合的意義超越了任何傳達的「訊息」或獲得的個人滿足感。看一部「爛」電影可能會和看一部「好」電影一樣令人滿意。同樣的

情況也適用於收聽廣播、播放唱片和觀看電視，它們常常在家庭生活的複雜模式中占據次要地位，並不像在電影院裡看電影那樣。「看電視」通常比「看電視節目」更準確地描述了正在發生的事情，但它也誇大了這個普遍存在的閃爍螢幕的重要性。

　　儘管上述情況存在，大眾媒體的使用通常與社交孤立的形式相關（Maccoby, 1954; Bailyn, 1959），對於數位遊戲、行動媒體和網際網路也存在類似的焦慮。顯然，有許多人既處於社交孤立狀態，又對可能加劇他們孤立的媒體使用行為成癮。「成癮」這個詞具有太沉重的含義且模糊不清，因此有人試圖使其更加精確和相關。例如 Horvath（2004）提出了一種新的電視成癮程度的測量尺度，主要包括以下因素：(1) 實際使用時間；(2) 出現戒斷反應的證據；(3) 電視使用的非意圖程度；(4) 對其他活動的取代效應；(5) 儘管帶來問題但仍持續使用；(6) 反覆試圖減少使用時間。類似努力也正在進行中，以研究與遊戲和手機相關的成癮行為（有關媒體成癮研究的更多討論，參閱第 17 章）。

　　對媒體成癮的關切，往往使人們忽視媒體吸引力更典型的含義，即大多數媒體使用都被有效地轉化為社交的形式。媒體使用本身就是一種普遍存在的正常社交行為形式，並且是某些社交互動的可接受的替代方式。它也被廣泛認為是一種重要的「社會化機構」（agent of socialization），是社會學習的場合，以及參與更廣泛社會的手段。再者，可以說人們在媒體中找到了身分認同和歸屬感的線索和表達，這在其他方面可能更難找到和維持，因為在全球化、個體化、氣候變遷和（大規模）遷移等社會條件下，傳統社群和機構變得更加脆弱和不穩定。

　　閱聽人體驗的社交性可從媒體使用的某些熟悉（且經過充分證實的）特徵顯示，而不僅僅是分享活動。大眾媒體（例如電視、數位遊戲或音樂）通常被用於娛樂或促進社交互動，媒體使用通常伴隨著關於正在進行的體驗的交談，無論是面對面交談或透過「第二螢幕」的閱聽人線上互動。媒體的內容（新聞、故事、展演）為許多人提供了共同關注的對象，也成為交談的話題。與媒體相關的交談對於與陌生人建立非侵入性的聯繫尤為有用。媒體在家中往往成為幾乎所有其他活動的背景，而且不一定會

妨礙或取代這些活動。行動媒體，特別是（降噪）耳機，使媒體使用者能夠一定程度地控制他們的環境。使用這樣的「奧菲斯式」媒體（'orphic' media）（Hagood, 2019）必然將某些活動與媒體使用相結合，儘管這些科技也會隔絕其他人和經驗。正如 Hagood（2011: 573）所觀察到的，將媒體使用與社交相結合，「評論家和使用者肯定耳機在嘈雜環境中提供了來自可攜式媒體的更清晰音頻，但這些設備的市場行銷、接受度和發展歷史表明，它們的主要功能更多是在移動性越來越高的現代脈絡下處理聲音、空間和自我的衝突。」

目前還沒有明確的證據顯示，傳統的人際「社交」形式如閒聊和「廝混」已經消失，儘管很可能一些具有社交性質的家庭娛樂活動如打牌、音樂聚會和家庭遊戲已經減少（雖然也存在其他原因）。過去的集體形式，例如家庭、社區和宗教場所，已經被許多個人即可參與的網絡所取代。這些集體形式的「身分建構」很大程度上倚賴媒體產業的產品。當然，家庭、地方社區和國家依然存在，而且有些人認為，對於那些無法享受「網絡化個人主義」生活風格、面臨風險或存在其他問題的不斷增長的人群來說，這些集體形式變得比過往更加重要。

Rosengren 與 Windahl（1989）在回顧「瑞典媒體小組」（Swedish Media Panel）有關兒童發展的長期研究時發現，許多證據表明媒體使用與其他社交活動存在多樣且複雜的關聯模式。他們發現，「整體上兒童的電視觀看與他們的社交互動之間存在正向關係」（同上註：200）。年齡（學校年級）、性別和社會階級在調節這種關聯方面發揮一定作用（參見 Buckingham, 2002）。在另一項針對數十年來兒少和媒體相關研究的後設分析中，Valkenburg 與 Piotrowski（2017: 270）認為，對於媒體、兒童和家庭的研究中普遍發現的效果較小到中等程度的結果需要被重視，「因為它們可能表明還是有一小部分兒童和青少年對媒體的影響特別敏感」。他們得出結論，媒體偏好和媒體效果在很大程度上取決於每個人的發展和生命階段，這一結論在關於高齡化和媒體使用的研究中也獲得證實（Givskov and Deuze, 2018）。

根據大量關於家庭生活的過去和現在的研究，例如由美國加州大學洛

杉磯分校家庭日常生活研究中心（CELF）、歐洲「日常生活中的媒體與科技」（EMTEL）研究網路的學者所做的研究，以及「全球兒童網路研究計畫」（Global Kids Online）的研究都發現，在家庭裡的權力和權威的鬥爭和協商中，媒體占據著重要地位。

　　一般媒體、線上媒體和行動媒體具有核心角色，在個人化和全球互聯的社會趨勢裡尤然，這促使 Fortunati（2001）將媒體描述為「魅力型」科技，有能力逐漸讓使用者將其納入日常生活的方方面面。Quandt 與 von Pape（2010: 332）採取了一種「生物哲學」的取徑，在他們長達一年的研究中，將媒體、家庭生活和社會變革聯繫起來，將這些常見的日常生活安排視為「**媒體環境**」（mediatopes）：媒體的社會、物理和科技生活環境。透過訪談、觀察和調查，Quant 與 Von Pape 展示了媒體如何成群結隊地進出一般家庭、各種設備的身分如何隨時間變化、年輕和老邁媒體如何在家庭環境中爭取生存，因此所有媒體都有著獨特且動態的生命週期，「與使用者自身的生活相連」（同上註：339）。這種個體和家庭生活與媒體之間的密切相互關係「勾勒出一幅在家庭環境中不斷演變的、有生命的媒體世界之圖景」（同上註：343）。

　　這項研究符合受到「媒體馴化理論」（media domestication theory）所啟發的長期媒體使用研究傳統，該理論由 Roger Silverstone 等人提出，旨在考量人們如何將各種科技和媒體融入到他們的日常生活規律當中（參見 Silverstone and Hirsch, 2003）。在這一研究領域中，通常區分為四個階段：首先，科技被融入日常生活並適應日常實踐。其次，使用者及其環境發生變化並相應地適應。第三，這些適應回饋到產業創新過程中，塑造下一代科技和服務。第四，這些科技適應並反映了它們被挪用到家庭、辦公室或其他社會環境的文化，這被稱為媒體的「三重接合」（triple articulation）（Hartmann, 2006; Courtois, Verdegem and De Marez, 2013）。

　　大多數媒體使用可以是社交性的或非社交性的，取決於影響我們怎麼選擇的現實生活資源（例如金錢、移動性、可取用的朋友和社交聯繫），這就是 Rosengren 與 Windahl（1972）所稱的「互動潛力」（interaction potential）。在提供一種替代「現實生活」社交接觸的情況下，媒體通常

有助於緩解孤獨以及因為孤立而產生的壓力，尤其在現代城市生活中可能無法獲得社交接觸的情況下。

　　大眾媒體所提供的社交接觸可以補充和輔助真實的人際接觸，同時也可以擴大或替代它們。因此，媒體使用對社交互動的潛力既可以擴大也可以減少。就社交互動和媒體使用之間的關係而言，根據一般的實證答案，似乎高水準的「真實」社交接觸通常伴隨著高於平均水準的媒體接觸。這一發現並不能解決問題，但可以理解為支持這樣一種觀點：身為閱聽人的最準確定義應該是「社交的」，而不是「非社交的」。媒體使用與日常生活交織在一起的方式有很多種。James Lull（1982）根據對家庭的參與觀察提出了一種有關電視的社交使用之分類方式，其中一些觀點也適用於其他媒體。第一類被稱為**結構性**，它指認了媒體在日常活動中提供時間框架的眾多方式。這從一個早晨的新聞報導開始，成為早餐時的伴侶，並根據每日時間表，在工作休息時間、用餐時間、下班回家時間以及晚間休息時間，分別提供熟悉和合適的廣播和電視節目。這就是 Mendelsohn（1964）所指的廣播在「劃定一天的範圍」方面的功能。這種媒體衍生的結構提供了一種陪伴感，並標記著一天的不同階段，有助於建立適當的情緒。第二類被稱為**關係性**，涵蓋了前面提到的內容作為交談的「交換貨幣」和緩解非正式但非親密社交接觸的方式。

　　第三類可概括為**歸屬**（affiliation）和**迴避**（avoidance），指的是社交關係不斷波動的動態，人們希望與同一個物理空間中的他人保持社交接近或分開，而不同的媒體為其中的一個或另一個選擇提供了不同的機會。歸屬表現在以不同程度的參與方式加入相同的閱聽人活動（例如透過電視觀看足球比賽）。迴避則採取多種不同的形式，有些涉及使用特定媒體，這些媒體根據定義是用於獨處的時候，比如書籍、戴耳機聽音樂或（有時候）滑手機。在公共場所和私人場所，閱讀報紙通常表達出希望獨處不被干擾的願望，戴（降噪）耳機也是如此。擁有獨立的電視和收音機，或是能夠在房屋的不同部分播放為特定房間的人客製化音樂的無線音箱，有助於家庭成員的分散。這些社交設備通常被理解並接受為正當的，從而避免冒犯他人。但不太可能將「正當」的媒體使用動機與自我隔離的

不太能被接受的情況分開。在家庭中，隨著孩子的成長，個人活動日益分散的模式相當明顯，這與不同媒體的使用密切相關（von Feilitzen, 1976; Livingstone, 2002）。

在 Lull 提到的其他社交使用中，其中一個是**社會學習**（social learning），涵蓋了媒體使用的社會化方面的廣泛範疇（例如接受某些角色模範），第五個則被稱為**能力／支配**（competence/dominance）。這指的是在家庭中社會結構化的控制媒體使用的權力，從選擇日報到使用電視遙控器，並包括關於購置媒體硬體和軟體的決策。它還指的是利用媒體衍生的資訊和專業知識在與家人和朋友的社交接觸中扮演意見領袖角色（Katz and Lazarsfeld, 1955）。在家庭環境中的民族誌研究清楚地表明，媒體使用通常受到相當複雜的、未明示的規則和理解的控制，這些規則和理解因家庭而異（參見 Morley, 1986），隨著「魅力型」媒體在日常（家庭）生活中占據更重要的地位，這些規則和理解變得更加複雜（Valkenburg and Piotrowski, 2017）。已經發現的媒體的主要社交使用方式如方框 15.3 所示。

15.3

媒體的社交使用方式

- 管理與他人的關係
- 交談與社會交流
- 社會歸屬與迴避
- 社會學習和對角色模範的認同
- 控制媒體選擇
- 分享活動
- 替代陪伴
- 填補（「殺」或「重新振作」）時間
- 為日常活動提供時間框架

媒體使用的規範性框架

前述討論提醒我們，媒體閱聽人的研究在很大程度上是在一個規範性的，甚至是帶有價值判斷的框架下進行的（參見 Barwise and Ehrenberg, 1988: 138ff），這本身即意味著媒體使用已經被充分納入社會化過程當中。雖然，正如我們所見，重度的媒體使用本身不必被視為有害的，但對媒體的最基本規範是：你可能做過頭了，即使是一件好事（參見 Valkenburg and Piotrowski, 2017: 273）。媒體使用的規範框架，乍看起來與媒體使用作為一種自願、閒暇、「角色外」且通常是愉快的活動相悖，這種活動與任何社會義務較無關聯。然而，閱聽人研究不斷揭示出非正式的價值體系存在，這些價值體系在某種程度上用於規範媒體行為，並提高了我們對個人發展和媒體使用所處社會脈絡的重視。

有大量的證據表明，媒體被閱聽人廣泛認為具有潛在的正面或負面影響力，因此需要社會進行指導和控制。至少它們應該由父母監督。正如 Valkenburg 與 Piotrowski（2017: 268）所指出的那樣，「網路社會帶給當今年輕人前所未有的自由，他們享受的個人化社交媒體需要父母比以往任何一種媒體都更加嚴格的監督和全面的判斷。」

雖然毫無疑問，對媒體的規範關切很大程度上源於對負面影響的擔憂，但媒體使用本身是可以被視為道德上可疑的（如上所述）。Steiner（1963）早就發現閱聽人傾向於對自己的重度電視使用感到內疚，他將這歸因於新教倫理的遺產，該倫理對於「非生產性」的時間運用持不贊同的態度。特別是在中產階級觀眾中，對這種價值觀的敏感性仍然存在。Radway（1984: 105）在研究羅曼史／言情小說的女性忠實讀者時，也發現了類似的內疚感，原因相似：「內疚是可以理解的社會化結果，因為她們生活在一個仍然將工作視為價值高於休閒和娛樂的文化。」

Yee、Bailenson 與 Ducheneaut（2009）展示了人們在暫時「拋棄」他們的虛擬角色（例如線上遊戲、討論平台、公司內部網路等協作虛擬環境）時可能感到同樣的內疚感。他們稱人們根據他們在線上的外貌而調整自己行為的現象為「普羅透斯效應」（Proteus effect），例如當他們的虛

擬角色看起來很有吸引力時,他們對線上的其他人也更友善。在這些例子中,內疚感更多地體現在言辭而非行為上,反映了社會期望的影響。這點在對人們的媒體使用所進行的長期調查研究中也有所體現,過去人們傾向於低估他們花在觀看電視或使用網際網路的時間,而在當代研究則發現,人們會高估自己的媒體使用情況,部分原因是為了表達關切。

內容的閱聽人規範

閱聽人對內容的規範期望不僅與媒體使用行為有關,還涉及媒體內容的各個方面。人們對媒體表達了抱怨和讚賞之詞,而正面回應通常超過批評,但令人驚訝的是,媒體的表現如此廣泛地被認為是表達公眾態度、評判和觀點的適當話題。閱聽人期望媒體符合某些真實性和事實性的規範(特別是在新聞領域)、良好品味和道德(尤其是廣告和電視節目),有時還包括其他價值觀,例如地方社區的價值觀、愛國主義和民主價值觀。關於在虛構和娛樂中什麼是適當的規範,通常涉及粗言穢語、暴力、性以及媒體所提供的行為模範。在這方面,家庭生活、兒童保護、成人的個人敏感性和道德標準是主要的參照點。

撇開道德不談,值得注意的是,閱聽人基於政治偏見和公平性的理由關切媒體品質,通常強調不偏不倚和可靠性更甚於媒體自身的言論自由權利(例如 Comstock, 1988; Gunter and Winstone, 1993; Fitzsimon and McGill, 1995; Golding and van Snippenburg, 1995; McMasters, 2000)。閱聽人對主流媒體中極端或偏差的政治觀點的公開表達往往表現出不能容忍的態度。關於審查的問題往往揭示了公眾態度的出人意料的變異程度,在調查中,受訪者通常表示支持對新媒體實施事前審查和對其引起社會動盪的懲罰。閱聽人對媒體資訊的規範通常涉及完整性和正確性、平衡和意見的多樣性。對新聞來源通常根據其相對可信度進行評判(Gaziano and McGrath, 1987)。因為各種原因,媒體正失去人們的信任,而一旦失去信任,就很難重建信任,就像新媒體(例如線上新聞)一開始就很難獲得

信任一樣。

　　儘管存在著批判性的公眾態度，但相對的很少有人感到自己被媒體冒犯，而且實際的使用行為顯示存在著一種相對無規範的狀態。這種悖論可能反映了基於個人品味和偏好的私人規範的存在，與行為的許多方面一樣，這些規範與公眾規範不盡相同。這也意味著，他們所表達的媒體評價態度有些表面，是作為社會規範意義上的學習，而非深刻內化的結果。這並不是說在選擇和回應媒體內容時個人偏好不會受到個人價值觀的影響，相反地，這些價值影響通常是隱含且在表面之下的，除非涉及所謂的「網路小白／酸民」（trolls）和其他在線上發表具有攻擊性的批評內容或仇恨言論的行為。

　　其他形式的批判距離（critical distance）包括出於道德或意識形態理由對某些內容提出異議。換句話說，「經驗豐富」的閱聽人（這些數據來自於經常觀看且善於表達的觀眾）似乎對於特定媒體內容可以採取相當廣泛的立場。方框 15.4 概述了用於電視和其他媒體使用的主要規範。

15.4

媒體行為和內容的閱聽人規範

- 媒體使用過多是不好的，尤其是對兒童而言
- 應保護和監督兒童的媒體使用
- 不同類型和（尤其是社交）媒體受到不同的評價
- 閱聽人期望新聞具有正確性和公正性
- 給一般閱聽人使用的媒體內容不應違反主流的道德和社會規範
- 媒體不應任意損害國家利益或安全

來自閱聽人的觀點

如第 11 章所述，大眾傳播工作者以各種方式解決面對本質上未知的閱聽人的「問題」，這取決於他們特定的角色概念和媒介或概念的型態。在這裡，我們簡要地從另一端探討傳播者與閱聽人之間的關係。一般而言，閱聽人在日常的基礎上不會將其與媒體和媒體傳播者的關係視為問題。在自由和多樣化的條件下，閱聽人根據個人的喜好和對相關及有趣內容的感知，選擇自己的媒體來源。然而，閱聽人需要付出一些努力，而且可能帶來一些不適。在閱聽人—來源關係中要考慮的第一個向度是**情感方向**（affective direction）。

儘管媒體是由閱聽人自由選擇的，但實際上閱聽人中的個人可能並未自行選擇他們所接觸到的媒體或特定內容。這種情況適用於家庭、家戶或其他群體的成員，他們受到其他人對可閱讀、觀看或收聽的內容的選擇影響。這種媒體「微型守門人」（micro-gatekeepers）可能是父母、伴侶、朋友等。它也適用於幾乎沒有或沒有真正替代品的情況，例如在僅有一個本地電視頻道或一家報紙的情況下，實際上很難無視。

通常，各種形式的媒體廣告會帶來大量未經請求且往往是不受歡迎的媒體訊息，這也產生了類似的情況。即使我們自己選擇了媒體通道、來源和內容，然而我們往往會對媒體表現的某些方面不滿意，對媒體產生負面反應的空間很大。我們不斷面臨選擇和評估的需要，這包括**根據**我們不喜歡的內容做出選擇。線上社交媒體提供的演算法解決方案旨在於根據用戶的偏好（以及與他們類似的其他人的偏好）來推薦或自動生成內容，以「減輕」消費者的這種策展工作（curatorial work）。閱聽人通常對這種新媒體環境的可供性感到既愉悅又有時愛憎交織。

除了對來源、媒體或訊息存在正面或負面感受之外，我們還需要考慮閱聽人的**涉入感**、參與度或**情感連結**程度，這可以從偶然的旁觀者到對媒體設備、人物或表演的高度個人承諾而有所不同。從廣播的早期歲月開始，傳播者試圖透過使用熟悉的說話方式（forms of address）、加入音效以模擬有現場聽眾存在，或是鼓勵聽眾參與，來建立與看不見的聽眾之

間的親密感和個人接觸的幻覺。在廣播和電視的脈絡中，總是存在著很多與「假參與」（pseudo-participation）相關的情況，現在線上互動媒體提供更多這樣的機會，它在閱聽人中引起了一些反應並不奇怪。在實際應用中，很難從實證上區分出「真正」的情感連結和「人為」的情感連結。但正如 Hermes（1999: 74）指出的那樣：「將媒體人物視為真實存在並成為我們日常文化和情感體驗的一部分，是媒體文本產生意義時不可或缺的環節。」

Horton 與 Wohl（1956）提出「擬社會人際互動」（parasocial interaction）的概念，用以描述媒體人物角色或名人取代了人際互動對話者的現象，暗示這種互動不如真實社會互動那麼令人滿意。然而，它可以被視為比沒有互動要好，或是對缺乏真實社會接觸的一種反應。已經發展出一些衡量擬社會人際互動程度的量表（PSI）（Austin, 1992），其定義為「閱聽人感覺與他們最喜歡的電視新聞主播互動的程度」（Rubin, Perse and Powell, 1990: 250）。鑑於媒體產業將閱聽人參與價值與觸達閱聽人並列（Kosterich and Napoli, 2016），近年來更多的關注集中在「媒體粉絲文化」（media fandom）現象上。這些特定的「參與型」閱聽人原本被邊緣化、嘲笑和汙名化，但如今似乎代表了與媒體內外建立新關係的先鋒（Duits, Zwaan and Reijnders, 2014；參見第 11 章有關參與和匯流文化的部分）。隨著閱聽人對「媒介化」（mediatic）過程中的各種參與方式感到越來越自在（Krämer, 2015），包括想像、分享、創造、傳播、推廣和回應媒體等各個方面，他們對媒體的取向也在改變，或許變得參與度更高，但也可能變得不那麼在乎獨特的媒體設備、外觀和使用方式。

在方框 15.5 中列出了對媒體名人和角色的不同形式和程度的個人取向。

15.5

媒體閱聽人取向的型態

- 喜歡或親近性
- 涉入感

（續）

- 擬社會人際互動
- 互動性
- 情感依附
- 認同
- 俘虜
- 參與
- 粉絲／迷文化

閱聽人的終結？

正如我們在第 14 章開頭提到的，閱聽人概念一直比看起來的更加棘手，因為它可以用許多方式來定義和建構，而且沒有固定的存在。這些問題在我們從閱聽人自身的觀點，而不是從媒體產業的角度來看時更加複雜。新型態和不同的閱聽人可以根據自己的某些共同興趣或身分來形成。新科技正在質疑媒體閱聽人原始概念中至關重要的發送者和接收者之間的明確區分，並引入了媒體使用的新形式（參見本書第 6 章）。與原始的大眾閱聽人所特有的旁觀角色不同，互動和諮詢性的媒體使用讓閱聽人的角色發生了變化。除了根本性的新通訊科技外，「舊科技」和媒體產業發生的許多變革也對閱聽人產生了影響。

然而，變革的影響是相當混雜的。一方面，它們透過集中化和壟斷形成，以及在多個媒體平台和許多不同市場上利用相同內容，增加了特定產品和展演者的閱聽人規模。國際化也是某些知名內容和大規模媒體體驗吸引更多（積累的）閱聽人的途徑。另一方面，由於傳播通道增加和專殊化，「實際」閱聽人也變得多樣化。有更多但通常更小且更同質化的閱聽人，特別是那些基於文化接近性形成的閱聽人。閱聽人不再基於特定地理區域或社會階級招募，而更多地基於品味、價值觀和生活風格。**市場區隔**（segmentation）是指將媒體供給更精確地配對到相關的媒體消費者的過

程，這一過程得益於消費者自身在選擇（以及隨後的個人資料的分享）方面更大的可能性。

另一個是**碎片化**（fragmentation）的過程，涉及的是越來越多的媒體來源分散了閱聽人的注意力。最終，幾乎所有的選擇都可以個體化，這意味著閱聽人作爲一個重要的社會集體的終結。媒體使用者之間的共同性將不再比其他消費品的擁有者更多。隨著閱聽人的碎片化和使用的個體化，人們與所選擇的媒體來源之間的連結強度弱化，並且失去了作爲閱聽人的任何身分認同感。

我們可以根據圖 15.4 中所示的四個連續階段來概括前述閱聽人趨勢。這特別適用於電視，但具有不只適用電視的更廣泛參考價值。在電視的早期歲月（1950 年代和 1960 年代），大多數國家的大多數觀眾只能選擇不超過三個全國性頻道。幾乎每個人都共享相同的媒體體驗。這種「**統一模式**」（the unitary model）意味著單一觀眾與一般公眾幾乎並存。隨著電視內容和頻道的供給增加，出現了更多的多樣性，統一模式的架構中開始出現更多獨特的選擇（例如日間和夜間電視，以及地域差別）。這種有限的內部多樣化的模式可以稱爲「**多元主義模式**」（the pluralism model）。圖 15.4 所描述的第三階段是「**核心─邊緣模式**」（the core-periphery model），頻道的增加削弱了架構的統一性。由於有線和衛星傳輸、錄影科技和串流媒體影音的發展，人們可以享受與大多數人或主流不同的電視節目，並且不一定依賴於電視機。圖 15.4 所描述的最後一個階段是「**分裂模式**」（the breakup model），閱聽人碎片化加速，不再存在「核心」，而只有數量龐大且非常多樣化的媒體使用者。這一階段不應被誤認爲是授權、跨媒介製作和發行電視（和其他內容）的媒體產業已經失去了權力。

正如我們在第 10 章中所看到的，該產業的核心反應是推動（國內和國際）政治去管制化（political deregulation），透過收購（acquisitions）和結合（mergers）加速媒體集中化。這是爲了分散對區隔化和碎片化閱聽人提供多樣化內容的風險，而這些閱聽人處於「高度選擇」的媒體環境中。在對世界各地媒體集中化發展的回顧中，Noam（2018: 5）指出了四

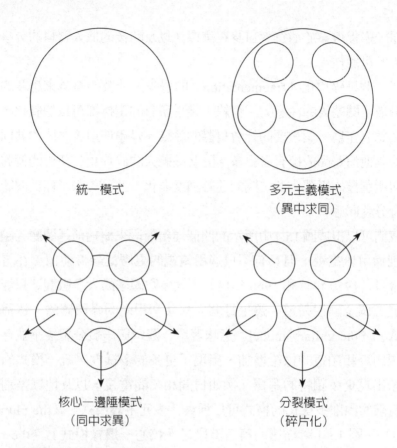

統一模式　　　　　　　　多元主義模式
　　　　　　　　　　　　　　（異中求同）

核心—邊陲模式　　　　　　分裂模式
（同中求異）　　　　　　　（碎片化）

圖 15-4　閱聽人碎片化的四個階段
資料來源：McQuail（1997: 138）

個關鍵發展，所有這些都導致了一個複雜的領域，在其中出現了閱聽人碎片化的四個階段的元素：

- 在大眾媒體和資訊部門相應增長的背景下，出現了大型全球媒體公司併購的情況。
- 由於數位匯流，許多新業務進入媒體產業，而媒體公司也跨界到電信和電腦產業。
- 透過國際化，某些國家的大型媒體公司在其他國家取得市場和影響力，挑戰這些國家原本的寡占局面。

- 網際網路大幅擴展了發行通道和內容供應商。

閱聽人的「逃脫」

　　閱聽人整體特性的表面變化可以從不同角度進行評估。在選擇大幅增加的情況下，閱聽人從媒體產業的管理和控制中「逃脫」的可能性似乎是閱聽人權力平衡中的一個有利因素，但這也被媒體產業在追蹤閱聽人的實務和科技（audience-tracking practices and technologies）方面的大量投資所抵消。

　　在網際網路成為大眾媒體（在 21 世紀初）之際，對於市場和個別公民而言，人們對媒體消費者的優勢轉移抱有很大的樂觀期待。考慮到政治和公民資訊的更多相關傳播通道，以及大量閱聽人不太可能成為半壟斷宣傳或有偏見資訊的對象，政治或商業傳播者要觸達大眾公眾可能會變得更加困難。閱聽人對接收到的資訊也不像早期的廣播和電視那樣集中注意力，而供給過剩超出了人們的注意力或利用的能力。即使有注意到，這些資訊的影響力可能也比以前小。Neuman 與 Pool（1986）提出了一個「均衡模式」（equilibrium model）的概念，根據這個模式，閱聽人可以透過降低注意力的「品質」來避免資訊過載的不適感。典型的媒體使用者時間減少和動機降低，而且根據上述說法，他們缺乏與媒體來源的社會或規範聯繫，因此將不利於媒體來源施展影響力。潛在影響力的品質和數量現在都已經被稀釋了。

　　閱聽人「權力」變大這件事不應被過度誇大，因為這其中有得也有失。隨著閱聽人變成新增的又一個消費市場，他們失去了集體性的社會力量。根據 Cantor（1994: 168）的說法：「對電視內容的影響力最大的，仍然是作為多個市場區塊的閱聽人，而不是作為文化政治參與者的閱聽人。」聚合的市場影響力與公眾輿論或組織化的集體行動相去甚遠。公共電視（public service television）的持續優勢之一是觀眾作為公民團體具有某些集體權利，仍然對媒體通道擁有正式控制權。此外，網路平台公司的

崛起，透過這些平台，大多數人線上近用媒體內容和服務，導致關於個人使用方式的細緻與詳細資訊被分享出去。這些個人資料／數據（personal data）的商品化反過來又被公司和政黨用於「微定向」（micro-target）閱聽人，以有時複雜、經常粗暴操縱的新聞和資訊來影響選舉和購買行為。關於這類廣泛企圖影響行為的實際「效果」，儘管證據仍然缺乏，但對於這樣的作法存在合理的擔憂。

方框 15.6 彙整了影響閱聽人概念和現實的一些變革。

15.6

影響閱聽人的媒體變革

- 傳播通道倍增
- 企業集團獲得更大規模的閱聽人市場
- 大眾閱聽人的碎片化
- 根據市場特徵的區隔化
- 閱聽人逃脫管理和測量
- 新型態閱聽人的出現：互動式、參與式和諮詢式
- 透過線上跟蹤和個人資料／數據分享而重新掌控閱聽人

閱聽人的未來

目前，儘管存在著前述的趨勢，我們仍不能斷定大眾閱聽人將會消失。它仍然存在，雖然是以不同的形式存在，而且大眾媒體產業展現了非凡的生存能力。儘管通道增加，利用新科技進入媒體市場的便利性增加，由網路平台和行動應用主導的數位媒體系統興起，個體的選擇能力增強，然而媒體閱聽人整體結構尚未徹底改變。一般而言，該產業仍然致力於尋找能夠在國內外吸引最大可能閱聽人的成功格式。

與 Neuman（1991）一樣，我們可以合理地得出結論，閱聽人形構的基本變革受到相當大的慣性力的限制。抵抗的其中一個方面可歸因於「媒

體使用的社會心理學」，表現在「根深蒂固的被動、半專注的使用習慣」（同上註：42）。另一個壓力來自傳播產業本身。根據 Neurnan（同上註：42）的觀點：「規模經濟推動著公約數、單向的大眾傳播的發展，而不是促進窄播（narrowcasting）和雙向傳播（two-way communications）。」由許多利基市場、產品和閱聽人組成的「長尾」經濟的崛起並不像預期的那樣具有破壞性，因為在所有媒體上，一小部分媒體產品仍然在全球主導注意力和銷售（Elberse, 2008）。對於該產業來說，想要製作能夠可預測地保證「頂流作品」（在電影中為「支柱大片」或「票房大片」；在數位遊戲中為「三 A 級」）地位的遊戲、電影或其他內容，或許風險和不確定性變得比以往更大。

　　同時，還存在著強大而多樣的社會力量影響著媒體的生產和使用，這些力量根深蒂固，對科技變革的影響具有一定的抵抗力。閱聽人的型態反映了社會組織的結構、動態和需求，從國家社會到家庭各個層面都有所體現。這些力量並非都朝著支持大眾閱聽人的方向發展，其中一些力量可能更有利於新媒體的新用途與新的閱聽人現實。

再論閱聽人概念

　　已經有足夠的理由懷疑「閱聽人」這個術語是否仍然有用，特別是考慮到有這麼多種類的傳播媒體和使用方式。「閱聽人」一詞很難擺脫「旁觀者」的強烈意涵，即相對被動的觀看和聆聽。它在含義上也與接收某些「訊息」密切相關，儘管我們知道閱聽人行為涉及到一些同等重要的動機或滿足，例如社交共處和實際使用媒介的愉悅，不論內容如何。儘管如此，似乎還沒有一個可行的替代術語，因此我們將繼續使用它來涵蓋非常多樣的情況。作為「工業時代」媒體的大眾閱聽人的早期態樣，被稱為「受眾」的閱聽人總是被描繪得有些誇張，忽略了他們在媒體參與中涉及的社交性和協商性。這個概念的核心，仍然是我們對於作為集體的閱聽人的關注，企圖理解他們與社會和文化脈絡的聯繫。

　　透過列舉和概括各種可能性，方框 15.7 提供了閱聽人的主要面向。其中顯示的每個變項都可以用來描述和分類現有的眾多閱聽人型態，而且每個變項在理論和研究中都有一定的歷史。

15.7
閱聽人的主要面向
- 活動或被動的程度
- 互動和交流的程度
- 數量規模和持續時間
- 在空間和時間上的位置
- 群體特徵（社會／文化身分）
- 與來源接觸的同時性
- 組成的異質性
- 發送者與接收者之間的社會關係
- 訊息 vs. 情境的社會／行為定義
- 被感知的「社會臨場感」（social presence）程度
- 使用脈絡的社交性

本章小結

　　本書關注媒體和大眾傳播，必須清楚地說明，對於理解、理論化和解釋社會中的「文化迴路」（請參見本書第 17 章），閱聽人是不可或缺的一環。正如我們所見，閱聽人的概念與其他術語（例如使用者）相互交織，可以描述對於各種匯流的傳播科技的使用。當我們考慮到對於閒暇時間的替代性使用方式、不同手段能夠滿足的各種功能、對科技的多重依賴、大眾媒體和新媒體的所有權和組織形式以及某些形式的內容時，就會出現一些媒體通道傳播形式的共同基礎。因此，我們無法對於廣泛趨勢的強度和方向做出確切預測，唯一確定的是，閱聽人研究變得比以往更重要

也更有趣，因爲人們對於社會共享敘事和共同體經驗（與社會共識不是同一回事）的需求非常深刻。

進階閱讀

Courtois, C., Verdegem, P. and De Marez, L. (2013) 'The triple articulation of media technologies in audiovisual media consumption', *Television & New Media*, 14(5): 421-439.

Ettema, J.S. and Whitney, D.C. (eds) (1994) *Audiencemaking: How the Media Create the Audience*. Newbury Park, CA: Sage.

Fletcher, R. and Kleis Nielsen, R. (2017) 'Are news audiences increasingly fragmented? A cross-national comparative analysis of cross-platform news audience fragmentation and duplication', *Journal of Communication*, 67: 476-498.

Kim, S.J. (2016) 'A repertoire approach to cross-platform media use behavior', *New Media and Society*, 18(3): 353-372.

Papacharissi, Z. (2014) *Affective Publics: Sentiment, Technology, and Politics*. Oxford: Oxford University Press.

Quandt, T. and von Pape, T. (2010) 'Living in the mediatope', *The Information Society*, 26(5): 330-345.

第七篇　效果

16

媒體效果的過程和模式

　　媒體對人們的情感、思想、態度、信念和行為都具有影響。媒體使用會產生後果，這在媒體和大眾傳播研究中是一個既定事實。然而，什麼構成了「媒體效果」，這種效果的方向是什麼，究竟是什麼可以解釋效果的有無，以及如何有效地測量效果，這些問題一直是學者、學生、政策制定者、媒體專業人士和公眾的討論主題。從 1920 年代以來，人們已經提出並測試了關於媒體效果和後果的基本和進階理論。顯然，媒體效果問題是媒體和大眾傳播研究領域最具根本性的討論之一。

　　本章提供大眾媒體效果理論和模式一個概括性的回顧。我們的概述從一個悖論談起。人們普遍相信而且幾乎是確定的是，大眾媒體是一個力量強大的工具，能夠影響人們的意見和行為。同時，在預測效果、透過設計實現效果或在事件發生後證明有效方面，存在著很大的困難。儘管有這種困難，但我們對媒體效果的過程的了解有所增加，能夠更好地判斷何時、何種效果以及對誰而言效果相對更可能發生。本章記錄理論的發展，解釋其中的不同種類的效果，以及效果發生的模式。

媒體效果的前提

　　如前所述，整個媒體與大眾傳播研究是基於一個假設，即媒體對人們的情感、觀點、態度和行為具有重要的影響。然而，針對這些假設效果的性質和程度，人們尚缺乏共識。這種不確定性令人驚訝，因為日常經驗提供了無數微小但具有影響力的例子。媒體在家庭和朋友之間的討論中占據重要地位，尤其是由於智慧型手機和其他行動設備在私人交往中的普遍使用。我們根據天氣預報穿衣服，因廣告而購買某些商品，因社交媒體提到的電影而去觀看，對新聞、電影、串流媒體音樂等做出無數反應。良好或不良的經濟新聞明顯影響企業和消費者信心。媒體曾經多次引起負面的公眾關注，例如食品汙染或摻假，導致人們行為變化，有時對經濟產生巨大影響。各行各業的公眾人物及企業和機構對其媒體形象非常敏感，正如 Thompson（2005）所說的「中介能見度的新時代」（a new age

of mediated visibility）。暴力或自殺行為似乎是從媒體對此類行為的描繪
中複製或激發出來的。許多政策和監管防止媒體造成的傷害，鼓勵媒體發
揮正面影響。

我們的思想充滿了媒體衍生的資訊和印象。我們生活在一個充斥著媒
體的聲音和影像的世界，政治、政府和商業都基於一個假設運作，即我們
知道更廣泛的世界上正在發生什麼。我們每個人都想得到這樣的一些親身
經歷，即我們都從媒體獲得重要的資訊或形成觀點。有許多金錢和努力被
投入於引導媒體實現這些效果，特別是透過廣告和公共關係，很難相信
這會在沒有信念的情況下發生，即它可以按照計畫或多或少地起作用。當
然，媒體本身對自己實現預期效果的能力似乎充滿信心。

「媒體效果」（media effects）可以被定義為「由於媒體使用而產生
認知、情感、態度和行為方面在個人內部出現的刻意和非刻意的短期和
長期變化」（Valkenburg and Peter, 2013a: 199）。儘管理論和研究始終聚
焦在這個清晰且始終一致的目標，仍然存在著相當多的不確定性。我們知
道，在某些條件下（例如訊息有一致性和共識、來自可信來源的重要新聞
報導以及大規模觀眾），我們可以預期會對公眾知識和意見產生某些影
響，但我們無法確定會發生多大程度的變化，也無法確定對哪些閱聽人群
體會產生最多影響，更不用說個體的情況了。媒體很少會是唯一必要或充
分的影響因素，而且它們的相對貢獻不易評估。造成這種不確定性的原因
有很多，在面對道德、恐懼和偏差行為等爭議領域的媒體效果問題時就連
常識也可能會動搖，而這些問題更是引起公眾關注。在這些問題上，媒體
不太可能是主要或充分的原因，而且要充分考慮所有可能涉及的心理、社
會和文化因素是極其困難的。再者，將「媒體」視為一個整體並沒有多大
意義，媒體應該被理解為龐雜多樣的訊息、圖像和思想的載體，且受到特
定科技的可供性所形塑。

大部分的效果研究是由媒體外部的社會評論家、政治人物、利益團體
等啟動的，而非從媒體內部。通常的基本前提是，大眾媒體對社會其他部
門是來說是某種「問題」，而媒體效果的負面影響仍然形塑著媒體（包括
網際網路、社交媒體和行動媒體）上的公眾辯論。在那些聲稱媒體具有巨

大影響力（通常是出於自身利益）或對媒體潛在危害感到擔憂的人之間，存在著很大的鴻溝，而那些將這些聲稱和擔憂視為未經證實的人也是如此。可以說，存在著一種「媒體力量信仰體系」，其信徒不需要像懷疑論者所要求的詳細證據。另一方面，基於缺乏實證證據而拒絕所有關於媒體影響力聲稱的人可能會導致另一種錯誤。大眾媒體的許多潛在影響相當複雜、微妙或長期，無法透過一次性研究、相對簡單的測量方式或單向效果的假設來捕捉。然而，上述這種不同觀點的衝突可能是好的，提醒我們不要太輕易地接受「說服者」或批評者的主張，不要將特定訊息與整個媒體混淆，要仔細區分不同型態的效果和不同的情境，並應注意對個體的影響不等於對整個群體或人口的效應。最重要的是，我們應該充分考慮到媒體效果並非由發送者或接收者單方面決定，發送者和接收者應該受到同等重視。

媒體效果研究與理論的歷史

媒體效果研究和理論的發展可以說是一種「自然史」，因為它在很大程度上受到時代和地域環境的影響。它還受到了幾個「環境」因素的影響，包括政府和立法者的利益、不斷變遷的科技、歷史事件、壓力團體和宣傳者的活動、公眾輿論的持續關注，甚至是媒體和大眾傳播研究的學術發現和流行。不意外的一點是，我們無法辨識出一條知識積累發展的筆直路徑。

包括本書的早期版本在內，學術文獻往往將該領域的歷史區分為若干階段。儘管這些階段有助於對媒體效果研究的歷史進行梳理，但我們不能假設存在一種整齊、有序的漸進發展，也不會說在這些不同階段中沒有出現過證實其他假設和結果互相衝突的研究。與其說是階段，或許更好的方式是探討對媒體效果的各種看法，這些看法激發了跨學科領域研究和理論。這樣的媒體效果觀點相當重要，因為這些觀點解釋了為什麼人們認識到媒體對生活和社會的重要性，正所謂「人們相信媒體是重要的，因為他

們相信媒體具有影響力」（McLeod, Wise and Perryman, 2017: 52）。

　　總的來說，學術界一直有確鑿的證據顯示媒體對人們的談論內容、意見形成和表達，甚至行爲方面有所影響。然而，在所有這些研究中，涉及幾個學科的約一百年的研究期間，通常只發現到某個中等程度的效果。Rains 等人（2018: 14）在回顧長達 60 年（1956 至 2016 年）的傳播相關研究時指出，預期會出現較小的效應，實際上對於涉及（預測）人類行爲的研究而言，這是相當典型的結果，並得出結論：傳播的特定問題在於它是多重決定和具有高度偶然性的，因爲「傳播的後果往往取決於大量隨脈絡而變化的微小原因，而不是少數幾個持續強大的原因。」Lang（2013: 15）在綜述他的看法時也表示：「在 60 年的大眾傳播效果研究後，我們幾乎唯一學到的是，對於幾乎任何特定媒體或內容的接觸程度都會對任何特定行爲產生一點影響，但平均而言，影響非常微小。」正如 Lang 所說，以及 Valkenburg 等人（2016）在對媒體效果理論和研究的綜合評估中所指出的，儘管個人的第一手經驗和常識顯示出不同結果，但總是只能找到微小到中等程度的效果，這一點有些令人沮喪。因此，Neuman（2016: 377）在他對媒體效果研究史的評論中告誡：「在這幾十年的學術研究之後，我們不應該只是道歉地聲稱我們現在知道傳播效果『不是那麼微小』，我們可以做得更好。」

　　多年來，這些以及其他許多媒體效果研究的綜述和後設分析，展示了幾代媒體和傳播學者對尋找相對上較顯著的媒體「效果」的持續努力。這些努力背後存在著一些關於媒體對人們和社會影響的一致假設。在媒體和大眾傳播學的研究中，可以找到四種不同的解釋媒體效果的方式：從「萬能」（all-powerful）到「有限」（limited），接著是「協商」（negotiated）到「複雜相互關聯」（complex reciprocal）的效果。

媒體效果萬能論

　　可以說，對媒體的學術興趣始於媒體對青少年產生強大影響的研究和假設。從 20 世紀初到 1930 年代，新聞、電影和廣播等新興媒體被認爲具有相當大的力量，能夠塑造觀點和信仰，改變生活習慣，並在某種程度上

按照控制者的意願塑造行為（Bauer and Bauer, 1960）。這種觀點不是基於科學調查，而是基於對大眾說服（mass persuasion）的可能性的敬畏，以及對這些媒體廣受歡迎的觀察，這些媒體侵入了日常生活和公共事務的許多方面。

在歐洲，包括廣告商、第一次世界大戰的宣傳家、二戰前的獨裁國家，以及俄羅斯的新革命政權等對媒體的使用，在在證實了人們已經傾向於相信的觀點——媒體具有巨大的影響力。在這樣的信念背景下，從1920年代開始進行系統性的研究，利用調查和實驗方法，並在很大程度上借鑑於社會心理學，儘管主要在美國。在這一時期，許多關於宣傳力量的書籍被撰寫出來（例如 Lasswell, 1927;；另見 Jowett and O'Donnell, 1999）。

直到今天，關於強大媒體的假設在整個媒體和傳播研究的歷史中不斷浮現，無論是基於對媒體使用和行為變化的長期觀察，例如透過觀看大量電視節目涵化培養人們的世界觀（Gerbner and Gross, 1976），或是考慮到統治著臉書和 Google 等平台的演算法的強大力量，這些演算法可能成為「文化的新使徒」（Striphas, 2015: 407）。

對媒體效果研究的回顧（例如 McGuire, 1973; Lang and Lang, 1981; McLeod, Kosicki and Pan, 1991; Valkenburg et al., 2016）對於是否曾經存在媒體力量和媒體無力之間的分水嶺提出了相當大的疑慮；相反地，它們顯示了關於強大媒體效果有相當一致的意見，並提出了許多不同的解釋以及如何最好地研究這些效果的廣泛觀點。困擾著大部分文獻的一個特定問題是對短期效果的普遍且歷史上日益增長的關注，從而有礙於執行（更複雜、迭代且昂貴的）長期、理論上豐富的研究設計（Walter et al., 2018）。這導致研究一直發現微小而顯著的媒體效果，而長期的研究設計則同等重視直接和間接效果。

在 1960 年代興起的批判理論做出了重要且持久的貢獻，強調媒體具有強大的合法化和控制效果，服務於資本主義或官僚主義國家的利益。相對於花費大量時間來實證測試效果假設，媒體的許多批判和文化的學術研究「認為大眾媒體的效果是不證自明的」（Lang, 2013: 16）。這已產生

了而且繼續產生大量詳細記錄的研究，揭示社會中占主導地位的權力結構如何滲透到大眾媒體訊息的價值體系當中。這類研究大多認為大眾媒體（直接或間接地）是在維護（並因此反映）現行的社會秩序，這主要是透過對內容進行分析（請參閱第 12 章的結構主義、符號學和話語／論述分析）以經驗實證研究的方式得到證實。

　　當亞洲、非洲和特別是拉丁美洲展開媒體和大眾傳播學研究時，它們往往在假設強大的媒體效果方面存在一致性，同時也譴責這種效果，主要認為西方（或具體地說是美國）對當地觀點和文化產生了不良影響。例如 Waisbord（2014: 5）探討了拉丁美洲傳播／媒體研究的身分如何「以一個明確的立場對抗與『美國佬／外國佬』的學術研究、政府和媒體產業相關的理論取徑」。這些「美國」取徑被視為實證主義的（positivist），並以大眾傳播的傳輸模式為基礎，而批判意識和將媒體挪用於抵抗目的則比較受拉美傳播／媒體研究青睞。在非洲，大部分傳播研究始終懷抱著這樣一種假設，寄望媒體可以為社會帶來改善的契機（Milton, 2017）。

媒體效果有限論

　　朝向經驗研究的轉變，導致有關媒體效果的第二種思考。這一轉變的開端在研究文獻中得到了很好的體現，例如在 1930 年代初期美國所進行的佩恩基金會研究（Payne Fund Studies）（Blumer, 1933; Blumer and Hauser, 1933; Peterson and Thurstone, 1933）。這些研究主要關注電影對兒童和青少年的影響，結果證實很多關於電影會影響青少年的情感、態度和行為的想法。這個時期的媒體效果研究一直持續到 1960 年代初，特別關注電視在（第二次世界大戰）戰後年代的影響（例如 Himmelweit et al., 1958）。其中有許多關於不同型態的內容和媒體、特定電影或節目，以及整個選舉競選宣傳效果的個別研究，主要關注的是利用電影和其他媒體進行有計畫的說服或資訊傳播的可能性。

　　在戰後的那個時代，媒體效果的研究變得更加精細，更多地考慮到社會和人口統計變項（例如年齡、教育和性別）的調節效應，以及社會心理因素，例如預設立場和先前態度、人格特質、易被說服性、興趣和動機的

程度、對媒體來源的信任等等。個人社交聯繫的影響，以及參與媒體的不同動機也被納入潛在的變項範圍。隨著添加的變項越來越多，要確定和量化媒體對任何改變的確切貢獻也變得更加困難，並且越來越懷疑這種效果通常可能相當小。

那個時刻似乎像是一個時代的結束，並且以傳播學術界對媒體效果研究結果的幻滅表達為標誌。一位先驅研究者貝瑞森（Berelson, 1959）表示大眾傳播研究領域可能正在逐漸消亡。正是貝瑞森在一個廣受引用的結論中總結了媒體效果研究的成果（見方框 16.1）。他的話聽起來像是絕望的告解，但它也指出了任何關於效果研究中需要檢驗的關鍵因素。

16.1

貝瑞森論媒體效果

某些種類的傳播在某些議題上，在某些條件下引起了某些人的注意力，從而產生了某些種類的效果。（Berelson, 1948: 172）

當時也出現了一些符合傳統智慧的新說法，將媒體在引發任何計畫或非意圖的效果方面的作用定位得更加溫和。Joseph Klapper 在 1960 年出版的針對早期研究的總結，至今仍具有影響力且很有用處（儘管主要是來自 1949 年），似乎為該階段的研究提出蓋棺之論。其結論是：「大眾傳播通常不是閱聽人效果的必要或充分原因，而是透過一系列中介因素發揮作用。」（Klapper, 1960: 8）

媒體並非沒有效果或影響力；但是，媒體刺激與閱聽人反應之間並不存在直接的一對一聯繫。研究表明，媒體運作發生在一個既有的社會關係結構和特定的社會文化脈絡之內。這些因素在塑造意見、態度和行為方面發揮了主導作用，形塑了閱聽人的媒體選擇、注意力和反應。同時，人們明確地意識到，態度改變和資訊獲取不是同一回事，而且態度改變則不一定伴隨著行為改變（例如 Hovland, Lumsdaine and Sheffield, 1949; Trenaman and McQuail, 1961）。

　　這樣冷靜的評估對學術界以外的人來說很難接受。對於那些以廣告、宣傳和操作虛假訊息爲生計的人，以及那些將自身的強大影響力作爲神話的媒體人來說，這一點尤其難以接受。仍然有做各種不同評估的空間，因爲效果有限的訊息本身有其侷限，並且本身就是關於媒體效果過度誇大說法的反應。研究未能找到強大效果，通常可以歸因於涉及過程的複雜性，以及研究設計和方法的不足。

　　在 1980 年代和 1990 年代，（批判性）閱聽人研究的興起，特別是對電視的回應，進一步爲我們理解讀者、聽眾和觀眾如何以各種出人意料的、抵抗的與「主動」的方式賦予媒體意義提供了洞見（Ang, 1991）。此外，閱聽人也被視爲有能力收編和「偷獵」媒體的故事和訊息，並以自己的方式創造新的意義（Jenkins, 1988）。這是 Jenkins（1988）參考 De Certeau（1984）的早期著作所強調的閱聽人挪用（appropriating），並從企業利益手上奪回流行文化的行動。不再預設有強大（但微妙）的效果，閱聽人被視爲「詮釋社群」，特別是對粉絲和粉絲文化的研究，爲重新思考「挑戰文化工業建構大眾社會常識的權力」的能動性（agency）鋪平了道路（Jenkins, 1988: 104）。

　　有關有限效果論的當代表述，乃是基於我們當今數位媒體環境的變化本質，這種變化「凸顯了以產生可被分離、觀察和測量效果的獨特的傳播組成部分爲前提的那一套理論的不足，誤認爲訊息的效果可以被隔離、觀察和測量。」（Singer, 2018: 9）在一個「沉浸式、互聯、個體化、迭代（iterative）和即時」（同上註：7）的媒體環境中，Singer（2018）認爲，對於媒介效果的認識應該建立在理解傳播過程中人與人之間的關係上，他們作爲發送者和接收者的角色通常是可以互換且不斷變化的。

　　在大多數當代媒體理論中，對於廣泛無所不在的媒體環境的評估似乎預設存在著深遠的媒體效果，同時也細緻地評估了媒體在人們生活中的角色及其影響。例如 Madianou 與 Miller（2013）的結論是，來自世界各地、具有各種社會和經濟背景的人們越來越多地生活在一種「**複媒體**」（polymedia）的環境中，暴露於多種媒體的影響之下，這些媒體既無所不在，又似乎毫不費力地融入日常生活的社交和情感領域。他們將「複媒

體」定義為「一種新興的交流機會環境，它作為一個『整合結構』發揮作用，其中個別的媒介在所有其他媒介的脈絡下以關係性的條件來界定。」（同上註：2）這種對媒體角色和影響的民族誌學取徑已成為一個蓬勃發展的研究領域，有助於理解媒體在日常生活微觀層面和社會宏觀層面上扮演的角色。

與媒介化理論（見第 4 章）一樣，這標誌著一個重要轉變，從將媒體視為對人們和社會具有強大「效果」的角度轉向對媒體進行辯證性考量，認識到媒體與治理社會事務和社會運作的其他過程是相互構成的（Hepp et al., 2018）。在這種情況下，Couldry（2012: 67）闡釋了「中介中心的神話」（the myth of the mediated centre），指出研究人員有時會助長大眾媒體所聲稱的它所處的中心和特殊角色。他的觀點符合在媒體效果和權力研究領域發生的一個更廣泛的「非媒體中心」轉向（'non-media-centric' turn）（Krajina, Moores and Morley, 2014），後者主張將媒體和傳播研究「去中心化」（decentring），將多數人的理解範疇（表現在他們的日常媒體相關活動）作為主要的分析對象（另見 Tosoni and Ridell, 2016）。

協商的媒體影響

從 1970 年代末開始，出現一種可以稱之為「社會建構主義」（social constructivist）（Gamson and Modigliani, 1989）的媒體效果研究取徑。基本上，這種取徑將媒體視為透過建構意義而產生最重要的影響。媒體往往提供一個「偏好」（preferred）的社會現實觀（一個聲稱被廣泛接受和可靠的觀點，由專業傳播者和他們的來源確定）。這既包括所提供的資訊，也包括適當的解釋方式，形成價值判斷、意見和反應。這些是媒體系統性地提供給閱聽人的現成意義。閱聽人可以決定是否接受所提供的觀點，儘管這些觀點通常是對遠方事物形成意見的唯一材料。替代的意義和對來源的解釋可能包括來自個人經驗或社會文化環境的影響，甚至可能成為對影響力進行主動抵抗的基礎。因此，意義並不會自動或直接轉移，而是在所提供的意義和接受者傾向接受的意義之間進行協商。這種過程的觀點打破了「萬能媒體」典範，它的另一個特色是由量化和行為主義方法轉向質性

和民族誌方法。

　　媒體影響被視為協商性的，而這種觀點的起源是多樣的，並且根植於相當深遠的過去。這種思維與早期的「媒體效果萬能論」有一些相似之處，包括意識形態和虛假意識理論、葛本納的涵化／潛化理論（Signorielli and Morgan, 1990），以及 Noelle-Neumann（1974）在她的「沉默螺旋」理論中闡述的思想。這些將在本書下一章中討論。同時，它以與假設媒體效果有限論類似的方式，承認人們相對於媒體中介訊息的能動性。這種效果典範有兩個主要推動力：首先，媒體透過可預測和類型化的方式建構現實的形象（無論是在虛構作品還是新聞中），從而「建構」社會形構，甚至歷史本身。其次，閱聽人在與媒體所提供的符號建構的互動中，為自己建構了對社會現實及自身所處位置的觀點。這種取徑既允許媒體的力量存在，也允許人們的選擇權力存在，並在兩者之間建立了一個持續協商的領域（人們可以選擇接受、抵抗或以其他方式挪用媒體文本的資訊和意義）。

　　建構主義取徑並未取代先前有關效果過程的所有理論，例如在引起注意力、對個體行為或情感反應的直接刺激等方面。它也與早期理論的許多內容保持一致，儘管在方法和研究設計方面有很大的不同，要求提供更深入、更廣泛和更質性的證據。從方法論上看，它明顯更加貼近文化傳統，而非先前提到的結構和行為傳統（第 3 章）。但它並不完全脫離後者，因為研究必須置於社會脈絡中，並假設最終的建構是許多參與者在複雜社會事件中進行的許多行為和認知的結果。這種取徑可以應用於許多被認為受到媒體影響的情境，特別是涉及民意、社會態度、政治選擇、意識形態和許多認知的情況。

　　在對建構主義取徑的當代描述中，社會和日常生活的變化被認為與媒體所扮演的結構性角色密不可分（Couldry and Hepp, 2016）。在這種脈絡下，Mihelj 與 Stanyer（2019）主張彌合將媒體和大眾傳播視為社會變革的**推動者**與將其視為社會變革的**環境**的方法之間的差距（以超越萬能論或有限論的影響），擁抱關於媒體角色的過程性觀點（a processual perspective）（另見第 3 章）。

複雜且相互關聯的媒體效果

　　各種觀點對媒體效果研究的啟發和影響並非絕對清晰，因為實際上存在著許多重疊之處。首先，我們必須承認，公眾和學術界對於某些媒體接觸（暴露）的影響（例如流行音樂、暴力電子遊戲或智慧型手機應用的誘惑）的關注往往隨著這些媒體的發展和廣泛（或「大眾」）流通／發行而出現。其次，大多數研究者，無論他們的學科背景、方法學取徑和對媒體影響／效果的整體觀點如何，都傾向於在解釋資料並根據研究結果得出結論時相當審慎。幾十年來關於媒體效果研究的各種報告中一致的主題是「結果比作者預期的更加複雜」（Potter and Bolls, 2012: 18），促使學者們更深入地挖掘並發展更精緻的理論和方法。

　　在針對媒體和大眾傳播研究領域的 16 本重要學術期刊上，發表於1993 至 2005 年間的效果研究論文的內容分析中，Potter 與 Riddle（2007）指認了大多數關於電視新聞影響／效果的研究，這些研究基於量化方法，建立在 144 種不同的理論基礎上。他們的綜述描繪了該領域逐漸形成自己的「獨特身分」和「學者社群」（2007: 100），呈現出獨特的研究問題和方法，同時在各種理論上出現分歧，特別是關於媒體影響和效果的概念。然而，如果我們超越所有特定的理論和方法，無論這個領域有時顯得多麼「捉襟見肘」，文獻中仍有相當多的一致性。總的來說，現今大部分的學術研究都聚焦於關於有條件的、相互作用的，和因情境而定的效果與媒體影響的微妙觀念。當代理論往往關注媒體因素（媒體使用、媒體處理、科技可供性）與非媒體因素（例如閱聽人傾向、社會和文化脈絡）之間的互動。在這一領域的學術研究往往分為兩個方向，一個是對網絡社會（Usher and Carlson, 2018）、（深度）媒介化（Hepp, 2019）和「媒體生活」（media life）等概念（Deuze, 2012）在結構和形塑社會及社會變革方面的宏觀層次研究，另一個是越來越具體的個體層次的媒體使用和影響／效果研究。

　　Valkenburg 與 Peter（2013b）將現有知名的媒體效果理論整合到他們所稱的「媒體效果差異易感性模式」（Differential Susceptibility to Media

Effects Model，簡稱 DSMM）中，重點放在個別媒體使用者的微觀層次媒體效果上。他們的模式似乎特別有用，因為它有意地基於對媒體效果理論的歷史認識和整合，並（盡可能地）以跨學科的方式提供了洞察和評估。

「媒體效果差異易感性模式」由一系列相關命題組成，基於對媒體效果的條件性（conditional）、間接性（indirect）和交互作用（transactional）的認識。首先，作者明確了媒體效果是有條件的，基於個體特質、發展和社會脈絡。**個體傾向的易感性**（dispositional susceptibility）指的是影響選擇和對媒體反應的「個人向度」（person dimensions），包括性別、氣質、個性、價值觀、態度、信念和情緒等。**發展的易感性**（developmental susceptibility）考慮到媒體使用是由個體的媒體認知、情感和社交發展所決定的，使得人生不同階段之間存在差異。**社會的易感性**（social susceptibility）定義為所有社會脈絡因素，包括但不限於人際脈絡（例如家庭和朋友）、制度脈絡（例如學校或工作場所）和社會環境，這些因素限制或促進了特定媒體及其使用方式。

DSMM 的第二個命題是關於間接媒體效果，將人們使用媒體時所涉及的各種過程操作化。Valkenburg 與 Peter（2013b: 227）區分了三種媒體反應狀態：認知的、情感的和興奮的。這些狀態被看作是媒體使用和媒體效果之間的中介過程，而不是作為調節變項，其區別在於某人在使用媒體時是否總是有所行動（可以進行一般控制），或是某人在特定情況和脈絡下的行為方式（需要具體測量）。雖然該模式將這些反應狀態分開研究，研究者承認認知和情感在大腦（心靈）裡並不是彼此分開的不同「力量」。

第三個命題是基於第二個命題，根據 Valkenburg 與 Peter 的觀點（與許多關於媒體使用的質性研究一致），他們認為三個差異易感性變項都會對媒體反應狀態產生影響。換句話說，在不同的情況下，不同的人以不同的方式選擇、詮釋和回應媒體，這一點在對媒體影響和效果進行主張和研究時應該納入考慮。

Valkenburg 與 Peter（2013b）提出的第四個也是最後一個命題是將媒體效果視為交互作用（transactional）的概念，這意味著媒體效果也可能導致媒體使用。這與研究單向媒體效果的「雙變項」研究（Chaffee,

1981）形成了鮮明的對比。無論某人是否喜歡觀看色情照片和影片，是否喜歡玩暴力數位遊戲，這既可以被認爲是其過度性別化或具有侵略性人格的結果，也可以被認爲是使用這類媒體的後果（參見 Slater, 2007; Bandura, 2009）。在這裡，媒體使用、影響／效果、個性和行爲之間存在著相互關係，存在著一種「互補性的影響／效果過程」（complimentary influence process）（Valkenburg and Peter, 2013a: 205）。

必須明確的是，從這種複雜、相互關聯的觀點來看，媒體效果需要精密、細緻且通常是長期的研究設計。更進一步擴大範圍，Valkenburg 等人（2016）將現有的媒體效果理論分爲五個整體特徵，共同提供了一個以複雜且相互關聯的媒體效果（complex reciprocal media effects）概念爲基礎的特定研究對象（參見方框 16.2）。

16.2

媒體效果的邊界條件（Valkenburg et al. 2016）

- 媒體使用的選擇性
- 媒體屬性是預測因素
- 媒體效果是間接的
- 媒體效果是有條件的
- 媒體效果是交互作用的

對於媒體效果思維發展的四階段描述僅僅是其中一種詮釋，最好被視爲對不同觀點的回顧，而不是對研究和學術的相對較爲線性的歷史軌跡。在對這一領域的概述中，Perse（2001）指出這種描述以及類似的媒體效果理論發展的描述過於簡化，可能具有誤導性，尤其是因爲未能認識到不同研究領域之間的差異，例如關於兒童研究和政治傳播研究（見第 17 章）具有不同的歷史。因此，她建議以不同的效果模式來處理關鍵差異。她提到的四種模式是：

- 直接效果（direct effects）；
- 有條件的效果（conditional effects）（因社會和心理因素而異）；
- 累積性的效果（cumulative effects）（漸進和長期）；
- 認知交互作用的效果（cognitive-transactional effects）（特別是**基模**和框架）。

事實上，這些模式與上述四種媒體效果觀點非常相符。表 16.1（根據 Perse, 2001）彙整了這些模式的主要特點。

表 16-1　媒體效果的四種模式

媒體效果模式			
	效果的本質	媒體內容變項	閱聽人變項
直接效果	立即、一致、可觀察 短期 強調改變	顯著性 喚起 寫實主義	不相關
有條件的效果	個體化的強化與改變 認知、情感與行為的 長期或短期的	不相關	社會類別 社會關係 個別差異
累積性的效果	基於累積性的暴露 認知或情感的 較少行為的 持久的	跨通道的和諧效果 重複性	不相關
認知交互作用的效果	立即與短期的 基於一次性的暴露 認知、情感與行為效果是可能的	視覺線索的顯著性	基模 妝點心情 目標

資料來源：Perse (2001: 51)

媒體權力隨著時代而變化

在離開研究媒體效果的歷史面向之前，值得思考一下 Carey（2009）的建議，即對大眾媒體權力的信念變化可能有一個歷史解釋。Carey 認為，從萬能論到有限效果論再到大效果模式的論點轉變，必須考慮到社會

世界在這一時期的轉變，媒體權力和效果的期望與人們偏好的大眾社會理論密切相關。在兩次世界大戰前後的動盪時期確實出現了強大的效果，而相對較平靜的 1950 年代和 1960 年代則似乎較爲平穩，直到社會動盪再次打破平靜。在當今普遍和無所不在的媒體環境中，少數網路平台的全球支配和行動媒體的廣泛普及引發了對強大媒體的擔憂。似乎每當社會的穩定性受到犯罪、戰爭、經濟困境或某種「道德恐慌」的干擾時，大眾媒體就被要求應賦予部分責任。這一說法得到了有關媒體如何促進 2008-2009 年金融和信貸危機的宣稱所證實，媒體在早期推波助瀾，而且未能預警即將到來的金融危機。其中某些指控是有說服力的，但媒體通常充其量只是促成因素之一。

我們只能對這種時間關聯做出推測，但我們不能排除在危機時刻或人們高度關注之際，媒體在某些方面確實更具影響力的可能性。這可能適用於共產主義在歐洲的崩潰、1990 年代的波灣戰爭、巴爾幹戰爭，以及後續的阿富汗和伊拉克戰爭等國際衝突的影響。類似分析也可以針對大眾媒體（尤其是公關策略）在加劇對全球暖化和氣候變遷的恐懼和加強意識方面的作用，包括瑞典少女格蕾塔‧桑伯格（Greta Thunberg）（從 2018 年起）在動員全球行動中使用社交媒體主題標籤 #ClimateStrike 方面的出色表現。

媒體權力具有差異的可能性有幾個原因：人們往往只透過媒體了解較重大的歷史事件，並可能將訊息與該媒體聯繫在一起。在變革和不確定時期，人們更有可能依賴媒體作爲資訊和指引的來源（Ball-Rokeach and DeFleur, 1976; Ball-Rokeach, 1985, 1998）。研究還表明，媒體對於超出個人直接經驗範圍的事務具有更大的影響力。在緊張和不確定的情況下，政府、企業和其他菁英利益集團往往試圖利用媒體來影響和控制輿論。Perse（2001: 53-82）指出，媒體透過提供資訊和解釋有助於減少不確定性和恐懼，它們還有助於在面對危險和威脅時凝聚團結和動員。重要的是，媒體的潛在或實際影響力在不同時間和地點並不是一成不變的。

傳播權力的類型

在人類事務中，權力的概念很難確定，不僅僅是與媒體相關。在已經被定義的情況下，有兩種替代的途徑。其中一種遵循行為和因果推理，與刺激—反應的思維一致，並將權力等同於實現某種預期或非預期結果的或然率。另一種模式是社會學的，源於馬克斯‧韋伯（Max Weber）對權力的定義，即權力是「一個人或一群人在共同行動中實現其意志的機會，即使在其他參與行動的人反對之下。」（1964: 152）在這種權力觀裡，行動的參與者之間存在一種假定的關係，並且可以使用強制手段實現某些目標。在這種觀點下，存在贏家和輸家（零和博弈的情況）。

雖然這兩種模式都與媒體效果的問題相關，但第二種模式在解釋上具有更大的潛力，即使在效果並非預期的情況下，因為實現大多數效果需要被影響者的合作或順從。然而，當應用於大眾傳播時，可能沒有明顯的行動合作方，而且真正的強制力量很少。傳播或象徵性權力（communicative or symbolic power）通常與其他類型的權力不同，因為它依賴於非物質因素（信任、理性、尊重、情感等）。在這裡要強調的另一點是，象徵性權力能以不同的方式使用，其主要類型如下：

- 透過資訊；
- 透過刺激行動；
- 透過差異化地引導注意力；
- 透過說服；
- 透過定義情境和框架「現實」。

由於多種原因（尤其是缺乏抵抗，以及產生效果的門檻低），媒體所產生的效果更多地是由於定義情境和框架現實、提供資訊或差異化地引導注意力（包括放大某些形象和觀念），而不是由於說服力或刺激行動。這些觀點在前述的「協商式影響」（negotiated influence）的階段大體上已有所說明且觀點一致。

效果的層次和種類

　　媒體的「效果」（effects）單純地只是大眾媒體所帶來的後果，無論是有意還是無意的。另一方面，「媒體權力」（media power）一詞則是指媒體在產生效果方面的一般潛力，尤其是計畫性的效果。而「媒體效力」（media effectiveness）則是關於媒體實現特定目標的潛力的陳述，並且總是暗示著意圖或某種計畫的傳播目標。這些區別對於精確性很重要，儘管很難保持一致的使用方式。對於研究和理論來說，更重要的是觀察「發生」的不同層次，尤其是個體、群體或組織層次、社會機構、國家社會和文化等層次。每個層次或所有層次都可能受到大眾傳播的影響，而在任何一個層次上的效果（尤其是在「更高」層次上）往往暗示在其他層次上也有一些效果。大多數媒體效果研究在方法學上是在個體層次進行的，儘管往往旨在得出與集體或更高層次相關的結論。

　　研究效果時最令人困惑的可能是所涉及現象的多樣性和複雜性。通常會在效果之間進行廣泛區分，包括認知（cognitive）效果（涉及知識和觀點）、情感（affectual）效果（涉及態度和感覺）以及行為（behavioural）效果。早期的研究將這三個區分視為遵循從第一個到第三個的邏輯順序，並隱含著其重要性的增加（行為比知識更重要）。實際上，現在已不容易維持這三個概念之間的區別，也不容易再接受那種特定順序的邏輯。

　　有幾種區分媒體效果類型的方法。Klapper（1960）區分了轉換（conversion）、微小變化（minor change）和強化（reinforcement）。這三種媒體效果分別是根據傳播者的意圖改變意見或信念；改變認知、信念或行為的形式或強度；以及接收者對現有信念、觀點或行為模式的確認。這種三分法需要擴大以包括其他可能性，尤其是在超越個體層次以上的更高層次（請參閱第1章）。主要的選項列在方框16.3中，其中兩種效果類型暗示著沒有任何效果，涉及到不同的媒體過程觀念。對於個體而言，強化是接收者對與其既有觀點一致的內容選擇性注意和持續性注意的可能結果。

16.3

媒體引發的主要變化

媒體可以：

- 導致意圖的預期變化
- 導致非意圖的變化
- 引起微小的變化（形式或強度）
- 促進改變（有意或無意）
- 加強現有情況（沒有產生改變）
- 防止改變

任何這些變化都可能發生在個體、社會、機構或文化的層次。

關於媒體的這種「沒有產生改變」的效果（the 'no change' effect），我們有很多證據，這一點需要非常密切的關注，因為它具有長期的影響。這個詞語有點具誤導性，因為任何改變未來的意見或信念分布或然率的事情，都是一種對社會過程的干預，因此也是一種效果（Neuman, 2018）。

Lang 與 Lang（1981）指出了已經觀察到的其他型態的效果，包括「相互關聯效果」（reciprocal effect）、「迴力鏢效果」（boomerang effect）和「第三方效果」（third-party effect）。第一種效果指的是成為媒體報導對象對個人甚至機構的後果，例如一個計畫好的活動往往會因為被電視轉播而發生變化。媒體報導的對象通常與媒體之間存在互動，例如 Gitlin（1980）顯示了美國 1960 年代學生運動如何受到自身公眾形象的影響。造成與意圖相反方向的變化的「迴力鏢效果」是一種在宣傳運動中非常熟悉的現象（或風險）。「第三方效果」指的是常見的一種信念，即其他人可能會受到影響，但自己不會受到影響。還有一個被稱為「睡眠者效應」（sleeper effect）的專門術語，用於指稱直到很久之後才顯現的效果。

在其對效果向度的討論裡，McLeod 等人（1991）還指出擴散或一般效果（例如電視作為媒介的假定效果）與特定內容效果之間的區別。在後一種情況下，特定的內在結構或傾向（例如政治偏見）被單獨挑出來作為變化的潛在原因。

媒體效果的過程：一種分類方式

　　爲了概述理論和研究的發展，我們首先將兩個已經提到的區別相互關聯起來：意圖和非意圖之間，以及短期和長期之間的區別。這種方法是Golding（1981）提出的，用於區分不同的新聞概念及其效果。他認爲，在新聞的情況下，意圖的短期效果可以被視爲「偏見」（bias）；非意圖的短期效果屬於「無意識的偏見」（unwitting bias）；意圖的長期效果顯示其（特定媒體的）「政策」（policy）；而非意圖的長期效果則是「意識形態」（ideology）。類似的這種思維方式有助於我們從這兩個座標來勾勒研究文獻中所處理的主要媒體效果過程，如圖 16.1 所示。

　　圖 16.1 中的主要項目可以簡要描述如下，儘管它們的含義將於後面相關理論的討論中詳述。

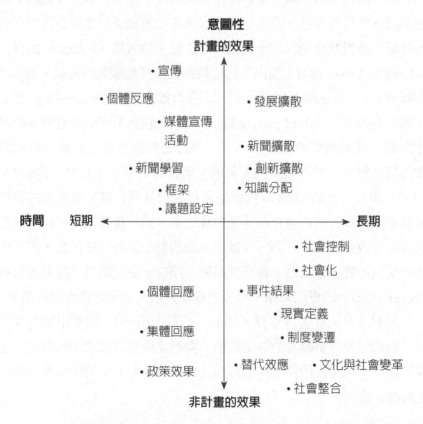

圖 16.1 新聞效果的分類。效果可以定位在兩個向度上：時間跨度和意圖性

計畫性和短期的

- **宣傳**（propaganda）（包括政治、商業和健康宣導運動）：被定義爲「刻意和系統性地嘗試塑造感知、操縱認知和引導行爲，以實現宣傳者所期望的反應。」（Jowett and O'Donnell, 1999: 1）宣傳也可以是長期的。

- **個體反應**（individual response）。接觸旨在影響態度、知識或行爲的資訊後的改變或抵制改變的過程。

- **媒體宣傳活動**（media campaign）。以有組織的方式使用多種媒體，以達到對特定人群的說服或資訊目的。

- **新聞學習**（news learning）。接觸大眾媒體後的短期認知影響，透過觀眾回憶、識別或理解測試來衡量。

- **框架**（framing）。作爲一種媒體效果，是指閱聽人採用相同的解釋框架和「導向陳述」（spin），用於解釋新聞報導和事件敘述。一個相關的過程是啟動（媒體預先提供公共事件或人物的評估標準）。

- **議題設定**（agenda-setting，或譯議程設置）。指新聞報導中給予不同項目或議題的相對關注，如何影響公眾對議題的重視程度和重要性歸因順序的過程。

非計畫性和短期的

- **個體回應**（individual reaction）。個體接觸媒體刺激後的非計畫性的或不可預測的後果。這主要以模仿和學習的形式出現，特別是對侵略性或偏離常規的行爲（包括自殺）的模仿和學習。這也使用了「觸發」（triggering）一詞。相關類型的效果包括強烈的情緒反應、性喚起，以及恐懼或焦慮的反應。

- **集體回應**（collective reaction）。在此處，許多人於共同的情境或脈絡下同時經歷相同的效果，導致通常是非規範化和非制度化的共同行動。恐懼、焦慮和憤怒是最強烈的反應，可能導致恐慌或社會騷亂。

- **政策效果**（policy effects）。新聞對政府政策和行動的非計畫性影

響，透過突出某些危機、濫用、危險等問題而引起。

計畫性和長期的

- **發展擴散**（development diffusion）。為了追求長期發展而有計畫地利用傳播、宣傳和其他影響手段，特別是社區或社會的人際網絡和權威結構。

- **新聞擴散**（diffusion of news）。特定（新聞）事件在一定時間內在人口中的意識擴散，特別關注滲透程度（知道某一新聞的最終比例）以及資訊接收方式（個人來源或媒體來源）。

- **創新擴散**（diffusion of innovations，或譯創新傳布）。在特定人口中採用科技創新的過程，通常基於廣告或一般宣傳。這可以是一種非計畫性的效果，也可以是一種計畫性的效果。

- **知識分配**（distribution of knowledge）。媒體新聞和資訊對社會群體之間知識分配的影響。主要指的是「知識鴻溝」（knowledge gaps）的擴大或縮小。相關現象是「數位鴻溝／落差」（digital divide）。

非計畫性和長期的

- **社會控制**。在這裡指的是促進對已建立秩序或行為模式的一致性的系統性傾向。根據不同的社會理論，這可以被視為社會化的刻意或非意圖的延伸。

- **社會化**（socialization）。指的是媒體在特定社會角色和情境中對規範、價值觀和行為期望的學習和採納方面所發揮的非正式影響。

- **事件結果**（event outcomes）。指的是媒體與機構力量對重大「關鍵」事件的進程和解決方面所扮演的角色（參見 Lang and Lang, 1981）。這類例子包括革命、重大的國內政治動盪以及戰爭與和平等問題。選舉，雖然不像戰爭這麼重大，也可以包含在內（Chaffee, 1975）。

- **現實的定義和意義的建構**（reality defining and construction of meaning）。對公眾認知和詮釋框架的影響。這種效果需要接收者相對較積極地參與建構自身意義的過程。

- **制度變革**（institutional change）。現有機構對媒體發展的適應，尤其是那些影響其自身傳播功能的發展（參見「互相關聯效果」的概念）。
- **替代效應**（displacement）。將時間分配給媒體使用而導致無法（主要是閒暇時間）從事其他活動的後果，包括社會參與。
- **文化和社會變革**（cultural and social change）。指的是在一個社會部門（例如年輕人）、整個社會或一系列社會中，價值觀、行為模式和象徵形式的整體模式發生變化。文化認同可能的強化或削弱也可以是效果的一個例子。
- **社會整合**（social integration）。整合（或不整合）可以在不同層面觀察到，特別是群體、地方社區或國家層面上，這也與媒體的分布區域相對應。效果也可以是短期的，例如應對共同的公共災害或緊急情況。

個人的反應和回應：刺激—反應模式

在圖 16.1 中，對於效果的分類並不僅限於所列的向度，且由此得出的分類方式可能並不總是完全合乎邏輯。問題的核心在於，媒體對個人的影響過程必須始於注意力，或是對某個媒體訊息的「暴露／接觸」（exposure）。這一事件的結果延伸到時間上並以不同的形式呈現，通常是集體的形式。例如對新聞的媒介接觸可以獲得事件的知識，這種效果本身並不是單純的短期或長期的，而是可以同時被視為兩者。由於媒體的「輸入」是如此眾多、多樣且相互關聯，實際上我們無法根據這些或其他向度將它們分開，儘管我們在分析目的上必須這樣做。然而，刺激—反應模式（stimulus-response model）明確地是短期的和個人主義的。圖 16.1 中的兩個項目，即是個體反應和個體回應共享著這個相同的基礎行為模式。該模式的主要特點可以簡單表述如下：

單一訊息 → 個別的訊息接收者 → 回應

這個模式適用於意圖和非意圖的效果，儘管在反應（暗指與接收者的一些互動以及學習過程）和回應（暗指接收者沒有選擇或互動，本質上是一種行為反射）之間存在顯著差異。在說服和形成意見的過程中，McGuire（1973）提出了基本反應和學習過程的更完整版本，包括六個連續的階段：呈現（presentation）、注意（attention）、理解（comprehension）、接受（yielding）、保持（retention）和外顯行為（overt behaviour）。

這一闡述足以顯示為什麼刺激—反應理論必須進行修改，以考慮到選擇性注意、詮釋、反應和回憶。無論以何種形式，該模式都具有高度的實用性：在其他條件相等的情況下，根據適當刺激（訊息）的存在與否，它預測反應（口頭或行為）的發生。它假設根據發起者的意圖和訊息中固有的某些明顯刺激，存在著某種的直接行為效果。在媒體效果的討論中，有時將其稱為「子彈」或「注射器」理論，這些術語過分誇大了效果發生的機率以及接收者面對影響時的脆弱性，無法充分解釋在媒體影響的自然環境中適用的許多中介效果（請參閱先前對 DSMM 模式的討論），它也未能考慮到在「刺激」之後很久才發生的效果。

效果的中介條件

對刺激—反應模式的修訂包括確定預測、調節或中介效果的條件。McGuire（1973）指出主要的變項與來源、內容、通道、接收者和目的地有關。有理由相信，來自權威和可信來源的訊息將相對更有效，同樣來自對接收者具有吸引力或親近（類似）的來源也會更有效。至於內容方面，效果也與重複、一致性和缺乏替代選擇（存在壟斷情境）等因素相關。當主題明確具體時（Trenaman, 1967），也更有可能產生效果。

一般而言，對於與接收者較疏遠或較不重要的主題（較低的自我涉入感或先前承諾），意圖達成的效果往往更明顯。風格變項（例如個人化）、訴求類型（例如情感與理性）以及論點的順序和平衡被發現在效

果中發揮作用，但其中的變異情況太大，無法做出一般性的預測。媒介通道（傳輸方式：印刷、廣播、線上、行動）因素經常是調查研究對象，但結果不一，主要是因爲內容和接收者的因素主導了學習結果。一般而言，研究往往難以清晰確認不同形式（聲音、視覺等）的相對價值，儘管根據回憶或理解的測量標準，圖像和影音似乎更具優勢（例如 Grabe and Bucy, 2009）。然而，這一發現是在對新聞資訊的認知學習方面的平均結果。正如我們所見，一些明顯的接收者變項也可能與效果有關，需要特別關注媒體使用的個人、傾向和脈絡方面。動機或「參與」的程度經常被視爲影響過程中特別重要的因素，並且它們還決定了不同種類效果的發生順序，同時在其他互動且有時是「參與式」的數位媒體環境中，進一步要個別地確定特定效果變得更加困難（Singer, 2018）。

根據 Ray（1973）的觀點，通常的「效果階層」（effect hierarchy），例如 Hovland 等人（1949）在戰時宣傳電影方面的研究中所發現的，是一個由認知學習（最常見的效果）到情感反應（喜歡或不喜歡、意見、態度）再到「行動」效果（行爲或行動）的過程。Ray 提出，只有在涉入感較高的情況下（高度興趣和注意力），這個模式才是正常的。在涉入感較低的情況下（常見於許多電視觀看情境，尤其是廣告），次序可能直接從認知到行爲，然後在行爲發生後進行情感調整，使其態度與行爲一致，或是從情感到行爲（無須認知），或是從行爲到情感（Van den Putte and Dhondt, 2005）。

這種說法本身對許多說服傳播宣傳活動的邏輯和設計提出了質疑，這些活動假設態度是行爲的明確相關和預測因素。基於測量態度是否改變的選舉或健康傳播活動評估，其適切性令人質疑。三個元素之間的一致性問題也值得關注。根據 Chaffee 與 Roser（1986）的觀點，涉入感較高很可能是效果一致性的必要條件，從而對穩定和持久的效果產生影響。他們對媒體效果的偏好模式包括從低度的涉入感開始的重複序列，經過認知上的不協調感知，然後進行學習，從而產生累積性的結果。在這種觀點下，膚淺且容易被遺忘的資訊得以發展成爲一套合理的想法和行動，尤其是在重複暴露／接觸的條件下（例如在系統性的宣傳活動）。

在任何自然的（非實驗室的）媒體情境中，根據個人選擇（Bauer, 1964）和易感性（Valkenburg and Peter, 2013b），個體接收者會選擇關注或避免哪些刺激，對其含義進行可變的解釋或是否採取回應行動。這嚴重削弱了這個制約模式（the conditioning model）的有效性，因為影響選擇性的因素必然與刺激的性質密切相關，對效果的發生有正面或負面的作用。因此，我們應該將注意力從僅僅經歷刺激的事實轉向上述所描述的中介條件，特別是它們的總體性和相互作用。

來源－接收者關係和效果

正如已經注意到的，對於來源的信任和尊敬有助於產生影響力。曾經有學者多次嘗試發展考慮發送者（或發送的訊息）和接收者之間關係的效果理論，其中大多數理論涉及人際關係。French 與 Raven（1953）提出了一個架構，指出了五種可能的傳播關係形式，其中的發送者可以行使社會權力，而接收者則接受影響。其基本命題是，透過傳播產生的影響是權力行使的一種形式，依賴於具有影響力的行動者（傳播者）的某些資源或特性。

前兩種權力資產被歸類為酬賞（reward）與脅迫（coercion）。前者取決於訊息接收者是否感到滿足（例如享受或有用的建議）；後者取決於不遵守規定的負面後果（在大眾傳播中不常見）。第三種權力被稱為指涉權力（referent power），指的是發送者本身的吸引力或威望獲得接收者認同，以至於接收者出於情感原因願意受其影響。

第四種是合法權力（legitimate power），根據這種權力，接收者接受影響是基於發送者有強烈的要求被遵從或尊敬的假設。在大眾傳播中，這種情形並不常見，但在政治來源或其他相關機構領導者傳播權威性訊息的場合可能會出現。這種權力型態假設來源和接收者之間存在一種既存關係，這種關係在任何特定的大眾傳播事件之前和之後都存在。最後，有專家權力（expert power），它在接收者將優越知識歸因於來源或發送者時

發揮作用。在媒體新聞和廣告領域，這種情況並不少見，常常會請專家進行解釋、評論或背書。在廣告和資訊宣傳活動中可以找到利用所有這五種媒體權力的例子，而在任何特定場合可能會有不只一種權力來源發揮作用。

在當代脈絡下，來源—接收者關係可能特別重要，這是由於數位媒體的互動性以及網路上大眾自我傳播的興起。隨著生產者和消費者之間的界限開始消失，影響力和效果很可能源自於傳播過程中各方之間的關係，包括所使用的媒介特性和科技可供性。因此，當前對媒體效果的評估往往包括明確與人們的情感和**情緒**以及媒體通道的**物質性**相關的變項，而這些因素在具啟發性的模式和研究設計中被納入，可能並不令人意外。

媒體效果研究的挑戰

在一項旨在提高媒體效果研究解釋力的回顧中，Valkenburg 與 Peter（2013a）指出了未來面臨的五個方法學和理論上的挑戰（參見方框16.4）。測量人們實際遭遇特定媒體訊息的程度是關鍵，儘管對於如何將此一概念操作化在文獻中尚缺乏共識。然而，有一點是大家都同意的，即與研究特定內容（例如特定遊戲、電視節目或新聞類型）相比，全球暴露／接觸並未增加我們對媒體影響力的理解程度。這是一個複雜、混合和具創意方法的豐饒領域（Buckingham, 2009）。第二個挑戰已經在前面提到過，它涉及認識到媒體效果是有條件的，取決於個體對某些媒體使用和回應的易感程度。Potter 與 Riddle（2007）回顧媒體效果文獻所得到的一個結論是，理論的使用程度既太過於碎片化又停留在較低的層次。他們因此主張，傳播學者應該在研究中一貫地應用和測試理論。Valkenburg 與Peter（2013a）同樣指出了對更精準、更有累積性的理論測試的需求。其他挑戰在之前已經討論過。

─ **16.4** ─

媒體效果研究的六個挑戰（Valkenburg and Peter, 2013a; Neuman, 2016, 2018）

- 改進媒體暴露（media exposure）的測量方式
- 更多地關注有條件的（conditional）媒體效果
- 更精準、累積性的理論測試
- 認識到交互作用的媒體效果
- 新媒體需要新的使用和效果理論
- 承認「沒有產生改變」（no change）的媒體效果

當談到在新的媒體環境中進行媒體使用和效果研究時，我們可以找到學者回應的兩種特定方式。首先，出現了更多對以關係爲基礎的取徑呼籲和發展，其中效果被視爲由生產者—消費者關係和角色匯流所中介的，由人們如何使用和結合多種媒體的綜合與網絡化的特質中介，也由當代媒體系統的整體非線性特徵中介。

第二種回應方式是針對新的媒體環境發展出新的媒體效果模式和理論。其中一個例子是由 Sundar、Jia、Wadell 與 Huang（2015; Wang and Sundar, 2018）提出的「互動媒體效果理論」（Theory of Interactive Media Effects，簡稱 TIME）。這種取徑不僅將傳播媒介視爲發送者和接收者之間傳播資訊的通道，更關注互動媒體（例如智慧型手機）的特性，以理解和詮釋我們對這些科技的著迷與有時過度使用的原因。正如 Sundar 等人（2015: 48）所指出的，「每種媒體都有其獨特的科技特性，這些特性在界面特徵和可供性方面表現出來，塑造了它的傳播本質，並對其心理層面產生相應影響。」使用互動媒體效果理論，研究人員確定媒介的特定科技可供性（例如臉書界面的特點），衡量人們對媒介的使用和反應，並控制中介變項（例如參與度、自主性和使用者的主觀能動性），從而得出關於媒體使用者如何感知和回應互動媒體的科技可供性，以及這種使用對他們的心理、媒體使用和與他人的傳播有何影響的結論（同上註：78）。基於互動媒體效果理論的實證研究一致得出的結論是，一個人對媒介使用過程

中的控制感和樂趣程度在很大程度上決定其對特定媒介的使用和反應。

Neuman（2018）提出了第六個挑戰，強調應特別關注「傳播失誤」（miscommunication）的現象，即媒介訊息未能產生預期效果，或產生了非意圖和未預料的後果的各種方式。

本章小結

本章對媒體效果及其測量提供了一般性介紹。媒體具有影響力和效果是毋庸置疑的，儘管很難確定何時以及在何種程度上發生了效果或可能發生效果。這種困難主要不是由於方法上的障礙，儘管確實存在這些障礙。它主要源於可能產生效果的數量和變異，以及與效果發生相關的事實和條件的多樣性。其中最棘手的問題之一是，當效果發生時，它涉及到的不僅僅是傳播者的行為，還包括觀眾的取向和行為，以及所涉及媒介的科技可供性。大多數效果在某種程度上是發送者、媒介特性和接收者之間的相互作用。

歷史發展凸顯了媒體效果研究領域的結構性挑戰，以及迅速出現的沉浸式、互動（與客製化）的新媒體環境，這促使學者們發展更具整合性的理論測試模式，包括媒介訊息處理的情感層面和媒介的科技特性。最近，研究呼籲進一步納入「機器能動性」（machine agency）（Sundar et al., 2015: 65），因為在演算法和人工智慧的影響下，關於內容的製作、分發和格式化的決策越來越多地在媒介過程的硬體和軟體層面上進行。

進階閱讀

Bennett, W.L. and Iyengar, S. (2008) 'A new era of minimal effects? Changing foundations of political communication', *Journal of Communication*, 58(4): 707-731.

Graber, D. (1990) 'Seeing is remembering: how visuals contribute to TV news', *Journal of Communication*, 40(3): 134-155.

McLeod, D., Wise, D. and Perryman, M. (2017) 'Thinking about the media: a review of theory and research on media perceptions, media effects perceptions, and their consequences', *Review of Communication Research*, 5: 35-83.

Neuman, W.R. (2016) *The Digital Difference: Media Technology and the Theory of Communication Effects*. Cambridge, MA: Harvard University Press.

Striphas, T. (2015) 'Algorithmic culture', *European Journal of Cultural Studies*, 18(4-5): 395-412.

Valkenburg, P.M., Peter, J. and Walther, J.B. (2016) 'Media effects: theory and research', *Annual Review of Psychology*, 67(1): 315-338.

17

媒體效果的典律

本章首先討論各種媒體效果的例子，包括短期和長期，集體和個體，以及被認為是負面或正面的效果。在某種程度上，這些效果並不是媒體直接意圖達成的效果，但它們可能是可預測的。接著討論有意的資訊和政治效果，儘管沒有明確的分界線，因為非意圖的社會效果也涉及情感、學習和其他情緒和認知過程。我們所討論的效果往往具有社會問題的特徵，特別是當它們關乎兒童和年輕人以及一般的反社會傾向時。這種偏向從一開始就塑造了媒體和大眾傳播的研究，但不應被認為大眾媒體的實際影響是弊大於利。效果的基本理論和過程已在第 16 章概述。本章的主要目的，是根據證據簡要評估一些關於媒體在日常生活的私人和公共領域中的影響的假設，這些假設是透過整個 20 世紀和 21 世紀初期的主要媒體效果理論進行研究的。

本章的第二個目標是凸顯媒體影響和效果研究的典律焦點（canonical foci）：媒體與暴力、性、青少年和兒童之間通常被假定並受到廣泛研究的關聯，以及媒體在公眾輿論與政治傳播中的角色。最後，我們回顧了有關「媒體成癮」（media addiction）的文獻，這是當前關於大眾媒體的辯論中的一個重要主題，因為我們用來近用和使用媒體的硬體和軟體正變得越來越個人化、私密化和客製化（customizable）。

本章的核心問題是媒體和大眾傳播在社會和人們的日常生活中可以產生哪些影響。

剖繪媒體效果理論

所有關於媒體對情感、情緒、認知、態度和行為的影響與效果的關鍵觀點——從「萬能」到「有限」、「協商」到「複雜的相互關聯」效果——影響著各種理論，而這些理論被學者們用於（並繼續使用迄今）結構化他們的研究。在本章中，我們將重點介紹一些最重要的理論，這些理論關注揭示和測量長期且漸進的媒體效果，例如涵化／潛化（cultivation）、沉默螺旋（the spiral of silence）和文化變遷（cultural change）等效果，以及

強調短期、幾乎即時效果的議題設定（agenda-setting）、促發（priming）和框架（framing）等效果。當然，這裡還有許多其他理論可以舉例。在其綜述中，Cacciatore、Scheufele 與 Iyengar（2016）以及 Valkenburg 等人（2016）的研究強調 11 個被頻繁引用的媒體效果理論，其中包括本章準備介紹的理論。由於本章的目的是展示而不是評論，我們選擇了那些在新的媒體環境中具有應用前景的理論，這就需要對它們的系譜和相關討論與關注進行歷史性的認識。包含這些理論的第二個原因是它們在公眾辯論和話語／論述中代表著強大的隱喻，關於「媒體」（the media）的「雙重詮釋」（double hermeneutics）：我們研究的是已經被居住在其中的人們所承認、討論並塑造爲文化現實（cultural realities）的領域（Jensen, 2018: 177）。

對於媒體的影響和效果的關注往往會隨著某種特定媒體、通道或格式的迅速崛起而出現，儘管整體上呈現漸進的趨勢。然而，對於眞實或感知上的「效果」的關注往往涉及到一些重複出現的主題：媒體對嬰兒、兒童和青少年的影響，媒體在與攻擊、暴力、性和性傾向相關的「風險」行爲中的作用，以及特定新聞媒體在民主進程中的功能。隨著媒體的匯流，以及變得越來越行動化和個人化，人們始終處於「永遠在線上」（always online）的狀態，近幾十年來，學界對於媒體「成癮」（addiction）的問題給予了大量的關注和研究。例如 2013 年，「網路遊戲障礙」（Internet gaming disorder）被列入權威的《精神疾病診斷與統計手冊》（第 5 版——DSM-5，精神疾病的主要分類系統）（*American Psychiatric Association*, 2013），並且對於有問題的網路使用、色情成癮和手機成癮等問題也有許多討論。

涵化／潛化

在長期媒體效果理論中，葛本納（Gerbner, 1973）的涵化／潛化假說可能是文獻最豐富和研究最廣泛的理論之一（請參見 Signorielli and

Morgan, 1990）。該理論認為，在現代媒體中，電視在日常生活中占據了如此重要的地位，以至於它主宰了我們的「符號象徵環境」（symbolic environment），用其（扭曲的）關於現實的訊息替代了個人經驗和了解世界的其他方式。電視也被描述為「現行工業秩序的文化武器，主要用於維護、穩定和加強傳統的信仰和行為，而不是改變、威脅或削弱傳統的信仰和行為。」（Gross, 1977: 180）這一說法使涵化／潛化效果與法蘭克福學派的批判理論非常接近，並與後來的馬克思主義分析相距不遠。根據Signorielli 與 Morgan（1990: 15）的觀點：

> 涵化／潛化分析是一種稱為「文化指標」（Cultural Indicators）的研究典範中的第三個組成部分，該典範研究：(1) 媒體內容製作的制度過程；(2) 媒體內容中的形象；以及 (3) 觀看電視訊息與觀眾信念和行為之間的關係。

理論

涵化／潛化理論（cultivation theory）是一種關於媒體社會角色的「石筍」或「滴水穿石」理論（a 'stalagmite' or 'drip-drip' theory）的例子，其假定是媒體效果隨著時間緩慢（但篤定地）發展，因為人們繼續浸淫在媒體之中。這樣的觀點在短期效果理論的基礎上發展起來，部分是對短期效果理論的回應。最初的涵化／潛化理論假設是，觀看電視逐漸導致對社會世界本質的信念形成，這些信念符合在電視劇和新聞中以系統性方式呈現的刻板印象化、扭曲和非常有選擇性的現實觀。涵化／潛化理論被認為與直接的刺激─反應效果過程不同，主要是因為它的漸進性和累積性特徵。它首先涉及學習，其次涉及基於個人生活環境和經驗（例如貧困、種族或性別）以及參考群體成員身分的社會現實觀的建構。它也被視為一個交互作用的、多方塑造的過程，涉及媒體產業實踐、大眾媒體中介訊息和觀眾（為廣告商而組合起來）之間的關係。

在這個媒體效果理論中，電視為許多人提供了一個一致且近乎完全的符號象徵環境，為各種現實生活情境的行為和信念提供規範。它不是世界

的窗口或反映，本身就自成一個世界。涵化／潛化理論特別關注的是商業
動機在製造和塑造這樣一個世界中的主導地位。相應的研究有兩個主要方
向：一個是測試關於電視「訊息系統」（message system）一致性（和扭
曲性）的假設；另一個是透過調查分析，測試各種關於社會現實的公眾信
念，尤其是那些可以藉由實證指標進行測試的信念。隨後的分析核心是將
對現實的信念與實際現實進行比較，並考量電視的習慣性暴露／接觸程度
的差異。這與本章稍後將探討的「議題設定」假設的基本想法有一些基本
相似之處。

　　雖然在當今的媒體環境中，對於何謂「電視」可能存在一些爭議，但
涵化／潛化理論（或其部分）可以延伸到人們今天觀看電視比以往任何
時候都多的各種方式，因為節目和演出在觀眾可以近用的許多螢幕上遷
移。正如當代涵化／潛化研究者所主張的那樣，「思索大量人群與故事體
系的關係仍然有意義，當然，一切仍然在商業意圖的限制範圍內產製。」
（Morgan, Shanahan and Signorielli, 2015: 695）

理論測試

　　那些觀看越來越多電視的人，無論是在家裡面對傳統電視機、在某種
個人電腦上，還是透過行動媒體設備觀看，可以預期他們對現實的認知會
與社會世界的真實情況逐漸乖離，而更趨向於「電視」對世界的描述。
研究一直主要關注暴力和犯罪問題，涵化／潛化研究關注其在電視中的呈
現、實際發生率以及不同風險，同時關注公眾對犯罪的認識和態度。早期
的涵化／潛化研究結果（Gerbner and Gross, 1976）顯示，人們觀看的電
視時間越長，他們在現實世界中越可能誇大犯罪的發生率和個人風險的可
能性。這種關係似乎是成立的（Romer, Jamieson and Ady, 2003; Jamieson
and Romer, 2014），至少在美國是如此。涵化／潛化研究還觸及其他政治
和社會主題，包括媒體如何產製政治共識。葛本納等人（Gerbner, Gross,
Morgan and Signorielli, 1984）將他們的「主流化」（mainstreaming）概念
應用到政治領域，發現觀看電視會使人們轉向「溫和」（moderate）意見。

　　涵化／潛化理論認為，一個人花在觀看電視（包括各種形式）上的時

間越多，他或她將越多地接受這個媒介所表達的世界觀。這種現象在政治方面也應該存在，因為對大多數人來說，電視是（或曾經是）他們獲取政治資訊的主要來源。這項研究的基本假設是，電視（在商業廣播公司和廣告商的壓力下）尋求避免極端，安全地站在「非意識形態的中間立場，以吸引最大量的潛在觀眾」（同上註：285）。這導致偏好「溫和」或中間立場的政治立場（或主流化）。這項研究實際進行的時間（1981 年）正逢美國經歷了 10 年的動盪後開始向右轉的時刻。該研究使用了非常大的隨機樣本調查，基本問題涉及觀看時間和個人的政治立場，可以分為自由派、中間派或保守派。研究中還控制了其他變項。結果證實了他們的預期：在九個調查中（不同的年份），重度觀眾除了一個案例外都更有可能選擇「溫和」的自我定位。這種關係在其他媒體中並不成立，報紙讀者持保守派立場的可能性較高，而收聽廣播的人持自由派立場的可能性較高。作者警告說，這些標籤的含義並不簡單或穩定。具體而言，他們指出，電視並不真正是一種趨向中道的力量（a force for moderation）（Gerbner et al., 1984）。

　　在對大量研究進行廣泛回顧的過程中，Hawkins 與 Pingree（1983）發現了許多零散的跡象，這些跡象表明了預期的關係，但沒有結論性的證據可以證明電視觀看與對社會現實的看法之間的關係**方向**。他們表示，電視**可以**教導關於社會現實的知識，而觀看與社會現實之間的關係可能是相互關聯作用的：電視觀看導致社會現實被以某種方式建構，但這種社會現實的建構也可能影響觀看行為。在對涵化／潛化研究進行進一步概述的研究中，Morgan 與 Shanahan（1997）得出的結論是，確實存在涵化／潛化效果，但平均而言影響相當小。

　　現在的電視體驗幾乎可以確定比理論上所允許的更加多樣化和更具非累積性，因為產製和供應不斷增加，故假設必須更加具體地涉及內容和效果。例如一項關於電視對婚姻期望的涵化／潛化效果研究（Segrin and Nabi, 2002）發現，觀看特定類型的電視「浪漫」內容與不切實際的期望有關，但與一般的電視觀看無關。Sotirovic（2001）發現有線電視新聞和娛樂節目的觀眾對福利受助者有負面形象，而其他來源則不然。Rössler

與 Brosius（2001）在德國也發現特定脫口秀內容帶來有限的涵化／潛化效果，而不是所有電視節目或整個類型。主動閱聽人理論也對強大的「訊息系統」長期累積效果的假設提出了質疑，一些學者對電視使用的資料和關於價值觀與意見的調查數據之間的因果關係表達疑慮（Hirsch, 1980, 1981; Hughes, 1980）。「涵化／潛化」效果最早在美國被確定，那裡的（主流）電視內容更加商業化，最初的多樣化較爲不足。

　　儘管已經進行了大量的研究，但其他國家的證據仍然存在分歧。Rosengren 與 Windahl（1989）報告了一些關於年輕人電視體驗的長期變化的發現，可以作爲支持涵化／潛化假設的證據。其中一個例子是因爲電視觀看時間多寡而產生顯著不同的「心智地圖」（mental maps）。對於觀看時間較長的青少年男孩來說，瑞典以外的世界幾乎只有北美洲。Yay、Ranasubranuanian 與 Oliver（2008）發現，在南韓和印度消費美國電視內容與對個人生活的不滿有關（印度），以及對社會的不滿有關（兩個國家）。在日本，也發現了電視對性別角色態度的涵化／潛化效果。根據 Saito（2007）的說法，這些效果特定於某些次群體。因此，電視延緩了社會變革，透過在觀眾當中涵化／潛化了傳統態度，儘管電視似乎也能解放最保守的人。這些發現與上述的「主流化效果」大致相符。回顧那些測試涵化／潛化假設的研究，Potter（2014）發現對於訊息系統分析得到部分支持證據，對於涵化／潛化分析則整體上的支持較弱；即使找到一些涵化／潛化的證據，它也往往只影響人口的一小部分。另一方面，涵化／潛化的指標在時間、文化和國家之間都存在，而且到現在爲止，電視仍然是大多數人媒體學習中占主導地位的「說故事者」。Potter 建議需要更多研究來揭示媒體訊息的含義（而不僅僅是它們的表面態樣），而塑造訊息的制度性操作（參見本書第 12 章）也需要更加明確地融入涵化／潛化研究設計當中。這樣做將遵循媒體和大眾傳播學領域中許多其他當代取徑的趨勢，這些取徑要求在研究設計中統合不同的觀點、混合方法和跨學科的研究設計（參見本書第 18 章）。

　　在關於電視觀看及其與態度變化的關係的最新研究中，證據顯示涵化／潛化效果發生在非常具體的問題上。例如暴露／接觸到有關移民的威脅

性新聞報導被發現直接影響對移民人權的態度，但不會對移民政策的整體感受或態度產生影響（Seate and Mastro, 2016）。這指出了涵化／潛化效果在初級和次級效果之間的區分。初級效果（first-order effects）與人們如何評價與媒體使用相關的特定日常生活方面有關，而次級效果（second-order effects）代表深深根植的信念和世界觀，這些效果不太可能直接受到媒體使用的影響或改變（Shrum, 1995）。Williams（2006）在將涵化／潛化理論應用於關於線上遊戲參與者對現實危險的感知研究，也得出類似結論：玩家的整體恐懼感並未增加，恐懼僅限於他們在玩遊戲時面臨的非常具體的情況。正如 Williams（2006: 82）建議的那樣，「涵化／潛化效果在線上遊戲中作為一個精確的現象存在，而不是葛本納和其同事的原始理論所暗示的那樣廣泛的引力系統（gravitational system）。」Williams 感到樂觀，許多酬賞符合社會規範和道德行為的遊戲能夠有助於改善人際關係，而這是一個需要考慮的重要問題，鑒於數位遊戲和電競作為一項受人們偏愛的休閒活動在全球的突出地位。

涵化／潛化理論也被應用於新媒體環境中，特別是個人行動媒體、線上社交網站的迅速崛起以及相應的媒體通道的大量增加，帶來更多的多樣性。Morgan 等人（2015: 678）指出，如果我們理解涵化／潛化理論的核心是關於我們講述（和被講述）的故事，以及這些故事如何跨平台和通道連接思想和角色，那麼涵化／潛化理論仍然有其重要性，因為它與我們思考世界的方式有關。正如他們所論述的，我們可能以不同於過往的方式接收故事，但是它們在內容上或許沒有多大改變，尤其是關於暴力、受害、性別、權力、階級、種族和族群等反覆出現的主題、刻板印象式的表達方式和常見的框架，這些故事可以非常持久。人們在社交媒體上創造和分享的內容，在某種程度上可以被視為我們在其他媒體中看到和體驗的內容的總和，因此往往也延續著這樣的故事和故事元素。

有幾項研究探討了涵化／潛化理論如何有助於我們理解移民和難民的經歷，並且為文化適應和文化融合過程賦予意義（Raman and Harwood, 2008; Tufekci, 2008; Croucher, 2011）。當移民遷移到一個新的文化時，社交網站的使用被假設會影響他們對主流文化的感知，這種涵化／潛化效果

可能會影響他們如何與新環境建立關係和適應新環境，以及他們如何與
（通常分散的）家庭成員和祖國保持聯繫。

　　儘管這個理論看似合理，但要在符號象徵結構、觀眾行為和觀眾觀點
之間的假定關係中令人信服地處理其中的複雜性幾乎是不可能的，因為其
中有許多中介變項。再者，很難將任何「涵化／潛化」過程與一般社會化
過程分開。此外，關於涵化／潛化效果是否真正具有累積性的證據似乎缺
乏，或是甚至相反。儘管如此，文化指標和涵化／潛化研究所代表的研究
方向似乎並未耗盡，可以繼續在特定主題和特定脈絡下進行更具體和細緻
的研究。

沉默螺旋

　　「沉默螺旋」（spiral of silence）這個概念源自於 Noelle-Neumann
在多年研究中發展和驗證的一個更大的民意理論體系（Noelle-Neumann,
1974, 1984, 1991）。相關理論涉及四個元素之間的相互作用：大眾媒體、
人際傳播和社會關係、個人的意見表達，以及個體對自身社會環境中的
「意見氣候／輿論氛圍」（climate of opinion）的感知。該理論的主要假
設（Noelle-Neumann, 1991）如下：

- 社會孤立威脅著偏離主流的個體。
- 個體持續感受害怕孤立。
- 害怕孤立（fear of isolation）讓個體試圖不斷評估意見氣候／輿論
  氛圍。
- 這種評估的結果會影響他們在公眾場合中的行為，特別是影響到他們
  是否願意公開表達意見。

　　簡單地說，沉默螺旋理論強調，為了避免在重要的公共議題（例如政
黨支持）上被孤立，許多人受到他們所感知的環境中占據主導地位或衰退

的意見所引導。如果他們覺得自己的觀點是少數派，人們傾向於隱藏自己的觀點，而如果他們認為自己在某個特定議題上的立場與大多數人的觀點相符，他們則會更願意公開表達意見。影響所及，那些被認為占主導地位的觀點得到更多支持，而其他的觀點則進一步消聲。這就是該理論中所謂的**螺旋**效果（the spiralling effect）。

在當前的脈絡下，該理論的主要觀點為大眾媒體是評估時下意見氣候最容易近用的來源，如果某種觀點在媒體中占主導地位，它在個人意見形成和表達的後續階段中往往會被放大。這個理論最初是為了解釋德國政治中令人困惑的發現而提出和測試的，其中民意調查的結果與其他關於誰將贏得選舉的數據不一致，並且未能預測結果。該理論提出的解釋是媒體對意見共識提供了一個誤導性的觀點，亦即據說當時德國媒體傾向於左翼，但與德國（沉默的）多數民眾未公開表達出來的觀點相悖。世界各地的後續研究證實了新聞媒體對爭議性議題（例如中東局勢）民意和政治意見的影響，這似乎支持了 Noelle-Neumann 和其他「效果宏大的大眾媒體」（powerful mass media）及沉默螺旋理論支持者的觀點。

沉默螺旋理論與大眾社會理論（mass society theory）密切相關，對社會關係的性質持有類似但略為悲觀的觀點（Taylor, 1982）。根據 Katz（1983）的說法，其有效性取決於替代性參考群體在社會生活中的狀態。如果替代性參考群體仍然存在且活躍，則該過程的施展空間就越小，因為仍有對少數或不同觀點（minority or deviant views）的社會支持。Moscovici（1991）還提出，通常我們應該更少關注沉默的大多數所形成的公眾意見，而更多關注「聲量大的少數」（loud minorities），他們在意見變遷中常常扮演重要角色。對於社交媒體上的意見氣候而言，這似乎是一個特別恰當的建議。

沉默螺旋理論遠不只是一種媒體效果理論，它還涉及多個需要共同研究的面向。理論仍然處於假設形式，證據在不同情境下相對薄弱且不一致也不足為奇。例如 Glynn、Hayes 與 Shanahan（1997）透過對調查研究進行的後設分析得出結論，認知自己的觀點是否得到支持與願意發表意見之間的相關性幾乎沒有證據支持。儘管如此，支持性的證據還是有的（例如

Mutz and Soss, 1997; Gunther, 1998）：媒體報導確實會影響個人對當前議題的公眾情緒的感知（關於意見的意見）。對於「害怕孤立」是影響人們在有爭議問題上發表意見意願的關鍵因素這一觀點，同樣也有持續的支持證據（Moy, Domke and Stamm, 2001）。

　　基於沉默螺旋理論的研究或受其啟發的研究至今仍在進行，因為新媒體環境對學者提供了一個迷人的挑戰：數位設備、平台和媒體內容的不斷增加是否使得眾聲喧嘩，或是我們是否高估了線上可取用資訊和觀點的多樣性？就像在涵化／潛化研究中發現的那樣，有很多證據表明，「媒體通道的增加不一定會導致立場和觀點的多樣化」（Schulz and Roessler, 2012: 349）。新聞組織往往會跟隨彼此的議程〔這種作法被歸因於記者的「群體思維」（pack mentality）〕，這是一種以各種方式被稱為「跨機構的新聞一致性」（interinstitutional news coherence）（Schudson, 2003: 109）、「媒體共同定位」（media co-orientation）（Strömbäck and Esser, 2014: 380）和「跨媒介議題設定」（intermedia-agenda-setting）（McCombs and Funk, 2011）的現象。除了新聞業，類似過程也存在於不同電視網或不同電影和數位遊戲公司的跨媒介製作當中，它們互相模仿，以期能從競爭對手的成功公式中獲利，這是產品差異化競爭壓力（相對於市場創新）的結果（參見 Lampel, Lant and Shamsie, 2000: 226）。由於大眾媒體在多媒體和跨平台敘事實踐中跨多個通道重複使用（reuse）、回收（recycle）和改編（repurpose）內容，不必然會在過程中追求更廣泛的觀點和視角。

　　Schulz 與 Roessler（2012）提出，以資訊尋求行為和以線上交流與討論為基礎的參與，是基於一種相對平衡的「主觀多元化」的來源選擇。這一假設得到證實，因為缺乏線上「過濾泡泡」（filter bubbles）現象普遍存在的證據（Bruns, 2019）。雖然這暗示的是沉默螺旋理論不適用，但 Schulz 與 Roessler（2012: 360）指出，「一旦傳統大眾媒體開始報導在線上出現的民意變化，這些變化就可以轉移到離線世界中。」對於當代媒體效果理論來說，對多種媒體在意見形成中相互作用的認識至關重要。

　　在對媒體使用和效果進行類似的「整體性」認識之外，當前的研究強調了意見形成和表達、大眾媒體報導以及線上分享和辯論間的相互

關聯作用之關係,這需要一種能夠歷時地測量這些不同要素的研究設計(Matthes, 2015)。將沉默螺旋框架應用於廣泛構想的社交媒體研究(Hampton et al., 2014),尤其是關於臉書(Stoycheff, 2016)的研究顯示,雖然人們表示他們願意在面對面的對話中討論有爭議的社會議題,但大多數人會猶豫於透過這些線上公開平台分享自己的意見。

　　與沉默螺旋理論相關的是大眾媒體對民意的「第三方效果」(third-party effects)〔譯按:或謂「第三人效果」(third-person effect)〕概念,最早由 Davison(1983)提出。關鍵在於許多人似乎認為(或對民意調查者表示),其他人會受到各種媒體內容的影響,但他們自己不會受到影響,這種認知伴隨著對審查制度的支持傾向(McLeod, Detember and Eveland, 2001)。大量實證研究支持將效果歸因於他人的趨勢,這有助於解釋人們對媒體權力的普遍信念,即使缺乏證據支持(Hoffner et al., 2001)。對媒體效果的高估,還與普遍存在的對新聞媒體偏見的信念有關,即認為新聞媒體偏向於與自己立場相異的人(Gunther and Christen, 2002),這種觀點在證據方面也幾乎沒有得到支持。要求人們估計媒體對自己的影響力顯然不是揭示實際效果的好方法。第三方效果假設的有趣推論是「第二人效果」理論(theory of 'second-person effect'),這指的是公共行動者對於進入新聞故事的反應。通常情況下,他們會做出回應,就好像刊播事實即可確保整個公眾都在關注(這是不太可能的情況)。回應的結果是放大和擴散原始出版物,並啟動一系列新的事件和插曲,對民意可能產生影響。這個過程使得新聞記者(作為他們議題設定角色的一部分)擁有一定的權力,這是他們在其他情況下不會擁有的,也是他們可能需要負責的(Glasser, 2009)。

　　當沉默螺旋理論應用於當代媒體環境時,它幫助我們有意識地將微觀層面的過程(一個人對某個問題做出決定的方式)與鉅觀層面的現象聯繫起來,即社會環境、大眾媒體報導和社交媒體上的互動(Poulakidakos, Veneti and Fangonikolopoulos, 2018: 374)。它還提供了一個框架,用於考慮形成意見氣候時多種媒體之間的相互作用。

社會和文化變革

　　第 4 章和第 5 章中概述的媒體和大眾傳播理論都以某種方式假設了各種重要的社會和文化效果。正如第 9 章所討論的，全球化的影響也是如此。然而，這些效果很可能是漸進、長期且難以測量的。通常還存在著相異甚至矛盾的可能性。大眾媒體和大眾傳播過程被認為帶來了新型的共同體和社交性，尤其在網際網絡的脈絡下。有人認為這導致了更多的社會碎片化和原子化。其他理論家則將媒體歸功於（或歸咎於）促進同質性和社會凝聚，有時過度地強調一致性。媒體因降低文化標準（將內容降至最小公分母）而受到指責，同時也因更廣泛地傳播傳統和當代文化而受到讚揚。儘管這些關於大眾媒體對文化和社會的影響的想法很有說服力，但少有確鑿證據支持這些效果。

　　媒體對社會和文化變革的貢獻，過程的核心在於它們具有定義情境、提供參考框架與傳播社會群體形象的能力。在缺乏廣泛的歷史知識的情況下，它們還經常構成一個國家社會的「集體記憶」（collective memory）。媒體並不是這些方面的主要創造者或來源，但它們以較為一致和重複的敘事方式將它們結合在一起，成為人們對自己社會和自身位置的想法和意見的次級來源。媒體和觀眾對新奇和連續性都有無法滿足的渴望，並透過捕捉每一種可能成為更大故事一部分的新潮流、恐懼或重要事實來促成變革，無論是在新聞還是虛構故事中。對於大多數人來說，媒體在很長一段時間內實際上是變革的守門人，特別是當它們似乎就同樣的選擇和認知達成共識時。在線上的脈絡中，這種「守門」的努力在某種程度上更好地被描述為個人和媒體專業人員的「尋路」（way-finding）（Pearson and Kosicki, 2017）實踐，我們透過搜索引擎、社交媒體、意見領袖，透過不同群體、網絡和社區，並透過傳統報刊和媒體品牌瀏覽和獲取新聞和資訊，同時也受到演算法和自動推薦系統的引導（參見 Barzilai-Nahon, 2008）。同時，大眾媒體組織仍然在新聞和娛樂領域中發揮著基本作用，並繼續成為許多研究社會和文化變革中媒體影響過程的焦點。

　　在確定這些和其他問題時，很大程度上取決於評估者的觀點和對問題的初步假設。我們還應該牢記一個事實，即媒體、社會、群體和個人之間存在著持續的互動，儘管並非每個參與這個「文化迴路」（Du Gay et al., 1997）的人都擁有相同的權力和能動性。媒體，無論是作爲科技還是文化內容，與文化和社會變革並不是簡單的單向因果關係。這些互動的結果非常多變、難以預測，而且有著不同的情勢變化。隨著媒體的發展，它們轉移了時間和注意力（替代效應），成爲一個與「大眾媒體出現前」的情況下相比，能夠接觸到更多人並提供更多資訊的通道，改變了資訊和觀念傳播的方式。這些事實對於任何需要引起公眾關注並對整個社會進行傳播的社會機構都有影響。其他機構面臨著適應或以某種方式對大眾媒體做出回應，或是利用大眾媒體通道的壓力。在這樣做的過程中，它們可能會改變自身的實踐。

　　媒體的影響通常是間接的。它們努力改變公眾的期望、滿足需求的可能性，尤其是其他社會機構的運作方式，這些機構越來越依賴媒體來與公眾進行溝通聯繫，而其溝通方式已經適應了所謂的「媒體邏輯」（見第11章），對它們的行爲產生了深遠的影響。正如 Altheide 與 Snow（1991: ix）所說：「今天所有的社會機構都是媒體機構。」將大眾媒體和社會視爲相互關聯，以及大眾傳播過程（製作、內容和接收）作爲相互而不是單向的，其具體概念最明確地體現在媒體和文化研究領域。第一步是史都華·霍爾（Stuart Hall, 1974/1980）提出的：傳播過程包含了媒體產製者和閱聽人參與的連續回饋循環中的編碼和解碼實踐的「總體性」（參見本書第3章）。霍爾發展出這個模式是作爲對傳播傳輸模式中「完美」傳播假設的批判。媒體仍然被認爲具有深遠的影響力，但霍爾的模式開啟了關於「效果」的問題，它是一個多向過程（multiple-way process），所有這些都受到圍繞和扭曲媒體和傳播的「意義場域」（field of meaning）的支配。

　　霍爾的著作啟發了後續更詳細探討大眾傳播過程中不同要素和參與者影響的著作，導出了文化作爲一個迴路（culture as a circuit）的概念（Du Gay et al., 1997）。社會中的「文化迴路」提供了一個分析框架，用

於分析媒體和大眾傳播的不同面向是如何接合（articulated）在一起的，具體包括產製、身分認同、再現、管制和消費（見方框 17.1）。「接合」（articulation）意味著相互連接和連結，而不是任何必然的或不可避免的單向流動的「效果」。有可能看到這種關於媒體和大眾傳播影響的理論化的方式比許多（如果不是大多數）特定的媒體效果理論更為有力，因為它認為影響可能在各個分析層面上流動，從閱聽人到產製者，反之亦然。這種文化迴路的取徑已被應用於研究大眾傳播過程的各個方面，從研究特定一部電影或遊戲到手機和行動通訊的歷史（例如參見 Goggin, 2006）。

17.1

文化迴路：賦予媒體意義的五種相互關聯的實踐

- **產製**（production）：產製媒體的過程（從發想到創作、行銷和分發）
- **身分認同**（identity）：人、群體和網絡是誰（涉及文化迴路的各種要素）
- **再現**（representation）：媒體產品（或訊息）的形式、格式和類型
- **監管**（regulations）：正式和非正式的規則和控制（包括法律、文化規範和期望）以及這些是如何執行的
- **消費**（consumption）：人們消費和參與媒體的各種方式（文本、產品、服務、訊息、通道）

在當前普遍且無所不在的媒體脈絡下，這種關於媒體對社會和文化變革的（長期的、多向的）影響的脈絡化理論顯得尤為重要，其中所有要素都扮演著相互形塑的角色，媒體的影響或效果發生在文化迴路的每一環節，人們消費和產製的媒體比以往任何時候都多，公共和私人（即大眾和人際）傳播的界限變得模糊，而日常生活的一部分涉及或多或少刻意導向我們的媒體。在對這種脈絡的早期評估中，Altheide（1974）總結了人們在真實或感知到照相機和攝像機存在的情況下，如何越來越以所謂的「媒體自我」（media self）行事，始終意識到至少有可能被媒體捕捉到。根據 Altheide 的觀察，這樣的人物角色是非常具有展演性的，並且學會（或被迫學會）持續適應不斷變化的媒介環境。同樣地，Grossberg（1988:

389）也預見了一個浮現中的「媒體生活的日常世界」（everyday world of media life）。

在當前脈絡下，媒體關於長期社會和文化變革影響的理論，最核心的主張是資訊和通道的要求優先於內容的意義。這引入了一個要求，即將媒體的物質面向納入我們的研究對象。為此，該領域在社會科學和人文學科中進行了所謂的「向物質轉」（material turn）（Miller, 1987；另見 Casemajor, 2015），在媒體和大眾傳播研究中，可以用 Hayles（2004）所稱的「特定媒體分析」（media specific analysis，簡稱 MSA）來理解。這意味著有意納入與傳播過程相關的物件、器物、硬體和軟體、科技，以及接收和使用的具體物質脈絡，例如在電影院、等公車時或在咖啡館喝咖啡時。

特定媒體分析的一個重要靈感來源是「行動者網絡理論」（Actor-Network Theory，簡稱 ANT），最初是科學與科技研究（science and technology studies）中的一種特定取徑，旨在消除學術研究中生物與自然，或是「人類」與「非人類」之間的區別（Latour, 1993）。該理論假設人們生活中的物質客體也具有行動能力，超出我們對它們的使用（或感受）所能涉及的範疇。儘管這種取徑在人文導向的媒體和大眾傳播研究中得到廣泛應用，但社會科學導向的媒體與大眾傳播研究也自 20 世紀末以來進行了類似的工作。例如 Byron Reeves 與 Clifford Nass（1996）的「媒體等同理論」（media equation theory）認為，人們將媒體視為真實的人或地方，這對他們對於這些媒體的反應產生了很大影響。Reeves 與 Nass（同上註：5）認為，「個人與電腦、電視和新媒體的互動基本上是社會性的和自然的，就像現實生活中的互動一樣。」媒體不僅僅是傳播資訊的工具或通道，也是我們社會世界中的實際參與者，我們對它們的反應也是如此，這是基於媒體等同理論的研究核心。行動者網絡理論將這種「非人類」參與的概念推進了一步，認為設備、科技和物質脈絡必須「做些什麼」（do something）才能使傳播過程正常運作，這反過來又暗示這些非人類行動具有與人類行為相對稱的獨特影響（Law, 1992）

近年來，行動者網絡理論在媒體和大眾傳播研究中得到廣泛應用，部

分原因是基於一個基本觀察：媒體無處不在，因此在關於媒體效果的主張和假設中需要予以考量。這一理論框架出現的另一個原因是，它假設媒體的影響和效果的關係始終是相互的和暫時的，也就是說，效果是雙向的（來自人類和非人類），並且有可能隨著時間而變化。行動者網絡理論在研究（新型）科技對現行組織實踐的角色和衝擊方面已經被證明非常管用，例如在新聞業方面的研究（Mitchelstein and Boczkowski, 2009; Plesner, 2009; Domingo, Masip and Costera Meijer, 2015）。在新聞學研究中，Lewis 與 Westlund（2015:19）將行動者網絡理論視為強調「社會技術」（socio-technical）研究的一部分，他們將其分為四個元素：「社會**行動者**（social actors）、科技**行為體**（technological actants）、工作實踐**活動**和不同類型的**閱聽人**」（粗體字為原文強調處）相互關聯（參見方框 17.2）。行動者網絡理論中的「網絡」指的是這些不同元素之間的關係和相互連結。

17.2

行動者網絡理論（改編自 Lewis and Westlund, 2015）
- **行動者**：三個群體，包括新聞方面、資訊科技方面和商業方面
- **行為體**：科技客體（例如電腦、內容管理系統、程式界面和社交媒體平台）和物質脈絡（例如辦公環境、工作場所、家庭）
- **閱聽人**：被視為內容消費者、廣告商在統計上的聚合商品，以及文化產製的積極參與者的個人和群體
- **活動**：評論或非評論的，手工的或電腦運算的

整體而言，有關媒體對人們、群體和社會的長期影響的理論在時間上呈現逐漸發展的趨勢，變得更加精細和複雜。在這個過程中，學者提醒我們不同媒體之間、人與科技之間，以及產製者與使用者之間的相互作用，以確定媒體效果的方向和程度。儘管大眾傳播過程中的這些要素不一定平等，但這些理論確實考慮到權力和行動在多個方向上的流動。最近在這個廣泛的理論發展領域中出現的介入包括情感、情緒和感受在媒體和傳播

分析中的角色，這一過程在文化研究和社會理論中被稱爲「向情感轉」（affective turn）（Clough, 2008; Gregg and Seigworth, 2010），在媒體研究中被稱爲「向情緒轉」（emotional turn）（Wahl-Jorgensen, 2019），以及在更多以社會科學爲導向的取徑中，將情緒視爲「傳播過程中的一種強大且重要的力量」（Lecheler, Schuck and De Vreese, 2013: 189）。情感被認爲是在傳播過程的各個元素之間發生的「調解」過程中至關重要的因素（Cefai, 2018），情感已經成功應用於媒體產製研究（Gregg, 2009; Beckett and Deuze, 2016; Siapera, 2019）、內容研究（Stolwijk, Schuck and De Vreese, 2017; Otto, Lecheler and Schuck, 2019）、媒體通道和科技（Karatzogianni and Kuntsman, 2012；受到媒體等同理論啓發的工作也值得一提，例如 Brave, Nass and Hutchinson, 2005），以及接收（Andrejevic, 2011; Papacharissi, 2014）。簡單地說，情感既能中介也能調節效果，因爲我們對特定問題的感受不僅可能是媒體中故事講述的直接結果，還可能影響我們對特定媒體的暴露／接觸和反應。

　　媒體效果的其他理論發展涉及對人們觀點和行爲的微觀效果，接下來我們將轉向這些理論。

議題設定、促發和框架

　　「議題設定」（agenda-setting）一詞是由 McCombs 與 Shaw（1972, 1993）創造的，用以描述長期以來在競選活動中一直被注意和研究的一種現象。其核心觀點是新聞媒體向公眾明示當天的主要問題是什麼，而且這接著會反映在公眾所認知的主要問題中。正如 Trenaman 與 McQuail（1961: 178）所指出的那樣：「證據強烈顯示，人們**想什麼**（think about）會與他們被告知的內容有關，但他們**怎麼想**在任何層面上並不同於他們被告知的內容。」（粗體字爲原文所強調）當時蒐集的證據以及後來的研究數據顯示，媒體賦予「議題」的重要性順序，與政治人物和公眾對同樣問題賦予的重要性順序之間存在著對應關係。當代媒體環境中的一個重大不同之

處或許在於設定議題的媒體類型和數量，例如在社交媒體上的線上討論，比起某些報紙和電視台在新聞分發和觸達上明顯占主導地位的時代還要更加多樣，且在某種程度上更加動態（Boynton and Richardson, 2016）。

Dearing 與 Rogers（1996: 1-2）將議題設定過程定義為：「議題倡導者之間獲得媒體專業人士、公眾和政策菁英的關注而進行的持續競爭。」拉查斯斐等人（Lazarsfeld et al., 1944）將其稱為「結構議題」的權力。政治人物試圖說服選民，最重要的問題是與他們最密切相關的問題，這是倡導和影響民意的重要組成部分。作為一個假設，議題設定（在下面的方框17.3 中以簡要形式概述）似乎擺脫了說服傳播活動效果很小或沒有效果的一般結論。

17.3

議題設定假設

- 公共辯論由一組顯著的議題（應該採取行動的議題／議程）代表
- 議題／議程源於民意和政治菁英的提議
- 相互競爭的利益各方尋求提升「他們的」議題的顯著性
- 大眾媒體新聞根據多種壓力（特別是來自感興趣的菁英、民意和現實世界事件的壓力）選擇更多或更少地關注某些議題
- 媒體的結果（議題的相對重大程度）既使公眾認可當前議題，又對民意和對政治場景的評價產生進一步影響
- 議題設定效果是邊緣的和短期的

這是議程設置假設的精髓所在，但這些證據不足以顯示各種議題「議程」之間的**因果**關係。為了解這一點，我們需要知道政黨方案的內容，了解在特定公眾部分中隨時間變化的意見〔最好有同一群受訪對象的縱橫資料（panel data）〕，以及不同時間點媒體對不同議題報導的內容分析。我們還需要一些關於公眾使用媒體的數據，這樣的數據很少（如果有的話），也很少同時支持議題設定假設。隨著我們越遠離媒體直接引導關注和塑造認知的一般概念，轉而研究實際案例，就越不確定是否真的存在這樣的效果。

Davis 與 Robinson（1986）批評先前的議題設定研究忽略了對人們認為**誰**重要、重要事情發生**在哪裡**，以及事情**為什麼**重要的看法所可能產生的影響。根據 Rogers 與 Dearing（1987）的說法，我們需要清楚地區分三個不同的議題／議程：媒體的優先事項、公眾的優先事項，以及政策的優先事項。這些議程以複雜的方式互動，可能會產生不同方向的影響。兩位作者還指出，媒體在可信度上存在差異，個人經驗和媒體報導可能存在分歧，而公眾對新聞事件的價值觀可能與媒體不同。此外，「真實世界」事件可能以意外的方式干擾先前的議題／議程（Iyengar and Kinder, 1987）。Reese（1991）指出，很大程度上取決於媒體和消息來源之間權力的相對平衡，這是一個在不同案例中有很大變化的因素。議題設定效果與其他已知效果類似，也取決於主題、媒體類型和更大的脈絡相關因素的正確組合（Walgrave and van Aelst, 2006）。

這些評論每一個都引入了新的變異來源。儘管有這些困難，但議題設定吸引了大眾傳播研究者的關注，因為它似乎提供了另一種選擇，可用於研究媒體對個人態度和行為變化的影響。大多數研究證據（例如 Behr and Iyengar, 1985）都還沒有定論，對相關研究的評估（包括 Kraus and Davis, 1976; Becker, 1982; Reese, 1991; Rogers, Dearing and Bergman, 1993）傾向於將議題設定視為一個合理但尚未證實的想法。

這些懷疑不僅來自於對因果關係的嚴格方法學要求的質疑，也源自於理論上的模稜兩可。該假設預設了一個影響的過程，從政治或其他利益團體的優先事項到媒體的新聞優先事項，其中新聞價值觀和觀眾利益扮演重要角色，然後再轉移到公眾的意見上。當然，還存在著這種關係的其他模式，其中主要的模式將前述流程倒轉，認為公眾的基本關切將形塑政治菁英和媒體的議題定義，這樣的過程是政治理論和自由媒體邏輯的基礎。媒體確實有助於上述三種「議程」的**匯流**，但這與設定其中任何一個議程是不同的問題。也有人認為有一種「媒體邏輯」在發生作用，政治人物和記者主要面向彼此，有時會鬆散地基於對公眾議程的假設來設定彼此的議程。

此外，在當代媒體脈絡中，公眾透過線上討論（通常是激烈和情緒

激昂的）以及使用主題標籤來提高意識，例如 #MeToo、#ClimateStrike
和許多其他形式的中介行動主義（mediated activism），可以在新聞和政
治議程上引入議題，公眾可能擁有的這種「傳播權力」（communication
power）必須被考量在內。議題設定的一個常見條件是不同的大眾媒體往
往共享著相同的新聞優先事項，然而這個條件正遭受挑戰，包括許多新的
網路新聞服務的出現，以及「新聞使用者」有更大機會根據個人偏好來尋
求和產製新聞。

促發效果

　　在考慮議題設定對民意的影響時，有時會提到「媒體促發」（media
priming）效果，作為議題設定的一個更具體的方面（Weaver, 2007:
145）。促發效果（priming，或譯啟動效果）的概念源於社會學習理論
（social learning theory）和攻擊性行為的影響研究。在競選宣傳活動研究
中，這個概念也有著悠久的歷史，政治人物們試圖與對他們最有利的議題
聯繫起來。這個概念的提出者（Iyengar and Kinder, 1987）表明，政治議
題在獲得最多關注（議程中最優先的項目）的同時，也在公眾對政治行動
者表現的評價中占據較重要的位置。對一個政黨或政治人物的總體評價因
此取決於他們在最顯著的議題上的表現如何被公眾感知。

　　促發「效果」本質上是促進某一個評價標準，在嘗試管理新聞方面發
揮作用。例如國家領導人常常被懷疑試圖透過某些外交成果、真實或疑似
的醜聞，甚至是軍事冒險來轉移公眾對內政失敗的注意力，這是促發的一
個比較極端的例子。與議題設定一樣，儘管它似乎符合實際情況，但在實
踐中很難證明促發效果。為了明確指認促發效果的潛在理論，從而提高其
作為媒體效果理論的效力，Scheufele（2000）將促發追溯到顯著性的心理
學理論（psychological theories of salience）。按照這種思路，如果某些問
題在新聞媒體中以一致的方式被持續報導，人們會認為這些問題比其他問
題更加顯著，這反過來又增加了人們在隨後思考這些問題時受到影響的可
能性。Scheufele（同上註：300）認為，「議題設定和促發都基於這種態
度可及性（attitude accessibility）的假設，特別是一個基於記憶的資訊處

理模式（memory-based model of information processing）。」Cacciatore 等人（2016）認為，儘管這些理論通常被認為有所重疊，但這些效果與框架效果（framing effects）非常不同。他們主張，框架是一個在大眾中較不常見的過程，因為它依賴於新聞媒體對某些問題的報導方式與既有的認知觀念或「基模」（schema）和「劇本」（scripts）之間的匹配。換句話說，議題設定和促發效果關注的是人們如何近用某些類型的新聞和資訊，而框架則考量人們將這些議題歸因於他們已經知道的事物。

框架效果

　　框架的概念是引人注目的，並提供了一個強有力的假設，即閱聽人將根據新聞的框架來引導自己的學習，他們還將學習這些框架本身。然而，框架作為一個效果過程如何運作尚不清楚。正如 Cappella 與 Jamieson（1997: 98）所說的，「新聞被記者框架的方式和閱聽人如何對待新聞可能是相似的，也可能是不同的。」這兩位學者提出了一個框架效果模式（model of framing effects），其中的核心思想是新聞框架啟動了有關議題、政策和政治人物的某些推論、觀念、判斷和對比。他們特別關注的是評估政治新聞的一致框架，無論是「策略性」（涉及競選優勢的努力）還是「衝突導向」（與客觀報導事實有別），是否會導致公眾對政治抱持更加憤世嫉俗的態度（public cynicism）。他們的證據支持了一種負面的媒體效果，即公眾憤世嫉俗情緒漸增的累積（螺旋）過程。

　　Scheufele（1999）提出一個框架效果的過程模式（a process model of framing effects），認識到它們是三種不同類型的參與者之間互動的結果：利益攸關的某些來源和媒體組織、記者（媒體）和閱聽人。正如他所指出的，我們正在處理兩種類型的框架：媒體框架（media frames）和個體（接收者）框架〔individual（receiver）frames〕。這兩種框架都可以是獨立的（因）或依賴的（果）。根據這個模式，涉及這些參與者的四個相互關聯的框架過程：首先，記者和其他在新聞組織中工作的人在日常壓力下建構和使用媒體框架，不斷與來源打交道，並應用「新聞價值」（news values）和「新聞角度」（news angles）於事件報導。其次，將「框架化」

的新聞報導（例如懷抱著對政治人物的憤世嫉俗觀點）傳遞給閱聽人。第三，閱聽人中的某些成員接受了特定框架，對他們的態度、觀點（例如憤世嫉俗）和行為（例如政治參與意願低落）產生影響。

許多框架研究的基礎是由 Entman（1993）奠定的，但他試圖建構框架過程的單一整體典範的企圖受到一些批評。幾位學者指出，框架的一般理論定義較為寬鬆，導致框架研究呈現出各種不同的解釋和例子，以至於這個領域應該放棄「框架」這個泛指一切的詞彙（a catch-all phrase）。考慮到對框架的許多不同取徑，Schuck 與 Feinholdt（2015: 1）指出，「在更仔細的檢視下，**什麼是**框架以及框架**如何**與**在何種條件**下具有**什麼樣的效果**變得不那麼明顯和一致。」（粗體字為原文強調處）

D'Angelo（2002）指出，文獻顯示至少有三種不同的框架典範。第一種是**認知主義**模式（cognitivist model），根據該模式，新聞報導文本的影響會體現在那些受到影響的人的思想和言語當中。其次，這個過程有一個**建構主義**的變體（constructionist variant），它認為記者提供的「詮釋包裹」（interpretative packages）反映了新聞贊助者（即消息來源）的立場。第三種是**批判**典範（critical paradigm），將框架視為新聞編採慣例和菁英價值觀的產物，並將霸權影響歸因於框架。儘管 Entman（1993）在他的奠基之作裡確實提到新聞故事中的框架透露著「權力的印記」（imprint of power），但框架研究因為普遍未能更加關注權力而遭致一些批評。Carragee 與 Roefs（2004）強調，框架不僅僅是故事主題，通常也體現了某種價值取向。

儘管存在著相當程度的複雜性，但有足夠的證據，尤其是來自政治傳播研究，證明了與新聞框架（news frames）一致的對閱聽人的影響。在框架理論的當代應用中，注意力有點從嚴格的認知效果轉移到研究情感因素在中介框架效果方面的作用（Lecheler et al., 2013）。這樣的研究關注政治新聞框架所引發的情感，以及在何種程度上，在什麼條件下，框架如何影響態度和行為的改變（Schuck and Feinholdt, 2015）。在更質性的框架研究取徑中，Papacharissi（2014, 2016）對情感新聞（affective news）和情感公眾（affective publics）的研究追蹤了類似的路徑，強調人們對特定

問題、主題和故事的情感參與，特別是在線上的脈絡裡，因為我們不僅僅是消費新聞，還會根據個人偏好和對媒體的情感參與進行評論、按讚、收藏、轉發和分享等各種方式的互動（Costera Meijer and Groot Kormelink, 2014）。

以上對一些主要的短期媒體效果理論的簡要回顧所顯示的是，隨著媒體和大眾傳播學的發展，需要更細緻化。這種理論和方法上的細緻化主要體現在對當前互動媒體環境中的這種「多向」影響過程（the 'multiple-way' influencing processes）的認識上，並且體現在對人們與媒體互動的科技性和情感性兩個方面的認識上。

媒體效果理論與研究的典律焦點

除了特定的持久效果理論之外，還可以考量媒體影響和效果研究的一些典範焦點：媒體與暴力、青少年和兒童之間的關聯，以及媒體在民意形成與政治傳播中的作用。隨著媒體變得更加個人化、親密化、行動化和相互連結，關於媒體成癮的理論也相應地迅速增加。

媒體與暴力

媒體可能鼓勵甚至引起犯罪、暴力，和具攻擊性、反社會或甚至犯罪的行為的潛力，引起了廣泛關切。關切的原因主要在於各種流行媒體中對犯罪和暴力的高度描繪，這一點已被多次證明（參見 Prot et al., 2017）。第二個原因是人們普遍的感知，無論是否正確，即這些社會邪惡隨著20世紀大眾媒體的興起而逐步增加。每一種新的流行媒介都引發了對其可能影響的新一波警戒。最近，特定類型的流行音樂、流行大片和數位遊戲尤其與年輕人的隨機暴力行為有所關聯。當攻擊性的範圍更廣泛地包括諸如霸凌和散布意在傷害他人的八卦謠言等「關係」攻擊（'relational' aggression）時，對該領域研究的後設分析顯示，的確存在媒體使用者觀看並學習媒體中的攻擊性模範的情況（Martins and Weaver, 2019）。

除了社會和家長無法控制的新媒體所帶來的「問題」之外，媒體本身也發生了普遍的變化，這促使人們重新關注一個老問題。電視頻道和串流媒體平台激增、監管減少，以及可接受內容的門檻降低，使得兒童、嬰兒和成年人一生中所接觸到的電視暴力比過往任何時候都要多得多。

人們持久不衰地相信（特別是）螢幕暴力是實際暴力和攻擊行為的肇因，這催生了成千上萬的相關研究，但對媒體的因果影響程度並沒有達成共識。儘管如此，根據 Lowery 與 DeFleur（1995）的說法，1960 年代末期美國公共衛生局長委託執行的研究計畫結果有三個主要結論：

- 電視內容充斥著暴力。
- 兒童花費越來越多的時間接觸暴力內容。
- 整體上，證據支持這樣的假設，即觀看暴力娛樂內容會增加攻擊性行為的可能性。

這些結論在當代脈絡中仍然有效。正如最近在澳洲、中國、克羅埃西亞、德國、日本、羅馬尼亞和美國針對螢幕媒體暴力暴露（電視、電影、數位遊戲）對身體、言語和關係攻擊的影響之複合測量所進行的研究中所指出的，「首先，各國暴力媒體使用與攻擊行為呈顯著正向關係。其次，在這七個國家中，媒體暴力的影響程度相近。」（Anderson et al., 2017: 994）

理論

暴力效果假設的主要組成部分一直相當穩定。Wartella、Olivarez 與 Jennings（1998: 58-59）介紹了三種描述學習和模仿媒體暴力過程的基本理論模式。其中一個是阿爾伯特・班杜拉（Albert Bandura）的「社會學習理論」（social learning theory），根據這一理論，兒童從媒體模範中學習到什麼行為會受到獎勵，什麼行為會受到懲罰。其次，還存在著「促

發」效果（Berkowitz, 1984）：當人們觀看暴力時，它會啟動或「促發」其他的相關想法和評價，從而使人更容易在人際情境中使用暴力。第三，Huesmann（1986）的「腳本理論」（script theory）認為，社會行為受到指示如何對事件做出反應的「腳本」的控制。電視（以及電影和數位遊戲）中的暴力以一種導致暴力的方式進行編碼，這是因為具有攻擊性的腳本所致。

這些理論共同構成了媒體暴力和攻擊行為相關研究中一個被廣泛引用的取徑之基礎：通用攻擊模式（General Aggression Model，簡稱 GAM；DeWall, Anderson and Bushman, 2011）。根據這個理論觀點，暴露於大量暴力或具攻擊性的媒體內容可能會對態度和行為產生短期和長期影響。

除了學習和模仿效果外，普遍存在一種觀念，即接觸到暴力描繪會導致一種普遍的「去敏感化」（desensitization）現象，降低對暴力行為的抑制，增加對暴力行為的容忍。觀看暴力電影和玩暴力電子遊戲可能導致對暴力的生理去敏感化（physiological desensitization），從而降低對受害者的同理心／移情能力（empathy），以及減少幫助受害者的行為（Bushman and Anderson, 2009; Greitemeyer and Mügge, 2014）。如前一章所述，涵化／潛化理論也常常在文獻中被提及，可以作為影響人們對危險、憤怒和恐懼情緒的感知，以及支持政府採取強勢作為的一種可能解釋。

就像所有的這類理論一樣，許多變項會影響一個人的傾向，而且有幾個變項與暴力描繪有關。影響觀眾對媒體暴力反應的主要脈絡因素（在內容中）可見於方框 17.4。除了個人傾向和內容的變項之外，觀看情境這個變項也很重要，尤其是獨自觀看或是與父母或同儕一起觀看。

17.4

描繪身體和關係攻擊的脈絡因素

- 施暴者的性質和相對吸引力
- 受害人的性質和相對吸引力
- 暴力行為的動機
- 使用的言語或非言語的「武器」　　　　　　　　　　　（續）

- 描繪的廣泛性和生動性
- 攻擊的行為是否受到獎勵或懲罰（或仍然沒有後果）
- 攻擊的行為是否以幽默（或其他對抗情緒）的方式呈現

除了明顯的身體暴力行為外，關係攻擊（relational aggression）更加微妙，其影響也更明確地被證實。在所有媒體中，關係攻擊往往被描繪為「正常、合理、無後果，由具有吸引力的施暴者實施並獲得獎勵」（Martins and Weaver, 2019: 90）。

內容

如上所述，美國公共衛生局長報告的主要發現經常獲得證實。在所有媒體中，仍然有大量的暴力描繪，並且對人們產生巨大的吸引力，而且不僅是對年輕人有吸引力而已。儘管對媒體中的暴力數量和程度的大部分研究是在美國進行的，但現有的證據表明，暴力和攻擊性是全球媒體內容中的主要元素。雖然很難說平均暴露程度是否一直呈現增加趨勢，但伴隨著接觸暴力內容的通道增加，螢幕暴力的潛力可能已逐漸擴展到世界上的大部分地區。Groebel（1998）代表聯合國教科文組織對全球 23 個國家的5,000 名兒童進行的電視暴力調查對此有所評論，談及媒體暴力的普遍性以及對具有攻擊性的媒體英雄形象的普遍迷戀，尤其是在男孩中。隨著數位遊戲迅速在全球流行，人們非常擔憂這些遊戲中描繪（和遊玩）的暴力性質（Gunter, 2016）。與此同時，一些研究不僅發現沒有證據顯示遊戲與現實世界的暴力行為有正向關聯，而且還提出暴力電子遊戲有助於暴力犯罪下降的證據（Markey, Markey and French, 2015）。這個領域的其他研究報告顯示，遊戲中的實際暴力對人沒有或很少產生影響，而是對某些遊戲的競爭性本質產生具有攻擊性的反應（Dowsett and Jackson, 2019）。

效果的證據

因為涉及產業和政策意涵，關於媒體暴力對行為影響的證據一直存在爭議。這個問題並不容易確定，任何通則性的權威陳述都帶有政治色彩（Ball-Rokeach, 2001）。儘管如此，對媒體暴力影響的文獻進行的回顧和後設分析一直都有發現效果的支持證據。然而，與大多數媒體效果理論一樣，這些研究發現的效果往往是微小到中度，而且通常是基於單一風險因素。近年來，研究在相當大程度上進一步發展，將媒體暴力置於多重風險因素（包括性別、不當教養、同儕受害或犯罪行為，以及社區犯罪盛行與否在內）的累積效果之脈絡下，發現多重風險因素的累積效果比在單一風險因素脈絡下的效果更加強大（Anderson et al., 2017: 993）。

媒體暴力的效果往往是小到中等程度的，在相當特定的情境中才會發現。因為攻擊行為受到眾多風險因素的影響（包括遺傳因素、文化規範、教養方式、個性、社會和文化脈絡），沒有單一因素能解釋個體間攻擊行為的大部分差異。即使文獻中普遍一致認為，高度暴露於媒體暴力內容的人表現出對攻擊性的接受度增加和攻擊行為增加（Wartella et al., 1998），但這還不足以證明其間具有明確的因果關係，所以若貿然呼籲對暴力媒體內容實施審查和其他限制會是有問題的（請參閱本章後面有關遊戲成癮的討論）。

有趣的是，Martins 等人（2013）發現，自 21 世紀初以來，新聞對媒體暴力和攻擊性的報導越來越淡化媒體暴力與攻擊性之間的關聯，儘管文獻中一直存在的模式顯示，媒體暴力內容的暴露程度會增加後續攻擊行為的風險。Martins 等人對上述這種研究結果和新聞報導之間的明顯落差提出了三種解釋（同上註：1081-1082）：

- 新聞價值觀中的客觀性和平衡要求，對相關新聞報導產生了某種微妙的影響；
- 在媒體效果辯論的正反立場都有專家背書，要做一刀切的明確選擇變得困難；

- 新聞機構可能關注閱聽人對「好消息」的需求，而人們或許不想聽到他們喜歡的消遣活動可能造成不好的後果。

雖然大多數學者對媒體暴力的微小但顯著影響（尤其是對於攻擊性的不良觀點和態度）有很明確的評估，但在文獻中關於這些結論的理論和方法基礎，以及在媒體暴力被宣稱的後果上存在著激烈辯論。特別是 Ferguson 與 Kilburn（2009）質疑這一領域的許多學者對單一風險因素的依賴，並得出結論認爲媒體暴力內容不應被視爲具有顯著的公共健康風險。Gauntlett（2005）也批評該領域的研究未能檢視暴力及其相關的社會問題，而是將一個複雜問題簡化爲對單一個體潛在行爲的簡單解釋。這可以說是在媒體和大眾傳播理論的文獻中，尤其是在媒體效果研究中更具爭議的問題：如何解釋個體在媒體方面的選擇、觀點和行爲，同時認識到每個個體被融入各種社會結構中——例如家庭、朋友圈（friendship circle）、同儕團體、實踐社群（communities of practice）等，這些結構爲個體提供各種意義和其他資源以應對他們使用的媒體。

另有一種觀點被提出來，即媒體對暴力和攻擊性的描繪可能會透過提供一種替代和無害的情感與攻擊釋放而產生正面效果（參見 Perse, 2001: 220–221）。這個過程被稱爲「宣洩」（catharsis），該術語源自亞里斯多德的戲劇理論。儘管明顯的是，由媒體描繪引起的大多數攻擊行爲是透過間接方式釋放而未對他人造成傷害，但很少有實證支持認爲暴露於暴力內容有益身心的理論。總體而言，可以清楚地看到人們對媒體暴力和攻擊性的關切不會消失，該領域的研究很可能會從更多跨學科的研究取徑中受益。

媒體、兒童和青少年

除了暴力和犯罪問題之外，媒體對兒童的影響在一般文獻和研究文獻中充滿了期望和恐懼（大多數是後者）。從早期到最近，對兒童的媒體使用和他們對媒體的反應進行了大量研究（例如 Himmelweit et al., 1958;

Schramm et al., 1961; Noble, 1975; Brown, 1976; Carlsson and von Feilitzen, 1998; Buckingham, 2002; Livingstone, 2002; Valkenburg and Piotrowski, 2017；另參閱 globalkidsonline.net）。在所有這些研究中，對兒童透過媒體接觸到性和暴力內容的研究占主導地位。關於媒體的不良影響，在學者所表達與檢測的觀點中包含以下預期：

- 社會孤立的增加；
- 減少了做家庭作業的時間和注意力；
- 被動性增加；
- 減少玩耍和運動的時間（替代效應）；
- 減少閱讀時間（由於使用電子螢幕）；
- 削弱父母的權威；
- 過早接觸性知識和性經驗；
- 不健康的飲食和肥胖；
- 引發對自我形象的焦慮，導致厭食症；
- 抑鬱傾向；
- 遭受網上同儕的聲譽損害；
- 接觸令人不安的、暴力或色情內容（線上）。

而被歸因於媒體的有益影響則包括：

- 為社交互動提供基礎；
- 了解更廣闊的世界；
- 學習融入社會的態度和行為；
- 教育和學習效果；
- 幫助形塑身分認同；
- 進行自我表達；
- 獲得樂趣；
- 激發想像力。

　　根據社會學習理論，上述許多假設都可以得到支持，並且已經對其中一些假設進行了調查。然而，沒有一個統一的結論，也沒有一個假設可以完全被證實或完全排除。研究經驗提醒我們應謹慎對待導致這些「效果」的任何一種的許多影響。儘管如此，研究人員似乎還是一致認為，總體而言，兒童在不高度暴露於電視也不長時間玩數位遊戲的情況下會更好。但正如 Seiter（2000）所展示的，成年人對不同媒體的危險性的態度因社會階層、性別和其他因素而異。

　　Hargrave 與 Livingstone（2006）對媒體造成的傷害和冒犯進行了詳細的回顧，特別是兒童和青少年方面。與早期的評估一致，他們發現只有輕微的影響，通常與其他因素相結合。最容易受到影響的可能是青少年男性。Livingstone（2007）也記錄了「臥室文化」（bedroom culture）的崛起，這個現象對現在的大多數父母來說已經很熟悉，意味著現在的子女從小開始對自己的媒體環境就有一定的決定權。這也至少意味著家長控制和監督程度的降低，儘管它可以讓子女與更廣泛的同儕文化產生連結（同時也有分離的作用）。一個可能的結果是媒體消費程度增加，這得到了許多報告的證實，這些報告指出現在兒童和青少年使用媒體的時間與 10 年或 20 年前相比增加了一倍。除此之外，很難一概而論。

　　在近年來針對媒體影響青少年的相關學術研究的綜合回顧中，Patti Valkenburg 與 Jessica Piotrowski（2017）提及，媒體與文化研究和媒體心理學是相關領域，它們越來越多地將資源投入到對兒童和媒體的學術研究中。部分原因是由於當下這個圍繞著青少年（包括三歲以下的兒童）的媒體環境正在迅速商業化，以及社交媒體的興起（參見方框 17.5）。

17.5

媒體和青少年（Valkenburg and Piotrowski, 2017: 3）

對於青少年和媒體的研究需要採取一種跨學科的取徑，將多個學科的知識和理論整合起來。畢竟，要了解媒體對兒童和青少年的影響，我們需要了解媒體的一般理論以及兒童和青少年的認知和社會情感發展的理論，因為正是這

（續）

種發展在很大程度上塑造了他們的媒體使用及其效果。我們需要熟悉關於兒童社會環境的理論，例如家庭、朋友和青少年文化，因為這些環境中的因素在某個或很大程度上可以預測媒體效果的性質。

　　Valkenburg 與 Piotrowski 指認了自 17 世紀以來關於兒童和童年的四個階段。從人們將兒童視爲「小大人」（miniature adults）開始，直到 18 世紀末，是一個沒有專門的兒童媒體（或服裝）的時代。接著是工業革命期間到 20 世紀下半葉，兒童成爲需要被保護的脆弱閱聽人。這個階段爲兒童創建了相應的材料，既有的書籍和故事受到審查，以保護「天眞無邪」的兒童。在 1960 年代的各種解放運動的影響下，人們開始認眞對待兒童，「在針對青少年的媒體中，曾被視爲禁忌的主題，例如性、死亡和離婚，再次變得可被接受。」（同上註：14）隨後，來自包括傳播學在內的新興學科的學者對童年「消逝」的可能性表達了擔憂，他們警告不要讓兒童過早接觸某些媒體內容和經驗，這最初是受到電視的快速傳播的啟發，後來又受到網際網路等新媒體的影響。整體而言，關於兒童世代之間所有這些變化的證據仍然各有不同，儘管 Valkenburg 與 Piotrowski 建議，如今的兒童平均來說會經歷加速的青春期，更聰明，更具自我意識、自尊心和更高程度的自戀，同時也比前幾代人面臨更多的心理社會問題。

　　談到在無所不在的媒體環境中成長的影響時，文獻中提供了一些一般性的觀察。首先，必須注意到，當涉及兒童和青少年時，內容是重要的（同上註：273）。可怕、令人不快或高度色情化的內容可能導致不良的態度和行爲。另一方面，例如遊戲（增強認知技巧）和社交媒體（建立自尊心、增強同儕關係）的好處往往超過了壞處，儘管對於某些兒童來說，這些媒體顯然存在問題，而這取決於個人特質和社會因素。

　　Livingstone 與 Helsper（2010）指出，兒童使用媒體的增加伴隨著更多的機會和風險，主張應將焦點放在「福祉」（wellbeing）上，而不是僅僅關注「好」的或「壞」的媒體效果。在後續研究中，Livingstone 與 Third（2017: 662）引入了一種以權利爲基礎的取徑（rights-based approach）來研究兒童的數位媒體實踐，認為在關於媒體效果和社會的辯論中，使兒童成為一個重要的角色，因為「兒童作為我們文化焦慮的象徵和未來期望的投資對象，代表著一個重要的形象，藉以（重新）思考數位時代和人權。」Livingstone 與 Third 界定了「積極」權利（例如近用、表達、隱私和參與）和「消極」權利（例如被保護免於受到傷害），並指出在過往的理論、政策和實踐中，消極權利較受到各種重視。這導致兒童「越來越多地被代言，而不是成為自己發聲的主體」（同上註：665），這可以作為更一般性的媒體效果研究和報告對於媒體使用者／閱聽人的總結之一。這也促使許多學者主張「回歸基本面」：研究人們實際上如何使用媒體，以及媒體使用對他們意味著什麼（Jensen, 2018: 182）。

媒體與政治傳播

　　媒體效果研究的一個重要焦點是政治菁英（例如政黨、議會和政治人物）、公眾（作為公民和消費者）和媒體之間的關係。政治傳播特別關注這些人和群體之間的傳播內容和流動如何創造和反映權力。無論在哪種體制下，媒體和大眾傳播與政治實踐總是存在著緊密關係。在極權或威權社會中，統治菁英利用對媒體的控制確保一致和順從，以各種方式壓制異議。在民主國家中，媒體與權力來源和政治體系之間存在著複雜的關係。一方面，媒體通常以服務閱聽人為其**存在理由**，根據興趣和需求的判斷來向閱聽人提供資訊和觀點。為了履行這一職責，它們需要獨立於國家和強大的利益集團。另一方面，它們還提供國家和強大的利益集團與民眾的傳播通道，以及政黨和其他利益集團觀點的平台。它們也促進新聞和觀點在那些關心政治的公眾之間的流通。

　　這種對媒體在政治中的「中立」和中介角色的一般觀點必須有所修正，以考量各種不同的情況，尤其是某些特定媒體的黨派立場鮮明，或是與某些強大的經濟利益或意識形態集團緊密結盟的情況。還有第三種情況，國家對名義上自由的媒體擁有相當大的實際控制權，並利用這種權力

來為自身謀利，包括動用其可觀的資產來影響或操縱媒體。這種情況似乎存在於後共產主義的俄羅斯，其他國家如貝魯斯科尼（Silvio Berlusconi）執政時期的義大利也有類似狀況。從全球的角度來看，這種情況並不罕見。

在這種背景下，我們可以辨識並簡要描述政治傳播的主要形式，這些形式可以被納入「效果」範疇。首先，定期的選舉**活動**中，媒體通常被相互競爭的候選人和政黨密集使用。其次，不斷流動的**新聞**，傳遞關於事件的訊息，這些事件對政府和政治舞台上的其他行動者產生正面或負面的影響。這為新聞管理（news management）和公關操作（PR intervention）提供了許多機會。第三，不同程度上，政府和其他行動者在非選舉期間有機會購買政治**廣告**，有時也會代表各個遊說和壓力團體試圖以各種手段影響特定議題的民意。這一過程通常被 Strömbäck 與 Kiousis（2011: 8）以一般性的術語定義為**政治公關**（political public relations），即「一種管理過程，透過有目的的傳播和行動，為了政治目的，尋求影響並建立、打造和維護與主要公眾群體的有利關係和聲譽，以支持其使命並實現其目標。」

被研究得最多的傳播形式是選舉競選活動，相關研究可以追溯至少至 1940 年，當時拉查斯斐等人（Lazarsfeld et al., 1944）對當年的總統大選進行了詳細調查。從那時起，數以千計的民主選舉成為研究對象（參見 Semetko, 2004），在對於效果的廣泛發現上有相當程度的一致性。選舉競選活動時間短暫而密集，選民的投票意向通常不會有太大的淨變化（net change）。競選團隊會大量使用媒體，但選民通常對這些訊息並沒有那麼感興趣。很少有明確的證據顯示媒體對選舉結果有很大的影響，媒體對選民的投票（或不投票）影響甚微。基本的政治態度通常根深蒂固，不太容易發生變化，但選民政治忠誠度漸淡且疏離感增加、持續的經濟危機，以及對全球化後果的直接經驗，為勢力高漲的民粹主義政治開闢了道路（Hameleers et al., 2018）。媒體可能會影響選民對特定問題的意見，也有證據表明，對於相對無知和不感興趣的人來說，媒體可能有助於他們了解問題和政策立場，這種現象已被線上的微定向政治訊息（micro-targeted political messaging）放大和加速。在某種程度上，這反映了前述的「議題

設定」過程。學習效果在引起意見改變，或可能有利於一方或另一方的現實認知時，可能是相當重要的。

選舉競選活動吸引了各種程度和類型的關注（以及不關注），它們所產生的影響更多取決於選民的傾向和動機，而不是競選團隊的意圖。Blumler 與 McQuail（1968）發現，當密集的選舉競選活動觸及到一些相對無知且沒有堅定忠誠度的「俘虜閱聽人」（captive audience）時，其影響力更大。Schoenbach 與 Lauf（2002）稱之爲「陷阱」效果（'trap' effect）。有人堅稱，由於閱聽人的碎片化，我們已經進入了一個效果極小化（minimal effects）的新時代（Bennett and Iyengar, 2008）。然而，近年來，隨著廣泛的虛假訊息（disinformation）和宣傳活動（propaganda campaigns）涉及到知名政治人物和政黨（例如巴西的波索納洛、美國的川普和英國的脫歐宣傳活動），潛在的強大影響力似乎又回到了舞台上。當今的民粹主義是一個真正的全球現象，可以視爲一種傳播現象，因爲「民粹主義思想必須透過話語／論述交流來實現傳播者的目標，從而對閱聽人產生預期的影響。」（De Vreese et al., 2018: 425）將政治傳播理論的分類方式應用於將民粹主義作爲一種傳播現象的研究，可以參考方框 17.6 所做的彙整。

— 17.6 —

民粹主義傳播研究的焦點（摘自 De Vreese et al., 2018: 431）

- **政治行動者**：提及人民、反菁英主義和外團體。透過演講、廣告、宣言或社交媒體向媒體（間接）或支持者（直接）進行溝通
- **媒體**：作為「行動主義」組織的媒體所進行的民粹主義，以及作為民粹主義行動者的平台所傳達的民粹主義
- **公民**：選擇民粹主義傾向的媒體內容，表露民粹主義態度，並且成為民粹主義訊息的目標

爲了處理媒體效果的問題，近期有一項跨歐洲 16 個國家的比較實驗，以測試民粹主義傳播對政治參與的影響（Hameleers et al., 2018）。

該研究旨在調查在不同國家內，不同組合的民粹主義訊息對閱聽人的行為是否產生特定影響。對政治參與的影響在研究中被操作化為受訪者願意在 社交網站 上分享新聞文章、與朋友討論該文章，以及線上連署支持該文章提到的非政府組織的訴求（同上註：526）。民粹主義政治人物傾向於將對某些「純粹」內群體（in-group）特徵的訴求與指認「可信的代罪羔羊」相結合，要後者為內群體成員所經歷的真實或感知問題負責。研究人員發現，反菁英主義的民粹主義具有強大的動員效果，而反移民言論實際上具有相反的去動員化效果，儘管整體效果相對溫和。這些媒體效果受到不同國家條件的調節，例如失業問題嚴重程度與民粹主義左翼和右翼的勝選程度。

除了選擇性注意、變動的動機和特定國家的政治「機會結構」（opportunity structures）（例如失業問題嚴重程度、對政治的不信任或跨國移民經驗）之外，媒體宣傳活動若缺乏明確效果，可以歸因於其他幾個因素。這些因素包括在熟悉議題上的操作空間有限、相互對立訊息的相互抵消效果、個人關係和社會認同形成的作用，以及大部分選舉活動的儀式性特徵，沒有太多實質性的新內容。在許多西方民主國家，媒體未被政黨所收買，主要競爭者所獲得的關注程度和品質往往非常相似（Norris et al., 1999; D'Alessio and Allen, 2000; Noin, 2001）。選舉競選活動往往能維持現狀，但如果一方未進行競選，我們可能會預期出現巨大的效果，有時一個單一事件可能會戲劇性地打破既有的均衡局面。選舉活動通常旨在維持現狀而不是創造變革。新的媒體環境顛覆了這個領域的很多平衡，政治競選從主要以大眾媒體為導向的大規模說服活動和新聞報導的典範，轉變為 Stromer-Galley（2019）所稱的「網路競選」（networked campaigning）。越來越多的努力集中於識別「超級支持者」（super-supporters），他們可以利用自己的聲譽和影響力來動員潛在選民。第二個網路競選策略是對特定選民群體進行自動化的微定向（automated micro-targeting），通常在投票日前夕，針對他們關心的特定問題發送量身打造的訊息。正如 Stromer-Galley 所指出的，即使網際網路的互動性似乎使公民在政治傳播過程中發揮更積極的角色，但這些競選活動可以被視為「非民主事務」，因為其最

終目標仍然是控制和利用具有選民身分的公民。

政治的中介化

　　為了將傳統的政治傳播過程分類（政治行動者、媒體和公民）與新興的多向互動媒體環境結合起來，Brants 與 Voltmer（2011）提出了一個理論，將當代政治傳播的變化分為兩個向度（見圖 17.1）。他們指認了一個水平向度，包括政治菁英和記者之間的關係，以及一個垂直向度，用以表述這些行動者與公民之間的互動。

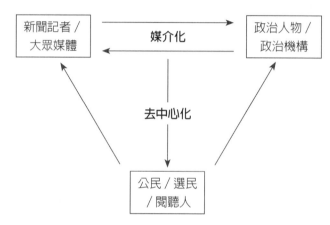

圖 17.1　政治傳播的變遷

資料來源：Brants and Voltmer (2011: 4)

　　基於國際比較的視角，Brants 與 Voltmer 指出政治傳播中的兩個轉型過程：政治和媒體關係的媒介化（mediatization of politics-media relationships），以及與公民和閱聽人關係的去中心化（decentralization）。根據媒介化理論（參見本書第 4 章），他們認為政治行動者對媒體的依賴程度越來越高，媒體對於他們如何有效地進行傳播具有一定的邏輯，並且作為一股影響政治過程和制度結構的力量：「因此，選舉競選活動及一般的政治傳播變得更加以候選人為中心、形象驅動、兩極分化和引人注目，而不再圍繞議題和意識形態來組織。」（Brants and Voltmer, 2011: 5）作者們指出，這反過來導致政治人物和記

者之間以及公民和政治體系之間的「不信任螺旋」（spiral of distrust）。
在去中心化方面，Brants 與 Voltmer 在文獻中共同觀察到「消失中的公民」
（disappearing citizen），亦即隨著人們對制度化政治以及傳統媒體機構
的合法性和可信度提出越來越多的質疑，人們越來越傾向於根據單一議題
（例如老人年金、移民或醫療保健）投票，上網尋求資訊與自我表達，
並參與各種社區和社會運動，超越主流媒體和政治的影響範疇。Archetti
（2017a: 103）對 Brants 與 Voltmer 提出的線性關係和轉型提出質疑，她
認為（基於在義大利和英國的實地調查）「在每個個體周圍，存在著不同
層次的重疊關係或星座，並且隨著時間而不斷變化。正是這些關係——它
們的範圍、參與行動者的身分、它們不斷變化的行動——在任何特定時間
和地點上塑造了傳播科技對政治過程的影響。」

　　政治領域的案例提供了相當明確的證據，證明了社會機構如何適應大
眾媒體的興起。大眾媒體的日益核心地位和「媒體邏輯」的崛起（即其他
機構適應媒體產業內部運作的規則和儀式）對政治構成了多重挑戰。這些
挑戰包括：

- 將時間從狹義的政治參與（投票、黨籍）轉向透過基層組織和（線下
  和線上）社會運動進行更廣泛的參與；
- 「政治公關」對選民的信任和善意的影響；
- 競選活動和相關報導中越來越多的負面和兩極分化觀點；
- 競選活動的成本上升、商業化和科層官僚化。

　　有關「媒體邏輯」對政治機構及政治媒介化的影響（Mazzoleni,
2014）包括：注意力從地方和區域轉移到全國性舞台；更依賴個人特質和
形象而不是實質和政策；面對面的政治競選活動式微；以及過度依賴和使
用民意調查。此外，「媒體審判」已成為大多數國家的公共生活的一個事
實，任何受到醜聞影響的政治人物都難以迴避（Thompson, 2000; Tumber
and Waisbord, 2004）。同時，這些假定的「效果」受到質疑，包括對其
道德論調的質疑、對大眾的易受騙的假設的質疑，以及將政治行動者一概

描繪為職業騙子的質疑（Archetti, 2017a）。

　　就動員公民參與的目的而言，所謂現代政治競選活動對全國性選舉產生反效果的觀點，並非沒有受到挑戰。Norris（2000）回顧了許多研究證據，顯示民主政治的參與和對大眾媒體的高度關注密切相關。Pasek、Kensler、Romer 與 Jamieson（2006）指出，媒體使用（無論是獲取資訊還是娛樂）有助於促進公民參與和政治意識。Moy、Torres、Tanaka 與 McClusky（2005）也得出類似結論。雖然政治學習（來自媒體）與政治參與之間的關聯被廣泛認為是確定的，然而跨國比較研究顯示，這種關係在不同的地理脈絡下具有高度的變異性（Fraile and Iyengar, 2014），例如政治學習和參與受到任何特定國家的媒體自由程度的強烈影響（Schoonvelde, 2014）。

　　所謂的選民憤世嫉俗（voter cynicism）的真正意涵也受到質疑。De Vreese（2006）發現策略性的報導並不會導致憤世嫉俗，而且憤世嫉俗的選民不一定就不投票，因為它是一種政治上相當複雜的特質。一項關於 11 個國家選舉新聞報導與選民憤世嫉俗之間關係的後續跨國比較研究發現，策略性的新聞報導對憤世嫉俗沒有整體直接影響，只有在某些情況下對某些個人有所影響（Schuck, Boomgaarden and De Vreese）。可以說，媒體邏輯和媒介化的支配力已被過度強調（Strömbäck and Esser, 2014）。這提醒我們，在涉及傳播的時候，時間、地點和脈絡一直是非常重要的影響因素。

特定脈絡下的競選活動和政治過程

　　毫無疑問，競選活動已經被廣泛轉變為需要高度技巧、專業化管理的事件，更類似於廣告、公共關係和市場行銷，而不是傳統政治（Blumler and Gurevitch, 1995）。人們廣泛認為這些趨勢源於美國並擴散傳播到全球（Swanson and Mancini, 1996; Bennett and Entman, 2001; Sussman and Galizio, 2003）。「媒體宣傳顧問」（spin doctor）的崛起被看成是政治傳播發展的新階段，也有新聞業提供有關媒體操縱的「後設傳播」（meta-communication），被定義為「新聞媒體對公關和政治新聞之間相互作用的

本質之自我反思」（Esser, Reinemann and Fan, 2000）。

　　一如既往，很難將媒體變革的效果與同時在媒體和政治機構上發生的廣泛社會變革區分開來，對於任何特定機構效果的真正原因存在很大的爭議空間。Cappella（2002）建議不要將媒體視為「變因」；相反地，媒體經常宣揚和複製特定的主流觀點。此外，面對所謂政治傳播式微的廣泛抱怨需要持謹慎態度，因為並不存在這麼單一的條件，而且許多傳統媒體對於民主的支持仍然運作良好。

　　在早期的研究中，特別是在電視出現後，關於哪種媒體在競選活動中更有效的問題成為研究重點，但在多媒體環境中，這個問題變得不那麼重要，而且進行調查的難度變得更高。現代政治傳播研究的關注點在一定程度上轉向了不同脈絡在政治傳播過程中的角色。這一點尤其重要，因為美國在政治傳播研究中的持續主導地位（Boulianne, 2019），特定研究很少明確交代脈絡特徵（尤其是在美國和英國等主導國家的學者中；見 Rojas 和 Valenzuela, 2019），以及又過度強調個人層次的差異和效果（而未能整合微觀、中觀和鉅觀層次的脈絡；見 Boomgaarden and Song, 2019: 547）。

　　以一般新聞作為政治傳播的手段反映了一個持續的新聞管理和競爭過程，旨在界定事件和議題。所有重要的行動者都僱用專業的新聞操盤手（媒體宣傳顧問），以確保在日常新聞中以有利的條件近用，並在新聞報導中盡可能地進行正面宣傳。這樣的影響很難以有效性來衡量，但從理論上講，可以相信新聞提供了一個良好的環境來傳達有影響力的資訊，因為新聞通常以獨立性、可信度和與宣傳人員保持距離為特點。實際上，在大多數運作良好的民主國家中，主要候選人通常可以獲得相對平等近用新聞的機會，足以避免新聞被單一候選人主導形塑。儘管媒介化理論表明新聞媒體在塑造政治體系和議題方面變得更加強大，但與之相對的趨勢是「去中介化」（Katz, 1988），因為人們也經常完全迴避新聞，不論是為了避免政治資訊，或是要在網上自我表達，或是直接透過社交媒體追蹤政治人物。後面這些情況的影響尚待確定。

　　另一方面，政治廣告取決於是否擁有資源，但其宣傳性質也限制了它的潛力。它可能產生無法預測的副作用，並且很難找到明確的證據證明政

治廣告的價值（Goldstein and Freedman, 2002），儘管它可能透過簡單的消耗和重複來達到預期的效果。上述情況也適用於所有具有政治目標的競選活動。電視政治廣告往往採取負面形式，冒著疏遠選民的風險（選民往往更喜歡正面的訊息）。在線上，隨著近年來政治行動者將大部分競選預算轉向線上社交網絡購買微定向廣告（micro-targeted advertising），政治廣告已經出現了新的形式。

自從 1960 年著名的甘乃迪－尼克森電視辯論以來，這種競選形式一直被鼓吹者認為能夠讓政治變得更活潑並提供一個關鍵的測試，以評估領導者的能力和說服力。這種形式以各種方式進行過試驗（Kraus and Davis, 1976）。對於這類電視辯論活動，人們擔心會帶來災難性後果，這證明了人們對其強大影響力的認可。然而，研究結果（例如 Coleman, 2000）顯示在選舉結果上少有戲劇性的影響〔對於最早的那一場甘迺迪－尼克森電視辯論（Kennedy-Nixon televised debate）是如此〕，儘管它們確實會改變對候選人的認知並有一些政策學習的效果。它們似乎對選民的抉擇具有強化效果。事實上，現任政治人物通常對辯論持非常謹慎的態度，認為沒有確定的優勢，並且擔心會有無法控制的影響。

人們很容易做出這種推斷，認定新的媒體環境與媒介化和去中心化等趨勢已經顯著改變了政治傳播過程。然而，關於線上競選活動是否真的能夠成功動員新選民或改變現有選民的觀點，並沒有找到太多證據。對政治行動者、記者和公民之間互動和關係的質性研究呈現出一幅截然不同的圖景：媒體的整體作用實際上並不像通常所說的那麼強大。在對地方議員和國會議員所做的比較研究中，Archetti（2017a）指出，政治的「媒介化」這個概念只適用於解釋少數高層政治人物的情況，亦即政治媒介化不是常態，而是例外狀況。這與媒體和大眾傳播理論及研究中的早期警告相吻合，這些警告反對在媒體產製研究中「盲目崇拜」大型媒體組織，將最受歡迎的電視劇置於優越地位，或是只聚焦傳播過程中的少數引人注目的行動者（Garnham, 2000: 86）。

從競選活動中大眾傳播的效果來看，這個簡要的概述可能與當代政治競選的現實不一致。在當前的政治競選中，傳播策略由眾多顧問和專業公

關人員精心策劃，並找到許多花費大量金錢的方式，尤其是在（線上）媒體廣告方面。事實上，即使透過傳播手段對選舉結果產生明確影響的機會通常很小，但如果不進行競選活動，或競選活動操作不當，很容易輸掉選舉。展開一場華麗、聰明和自信的競選活動是制度儀式與爭取公眾支持的重要手段，如果不全力以赴進行競選活動，就意味著無法成為一個被嚴肅看待的候選人。

媒體成癮

考慮到媒體的物質性，越來越多的媒體效果研究專注於媒體可能引發成癮行為的潛在影響。現在已有大量文獻關於網路成癮（internet addiction）和有問題的網路使用行為、數位遊戲成癮、色情和線上色情成癮、智慧型手機成癮，以及社交媒體使用可能帶來有問題的後果。儘管這些研究很少出現在媒體與大眾傳播研究的期刊和書籍中，但我們應該承認這個學術領域的存在。

在 1990 年代初期，首度有評估電視成癮是否存在的相關研究，幾年後出現了對「酗網」（netaholism）和「網路成癮失調症」（Internet Addiction Disorder, IAD）的擔憂——這個術語是由一位美國精神科醫師戲謔性地創造出來，他並不相信有這樣的疾病存在（Wallis, 1997）。這些時刻被認為是媒體成癮研究領域的起點（Leung and Chen, 2018）。在相對零星的有限增長階段之後，從 2011 年開始，關於媒體成癮和失調的文獻迅速增加，這主要受到社交媒體和智慧型手機等行動設備的全球普及的啟發。

媒體成癮往往被定義為一種精神障礙，或是涉及過度人機互動（excessive human–machine interactions）的更廣泛的行為失調的一部分。這些失調狀況在文獻中的定義有所不同，但通常包含兩個主要組成部分：強迫性（無法控制特定類型的媒體使用）和損害（這種媒體使用如何對人的生活造成傷害或干擾）。在對 1991 至 2016 年的文獻回顧中，Leung 與

Chen（2018: 3）提供「媒體成癮」的操作化定義：「無法控制媒體使用，從而對使用者的日常生活產生不良影響。」

文獻通常對特定設備（智慧型手機）、平台（臉書、YouTube、推特、Reddit）、內容（數位遊戲、線上博奕、網路性愛和色情）和行為（媒體成癮）進行區分。該領域的大部分研究採取基於自我報告的問卷調查方法。質性方法，例如焦點團體座談和訪談則相對較少見。調查通常基於特定的量表、指標和診斷問卷，用於測量和分類特定的成癮行為。有趣的是，如同在文獻上所記錄的，各種媒體成癮的一個重要主題是該成癮是否存在，或它是否是一種理論建構的概念（同上註：11）。整體而言，對成癮和媒體的「高度參與」之間的差異存在很多辯論，包括成癮判準的適用性、對脈絡的忽視，以及在如何處理和測量有關媒體內容和使用的失調與成癮方面缺乏專家共識（Kuss and Lopez-Fernandez, 2016）。

所有這一切並不意味著各種形式的媒體成癮不存在。顯然，成癮是一種嚴重的狀態，應該謹慎對待。除了將成癮視為一種病理，有問題的媒體使用是一個顯著的議題，因為人與媒體的關係往往帶有情感和情緒性質。正如 Ferrara 與 Yang（2015: 2）在對情緒如何透過線上社交網絡傳播的回顧裡所報告的那樣，「社交媒體對話以相當具體的方式影響著線下的實體世界」。這種主張的一個明顯例子被稱為「臉書情感傳染實驗」（Facebook emotional contagion experiment），該實驗於 2012 年進行並發表。研究人員與臉書的數據團隊合作，在為期一週的時間操縱 689,003 名用戶新聞動態中出現情感內容的貼文數量。他們發現「當正面的表達減少時，人們發布的正面貼文減少，負面貼文增多；當負面表達減少時，則出現相反的模式。這些結果顯示，臉書上他人表達的情緒影響著我們自己的情緒，這構成了社交網絡大規模情緒傳染的實驗證據。」（Kramer, Guillory and Hancock, 2014: 8788）參與其中的用戶都不知道有這個人為操縱的情況存在。研究人員聲稱他們發現具有情感內容的貼文更具吸引力，而且情緒充沛的內容可以在沒有人與人直接互動的情況下在網路上擴散傳播，儘管此一研究宣稱操縱的效果相當小。該研究發表後，引起了極大的媒體關注，包括許多學者對其研究倫理表達嚴重關切（參見 Jouhki et al.,

2016; Selinger and Hartzog, 2016）。該研究的第一作者在臉書的一篇貼文中回應道：「作為這個實驗的作者和設計者，我可以告訴你，我們的目標從未是讓任何人感到不安……後見之明，這篇論文的研究效益可能擔當不起所有的這些焦慮。」（Kramer, 2012，轉引自 Meyer, 2014）。該實驗確實強調了情緒在驅動和影響人們參與社交媒體的程度，而其引發的後果也凸顯使用此類媒體的用戶的脆弱性和缺乏控制力。

特別值得注意的是，在大部分媒體成癮研究文獻中，許多人（特別是年輕人）表示自己的媒體使用變得過度，無法控制自己的媒體使用，而且難以戒除。關於這些有問題的媒體使用和情緒傳染（emotional contagion）的例子，使得媒體暴露和媒體效果的理論和研究結果更加凸顯，並迫使我們提出關乎媒體使用的量與質的規範性問題。

本章小結

出於許多理由，媒體大眾傳播的影響和效果很難評估。觀察影響個體的短期變化存在著一些可能性，有時可以藉此推論到更大的集體甚至整個社會。結合不同理論和方法學取徑，開展長期研究設計，並整合媒體使用的微觀、中觀和鉅觀層次的脈絡，越來越多地尋求在更高層次的分析中以任何可靠性測量更大趨勢的方法論能力。毫無疑問地，媒體確實具有許多效果，它們可能解釋一些普遍趨勢。然而，媒體效果往往不一致，彼此相互抵消，而複雜社會通常同時具有不同的發展方向。然而，本章提供的理論和典律焦點案例顯示，該領域的許多學者，以及許多相關領域的研究者，致力於尋找關於媒體角色、影響和效果問題的答案，都希望能夠藉此改善人們的生活。

事實上，整體而言，我們可以說，媒體和大眾傳播研究與其他學科的不同之處在於對媒體在日常生活、制度過程和社會運作中的重要地位的基本假設，並且共同堅信媒體具有產生影響的效果。

進階閱讀

Boomgaarden, H.G. and Song, H. (2019) 'Media use and its effects in cross-national perspective', *Kölner Zeitschrift für Soziologie und Sozialpsychologie*, 71(1): 545-571.

Cacciatore, M.A., Scheufele, D.A. and Iyengar, S. (2016) 'The end of framing as we know it … and the future of media effects', *Mass Communication and Society*, 19(1): 7-23.

Croucher, S.M. (2011) 'Social networking and cultural adaptation: a theoretical model', *Journal of International and Intercultural Communication*, 4(4): 259-264.

De Vreese, C.H., Esser, F., Aalberg, T., Reinemann, C. and Stanyer, J. (2018) 'Populism as an expression of political communication content and style: a new perspective', *The International Journal of Press/Politics*, 23(4): 423–438.

Karatzogianni, A. and Kuntsman, A. (2012) *Digital Cultures and the Politics of Emotion: Feelings, Affect and Technological Change*. Basingstoke: Palgrave Macmillan.

Leung, L. and Chen, C. (2018, August) 'A review of media addiction research from 1991 to 2016', *Social Science Computer Review*, 1-18, https://doi.org/10.1177/0894439318791770.

第八篇　結語

18
未來

在這個作為本書結語的專章中，我們提出一個關於媒體與大眾傳播理論的「宏大敘事」，以回答關於這個領域的整體「故事」是什麼（或可以是什麼）的問題，這是基於本書所探索和概述的理論傳統的系譜。

在回顧圍繞大眾傳播概念的起源、歷史軌跡和當代辯論之後，對媒體產業和產製、內容和閱聽人的當代發展以及相應發展出來的理論進行考察，以建立這樣一個後設敘事（meta-narrative）的基礎。最後，本章思索媒體研究和傳播學術變得更具公共角色的可能性。

大眾傳播概念的起源

大眾傳播的概念最早在 1920 年代或 1930 年代被提出，用於描述由大眾報業、廣播和電影所帶來的公眾傳播的新可能性。這些媒體擴大了潛在閱聽人，超越了有識字能力的少數人群。產製和散播的組織工業化風格和規模也是空前的。大量人口幾乎同時可以被大體相同的內容所觸達，這些內容通常帶著政治和社會權力的認可。當時新興的大眾媒體，包括報紙、電影和廣播，以及錄製音樂，也催生了一種新的「流行文化」，其中經常鑲嵌著某些政治和社會意識形態。

這些發展的脈絡是在一個由新興工業化和中央集權化民族國家構成的世界所發生的快速變遷。那是一個人口在大城市迅速增長和集中的時代，生活的各個方面都變得機械化和官僚化，世界各大強國（幾乎全部是歐美國家）正在進行帝國主義擴張。同時，這也是一個深刻的政治變革、大規模社會運動、國家內部動盪和國家之間災難性戰爭的時期。人口被動員起來追求國家的成就或生存，而新興的大眾媒體在這些事件中扮演了一定的角色，同時也為民眾提供了休閒和娛樂的方式。在這樣的背景下，我們可以很容易理解大眾傳播的概念何以形成，以及為什麼它逐漸上升到主導地位。

「大眾傳播」早期的含義，以及至今仍然存在的含義，更多地源於人

們作爲「大眾」的概念，以及大眾媒體的感知特徵，而不是來自於傳播的概念。正如前面章節中所解釋的，「大眾」主要被認爲是指其規模、匿名性、普遍無知、缺乏穩定性和理性，因此容易受到說服或建議的影響。人們認爲大眾需要上層階級和政治領袖的控制和引導，而大眾媒體則提供了實現這一目標的手段。

隨著「傳播學」和「媒體研究」的發展，出現了對「大眾傳播」概念更正式的定義，該定義不再基於未經驗證的印象、出於公關人員或社會哲學的說法，而是基於可以具體指認並經得起檢驗的媒體的客觀特徵。一個抽象的傳播模式因此被發展出來，具有以下典型特點：

- 由少數大型通道集中化生產內容，以核心─邊陲的傳播網絡進行傳播，這種網絡通常是階層式和單向的。
- 一種根據市場邏輯運作的生產和分發組織，或作爲國營的公共傳播機構。
- 訊息內容以標準化形式對所有人開放，但也受到規範性和政治性的監督或控制。
- 由許多分散的、匿名的和彼此無連結的個體組成的大眾接收者。
- 說服和告知的強大力量，源於消息來源的聲望或受歡迎程度、通道的壟斷控制、接收的近乎即時性、傳播工作者的技能，以及所採用的手段的高度影響力和吸引力。

大眾傳播的終結？

大眾傳播的概念一直具有強大的吸引力，並且一直保持著很大的韌性，因爲它基於眾多可觀察和似乎合理的因素。它對那些希望從中獲益的發送者和閱聽人具有廣泛的吸引力。對於研究它的人來說，這是一種方便的表述方式，而對於高度批評它的人來說，它提供了對這一現象的基本問題的有用概述。即使在許多起源條件已經發生變化且許多內在假設受到質

疑的情況下，重新定義或替換它並不容易。在 20 世紀的大部分時間裡，以這種形式存在的大眾傳播概念，對於大眾媒體影響力的普遍觀念和專家看法產生了過度的影響。儘管不斷出現的新證據削弱了大眾傳播概念的基礎並對其假設的效果產生了懷疑，但它也塑造了媒體研究的方向。

從某種角度來看，大眾傳播的一般假設在被全面質疑和證明錯誤的過程中發揮了富有成效的作用。由此產生的研究使我們對於媒介傳播及其意義建構的關鍵原則有了更堅實的理解，這些原則在本書中有所記錄。在這方面，我們不斷地被提醒著一系列根本性的洞見，這些洞見在今天和歷史上一樣重要，同時也透過後見之明增添了更新和細微之處：

- 人際傳播通常是一種更具吸引力甚至是相互競爭的影響形式和來源，尤其是當這一類別與線上、社交和行動媒體脈絡下的大眾傳播相吻合（並在一定程度上匯流）時。
- 媒體產製遵循工業邏輯，隨之而來的是高度結構化和常規化的過程，同時也在「後工業」（Bell, 1973）邏輯下運作，特別是在工作組織、消費者作為生產者的角色以及媒體格式、類型和文本的持續轉變。
- 媒體內容通常對於產製者和傳送者來說具有多重（或無法識別的）目的，對於接收者來說則沒有固定含義，因此很大程度上並不保證有可預測的效果。
- 將閱聽人視為孤立的個體，並且生活在自己的媒體「泡泡」中（Sloterdijk, 2011），這種概念很大程度上是一種幻覺，就像將閱聽人視為一個相對沒有固定形態且無道德的「大眾」也同樣是一種幻覺。
- 效果的條件（不論如何概念化）取決於結構、社會和個人脈絡，以及媒體的特性和科技可供性，以及接收的變動特徵，而不僅僅取決於傳輸的事實。

這些和其他的經驗教訓已經被很好地學習，它們既挑戰又確認了媒體和大眾傳播的論點。例如毫無疑問地，在某些情況下確實存在著一個可預測的效果過程。這尤其適用於議題設定、新聞學習和意見形成，以及在危

機情況和集體情緒高漲的時候（包括「道德恐慌」和社交媒體上反覆出現的騷動）和慶祝活動。這些並不是微不足道的例外。同樣毫無疑問的是，廣告商和宣傳者仍然青睞這一概括性的理論。許多針對大眾媒體的批判理論仍然依賴於原始大眾傳播理論的基本有效性。

正如本書第 2 章中所述，「大眾」媒體和「大眾」傳播的概念與當今數位化、線上和相互連接的媒體環境中的人際／親身傳播和大眾自我傳播並存，而這「三種傳播形式共存、互動和互補，而不是相互替代」（Castells, 2009: 55）。這張可想像的傳播型態的地圖提醒我們，「大眾傳播」功能在中介傳播的整體光譜中可能處於次要地位。這也提醒我們，傳播型態與特定媒體甚至其主導形式並不非常吻合。較舊的大眾媒體（甚至包括電視）已經發展出諮詢和對話的可能性，而較新的諮詢線上媒介（consultative online media）越來越多地用於不同類型的「窄播」（narrowcasting）和「廣播」。電話，曾經主要是一種對話媒介（medium of conversation），當然也參與了這種用法的潛力和科技可供性的擴展。這些過程是數位化所可能實現的更大趨勢的一部分，但在任何情況下都不是被數位化所決定。無疑地，在某些方面，傳統的大眾媒體在新興中間商（例如網路平台公司）的角色以及運算、資訊和電信部門的整合方面面臨衰退，即使它們也在一定程度上進行著轉型、適應並且在某些方面仍在擴展。

大眾傳播的演化

這些和其他情況反映的並不是大眾媒體或大眾傳播的終結，而是公眾傳播目的實現方式的重大且持續的轉變。這些手段主要包括以某些選擇有限的內容觸達整個國家公眾，傳輸將是直接、迅速和非常具有成本效益的。而這種「工業」視野的目標和手段已經讓位給一個不同版本的大眾傳播：更加個人化和私密化，更具針對性和互動性，在某些情況下可能更加擴散，甚至更加強大。

公眾傳播的整體目標仍然是了解並塑造目標人群的中介體驗，儘管不再透過對合適的觀念、資訊、動機和刺激的壟斷強加的手段來實現。現在所選擇的手段是提供針對無數的次群體和細分群體的高度差異化的內容，同時考慮到接收者的興趣、口味和情況。目的比以往任何時候都更加多樣且更加模糊。整個過程不再是僵化而統一的供給結構和穩定的大眾接收型態，而是透過公眾沉浸於自願參與豐富多樣的中介經驗。公眾在其中自願（透過大眾自我傳播）和非自願（透過分享詳細個資給提供者和平台）地做出貢獻。過去被認為對傳統大眾媒體的影響構成阻礙的個人網絡和聯繫，現在不斷變化且在如萬花筒般的旅程中發揮積極的（推動需求和消費的）作用。

（重新定義的）大眾傳播的條件或狀態的演變，現在幾乎無法與其他社會過程區分開來，這主要是由於它對社會的關鍵推動力具有高度的功能性，並且與人類的願望密切相關。許多受益於以可測量和計算的方式與所有人進行傳播的行動者是可見的，他們的動機是透明的。其中包括大型廣告商和全球媒體公司（比以往任何時候都更大且更集中）、世界金融體系、統治者和國家政府、擁有帝國野心並在乎形象的國家⋯⋯等，不勝枚舉。難以想像這些行動者可以用更「聰明」和更有效的傳播方式來和任何選定的公眾群體交流。新興、復振且強化的大眾傳播形式與匯流化、全球化和媒介化的基本趨勢高度一致。

除了前面提及的力量和趨勢外，還有其他正在改變媒體和大眾傳播性質的動力。這些動力源於新媒體開放近用和連接性的潛力，這種潛力現在已廣泛成為現實。有很多新的聲音利用開放、互動的「水平式」傳播（'horizontal' communication）的可能性。這些個體、運動與群體有著各種不同的目的，現在他們有更大機會向公眾傳播，即使無法保證如預期地被聽到。傳播的意願並不僅源於政治或經濟的需要，人們一直以來都展示出一種將個人和社會目的結合、分享和合作的渴望，這種渴望無法用物質的角度來解釋。這種渴望在於希望分享生活的樂趣和悲傷，將其體現在家庭、社區、部落或國家的儀式和敘事中。換句話說，存在著強烈而自發的趨勢，促成了共享公共文化（shared public culture）的出現。新的「社

交媒體」的成功，例如許多形式的「真人秀節目」的成功以及「媒體事件」的吸引力，足以證明人們對更廣泛地分享興趣、情感和經歷的強烈吸引力。

同時，所有這些分享和新形式的「公共性」（publicness）都是大眾傳播的一部分。

新媒體與大眾傳播理論

正如第 6 章所探討的，我們沒有證據支持新科技和新媒體在社會、經濟或政治過程中扮演決定性的角色。這並不意味著這些過程保持不變，或是大眾傳播在所有新媒體通道上流動得更加有效。相反，新興的「混雜」媒體系統有其自身的邏輯，與早期媒體格局存在一定的反差。新媒體和大眾傳播系統與過程是多向的，而非單向的。它們鼓勵，甚至要求回應。它們沒有預定的「閱聽人」，因此沒有大眾公眾。它們在形式和內容上高度多樣化，本質上是多媒體和多模態的（multimodal）。它們在私人和公眾之間沒有明確界限。它們向所有人開放，似乎逃避了國家政策和控制的結構（除了在不那麼民主的國家直接擁有或對其負責的媒體系統之外）。它們沒有提供一個關於公共傳播系統的一致模式，只有在企業治理體系普遍缺乏透明度的脈絡下無窮的可能性，這些可能性很少或根本不涉及公共價值。

這些觀察結果在不同程度上都是有效的，但卻引發了一種既樂觀又對立的言辭，就像媒體歷史上的所有「新」媒體一樣。數位媒體的長期後果可以用一些詞語來表述，既削弱了也加強了大眾傳播理論的核心要素：

- 由於無法接觸到龐大的、被俘虜的閱聽人，以及替代的觀念和知識來源的便利性，傳播者的有選擇地說服或告知的力量大大降低。

- 個人不再受限於其直接的社會和環境，也不再受到少數由當局和其他機構控制的媒體通道的實際可用性的限制。他們可以跨越空間進入並

　　歸屬於新群體和社區。

● 人們不再常規地和始終如一地暴露於任何單一的「訊息系統」，從而導致刻板印象並接受一致的價值觀。

● 個人可以「回應」權威人物，或是選擇與其保持距離。他們還可以在重要的社會和政治議題的脈絡下積極參與資訊和意見交流。

　　這些及類似的命題已成為大量研究和新理論的基礎，並催生了「網路研究」（Internet Research）作為一個獨立的領域。我們需要保持謹慎平衡的態度面對這些樂觀的表述，包括新媒體環境對減輕人類苦難（例如考量智慧型手機和社交媒體在難民經歷中的作用）、解決社會不平等（解決與數位鴻溝有關的問題），以及對於媒體和大眾傳播環境日益自動化方面的批判研究（例如關於演算法和人工智慧系統內在偏見的重要研究）。

　　缺乏監管甚至缺乏自律的事實成為人們對新媒體環境的某些擔憂的根源，這似乎使弱勢群體和個人面臨風險和剝削。即使在善意使用的情況下，網際網路似乎更多地體現個體化而非參與性，儘管有連通性（connectivity）的承諾。我們似乎沒有一個「地球村」（global village），而是擁有無數個不斷變換居民的小村落，而這些村落都由主要以商業動機為導向的企業實體管理，它們利用公共價值向我們推銷它們的服務，但同時又拒絕承擔以這些價值為基礎的問責。

　　在個人化和全球化的背景下，隨著媒體文化的更加開放，存在著持續且無法解決的信任和可靠性問題。監控的力量和所有傳播使用和使用者紀錄的登記，極大地擴展了國家及其附屬機構的中央權力，而且難有救濟或申訴機會。由於監控的「勞動」主要由我們自己完成，提供（通常是免費）平台和服務的企業極大地從這種獨特版本的資本主義中受益。隨著越來越多的日常和必要的傳播交易在線上進行，無論公眾是否希望，我們都相當依賴於近用權和適當技能。因此，如果我們不能或不願順從，我們就容易遭受新形式的社會排斥（social exclusion）。如果我們順從，我們就更容易受到不想接受的說服和操控的影響，而「微社會運動」（micro social movements）和政治人物樂於利用這種影響。然而，同時，這些現

象也使得我們有可能提高對需要關注的重大社會問題的意識。請考慮媒體行動主義（media activism）（以及潛在的新聞和其他「傳統」過程），它們帶給我們 #BlackLivesMatter、#MeToo、#ClimateStrike 等集體身分認同的表達，這些表達既體現在線上群體，也體現在離線的政治參與當中（Gerbaudo and Treré, 2015），儘管對這種團結表達的有效性可以被質疑（Miller, 2017）。

　　和過去的大眾傳播一樣，我們可以對「新媒體」的後果持樂觀或悲觀的看法。對於新傳播的好處或危害，我們仍然缺乏清晰的證據支持，而且不太可能達到任何這樣的整體平衡，就像我們對 20 世紀真正的大眾媒體的經驗一樣。一個依賴對社會的簡化信念和對科技潛在後果的推測的分析框架並不會讓我們走得太遠。

媒體與大眾傳播理論：宏大敘事？

　　在本書的結尾，讓我們回到它的開端。這本書一如既往地是一個故事。誠然，它是個關於故事的故事：媒體和大眾傳播領域的學者們述說他們自己的故事，關於他們做了**什麼**、**如何做**，以及**為什麼**做。因此，它不僅僅是一個故事 —— 就所有意圖和目的而言，它是一個「宏大敘事」，正如 Lyotard（[1979]1984）所概念化的那樣：一個後設敘事（meta-narrative），提供各種觀念和理想、方法之間的聯繫和框架，為學科傳承和概念創新之間提供連接，而這些都處於永久性的社會和科技變革的脈絡下。這個故事不僅**解釋**了我們對媒體和大眾傳播在社會中的角色的理解，而且還**正當化**媒體和大眾傳播學者所做的研究工作，不論他們的學科背景、理論傳承或方法論偏好為何。一些人可能會質疑我們領域的「宏大敘事」的智慧和大膽，因為我們繼續將工作分解並專業化為相對一致的理論和研究方向。其他人可能會在這樣一個總體故事中看到試圖在該領域進行殖民化，以服務於媒體和大眾傳播的某些 WEIRD（西方、受過教育、工業化、富裕和民主）視角（Henrich, Heine and Norenzayan, 2010）。這些

擔憂確實是有道理的，必須有意識地進行批判性反思。

媒體和大眾傳播理論的「宏大敘事」是什麼？因為在我們看來，事實上我們可以看到文獻中存在著一種連結模式，尤其是現在科技、產業、生產過程以及閱聽人行為的發展是混合的、複雜的和網絡化的匯流，朝著研究和理論發展的新方向。

我們已經看到，媒體和大眾傳播產業正在匯流，它們的業務跨越多個通道和平台。大眾媒介訊息的內容同樣被重新混合，包括各種格式和類型的慣例，因為人們不斷進行「跨媒介工作」（transmedia work）（Fast and Jansson, 2019），無論是在大型媒體集團的片廠還是在我們家中舒適的環境中，或是在使用我們口袋裡的「智慧型」手機時。在當代的媒體系統中，大大小小的閱聽人在瞬息萬變中聚集和消散，並且他們不再像閱聽人那樣行事——因為媒體消費可以與媒體產製同步進行。在這一切的背後，運行著巨大的社會、經濟和政治變革，它們不是由新科技和媒體的快速發展所決定，但肯定被放大和加速了。這一過程激發了媒體和大眾傳播研究中的「物質主義」轉向（Fuchs and Qiu, 2018: 225），這也是本書刻意納入媒體理論的原因所在。

自本書上一個版本以來，媒體和大眾傳播的這個後設敘事似乎體現在我們的領域和研究對象，亦即由相對穩定的結構轉變為高度流動和靈活的結構。正如本書所記錄的，指導過往大量研究和理論的那些看似穩定的媒體和大眾傳播結構的例子有：

- 在新聞編輯室、影視片廠系統、大型控股公司和跨國公司進行的媒體產製；
- 媒體內容基於某種共識、策略性儀式化和完全公式化的產業格式和類型慣例；
- 媒體觀眾大量聚集，按照時間表和相對可預測的媒體事件進行節目安排和觀看。

當今，大眾傳播過程的三個關鍵要素變得越來越不穩定或越來越呈現

「液態」，即其構成要素的變化速度超過了新結構沉積固態化的速度（改述自 Bauman, 2000）：

- 朝向多平台和多通道產業結構和價值鏈的發展趨勢，產製越來越多地透過「非典型」工作安排進行組織（參見外包、分包、自由職業和網絡化勞動；如本書第 8-11 章所述）；
- 各種多媒體、跨平台和跨媒介敘事形式的迅速發展，對當代媒體產製產生了強烈影響（見本書第 12 章和第 13 章）；
- 同時發生的媒體暴露、共創和綜合媒體使用是當代「閱聽人行為」的標準類型（見本書第 14 章和第 15 章）。

在所有這些發展中，大眾傳播、人際傳播和大眾自我傳播這三種類型的傳播在混雜的媒體環境中匯流，這需要同樣具有混雜形式的學術研究。所有這一切都表明，現在比以往任何時候都更需要將我們在書中敘事化的理論和理論傳統聯繫起來——確實，將它們視為宏大敘事中的連結，使我們能夠應對媒體環境的複雜性。

在這種情況下談論媒體影響和「效果」似乎非常困難，然而，人文和社會科學領域正在發展複雜的理論框架，這些理論框架在處理這一討論方面具有巨大潛力。這些理論框架包括但不限於對（深層）媒介化的研究，以及將媒體使用視為傳播形態（communicative figurations）的理解（Hepp et al., 2018），以及研究複雜地相互關聯的媒體效果之新模式和新取徑（Valkenburg et al., 2016）。

在整個傳播研究文獻中，我們看到對跨學科理論化、混合方法設計和其他取徑，結合和重新混合媒體和大眾傳播學研究的不同流派和傳統的呼籲逐漸形成共識。正如 Valkenburg（2017: 11）在談到結合大眾傳播、人際傳播和電腦中介傳播研究時指出：「比起幾十年前，我們更需要跨越不同傳播子學科的整合研究。」同樣地，Hartley（2012）在對媒體研究的數位未來進行評估時，強烈主張研究應該跨越學科與跨越差異進行轉譯，從而擁抱理論和研究的活力。雖然我們承認投資於去西方中心化、長

期性、整合性和跨學科研究的成本高昂（需要各種資源），但我們希望當前日益增長的國際合作網絡氛圍可以培育出更多的轉型機會（Wasserman, 2020）。

本章小結

現在我們可以很清楚地看到，大眾傳播時代，就如本書所描述的概念，最好被視爲工業大眾公眾傳播的過渡階段。它緊隨在早期發展階段之後，其中公眾傳播和整個社會的傳播主要依賴於社會組織和印刷媒體等通道。當時的公眾傳播主要由政府和教會當局或專業和文化菁英發動，並主要面向城市和識字的少數人口。20 世紀初出現的工業化大眾傳播模式代表了大規模公眾傳播的極大擴展能力，它也將傳播範圍擴展到更廣泛的發送者和多樣的新來源，以及新型內容。其公眾範圍擴展到整個人口，反映了更基本的政治和社會變革，而不僅僅是新興媒體的能量。到本世紀末，這個模式已經成熟並在全球傳播。它也逐漸透過補充和適應而變化，演變爲一種新型模式，其形式正以極快的速度出現，同時又不斷被新模式取代，而不一定改變既有的過程。

大眾傳播作爲一種社會性的過程，在新形式中確立了它的連續性，這些形式由更細緻和緊密編織的網絡和連結（線上和離線）組成，具有有機的特性，而不是由少數人爲了自己的目的而建構和控制。從最初的意義上講，大眾傳播仍然存在，如果我們將其理解爲由大量閱聽人接收的單一核心來源，並致力於最大程度的擴散和傳播。它之所以存在，主要是因爲社會生活的組織無法放棄特定角色、人物和機構，這些角色、人物和機構被分散的公眾視爲焦點，並賦予其地位、權力、技能或其他特質。同樣地，重要事件、地點、文化作品和各種關注對象不可避免地會根據興趣和重要性進行排序，並在不同程度上受到廣大公眾的追求或引起關注。在線上，我們看到這樣的過程受控於發行和網絡效應的「冪定律」（power laws），而這是演算法文化的內在特性，少數網站和應用程式獲得大多數

訪問者和參與者。

　　這些社會生活的特徵不是由大眾媒體創造的，即使大眾媒體被規模較小且去中心化的通訊傳播網絡所取代，這些特徵也不會消失。有一些公共功能只能透過專業且經濟充足的通訊傳播系統來提供。除了社會對於所有公共事務的需求——出版、民意、公共秩序、共享的規範和信念、公共價值、政治組織等，還存在著強大的經濟和政治力量，支持（和控制）媒體的集中化，以實現它們自己的目的。換句話說，制度化是不可避免的，無法撤銷或逃避。在許多方面，數位化增強了大眾傳播的有效部署，透過提高觸達範圍、增加回饋和靈活性，以及增加傳輸同一訊息的通道數量，還提供了以平行方式運作的替代通道。而這並不會改變或取代之前的一切。

　　談論正在發生的通訊傳播發展影響的豐富詞彙正在出現——這種詞彙質疑簡化的研究模式和模態，將科技和情感同等地納入理論考量，公正地對待大眾傳播過程的多媒體性質。同樣值得注意的是，媒體和大眾傳播學術界正找到各種新的傳播方式，以便真正充分發揮其作為一門「具有生產性的科學」的角色，這門科學不僅關注傳播的本質，還關注傳播的可能性。學者們利用社交媒體、網誌和影音網誌等公開表達形式，包括藝術形式（例如舞蹈、詩歌和音樂），從實務工作者、專家、倡議者、行動主義者和評論家的角度參與其中（Archetti, 2017b; Witschge, Deuze and Willemsen, 2019）。在這種脈絡下，Waisbord（2019）主張在我們的領域進行「公共學術」（public scholarship），並強調其為促進共善的潛力。連同我們的書籍、期刊文章、會議論文和演講，媒體和大眾傳播理論與研究的未來充滿希望。

　　隨著社會對媒體在我們的社會、政治和經濟生活中的重要性的認識逐漸擴展，媒體和大眾傳播學術研究在關於媒體素養、不實訊息、影響和效果、數位倫理和社交性，以及演算法文化和人工智慧未來等辯論中具有重要意義。這是最好的時代，也是最壞的時代，我們有責任尊重我們領域的歷史傳統和規範承諾。

解釋名詞

對其他名詞條目的交叉索引，以**粗體字**顯示。

近用（access，或譯接取）

在傳播過程或系統中，它可以指發送者觸達特定閱聽人或是閱聽人接收某些訊息或通道的可能性。在實務上，它主要涉及媒體通道對各種聲音的開放程度，尤其是那些權力較小或資源有限的聲音。一個例子是有線電視系統中為社區或非營利目的提供的「公共近用」頻道（'public access' channel）。作為一般原則，它與媒體**多樣性**有關。

廣告（advertsing）

在媒體上針對消費者推廣商品或服務的付費宣傳活動。它有不同的目標，包括提升品牌知名度、塑造品牌形象、形成正面聯想和鼓勵消費者行為。廣告可分為多個類別，與不同媒體形式相關（分類廣告、展示廣告、個人廣告等）。對於一些主要媒體來說，廣告收入占據了主要部分。所有廣告內容均由其來源支付費用，這是廣告的共同特點。廣告之所以引起爭議，主要有以下幾個原因：接收者通常不想要它；具有**宣傳**性質，涉嫌欺騙和操縱；對媒體與閱聽人的關係產生扭曲的影響；其內容刻板且具有誤導性；廣告的存在會影響其他非廣告內容。廣告對其目的的一般有效性或多或少已被接受，但關於其成功或成功原因的具體證據往往難以獲得。廣告已經融入一個非常龐大的市場研究、**公共關係**和行銷產業之中。

議題設定（agenda-setting，或譯議程設置）

一種（意圖的或非意圖的）媒體影響的過程，其中新聞事件、議題或人物在公眾心目中的相對重要性會受到新聞報導中呈現順序（或相對顯著性）的影響。假設媒體對某個主題的關注多，新聞閱聽人就會賦予它越大的重要性。媒體的影響力不在於怎麼想，而在於人們想些什麼。這一概念尤其可應用於政治傳播和競選活動。儘管幾乎可以肯定該過程確實如假設的那樣發生，但要證明這一點並不容易，因為媒體在設定議題時也受到民意和政治人物影響。另見**框架**。

態度（attitude）

個人對任何「客體」（可能是人、觀念、群體、國家、政策等）的評價傾向。為

了測量的目的，它被認為是一個心理狀態，可以透過對與調查對象相關的概念進行口頭提問來引發。態度在方向（正向或負向）和強度上有所不同，並且已經發展出態度量表來記錄這些變異。一般來說，態度被認為是一種相對深層和根本的傾向，與個人特質相關，並且對大眾媒體驅動的改變具有抵抗力。單一的態度通常以一致的方式與其他相關的態度聯繫在一起。

閱聽人（audience）

所有實際被特定媒體內容或媒體「通道」所觸達的人。閱聽人也可以是想像中的「目標群體」或預期的接收者群體。它可能與真實的社會群體或**公眾**相重疊。可以根據相關媒體和內容或其社會組成、地點或時間來定義閱聽人。媒體閱聽人不是固定的實體，可能僅在事件發生後作為統計抽象形式（例如「收視率」）得知，且具有重複出現的或然率。這通常是「從媒體的視角」來看，但同樣有效的視角是將閱聽人視為一個集體的社會文化實體。

偏見（bias）

新聞報導中任何偏離正確、中立、平衡和公平地反映事件和社會世界「真實」的傾向。通常可分為意圖的和非意圖的偏見；前者主要源於黨派、倡議和媒體或來源的意識形態立場，後者通常歸因於新聞選擇和處理中的組織和常規因素。另見**客觀性**。

伯明翰學派（Birmingham School）

這個名字被用於指稱與英國伯明翰大學當代文化研究中心（CCCS）相關的一些作者，該中心成立於 1964 年，並於 2002 年（突然）被該大學關閉。該學派最初的創始者是理查德‧霍加特與史都華‧霍爾。該學派的研究成果對流行文化研究以及批判的文化研究，包括**接收分析**和女性主義媒體研究，都具有重大的影響。

寫網誌（blogging，或譯部落格、博客）

「網誌／部落格／博客」（blog）一詞是網頁博客（weblog）的縮寫，表示其起源是一組日記條目或出於各種原因發布在網際網路上的相關內容，最初主要是出於個人性質。大多數興趣集中在那些旨在扮演另一種公共角色的網誌（或是 Vlog，意指影音內容網誌或影音自媒體頻道），通常是對新聞的評論。網誌的影響力是有爭議的，因為很少有自己的大眾**閱聽人**（而且那些往往是由企

業贊助，而且在運作時不受大多數商業媒體監管法規的限制），但它們代表了公共近用的重大開放，並且對機構的公共資訊控制構成挑戰。「網誌圈」（blogosphere）一詞被創造出來，意指非制度化的聲音占據的整個另類的公共傳播空間。

廣播（broadcasting，或譯廣電）

在 1970 年代以後有限電視與衛星系統出現之前，透過固定地面發射機和有限範圍內透過空中傳輸無線電和電視訊號。廣播旨在供傳輸範圍內的所有人公開接收，主要由廣告或收音機或家戶收視執照費提供資金。從過去和現在，它都受到旨在發放執照和監督績效表現的法律和監管制度的約束。它實際上是非社會主義社會中公共或政府所有的唯一主要媒介。見公共服務廣電。

運動（campaign，或譯競選活動、宣傳活動）

有計畫地在特定時期內使用不同媒體代表某些事業、個人、機構或主題來影響民意、行爲、態度和知識的嘗試。運動的主要類型是廣告、政治、公共資訊和募款。公眾運動通常針對社會認可的目標。它們通常基於研究並接受成功與否的評估。

宣洩（catharsis）

一種悲劇或暴力的虛構和戲劇所產生的效果，使觀眾經歷情感的宣洩，並釋放出不受所描繪行爲影響的衝動。最初由亞里士多德提出，並被媒體暴力研究者採納，以解釋似乎缺乏有害行爲效果的情況。雖然從理論上看是合理的，但尚未有具體證明或測量的研究。

名人（celebrity）

一種被大多數人極爲熟知的特質，通常是崇拜和粉絲文化追捧的對象。在正常情況下，高度、持續和正面的媒體關注是成爲名人的必要條件。名人的地位可以基於在不同領域的卓越成就，包括運動、娛樂、藝術、科學、政治和「社會」。有時候，媒體的顯赫性本身就足以成爲名人的充分條件，亦即所謂「因爲有名而出名」（being famous for being famous）的概念。名人是八卦新聞的對象，他們的名人地位可以被媒體賦予，也可以被剝奪。

審查制度（censorship）

指權力當局（通常是教會或國家）對任何形式的出版或傳播的控制，通常透過某種機制在出版前審查所有材料。憲法對新聞自由的保障通常禁止事前或預防性審查，儘管事後可能有壓制甚至懲罰出版物的正當理由。該術語泛指阻礙表達的行為，例如媒體編輯或所有者的「私人審查」，以及例如記者為了避免被政治或企業所有者、客戶和消息來源的檢視或厭惡而進行的「自我審查」。

公民社會（civil society）

此詞在近期社會理論中被廣泛使用，用來指稱提供替代極權主義或政府過度控制的社會組織形式。至為關鍵的一個方面是存在於私人生活與國家之間的一個中間「區域」，其中有自由運作的獨立自願集體協會和組織。這需要結社和表達自由，包括必要的手段，其中媒體是非常重要的一環。因此，自由媒體可以被視為公民社會的一個機構。參見公共領域。

準則（code，或譯為代碼）

最常見的意思是一套法律、規則或指導原則。當應用於大眾媒體時，主要是指一套適用內容和行為的自律標準，例如與新聞業有關的自律規範。專業準則已被全國性和國際性的記者協會採用。準則也被制訂和應用在廣電和電影放映中，涵蓋了諸如暴力展示、廣告、性問題、犯罪描寫、種族主義、褻瀆神明等。此詞的另一個相關含義可譯為代碼，意指寫入電腦程式的精確指令，用於限制使用自由並讓內容得以受到監控（Lessig, 1999）。

認知失調（cognitive dissonance，或譯為認知失諧）

這個術語由利昂・費斯廷格（Leon Festinger, 1957）首創，用來描述個人面對與現有資訊、態度和價值觀不一致的特定主題的新資訊的情況。這一基本理論認為，個人追求態度和價值觀的平衡和一致性，因此會避免（或曲解）收到的訊息（例如來自大眾媒體）挑戰既定觀點和信念。在認知一致性占主導地位的情況下，它將限制傳播的改變效果，並鼓勵既有觀點的強化。然而，來自可信賴來源的引人注目的新資訊可能克服上述障礙並引發改變，但這將需要重新評估廣泛的觀點。雖然這一理論是合理的，但有相當多的證據顯示，在民意方面如果這些意見不是深深根植的，人們可以容忍相當高程度的顯著差異。

商業化（commercialization）

媒體結構和內容逐漸反映媒體產業追求利潤的目標，並且過度地受市場考慮支配的過程。主要參照通常是文化影響，而這些總是帶有負面含義。商業化的媒體內容被認為在不同程度上缺乏獨立性、「不真實」、標準化和刻板化，傾向羶色腥和個人化。它促進了物質主義和消費主義。它也被認為缺乏創造力和可信度。商業媒體被懷疑缺乏對其所有者和廣告商的完全獨立性。參見**廣告、小報化**和**商品化**。

商品化（commodification）

此詞源自於馬克思主義理論，根據該理論，所有實體都具有物質現金價值。在媒體領域，有三個方面比較突出。一是將所有媒體訊息視為在媒體市場上買賣的「產品」，而不考慮其他價值標準。其次，根據收視率和其他市場標準，閱聽人可以被視為一種商品，由媒體出售給廣告商。第三，在媒體專業人員面臨的脆危的勞動市場中，他們的技能和個人特徵必須不斷「商品化」以吸引客戶和雇主。另見**馬克思主義**。

傳播（communication，或譯為溝通）

此詞有許多不同的含義和定義，但核心觀念是一種基於發送和接收「訊息」來增加共同性或分享性的過程。關於是否應該將某個訊息的傳遞或表達單獨看作是傳播，而不需要接收、效果或完成一個序列的證據，理論上存在分歧。傳播最重要的兩個向度是：反應或回饋的程度（單向 vs. 互動過程）；以及傳播關係是否也是一種社會關係的程度。一般來說，現代科技增加了從社會基礎脫離的傳播（訊息傳輸或交換）之可能性。

社區（community，或譯為社群、共同體）

一種理想化的人類結社形式，其中的成員共享空間、身分認同和互動的界限。一個社區通常是一個以居住地為基礎的龐大而持久的社會群體，但它也可以在其他一些重要身分的基礎上形成。在其理想形式中，社區的特點是成員之間相互喜歡、相互幫助和相對平等，並將共同福祉置於個人需求之上。

電腦中介傳播（computer-mediated communication, CMC）

指的是透過電腦進行的任何傳播交流，無論是在線上還是線下，尤其是前者。其

特點包括在參與者不在同一地理位置的情況下實現互動，以及在傳播過程中可能存在匿名性和隱蔽性。電腦中介傳播能夠突破通常會限制我們與他人溝通潛力的社會和物理界限。然而，並非所有電腦中介傳播的特點都是有益的，我們更容易遭受不想要的來自他人的干擾。電腦中介降低了傳播體驗的個人特性，而在**網路空間**實現的共同性或社群可能是虛幻的。透過與網路連接的電腦進行的傳播也更容易受到各種形式的監控。

連接性（connectivity，或譯連通性）

從本質上講，網絡的能力是將參與者連接到一個共同的傳播空間。因此，它也是群體和社區的一個屬性，可以根據網絡連接的密度、使用頻率以及關係的強度和持久性而有所不同。與傳統的大眾媒體相比，網際網路和其他親身性的傳播媒體可以實現更高程度的連接性。這個詞語也被用作媒體產製的一個功能，將媒體的產製者和消費者聚集在一起，形成一種共同創造的關係（例如公民新聞、互動廣告和上游行銷等情況）。

建構主義（constructionism）

一種研究意義和媒體效果的取徑，它基於「現實世界」不存在唯一正確和固定版本的假設。人們只能透過有選擇性地感知的版本來理解和傳播關於現實的內容，這些版本取決於感知者的態度、興趣、知識和經驗。關於「現實」的某個方面的傳播效果將取決於參與者在特定情境中對意義的協商。從來源到接收者的意義傳遞的直接效果從建構主義看來是不成立的。

內容分析（content analysis）

一種對媒體文本進行系統性、量化和客觀描述的技術，可用於對媒體內容進行分類、尋找效果，以及進行媒體之間、不同時間或內容與「現實」之間的比較。內容分析不太適合揭示內容的潛在含義，儘管它可以提供某些有關媒體「品質」的指標。

匯流（convergence，或譯為融合）

指不同事物走向一起或變得更加相似的過程。由於數位化（電腦化），它通常應用於媒體科技的匯流。媒體的獨特物理特性不再重要，至少在產製、處理和傳輸方面變得不再重要。當前的匯流趨勢被用作鬆綁媒體管制的論點，因為大多數監

管制度與特定科技（例如印刷、廣播、有線、投影等）相關。儘管在接收端可能出現匯流於單一設備的潛力，但多樣化似乎在增加。

匯流文化（convergence culture）

這是 Henry Jenkins 引入的概念，用於描述媒體產業之間以及媒體生產者和消費者的創造性實踐之間匯流的文化後果。從廣義上講，它是指工作、生活和娛樂日益交織和重疊的情況，沒有獨立的時間和空間分隔。它與大眾媒體相關的最具體表現是兩種趨勢的匯流：一種是來自媒體鼓勵閱聽人和使用者參與新的互動溝通形式；另一種是公眾在新科技的推動下成爲媒體產製者和傳播者的趨勢。最引人注目的結果是出現了生產和消費模糊的媒體形式，業餘和專業之間的界限逐漸消失。「生產消費者」（prosumer」）和「生產使用者」（produser）這兩個詞似乎反映了媒體生活中的一個新角色。維基百科、「網誌圈」、Instagram 和 YouTube 是可以觀察到這些新趨勢的主要場所，但還有許多其他場所。

著作權（copyright，或譯爲版權）

本質上意味著承認作者對其已發表作品的所有權。這一概念在印刷發明之後很長一段時間才得到實現。由於版權主張擴展到新的「作者」類別以及新的媒體、出版和再版形式，尤其是電子形式，版權（更廣泛地說，智慧財產權）問題變得更加複雜。網際網路改變了出版的性質，開闢了廣闊而有爭議的領域。

批判理論（critical theory）

一個泛指晚期馬克思主義觀點下，大眾媒體在維護主導**意識形態**或**霸權**方面所扮演的角色的概括性術語。其起源通常可以追溯到**法蘭克福學派**的著作，但也有幾個變體，尤其是文化和政治經濟形式。其中第一個變體與文本的結構主義和符號學詮釋（一般是詮釋學）以及閱聽人**接收分析**和民族誌有關。第二個通常涉及結構、所有權以及媒體控制的問題。批判理論通常被認爲是大眾媒體研究的經驗主義、行爲主義或「科學」取徑的另類取徑。顧名思義，它是規範性的，涉及另一種更好的社會和媒體系統的概念。

潛化理論（cultivation theory，或譯爲涵化理論）

喬治・葛本納（George Gerbner）所提出的一種特定類型的媒體效果研究的術語。其基本過程是「文化涵化」（acculturation），指的是人們逐漸接受（特別

是）電視上描繪的世界觀作爲現實的眞實再現，並相應地調整他們的希望、恐懼和理解。涵化／潛化分析的主要方法是繪製虛構和新聞中占主導地位的「電視現實觀」，並根據觀眾的習慣性暴露程度將其與觀眾表達的觀點進行比較分析。其假設是：人們看電視的時間越長，他們的想法就越符合「電視觀點」（television view）。

文化帝國主義（cultural imperialism）

一個常用的詞語，用於描述全球媒體產業輸出者（特別是美國的）在其他較小和較貧窮的國家中主導媒體消費的趨勢，從而將自己的文化和其他價值觀加諸給其他地方的閱聽人。不僅是內容被輸出，還有科技、製作價值觀、專業意識形態和所有權。這個詞可類比於歷史上的帝國主義，其手段是軍事和經濟力量。無論是明示還是暗示，文化帝國主義會導致依賴、喪失自主性和國家或地方文化的衰落。關於這個過程是否可以是刻意的，以及在接受端是多大程度上是非自願的，存在一定的討論空間。這個概念相對粗糙，但引發強烈的共鳴。

文化研究（cultural studies）

一個與媒體和傳播領域重疊的理論和研究分支，但其範疇更廣泛，涵蓋所有形式的文化體驗和符號象徵表達。它的特點是**批判性**和人文主義取向，以及對「流行文化」的強烈關注，尤其是青少年文化。它起源於英國，但在範圍上是國際性的，非常多樣化，並且在很大程度上獨立於媒體和傳播研究。另見**伯明翰學派**。

文化（culture）

在當前的脈絡中，它主要指的是媒體產業和人們在線上創造的符號象徵性物品，但它也更廣泛地指涉與大眾傳播過程（產製和接收）相關的習俗、實踐和意義。有時它被用來指涉提供媒體運作脈絡的社會（「上層建築」）的更廣泛的信仰、意識形態等架構。

網路空間（cyberspace）

這個術語被廣泛用於表述萬維網和網際網路所占據的隱喻空間。它由威廉·吉布森（William Gibson）於 1984 年首創，用於描述模控學的世界（the world of cybernetics）。它沒有非常精確的含義，但在當代使用中，網路空間被其居民想像爲擺脫了現實空間的許多限制，在法律和規範之外。事實證明，網路空間的現

實與其創造者所夢想的有所不同，它已經深受商品化的影響，而且在技術上肯定不會像曾經被假定的那樣超出監管所能觸達的範圍。

解碼（decoding）

參見**編碼和解碼**。

外延意義（denotation）

符號學中的一個術語，指透過語言或視覺符號表達的直接、字面上的意義。它與內涵意義（connotation）形成鮮明對比。

創新傳布（diffusion of innovations，或譯為創新擴散）

指的是擴散任何新的技術設備、觀念或有用資訊的過程。它通常遵循 S 型曲線的模式，開始時進展緩慢，然後加速採用，並最終形成長尾。「早期採納者」在社會構成和傳播行為方面不同於一般人。大眾媒體在影響創新擴散方面發揮的是次要作用，親身傳播、現身說法和已知的權威來源更具影響力。媒體本身提供了通常符合 S 曲線創新擴散模式的案例。

新聞傳布（diffusion of news，或譯為新聞擴散）

新聞「事件」透過大眾媒體或透過個人之間的口耳相傳，在有或沒有媒體參與的情況下，在人群中傳播的過程。關鍵問題涉及公眾傳播的程度和速度，而這與實際事件或事件類型，以及媒體和個人資源在達成結果方面的相對重要性有關。

數位鴻溝（digital divide，或譯數位落差）

此詞廣泛用來描述由於電腦數位通訊的發展所引起的各種不平等現象。新的不平等源自於相對較高的設備成本、對先進基礎設施的依賴以及較高的通訊傳播技能要求。這些不平等主要存在於個人、社會群體和國家社會之間，在很大程度上沿著現有的分歧軸線發展（並加劇這些分歧）。另見**知識鴻溝**。

論述分析（discourse analysis，或譯話語分析、言說分析）

適用於所有形式的語言使用和文本形式，但其核心概念是透過「文本和談話」的形式進行，依據特定的社會位置、主題和參與者類型而調整。這些有時被稱為「詮釋社群」。「批判論述分析」研究透過語言形式表達的支配地位，這些語言

形式是傳遞社會上占主導地位的情感和意識形態的工具。

多樣性（diversity）

簡單來說，這只不過是在任何選定面向上的差異程度或範圍：差異越大，多樣性就越多。當應用於大眾媒體時，它可以與所有權和控制結構、生產和傳播的內容以及閱聽人構成和內容選擇有關。這些中的每一個都可以根據多樣性進行經驗評估。多樣性與訪問、自由、選擇、變化和平等有關。它是一個正向的價值，與壟斷、統一性、順從性和共識等價值相對立。

媒體效果（effects of media）

大眾媒體的運作或大眾媒體暴露所產生的結果或影響，無論是意圖的或非意圖的效果。這些效果可以在不同的社會分析層面上被追蹤。媒體效果的種類很多，但通常至少會區分為行為效果、態度效果、情感效果和認知效果。效果與「有效性」（effectiveness）不同，後者涉及實現特定傳播目標的效率（efficiency）。

同理心（empathy，或譯移情能力）

對他人表示同情和理解的態度或取向，尤其是關注社會上的受害者、受壓迫、被邊緣化和排斥的人。它是媒體採用的非正式角色之一，特別是在**新聞業**、紀錄片和寫實主義戲劇中，以鼓勵公眾產生移情作用。這可以透過報導本身來實現，不一定需要有意識的倡議行動。

編碼和解碼（encoding and decoding）

廣義上指各種文本的生產和「解讀」。這裡的指涉不僅僅是特定語言（語文或視覺）的使用，而是鑲嵌在文本中或從文本中提取的意義結構。這些術語由史都華・霍爾推廣，並納入了一個被引用頻繁的媒體與觀眾關係模式中。相關理論的一個重要特點是，意義是根據接收者的社會和文化位置來「解碼」的。大多數文本在「發送時」通常被認為攜帶一些「偏好式解讀」，這本質上是意識形態的，但我們通常可以期待有其他解讀方式。就新聞而言，史都華・霍爾建議，詮釋可以採用偏好的「霸權」意義，或是採用一些更加疏離的「協商式」變體，或者以「對立式」解讀來逆轉傳播者意圖藉由文本傳達的意義。另見**意識形態**。

娛樂（entertainment）

媒體產製和消費的主要領域，涵蓋了一系列通常具有吸引力、娛樂性、轉移注意

力和「讓人擺脫自我」等特點的格式。它還指的是轉移注意力的過程本身，在這個意義上，它也可以與通常不被視爲娛樂的類型相關，例如新聞、廣告或教育。當娛樂成癮排擠了媒體的資訊用途，或是當「娛樂」模式侵入現實內容（尤其是新聞、資訊和政治）領域時，娛樂常常被認爲是有問題的。這裡又衍生出了「資訊娛樂」（infotainment）這一術語。

粉絲文化（fandom，或譯爲迷文化）

這種現象是對大部分大眾媒體內容、角色和名人產生的現象做出的強烈情感投入和參與，尤其是在音樂、遊戲、電影和電視等領域，對明星表演者的成就和個人生活表現出強烈的迷戀。從早期認爲這種參與有問題，到現在它越來越被視爲是媒體產業的寶貴資產，並且是媒體使用常態的一部分（因爲發現大多數人對特定媒體有某種深厚的情感依戀）。

第一修正案（First Amendment，或譯爲美國憲法增修條文第一條）

美國憲法第一修正案於 1791 年頒布，禁止國會（即聯邦政府）干預言論自由、宗教自由和新聞自由。它已成爲一個簡稱，涵蓋所有美國的言論和意見自由問題，通常涉及大眾媒體。許多其他國家也有類似的憲法條款，儘管它們通常以公民權利的形式表達。第一修正案的制定方式傾向於將政府視爲自由的大敵，將自由媒體與自由市場緊密聯繫在一起。另見**新聞自由**。

民間傳播（folkcommunication）

由巴西研究者 Luiz Beltrão（1971）提出的一種理論，旨在認識、描述和解釋人際和群體形式的文化表達方式（主要可見於被邊緣化群體和低階層民眾），這些方式獨立發展（並且通常批評大眾和工業化的傳播形式）。

第四權（Fourth Estate，或譯爲第四階級）

這個術語被歷史學家湯瑪斯・卡萊爾（Thomas Carlyle）歸功於 18 世紀演辯家艾德蒙・伯克（Edmund Burke），用於指稱英國下議院的新聞記者席。伯克聲稱，新聞界的權力至少與其他三個「階級」（貴族、平民和神職人員）的權力相等。它成爲描述記者作爲政府報導者和監察者角色的一個常見術語。

碎片化（fragmentation）

就媒體閱聽人而言，碎片化是指由於新媒體形式（包括網路平台和串流媒體服

務）和電視頻道的增多，報紙和主流電視頻道的大眾閱聽人普遍下降，出現了許多人數較少也更短暫的閱聽人。人們普遍認為碎片化會降低大眾媒體的力量，儘管許多人數較少的閱聽人並不一定意味著更大的多樣性。

框架（framing）

此詞有兩種主要的含義。其中一種是指新聞內容通常是由記者在某些熟悉的參考框架內，並且根據某種潛在的意義結構來塑造和脈絡化。第二個相關的含義涉及框架對公眾的影響，認為閱聽人會接受記者提供的參考框架，並以類似的方式看待世界。這個過程與**促發效果**和**議題設定**有關。

法蘭克福學派（Frankfurt School）

指的是最初在法蘭克福社會研究所工作並在納粹上台後移居美國的學者群體。該群體的核心項目是在馬克思主義傳統下對現代文化和社會進行批判性分析。主要人物包括西奧多・阿多諾（Theodor Adorno）、馬克斯・霍克海默（Max Horkheimer）、赫伯特・馬庫色（Herbert Marcuse）和萊奧・羅文索（Leo Lowenthal）。他們在二戰後對北美和歐洲的批判理論以及媒體和文化研究的發展都具有很大影響力。弔詭地，他們對「大眾文化」的悲觀觀點，反而成為後來對流行文化形式重新正面評價的一個刺激因素。

表達自由（freedom of expression，或譯為表意自由）

表達自由的範疇很廣，涵蓋了公眾表達、傳播、傳輸和近用各種內容的所有方面。它被視為應該在國際範圍得到保障的人權，而不僅僅是在一個社會內部得到保證。狹義上，它通常指的是公眾有權近用由各種形式的權威或官方機構所保存的攸關公共利益或重要性的資訊。

新聞自由（freedom of the press，或譯出版自由）

這是一項個體、政治和人權的基本原則，法律保證所有公民擁有無須事先經過**審查**或獲得權威許可的出版權利，也不用擔心遭受報復。這一權利必須在法律的限制範圍內行使，並尊重他人的權利。實際上，新聞自由常常受到（經濟）近用手段的障礙所限制。這一權利通常被認為對政治民主至關重要，它與**言論**、意見或信仰**自由**以及資訊自由和**第一修正案**有關，但又有所區別。

守門（gatekeeping）

此詞用於描述新聞機構在事件報導的初始選擇和後續編輯處理過程中扮演的角色。新聞媒體必須根據其「新聞價值」和其他標準來決定哪些「事件」可以通過媒體的「大門」。關鍵問題包括守門過程中應用的標準，以及新聞組織在執行這一角色時出現的系統性**偏見**。

類型（Genre，或譯爲文類）

此詞基本上適用於任何主要型態或類別的媒體內容。它也可以應用於虛構、電影、戲劇的某些主題或情節的子類別。這一概念對分析很有用，因爲許多類型都包含某些由產製者操縱的「編碼規則」，同時也包含一些「解碼規則」，允許閱聽人形成適當的期望並按預期「閱讀」文本意圖傳達的意義。

全球化（Globalization）

媒體內容的生產、傳輸和接收的地理位置不再固定的整個過程，部分原因是科技發展，但也透過國際媒體結構和組織來實現。全球化預期會導致許多文化後果，尤其是內容的非本地化和對本地文化的破壞。而本地文化因新的衝動而豐富並發生創造性的**混雜化**時，這些可能被視爲正面的影響。由於對文化**認同**、自主性和完整性的威脅，它們更經常被視爲負面的衝擊。人們普遍認爲，新媒體正在加速全球化進程。

八卦新聞（gossip）

一種新聞形式，其特點是提及知名人物及其不確定的來源和可靠性。它主要存在於私人對話，但也成爲報紙和雜誌中的一種媒體類型的基礎。在這種情況下，內容集中在**名人**（主要是富人和名人）。它與謠言不同，謠言通常涉及高度重大的新聞，並且在相關人群中傳播得更快、更完整。另見**人情趣味**。

治理（governance）

此詞涵蓋可適用於某些制度過程的所有形式的控制、監管和指導，涉及多重機構、正式和非正式、公共和私人。它很常見於媒體結構相關的情境，這些媒體結構通常以網絡形式組織，對許多輸入開放，而不是完全層級化或專制，以符合其所履行的文化和社會角色。

霸權（Hegemony）

這是 20 世紀早期義大利馬克思主義理論家安東尼奧‧葛蘭西（Antonio Gramsci）引介的一個術語，用於描述某種權力，這種權力源於大眾媒體無所不包的意識形態傾向，以支持既定的權力體系，排除對立和競爭的價值觀。簡單地說，它是一種在沒有直接強制的情況下以隱蔽方式運作的主導共識。

人情趣味（Human interest）

一種聚焦於個人行為和後果的新聞故事或格式，採用戲劇性、幽默或敘事風格，通常處理與日常情感和經驗相關的問題。它與**商業化**和**小報化**有關，但也與「公共」品質的概念有關。

混雜化（hybridization）

新的文化形式由不同的要素組成的過程，特別是外來或輸入的形式與本土、在地或傳統文化的結合。此概念與**全球化**有關。

圖像符號（icon）

指與其所代表的物體具有明顯物理相似性的一種符號類型。不同的媒體可以使用圖像符號，但通常它們是人、物或場景的描繪、複製或雕刻形象。早期的字母系統（象形文字）大量使用了圖像符號。攝影幾乎完全依賴圖像符號來傳達意義，因為照片的第一個意義就是所攝物體本身。更廣泛地說，有時候「圖像符號」也用來指稱一個傑出的人或作品所成為的標準形象。

身分認同（identity）

身分認同是自我或他人根據傳記、社會、文化或其他特徵而對某人或某地所做的特定描述。傳播是形成和維持身分認同的必要條件，它也同樣可能削弱或破壞身分認同。大眾傳播只是其中一個影響身分認同的因素，還有其他因素。可以說，當今的身分認同由自我認同（你如何看待自己）、社會認同（他人如何看待你）和數位身分（你在網路上的參與貢獻，不論是出於自願還是非自願，構成了你的身分）組成。

意識形態（ideology）

通常，這是指一套有組織的信仰體系或價值觀，透過傳播來傳遞或強化。雖然大

眾媒體通常不會故意宣揚意識形態，但實際上大多數（各種形式的）媒體內容都是透過選擇性地強調某些價值觀和規範。這在**編碼和解碼**理論中被稱爲「優勢／偏好閱讀」（preferred reading）。這些通常反映了提供媒體系統脈絡的國家文化，也反映了擁有、控制和產製媒體的人的階級立場和觀點。新聞業等職業也可以說是有自己的職業意識形態，包含賦予該工作某種意義的理念型價值觀。

資訊（information）

廣義上，所有有意義的傳播內容（訊息）都是資訊。更狹義（但仍然鬆散）地說，資訊通常是指關於「現實世界」的可驗證且因此可靠的事實資料，這包括關於世界事實的意見和報告。甚至更狹義和準確地說，資訊可能等同於傳達的「數據」，這些「數據」確實（或可以）對現實的某些領域進行區分，從而爲接收者「降低不確定性」。

資訊社會（information society）

一個廣泛用於描述當代社會的術語，認爲資訊是其最核心的驅動力或生產力的來源。這種假設的合理性源於現代生活的大部分在物質和文化上似乎都依賴於資訊的生產、處理和應用，以及複雜的通訊傳播網絡的運作。資訊和傳播科技部門已成爲經濟先進國的主要財富來源。

資訊娛樂（infotainment）

此詞語是爲了描述 20 世紀後期的大眾電視所呈現的資訊與娛樂交融而創造的。它特別適用於那些擔心在歐洲廣電廣泛私有化，和爭奪大眾閱聽人的競爭下新聞形式即將發生的情況。此詞通常具有貶義，暗示了新聞和資訊的水準降低、稀釋和更大的膚淺性。它與影響報紙的**小報化**概念有類似之處。

銘刻讀者（inscribed reader）

源於媒體傳播者在形塑文本時傾向於根據想像或預先定義的閱聽人特徵，亦即有一定的背景、品味、興趣、能力等。在一定程度上，可以從文本中讀取「意圖的」讀者。這種情況更常見於大眾傳播，而不是藝術創作。

互動性（interactivity）

指某種傳播媒介或關係具有相互關聯、雙向的傳播能力。互動性允許傳播關係和

過程中的相互調整、共同定位、更細微的控制和更高效率。「新媒體」最顯著的一個特徵就是它們的互動程度，而數位化使它們變得越來越可能實現。

詮釋社群（interpretative community）

一個源自語言學的術語，描述特定語言或文化符碼的一組使用者，他們之間將對文本和符號有著共同的理解。當應用於媒體**閱聽人**時，它通常涉及圍繞某種表演、表演者或作品而形成的特定粉絲或忠誠消費者群體，他們之間同樣存在大量共同的價值觀、興趣和意義。這樣的社群通常是自發產生的，不是排他性的。同時，為了達到宣傳的目的，他們也被鼓勵形成這樣的社群。

互文性（intertextuality）

指不同媒體文本在不同層次和跨類型之間相互參照的趨勢，也是指「讀者」跨越文本和類型的形式邊界而進行有意義聯繫的過程。這種聯繫透過品牌和商品化的方式從媒體文本延伸到消費的物質對象。廣告非常刻意地使用互文性的聯繫。媒體閱聽人的交談文本（conversational texts）將原始文本的影響延伸到日常生活和語言當中。

新聞業（journalism）

從字面上理解，這指的是專業的「新聞工作者」的產品或工作。作為一種產品，它通常指的是對公眾感興趣的最新或當前事件的資訊報導（且經過查證）。在這個意義上，新聞業是「新聞」的另一個詞，具有許多典型和熟悉的特徵，特別是旨在保持最新、重要的、可信的和對特定閱聽人是有趣的。作為一種工作過程，新聞業具有不同的含義，反映了該職業地位的不確定性。有幾種不同風格、型態和學派的新聞業存在，根據組織形式、目的和閱聽人，以及地方性和全國性的媒體文化來做區分。

知識鴻溝（knowledge gap，或譯為知溝）

這個詞用來指稱社會中不同群體之間在資訊層次上的差異。大眾傳播最初的承諾是幫助縮小「資訊富者」（the 'information rich'）和「資訊貧者」（the 'information poor'）之間的差距。這個概念激發了研究，以調查這一現象發生的程度以及與此類「效果」（或其反轉）相關的媒體使用和其他條件。主要的結果是報紙在縮小差距方面比電視做得更好。目前的預期是，新媒體更有可能擴大而

不是縮小差距，因爲它們對已經擁有較多資訊的人提供了差異化的近用機會。

生活風格（lifestyle）

這個概念在商業市場研究中有著悠久的歷史，與皮耶・布迪厄（Pierre Bourdieu）提出的品味和家庭背景理論有關。它指的是個人消費和各種品味的模式，通常是自主選擇的，但也與其他的一些人共享。它們可以相對獨立於社會階級和物質環境，儘管可能受到許多外部因素的影響，其中收入肯定是其中之一，還有年齡、教育、社會環境和前景等。生活風格可能是表達個人身分認同的一種方式，但對於媒體來說，它也可以是一種建構和管理消費市場的方式。另見**品味文化**。

馬克思主義（Marxism）

這是基於卡爾・馬克思（Karl Marx）著作而形成的社會理論，認爲人類進步是在不同的「階級」之間的衝突基礎上發生的，其主導力量取決於擁有當前主要生產要素（例如土地、原材料、資本或勞動力）。支配階級剝削其他階級以使利潤和產出最大化。大眾傳播的重要性在於媒體是一種意識形態資產，可以用來捍衛或攻擊支配階級的立場。在馬克思那個時代和之後，大眾媒體的所有權與營運方式都是以支配階級的利益爲基礎的。但這仍然是一個尚無定論的問題。

大眾（mass）

此詞語描述了一組非常龐大但無定形的個體，他們在外部影響下從事類似的行爲，並且被他們的潛在操縱者視爲幾乎沒有或沒有獨立的身分認同、組織或權力形式、自主性、誠信或自決權。它代表媒體閱聽人的一種觀點。它在許多類似的表達中都帶有相同的負面含義，包括大眾行爲、大眾意見、大眾消費、**大眾文化**、**大眾社會**等等，當然還有「大眾傳播」本身。

大眾文化（mass culture）

當時（大約 1930 至 1970 年間），此詞語描述了「大眾的文化」（culture of the masses），通常意味著吸引未受過教育和「沒文化」的大多數人的「較低級」娛樂和虛構形式，與少數菁英享有的「高級文化」（high culture）相反。文化變遷和對流行文化的新認識改變了此詞的含義，使其在很大程度上變得多餘或不受歡迎。過去盛行的時候，此詞語更多地具有意識形態的性質（支持菁英文化價值

觀），而非有實證基礎，因為除少數人外，大多數人都參與了「大眾文化」的某些面向。

大眾自我傳播（mass self-communication）

這是 Manuel Castells 引入的概念，用於描述網際網路的主要用途：線上分享有關個人生活的資訊。大眾自我傳播是大眾傳播的一種形式，因為它有在網上觸達全球閱聽人的潛力，同時它也是自我傳播，因為根據 Castells 的說法，它在訊息的闡述和發送中是自我導向的，在訊息的接收方面也是自我選擇的，而且在傳播空間的形成方面是自我定義的。

大眾社會（mass society）

一種理論上被認為由少數相互聯繫的菁英主導的社會形式，他們通常透過說服和操縱來控制大多數人的生活條件。這個詞首先由基進的批判學者，尤其是 C・萊特・米爾斯（C. Wright Mills）用於戰後的美國，也被政治理論家用於描述陷入法西斯主義和共產主義魘咒的歐洲社會。它的典型社會組織是規模化和集權化，伴隨著迷亂失序和無力感。大眾媒體被認為是實現和維持大眾社會的必要工具。

媒體問責（media accountability）

一個概念的綜合術語，以及實現它的相關過程，即媒體能夠而且應該對其出版活動對整個社會及（或）可能受到影響的其他利益的品質、手段和後果負責。這將問責導入與自由之間的潛在衝突當中。媒體問責的概念有時（儘管不一定）與**社會責任**的概念相關。它確實預設了媒體發送者和接收者之間的某種相互關係。它也與媒體的公共利益密切相關。

媒體集中化（media concentration）

意指媒體組織透過垂直或水平整合的方式組成更大的單位。垂直整合（vertical integration）是指將媒體過程中不同環節（例如紙張生產、印刷、出版和銷售書籍）結合在一起，而水平整合（horizontal integration）則是指在同一環節中的企業集團化。這兩種形式都會導致更大的壟斷和較少的**多樣性**。媒體集中化可能發生在國內市場或跨國市場。在通常的情況下，媒體集中化主要指的是所有權的集中，儘管在媒體集團中，不同的工作過程的集中化程度可能有所不同。

媒體倫理（media ethics）

針對媒體從業人員的良好行爲準則，考慮到媒體在特定社會中的公共角色以及個人的權益主張。相關行爲尤其涉及獲取資訊的方式以及關於發布內容和方式的決定，特別是考慮到可能對所有相關各造產生的後果。在非資訊內容領域，也存在許多倫理問題，儘管這些問題不太可能被準則化或是在決策過程中發揮作用。**新聞業**作爲一種專業的主張，在一定程度上取決於倫理標準的自願發展和接受。另見**媒體問責**。

媒體事件（media event）

具體概念是由 Dayan 與 Katz（1992）提出的，儘管「僞事件」（pseudo-event）的概念已經更早有人使用（Boorstin, 1961）來指稱由媒體創造或缺乏實質內容的次要事件，其表面上的重要性歸功於媒體的關注或「炒作」。Dayan 與 Katz（1992）的概念確定了一個特定的媒體類型，他們認爲這是電視獨有的。要將一個電視場合視爲「媒體事件」，需要滿足一定的條件：具有特殊符號象徵性或歷史重要性的非凡事件，例如加冕典禮或國事訪問；現場直播；媒體以外的贊助；高度預先規劃；莊重和典禮的呈現方式；強調全國共享和慶祝；以及對數量龐大（通常是國際性）觀眾的吸引力。

媒體邏輯（media logic）

通常是指一組相互關聯的價值，媒體產製者認爲這些價值構成了針對特定目的的特定媒介的良好（即成功）實踐和專業精神，或被觀察者認爲是在無意識中運作的。雖然不同的媒體（例如廣播、電影、報紙）可能有不同的邏輯，但有一些核心的反覆出現的成分，特別是個人化、羶色腥主義（吸引感官和情感）、戲劇性和行動、衝突、奇觀和快節奏等屬性。這些屬性被認爲可以擴大吸引力並增加關注度和參與度。評論家通常使用該術語，暗示媒體邏輯偏重形式而忽視實質，與提供資訊或以其他方式傳達更深層次意義或反思的目標相衝突。在政治方面，人們認爲媒體邏輯削弱了實質和信念的重要性。

媒介化（mediatization）

大眾媒體對社會許多其他領域產生影響的過程，尤其是對例如政治、司法、健康、教育和宗教等具有公共角色的機構。觀察顯示，現在的許多公共活動都高度重視如何以有利的條件獲得宣傳並產生最大效益。此詞意味著許多活動可能經常

被扭曲，時間安排、優先順序和意義都可能爲了適應媒體的要求和**媒體邏輯**而調整。

媒介理論（medium theory）

是一種將因果影響歸因於特定傳播媒介內在特徵的理論，其特點在於特定媒介的科技和承載意義的能力。儘管科技決定論是媒介理論最常見的形式，但除了科技之外，每種媒介都有其他屬性，這些屬性會影響它將如何應用於傳播目的以及如何被感知和實際體驗。媒體的發展受到特定的制度環境和文化環境的影響，這些影響是獨立於科技的。媒介理論最常見於**多倫多學派**，是媒介理論的一個流派，聚焦研究的是媒介的特徵，而不是其內容、訊息的發送者或接收者。

道德恐慌（moral panic）

此詞語最初由犯罪學家喬克‧揚（Jock Young）用來描述突然出現的通常是非理性的大規模焦慮和警報，這些焦慮和警報主要針對所謂的「犯罪潮」或其他被認爲是社會失序和崩潰的證據（包括淫亂和移民）。媒體由於其放大此類「恐慌」的傾向而被牽涉其中。有時，媒體本身也成爲道德恐慌的對象，當對其有害影響的警惕突然盛行時（例如對網路上民粹主義政治運動和不實訊息宣傳的興起的警惕）。新媒體，例如電腦遊戲和網際網路，往往會引起它們對（年輕）使用者造成傷害的恐慌。

網絡（network）

指任何相互連接的點的集合，這些點可以是人、地方、組織、機器等。在通訊傳播中，我們關注資訊在網絡的「線路」中的流動，特別關注其傳輸能力和互動性，以及與誰或什麼有較緊密、專屬的聯繫。相較於其他形式的人類結社組織，網絡具有較少的階層結構，更具彈性也更非正式。一些理論家（例如 Castells 與VanDijk）提出了「網絡社會」一詞，作爲表述**資訊社會**實際狀況的替代方式。

新聞（news）

各種媒體所提供的關於公共事件的當前資訊的主要形式。新聞存在著眾多型態和格式，以及跨文化的差異，但通常被認爲具有及時性、相關性和可靠性（真實性）等定義特徵。參見**新聞業**。

新聞價值（news values）

新聞機構中的記者和編輯所應用的標準，用於確定是否報導特定的**新聞**項目。在商業媒體中，廣泛有共識的「價值」在於該新聞項目是否可能引起潛在閱聽人的興趣。然而，還有其他價值的來源，包括對內在重要性的判斷，以及除了閱聽人之外有影響力的利益的拉動或壓力。

報紙（newspaper，或譯報刊）

傳統上，這指的是定期出版的印刷媒體形式，通常每週至少一次，內容包含（至少）可靠的關於近期或正在進行的一般人感興趣事件的報導，並公開銷售。相關特徵通常包括所有權和編輯的獨立性或透明度，以及涵蓋與發行的地理範圍。報紙曾出現不同形式的變體，包括由用廣告支付其成本的「免費報紙」（free newspaper），以及「數位先行」的報紙（'digital first' newspaper），透過線上提供（在網站和／或專用行動應用程式上），不受傳統報紙的形式、時間、空間和地點的限制。

非語文傳播（non-verbal communication）

此詞語主要指的是人與人之間的非語文（口語或非口語）傳播，而不是指使用音樂或圖像的媒介。非語文交流有時被稱爲「擬似語言」（paralinguistic）或「前語言」（prelinguistic）。非語文的人類傳播通常會附加或擴展語文傳播。儘管非語文傳播缺乏編碼和規則，使其不足以成爲一種語文，但在特定文化中通常存在與許多非語文傳播特徵的噪音、手勢、姿勢等相關的一致含義。

規範性理論（normative theory）

指的是關於媒體應該如何運作的理論，而不是試圖描述和解釋媒體實際運作或預測媒體運作方式的結果（尤其是效果）的理論。後一種理論可以被描述爲客觀的或科學的理論。規範性理論主要適用於媒體與社會之間的關係，涉及媒體提出的主張，特別是關於媒體自由的主張，以及社會方面的主張。參見**新聞自由**和**社會責任**。

客觀性（objectivity）

這個理論上有爭議的術語被應用在**新聞**領域，儘管從「常識」方面它彙整了一些使新聞閱聽人信任和可靠的特性。這些包括事實的正確性、沒有**偏見**、事實與評

論分開、訊息來源的透明度以及不偏不倚。該術語爭議的原因主要源於這樣一種觀點，即眞正的客觀性是無法實現的，假裝可以實現客觀性是一種誤導。簡單地說，所有新聞都被認爲是具有意識形態的，而客觀性被批評者認爲是另一種意識形態。客觀性的要求使消息來源有可能操縱新聞，並且只會掩蓋偏見，無論這是有意爲之還是無意的。

意見領袖（opinion leader）

這個術語是由 Elihu Katz 與拉查斯斐（Paul Lazarsfeld, 1955）在他們對大眾媒體影響的早期研究中提出的，用以描述在非正式社交關係中對他人認知或行爲具有影響力的人。其特徵因影響的「主題」和社會環境而異，但通常這些人掌握較充分的資訊，更多地利用大眾媒體和其他資源，喜歡交際，並且往往受到他們所影響的人的尊敬。早期的傳播研究未能發現大眾媒體的「直接」效果，部分歸因於「意見領袖」常常不爲人所見的貢獻（被稱爲「親身影響」）。

奧拉媒體（oramedia）

Frank Okwu Ugboajah 於 1980 年代在非洲背景下提出「奧拉媒體理論」（theory of oramedia），肯認各種早期形式的土著大眾媒體的使用和發展，包括歌劇、音樂、舞蹈、戲劇、詩歌和民間故事。這些可以被視爲最早的「大眾媒體」，作爲傳播文化與統治菁英和人民之間的相互傳播訊息的載具。

擬社會人際互動（parasocial interaction）

這個術語被用來描述個別閱聽人與虛構角色或媒體名人之間可能發生的虛擬互動。這種互動涉及某種程度與現實脫節，並且可能成爲影響行爲的基礎。

平台邏輯（platform logic）

指管理平台（例如 Google 和臉書））運作和獲利的一組動態關係，包括人們如何表達自己、科技可供性，以及平台運作的法律和監管環境。與之前的入口網站一樣，平台在網路上變得越來越強大，決定了任何類型的資訊和服務的近用（和注意力），而其他機構則在建構或重組基礎設施以適應這種平台邏輯。這些平台的主要目的是吸引注意力，即花費在使用平台界面的「時間」。

政治經濟學（political economy）

最初是理論經濟學的術語，但新馬克思主義傳統的批判性理論家也已經使用多時，指的是一種對媒體和社會的整體觀點，其中物質（經濟）因素起著決定作用，而政治主要是關乎經濟權力。

複媒體（polymedia）

由 Madianou 與 Miller（2013）提出的術語，意味著在日常生活中，使用多種媒體所提供的相對輕鬆、統一的結構。每種媒體的意義是透過它與個人媒體庫中其他媒體的關係來建立的。類似的概念，例如「媒體集合」（media ensemble）、「傳播形態」（communicative figurations）的概念以及「媒體生活」（media life）的概念，在文獻中（特別是近年來）已被提出，以承認我們對多種媒體的同時暴露（接觸）。

色情（pornography）

鬆散地用於指涉描述或展示露骨的性主題和場景的媒體內容，這些內容超出了公眾普遍接受的界限，可能引起冒犯或被認為造成損害（尤其是對兒童或婦女，他們在某些形式的色情內容中成為受害者）。一般認為，媒體色情（與觀眾共享）的主要目的是性興奮（sexual arousal，或譯為性喚起）。在不同的司法管轄地，色情出版物的定義不同（或不一定被視為冒犯）。

入口網站（portal，或譯為門戶網站）

在萬維網的第一個十年，許多網站旨在成為通往網路世界的入口或門戶，作為一種進入「**網路空間**」（例如連接時）或從其中尋找資訊的接入點。隨著社交媒體和平台的興起，它們的知名度和經濟實力（例如吸引廣告的能力）逐漸減弱。入口網站通常由主要的媒體提供商（例如雅虎或 AOL）、特定的搜索引擎、**社交網站**（例如 YouTube）、特定類型內容的網站、社群或網絡供給。與以往的大眾媒體提供的入口不同，網際網路的入口網站實現了雙向流動。

後現代主義（postmodernism）

一種廣泛流行的（文化）理論，它支持這樣一種觀點：「意識形態時代」已經結束，同時也結束了「工業社會」及其龐大的社會組織和控制形式，以及對理性的堅信。相反地，我們生活在一個結構不確定、多元且充滿矛盾的時代，存在著無

限的創造力和個體從強加的規則和社會約束中重獲自由。流行的後現代文化的本質常被視爲大眾媒體形式的蓬勃發展。然而，當代社會的物質條件和大眾媒體的組織形式並未清晰地展現出後現代主義的跡象。與早期的批判文化理論一樣，後現代思維可以用於支持不同的樂觀和悲觀觀點。

權力（power）

此詞有很多不同的解釋，但基本概念是指一種能夠獲得他人順從的能力，即使這是違背其意願的（例如警察或軍事力量）。在這個意義上，它與傳播沒有直接的關聯，因爲無法用強制的手段來產生效果。然而，我們可以談到在某種傳播目的（與資訊或觀點有關）上獲得他人順從的可能性，而且「影響力」這個術語已廣泛應用於大眾傳播領域，其中透過論點的說服力或某些心理酬賞來獲得順服。

偏見（prejudice）

此詞可以用來形容公眾的態度，也可以用來形容媒體出版物的系統性負面觀點，或（通常）對某些社會群體或類別的負面對待。偏見的目標經常包括少數群體、同性戀者、外來移民、精神病患者等。媒體被指責煽動偏見，有時是無意的。同時，媒體也被認爲具有一定程度的對抗偏見的能力。

促發效果（priming，或譯啟動效果）

指的是媒體在提出價值觀和判準方面的活動，這些價值觀和判準被用於評價媒體關注的對象。該術語源自於社會心理學（社會化理論），但近年來更多地應用於政治傳播，用於公眾與政治人物的評價。參見**框架**和**議題設定**。

專業（profession）

指透過自律程序保持一定技術表現和倫理標準的特定職業。專業涉及公認的培訓，並且由該專業的負責機構維護控制其進入門檻。關於**新聞業**的地位，尤其是否可稱作一種專業，存在著很多爭論。在某些（但不是全部）標準上，它可以聲稱具有專業地位。

宣傳（propaganda）

指有意識地利用多種傳播手段，以系統性和片面的方式影響集體行爲和意見的過程和產物。宣傳的目的是爲了來源或發送者的利益，而不是爲了接收者的利益。

宣傳在某些方面幾乎肯定是具有誤導性或不完全眞實的，甚至可以完全是不實的，例如某些型態的不實訊息。宣傳在心理上可能具有攻擊性，而且在對現實的再現上可能存在著扭曲的情況。其有效性因情境和目標閱聽人的傾向而異，而不僅僅取決於「訊息」的特性。參見**廣告**和**運動**。另外，「宣傳」一詞還可以指稱由愛德華・赫爾曼（Edward S. Herman）和諾姆・喬姆斯基（Noam Chomsky）（1988）提出的「宣傳模式」（Propaganda Model），該模式解釋了商業大眾媒體如何系統性地偏向由政治和商業領域的統治菁英所定義的「非民主」的社會秩序。請參閱**政治經濟學**。

公眾（public）

作爲名詞，它指的是特定社會或某個較小地理空間的自由公民的整體。它的涵義受到民主理論的強烈影響，因爲自由和平等（權利）通常只在民主國家中存在。在民主國家中，眞正的公眾成員可以自由結社、交談、組織並對所有主題表達意見，政府最終要根據同意的程序對「整體公眾」（public as a whole）的意志負責。這個廣泛的公眾概念是公眾傳播在民主社會中有權要求獲得保護和尊重的原因之一，也是公共價值被認爲與商業和市場價值相矛盾的原因之一。另見**民意**、**公共利益**和**公共領域**。

公共利益（public interest）和公共價值（public values）

意指基於社會的整體和長期利益，對大眾媒體的期望和要求可以合法地表達，並可能導致對媒體結構或活動的限制。所謂「符合公共利益」或「具有公共價值」的內容有多種形式。它最低限度的解釋是媒體應該滿足其閱聽人的需求，但倫理、意識形態、政治和法律方面的考慮也可能導致更強有力的定義。公共利益的表達也有多種方式，包括透過**民意**、政治人物、評論家和許多受公眾傳播影響的利益團體。另見**媒體問責**。

民意（public opinion，或譯爲公眾輿論）

數量相當大的一部分**公眾**的集體觀點。所謂相當大的一部分有時意指接受民意調查測量者當中的多數，但這太過誇大了測量工具的能耐，而且忽略了很根本的一點，即意見總是多樣、動態和強度不斷變化的。從歷史和某些特定情況來看，民意可能被認爲是指「知情意見」（informed opinion），或是受過更多教育和有自覺的社會成員的一般看法。如果沒有明確的定義，任何有關民意的陳述都不可

能是明確或無可爭議的。另見**沉默螺旋**。

公共關係（public relations，或譯爲公關）

此詞指的是由專業、有償的傳播者代表某個「客戶」進行的各種形式的影響活動，主要是爲了呈現一個良好的形象並消除可能存在的負面形象。這意味的是採取各種可能手段，從直接傳播到提供禮品和招待。公共關係通常是新聞媒體的消息來源之一，或試圖以其他方式影響新聞報導。另請參閱**廣告**和**宣傳**。

公共廣電（public service broadcasting，簡稱 PSB，或譯爲公共廣播）

一種由公共資助並以非營利方式運作的廣播系統，以滿足所有公民的各種公眾傳播需求。最初，這些需求幾乎包括所有需求（即包括娛樂在內），而公共廣電的正當性在於廣播媒體的「自然壟斷」（natural monopoly）特徵。這種理由不再有效，公共廣電的存在是基於一般的**公共利益**，因爲它可以滿足某些在商業系統中被忽視的傳播需求，因爲它們無利可圖。這些包括普及服務（universal service）、某些少數族群的特殊需求、某些種類的教育供給，以及透過提供一定程度的開放和多樣化近用機會、支持一般資訊目標與滿足選舉和政府過程中政治人物的特定需求，來爲民主政治服務。

公共領域（public sphere）

存在於社會中的一個概念性的「空間」，存在於直接的私人生活圈與追求自身（儘管有時是公共）目標的封閉機構和組織的藩籬之外。在這個空間中，存在公眾結社和辯論的可能性，形成民意和政治運動及政黨，從而得以向私人利益問責。媒體是公共領域的關鍵機構，其「品質」將取決於媒體的品質。極端情況下，媒體的某些結構性趨勢，包括集中化、商業化以及普遍缺乏透明度和問責性，對公共領域來說是有害的。

出版（publication，或譯刊播）

指將內容公諸於眾，因此跨越了私人和公眾表達之間的界線。出版通常意味著明確決定以正式的方式透過報紙、公開演講、海報等形式表達觀點，而私人表達僅限於特定的個人對話者或圈子。這一區別具有法律和實際意涵，特別是與保密、隱私、潛在傷害或冒犯有關。新媒體模糊了實際和有意識的公開與因爲可被他人近用而被視爲公開之間的分野。對於個人而言，出版也變得更加容易，如果他們

選擇這樣做的話。

接收分析（reception analysis）

傳統閱聽人研究（關注收視率數字和效果）的一種替代取徑，它從閱聽人而不是媒體發送者的角度出發，聚焦於媒體使用的直接影響，以及從接收者角度對媒體使用經驗的詮釋。進行接收分析需要採取民族誌和質性方法。

語藝（rhetoric，或譯為修辭）

一種具有說服意圖的公共言說藝術。

基模（schema）

指通常可供記者用於報導個別案例或事件的預設框架或腳本。基模有助於傳播和理解，因為它提供了一些更廣泛的脈絡和理解方式。然而，透過應用現有的意義框架，基模也引入了一些閉合性。閱聽人也有他們自己用來理解新聞資訊的基模。另見**框架**。

區隔化（segmentation）

為產製和傳送內容的目的而將潛在閱聽人按照相關社會人口或心理特徵（例如生活風格和品味）進行分類。它在所有媒體的廣告策劃和成本控制方面發揮著關鍵作用。雖然有時被視為與大眾傳播相悖的趨勢，但它可以被認為是一種更受控制和更有效的大眾傳播形式。另見**碎片化**。

符號學（semiology/semiotics）

或稱為「符號系統的科學」或「表意」。最初建立在費迪南·索緒爾（Ferdinand de Saussure）對一般語言學的研究基礎上，後來它發展成為一種系統性分析和解釋所有符號象徵文本的方法。符號系統在更大的文化和意識形態體系中組織，最終確定意義。符號學的一個關鍵要素是二元對立的觀念，即任何（有意義的）符號（不論何種形式）都具有一個概念元素（承載意義的主觀成分）和一個物理表現形式（文字、圖像等；客觀成分）。查爾斯·皮爾斯（Charles Peirce）進一步發展的符號學將符號、客體和心智（或理解）在文本中區分開來，引入了一個用於詮釋語言的額外的複雜層次。

肥皂劇（soap opera，或稱爲電視小說）

肥皂劇是一個廣義的術語，用來描述廣播和電視連續劇的一個非常廣泛的類型，其以長期和頻繁的連續形式呈現。這個類型起源於早期的拉丁美洲以及美國的商業廣播，後來也在澳洲的日間電視嶄露頭角，逐漸成爲全球現象。儘管有所變異，肥皂劇和電視小說通常具有以下一些典型特徵：現實主義的當代背景；角色和情節的連續性，與當下的議題相關聯；關注角色之間錯綜複雜的個人關係；強調觀眾的認同和「參與」；特別吸引家庭環境中的女性觀眾。

社交網站（social network sites）

通常被稱爲「社交媒體」，是指一系列的網站，旨在鼓勵和促使用戶建立人際網絡，並分享訊息和視聽材料，通常對更廣泛的公眾可見，有時也會發展成具有更廣泛功能的平台。其中一些非常受歡迎的社交媒體平台包括臉書、Instagram、Snapchat、微博、微信和領英（LinkedIn）。它們已成爲有價值的商業資產，尤其在相關廣告、跨媒介宣傳和從用戶獲取數據方面。請參閱**平台邏輯**。

社會責任（social responsibility）

指在新聞媒體的某些規範性理論加諸給新聞媒體的義務，而且也基於（民主）社會的需求。這涉及對社會及其成員的一種不成文的義務，這些義務隱含在出版自由中，並且涉及有關眞相和正義的一般道德原則。

社會化（socialization）

是指在社會化機構的影響下，兒童及青少年充分融入社會的整體過程。傳統上，社會化機構包括家庭、社區、學校和宗教，現在也包括大眾媒體。

媒體宣傳顧問（spin doctor，或譯爲政治化妝師）

指那些負責管理（或修飾）資訊或觀點的公共呈現的專業人員（尤其是代表政治人物，但也包括在公眾視野中營運的公司和品牌），以發揮最大優勢。他們的工作導致新聞操控，而且與**公共關係**和**宣傳**有關。

沉默螺旋（spiral of silence）

「沉默螺旋」是描述意見形成過程中某種「第三方效果」的一種概念：人們的想法（或他們的行爲）受到他們所理解的其他人的想法之影響。這個術語最早

由 Elizabeth Noelle-Neumann（1974）用來指稱那些認為自己持有少數或非主流觀點的人在公開場合中避免表達該觀點的趨勢，從而加速了所謂共識的主導地位（螺旋效果）。這一假設基於一種所謂「害怕孤立」（fear of isolation）的因素。該理論的主要觀點是將這種強大影響歸因於（德國的左翼）媒體，因為它們是人們認為當下主導意見的主要來源。這也與更為人熟知的「樂隊花車效果」（bandwagon effect）相關，即明顯勝出的領先者僅僅基於這一點就獲得更多人的支持。

刻板印象（stereotyping）

刻板印象化是在虛構或事實性的大眾傳播中使用社會群體、情境、事件、國家等的既有形象的過程。刻板印象是一種早期的圖形複製形式。從早期的傳播研究以來，刻板印象的概念被應用於描述帶有偏見的媒體內容或表達偏見的觀點和態度。在大眾媒體的產製過程中，幾乎不可避免地存在刻板印象的元素，這是為了簡化和提高效率，有的則是出於惡意或無知。這個概念與**框架**和**基模**的概念相關。

刺激─反應（stimulus–response）

一種心理過程，實驗對象透過該過程學習執行某些行動以回應相關聯的訊息刺激。它是各式各樣的學習理論的基礎，這些理論被應用於早期的傳播和媒體效果研究。事實證明它並無法對現實狀況提供很好的指引。

監控（surveillance）

該術語在媒體研究中具有三個含義。首先，它是指新聞媒體為閱聽人提供對世界事件的看法的「功能」。其次，它是指新的線上媒體內建的能力，允許第三方（透過服務提供商、平台公司和某些權力當局）近用所有的傳播交易數據。使用這些媒體不再有隱私保障。第三，它指的是監控研究和監控理論的廣泛領域，通常受到米歇爾・傅柯（Michel Foucault）的工作的啟發。

小報化（tabloidization）

一個術語，來自於黃色腥主義（即八卦新聞和造謠散播醜聞）報紙的常見小報格式，用來指稱許多國家的嚴肅報紙被指稱的「低俗化」或「市場降級」的過程。主要原因是商業化和爭奪讀者的激烈競爭。這一過程也影響了電視新聞和「真實

性」的格式，尤其是在美國，並引起了人們對新聞標準下降、公眾無知的增加以及虛構與現實之間混淆風險的擔憂（例如「資訊娛樂」）。

品味文化（taste culture）

基於某些共同品味的相對有組織和半自主的文化偏好集合，儘管與實際社會組織無關。在這一點上，這個概念不同於早期的探討品味類型的取徑，後者主要是根據社會背景、階級或環境來解釋的。與**生活風格**有關。

第三方效果（third-party effects，或譯第三人效果）

許多人認為他人會受到影響，但認為自己沒有受到影響。另見**沉默螺旋**。

多倫多學派（Toronto School）

描述了主要源自於馬歇爾‧麥克魯漢（Marshall McLuhan）的理論的一系列著作，而這些著作也源自於多倫多大學早期學者經濟史家哈羅德‧殷尼斯（Harold Innis）。其核心是一種傳播科技決定論，它將獨特的社會和文化影響歸因於主要的傳播形式和媒介，與實際內容無關。

跨媒介（transmedia）

是一個產業術語，意指將故事的各個元素（例如書籍、遊戲、電影、音樂專輯或廣告活動）開發並應用於多個媒體平台，以構成更大的故事世界。每種媒體平台都為故事的展開做出了獨特貢獻，而且閱聽人通常以各種方式參與互動或共創。跨媒介也成為學術概念，用於研究多重或混合的媒體使用。

使用和滿足研究（uses and gratifications approach）

個人主義功能理論和研究的一個版本，旨在根據閱聽人的動機和自我感知需求來解釋媒體的使用以及從中獲得的滿足感。這也是「主動閱聽人」理論的一個版本，並已應用於媒體效果研究，因為任何效果都必須與閱聽人的需求相符。

虛擬社群（virtual community）

參與者在網際網路交流和討論中形成的群體或密切的個人關係。虛擬社群被認為具有真實社群的許多特徵，包括身分認同、凝聚力、共享的規範和觀點，即使沒有任何實際接觸或私下真的認識其他成員。另見**社區（社群或共同體）**。

參考文獻

Aday, S., Slivington, M. and Herbert, M. (2005) 'Embedding the truth: a cross-cultural analysis of objectivity and TV coverage of the Iraq war', *Harvard International Journal of Press/Politics*, 10(1): 3–21.

Adorno, T. and Horkheimer, M. (1972) 'The culture industry: enlightenment as mass deception', in *The Dialectic of Enlightenment*. New York: Herder and Herder.

Alasuutari, P. (1992) '"I'm ashamed to admit it but I have watched *Dallas*": the moral hierarchy of television programmes', *Media, Culture & Society*, 14(1): 561–582.

Alasuutari, P. (ed.) (1999) *Rethinking the Media Audience*. London: Sage.

Albino, V., Berardi, U. and Dangelico, R.M. (2015) 'Smart cities: definitions, dimensions, performance, and initiatives', *Journal of Urban Technology*, 22(1): 3–21.

Alfter, B. (2019) *Cross-border Collaborative Journalism: A Step-by-Step Guide*. Abingdon: Routledge.

Allen, R.C. (1989) '"Soap opera", audiences and the limits of genre', in F. Seiter et al. (eds), *Remote Control*, pp. 4–55. Abingdon: Routledge.

Allor, M. (1988) 'Relocating the site of the audience', *Critical Studies in Mass Communication*, 5(3): 217–233.

Altheide, D.L. (1974) *Creating Reality*. Beverly Hills, CA: Sage.

Altheide, D.L. (1985) *Media Power*. Beverly Hills, CA: Sage.

Altheide, D.L. and Snow, R.P. (1979) *Media Logic*. Beverly Hills, CA: Sage.

Altheide, D.L. and Snow, R.P. (1991) *Media Worlds in the Postjournalism Era*. New York: Aldine de Gruyter.

Althusser, L. (1971) 'Ideology and ideological state apparatuses', in *Lenin and Philosophy and Other Essays*. London: New Left.

Altman, R. (1984) 'A semantic/syntactic approach to film genre', *Cinema Journal*, 23(3): 6–18.

Altman, R. (1996) *Film/Genre*. London: British Film Institute.

Altschull, J.H. (1984) *Agents of Power: The Role of the News Media in Human Affairs*. New York: Longman.

American Psychiatric Association (2013) *Diagnostic and Statistical Manual of Mental Disorders*, 5th edition (DSM-V). Washington, DC: APA.

Anden-Papadopolous, K. (2008) 'The Abu-Ghraib torture photographs: news frames, visual culture and the power of images', *Journalism*, 9(1): 5–30.

Anderson, C.A. et al. (2017) 'Media violence and other aggression risk factors in seven nations', *Personality and Social Psychology Bulletin*, 43(7): 986–998.

Anderson, C.W. (2011) 'Blowing up the newsroom: ethnography in an age of distributed journalism', in D. Domingo and C. Paterson (eds), *Making Online News*. New York: Peter Lang.

Anderson, J., Collins, P.A., Schmitt, R.S. and Jacobowitz, R.S. (1996) 'Stressful life events and television viewing', *Communication Research*, 23(2): 243–260.

Andersson, M. and Jansson, A. (1998) 'Media use and the progressive cultural lifestyle', *Nordicom Review*, 19(2): 63–77.

Andrejevic, M. (2002) 'The work of being watched: interactive media and the exploitation of self-disclosure', *Critical Studies in Media Communication*, 19(2): 230–248.

Andrejevic, M. (2011) 'The work that affective economics does', *Cultural Studies*, 25(4–5): 604–620.

Andrew, D. (1984) *Concepts in Film Theory*. New York: Oxford University Press.

Ang, I. (1985) *Watching 'Dallas': Soap Opera and the Melodramatic Imagination*. London: Methuen.

Ang, I. (1991) *Desperately Seeking the Audience*. Abingdon: Routledge.

Ang, I. (1998) 'The performance of the sponge: mass communication theory enters the postmodern world', in K. Brants, J. Hermes and L. van Zoonen (eds), *The Media in Question*, pp. 77–88. London: Sage.

Aouragh, M. and Chakravartty, P. (2016) 'Infrastructures of empire: towards a critical geopolitics of media and information studies', *Media, Culture & Society*, 38(4): 559–575.

Archetti, C. (2008) 'News coverage of 9/11 and the demise of the media flows, globalization and localization hypothesis', *International Communication Gazette*, 70(6): 463–485.

Archetti, C. (2017a) 'Image, self-presentation and political communication in the age of interconnection: an alternative understanding of the mediatization of politics', *Northern Lights*, 15: 89–109.

Archetti, C. (2017b) 'Journalism, Practice and … Poetry', *Journalism Studies*, 18(9): 1106–1127.

Archetti, C. (2019) 'Mapping transnational journalism in the age of flows: or how I ditched "foreign correspondence" and the "immigrant press" and started to love *histoire croisée*', *Journalism Studies*, 20(15): 2150–2166.

Armbrust, W. (2012) 'A history of new media in the Arab Middle East', *Journal for Cultural Research*, 16(2–3): 155–174.

Aronowitz, A. and DiFazio, W. (1995) *The Jobless Future*. Minneapolis, MN: University of Minnesota Press.

Arora, P. (2019) *The Next Billion Users*. Cambridge, MA: Harvard University Press.

Arsenault, A.H. and Castells, M. (2008) 'The structure and dynamics of global multi-media business networks', *International Journal of Communication*, 1(2): 707–748.

Asp, K. (1990) 'Medialization, media logic and mediarchy', *Nordicom Review*, 11(2): 47–50.

Aufderheide, P. (1999) *Communications Policy and the Public Interest: The Telecommunications Act of 1996*. New York: Guilford Press.

Austin, P.J. (1992) 'Television that talks back: an experimental validation of a PSI scale', *Journal of Broadcasting and Electronic Media*, 36(1): 173–181.

Babrow, A.S. (1988) 'Theory and method in research on audience motives', *Journal of Broadcasting and Electronic Media*, 32(4): 471–487.

Baden, C. and Tenenboim-Weinblatt, K. (2018) 'The search for common ground in conflict news research: comparing the coverage of six current conflicts in domestic and international media over time', *Media, War & Conflict*, 11(1): 22–45.

Bagdikian, B. (1988) *The Media Monopoly*. Boston, MA: Beacon.

Bailyn, L. (1959) 'Mass media and children: a study of exposure habits and cognitive effects', *Psychological Monographs*, 73: 1–48.

Baker, C.E. (2007) *Media Concentraion and Democracy*. Cambridge: Cambridge University Press.

Bakker, P. (2002) 'Free daily newspapers – business models and strategies', *International Journal on Media Management*, 4(3): 180–187.

Ball-Rokeach, S.J. (1985) 'The origins of individual media-system dependency', *Communication Research*, 12(4): 485–510.

Ball-Rokeach, S.J. (1998) 'A theory of media power and a theory of media use: different stories, questions and ways of thinking', *Mass Communication and Society*, 1(2): 1–40.

Ball-Rokeach, S.J. (2001) 'The politics of studying media violence: reflections 30 years after the Violence Commission', *Mass Communication and Society*, 4(1): 3–18.

Ball-Rokeach, S.J. and DeFleur, M.L. (1976) 'A dependency model of mass media effects', *Communication Research*, 3: 3–21.

Baltruschat, D. (2010) *Global Media Ecologies: Networked Production in Film and Television*. Abingdon: Routledge.

Bandura A. (2009) 'Social cognitive theory of mass communication', in J. Bryant and M.B. Oliver (eds), *Media Effects: Advances in Theory and Research*, 3rd edition, pp. 94–124. New York: Routledge.

Banks, M., Lovatt, A., O'Connor, J. and Raffo, C. (2000) 'Risk and trust in the cultural industries', *Geoforum*, 31(4): 453–464.

Banks, M., Taylor, S. and Gill, R. (eds) (2013) *Theorizing Cultural Work*. Abingdon: Routledge.

Bantz, C.R. (1985) 'News organizations: conflict as crafted cultural norm', *Communication*, 8: 225–244.

Bantz, C.R., McCorkle, S. and Baade, R.C. (1980) 'The news factory', *Communication Research*, 7(1): 45–68.

Bar, F. and Sandvig, C. (2008) 'US communication policy after convergence', *Media, Culture & Society*, 30(4): 531–550.

Bar, F. with Simard, C. (2006) 'From hierarchies to network firms', in L. Lievrouw and S. Livingstone (eds), *Handbook of New Media: Social Shaping and Consequences of ICTs*, pp. 350–363. London: Sage.

Bardoel, J. and d'Haenens, L. (2008) 'Reinventing public service broadcasting: promise and problems', *Media, Culture & Society*, 30(3): 295–317.

Barker, M. (2003) 'Assessing the "quality" in qualitative research', *European Journal of Communication*, 18(3): 315–335.

Barthes, R. (1967) *Elements of Semiology*. London: Cape.

Barthes, R. (1972) *Mythologies*. London: Cape.

Barthes, R. (1977) *Image, Music, Text: Essays*, selected and translated by Stephen Heath. London: Fontana.

Barwise, T.P. and Ehrenberg, A.S.C. (1988) *Television and its Audience*. Newbury Park, CA: Sage.

Barzilai-Nahon, K. (2008) 'Toward a theory of network gatekeeping: a framework for exploring information control', *Journal of the American Society for Information Science and Technology*, 59: 1493–1512.

Bauer, R.A. (1958) 'The communicator and the audience', *Journal of Conflict Resolution*, 2(1): 67–77. Also in L.A. Dexter and D.M. White (eds), *People, Society and Mass Communication*, pp. 125–139. New York: Free Press.

Bauer, R.A. (1964) 'The obstinate audience', *American Psychologist*, 19: 319–328.

Bauer, R.A. and Bauer, A. (1960) 'America, mass society and mass media', *Journal of Social Issues*, 10(3): 366.

Bauerlein, M. (2008) *The Dumbest Generation*. New York: TarcherPerigee/Penguin.

Bauman, Z. (1972) 'A note on mass culture: on infrastructure', in D. McQuail (ed.), *Sociology of Mass Communication*, pp. 61–74. Harmondsworth: Penguin.

Bauman, Z. (2000) *Liquid Modernity*. Cambridge: Polity Press.

Bauman, Z. (2005) *Liquid Life*. Cambridge: Polity Press.

Bausinger, H. (1984) 'Media, technology and daily life', *Media, Culture & Society*, 6: 343–351.

Baym, N. (2015) *Personal Connections in the Digital Age*, 2nd edition. Cambridge: Polity Press.

Baym, N. (2018) *Playing to the Crowd: Musicians, Audiences, and the Intimate Work of Connection*. New York: New York University Press.

Baym, N., Campbell, S.W., Horst, H., Kalyanaraman, S., Oliver, M.B., Rothenbuhler, E., Weber, R. and Miller, K. (2012) 'Communication theory and research in the age of new media: a conversation from the CM Café', *Communication Monographs*, 79(2): 256–267.

Bean, A.M., Nielsen, R.K.L., van Rooij, A.J. and Ferguson, C.J. (2017) 'Video game addiction: the push to pathologize video games', *Professional Psychology: Research and Practice*, 48(5): 378–389.

Becker, L. (1982) 'The mass media and citizen assessment of issue importance', in D.C. Whitney et al. (eds), *Mass Communication Review Yearbook*, vol. 3, pp. 521–536. Beverly Hills, CA: Sage.

Beckett, C. and Deuze, M. (2016) 'On the role of emotion in the future of journalism', *Social Media + Society*, 2(3). Available at: http://journals.sagepub.com/doi/full/10.1177/2056305116662395.

Beckett, C. and Mansell, R. (2008) 'Crossing boundaries: new media and networked journalism', *Communication, Culture & Critique*, 1: 92–104.

Behr, R.L. and Iyengar, S. (1985) 'TV news, real world cues and changes in the public agenda', *Public Opinion Quarterly*, 49(1): 38–57.

Bell, A. (1991) *The Language of News Media*. Oxford: Blackwell.

Bell, D. (1973) *The Coming of Post-Industrial Society*. New York: Basic Books.

Beltrão, L. (1971) *Comunicação e folclore*. São Paulo: Melhoramentos.

Beniger, J.R. (1986) *The Control Revolution*. Cambridge, MA: Harvard University Press.

Benjamin, W. (1977) 'The work of art in an age of mechanical reproduction', in J. Curran et al. (eds), *Mass Communication and Society*, pp. 384–408. London: Edward Arnold.

Bennett, W.L. (1990) 'Towards a theory of press–state relations in the US', *Journal of Communication*, 40(2): 103–125.

Bennett, W.L. (2003) 'The burglar alarm that just keeps ringing: a response to Zaller', *Political Communication*, 20(2): 131–138.

Bennett, W.L. and Entman, R.M. (eds) (2001) *Mediated Politics*. Cambridge: Cambridge University Press.

Bennett, W.L. and Iyengar, S. (2008) 'A new era of minimal effects? Changing foundations of political communication', *Journal of Communication*, 58(4): 707–731.

Bennett, W.L., Lawrence, R.G. and Livingstone, S. (2007) *When the Press Fails*. Chicago, IL: University of Chicago Press.

Benson, R. (2019) 'How media ownership matters in the US: beyond the concentration debate', *Société Contemporaine*, 113: 71–83.

Benson, R. and Neveu, E. (2005) *Bourdieu and the Journalistic Field*. Cambridge: Polity Press.

Bentivegna, S. (2002) 'Politics and the new media', in L.A. Lievrouw and S. Livingstone (eds), *The Handbook of New Media*, pp. 50–61. London: Sage.

Berelson, B. (1948) 'Communication and public opinion', in W. Schramm (ed.), *Communications in Modern Society*. Urbana, IL: University of Illinois Press.

Berelson, B. (1949) 'What missing the newspaper means', in P.F. Lazarsfeld and F.M. Stanton (eds), *Communication Research 1948–9*, pp. 111–129. New York: Duell, Sloan and Pearce.

Berelson, B. (1952) *Content Analysis in Communication Research*. Glencoe, IL: Free Press.

Berelson, B. (1959) 'The state of communication research', *Public Opinion Quarterly*, 23(1): 16.

Berger, A.A. (1992) *Popular Genres*. Newbury Park, CA: Sage.

Berger, C.R. and Chaffee, S.H. (1987) 'The study of communication as a science', in C.R. Berger and S.H. Chaffee (eds), *Handbook of Communication Science*, pp. 15–19. Beverly Hills, CA: Sage.

Berger, P. and Luckmann, T. (1967) *The Social Construction of Reality*. Garden City, NJ: Anchor.

Berkowitz, L. (1984) 'Some effects of thoughts on anti- and prosocial influence of media events: a cognitive neoassociationistic analysis', *Psychological Bulletin*, 95(3): 410–427.

Bermejo, F. (2009) 'Audience manufacture in historical perspective: from broadcasting to Google', *New Media and Society*, 11(1/2): 133–154.

Bertrand, C.-J. (2003) *An Arsenal for Democracy: Media Accountancy Systems*. Creskill, NJ: Hampton Press.

Biltereyst, D. (1992) 'Language and culture as ultimate barriers?', *European Journal of Communication*, 7(4): 517–540.

Biltereyst, D. (1995) 'Qualitative audience research and transnational media effects: a new paradigm?', *European Journal of Communication*, 10(2): 245–270.

Bilton, C. (2007) *Management and Creativity: From Creative Industries to Creative Management*. Malden, MA: Blackwell.

Bilton, C. (2017) *The Disappearing Product: Marketing and Markets in the Creative Industries*. Cheltenham: Edward Elgar.

Binkley, S. (2000) 'Kitsch as a repetitive system: a problem for the theory of taste hierarchy', *Journal of Material Culture*, 5(2): 131–152.

Biocca, F.A. (1988a) 'The breakdown of the canonical audience', in J. Anderson (ed.), *Communication Yearbook 11*, pp. 127–132. Newbury Park, CA: Sage.

Biocca, F.A. (1988b) 'Opposing conceptions of the audience', in J. Anderson (ed.), *Communication Yearbook 11*, pp. 51–80. Newbury Park, CA: Sage.

Bird, S.E. (1998) 'An audience perspective on the tabloidisation of news', *The Public*, 5(3): 33–50.

Bird, S.E. and Dardenne, R.W. (2009) 'Rethinking news and myth as storytelling', in K. Wahl-Jorgensen and T. Hanitzsch (eds), *The Handbook of Journalism Studies*, pp. 205–217. Abingdon: Routledge.

Blair, H. (2003) 'Winning and losing in flexible labour markets: the formation and operation of networks of interdependence in the UK film industry', *Sociology*, 37(4): 677–694.

Blumer, H. (1933) *Movies and Conduct*. New York: Macmillan.

Blumer, H. (1939) 'The mass, the public and public opinion', in A.M. Lee (ed.), *New Outlines of the Principles of Sociology*. New York: Barnes and Noble.

Blumer, H. (1969) *Symbolic Interactionism*. New York: Prentice-Hall.

Blumer, H. and Hauser, P.M. (1933) *Movies, Delinquency and Crime*. New York: Macmillan.

Blumler, J.G. (1985) 'The social character of media gratifications', in K.E. Rosengren et al. (eds), *Media Gratification Research: Current Perspectives*, pp. 41–59. Beverly Hills, CA: Sage.

Blumler, J.G. and Gurevitch, M. (1995) *The Crisis of Public Communication*. Abingdon: Routledge.

Blumler, J.G. and Katz, E. (eds) (1974) *The Uses of Mass Communications*. Beverly Hills, CA: Sage.

Blumler, J.G. and McQuail, D. (1968) *Television in Politics: Its Uses and Influence*. London: Faber.

Blythe, M., Wright, P., McCarthy, J. and Bertelsen, O.W. (2006) 'Theory and method for experience centered design', in *CHI '06 Extended Abstracts on Human Factors in Computing Systems*, pp. 1691–1694. New York: ACM.

Boczkowski, P. and Mitchelstein, E. (2013) *The News Gap: When the Information Preferences of the Media and the Public Diverge*. Boston, MA: MIT Press.

Bogart, L. (1995) *Commercial Culture*. New York: Oxford University Press.

Bogart, L. (2004) 'Reflections on content quality in newspapers', *Newspaper Research Journal*, 25(1): 40–53.

Bolls, P.D., Weber, R., Lang, A. and Potter, R.F. (2019) 'Media psychophysiology and neuroscience: bringing brain science into media processes and effects research', in M.B. Oliver, A.A. Raney and J. Bryant (eds), *Media Effects: Advances in Theory and Research*, 4th edition. New York: Routledge.

Bolter, J.D. and Grusin, R. (1999) *Remediation: Understanding New Media*. Cambridge, MA: MIT Press.

Boomgaarden, H.G. and Song, H. (2019) 'Media use and its effects in cross-national perspective', *Kölner Zeitschrift für Soziologie und Sozialpsychologie*, 71(1): 545–571.

Boorstin, D. (1961) *The Image: A Guide to Pseudo-Events in America*. New York: Atheneum.

Bordewijk, J.L. and van Kaam, B. (1986) 'Towards a new classification of tele-information services', *Intermedia*, 14(1): 1621. Originally published in *Allocutie*. Baarn: Bosch and Keuning, 1982.

Borger, M., van Hoof, A., Costera Meijer, I. and Sanders, J. (2013) 'Constructing participatory journalism as a scholarly object', *Digital Journalism*, 1(1): 117–134.

Borgesius, F.Z., Trilling, D., Möller, J., Bodó, B., De Vreese, C.H. and Helberger, N. (2016) 'Should we worry about filter bubbles?', *Internet Policy Review*, 5(1): 1–16.

Boulianne, S. (2009) 'Does Internet use affect engagement? A meta-analysis of research', *Political Communication*, 26(2): 193–211.

Boulianne, S. (2019) 'US dominance of research on political communication: a meta-view', *Political Communication*, DOI: 10.1080/10584609.2019.1670899.

Bourdieu, P. (1986) *Distinction: A Social Critique of the Judgement of Taste*. Abingdon: Routledge.

boyd, d. (2010) 'Public by default, private when necessary', *Apophenia*, 25 January. Retrieved from: www.zephoria.org/thoughts/archives/2010/01/25/public_by_defau.html (18 November 2019).

Boyd-Barrett, O. (1980) *The International News Agencies*. London: Constable.

Boyd-Barrett, O. (2001) 'National and international news agencies', *International Communication Gazette*, 62(1): 5–18.

Boyd-Barrett, O. and Rantanen, T. (eds) (1998) *The Globalization of News*. London: Sage.

Boynton, G.R. and Richardson, G.W. (2016) 'Agenda setting in the 21st century', *New Media and Society*, 18(9): 1916–1934.

Bradley, S.D. (2007) 'Dynamic, embodied, limited-capacity attention and memory: modeling cognitive processing of mediated stimuli', *Media Psychology*, 9(1): 211–239.

Braman, S. (2004) 'Technology', in J.D.H. Downing, D. McQuail, P. Schlesinger and E. Wartella (eds), *The SAGE Handbook of Media Studies*, pp. 123–144. Thousand Oaks, CA: Sage.

Braman, S. and Roberts, S. (2003) 'Advantage ISP: terms of service as media law', *New Media and Society*, 5(4): 522–548.

Bramson, L. (1961) *The Political Context of Sociology*. Princeton, NJ: Princeton University Press.

Brannen, J. (2005) 'Mixing methods: the entry of qualitative and quantitative approaches into the research process', *International Journal of Social Research Methodology*, 8(3): 173–184.

Brants, K. (1998) 'Who's afraid of infotainment?', *European Journal of Communication*, 13(3): 315–336.

Brants, K. and Voltmer, I. (eds) (2011) *Political Communication in Postmodern Democracy: Challenging the Primacy of Politics*. New York and Basingstoke: Palgrave Macmillan.

Brave, S., Nass, C. and Hutchinson, K. (2005) 'Computers that care: investigating the effects of orientation of emotion exhibited by an embodied computer agent', *International Journal of Human-Computer Studies*, 62(2): 161–178.

Breed, W. (1955) 'Social control in the newsroom: a functional analysis', *Social Forces*, 33: 326–355.

Briggs, A. and Burke, P. (2010) *A Social History of the Media: From Gutenberg to the Internet*, 3rd edition. Oxford: Polity Press.

Bro, P. and Wallberg, F. (2015) 'Gatekeeping in a digital era', *Journalism Practice*, 9(1): 92–105.

Brodie, R.J., Hollebeek, L.D., Jurić, B. and Ilić, A. (2011) 'Customer engagement: conceptual domain, fundamental propositions, and implications for research', *Journal of Service Research*, 14(3): 252–271.

Brown, J.R. (ed.) (1976) *Children and Television*. London: Collier-Macmillan.

Bruns, A. (2008) *Blogs, Wikipedia, Second Life and Beyond*. New York: Peter Lang.

Bruns, A. (2019) *Are Filter Bubbles Real?* Cambridge: Polity Press.

Bryant, J. and Zillmann, D. (eds) (1986) *Perspectives on Media Effects*. Hillsdale, NJ: Erlbaum.

Buckingham, D. (2002) 'The electronic generation? Children and new media', in L. Lievrouw and S. Livingstone (eds), *The Handbook of New Media*, pp. 77–89. London: Sage.

Buckingham, D. (2009) '"Creative" visual methods in media research: possibilities, problems and proposals', *Media, Culture & Society*, 31(4): 633–652.

Bucy, E.P. and Grabe, M.E. (2007) 'Taking television seriously: a sound and image bite analysis of presidential campaign coverage, 1992–2004', *Journal of Communication*, 57: 652–675.

Bucy, E.P. and Gregson, K. (2001) 'Media participation: a legitimizing mechanism of mass democracy', *New Media and Society*, 3(3): 357–380.

Bucy, E.P. and Newhagen, J.E. (1999) 'The micro- and macrodrama of politics on television: effects of media format on candidate evaluations', *Journal of Broadcasting & Electronic Media*, 43(2): 193–210.

Burgess, J. and Green, J. (2018) *YouTube: Online Video and Participatory Culture*, 2nd edition. Cambridge: Polity Press.

Burnett, R. (1996) *The Global Jukebox*. Abingdon: Routledge.

Burns, T. (1969) 'Public service and private world', in P. Halmos (ed.), *The Sociology of Mass Media Communicators*, pp. 53–73. Keele: University of Keele.

Burns, T. (1977) *The BBC: Public Institution and Private World*. London: Macmillan.

Bushman, B.J. and Anderson, C.A. (2009) 'Comfortably numb: desensitizing effects of violent media on helping others', *Psychological Science*, 20(3): 273–277.

Cacciatore, M.A., Scheufele, D.A. and Iyengar, S. (2016) 'The end of framing as we know it … and the future of media effects', *Mass Communication and Society*, 19(1): 7–23.

Calhoun, C. (2011) 'Communication as social science (and more)', *International Journal of Communication*, 5: 1479–1496.

Cammaerts, B. and Mansell, R. (2020) 'Digital platform policy and regulation: Toward a radical democratic turn'. *International Journal of Communication*, 12: 135–154.

Canclini, N.G. (1995[1989]) *Hybrid Cultures*. Minneapolis, MN: University of Minnesota Press.

Cantor, M. (1971) *The Hollywood Television Producers*. New York: Basic Books.

Cantor, M. (1994) 'The role of the audience in the production of culture', in J.S. Ettema and D.C. Whitney (eds), *Audiencemaking: How the Media Create the Audience,* pp. 159–170. Thousand Oaks, CA: Sage.

Cappella, J.N. (2002) 'Cynicism and social trust in the new media environment', *Journal of Communication*, 52(1): 229–241.

Cappella, J.N. and Jamieson, K.H. (1997) *The Spiral of Cynicism: The Press and the Public Good*. New York: Oxford University Press.

Cardoso, G. (2008) 'From mass to networked communication: communicational models and the informational society', *International Journal of Communication*, 2: 587–630. Retrieved from: https://ijoc.org/index.php/ijoc/article/view/19

Carey, J.W. (1969) 'The communication revolution and the professional communicator', in P. Halmos (ed.), *The Sociology of Mass Media Communicators*, pp. 23–38. Keele: University of Keele.

Carey, J.W. (1975) 'A cultural approach to communication', *Communication*, 2: 1–22.

Carey, J.W. (1988) *Communication as Culture*. Boston, MA: Unwin Hyman.

Carey, J.W. (1998) 'Marshall McLuhan: genealogy and legacy', *Canadian Journal of Communication*, 23: 293–306.

Carey, J.W. (2003) 'New media and TV viewing behaviour', *NHK Broadcasting Studies*, 2: 45–63.

Carey, J.W. (2009) *Communication as Culture*, revised edition. New York: Routledge.

Carlson, M. (2015) 'The robotic reporter', *Digital Journalism*, 3(3): 416–431.

Carlsson, U. (2003) 'The rise and fall of NWICO', *Nordicom Review*, 24(2): 31–67.

Carlsson, U. and von Feilitzen, C. (eds) (1998) *Children, Media and Violence*. Paris: UNESCO.

Carney, N. (2016) 'All lives matter, but so does race: Black Lives Matter and the evolving role of social media', *Humanity & Society*, 40(2): 180–199.

Carpentier, N. (2016) 'Beyond the ladder of participation: an analytical toolkit for the critical analysis of participatory media processes', *Javnost – The Public*, 23(1): 70–88.

Carragee, K. and Roefs, W. (2004) 'The neglect of power in recent framing research', *Journal of Communication*, 54(2): 214–233.

Casemajor, N. (2015) 'Digital materialisms: frameworks for digital media studies', *Westminster Papers in Communication and Culture*, 10(1): 4–17.

Castello, E. (2007) 'The production of television fiction and nation-building', *European Journal of Communication*, 22(1): 49–64.

Castells, M. (1996) *The Information Age. Economy, Society, and Culture, Vol. I: The Rise of the Network Society*. Oxford: Blackwell.

Castells, M. (2001) *The Internet Galaxy*. Oxford: Oxford University Press.

Castells, M. (2007) 'Communication power and counter power in the network society', *International Journal of Communication*, 1: 238–266.

Castells, M. (2009) *Communication Power*. Oxford: Oxford University Press.

Castells, M. (2012) *Networks of Outrage and Hope: Social Movements in the Internet Age*. Cambridge: Polity Press.

Castronova, E. (2005) *Synthetic Worlds: The Business and Culture of Online Games*. Chicago, IL: University of Chicago Press.

Cavalcante, A., Press, A. and Sender, K. (2017) 'Feminist reception studies in a post-audience age: returning to audiences and everyday life', *Feminist Media Studies*, 17(1): 1–13.

Caves, R. (2000) *Creative Industries: Contracts between Art and Commerce*. Boston, MA: Harvard University Press.

Cefai, S. (2018) 'Introduction: mediating affect', *Cultural Studies*, 32(1): 1–17.

Chadha, K. and Kavoori, A. (2005) 'Globalization and national media systems: mapping interactions in policies, markets and formats', in J. Curran and M. Gurevitch (eds), *Mass Media and Society*, 4th edition, pp. 84–103. London: Hodder Arnold.

Chadwick, A. (2017) *The Hybrid Media System*, 2nd edition. Oxford: Oxford University Press.

Chaffee, S.H. (1975) 'The diffusion of political information', in S.H. Chaffee (ed.), *Political Communication*, pp. 85–128. Beverly Hills, CA: Sage.

Chaffee, S.H. (1981) 'Mass media effects: new research perspectives', in C.G. Wilhoit and H. de Back (eds), *Mass Communication Review Yearbook*, vol. 2, pp. 77–108. Beverly Hills, CA: Sage.

Chaffee, S.H. and Hochheimer, J.L. (1982) 'The beginnings of political communication research in the US: origins of the limited effects model', in E.M. Rogers and F. Balle (eds), *The Media Revolution in America and Europe*, pp. 263–283. Norwood, NJ: Ablex.

Chaffee, S.H. and Metzger, M.J. (2001) 'The End of Mass Communication?', *Mass Communication and Society*, 4(4): 365–379.

Chaffee, S.H. and Roser, C. (1986) 'Involvement and the consistency of knowledge, attitudes and behavior', *Communication Research*, 3: 373–399.

Chakravartty, P., Kuo, R., Grubbs, V. and McIlwain, C. (2018) '#CommunicationSoWhite', *Journal of Communication*, 68(2): 254–266.

Chalaby, J. (2001) 'New media, new freedoms, new threats', *International Communication Gazette*, 62(1): 19–29.

Chalaby, J. (2003) 'Television for a new global order', *International Communication Gazette*, 65(6): 457–472.

Champion, K. (2015) 'Measuring content diversity in a multi-platform context', *The Political Economy of Communication*, 3(1): 39–56.

Chan-Olmsted, S. and Chang, B.-H. (2003) 'Diversification strategy of global media conglomerates: examining its patterns and determinants', *Journal of Media Economics*, 16(4): 213–233.

Chan-Olmsted, S. and Wang, R. (2019) 'Shifts in consumer engagement and media business models', in M. Deuze and M. Prenger (eds), *Making Media: Production, Practices and Professions*, pp. 133–146. Amsterdam: Amsterdam University Press.

Chandler, D. (1997) *An Introduction to Genre Theory* [WWW document]. Retrieved from: www.aber.ac.uk/media/Documents/intgenre/chandler_genre_theory.pdf

Chang, T.-K., Himelboim, I. and Dong, D. (2009) 'Open global networks, closed international flows', *International Communication Gazette*, 71(3): 137–159.

Chong, D. and James N. Druckman (2007) 'Framing theory', *Annual Review of Political Science*, 10(1): 103–126.

Christopherson, S. and van Jaarsveld, D. (2005) 'New media after the Dot.com bust: the persistent influence of political institutions on work in cultural industries', *International Journal of Cultural Policy*, 11(1): 77–93.

Clark, T.N. (ed.) (1969) *On Communication and Social Influence: Collected Essays of Gabriel Tarde*. Chicago, IL: University of Chicago Press.

Clausse, R. (1968) 'The mass public at grips with mass communication', *International Social Science Journal*, 20(4): 625–643.

Clough, P. (2008) 'The affective turn: political economy, biomedia and bodies', *Theory, Culture & Society*, 25(1): 1–22.

Coe, N., Hess, M., Henry, Y.W., Dicken, P. and Henderson, J. (2004) '"Globalizing" regional development: a global production networks perspective', *Transactions of the Institute of British Geographers*, 29(4): 468–484.

Cohen, B. (1963) *The Press and Foreign Policy*. Princeton, NJ: Princeton University Press.

Coleman, S. (1999) 'The new media and democratic politics', *New Media and Society*, 1(1): 67–74.

Coleman, S. (ed.) (2000) *Televised Election Debates: International Perspectives*. New York: St Martin's Press.

Collins, P.H. (2000) 'Gender, black feminism, and black political economy', *The Annals of the American Academy of Political and Social Science*, 568(1): 41–53.

Collins, R. (2006) 'Internet governance in the UK', *Media, Culture & Society*, 28(3): 337–358.

Collins, R. (2008) 'Hierarchy or homeostasis? Hierarchy, markets and networks in UK media and communications governance', *Media, Culture & Society*, 30(3): 295–317.

Comstock, G. (ed.) (1988) *Public Communication and Behavior*. New York: Academic Press.

Connell, I. (1998) 'Mistaken identities: tabloid and broadsheet news discourses', *The Public*, 5(3): 11–31.

Conway, J.C. and Rubin, A.M. (1991) 'Psychological predictors of television viewing motivation', *Communication Research*, 18(4): 443–463.

Corner, J. (2018) '"Mediatization": media theory's word of the decade', *Media Theory*, 2(2): 79–90.

Costera Meijer, I. (2001) 'The public quality of popular journalism: developing a normative framework', *Journalism Studies*, 2(2): 189–205.

Costera Meijer, I. and Groot Kormelink, T. (2014) 'Checking, sharing, clicking and linking', *Digital Journalism*, 3(5): 664–679.

Cottle, S. (ed.) (2003) *Media Organization and Production*. London: Sage.

Cottle, S. (2007) 'Ethnography and news production: new(s) developments in the field', *Sociology Compass*, 1: 1–16.

Couldry, N. (2004) 'Theorising media as practice', *Social Semiotics*, 14(2): 115–132.

Couldry, N. (2012) *Media, Society, World: Social Theory and Digital Media Practice*. Cambridge: Polity Press.

Couldry, N. (2016) 'Life with the media manifold: between freedom and subjection', in L. Kramp et al. (eds), *Politics, Civil Society and Participation: Media and Communications in a Transforming Environment*, pp. 25–39. Bremen: Edition Lumière.

Couldry, N. and Hepp, A. (2016) *The Mediated Construction of Reality*. Cambridge: Polity Press.

Couldry, N., Rodriquez, C., Bolin, G., Cohen, J., Volkmer, I., Goggin, G., Kraidy, M., Iwabuchi, K. and Qiu, J.L. (2018) 'Media, communication and the struggle for social progress', *Global Media and Communication*, 14(2): 173–191.

Courtois, C., Verdegem, P. and De Marez, L. (2013) 'The triple articulation of media technologies in audiovisual media consumption', *Television & New Media*, 14(5): 421–439.

Craig, D. (2018) 'For a practical discipline', *Journal of Communication*, 68(2): 289–297.

Croucher, S.M. (2011) 'Social networking and cultural adaptation: a theoretical model', *Journal of International and Intercultural Communication*, 4(4): 259–264.

Curran, J. (1990) 'The new revisionism in mass communication research: a reappraisal', *European Journal of Communication*, 5(2/3): 135–164.

Curran, J. and Hesmondhalgh, D. (2019) *Media and Society*, 6th edition. London: Bloomsbury Academic.

Curran, J. and Seaton, J. (1997) *Power without Responsibility*, 5th edition. London: Fontana.

Curran, J., Iyengar, S., Lund, A.B. and Salovaara-Moring, I. (2009) 'Media system, public knowledge and democracy: a comparative study', *European Journal of Communication*, 24(1): 5–26.

Curran, J. and Park, M.-J. (2000) *De-Westernizing Media Studies*. Abingdon: Routledge.

D'Alessio, D. (2003) 'An experimental examination of readers' perceptions of media bias', *Journalism and Mass Communication Quarterly*, 80(2): 282–294.

D'Alessio, D. and Allen, M. (2000) 'Media bias in presidential elections: a meta-analysis', *Journal of Communication*, 50(1): 133–156.

D'Angelo, P. (2002) 'News framing as a multiparadigmatic research programme: a response to Entman', *Journal of Communication*, 52(4): 870–888.

Dahlberg, L. (2001) 'Democracy via cyberspace', *New Media and Society*, 3(2): 157–177.

Dahlberg, L. (2004) 'Cyber-publics and corporate control of online communication', *Javnost – The Public*, 11(2): 77–93.

Dahlen, M. and Rosengren, S. (2016) 'If advertising won't die, what will it be? Toward a working definition of advertising', *Journal of Advertising*, 45(3): 334–345.

Dahlgren, P. (1995) *Television and the Public Sphere*. London: Sage.

Dahlgren, P. (1996) 'Media logic in cyberspace: repositioning journalism and its publics', *Javnost – The Public*, 3(3): 59–72.

Dahlgren, P. (2005) 'The internet, public sphere and political communication', *Political Communication*, 22(2): 147–162.

Darnton, R. (1975) 'Writing news and telling stories', *Daedalus*, Spring: 175–194.

Davis, D.K. (1999) 'Media as public arena' in R.C. Vincent and K. Nordenstreng (eds), *Towards Equity in Global Communication*. Cresskill, NJ: Hampton Press.

Davis, D.K. and Robinson, J.P. (1986) 'News story attributes and comprehension', in J.P. Robinson and M. Levy (eds), *The Main Source*, pp. 179–210. Beverly Hills, CA: Sage.

Davison, W.P. (1983) 'The third person effect', *Public Opinion Quarterly*, 47(1): 1–15.

Dayan, D. and Katz, E. (1992) *Media Events*. Cambridge, MA: Harvard University Press.

De Certeau, M. (1984) *The Practice of Everyday Life*. Berkeley, CA: University of California Press.

De Meulenaere, J., Bleumers, L. and Van den Broeck, W. (2015) 'An audience perspective on the second screen phenomenon', *Journal of Media Innovations*, 2(2): 6–22.

de Ridder, J. (1984) *Persconcentratie in Nederland*. Amsterdam: Uitgeverij.

de Saussure, F. (1915/1960) *Course in General Linguistics* (English trans). London: Owen.

De Vreese, C. (2006) 'Media message flows and interpersonal communication', *Communication Research*, 33(1): 19–37.

De Vreese, C.H., Boukes, M., Schuck, A., Vliegenthart, R., Bos L. and Lelkes, Y. (2017) 'Linking survey and media content data: opportunities, considerations, and pitfalls', *Communication Methods and Measures*, 11(4): 221–244.

De Vreese, C.H., Esser, F., Aalberg, T., Reinemann, C. and Stanyer, J. (2018) 'Populism as an expression of political communication content and style: a new perspective', *The International Journal of Press/Politics*, 23(4): 423–438.

Deacon, D. (2007) 'Yesterday's papers and today's technology: digital newspaper archives and "push button" content analysis', *European Journal of Communication*, 22(1): 5–25.

Deacon, D. and Stanyer, J. (2014) 'Mediatization: key concept or conceptual bandwagon?', *Media, Culture & Society*, 36(7): 1032–1044.

Dearing, J.W. and Rogers, E.M. (1996) *Agenda-Setting*. Thousand Oaks, CA: Sage.

DeFleur, M.L. and Ball-Rokeach, S. (1989) *Theories of Mass Communication*, 5th edition. New York: Longman.

Delia, J.G. (1987) 'Communication research: a history', in S.H. Chaffee and C. Berger (eds), *Handbook of Communication Science*, pp. 20–98. Newbury Park, CA: Sage.

Deming, C.J. (1991) 'Hill Street Blues as narrative', in R. Avery and D. Eason (eds), *Critical Perspectives on Media and Society*, pp. 240–264. New York: Guilford Press.

Dennis, E., Gilmor, D. and Glasser, T. (eds) (1989) *Media Freedom and Accountability*. New York: Greenwood Press.

Denson, S. and Jahn-Sudmann, A. (2013) 'Digital seriality: on the serial aesthetics and practice of digital games', *Eludamos*, 7(1): 1–32.

Department for Digital, Culture, Media and Sport (2001) *Creative Industries Mapping Documents*. Available at: www.gov.uk/government/publications/creative-industries-mapping-documents-2001.

Deuze, M. (2003) 'The web and its journalisms', *New Media and Society*, 5(4): 203–230.

Deuze, M. (2005) 'Popular journalism and professional ideology: tabloid reporters and editors speak out', *Media, Culture & Society*, 27(6): 801–822.

Deuze, M. (2006) 'Participation, remediation, bricolage: considering principal components of a digital culture', *The Information Society*, 22(2): 63–75.

Deuze, M. (2007) *Media Work*. Cambridge: Polity Press.

Deuze, M. (2012) *Media Life*. Cambridge: Polity Press.

Deuze, M. (2015) 'Living as a zombie in media is the only way to survive', *Journal of the Fantastic in the Arts*, 26(1): 307–323.

Deuze, M. and Prenger, M. (eds) (2019) *Making Media: Production, Practices and Professions*. Amsterdam: Amsterdam University Press.

Deuze, M. and Witschge, T. (2020) *Beyond Journalism*. Cambridge: Polity Press.

DeWall, C.N., Anderson, C.A. and Bushman, B.J. (2011) 'The general aggression model: theoretical extensions to violence', *Psychology of Violence*, 1(3): 245–258.

Dimitrova, D.V., Kaid, L.L., Williams, A.P. and Trammell, K.D. (2005) 'War on the web: the immediate news framing of Gulf War II', *The Harvard International Journal of Press/Politics*, 10(1): 22–44.

Dimitrova, D.V. and Strömbäck, J. (2005) 'Mission accomplished? Framing of the Iraq war in the elite newspapers in Sweden and the United States', *International Communication Gazette*, 67(5): 399–417.

Dimmick, J. and Coit, P. (1982) 'Levels of analysis in mass media decision-making', *Communication Research*, 9(1): 3–32.

Dimmick, J. and Rothenbuhler, E. (1984) 'The theory of the niche: quantifying competition among media industries', *Journal of Communication*, 34(3): 103–119.

Domingo, D., Masip, P. and Costera Meijer, I. (2015) 'Tracing digital news networks', *Digital Journalism*, 3(1): 53–67.

Domingo, D., Quandt, T., Heinonen, A., Paulussen, S., Singer, J.B. and Vujnovic, M. (2008) 'Participatory journalism practices in the media and beyond', *Journalism Practice*, 2(3): 326–342.

Donath, J. (2007) 'Signals in social supernets', *Journal of Computer-Mediated Communication*, 13(1): article 12.

Donohew, L., Palmgreen, P. and Rayburn, J.D. (1987) 'Social and psychological origins of media use: a lifestyle analysis', *Journal of Broadcasting and Electronic Media*, 31(3): 255–278.

Dorfman, A. and Mattelart, A. (1975) *How to Read Donald Duck: Imperialist Ideology in the Disney Comic*. New York: International General.

Dourish, P. and Bell, G. (2011) *Divining a Digital Future*. Cambridge, MA: MIT Press.

Dowling, D. and Vogan, T. (2015) 'Can We "Snowfall" This?', *Digital Journalism*, 3(2): 209–224.

Downes, F.J. and McMillan, S.J. (2000) 'Defining interactivity: a qualitative identification of key dimensions', *New Media and Society*, 2(2): 157–179.

Downing, J. (2000) *Radical Media: Rebellious Communication and Social Movements*. Thousand Oaks, CA: Sage.

Downing, J.D. and Husband, C. (2005) *Ethnicity and Media*. London: Sage.

Dowsett, A. and Jackson, M. (2019) 'The effect of violence and competition within video games on aggression', *Computers in Human Behavior*, 99: 22–27.

Doyle, G. (2010) 'From television to multi-platform: less from more or more for less?', *Convergence*, 16(4): 431–449.

Doyle, G. (2013) *Understanding Media Economics*, 2nd edition. London: Sage.

Drotner, K. (1992) 'Modernity and media panics', in M. Skovmand and K. Schrøder (eds), *Media Cultures*, pp. 42–62. Abingdon: Routledge.

Drotner, K. (2000) 'Less is more: media ethnography and its limits', in I. Hagen and J. Wasko (eds), *Consuming Audiences?*, pp. 165–88. Cresskill, NJ: Hampton Press.

Du Gay, P. (ed.) (1997) *Production of Culture/Cultures of Production*. London/Milton Keynes: Sage/Open University.

Du Gay, P., Hall, S., Janes, L., Mackay, H. and Negus, K. (1997) *Doing Cultural Studies: The Story of the Sony Walkman*. London: Sage.

Duffy, B.E. (2017) *(Not) Getting Paid to Do What You Love*. New Haven, CT: Yale University Press.

Duits, L., Zwaan, K. and Reijnders, S. (eds) (2014) *The Ashgate Research Companion to Fan Cultures*. Farnham: Ashgate.

Dutton, W.H., Blumler, J.G. and Kraemar, K.L. (eds) (1986) *Wired Cities: Shaping the Future of Communications*. Boston, MA: Chapman Hall.

Dutton, W.H. and Fernandez, L. (2019) 'How susceptible are Internet users?', *Intermedia*, 46: 4. http://dx.doi.org/10.2139/ssrn.3316768.

Eastman, S.T. (1979) 'Uses of television and consumer lifestyles: a multivariate analysis', *Journal of Broadcasting*, 23(3): 491–500.

Eastman, S.T. (1998) 'Programming theory under strain: the active industry and the active audience', in M.E. Roloff and G.D. Paulson (eds), *Communication Yearbook 21*, pp. 323–377. Thousand Oaks, CA: Sage.

Eco, U. (1977) *A Theory of Semiotics*. London: Macmillan.

Eco, U. (1979) *The Role of the Reader*. Bloomington, IN: University of Indiana Press.

Eisenberg, A.L. (1936) *Children and Radio Programs*. New York: Columbia University Press.

Eisenmann, T.R. and Bower, J.L. (2000) 'The entrepreneurial M-form: strategic integration in global media firms', *Organization Science*, 11(3): 348–355.

Eisenstein, E. (1978) *The Printing Press as an Agent of Change*, 2 vols. New York: Cambridge University Press.

Ekdale, B., Tully, M., Harmsen, S. and Singer, J.B. (2015) 'Newswork within a culture of job insecurity', *Journalism Practice*, 9(3): 383–398.

Elberse, A. (2008) 'Should you invest in the long tail?', *HBS Centennial Issue Harvard Business Review*, 86(7/8): 88–96.

Eldridge, J. (2000) 'The contribution of the Glasgow Media Group to the study of television and print journalism', *Journalism Studies*, 1(1): 113–127.

Elliott, P. (1972) *The Making of a Television Series: A Case Study in the Production of Culture*. London: Constable.

Ellis, J. (1982) *Visible Fictions*. Abingdon: Routledge and Kegan Paul.

Engwall, L. (1978) *Newspapers as Organizations*. Farnborough: Saxon House.

Enli, G. (2008) 'Redefining public service broadcasting', *Convergence*, 14(1): 103–120.

Enli, G. (2015) *Mediated Authenticity: How the Media Constructs Reality*. New York: Peter Lang.

Entman, R.M. (1989) *Democracy without Citizens: Media and the Decay of American Politics*. New York: Oxford University Press.

Entman, R.M. (1993) 'Framing: towards clarification of a fractured paradigm', *Journal of Communication*, 43(4): 51–58.

Entman, R.M. (2005) 'Media and democracy without party competition', in J. Curran and M. Gurevitch (eds), *Mass Media and Society*, 4th edition, pp. 251–270. London: Hodder Arnold.

Entman, R.M. (2007) 'Framing bias: media in the distribution of power', *Journal of Communication*, 57(1): 163–173.

Esser, A., Smith, I.R. and Bernal-Merino, M.A. (2018) *Media across Borders: Localising TV, Film and Video Games*. London/Abingdon: CRC Press/Routledge.

Esser, F. (1999) '"Tabloidization" of news – a comparative analysis of Anglo-American and German press journalism', *European Journal of Communication*, 14(3): 291–324.

Esser, F., Reinemann, C. and Fan, D. (2000) 'Spin doctoring in British and German election campaigns', *European Journal of Communication*, 15(2): 209–240.

Ettema, J. and Glasser, T. (1998) *Custodians of Conscience: Investigative Journalism and Public Virtue*. New York: Columbia.

Ettema, J.S. and Whitney, D.C. (eds) (1994) *Audiencemaking: How the Media Create the Audience*. Newbury Park, CA: Sage.

Etzioni, A. (1961) *Complex Organizations*. Glencoe, IL: Free Press.

Evans, J. (1999) 'Cultures of the visual', in J. Evans and S. Hall (eds), *Visual Culture: A Reader*, pp. 11–19. London: Sage.

Fast, K. and Jansson, A. (2019) *Transmedia Work: Privilege and Precariousness in Digital Modernity*. London/Abingdon: CRC Press/Routledge.

Fast, K., Örnebring, H. and Karlsson, M. (2016) 'Metaphors of free labor: a typology of unpaid work in the media sector', *Media, Culture & Society*, 38(7): 963–978.

Faustino, P. and Noam, E. (2019) 'Media industries' management characteristics and challenges in a converging digital world', in M. Deuze and M. Prenger (eds), *Making Media: Production, Practices and Professions*, pp. 147–162. Amsterdam: Amsterdam University Press.

Febvre, L. and Martin, H.J. (1984) *The Coming of the Book*. London: Verso.

Feezell, J.T., Conroy, M. and Guerrero, M. (2016) 'Internet use and political participation: engaging citizenship norms through online activities', *Journal of Information Technology & Politics*, 13(2): 95–107.

Feintuck, M. (1999) *Media Regulation, Public Interest and the Law*. Edinburgh: University of Edinburgh Press.

Fengler, S. (2003) 'Holding the news media accountable: a study of media reporters and media criticism in the US', *Journalism and Mass Communication Quarterly*, 80(4): 818–832.

Fengler, S. and Russ-Mohl, S. (2008) 'Journalists and the information-attention markets: towards an economic theory of journalism', *Journalism*, 9(6): 667–690.

Ferguson, C.J. and Kilburn, J. (2009) 'The public health risks of media violence: a meta-analytic review', *Journal of Pediatrics*, 154(5): 759–763.

Ferguson, D.A. and Perse, E.M. (2000) 'The WWW as a functional alternative to television', *Journal of Broadcasting and Electronic Media*, 44(2): 155–175.

Ferguson, M. (1983) *Forever Feminine: Women's Magazines and the Cult of Femininity*. London: Heinemann.

Ferguson, M. (1986) 'The challenge of neo-technological determinism for communication systems of industry and culture', in M. Ferguson (ed.), *New Communication Technologies and the Public Interest*, pp. 52–70. London: Sage.

Ferguson, M. (ed.) (1992) 'The mythology about globalization', *European Journal of Communication*, 7: 69–93.

Ferguson, M. and Golding, P. (eds) (1997) *Cultural Studies in Question*. London: Sage.

Ferrara, E. and Yang, Z. (2015) 'Measuring emotional contagion in social media', *PLoS ONE*, 10(11): e0142390.

Festinger, L.A. (1957) *A Theory of Cognitive Dissonance*. New York: Row Peterson.

Feuer, J. (1992) 'Genre study and television', in R.C. Allen (ed.), *Channels of Discourse, Reassembled: Television and Contemporary Criticism*, pp. 138–159. Abingdon: Routledge.

Fidler, R. (1997) *Mediamorphosis: Understanding New Media*. Thousand Oaks, CA: Pine Forge Press.

Fink, E.J. and Gantz, W. (1996) 'A content analysis of three mass communication research traditions: social science, interpretive studies, and critical analysis', *Journalism and Mass Communication Quarterly*, 73(1): 114–134.

Finn, S. (1997) 'Origins of media exposure: linking personality traits to TV, radio, print and film use', *Communication Research*, 24(5): 507–529.

Fiske, J. (1982) *Introduction to Communication Studies*. London: Methuen.

Fiske, J. (1987) *Television Culture*. London: Methuen.

Fiske, J. (1992) 'The cultural economy of fandom', in L. Lewis (ed.), *The Adoring Audience*, pp. 30–49. Abingdon: Routledge.

Fitzsimon, M. and McGill, L.T. (1995) 'The citizen as media critic', *Media Studies Journal*, Spring: 91–102.

Flegel, R.C. and Chaffee, S.H. (1971) 'Influences of editors, readers and personal opinion on reporters', *Journalism Quarterly*, 48: 645–651.

Fletcher, R. and Nielsen, R.K. (2017) 'Are news audiences increasingly fragmented? A cross-national comparative analysis of cross-platform news audience fragmentation and duplication', *Journal of Communication*, 67: 476–498.

Flew, T. (2016) 'National media regulations in an age of convergent media: beyond globalisation, neo-liberalism and internet freedom theories', in T. Flew, P. Iosifidis and J. Steemers (eds), *Global Media and National Policies*, pp. 75–91. New York: Springer.

Flew, T. (2018) *Understanding Global Media*, 2nd edition. London: Palgrave Macmillan.

Flew, T., Martin, F. and Suzor, N. (2019) 'Internet regulation as media policy: rethinking the question of digital communication platform governance', *Journal of Digital Media & Policy*, 10(1): 33–50.

Fornäs, J. (1995) *Cultural Theory and Late Modernity*. London: Sage.

Fortunati, L. (2001) 'The mobile phone: an identity on the move', *Personal and Ubiquitous Computing*, 5: 85–98.

Fortunati, L. (2005a) 'Mediatizing the net and intermediatizing the media', *International Communication Gazette*, 67(6): 29–44.

Fortunati, L. (2005b) ''Is body-to-body communication still the prototype?, *The Information Society*, 21: 53–61.

Fraile, M. and Iyengar, S. (2014) 'Not all news sources are equally informative: a cross-national analysis of political knowledge in Europe', *The International Journal of Press/Politics*, 19(3): 275–294.

Frank, R.E. and Greenberg, B. (1980) *The Public's View of Television*. Beverly Hills, CA: Sage.

French, J.R.P. and Raven, B.H. (1953) 'The bases of social power', in D. Cartwright and A. Zander (eds), *Group Dynamics*, pp. 259–69. London: Tavistock.

Friedson, E. (1953) 'Communications research and the concept of the mass', *American Sociological Review*, 18(3): 313–317.

Frith, S. (1981) *Sound Effects*. New York: Pantheon.

Fuchs, C. (2009) 'Information and communication technologies and society: a contribution to the critique of the political economy of the internet', *European Journal of Communication*, 24(1): 69–87.

Fuchs, C. (2016) *Critical Theory of Communication*. London: University of Westminster Press.

Fuchs, C. (2017) 'From digital positivism and administrative big data analytics towards critical digital and social media research!', *European Journal of Communication*, 32(1): 37–49.

Fuchs, C. and Mosco, V. (eds) (2016) *Marx in the Age of Digital Capitalism*. Leiden: Brill.

Fuchs, C. and Qiu, J.L. (2018) 'Ferments in the field: introductory reflections on the past, present and future of communication studies', *Journal of Communication*, 68(2): 219–232.

Gallagher, M. (2003) 'Feminist media perspectives', in A.N. Valdivia (ed.), *A Companion to Media Studies*, pp. 19–39. Oxford: Blackwell.

Galtung, J. and Ruge, M. (1965) 'The structure of foreign news', *Journal of Peace Research*, 1: 64–90. Also in J. Tunstall (ed.), *Media Sociology*, pp. 259–298. London: Constable.

Gamble, A. and Watanabe, T. (2004) *A Public Betrayed*. Washington, DC: Regnery Publishing.

Gamson, W. and Modigliani, A. (1989) 'Media discourse and public opinion on nuclear power: a constructivist approach', *American Journal of Sociology*, 95: 1–37.

Gans, H.J. (1979) *Deciding What's News*. New York: Vintage.

Gans, H.J. (2011) 'Multiperspectival news revisited: journalism and representative democracy', *Journalism*, 12(1): 3–13.

Garnham, N. (2000) *Emancipation, the Media, and Modernity*. Oxford: Oxford University Press.

Gauntlett, D. (2005) *Moving Experiences: Media Effects and Beyond*, 2nd edition. London: John Libbey Publishing.

Gaziano, C. and McGrath, K. (1987) 'Newspaper credibility and relationships of newspaper journalists to communities', *Journalism Quarterly*, 64(2): 317–328.

Geraghty, C. (1991) *Women and Soap Operas*. Cambridge: Polity Press.

Gerbaudo, P. and Treré, E. (2015) 'In search of the "we" of social media activism', *Information, Communication & Society*, 18(8): 865–871.

Gerbner, G. (1958) 'On content analysis and critical research in mass communication', *Audiovisual Communication Review*, 6(3): 85–108.

Gerbner, G. (1969) 'Institutional pressures on mass communicators', in P. Halmos (ed.), *The Sociology of Mass Media Communicators*, pp. 205–248. Keele: University of Keele.

Gerbner, G. (1973) 'Cultural indicators: the third voice', in G. Gerbner, L. Gross and W. Melody (eds), *Communications Technology and Social Policy*, pp. 553–573. New York: Wiley.

Gerbner, G. and Gross, L. (1976) 'Living with television: the violence profile', *Journal of Communication*, 26(2): 173–199.

Gerbner, G., Gross, L., Morgan, M. and Signorielli, N. (1984) 'The political correlates of TV viewing', *Public Opinion Quarterly*, 48: 283–300.

Gerbner, G. and Marvanyi, G. (1977) 'The many worlds of the world's press', *Journal of Communication*, 27(1): 52–66.

Giddens, A. (1991) *Modernity and Self-Identity*. Oxford: Polity Press.

Giddens, A. (1999) *Runaway World: How Globalisation is Shaping Our Lives*. London: Profile Books.

Gieber, W. (1956) 'Across the desk: a study of 16 *Telegraph* editors', *Journalism Quarterly*, 33: 423–433.

Giffard, C.A. (1989) *UNESCO and the Media*. White Plains, NY: Longman.

Gitlin, T. (1978) 'Media sociology: the dominant paradigm', *Theory and Society*, 6: 205–253. Reprinted in G.C. Wilhoit and H. de Back (eds) (1981), *Mass Communication Review Yearbook*, vol. 2, pp. 73–122. Beverly Hills, CA: Sage.

Gitlin, T. (1980) *The Whole World is Watching: Mass Media in the Making and Unmaking of the New Left*. Berkeley, CA: University of California Press.

Gitlin, T. (1989) 'Postmodernism: roots and politics', in I. Angus and S. Jhally (eds), *Cultural Politics in Contemporary America*, pp. 347–360. New York: Routledge.

Gitlin, T. (1997) 'The anti-political populism of cultural studies', in M. Ferguson and P. Golding (eds), *Cultural Studies in Question*, pp. 25–38. London: Sage.

Givskov, C. and Deuze, M. (2018) 'Researching new media and social diversity in later life', *New Media & Society*, 20(1): 399–412.

Glas, R., Lammes, S., de Lange, M., Raessens, J. and de Vries, I. (eds) (2019) *The Playful Citizen: Power, Creativity, Knowledge*. Amsterdam: Amsterdam University Press.

Glasgow Media Group (1976) *Bad News*. Abingdon: Routledge and Kegan Paul.

Glasgow Media Group (1980) *More Bad News*. Abingdon: Routledge and Kegan Paul.

Glasgow Media Group (1985) *War and Peace News*. Milton Keynes: Open University Press.

Glasser, T.L. (1984) 'Competition among radio formats', *Journal of Broadcasting*, 28(2): 127–142.

Glasser, T.L. (2009) 'Journalism and the second-order effect', *Journalism*, 2: 326–328.

Glynn, C.J., Hayes, A.F. and Shanahan, J. (1997) 'Perceived support for one's opinion and willingness to speak out', *Public Opinion Quarterly*, 61(3): 452–463.

Goffman, E. (1974) *Frame Analysis: An Essay on the Organization of Experience*. New York: Harper & Row.

Goffman, E. (1976) *Gender Advertisements*. London: Macmillan.

Goggin, G. (2006) *Cell Phone Culture: Mobile Technology in Everyday Life*. New York: Routledge.

Golding, P. (1977) 'Media professionalism in the Third World: the transfer of an ideology', in J. Curran, M. Gurevitch and J. Woollacott (eds), *Mass Communication and Society*, pp. 291–308. London: Edward Arnold.

Golding, P. (1981) 'The missing dimensions: news media and the management of change', in E. Katz and T. Szecsk (eds), *Mass Media and Social Change*. London: Sage.

Golding, P. and Harris, P. (1998) *Beyond Cultural Imperialism*. London: Sage.

Golding, P. and Murdock, G. (1978) 'Theories of communication and theories of society', *Communication Research*, 5(3): 339–356.

Golding, P. and van Snippenburg, L. (1995) 'Government communications and the media', in *Beliefs in Government*, vol. 30. London: Oxford University Press.

Goldstein, K. and Freedman, P. (2002) 'Lessons learned: campaign advertising in the 2000 elections', *Political Communication*, 19(1): 5–28.

Gouldner, A. (1976) *The Dialectic of Ideology and Technology*. London: Macmillan.

Grabe, M.E. (1999) 'Television news magazines and functionalism', *Critical Studies in Mass Communication*, 16: 155–171.

Grabe, M.E., Bas, O. and van Driel, I.I. (2015) 'Defecting from the Gutenberg legacy: employing images to test knowledge gaps', *Journal of Communication*, 65: 300–319.

Grabe, M.E. and Bucy, E.P. (2009) *Image Bite Politics: News and the Visual Framing of Elections*. New York: Oxford University Press.

Grabe, M.E., Lang, A. and Zhao, X. (2003) 'News content and form: implications for memory and audience evaluations', *Communication Research*, 30(4): 387–413.

Grabe, M.E. and Myrick, J.G. (2016) 'Informed citizenship in a media-centric way of life', *Journal of Communication*, 66: 215–235.

Grabe, M.E., Zhao, S. and Barnett, B. (2001) 'Explicating sensationalism in TV news: content and the bells and whistles of form', *Journal of Broadcasting and Electronic Media*, 45(2): 635–655.

Grabe, M.E., Zhou, S., Lang, A. and Boll, P.D. (2000) 'Packaging TV news: the effects of tabloids on information processing and evaluative response', *Journal of Broadcasting and Electronic Media*, 44(4): 581–598.

Graber, D. (1981) 'Political language', in D.D. Nimmo and D. Sanders (eds), *Handbook of Political Communication*, pp. 195–224. Beverly Hills, CA: Sage.

Graber, D. (1984) *Processing the News*. New York: Longman.

Graber, D. (1990) 'Seeing is remembering: how visuals contribute to TV news', *Journal of Communication*, 40 (3): 134–155.

Graber, D.A. (2001) *Processing Politics: Learning from Television in the Internet Age*. Chicago, IL: University of Chicago Press.

Grabher, G. (2002) 'The project ecology of advertising: tasks, talents and teams', *Regional Studies*, 36(3): 245–262.

Gramsci, A. (1971) *Selections from the Prison Notebooks*. London: Lawrence and Wishart.

Grasland, C. (2019) 'International news flow theory revisited through a space–time interaction model', *International Communication Gazette*, https://doi.org/10.1177/1748048518825091

Green, A. (2003) 'The development of mass media in Asia-Pacific', *International Journal of Advertising*, 22(2): 1–29.

Gregg, M. (2009) 'Learning to (love) labour: production cultures and the affective turn', *Communication and Critical/Cultural Studies*, 6(2): 209–214.

Gregg, M. and Seigworth, G.J. (eds) (2010) *The Affect Theory Reader*. Durham, NC: Duke University Press.

Greitemeyer, T. and Mügge, D.O. (2014) 'Video games do affect social outcomes: a meta-analytic review of the effects of violent and prosocial video game play', *Personality and Social Psychology Bulletin*, 40(5): 578–589.

Gripsrud, J. (1989) 'High culture revisited', *Cultural Studies*, 3(2): 194–197.

Groebel, J. (1998) 'The UNESCO global study on media violence', in U. Carlsson and C. von Feilitzen (eds), *Children and Media Violence*, pp. 155–180. Göteborg: University of Göteborg.

Gross, L.P. (1977) 'Television as a Trojan horse', *School Media Quarterly*, Spring: 175–180.

Grossberg, L. (1984) 'Strategies of Marxist cultural interpretation', *Critical Studies in Mass Communication*, 1(4): 392–421.

Grossberg, L. (1986) 'On postmodernism and articulation: an interview with Stuart Hall', *Journal of Communication Inquiry*, 10(2): 45–60.

Grossberg, L. (1988) 'Wandering audiences, nomadic critics', *Cultural Studies*, 2(3): 377–391.

Grossberg, L. (1989) 'MTV: swinging on the (postmodern) star', in I. Angus and S. Jhally (eds), *Cultural Politics in Contemporary Politics*, pp. 254–268. New York: Routledge.

Grossberg, L., Wartella, E. and Whitney, D.C. (1998) *Media Making: Mass Media in a Popular Culture*. Thousand Oaks, CA: Sage.

Gumucio-Dagron, A. (2004) 'Alternative media', in J.D.H. Downing, D. McQuail, P. Schlesinger and E. Wartella (eds), *The SAGE Handbook of Media Studies*, pp. 41–64. Thousand Oaks, CA: Sage.

Gunaratne, S. (2010) 'De-westernizing communication/social science research: opportunities and limitations', *Media, Culture & Society*, 32(3): 473–500.

Gunter, B. (2016) *Does Playing Video Games Make Players More Violent?* Basingstoke: Palgrave Macmillan.

Gunter, B. and Winstone, P. (1993) *Public Attitudes to Television*. London: John Libbey Publishing.

Gunther, A.C. (1998) 'The persuasive press inference: effects of the media on perceived public opinion', *Communication Research*, 25(5): 486–504.

Gunther, A.C. and Christen, C.-T. (2002) 'Projection or persuasive press? Contrary effects of personal opinion and perceived news coverage on estimates of public opinion', *Journal of Communication*, 52(1): 177–195.

Gunther, A.C. and Mughan, R. (2000) *Democracy and the Media*. Cambridge: Cambridge University Press.

Gurevitch, M., Bennet, T., Curran, J. and Woollacott, J. (eds) (1982) *Culture, Society and the Media*. London: Methuen.

Guzman, A. L. and Lewis, S. C. (2019) 'Artificial intelligence and communication: a human–machine communication research agenda', *New Media and Society*, https://doi.org/10.1177/1461444819858691

Habermas, J. (1962/1989) *The Structural Transformation of the Public Sphere*. Cambridge, MA: MIT Press.

Habermas, J. (1997) 'Modernity: an unfinished project', in M. Passerin d'Entrèves and S. Benhabib (eds), *Habermas and the Unfinished Project of Modernity: Critical Essays on The Philosophical Discourse of Modernity*, pp. 38–55. Boston, MA: MIT Press.

Habuchi, I. (2005) 'Accelerating reflexivity', in M. Ito, D. Okabe and M. Matsuda (eds), *Personal, Portable, Pedestrian: Mobile Phones in Japanese Life*. Cambridge, MA: MIT Press.

Hackett, K., Ramsden, P., Sattar, D. and Guene, C. (2000) *Banking on Culture: New Financial Instruments for Expanding the Cultural Sector in Europe*. Available at: https://webarchive.nationalarchives.gov.uk/20160204124325 or www.artscouncil.org.uk/advice-and-guidance/browse-advice-and-guidance/banking-on-culture-new-financial-instruments-for-expanding-the-cultural-sector-in-europe.

Hackett, R.A. (1984) 'Decline of a paradigm? Bias and objectivity in news media studies', *Critical Studies in Mass Communication*, 1: 229–259.

Haddon, L. (2016) 'The domestication of complex media repertoires', in K. Sandvik, A.M. Thorhauge and B. Valtysson (eds), *The Media and the Mundane*, pp. 17–30. Göteborg: Nordicom.

Hagen, I. (1999) 'Slaves of the ratings tyranny? Media images of the audience', in P. Alasuutari (ed.), *Rethinking the Media Audience*, pp. 130–150. London: Sage.

Hagood, M. (2011) 'Quiet comfort: noise, otherness, and the mobile production of personal space', *American Quarterly*, 63(3): 573–589.

Hagood, M. (2019) *Hush: Media and Sonic Self-control*. Durham, NC: Duke University Press.

Halavais, A. (2000) 'National borders on the world wide web', *New Media and Society*, 2(1): 7–28.

Hall, A. (2003) 'Reading realism: audiences' evaluations of the reality of media texts', *Journal of Communication*, 53(4): 624–641.

Hall, S. (1974/1980) 'Coding and encoding in the television discourse', in S. Hall et al. (eds), *Culture, Media, Language*, pp. 197–208. London: Hutchinson.

Hall, S. (1977) 'Culture, the media and the ideological effect', in J. Curran et al. (eds), *Mass Communication and Society*, pp. 315–348. London: Edward Arnold.

Hall, S. and Jefferson, T. (eds) (1975) 'Resistance through rituals', *Working Papers in Cultural Studies*, no. 7/8. Birmingham: The Centre for Contemporary Cultural Studies, University of Birmingham.

Hallett, T. and Ventresca, M. (2006) 'Inhabited institutions', *Theory and Society*, 35(2): 213–236.

Hallin, D.C. and Mancini, P. (1984) 'Political structure and representational form in US and Italian TV news', *Theory and Society*, 13(40): 829–850.

Hallin, D.C. and Mancini, P. (2004) *Comparing Media Systems*. Cambridge: Cambridge University Press.

Hallin, D.C. and Mancini, P. (eds) (2012) *Comparing Media Systems beyond the Western World*. Cambridge: Cambridge University Press.

Hameleers, M. et al. (2018) 'Start spreading the news: a comparative experiment on the effects of populist communication on political engagement in sixteen European countries', *The International Journal of Press/Politics*, 23(4): 517–538.

Hamelink, C. (1983) *Cultural Autonomy in Global Communications*. Norwood, NJ: Ablex.

Hamelink, C. (1994) *The Politics of Global Communication*. London: Sage.

Hamelink, C. (1998) 'New realities in the politics of world communication', *The Public*, 5(4): 71–74.

Hamelink, C. (2000) *The Ethics of Cyberspace*. London: Sage.

Hampton, K.N., Rainie, L., Lu, W., Dwyer, M., Shin, I. and Purcell, K. (2014) *Social Media and the 'Spiral of Silence'*. Washington, DC: Pew Research Center. Available at: www.pewinternet.org/2014/08/26/social-media-and-the-spiral-of-silence.

Hancox, D. (2017) 'From subject to collaborator: transmedia storytelling and social research', *Convergence*, 23(1): 49–60.

Handel, L. (1950) *Hollywood Looks at its Audience*. Urbana, IL: University of Illinois Press.

Hänggli, R. and Kriesi, H. (2012) 'Frame construction and frame promotion', *American Behavioral Scientist*, 56(3): 260–278.

Hanitzsch, T., Hanusch, F., Ramaprasad, J. and De Beer, A.S. (eds) (2019) *Worlds of Journalism: Journalistic Cultures around the Globe*. New York: Columbia University Press.

Hannerz, U. (1980) *Exploring the City: Inquiries Toward an Urban Anthropology*. New York: Columbia University Press.

Harcup, T. and O'Neill, D. (2017) 'What is news?', *Journalism Studies*, 18(12): 1470–1488.

Hardt, H. (1979) *Social Theories of the Press: Early German and American Perspectives*. Beverly Hills, CA: Sage.

Hardt, H. (1991) *Critical Communication Studies*. Abingdon: Routledge.

Hardt, H. (2003) *Social Theories of the Press*, 2nd edition. Lanham, MD: Rowman and Littlefield.

Hargittai, E. (2004) 'Internet access and use in context', *New Media and Society*, 6(1): 115–121.

Hargrave, A.M. and Livingstone, S. (2006) *Harm and Offence in Media Content*. Bristol: Intellect.

Hartley, J. (1982) *Understanding News*. London: Methuen.

Hartley, J. (1992) *The Politics of Pictures*. Abingdon: Routledge.

Hartley, J. (ed.) (2005) *Creative Industries*. Malden, MA: Blackwell.

Hartley, J. (2012) *Digital Futures for Cultural and Media Studies*. New York: Wiley.

Hartman, P. and Husband, C. (1974) *Racism and Mass Media*. London: Davis Poynter.

Hartmann, M. (2006) 'The triple articulation of ICTs: media as technological objects, symbolic environments and individual texts', in T. Berker, M. Hartmann, Y. Punie and K. Ward (eds), *Domestication of Media and Technology*, pp. 80–102. Maidenhead: Open University Press.

Hartmann, M. (2009) 'The changing urban landscapes of media consumption and production', *European Journal of Communication*, 24(4): 421–436.

Harvey, D. (1989) *The Condition of Postmodernity*. Oxford: Blackwell.

Hassan, R. (2008) *The Information Society*. Cambridge: Polity Press.

Hassler-Forest, D. and Guynes, S. (eds) (2018) *Star Wars and the History of Transmedia Storytelling*. Amsterdam: Amsterdam University Press.

Hawkins, R.P. and Pingree, S. (1983) 'TV's influence on social reality', in E. Wartella et al. (eds), *Mass Communication Review Yearbook*, vol. 4, pp. 53–76. Beverly Hills, CA: Sage.

Hayles, K. (2012) *How We Think: Digital Media and Contemporary Technogenesis*. Chicago, IL: University of Chicago Press.

Hayles, N.K. (2004) 'Print is flat, code is deep: the importance of media-specific analysis', *Poetics Today*, 25(1): 67–90.

Hebdige, D. (1978) *Subculture: The Meaning of Style*. London: Methuen.

Heeter, C. (1988) 'The choice process model', in C. Heeter and B.S. Greenberg (eds), *Cable Viewing*, pp. 11–32. Norwood, NJ: Ablex.

Heinderyckx, F. (1993) 'TV news programmes in West Europe: a comparative study', *European Journal of Communication*, 8(4): 425–450.

Held, D. (2010) *Cosmopolitanism: Ideals and Realities*. Cambridge: Polity Press.

Held, V. (1970) *The Public Interest and Individual Interests*. New York: Basic Books.

Hellman, H. (2001) 'Diversity: an end in itself?', *European Journal of Communication Research*, 16(2): 281–308.

Helmond, A. (2015, September) 'The platformization of the web: making web data platform ready', *Social Media + Society*, https://doi.org/10.1177/2056305115603080

Helsper, E.J. (2012) 'A corresponding fields model for the links between social and digital exclusion', *Communication Theory*, 22: 403–426.

Hemánus, P. (1976) 'Objectivity in news transmission', *Journal of Communication*, 26: 102–107.

Henrich, J., Heine, S.J. and Norenzayan, A. (2010) 'The weirdest people in the world?', *Behavioral and Brain Sciences*, 33(2–3): 61–83.

Hepp, A. (2013) 'The communicative figurations of mediatized worlds: mediatization research in times of the "mediation of everything"', *European Journal of Communication*, 28(6): 615–629.

Hepp, A. (2019) *Deep Mediatization*. Abingdon: Routledge.

Hepp, A., Breiter, A. and Hasebrink, U. (eds) (2018) *Communicative Figurations: Transforming Communications in Times of Deep Mediatization*. Cham: Springer.

Hepp, A., Hjarvard, S. and Lundby, K. (2015) 'Mediatization: theorizing the interplay between media, culture and society', *Media, Culture & Society*, 37(2): 314–324.

Herman, E. and Chomsky, N. (1988) *Manufacturing Consent: The Political Economy of Mass Media*. New York: Pantheon.

Hermes, J. (1995) *Reading Women's Magazines*. Cambridge: Polity Press.

Hermes, J. (1997) 'Gender and media studies: no woman, no cry', in J. Corner, P. Schlesinger and R. Silverstone (eds), *International Media Research*, pp. 65–95. Abingdon: Routledge.

Hermes, J. (1999) 'Media figures in identity construction', in P. Alasuutari (ed.), *Rethinking the Media Audience*, pp. 69–85. London: Sage.

Hermes, J. (2005) *Re-reading Popular Culture: Rethinking Gender, Television, and Popular Media Audiences*. Malden, MA: Wiley-Blackwell.

Hermes, J. (2007) 'Media representations of social structure: gender', in E. Devereux (ed.), *Media Studies*, pp. 191–210. London: Sage.

Hermes, J., Kooijman, J., Littler, J. and Wood, H. (2017) 'On the move: twentieth anniversary editorial of the *European Journal of Cultural Studies*', *European Journal of Cultural Studies*, 20(6): 595–605.

Hermida, A. (2010) 'Twittering the news: the emergence of ambient journalism', *Journalism Practice*, 4(3): 297–308.

Herrero, L.C., Humprecht, E., Engesser, S., Brüggemann, M. and Büchel, F. (2017) 'Rethinking Hallin and Mancini beyond the West: an analysis of media systems in Central and Eastern Europe', *International Journal of Communication*, 11: 4797–4823.

Herzog, H. (1944) 'What do we really know about daytime serial listeners?', in P.F. Lazarsfeld (ed.), *Radio Research 1942–3*, pp. 2–23. New York: Duell, Sloan and Pearce.

Hesmondhalgh, D. (2005) 'Subcultures, scenes or tribes? None of the above', *Journal of Youth Studies*, 8(1): 21–40.

Hesmondhalgh, D. (2010) 'Media industry studies, media production studies', in J. Curran (ed.), *Media and Society*, p. 147. London: Bloomsbury Academic.

Hesmondhalgh, D. (2018) *The Cultural Industries*, 4th edition. London: Sage.

Hesmondhalgh, D. and Baker, S. (2011) *Creative Labour: Media Work in Three Cultural Industries*. Abingdon: Routledge.

Hesmondhalgh, D. and Baker, S. (2015) 'Sex, gender and work segregation in the cultural industries', *The Sociological Review*, 63: 23–36.

Hesmondhalgh, D. and Toynbee, J. (eds) (2008) *The Media and Social Theory*. Abingdon: Routledge.

Hetherington, A. (1985) *News, Newspapers and Television*. London: Macmillan.

Hijmans, E. (1996) 'The logic of qualitative media content analysis: a typology', *Communications*, 21(1): 93–108.

Hill, A. (2018) *Media Experiences*. Abingdon: Routledge.

Hills, J. (2002) *The Struggle for the Control of Global Communication*. Urbana, IL: University of Illinois Press.

Himmelweit, H.T., Vince, P. and Oppenheim, A.N. (1958) *Television and the Child*. London: Oxford University Press.

Hirsch, P.M. (1977) 'Occupational, organizational and institutional models in mass communication', in P.M. Hirsch et al. (eds), *Strategies for Communication Research*, pp. 13–42. Beverly Hills, CA: Sage.

Hirsch, P.M. (1980) 'The "scary world" of the non-viewer and other anomalies: a reanalysis of Gerbner et al.'s findings in cultivation analysis, Part 1', *Communication Research*, 7(4): 403–456.

Hirsch, P.M. (1981) 'On not learning from one's mistakes, Part II', *Communication Research*, 8(1): 3–38.

Hjarvard, S. (2008a) '"The mediatization of society": a study of media as agents of social and cultural change', *Nordicom Review*, 29(1): 105–134.

Hjarvard, S. (2008b) 'The mediatization of religion: a theory of the media as agents of religious change', *Northern Lights*, 6(1): 9–26.

Hobson, D. (1982) *Crossroads: The Drama of Soap Opera*. London: Methuen.

Hobson, D. (1989) 'Soap operas at work', in F. Seiter et al. (eds), *Remote Control*, pp. 130–149. Abingdon: Routledge.

Hodges, L. (1986) 'Defining press responsibility: a functional approach', in D. Elliot (ed.), *Responsible Journalism*, pp. 13–31. Beverly Hills, CA: Sage.

Hodges, L. (2004) 'Accountability in journalism', *Journal of Mass Media Ethics*, 19(3&4): 173–180.

Hoffmann-Riem, W. (1996) *Regulating Media*. New York: Guilford Press.

Hoffner, C.H., Plotkin, R.S. et al. (2001) 'The third-person effects in perceptions of the influence of TV violence', *Journal of Communication*, 51(2): 383–399.

Hoijer, B. (2000) 'Audiences' expectations and interpretations of different TV genres', in I. Hagen and J. Wasko (eds), *Consuming Audiences? Production and Reception in Media Research*, pp. 189–208. Cresskill, NJ: Hampton Press.

Holub, R. (1984) *Reception Theory*. London: Methuen.

Hopmann, D.N., van Aelst, P. and Legnante, G. (2012) 'Political balance in the news: a review of concepts, operationalizations and key findings', *Journalism*, 13(2): 240–257.

Horsti, K. (2003) 'Global mobility and the media: presenting asylum seekers as a threat', *Nordicom Review*, 24(1): 41–54.

Horton, D. and Wohl, R.R. (1956) 'Mass communication and parasocial interaction', *Psychiatry*, 19: 215–229.

Horvath, C.W. (2004) 'Measuring TV addiction', *Journal of Broadcasting and Electronic Media*, 48(3): 378–398.

Hoskins, C. and Mirus, R. (1988) 'Reasons for the US dominance of the international trade in television programmes', *Media, Culture & Society*, 10: 499–515.

Hovland, C.I., Lumsdaine, A.A. and Sheffield, F.D. (1949) *Experiments in Mass Communication*. Princeton, NJ: Princeton University Press.

Howley, K. (2009) *Community Media: People, Places, and Communication Technologies*. Cambridge: Cambridge University Press.

Hoyler, M. and Watson, A. (2013) 'Global media cities in transnational media networks', *Tijdschrift voor Economische en Sociale Geografie*, 104: 90–108.

Huaco, G.A. (1963) *The Sociology of Film Art*. New York: Basic Books.

Huesca, R. (2003) 'From modernization to participation: the past and future of development communication in media studies', in A.N. Valdivia (ed.), *A Companion to Media Studies*, pp. 50–71. Oxford: Blackwell.

Huesmann, L.R. (1986) 'Psychological processes prompting the relation between exposure to media violence and aggressive behavior by the viewer', *Journal of Social Issues*, 42(3): 125–139.

Hughes, H.M. (1940) *News and the Human Interest Story*. Chicago, IL: University of Chicago Press.

Hughes, M. (1980) 'The fruits of cultivation analysis: a re-examination of some effects of TV viewing', *Public Opinion Quarterly*, 44(3): 287–302.

Innis, H. (1950) *Empire and Communication*. Oxford: Clarendon Press.

Innis, H. (1951) *The Bias of Communication*. Toronto: University of Toronto Press.

Iosifides, P. (2002) 'Digital convergence: challenges for European regulation', *The Public*, 9(3): 27–48.

Ishikawa, S. (ed.) (1996) *Quality Assessment of Television*. Luton: Luton University Press.

Ito, M. (2005) 'Technologies of the childhood imagination: Yugioh, media mixes, and everyday cultural production', in J. Karaganis and N. Jeremijenko (eds), *Structures of Participation in Digital Culture*. Durham, NC: Duke University Press.

Ito, Y. (1981) 'The "Johoka Shakai" approach to the study of communication in Japan', in G.C. Wilhoit and H. de Bock (eds), *Mass Communication Review Yearbook*, vol. 2. Beverly Hills, CA: Sage.

Ito, Y. and Koshevar, I.J. (1983) 'Factors accounting for the flow of international communications', *Keio Communication Review*, 4: 13–38.

Iyengar, S. and Kinder, D.R. (1987) *News That Matters: Television and American Opinion*. Chicago, IL: University of Chicago Press.

Izushi, H. and Aoyama, Y. (2006) 'Industry evolution and cross-sectoral skill transfers: a comparative analysis of the video game industry in Japan, the United States, and the United Kingdom', *Environment and Planning A*, 38: 1843–1861.

Jacobs, K., Janssen, M. and Pasquinelli, M. (eds) (2007) *C'LICKME: A Netporn Studies Reader*. Amsterdam: Institute of Network Cultures.

Jakubovicz, K. (2007) 'The Eastern European/post communist media model countries', in G. Terzis (ed.), *European Media Governance*, pp. 303–314. Bristol: Intellect.

Jameson, F. (1984) 'Postmodernism: the cultural logic of late capitalism', *New Left Review*, 146(July–August): 53–92.

Jamieson, K.H. and Cappella, J.N. (2008) *Echo Chamber*. Oxford: Oxford University Press.

Jamieson, P.E. and Romer, D. (2014) 'Violence in popular U.S. prime time TV dramas and the cultivation of fear: a time series analysis', *Media and Communication*, 2(2): 31–41.

Jankowski, N. (2002) 'Creating community with media', in L. Lievrouw and S. Livingstone (eds), *The Handbook of New Media*, pp. 34–49. London: Sage.

Janowitz, M. (1952) *The Community Press in an Urban Setting*. Glencoe, IL: Free Press.

Janowitz, M. (1968) 'The study of mass communication', in *International Encyclopedia of the Social Sciences*, vol. 3, pp. 41–53. New York: Macmillan.

Janowitz, M. (1975) 'Professional models in journalism: the gatekeeper and advocate', *Journalism Quarterly*, 52(4): 618–626.

Jansen, S.C. (1988) *Censorship*. New York: Oxford University Press.

Jansson, A. and Falkheimer, J. (2006) *Geographies of Communication: The Spatial Turn in Media Studies*. Göteborg: Nordicom.

Jay, M. (1973) *The Dialectical Imagination*. London: Heinemann.

Jenkins, H. (1988) 'Star Trek rerun, reread, rewritten: fan writing as textual poaching', *Critical Studies in Mass Communication*, 5(2): 85–107.

Jenkins, H. (2004) 'The cultural logic of media convergence', *International Journal of Cultural Studies*, 7(1): 33–43.

Jenkins, H. (2006) *Convergence Culture: Where Old and New Media Collide*. New York: New York University Press.

Jenkins, H. (2007) 'Transmedia storytelling 101', *Confessions of an Aca-fan* weblog, 21 March. Available at: http://henryjenkins.org/blog/2007/03/transmedia_storytelling_101.html.

Jenkins, H. and Deuze, M. (2008) 'Convergence culture', *Convergence*, 14(1): 5–12.

Jenkins, H., Ford, S. and Green, J. (2013) *Spreadable Media*. New York: New York University Press.

Jenkins, H., Shresthova, S., Gamber-Thompson, L., Kligler-Vilenchik, N. and Zimmerman, A. (2016) *By Any Media Necessary: The New Youth Activism*. New York: New York University Press.

Jensen, K.B. (1991) 'When is meaning? Communication theory, pragmatism and mass media reception', in J. Anderson (ed.), *Communication Yearbook 14*, pp. 3–32. Newbury Park, CA: Sage.

Jensen, K.B. (2018) 'The double hermeneutics of communication research', *Javnost – The Public*, 25(1–2): 177–183.

Jensen, K.B. (2019) 'The double hermeneutics of audience research', *Television & New Media*, 20(2): 142–154.

Jensen, K.B. and Jankowski, N. (eds) (1991) *A Handbook of Qualitative Methodologies*. Abingdon: Routledge.

Jensen, K.B. and Rosengren, K.E. (1990) 'Five traditions in search of the audience', *European Journal of Communication*, 5(2/3): 207–238.

Jhally, S. and Livant, B. (1986) 'Watching as working: the valorization of audience consciousness', *Journal of Communication*, 36(2): 124–163.

Jia, W. (2017) 'Chinese communication studies: three paths converging', *Westminster Papers in Communication and Culture*, 12(1): 33–34.

Johansson, T. and Miegel, F. (1992) *Do the Right Thing*. Stockholm: Almqvist and Wiksell.

Johns, J. (2006) 'Video game production networks: value capture, power relations and embeddedness', *Journal of Economic Geography*, 6(2): 151–180.

Johnson, D. (2011) 'Devaluing and revaluing seriality: the gendered discourses of media franchising', *Media, Culture & Society*, 33(7): 1077–1093.

Johnson R. (1986) 'What is cultural studies anyway?', *Social Text*, 16: 36–80.

Johnstone, J.W.L., Slawski, E.J. and Bowman, W.W. (1976) *The News People*. Urbana, IL: University of Illinois Press.

Jones, S.G. (ed.) (1997) *Virtual Culture: Identity and Communication in Cybersociety*. London: Sage.

Jones, S.G. (ed.) (1998) *Cybersociety 2.0: Revisiting Computer-Mediated Communication and Community*. London: Sage.

Jouhki, J., Lauk, E., Penttinen, M., Sormanen, N. and Uskali, T. (2016) 'Facebook's emotional contagion experiment as a challenge to research ethics', *Media and Communication*, 4(4): 75–85.

Jowett, G. and Linton, J.M. (1980) *Movies as Mass Communication*. Beverly Hills, CA: Sage.

Jowett, G. and O'Donnell, V. (1999) *Propaganda and Persuasion*, 3rd edition. Beverly Hills, CA: Sage.

Joye, S., Heinrich, A. and Wöhlert, R. (2016) '50 years of Galtung and Ruge: reflections on their model of news values and its relevance for the study of journalism and communication today', *Communication and Media*, XI(36): 5–28.

Juul, J. (2005) *Half-Real: Video Games between Real Rules and Fictional Worlds*. Boston, MA: MIT Press.

Kaminsky, S.M. (1974) *American Film Genres*. Dayton, OH: Pflaum.

Kaplan, E.A. (1987) *Rocking around the Clock: Music Television, Postmodernism and Consumer Culture*. London: Methuen.

Kaplan, E.A. (1992) 'Feminist critiques and television', in R.C. Allen (ed.), *Channels of Discourse Reassembled*, pp. 247–283. Abingdon: Routledge.

Karatzogianni, A. (2015) *Firebrand Waves of Digital Activism 1994–2014*. New York: Springer.

Karatzogianni, A. and Kuntsman, A. (2012) *Digital Cultures and the Politics of Emotion: Feelings, Affect and Technological Change*. Basingstoke: Palgrave Macmillan.

Karppingen, K. (2007) 'Against naïve pluralism in media politics: on implications of radical-pluralist approach to the public sphere', *Media, Culture & Society*, 29(3): 495–508.

Katz, E. (1977) *Social Research and Broadcasting: Proposals for Further Development*. London: BBC.

Katz, E. (1983) 'Publicity and pluralistic ignorance: notes on the spiral of silence', in E. Wartella et al. (eds), *Mass Communication Review Yearbook*, vol. 4, pp. 89–99. Beverly Hills, CA: Sage.

Katz, E. (1988) 'Disintermediation: cutting out the middle man', *Intermedia*, 16(2): 30–31.

Katz, E., Blumler, J.G. and Gurevitch, M. (1974) 'Utilization of mass communication by the individual', in J.G. Blumler and E. Katz (eds), *The Uses of Mass Communication*, pp. 19–32. Beverly Hills, CA: Sage.

Katz, E., Gurevitch, M. and Haas, H. (1973) 'On the use of mass media for important things', *American Sociological Review*, 38: 164–181.

Katz, E. and Lazarsfeld, P.F. (1955) *Personal Influence*. Glencoe, IL: Free Press.

Kaun, A. and Uldam, J. (2018) 'Digital activism: after the hype', *New Media and Society*, 20(6): 2099–2106.

Kepplinger, H.M. (1983) 'Visual biases in TV campaign coverage', in E. Wartella et al. (eds), *Mass Communication Review Yearbook*, vol. 4, pp. 391–405. Beverly Hills, CA: Sage.

Kepplinger, H.M. and Habermeier, J. (1995) 'The impact of key events on the presentation of reality', *European Journal of Communication*, 10(3): 371–390.

Kepplinger, H.M. and Koecher, R. (1990) 'Professionalism in the media world?', *European Journal of Communication*, 5(2/3): 285–311.

Kerr, A. (2006) *The Business and Culture of Digital Games*. London: Sage.

Kerr, A. (2016) *Global Games: Production, Circulation and Policy in the Networked Era*. Abingdon: Routledge.

Kim, S.J. (2016) 'A repertoire approach to cross-platform media use behavior', *New Media and Society*, 18(3): 353–372.

Kingsbury, S.M. and Hart, M. (1937) *Newspapers and the News*. New York: Putnam.

Kiousis, S. (2002) 'Interactivity: a concept explication', *New Media and Society*, 4(3): 329–354.

Kitzinger, J. (2007) 'Framing and frame analysis', in E. Devereux (ed.), *Media Studies*, pp. 134–161. London: Sage.

Klapper, J. (1960) *The Effects of Mass Communication*. New York: Free Press.

Knee, J.A., Greenwald, B.C. and Seave, A. (2009) *The Curse of the Mogul*. New York: Penguin Random House.

Knight, A., Geuze, C. and Gerlis, A. (2008) 'Who is a journalist?', *Journalism Studies*, 9(1): 117–131.

Knobloch-Westerwick, S., Glynn, C.J. and Huge, M. (2013) 'The Matilda Effect in science communication: an experiment on gender bias in publication quality perceptions and collaboration interest', *Science Communication*, 35(5): 603–625.

Kosterich, A. and Napoli, P.M. (2016) 'Reconfiguring the audience commodity: the institutionalization of social TV analytics as market information regime', *Television & New Media*, 17(3): 254–271.

Kowert, R. and Quandt, T. (eds) (2015) *The Video Game Debate: Unravelling the Physical, Social, and Psychological Effects of Video Games*. Abingdon: Routledge.

Kracauer, S. (1949) 'National types as Hollywood represents them', *Public Opinion Quarterly*, 13: 53–72.

Kraidy, M. (2003) 'Glocalisation: an international communication framework?', *Journal of International Communication*, 9(2): 29–49.

Krajina, Z., Moores, S. and Morley, D. (2014) 'Non-media-centric media studies: a cross-generational conversation', *European Journal of Cultural Studies*, 17(6): 682–700.

Kramer, A.D., Guillory, J.E. and Hancock, J.T. (2014) 'Experimental evidence of massive-scale emotional contagion through social networks', *Proceedings of the National Academy of Sciences*, 111(24): 8788–8790.

Krämer, S. (2015) *Medium, Messenger, Transmission: An Approach to Media Philosophy.* Amsterdam: Amsterdam University Press.

Kraus, S. and Davis, D.K. (1976) *The Effects of Mass Communication on Political Behavior.* University Park, PA: Pennsylvania State University Press.

Krippendorf, K. (2004) *Content Analysis*, 2nd edition. Thousand Oaks, CA: Sage.

Krotz, F. (2007) 'The meta-process of "mediatization" as a conceptual frame', *Global Media and Communication*, 3(3): 256–260.

Kruikemeier, S., Gattermann, K. and Vliegenthart, R. (2018) 'Understanding the dynamics of politicians' visibility in traditional and social media', *The Information Society*, 34(4): 215–228.

Kruikemeier, S., Sezgin, M. and Boerman, S.C. (2016) 'Political microtargeting: relationship between personalized advertising on Facebook and voters' responses', *Cyberpsychology, Behavior and Social Networking*, 19(6): 367–372.

Ksiazek, T.B. (2011) 'A network analytic approach to understanding cross-platform audience behavior', *Journal of Media Economics*, 24(4): 237–251.

Küng, L. (2017) *Strategic Management in the Media*, 2nd edition. London: Sage.

Küng, L., Picard, R.G. and Towse, R. (eds) (2008) *The Internet and the Mass Media.* London: Sage.

Kuss, D.J. and Fernandez, O. (2016) 'Internet addiction and problematic Internet use: a systematic review of clinical research', *World Journal of Psychiatry*, 6(1): 143–176.

Lacy, S. and Martin, H.J. (2004) 'Competition, circulation and advertising', *Newspaper Research Journal*, 25(1): 18–39.

Lampel, J., Lant, T. and Jamal, S. (2000) 'Balancing act: learning from organizing practices in cultural industries', *Organization Science*, 11(3): 263–269.

Lang, A. (2013) 'Discipline in crisis? The shifting paradigm of mass communication research', *Communication Theory*, 23: 10–24.

Lang, G. and Lang, K. (1981) 'Mass communication and public opinion: strategies for research', in M. Rosenberg and R.H. Turner (eds), *Social Psychology: Sociological Perspectives*, pp. 653–682. New York: Basic Books.

Langer, J. (2003) 'Tabloid television and news culture', in S. Cottle (ed.), *News, Public Relations and Power*, pp. 135–52. London: Sage.

Lantos, G.P. (1987) 'Advertising: looking glass or molder of the masses?', *Journal of Public Policy & Marketing*, 6(1): 104–128.

Lanzen, M.M., Dozier, D.M. and Horan, N. (2008) 'Constructing gender stereotypes through social roles in prime-time TV', *Journal of Broadcasting and Electronic Media*, 52(2): 200–214.

LaRose, R. and Eastin, M.S. (2004) 'A social cognitive theory of internet uses and gratifications: towards a new model of media attendance', *Journal of Broadcasting and Electronic Media*, 48(3): 358–377.

Lash, S. (2002) *Critique of Information.* London: Sage.

Lasswell, H. (1927) *Propaganda Techniques in the First World War.* New York: Knopf.

Lasswell, H. (1948) 'The structure and function of communication in society', in L. Bryson (ed.), *The Communication of Ideas*, pp. 32–51. New York: Harper & Row.

Latour, B. (1993) *We Have Never Been Modern.* Cambridge, MA: Harvard University Press.

Law, J. (1992) *Notes on the Theory of the Actor Network: Ordering, Strategy and Heterogeneity.* Available at: www.lancs.ac.uk/fass/sociology/papers/law-notes-on-ant.pdf.

Lazarsfeld, P.F. (1941) 'Remarks on administrative and critical communication research studies', *Philosophy and Social Science*, IX(2).

Lazarsfeld, P.F. and Stanton, F. (1944) *Radio Research 1942–3.* New York: Duell, Sloan and Pearce.

Lazarsfeld, P.F. and Stanton, F. (1949) *Communication Research 1948–9.* New York: Harper & Row.

Leadbeater, C. and Oakley, K. (1999) *The New Independents.* London: Demos. Available at: www.demos.co.uk/publications/independents

Lecheler, S., Schuck, A.R.T. and De Vreese, C.H. (2013) 'Dealing with feelings: positive and negative discrete emotions as mediators of news framing effects', *Communications*, 38(2): 189–209.

Lee, F.L.F. and Chan, J. (2015) 'Digital media activities and mode of participation in a protest campaign: a study of the Umbrella Movement', *Information, Communication & Society*, 19: 4–22.

Lehman-Wilzig, S. and Cohen-Avigdor, N. (2004) 'The natural life cycle of new media evolution', *New Media and Society*, 6(6): 707–730.

Leiss, W. (1989) 'The myth of the information society', in I. Angus and S. Jhally (eds), *Cultural Politics in Contemporary America*, pp. 282–298. New York: Routledge.

Lemert, J.B. (1989) *Criticizing the Media*. Newbury Park, CA: Sage.

Lerner, D. (1958) *The Passing of Traditional Society*. New York: Free Press.

Lessig, L. (1999) *Code and Other Laws of Cyberspace*. New York: Basic Books.

Leung, L. and Chen, C. (2018, August) 'A review of media addiction research from 1991 to 2016', *Social Science Computer Review*, 1–18, https://doi.org/10.1177/0894439318791770.

Leurs, K. (2019) 'Transnational connectivity and the affective paradoxes of digital care labour: Exploring how young refugees technologically mediate co-presence', *European Journal of Communication*, 34(6): 641–649.

Levy, M.R. (1977) 'Experiencing television news', *Journal of Communication*, 27: 112–117.

Levy, M.R. (1978) 'The audience experience with television news', *Journalism Monographs*, 55.

Levy, M.R. and Windahl, S. (1985) 'The concept of audience activity', in K.E. Rosengren et al. (eds), *Media Gratification Research*, pp. 109–122. Beverly Hills, CA: Sage.

Lewis, G.H. (1981) 'Taste cultures and their composition: towards a new theoretical perspective', in E. Katz and T. Szecskö (eds), *Mass Media and Social Change*, pp. 201–217. Newbury Park, CA: Sage.

Lewis, G.H. (1992) 'Who do you love? The dimensions of musical taste', in J. Lull (ed.), *Popular Music and Communication*, 2nd edition, pp. 134–151. Newbury Park, CA: Sage.

Lewis, S.C. (2012) 'The tension between professional control and open participation', *Information, Communication & Society*, 15(6): 836–866.

Lewis, S.C., Holton, A.E. and Coddington, M. (2014) 'Reciprocal journalism', *Journalism Practice*, 8(2): 229–241.

Lewis, S.C. and Westlund, O. (2015) 'Actors, actants, audiences, and activities in cross-media news work', *Digital Journalism*, 3(1): 19–37.

Liebes, T. and Katz, E. (1986) 'Patterns of involvement in television fiction: a comparative analysis', *European Journal of Communication*, 1(2): 151–172.

Liebes, T. and Katz, E. (1990) *The Export of Meaning: Cross-Cultural Readings of 'Dallas'*. Oxford: Oxford University Press.

Liebes, T. and Livingstone, S. (1998) 'European soap operas', *European Journal of Communication*, 13(2): 147–180.

Lievrouw, L.A. (2004) 'What's changed about new media?', *New Media and Society*, 6(1): 9–15.

Lievrouw, L.A. and Livingstone, S. (eds) (2006) *The Handbook of New Media*, 2nd edition. London: Sage.

Lindlof, T.R. (1988) 'Media audiences as interpretive communities', in J. Anderson (ed.), *Communication Yearbook* 11, pp. 81–107. Newbury Park, CA: Sage.

Lindlof, T.R. and Schatzer, J. (1998) 'Media ethnography in virtual space: strategies, limits and possibilities', *Journal of Broadcasting and Electronic Media*, 42(2): 170–189.

Lippmann, W. (1922) *Public Opinion*. New York: Harcourt Brace.

Livingstone, S. (1988) 'Why people watch soap opera: an analysis of the explanations of British viewers', *European Journal of Communication*, 31(1): 55–80.

Livingstone, S. (1999) 'New media, new audiences?', *New Media and Society*, 1(1): 59–66.

Livingstone, S. (2002) *Young People and New Media*. London: Sage.

Livingstone, S. (2007) 'From family television to bedroom culture: young people's media at home', in E. Devereux (ed.), *Media Culture*, pp. 302–321. London: Sage.

Livingstone, S. (2009) 'On the mediation of everything', *Journal of Communication*, 59(1): 1–18.

Livingstone, S. (2011) 'If everything is mediated, what is distinctive about the field of communication?', *International Journal of Communication*, 5: 1472–1475.

Livingstone, S. (2013) 'The participation paradigm in audience research', *The Communication Review*, 16(1–2): 21–30.

Livingstone, S. (2015) 'Active audiences? The debate progresses but is far from resolved', *Communication Theory*, 25: 439–446.

Livingstone, S. and Helsper, E. (2010) 'Balancing opportunities and risks in teenagers' use of the internet: the role of online skills and internet self-efficacy', *New Media and Society*, 12(2): 309–329.

Livingstone, S. and Sefton-Green. J. (2016) *The Class: Living and Learning in the Digital Age*. New York: New York University Press.

Livingstone, S. and Third, A. (2017) 'Children and young people's rights in the digital age: an emerging agenda', *New Media and Society*, 19(5): 657–670.

Long, E. (1991) 'Feminism and cultural studies', in R. Avery and D. Eason (eds), *Cultural Perspectives on Media and Society*, pp. 114–125. New York: Guilford Press.

Loosen, W. and Schmidt, J.-H. (2012) '(Re-)discovering the audience', *Information, Communication & Society*, 15(6): 867–887.

Lowe, G.F. and Brown, C. (eds) (2016) *Managing Media Firms and Industries*. New York: Springer.

Lowery, S.A. and DeFleur, M.L. (eds) (1995) *Milestones in Mass Communication Research*, 3rd edition. New York: Longman.

Lüders, M. (2008) 'Conceptualizing personal media', *New Media and Society*, 10(5): 683–702.

Luhmann, N. (2000) *The Reality of the Mass Media*. Cambridge: Polity Press.

Lull, J. (1982) 'The social uses of television', in D.C. Whitney et al. (eds), *Mass Communication Review Yearbook*, vol. 3, pp. 397–409. Beverly Hills, CA: Sage.

Lull, J. (ed.) (1992) *Popular Music and Communication*. Newbury Park, CA: Sage.

Lull, J. and Wallis, R. (1992) 'The beat of Vietnam', in J. Lull (ed.), *Popular Music and Communication*, pp. 207–236. Newbury Park, CA: Sage.

Lünenborg, M. and Fürsich, E. (2014) 'Media and the intersectional other', *Feminist Media Studies*, 14(6): 959–975.

Lünenborg, M. and Maier, T. (2018) 'The turn to affect and emotion in media studies', *Media and Communication*, 6(3): 1–4.

Lunt, P. and Livingstone, S. (2016) 'Is "mediatization" the new paradigm for our field?', *Media, Culture & Society*, 38(3): 462–470.

Lynch, M. and Swink, E. (1967) 'Some effects of priming, incubation and creative aptitude on journalism performance', *Journal of Communication*, 17(4): 372–382.

Lynch, T., Tompkins, J.E., van Driel, I.I. and Fritz, N. (2016) 'Sexy, strong, and secondary: a content analysis of female characters in video games across 31 years', *Journal of Communication*, 66: 564–584.

Lyotard, J.-F. ([1979]1984) *The Postmodern Condition: A Report on Knowledge*. Manchester: Manchester University Press.

M'Bayo, R.T., Sunday, O. and Amobi, I. (2012) 'Intellectual property and theory building in African mass communication research', *Journal of African Media Studies*, 4(2): 139–155.

Maccoby, E. (1954) 'Why do children watch TV?', *Public Opinion Quarterly*, 18: 239–244.

Machill, M., Beiler, M. and Zenker, M. (2008) 'Search-engine research: a European–American overview and systematization of an interdisciplinary and international research field', *Media, Culture & Society*, 30(5): 591–608.

Machlup, F. (1962) *The Production and Distribution of Knowledge in the United States*. Princeton, NJ: Princeton University Press.

Madianou, M. and Miller, D. (2013) 'Polymedia: towards a new theory of digital media in interpersonal communication', *International Journal of Cultural Studies*, 16(2): 169–187.

Maisel, R. (1973) 'The decline of mass media', *Public Opinion Quarterly*, 37: 159–170.

Malmelin, N. and Virta, S. (2016) 'Managing creativity in change', *Journalism Practice*, 10(8): 1041–1054.

Mansell, R. (2004) 'Political economy, power and the new media', *New Media and Society*, 6(1): 96–105.

Mansell, R. and Raboy, M. (eds) (2011) *The Handbook of Global Media and Communication Policy*. Hoboken, NJ: Wiley-Blackwell.

Maras, S. (2014) 'Media accountability: double binds and responsibility gaps', *Global Media Journal: Australian Edition*, 8(2): 1–13.

March, J.G. (1991) 'Exploration and exploitation in organizational learning', *Organization Science*, 2: 71–87.

Marcuse, H. (1964) *One-Dimensional Man*. Abingdon: Routledge and Kegan Paul.

Marjoribanks, T. (2000) *News Corporation, Technology and the Workplace: Global Strategies, Local Change*. Cambridge: Cambridge University Press.

Marjoribanks, T. (2011) 'Understanding multinational media management', in M. Deuze (ed.), *Managing Media Work*, pp. 133–144. London: Sage.

Markey, P.M., Markey, C.N. and French, J.E. (2015) 'Violent video games and real-world violence: rhetoric versus data', *Psychology of Popular Media Culture*, 4(4): 277–295.

Markham, A.N. (2013) 'Fieldwork in social media', *Departures in Critical Qualitative Research*, 2(4): 434–446.

Martel, M.U. and McCall, G.J. (1964) 'Reality-orientation and the pleasure principle', in L.A. Dexter and

D.M. White (eds), *People, Society and Mass Communication*, pp. 283–333. New York: Free Press.

Martín-Barbero, M. (1993) *Communication, Culture and Hegemony: From the Media to Mediations*. London: Sage.

Martins, N. and Weaver, A.J. (2019) 'The role of media exposure on relational aggression: a meta-analysis', *Aggression and Violent Behavior*, 47: 90–99.

Martins, N., Weaver, A.J., Yeshua-Katz, D., Lewis, N.H., Tyree, N.E. and Jensen, J.D. (2013) 'A content analysis of print news coverage of media violence and aggression research', *Journal of Communication*, 63: 1070–1087.

Massey, D. (2005) *For Space*. London: Sage.

Massey, D. (2007) *World City*. Cambridge: Polity Press.

Mattelart, A. (2003) *The Information Society*. London: Sage.

Matthes, J. (2015) 'Observing the "spiral" in the spiral of silence', *International Journal of Public Opinion Research*, 27(2): 155–176.

Maxwell, R. and Miller, T. (2012) *Greening the Media*. Oxford: Oxford University Press.

Mayer, V., Press, A., Verhoeven, D. and Sterne, J. (2017) 'How do we intervene in the stubborn persistence of patriarchy in communication research?', in D.T. Scott and A. Shaw (eds), *Interventions: Communication Theory and Practice*. New York: Peter Lang. Available at: www.peterlang.com/view/product/84180?rskey=7eP1r6&result=1.

Mazzoleni, G. (2014) 'Mediatization and political populism', in J. Strömbäck and F. Esser (eds), *Mediatization of Politics: Understanding the Transformation of Western Democracies*, pp. 42–56. New York and London: Palgrave Macmillan.

Mazzoleni, G. and Schulz, W. (1999) '"Mediatization" of politics: a challenge for democracy?', *Political Communication*, 16(3): 247–261.

McBride, S. et al. (1980) *Many Voices, One World*. Report by the International Commission for the Study of Communication Problems. Paris: UNESCO; London: Kogan Page.

McChesney, R. (2000) *Rich Media, Poor Democracy*. New York: New Press.

McCombs, M. and Funk, M. (2011) 'Shaping the agenda of local daily newspapers: a methodology merging the agenda setting and community structure perspectives', *Mass Communication and Society*, 14(6): 905–919.

McCombs, M.E. and Shaw, D.L. (1972) 'The agenda-setting function of the press', *Public Opinion Quarterly*, 36: 176–187.

McCombs, M.E. and Shaw, D.L. (1993) 'The evolution of agenda-setting theory: 25 years in the marketplace of ideas', *Journal of Communication*, 43(2): 58–66.

McCormack, T. (1961) 'Social theory and the mass media', *Canadian Journal of Economics and Political Science*, 4: 479–849.

McDonald, D.G. (1990) 'Media orientation and television news viewing', *Journalism Quarterly*, 67(1): 11–20.

McDonald, D.G. and Dimmick, J. (2003) 'The conceptualization and measurement of diversity', *Communication Research*, 30(1): 60–79.

McGranahan, D.V. and Wayne, L. (1948) 'German and American traits reflected in popular drama', *Human Relations*, 1(4): 429–455.

McGuigan, J. (1992) *Cultural Populism*. Abingdon: Routledge.

McGuire, W.J. (1973) 'Persuasion, resistance and attitude change', in I. de Sola Pool et al. (eds), *Handbook of Communication*, pp. 216–252. Chicago, IL: Rand McNally.

McGuire, W.J. (1974) 'Psychological motives and communication gratifications', in J.G. Blumler and E. Katz (eds), *The Uses of Mass Communications*, pp. 167–196. Beverly Hills, CA: Sage.

McLeod, D., Detember, B.H. and Eveland, W.P. (2001) 'Behind the third-person effect: differentiating perceptual process for self and other', *Journal of Communication*, 51(4): 678–696.

McLeod, D., Wise, D. and Perryman, M. (2017) 'Thinking about the media: a review of theory and research on media perceptions, media effects perceptions, and their consequences', *Review of Communication Research*, 5: 35–83.

McLeod, J.M., Kosicki, G.M. and Pan, Z. (1991) 'On understanding and not understanding media effects', in J. Curran and M. Gurevitch (eds), *Mass Media and Society*, pp. 235–266. London: Edward Arnold.

McLeod, J.M. and McDonald, D.G. (1985) 'Beyond simple exposure: media orientations and their impact on political processes', *Communication Research*, 12(1): 3–32.

McLuhan, M. (1962) *The Gutenberg Galaxy*. Toronto: Toronto University Press.

McLuhan, M. (1964) *Understanding Media*. Abingdon: Routledge and Kegan Paul.

McManus, J.H. (1994) *Market-driven Journalism: Let the Citizen Beware*. Thousand Oaks, CA: Sage.

McMasters, P.K. (2000) 'Unease with excess', *Media Studies Journal*, Fall: 108–112.

McNair, B. (1988) *Images of the Enemy*. Abingdon: Routledge.

McNair, B. (2017) 'After objectivity?', *Journalism Studies*, 18(10): 1318–1333.

McQuail, D. (1977) *Analysis of Newspaper Content*. Royal Commission on the Press, Research Series 4. London: HMSO.

McQuail, D. (1983) *Mass Communication Theory: An Introduction*. London: Sage.

McQuail, D. (1984) 'With the benefit of hindsight: reflections on uses and gratifications research', *Critical Studies in Mass Communication*, 1: 177–193.

McQuail, D. (1992) *Media Performance: Mass Communication and the Public Interest*. London: Sage.

McQuail, D. (1997) *Audience Analysis*. Thousand Oaks, CA: Sage.

McQuail, D. (2003a) *Media Accountability and Freedom of Publication*. Oxford: Oxford University Press.

McQuail, D. (2003b) 'Making progress in a trackless, weightless and intangible space: a response to Keith Roe', *Communications*, 27: 275–284.

McQuail, D. (2006) 'The mediatization of war', *International Communication Gazette*, 68(2): 107–118.

McQuail, D. (2009) 'Editorial: EJC Symposium Special Issue', *European Journal of Communication*, 24(4): 387–389.

McQuail, D., Blumler, J.G. and Brown, J. (1972) 'The television audience: a revised perspective', in D. McQuail (ed.), *Sociology of Mass Communication*, pp. 135–165. Harmondsworth: Penguin.

McQuail, D. and Siune, K. (1998) *Media Policy: Convergence, Concentration and Commerce*. London: Sage.

McQuail, D. and Windahl, S. (1993) *Communication Models for the Study of Mass Communication*, 2nd edition. London: Longman.

McRobbie, A. (1996) '*More!* New sexualities in girls' and women's magazines', in J. Curran, D. Morley and V. Walkerdine (eds), *Cultural Studies and Communications*, pp. 172–194. London: Edward Arnold.

McRobbie, A. (2016) *Be Creative: Making a Living in the New Culture Industries*. Cambridge: Polity Press.

Meehan, E. and Wasko, J. (2013) 'In defense of a political economy of the media', *Javnost – The Public*, 20(1): 39–53.

Mellado, C., Hellmueller, L. and Donsbach, W. (eds) (2017) *Journalistic Role Performance: Concepts, Contexts, and Methods*. New York: Routledge.

Mellado, C., Hellmueller, L., Márquez-Ramírez, M., Humanes, M.L., Sparks, C., Stepinska, A., Pasti, S., Schielicke, A., Tandoc, E. and Wang, H. (2017) 'The hybridization of journalistic cultures: a comparative study of journalistic role performance', *Journal of Communication*, 67: 944–967.

Melody, W.H. (1990) 'Communications policy in the global information economy', in M.F. Ferguson (ed.), *Public Communication: The New Imperatives*, pp. 16–39. London: Sage.

Mendelsohn, H. (1964) 'Listening to radio', in L.A. Dexter and D.M. White (eds), *People, Society and Mass Communication*, pp. 239–248. New York: Free Press.

Mendelsohn, H. (1966) *Mass Entertainment*. New Haven, CT: College and University Press.

Merton, R.K. (1949) 'Patterns of influence', in *Social Theory and Social Structure*, pp. 387–470. Glencoe, IL: Free Press.

Merton, R.K. (1957) *Social Theory and Social Structure*. Glencoe, IL: Free Press.

Metz, M., Kruikemeier, S. and Lecheler, S. (2019) 'Personalization of politics on Facebook: examining the content and effects of professional, emotional and private self-personalization', *Information, Communication & Society*, DOI: 10.1080/1369118X.2019.1581244

Metzgar, E.T., Kurpius, D.D. and Rowley, K.M. (2011) 'Defining hyperlocal media: proposing a framework for discussion', *New Media and Society*, 13(5): 772–787.

Meyer, P. (1987) *Ethical Journalism*. New York: Longman.

Meyer, R. (2014) 'Everything We Know About Facebook's secret mood manipulation experiment', *The Atlantic*, 28 June. Available at: www.theatlantic.com/technology/archive/2014/06/everything-we-know-about-facebooks-secret-mood-manipulation-experiment/373648.

Meyrowitz, J. (1985) *No Sense of Place*. New York: Oxford University Press.

Meyrowitz, J. (2008) 'Power, pleasure, patterns: intersecting narratives of media influence', *Journal of Communication*, 58(4): 641–663.

Miconi, A. and Serra, M. (2019) 'On the concept of medium: an empirical study', *International Journal of Communication*, 13: 3444–3461.

Miège, B. (1979) 'The cultural commodity', *Media, Culture & Society*, 1: 297–311.

Miège, B. (1989) *The Capitalization of Cultural Production*. New York/Bagnolet: International General.

Miège, B. (2019) 'Cultural and creative industries and the political economy of communication', in M. Deuze and M. Prenger (eds), *Making Media: Production, Practices and Professions*, pp. 73–83. Amsterdam: Amsterdam University Press.

Mihelj, S. and Stanyer, J. (2019) 'Theorizing media, communication and social change: towards a processual approach', *Media, Culture & Society*, 41(4): 482–501.

Miller, C.R. (1984) 'Genre as social action', *Quarterly Journal of Speech*, 70(2): 151–167.

Miller, C.R. (2015) '"Genre as social action" (1984), revisited 30 years later (2014)', *Letras & Letras*, 31(3): 56–72.

Miller, C.R., Devitt, A.J. and Gallagher, V.J. (2018) 'Genre: permanence and change', *Rhetoric Society Quarterly*, 48(3): 269–277.

Miller, D. (1987) *Material Culture and Mass Consumption*. Oxford: Basil Blackwell.

Miller, T. (2009) 'Media Studies 3.0', *Television & New Media*, 10(1): 5–6.

Miller, T., Govil, N., McMurria, J., Maxwell, R. and Wang, T. (2005) *Global Hollywood 2*. London: BFI Publishing.

Miller, T. and Kraidy, M.M. (2016) *Global Media Studies*. Cambridge: Polity Press.

Miller, T. and Leger, M.-C. (2001) 'Runaway production, runaway consumption, runaway citizenship: the new international division of cultural labor', *Emergences*, 11(1): 89–115.

Miller, V. (2008) 'New media, networking and phatic culture', *Convergence*, 14(4): 387–400.

Miller, V. (2017) 'Phatic culture and the status quo: reconsidering the purpose of social media activism', *Convergence*, 23(3): 251–269.

Mills, B. (2004) 'Comedy verite: contemporary sitcom form', *Screen*, 45(1): 63–78.

Mills, C.W. (1951) *White Collar*. New York: Oxford University Press.

Mills, C.W. (1956) *The Power Elite*. New York: Oxford University Press.

Milton, V. (2017) 'Difficult questions: trends in communication studies – a South African view', *Westminster Papers in Communication and Culture*, 12(1): 30–32.

Mitchelstein, E. and Boczkowski, P.J. (2009) 'Between tradition and change: a review of recent research on online news production', *Journalism*, 10(5): 562–586.

Mittell, J. (2006) 'Narrative complexity in contemporary American television', *The Velvet Light Trap*, 58: 29–40.

Mittell, J. (2011) 'A cultural approach to TV genre theory', *Cinema Journal*, 40(3): 3–24.

Modleski, T. (1982) *Loving with a Vengeance: Mass-produced Fantasies for Women*. London: Methuen.

Moeller, J. and Helberger, N. (2018) 'Beyond the filter bubble: concepts, myths, evidence and issues for future debates', *Dutch Media Regulator Report*. Amsterdam: University of Amsterdam.

Möller, J., Trilling, D., Helberger, N. and Van Es, B. (2018) 'Do not blame it on the algorithm: an empirical assessment of multiple recommender systems and their impact on content diversity', *Information, Communication & Society*, 21(7): 959–977.

Monaco, J. (1981) *How to Read a Film*. New York: Oxford University Press.

Moorti, S. (2003) 'Out of India: fashion culture and the marketing of ethnic style', in A.N. Valdivia (ed.), *A Companion to Media Studies*, pp. 293–310. Oxford: Blackwell.

Morgan, M. and Shanahan, J. (1997) 'Two decades of cultivation research: an appraisal and meta-analysis', *Communication Yearbook*, 20(1): 1–46.

Morgan, M., Shanahan, J. and Signorielli, N. (2015) 'Yesterday's new cultivation, tomorrow', *Mass Communication and Society*, 18(5): 674–699.

Morley, D. (1980) *The 'Nationwide' Audience: Structure and Decoding*. BFI TV Monographs no. 11. London: British Film Institute.

Morley, D. (1986) *Family Television*. London: Comedia.

Morley, D. (1992) *Television, Audiences and Cultural Studies*. Abingdon: Routledge.

Morley, D. (1996) 'Postmodernism: the rough guide', in J. Curran, D. Morley and V. Walkerdine (eds), *Cultural Studies and Communication*, pp. 50–65. London: Edward Arnold.

Morley, D. (2015) 'Cultural studies, common sense and communications', *Cultural Studies*, 29(1): 23–31.

Morris, M. and Ogan, C. (1996) 'The Internet as mass medium', *Journal of Communication*, 46(1): 39–50.

Mosco, V. (1996) *The Political Economy of Communication*. London: Sage.

Mosco, V. (2009) *The Political Economy of Communication*, 2nd edition. London: Sage.

Moscovici, S. (1991) 'Silent majorities and loud minorities', in J. Anderson (ed.), *Communication Yearbook 14*, pp. 298–308. Newbury Park, CA: Sage.

Mowlana, H. (1985) *International Flows of Information*. Paris: UNESCO.

Moy, P., Domke, D. and Stamm, K. (2001) 'The spiral of silence and public opinion on affirmative action', *Journalism and Mass Communication Quarterly*, 78(1): 7–25.

Moy, P., Torres, M., Tanaka, K. and McClusky, R. (2005) 'Knowledge or trust? Investigating linkages between media reliance and participation', *Communication Research*, 32(1): 59–86.

Mukerjee, S., Majó-Vázquez, S. and González-Bailón, S. (2018) 'Networks of audience overlap in the consumption of digital news', *Journal of Communication*, 68(1), February: 26–50.

Müller, L. (2014) *Comparing Mass Media in Established Democracies: Patterns of Media Performance*. Basingstoke: Palgrave Macmillan.

Muñoz-Torres, J.R. (2012) 'Truth and objectivity in journalism', *Journalism Studies*, 13(4): 566–582.

Munson, W. (1993) *All Talk: The Talkshow in Media Culture*. Philadelphia, PA: University of Temple Press.

Murdock, G. (1990) 'Redrawing the map of the communication industries', in M. Ferguson (ed.), *Public Communication*, pp. 1–15. London: Sage.

Murdock, G. (1999) 'Rights and representations: public discourse and cultural citizenship', in J. Gripsrud (ed.), *Television and Common Knowledge*, pp. 7–17. Abingdon: Routledge.

Murthy, C. (2016) 'Unbearable lightness? Maybe because of the irrelevance/incommensurability of Western theories? An enigma of Indian media research', *International Communication Gazette*, 78(7): 636–642.

Mutz, D.C. and Soss, J. (1997) 'Reading public opinion: the influence of news coverage on perceptions of public sentiment', *Public Opinion Quarterly*, 61(3): 431–451.

Nakamura, L. (2002) *Cybertypes: Race, Ethnicity, and Identity on the Internet*. New York: Routledge.

Nakamura, L. and Chow-White, P.A. (eds) (2012) *Race after the Internet*. New York: Routledge.

Napoli, P.M. (2001) *Foundations of Communication Policy*. Creskill, NJ: Hampton Press.

Napoli, P.M. (2011) *Audience Evolution: New Technologies and the Transformation of Media Audience*. New York: Columbia University Press.

Napoli, P.M. (2012) 'Audience evolution and the future of audience research', *International Journal on Media Management*, 14(2): 79–97.

Napoli, P.M. (2019) *Social Media and the Public Interest: Media Regulation in the Disinformation Age*. New York: Columbia University Press.

Nass, C. and Yen, C. (2010) *The Man Who Lied to His Laptop*. New York: Penguin Random House.

Negus, K. (1992) *Producing Pop*. London: Edward Arnold.

Negus, K. (1998) 'Cultural production and the corporation: musical genres and the strategic management of creativity in the US recording industry', *Media, Culture & Society*, 20(3): 359–379.

Neilson, B. and Rossiter, N. (2005) 'From precarity to precariousness and back again: labour, life and unstable networks', *Fibre Culture*, 5, http://journal.fibreculture.org/issue5.

Neuman, W.R. (1991) *The Future of the Mass Audience*. Cambridge: Cambridge University Press.

Neuman, W.R. (2016) *The Digital Difference: Media Technology and the Theory of Communication Effects*. Cambridge, MA: Harvard University Press.

Neuman, W.R. (2018) 'The paradox of the paradigm: an important gap in media effects research', *Journal of Communication*, 68(2): 369–379.

Neuman, W.R. and Pool, I. de Sola (1986) 'The flow of communication into the home', in S. Ball-Rokeach and M. Cantor (eds), *Media, Audience and Social Structure*, pp. 71–86. Newbury Park, CA: Sage.

Newcomb, H. (1991) 'On the dialogic aspects of mass communication', in R. Avery and D. Easton (eds), *Critical Perspectives on Media and Society*, pp. 69–87. New York: Guilford Press.

Nieborg, D., Poell, T. (2019) 'The platformization of making media', in M. Deuze and M. Prenger (eds), *Making Media: Production, Practices and Professions*, pp. 85–98. Amsterdam: Amsterdam University Press.

Nightingale, V. (2003) 'The cultural revolution in audience research', in A.N. Valdivia (ed.), *A Companion to Media Studies*, pp. 360–381. Oxford: Blackwell.

Nixon, S. (2011) 'From full-service agency to 3-D marketing consultants: "creativity" and organizational change in advertising', in M. Deuze (ed.), *Managing Media Work*, pp. 199–208. London: Sage.

Noam, E. (1991) *Television in Europe*. New York: Oxford University Press.

Noam, E. (2018) 'Beyond the mogul: from media conglomerates to portfolio media', *Journalism*, 19(8): 1096–1130.

Noam, E. and The International Media Concentration Collaboration (2016) *Who Owns the World's Media?*

Media Concentration and Ownership around the World. Oxford: Oxford University Press.

Noble, G. (1975) *Children in Front of the Small Screen*. London: Constable.

Noelle-Neumann, E. (1974) 'The spiral of silence: a theory of public opinion', *Journal of Communication*, 24: 24–51.

Noelle-Neumann, E. (1984) *The Spiral of Silence*. Chicago, IL: University of Chicago Press.

Noelle-Neumann, E. (1991) 'The theory of public opinion: the concept of the spiral of silence', in J. Anderson (ed.), *Communication Yearbook 14*, pp. 256–287. Newbury Park, CA: Sage.

Noin, D. (2001) 'Bias in the news: partisanship and negativity in media coverage of Presidents G. Bush and Bill Clinton', *Harvard Journal of Press/Politics*, 6(3): 31–46.

Nordenstreng, K. (1974) *Informational Mass Communication*. Helsinki: Tammi.

Nordenstreng, K. (2010) 'Self-regulation: a contradiction in terms? Discussing constituents of journalistic responsibility', in H. Pöttker and C. Schwarzenegger (eds), *Europäische Öffentlichkeit und journalistische Verantvortung*, pp. 417–438. Cologne: Herbert von Halem Verlag.

Norris, P. (2000) *A Virtuous Circle*. New York: Cambridge University Press.

Norris, P. (2002) *Digital Divide*. New York: Cambridge University Press.

Norris, P., Curtice, J., Sanders, D., Scammell, M. and Semetko, H. (1999) *On Message: Communicating the Campaign*. Thousand Oaks, CA: Sage.

Ó Siochrú, S. and Girard, B., with Mahan, A. (2003) *Global Media Governance: A Beginner's Guide*. Lanham, MD: Rowman and Littlefield.

O'Donnell, P., Zion, L. and Sherwood, M. (2016) 'Where do journalists go after newsroom job cuts?', *Journalism Practice*, 10(1): 35–51.

O'Sullivan, P.B. and Carr, C.T. (2018) 'Masspersonal communication: a model bridging the mass-interpersonal divide', *New Media and Society*, 20(3): 1161–1180.

Ogden, C.K. and Richards, I.A. (1923) *The Meaning of Meaning* (reprinted 1985). Abingdon: Routledge and Kegan Paul.

Olen, J. (1988) *Ethics in Journalism*. Englewood Cliffs, NJ: Prentice-Hall.

Olson, S.R. (1999) *Hollywood Planet. Global Media: The Competitive Advantage of Narrative Transparency*. Mahwah, NJ: Erlbaum.

Oltean, O. (1993) 'Series and seriality in media culture', *European Journal of Communication*, 8(1): 5–31.

Ong, W. (1982) *Orality and Literacy*. Abingdon: Routledge.

Orben, A. and Przybylski, A.K. (2019) 'Screens, teens, and psychological well-being: evidence from three time-use-diary studies', *Psychological Science*, 30: 682–696.

Otto, L.B., Lecheler, S. and Schuck, A.R.T. (2019) 'Is context the key? The (non-) differential effects of mediated incivility in three European countries', *Political Communication*, DOI: 10.1080/10584609.2019.1663324.

Padioleau, J. (1985) *Le Monde et le Washington Post*. Paris: PUF.

Page, R. (2013) 'Seriality and storytelling in social media', *Storyworlds: A Journal of Narrative Studies*, 5: 31–54.

Paletz, D.L. and Entman, R. (1981) *Media, Power, Politics*. New York: Free Press.

Palfrey, J. and Gasser, U. (2008) *Born Digital*. New York: Basic Books.

Palmer, L. (2019) *The Fixers: Local News Workers and the Underground Labour of International Reporting*. Oxford: Oxford University Press.

Palmgreen, P. and Rayburn, J.D. (1985) 'An expectancy-value approach to media gratifications', in K.E. Rosengren et al. (eds), *Media Gratification Research*, pp. 61–72. Beverly Hills, CA: Sage.

Papacharissi, Z. (2010) *A Private Sphere: Democracy in a Digital Age*. Cambridge: Polity Press.

Papacharissi, Z. (2014) *Affective Publics: Sentiment, Technology, and Politics*. Oxford: Oxford University Press.

Papacharissi, Z. (2016) 'Affective publics and structures of storytelling: sentiment, events and mediality', *Information, Communication & Society*, 19(3): 304–327.

Papacharissi, Z. (ed.) (2018a) *A Networked Self: Birth, Life, Death*. Abingdon: Routledge.

Papacharissi, Z. (ed.) (2018b) *A Networked Self: Human Augmentics, Artificial Intelligence, Sentience*. Abingdon: Routledge.

Papacharissi, Z. (ed.) (2018c) *A Networked Self: Love*. Abingdon: Routledge.

Papacharissi, Z. (ed.) (2018d) *A Networked Self: Platforms, Stories, Connections*. Abingdon: Routledge.

Parameswaran, R. (ed.) (2013) 'Audience and interpretation in media studies', in *International Encyclopedia of Media Studies*, vol. 4. Malden, MA: Wiley-Blackwell.

Pariser, E. (2012) *The Filter Bubble*. London: Viking/Penguin.

Parks, L. (2018) *Rethinking Media Coverage: Vertical Mediation and the War on Terror*. Abingdon: Routledge.

Pasek, J., Kensler, K., Romer, D. and Jamieson, K.H. (2006) 'America's media use and community engagement', *Communication Research*, 33(3): 115–135.

Paterson, C., Lee, D., Saha, A. and Zoellner, A. (eds) (2016) *Advancing Media Production Research: Shifting Sites, Methods and Politics*. London: Palgrave Macmillan.

Paz Aléncar, A., Kondova, K. and Ribbens, W. (2018) 'The smartphone as a lifeline', *Media, Culture & Society*, 41(6): 828–844.

Peacock, A. (1986) *Report of the Committee on Financing the BBC*. Cmnd 9824. London: HMSO.

Pearson, G.D.H. and Kosicki, G.M. (2017) 'How way-finding is challenging gatekeeping in the digital age', *Journalism Studies*, 18(9): 1087–1105.

Peirce, C.S. (1931–1935) *Collected Papers*, edited by C. Harteshorne and P. Weiss, vols II and V. Cambridge, MA: Harvard University Press.

Pekurny, R. (1982) 'Coping with television production', in J.S. Ettema and D.C. Whitney (eds), *Individuals in Mass Media Organizations*, pp. 131–143. Beverly Hills, CA: Sage.

Perse, E.M. (1994) 'Uses of erotica', *Communication Research*, 20(4): 488–515.

Perse, E.M. (2001) *Media Effects and Society*. Mahwah, NJ: Erlbaum.

Perse, E.M. and Courtright, J.A. (1992) 'Normative images of communication media: mass and interpersonal channels in the new media environment', *Human Communication Research*, 19: 485–503.

Peters, A.K. and Cantor, M.G. (1982) 'Screen acting as work', in J.S. Ettema and D.C. Whitney (eds), *Individuals in Mass Media Organizations*, pp. 53–68. Beverly Hills, CA: Sage.

Peters, J.D. (1994) 'The gap of which communication is made', *Critical Studies in Mass Communication*, 11(2): 117–140.

Peters, J.D. (2016) *The Marvelous Clouds*. Chicago, IL: University of Chicago Press.

Peterson, R. and Anand, N. (2004) 'The production of culture perspective', *Annual Review of Sociology*, 30: 311–334.

Peterson, R.C. and Thurstone, L.L. (1933) *Motion Pictures and Social Attitudes*. New York: Macmillan.

Picard, R.G. (1989) *Media Economics*. Newbury Park, CA: Sage.

Picard, R.G. (2004) 'Commercialism and newspaper quality', *Newspaper Research Journal*, 25(1): 54–65.

Picard, R.G., McCombs, M., Winter, J.P. and Lacy, S. (eds) (1988) *Press Concentration and Monopoly*. Norwood, NJ: Ablex.

Plantin, J.-C., Lagoze, C., Edwards, P. N. and Sandvig, C. (2018) 'Infrastructure studies meet platform studies in the age of Google and Facebook', *New Media and Society*, 20(1): 293–310.

Plesner, U. (2009) 'An actor-network perspective on changing work practices: communication technologies as actants in newswork', *Journalism*, 10(5): 604–626.

Podkalicka, A. and Rennie, E. (2018) *Using Media for Social Innovation*. Bristol: Intellect.

Pool, I. de Sola (1974) *Direct Broadcasting and the Integrity of National Cultures*. New York: Aspen Institute.

Pool, I. de Sola (1983) *Technologies of Freedom*. Cambridge, MA: Belknap.

Pool, I. de Sola and Shulman, I. (1959) 'Newsmen's fantasies, audiences and newswriting', *Public Opinion Quarterly*, 23(2): 145–158.

Porat, M. (1977) *The Information Economy: Definitions and Measurement*. Washington, DC: Department of Commerce.

Porto, M.P. (2007) 'Frame diversity and citizen competence: towards a critical approach to news quality', *Critical Studies in Mass Communication*, 24(4): 303–321.

Poster, M. (1999) 'Underdetermination', *New Media and Society*, 1(1): 12–17.

Poster, M. (2006) 'Culture and new media: a historical view', in L.A. Lievrow and S. Livingstone (eds), *The Handbook of New Media*, pp. 134–140. London: Sage.

Postman, N. (1993) *Technopoly: The Surrender of Culture to Technology*. New York: Vintage.

Postmes, T., Spears, R. and Lea, M. (1998) 'Breaching or building social boundaries? Side-effects of computer mediated communication', *Communication Research*, 25(6): 689–715.

Potter, J. and Riddle, K. (2007) 'A content analysis of the media effects literature', *Journalism & Mass Communication Quarterly*, 84(1): 90–104.

Potter, R.F. and Bolls, P. (2012) *Psychophysiological Measurement and Meaning: Cognitive and Emotional*

Processing of Media. New York: Routledge.

Potter, W.J. (2014) 'A critical analysis of cultivation theory', *Journal of Communication*, 64: 1015–1036.

Potter, W.J., Cooper, R. and Dupagne, M. (1993) 'The three paradigms of mass media research in mass communication journals', *Communication Theory*, 3: 317–335.

Poulakidakos, S., Veneti, A. and Fangonikolopoulos, C. (2018) 'Post-truth, propaganda and the transformation of the spiral of silence', *International Journal of Media & Cultural Politics*, 14(3): 367–382.

Prescott, J. and Bogg, J. (2011) 'Career attitudes of men and women working in the computer games industry', *Eludamos: Journal for Computer Game Culture*, 5(1): 7–28.

Press, A. and Livingstone, S. (2006) 'Taking audience research into the age of new media: old problems and new challenges', in M. White and J. Schwoch (eds), *The Question of Method in Cultural Studies*, pp. 175–200. Oxford: Blackwell.

Price, M. and Thompson, M. (2002) *Forging Peace*. Edinburgh: Edinburgh University Press.

Pritchard, D. (2000) *Holding the Media Accountable*. Bloomington, IN: University of Indiana Press.

Propp, V. (1968) *The Morphology of Folk Tales*. Austin, TX: University of Texas Press.

Prot, S., Anderson, C.A., Barlett, C.P., Coyne, S.M. and Saleem, M. (2017) 'Content effects: violence in the media', in P. Roessler, C.A. Hoffner and L. van Zoonen (eds), *International Encyclopedia of Media Effects*. Malden, MA: Wiley-Blackwell. DOI: 10.1002/9781118783764.wbieme0121.

Putnam, D. (2000) *Bowling Alone*. New York: Simon & Schuster.

Quan-Haase, A., Wang, H., Wellman, B. and Zhang, R. (2018) 'Weaving family connections on and offline: the turn to networked individualism', in B.B. Neves and C. Casimiro (eds), *Connecting Families? Information and Communication Technologies in a Life Course Perspective*. Bristol: Policy Press.

Quandt, T. (2019) 'Dark participation', *Media and Communication*, 6(4): 36–48.

Quandt, T. and von Pape, T. (2010) 'Living in the mediatope', *The Information Society*, 26(5): 330–345.

Radway, J. (1984) *Reading the Romance*. Chapel Hill, NC: University of North Carolina Press.

Raessens, J. and Goldstein, J. (eds) (2011) *Handbook of Computer Game Studies*. Boston, MA: MIT Press.

Rains, S.A., Levine, T.R. and Weber, R. (2018) 'Sixty years of quantitative communication research summarized: lessons from 149 meta-analyses', *Annals of the International Communication Association*, 42(2): 105–124.

Rakow, L. (1986) 'Rethinking gender research in communication', *Journal of Communication*, 36(1): 11–26.

Raman, P. and Harwood, J.T. (2008) 'Acculturation of Asian Indian sojourners in America: application of the cultivation framework', *Southern Communication Journal*, 73(4): 295–311.

Rantanen, T. (2001) 'The old and the new: communications technology and globalization in Russia', *New Media and Society*, 3(1): 85–105.

Rasmussen, T. (2000) *Social Theory and Communication Technology*. Aldershot: Ashgate.

Ravi, N. (2005) 'Looking beyond flawed journalism', *Harvard International Journal of Press/Politics*, 10(1): 45–62.

Ray, M.L. (1973) 'Marketing communication and the hierarchy of effects', in P. Clarke (ed.), *New Models for Communication Research*, pp. 147–176. Beverly Hills, CA: Sage.

Raymond, J. (ed.) (1999) *News, Newspapers and Society in Early Modern Britain*. London: Cass.

Real, M. (1989) *Supermedia*. Newbury Park, CA: Sage.

Reardon, K.K. and Rogers, E.M. (1988) 'Interpersonal versus mass media communication a false dichotomy', *Human Communication Research*, 15: 284–303.

Redmond, J. and Trager, R. (2004) *Balancing on the Wire: The Art of Managing Media*. Boulder, CO: Coursewise.

Reese, S.D. (1991) 'Setting the media's agenda: a power balance perspective', in J. Anderson (ed.), *Communication Yearbook 14*, pp. 309–340. Newbury Park, CA: Sage.

Reese, S.D. and Ballinger, J. (2001) 'The roots of a sociology of news: remembering Mr. Gates and social control in the newsroom', *Journalism and Mass Communication Quarterly*, 78(4): 641–658.

Reese, S.D. and Shoemaker, P.J. (2016) 'A media sociology for the networked public sphere: the hierarchy of influences model', *Mass Communication and Society*, 19(4): 389–410.

Reeves, B. and Nass, C. (1996) *The Media Equation: How People Treat Computers, Television, and New Media Like Real People and Places*. Cambridge: Cambridge University Press.

Reicher, S.D., Spears, R., Postmes, T. and Kende, A. (2016) 'Disputing deindividuation: why negative group behaviours derive from group norms, not group immersion', *Behavioral and Brain Sciences*, 39: e161, https://doi.org/10.1017/S0140525X15001491.

Reinardy, S. (2011) 'Newspaper journalism in crisis: burnout on the rise, eroding young journalists' career commitment', *Journalism*, 12(1): 33–50.

Renckstorf, K. (1996) 'Media use as social action: a theoretical perspective', in K. Renckstorf, D. McQuail and N. Janknowski (eds), *Media Use as Social Action*, pp. 18–31. London: John Libbey Publishing.

Rheingold, H. (1994) *The Virtual Community*. London: Secker and Warburg.

Rice, R.E. (1999) 'Artifacts and paradoxes in new media', *New Media and Society*, 1(1): 24–32.

Rice, R.E. et al. (1983) *The New Media*. Beverly Hills, CA: Sage.

Riffe, D., Lacy, S., Fico, F. and Watson, B. (2019) *Analyzing Media Messages: Using Quantitative Content Analysis in Research*, 4th edition. New York: Routledge.

Robillard, S. (1995) *Television in Europe: Regulatory Bodies*. European Institute for the Media. London: John Libbey Publishing.

Robinson, L., Cotten, S.R., Ono, H., Quan-Haase, A., Mesch, G., Chen, W., Schulz, J., Hale, T.M. and Stern, M.J. (2015) 'Digital inequalities and why they matter', *Information, Communication & Society*, 18(5): 569–582.

Robinson, S. (2017) *Networked News, Racial Divides*. Cambridge: Cambridge University Press.

Roe, K. and de Meyer, G. (2000) 'MTV: one music – many languages', in J. Wieten, G. Murdock and P. Dahlgren (eds), *Television Across Europe*, pp. 141–157. London: Sage.

Rogers, E.M. (1986) *Communication Technology*. New York: Free Press.

Rogers, E.M. (1993) 'Looking back, looking forward: a century of communication research', in P. Gaunt (ed.), *Beyond Agendas: New Directions in Communication Research*, pp. 19–40. New Haven, CT: Greenwood Press.

Rogers, E.M. and Dearing, J.W. (1987) 'Agenda-setting research: Where has it been? Where is it going?', in J. Anderson (ed.), *Communication Yearbook 11*, pp. 555–594. Newbury Park, CA: Sage.

Rogers, E.M., Dearing, J.W. and Bergman, D. (1993) 'The anatomy of agenda-setting research', *Journal of Communication*, 43(2): 68–84.

Rogers, E.M. and Shoemaker, F. (1973) *Communication of Innovations*. New York: Free Press.

Rogers, R. (2013) *Digital Methods*. Boston, MA: MIT Press.

Rogers, R. (2019) *Doing Digital Methods*. Boston, MA: MIT Press.

Rojas, H. and Valenzuela, S. (2019) 'A call to contextualize public opinion-based research in political communication', *Political Communication*, DOI: 10.1080/10584609.2019.1670897.

Romer, D., Jamieson, K.H. and Ady, S. (2003) 'TV news and the cultivation of fear of crime', *Journal of Communication*, 53(1): 88–104.

Rosen, J. (2006) *The People Formerly Known as the Audience*. PressThink blog: http://archive.pressthink.org/2006/06/27/ppl_frmr.html.

Rosenberg, B. and White, D.M. (eds) (1957) *Mass Culture*. New York: Free Press.

Rosengren, K.E. (1974) 'International news: methods, data, theory', *Journal of Peace Research*, II: 45–56.

Rosengren, K.E. (1981) 'Mass media and social change: some current approaches', in E. Katz and T. Szecskö (eds), *Mass Media and Social Change*, pp. 247–263. Beverly Hills, CA: Sage.

Rosengren, K.E. (2000) *Communication: An Introduction*. London: Sage.

Rosengren, K.E. and Windahl, S. (1972) 'Mass media consumption as a functional alternative', in D. McQuail (ed.), *Sociology of Mass Communications*, pp. 166–194. Harmondsworth: Penguin.

Rosengren, K.E. and Windahl, S. (1989) *Media Matter*. Norwood, NJ: Ablex.

Rosengren, S. (2019) 'Redefining advertising in a changing media landscape', in M. Deuze and M. Prenger (eds), *Making Media: Production, Practices and Professions*, pp. 389–398. Amsterdam: Amsterdam University Press.

Rositi, F. (1976) 'The television news programme: fragmentation and recomposition of our image of society', in *News and Current Events on TV*. Rome: RAI.

Ross, K. (ed.) (2012) *The Handbook of Gender, Sex and Media*. Malden, MA: Wiley-Blackwell.

Rossiter, N. (2006) *Organized Networks: Media Theory, Creative Labour, New Institutions*. Rotterdam: Nai Publishers.

Rössler, P. (2001) 'Between online heaven and cyberhell: the framing of "the internet" by traditional media coverage in Germany', *New Media and Society*, 3(1): 49–66.

Rössler, P. and Brosius, H.-B. (2001) 'Talk show viewing in Germany', *Journal of Communication*, 51(1): 143–163.

Rosten, L.C. (1937) *The Washington Correspondents*. New York: Harcourt Brace.

Rosten, L.C. (1941) *Hollywood: The Movie Colony, the Movie Makers*. New York: Harcourt Brace.

Rothenbuhler, E.W. (1998) *Ritual Communication*. Thousand Oaks, CA: Sage.

Roudikova, N. (2008) 'Media political clientilism – a lesson from anthropology', *Media, Culture & Society*, 30(1): 41–59.

Rowland, A.L. and Simonson, P. (2014) 'The founding mothers of communication research: toward a history of a gendered assemblage', *Critical Studies in Media Communication*, 31(1): 3–26.

Royal Commission on the Press (1977) *Report*. Cmnd 6810. London: HMSO.

Rubin, A.M. (1984) 'Ritualized and instrumental television viewing', *Journal of Communication*, 34(3): 67–77.

Rubin, A.M., Perse, E.M. and Powell, E. (1990) 'Loneliness, parasocial interaction and local TV news viewing', *Communication Research*, 14(2): 246–268.

Ruggiero, T.E. (2000) 'Uses and gratifications theory in the 21st century', *Mass Communication and Society*, 3(1): 3–37.

Ryan, J. and Peterson, R.A. (1982) 'The product image: the fate of creativity in country music song writing', in J.S. Ettema and D.C. Whitney (eds), *Individuals in Mass Media Organizations*, pp. 11–32. Beverly Hills, CA: Sage.

Ryan, M. (2001) 'Journalistic ethics, objectivity, existential journalism, standpoint epistemology, and public journalism', *Journal of Mass Media Ethics*, 16(1): 3–22.

Saenz, M.K. (1994) 'Television viewing and cultural practice', in H. Newcomb (ed.), *Television: The Critical View*, 5th edition, pp. 573–586. New York: Oxford University Press.

Saito, S. (2007) 'Television and the cultivation of gender-role attitudes in Japan: Does television contribute to the maintenance of the status quo?', *Journal of Communication*, 57(3), September: 511–531.

Sardar, Z. (1999) *Postmodernism and the Other: New Imperialism of Western Culture*. London: Pluto Press.

Scannell, P. (2014) *Television and the Meaning of Live*. Cambridge: Polity Press.

Scannell, P. (2017) 'The academic study of media has always been the study of new media', *Westminster Papers in Communication and Culture*, 12(1), 5–6.

Schauster, E.E., Ferrucci, P. and Neill, M.S. (2016) 'Native advertising is the new journalism: how deception affects social responsibility', *American Behavioral Scientist*, 60(12): 1408–1424.

Schement, J. and Curtis, T. (1995) *Tendencies and Tensions of the Information Age*. New Brunswick, NJ: Transaction.

Scheufele, B. (2008) 'Discourse analysis', in W. Donsbach (ed.), *The International Encyclopedia of Communication*. Oxford: Blackwell.

Scheufele, D.A. (1999) 'Framing as a theory of media effects', *Journal of Communication*, 49(1): 103–122.

Scheufele, D.A. (2000) 'Agenda-setting, priming, and framing revisited: another look at cognitive effects of political communication', *Mass Communication & Society*, 3(2–3): 297–316.

Scheufele, D.A. and Nisbet, M.C. (2002) 'Being a citizen online: new opportunities and dead ends', *Harvard Journal of Press/Politics*, 7(3): 55–75.

Schiller, H. (1969) *Mass Communication and American Empire*. New York: Kelly.

Schlesinger, P. (1978) *Putting 'Reality' Together: BBC News*. London: Constable.

Schlesinger, P. (1987) 'On national identity', *Social Science Information*, 25(2): 219–264.

Schlesinger, P., Murdock, G. and Elliott, P. (1983) *Televising Terrorism*. London: Comedia.

Schmidt, S.J. (1987) 'Towards a constructivist theory of media genre', *Poetics*, 16(5): 371–395.

Schoenbach, K. and Lauf, E. (2002) 'The "trap" effect of television and its competitors', *Communication Research*, 29(6): 564–583.

Schoonvelde, M. (2014) 'Media freedom and the institutional underpinnings of political knowledge', *Political Science Research and Methods*, 2(2): 163–178.

Schramm, W. (1955) 'Information theory and mass communication', *Journalism Quarterly*, 32: 131–146.

Schramm, W., Lyle, J. and Parker, E. (1961) *Television in the Lives of Our Children*. Stanford, CA: Stanford University Press.

Schrøder, K.C. (1987) 'Convergence of antagonistic traditions?', *European Journal of Communication*, 2(1): 7–31.

Schrøder, K.C. (1992) 'Cultural quality: search for a phantom?', in M. Skovmand and K.C. Schrøder (eds), *Media Cultures: Reappraising Transnational Media*, pp. 161–180. Abingdon: Routledge.

Schuck, A.R.T., Boomgaarden, H.G. and De Vreese, C.H. (2013) 'Cynics all around? The impact of election news on political cynicism in comparative perspective', *Journal of Communication*, 63: 287–311.

Schuck, A.R.T. and Feinholdt, A. (2015) 'News framing effects and emotions', in R. Scott and S. Kosslyn (eds), *Emerging Trends in the Social and Behavioral Sciences*, pp. 1–15. Wiley Online Library: DOI: 10.1002/9781118900772.

Schudson, M. (1978) *Discovering the News*. New York: Basic Books.

Schudson, M. (1991) 'The new validation of popular culture', in R.K. Avery and D. Eason (eds), *Critical Perspectives on Media and Society*, pp. 49–68. New York: Guilford Press.

Schudson, M. (2003) *The Sociology of News*. New York: Norton.

Schudson, M. (2005) 'The virtues of an unlovable press', *The Political Quarterly*, 76: 23–32.

Schultz, J. (1998) *Reviving the Fourth Estate*. Cambridge: Cambridge University Press.

Schulz, A. and Roessler, P. (2012) 'The spiral of silence and the Internet: selection of online content and the perception of the public opinion climate in computer-mediated communication environments', *International Journal of Public Opinion Research*, 24(3): 346–367.

Schulz, W. (1988) 'Media and reality'. Unpublished paper for Sommatie Conference, Veldhoven, The Netherlands.

Schulze, B., Thielmann, B., Sieprath, S. and Hess, T. (2005) 'The Bertelsmann AG: an exploratory case study on synergy management in a globally acting media organization', *International Journal on Media Management*, 7(3–4): 138–147.

Schutz, A. (1972) *The Phenomenology of the Social World*. London: Heinemann.

Schwalber, C.B., Silcode, B.W. and Keith, S. (2008) 'Visual framing of the early weeks of the US led invasion of Iraq', *Journal of Broadcasting and Electronic Media*, 52(3): 448–465.

Scolari, C.A. (2009) 'Mapping conversations about new media: the theoretical field of digital communication', *New Media and Society*, 11(6): 943–964.

Scott, A. (2000) *The Cultural Economy of Cities*. London: Sage.

Seate, A. and Mastro, D. (2016) 'Media's influence on immigration attitudes: an intergroup threat theory approach', *Communication Monographs*, 83(2): 194–213.

Segev, E. (2015) 'Visible and invisible countries: news flow theory revised', *Journalism*, 16(3): 412–428.

Segrin, C. and Nabi, R.L. (2002) 'Does TV viewing cultivate unrealistic expectations about marriage?', *Journal of Communication*, 52(2): 247–263.

Seiter, E. (2000) *Television and New Media Audiences*. New York: Oxford University Press.

Seiter, F., Borchers, H. and Warth, E.-M. (eds) (1989) *Remote Control*. Abingdon: Routledge.

Selinger, E. and Hartzog, W. (2016) 'Facebook's emotional contagion study and the ethical problem of co-opted identity in mediated environments where users lack control', *Research Ethics*, 12(1): 35–43.

Selwyn, N. (2004) 'Reconsidering political and popular understanding of the digital divide', *New Media and Society*, 6(3): 341–362.

Semetko, H.A. (2004) 'Political communication', in J.D.H. Downing, D. McQuail, P. Schlesinger and E. Wartella (eds), *The SAGE Handbook of Media Studies*, pp. 351–374. Thousand Oaks, CA: Sage.

Sender, K. (2015) 'Reconsidering reflexivity: audience research and reality television', *The Communication Review*, 18(1): 37–52.

Sepstrup, P. (1989) 'Research into international TV flows', *European Journal of Communication*, 4(4): 393–408.

Shannon, C. and Weaver, W. (eds) (1949) *The Mathematical Theory of Communication*. Urbana, IL: University of Illinois Press.

Shoemaker, P.J. (1984) 'Media treatment of deviant political groups', *Journalism Quarterly*, 61(1): 66–75, 82.

Shoemaker, P.J. (1991) *Gatekeeping*. Thousand Oaks, CA: Sage.

Shoemaker, P.J. and Reese, S.D. (1991) *Mediating the Message*. New York: Longman.

Shoemaker, P.J. and Reese, S.D. (2013) *Mediating the Message in the 21st Century*. New York: Routledge.

Shoemaker, P.J. et al. (2001) 'Individual and routine forces in gatekeeping', *Journalism and Mass Communication Quarterly*, 78(2): 233–246.

Shrum, L.J. (1995) 'Assessing the social influence of television: a social cognition perspective on cultivation effects', *Communication Research*, 22(4): 402–429.

Siapera, E. (2019) 'Affective labour and media work', in M. Deuze and M. Prenger (eds), *Making Media: Production, Practices and Professions*, pp. 275–286. Amsterdam: Amsterdam University Press.

Siebert, F., Peterson, T. and Schramm, W. (1956) *Four Theories of the Press*. Urbana, IL: University of Illinois Press.

Sigelman, L. (1973) 'Reporting the news: an organizational analysis', *American Journal of Sociology*, 79: 132–151.

Signorielli, N. and Morgan, M. (eds) (1990) *Cultivation Analysis*. Newbury Park, CA: Sage.

Silverstone, R. (1999) *Why Study the Media?* London: Sage.

Silverstone, R. (2007) *Media and Morality: On the Rise of the Mediapolis*. Cambridge: Polity Press.

Silverstone, R. and Hirsch, E. (eds) (2003) *Consuming Technologies: Media and Information in Domestic Spaces*. Abingdon and New York: Routledge.

Singer, J.B. (2018) 'Transmission creep', *Journalism Studies*, 19(2): 209–226.

Singer, J.B., Domingo, D., Heinonen, A., Hermida, A., Paulussen, S., Quandt, T., Reich, Z. and Vujnovic, M. (2011) *Participatory Journalism: Guarding Open Gates at Online Newspapers*. Malden, MA: Wiley-Blackwell.

Sklair, L. (2000) 'The transnational capitalist class and the discourse of globalisation', *Cambridge Review of International Affairs*, 14(1): 67–85.

Slater, D. and Tonkiss, F. (2001) *Market Society: Markets and Modern Social Theory*. Hoboken, NJ: Wiley-Blackwell.

Slater, M.D. (2007) 'Reinforcing spirals: the mutual influence of media selectivity and media effects and their impact on individual behavior and social identity', *Communication Theory*, 17: 281–303.

Slevin, J. (2000) *The Internet and Society*. Cambridge: Polity Press.

Sloterdijk, P. (2011) *Bubbles*. Boston, MA: MIT Press.

Smith, A. (1776) *The Wealth of Nations*. London: W. Strahan and T. Cadell.

Smith, P. and Bell, A. (2007) 'Unravelling the web of discourse analysis', in E. Devereux (ed.), *Media Studies*, pp. 78–100. London: Sage.

Smythe, D.W. (1977) 'Communications: blindspot of Western Marxism', *Canadian Journal of Political and Social Theory*, I: 120–127.

Sotirovic, M. (2001) 'Media use and perceptions of welfare', *Journal of Communication*, 51(4): 750–774.

Sparks, C. (1995) 'The media as a power for democracy', *Javnost – The Public*, 2(1): 45–61.

Sparks, C. (2011) 'Media and transition in Latin America', *Westminster Papers in Communication and Culture*, 8(2): 154–177.

Sparks, C. and Campbell, M. (1987) 'The inscribed reader of the British quality press', *European Journal of Communication*, 2(4): 455–472.

Spitzer, M. (2012) *Digitale Demenz*. München: Droemer.

Squires, J.D. (1992) 'Plundering the newsroom', *Washington Journalism Review*, 14(10): 18–24.

Sreberny-Mohammadi, A. (1996) 'The global and the local in international communication', in J. Curran and M. Gurevitch (eds), *Mass Media and Society*, pp. 177–203. London: Edward Arnold.

Stamm, K.R. (1985) *Newspaper Use and Community Ties: Towards a Dynamic Theory*. Norwood, NJ: Ablex.

Steemers, J. (2001) 'In search of a third way: balancing public purpose and commerce in German and British public service broadcasting', *Canadian Journal of Communication*, 26(1): 69–87.

Steiner, G. (1963) *The People Look at Television*. New York: Knopf.

Steiner, L. (2012) 'Failed theories: explaining gender difference in journalism', *Review of Communication*, 12(3): 201–223.

Stemler, S.E. (2015) 'Content analysis', in R.A. Scott and S.M. Kosslyn (eds), *Emerging Trends in the Social and Behavioral Sciences*, pp. 1–14. Wiley Online Library: https://doi.org/10.1002/9781118900772.etrds0053.

Stober, R. (2004) 'What media evolution is: a theoretical approach to the history of new media', *European Journal of Communication*, 19(4): 483–505.

Stolwijk, S.B., Schuck, A.R.T. and De Vreese, C.H. (2017) 'How anxiety and enthusiasm help explain the bandwagon effect', *International Journal of Public Opinion Research*, 29(4): 554–574.

Stone, G.C. (1987) *Examining Newspapers*. Beverly Hills, CA: Sage.

Stoycheff, E. (2016) 'Under surveillance: examining Facebook's spiral of silence effects in the wake of NSA Internet monitoring', *Journalism & Mass Communication Quarterly*, 93(2): 296–311.

Striphas, T. (2015) 'Algorithmic culture', *European Journal of Cultural Studies*, 18(4–5): 395–412.

Strömbäck, J. and Esser, F. (eds) (2014) *Mediatization of Politics: Understanding the Transformation of Western Democracies*. New York and London: Palgrave Macmillan.

Strömbäck, J. and Kiousis, S. (eds) (2011) *Political Public Relations: Principles and Applications*. New York: Routledge.

Stromer-Galley, J. (2019) *Presidential Campaigning in the Internet Age*, 2nd edition. Oxford: Oxford University Press.

Sundar, S.S., Jia, H., Waddell, T.F. and Huang, Y. (2015) 'Toward a Theory of Interactive Media Effects (TIME): four models for explaining how interface features affect user psychology', in S.S. Sundar (ed.), *The Handbook of the Psychology of Communication Technology*, pp. 47–86. Malden, MA: Wiley-Blackwell.

Sunstein, C. (2001) *republic.com*. Princeton, NJ: Princeton University Press.

Sunstein, C. (2006) *republic.com.2.0*. Princeton, NJ: Princeton University Press.

Sussman, G. (1997) *Communication, Technology and Politics in the Information Age*. Thousand Oaks, CA: Sage.

Sussman, G. and Galizio, L. (2003) 'The global reproduction of American politics', *Political Communication*, 20(3): 309–328.

Swanson, D. and Mancini, P. (eds) (1996) *Politics, Media and Modern Democracy*. Westport, CT: Praeger.

Taneja, H. and Webster, J.G. (2016) 'How do global audiences take shape? The role of institutions and culture in patterns of web use', *Journal of Communication*, 66: 161–182.

Tannenbaum, P.H. and Lynch, M.D. (1960) 'Sensationalism: the concept and its measurement', *Journalism Quarterly*, 30: 381–393.

Taylor, D.G. (1982) 'Pluralistic ignorance and the spiral of silence', *Public Opinion Quarterly*, 46: 311–355.

Taylor, T.L. (2015) *Raising the Stakes: E-Sports and the Professionalization of Computer Gaming*. Boston, MA: MIT Press.

Terranova, T. (2000) 'Free labour: producing culture for the digital economy', *Social Text*, 18(2): 33–57. Available at: http://web.mit.edu/schock/www/docs/18.2terranova.pdf.

Terras, M., Nyhan, J. and Vanhoutte, E. (eds) (2013) *Defining Digital Humanities: A Reader*. Farnham: Ashgate.

Tettey, W.J. (2006) 'The politics of media accountability in Africa: an examination of mechanisms and institutions', *International Communication Gazette*, 68(3): 229–248.

Thompson, J. (2000) *Political Scandals*. Cambridge: Polity Press.

Thompson, J.B. (1993) 'Social theory and the media', in D. Crowley and D. Mitchell (eds), *Communication Theory Today*, pp. 27–49. Cambridge: Polity Press.

Thompson, J.B. (1995) *The Media and Modernity*. Cambridge: Polity Press.

Thompson, J.B. (2005) 'The new visibility', *Theory, Culture & Society*, 22(6): 31–51.

Thrift, R.R. (1977) 'How chain ownership affects editorial vigor of newspapers', *Journalism Quarterly*, 54: 327–331.

Thussu, D.K. (2007) 'The "Murdochization" of news? The case of Star TV in India', *Media, Culture & Society*, 29(4): 593–611.

Thussu, D.K. (2009a) *The News as Entertainment: The Rise of Global Infotainment*. London: Sage.

Thussu, D.K. (2009b) *Internationalizing Media Studies*. Abingdon: Routledge.

Tomlinson, J. (1999) *The Globalisation of Culture*. Cambridge: Polity Press.

Tosoni, S. and Ridell, S. (2016) 'Decentering media studies, verbing the audience: methodological considerations concerning people's uses of media in urban space', *International Journal of Communication*, 10: 1277–1293.

Trenaman, J.S.M. (1967) *Communication and Comprehension*. London: Longman.

Trenaman, J.S.M. and McQuail, D. (1961) *Television and the Political Image*. London: Methuen.

Treré, E., Jeppesen, S. and Mattoni, A. (2017) 'Comparing digital protest media imaginaries: anti-austerity movements in Spain, Italy and Greece', *triple*, 15(2): 404–422.

Tuchman, G. (1971) 'Objectivity as strategic ritual: an examination of newsmen's notions of objectivity', *American Journal of Sociology*, 77(4): 660–679.

Tuchman, G. (1978) *Making News: A Study in the Construction of Reality*. New York: Free Press.

Tuchman, G., Daniels, A.K. and Benet, J. (eds) (1978) *Hearth and Home: Images of Women in Mass Media*. New York: Oxford University Press.

Tufekci, Z. (2008) 'Grooming, gossip, Facebook and Myspace', *Information, Communication & Society*, 11(4): 544–564.

Tulloch, J. and Middleweek, B. (2017) *Real Sex Films: The New Intimacy and Risk in Cinema*. Oxford: Oxford University Press.

Tumber, H. and Palmer, J. (2004) *Media at War: the Iraq Crisis*. London: Sage.

Tumber, H. and Waisbord, S. (2004) 'Political scandals and media across democracies', *American Behavioral Scientist*, 47(8): 1031–1039.

Tunstall, J. (1971) *Journalists at Work*. London: Constable.

Tunstall, J. (1977) *The Media Are American*. London: Constable.

Tunstall, J. (1991) 'A media industry perspective', in J. Anderson (ed.), *Communication Yearbook 14*, pp. 163–186. Newbury Park, CA: Sage.

Tunstall, J. (2007) *The Media Were American*. Oxford: Oxford University Press.

Tunstall, J. and Machin, D. (1999) *The Anglo-American Media Connection*. Oxford: Oxford University Press.

Tunstall, J. and Palmer, M. (eds) (1991) *Media Moguls*. Abingdon: Routledge.

Turkle, S. (2011) *Alone Together*. New York: Basic Books.

Turner, B. (2003) 'McDonaldization: linearity and liquidity in consumer cultures', *American Behavioral Scientist*, 47(2): 137–153.

Turow, J. (1994) 'Hidden conflicts and journalistic norms: the case of self-coverage', *Journal of Communication*, 44(2): 29–46.

Turow, J. (2005) 'Audience construction and culture production', *The Annals of the American Academy of Political and Social Sciences*, 597: 103–121.

Turow, J. (2009) *Media Today: An Introduction to Mass Communication*, 3rd edition. New York and Abingdon: Routledge.

Turow, J. and Draper, N. (2014) 'Industry conceptions of audience in the digital space', *Cultural Studies*, 28(4): 643–656.

Twenge, J. (2017) *iGen*. New York: Atria/Simon & Schuster.

Ugboajah, F. (1986) 'Communication as technology in African rural development', *Africa Media Review*, 1(1): 1–19.

UNESCO (1980) *Many Voices One World*. London: Kogan Page.

Usher, N. and Carlson, M. (2018) 'The midlife crisis of the network society', *Media and Communication*, 6(4): 107–110.

Vaccari, C. (2008a) 'Italian parties' websites in the 2006 election', *European Journal of Communication*, 23(1): 69–77.

Vaccari, C. (2008b) 'From the air to the ground: the internet in the 2004 US presidential election campaign', *New Media and Society*, 10(4): 647–665.

Valkenburg, P.M. (2017) 'Understanding self-effects in social media', *Human Communication Research*, 43: 477–490.

Valkenburg, P.M. and Peter, J. (2013a) 'Five challenges for the future of media-effects research', *International Journal of Communication*, 7: 197–215.

Valkenburg, P.M. and Peter, J. (2013b) 'The differential susceptibility to media effects model', *Journal of Communication*, 63: 221–243.

Valkenburg, P.M., Peter, J. and Walther, J.B. (2016) 'Media effects: theory and research', *Annual Review of Psychology*, 67(1): 315–338.

Valkenburg, P.M. and Piotrowski, J. (2017) *Plugged In: How Media Attract and Affect Youth*. New Haven, CT: Yale University Press.

van Cuilenburg, J.J. (1987) 'The information society: some trends and implications', *European Journal of Communication*, 2(1): 105–121.

van Cuilenburg, J.J. and McQuail, D. (2003) 'Media policy paradigm shifts', *European Journal of Communication*, 18(2): 181–207.

Van den Putte, B. and Dhondt, G. (2005) 'Developing successful communication strategies: a test of an integrated framework for effective communication', *Journal of Applied Social Psychology*, 35: 2399–2420.

van der Wurf, R. (2004) 'Supplying and viewing diversity: the role of competition and viewer choice in Dutch broadcasting', *European Journal of Communication*, 19(2): 215–237.

Van Deursen, A. and Helsper, E. (2015) 'The third-level digital divide: who benefits most from being online?', in *Communication and Information Technologies Annual. Digital Distinctions and Inequalities: Studies in Media and Communications*, vol. 10, pp. 29–52. Bingley, UK: Emerald Group Publishing, https://doi.org/10.1108/S2050-206020150000010002.

Van Dijck, J. (2013) *The Culture of Connectivity: A Critical History of Social Media*. Oxford: Oxford University Press.

Van Dijck, J., Poell, T. and De Waal, M. (2018) *The Platform Society*. Oxford: Oxford University Press.

Van Dijk, J.A.G.M. (1992) *De Netwerk Maatschappij*. Houten, NL: Bohm Staffen von Loghum.

Van Dijk, J.A.G.M. (2005) *The Network Society: Social Aspects of New Media*, 2nd edition. London: Sage.

van Dijk, T. (1983) 'Discourse analysis: its development and application to the structure of news', *Journal of Communication*, 33(3): 20–43.

van Dijk, T. (1985) *Discourse and Communication*. Berlin: de Gruyter.

van Dijk, T. (1991) *Racism and the Press*. Abingdon: Routledge.

van Dijk, T. (2011) 'Discourse studies and hermeneutics', *Discourse Studies*, 13(5): 609–621.

Van Gorp, B. (2005) 'What is the frame? Victims and intruders in the Belgian press coverage of the asylum issue', *European Journal of Communication*, 20(4): 484–507.

van Zoonen, L. (1991) 'Feminist perspectives on the media', in J. Curran and M. Gurevitch (eds), *Mass Media and Society*, pp. 33–51. London: Arnold Edward.

van Zoonen, L. (1994) *Feminist Media Studies*. London: Sage.

van Zoonen, L. (1998) 'A professional, unreliable, heroic marionette (M/F): structure, agency and subjectivity in contemporary journalisms', *European Journal of Cultural Studies*, 1(1): 123–143.

van Zoonen, L. (1999) *Media, cultuur en burgerschap*. Amsterdam: Het Spinhuis.

Vartanova, E. (2002) 'The digital divide and the changing political/media environment of post-socialist Russia', *International Communication Gazette*, 64(5): 449–645.

Verhoeven, D., Coate, B. and Zemaityte, V. (2019) 'Re-distributing gender in the global film industry: beyond #MeToo and #MeThree', *Media Industries*, 6(1): 135–155.

Vincent, R. and Nordenstreng, K. (eds) (2016) *Towards Equity in Global Communication?*, 2nd edition. New York: Hampton Press.

Voltmer, K. (2000) 'Constructing political reality in Russia. *Izvestya* – between old and new journalistic practices', *European Journal of Communication*, 15(4): 469–500.

von Feilitzen, C. (1976) 'The functions served by the mass media', in J.W. Brown (ed.), *Children and Television*, pp. 90–115. London: Collier-Macmillan.

Vos, T.P. and Craft, S. (2017) 'The discursive construction of journalistic transparency', *Journalism Studies*, 18(12): 1505–1522.

Vyncke, P. (2002) 'Lifestyle segmentation', *European Journal of Communication*, 17(4): 445–464.

Wahl-Jorgensen, K. (2006) 'How not to found a field: new evidence on the origins of mass communication research' *Journal of Communication*, 54(3): 547–564.

Wahl-Jorgensen, K. (2009) 'News production, ethnography, and power: on the challenges of newsroom-centricity', in E. Bird (ed.), *Journalism and Antropology*, pp. 21–35. Bloomington, IN: Indiana University Press.

Wahl-Jorgensen, K. (2019) 'Questioning the ideal of the public sphere: the emotional turn', *Social Media + Society*, https://doi.org/10.1177/2056305119852175

Waisbord, S. (1998) 'When the cart of media is put before the horse of identity: a critique of technology-centered views on globalization', *Communication Research*, 25(4): 377–398.

Waisbord, S. (2000) *Watchdog Journalism in South America*. New York: Columbia University Press.

Waisbord, S. (2014) 'United and fragmented: communication and media studies in Latin America', *Journal of Latin American Communication Research*, 4(1): 1–23.

Waisbord, S. (2019) *The Communication Manifesto*. Cambridge: Polity Press.

Waisbord, S. and Mellado, C. (2014) 'De-westernizing communication studies: a reassessment', *Communication Theory*, 24: 361–372.

Waldfogel, J. (2012) 'Copyright protection, technological change, and the quality of new products: evidence from recorded music since Napster', *Journal of Law and Economics*, 55: 715–740.

Walgrave, S. and van Aelst, P. (2006) 'The contingency effect of the mass media's agenda setting', *Journal of Communication*, 56(1): 88–109.

Wallis, D. (1997) 'Just click no', *The New Yorker*, 13 January, p. 28.

Wallis, R. and Baran, S. (1990) *The World of Broadcast News*. Abingdon: Routledge.

Walter, N., Cody, M.J. and Ball-Rokeach, S.J. (2018) 'The ebb and flow of communication research: seven decades of publication trends and research priorities', *Journal of Communication*, 68(2): 424–440.

Walther, J.B. and Valkenburg, P. (2017) 'Merging mass and interpersonal communication via interactive communication technology', *Human Communication Research*, 43: 415–423.

Wang, R. and Sundar, S.S. (2018) 'How does parallax scrolling influence user experience? A test of TIME (Theory of Interactive Media Effects)', *International Journal of Human–Computer Interaction*, 34(6): 533–543.

Ward, S. (2005) *The Invention of Journalism Ethics: The Path to Objectivity and Beyond*. Montreal: McGill-Queen's University Press.

Warhurst, C., Thompson, P. and Lockyer, C. (2005) *From Conception to Consumption: Myopic Analysis of the Creative Industries*. Available at: www.hrm.strath.ac.uk/ILPC/2005/conf-papers/Warhurst-Thompson-Lockyer.pdf.

Warner, W.L. and Henry, W.E. (1948) 'The radio day-time serial: a symbolic analysis', *Psychological Monographs*, 37(1): 7–13, 55–64.

Wartella, E., Olivarez, A. and Jennings, N. (1998) 'Children and television violence in the United States', in U. Carlsson and C. von Feilitzen (eds), *Children and Media Violence*, pp. 55–62. Göteborg: University of Göteborg.

Wasko, J. (2004) 'The political economy of communication', in J.D.H. Downing, D. McQuail, P. Schlesinger and E. Wartella (eds), *The SAGE Handbook of Media Studies*, pp. 309–330. Thousand Oaks, CA: Sage.

Wasserman, H. (2010) 'Freedom's just another word? Perspectives on media freedom and responsibility in South Africa and Namibia', *International Communication Gazette*, 72(7): 567–588.

Wasserman, H. (2018) 'Power, meaning and geopolitics: ethics as an entry point for global communication studies', *Journal of Communication*, 68: 441–451.

Wasserman, H. (2020) 'Moving from diversity to transformation in communication scholarship', *Annals of the International Communication Association*, 44(1): 1–3.

Wasserman, H. and Rao, S. (2008) 'The glocalization of journalism ethics', *Journalism*, 9(2): 163–181.

Weaver, D. (ed.) (1998) *The Global Journalist*. Cresskill, NJ: Hampton Press.

Weaver, D. (2007) 'Thoughts on agenda setting, framing, and priming', *Journal of Communication*, 57: 142–147.

Weaver, D. and Wilhoit, C.G. (1986) *The American Journalist*. Bloomington, IN: University of Indiana Press.

Weaver, D. and Wilhoit, C.G. (1996) *The American Journalist in the 1990s: US News People at the End of an Era*. Mahwah, NJ: Erlbaum.

Weber, M. (1948) 'Politics as a vocation', in H. Gerth and C.W. Mills (eds), *Max Weber: Essays*. Abingdon: Routledge and Kegan Paul.

Weber, M. (1964) *Theory of Social and Economic Organization*. Ed. T. Parsons. New York: Free Press.

Webster, F. (1995) *Images of the Information Society*. Abingdon: Routledge.

Webster, F. (2002) 'The information society revisited', in L.A. Lievrouw and S. Livingstone (eds), *The Handbook of New Media*, pp. 22–33. London: Sage.

Webster, J.G. and Wakshlag, J.J. (1983) 'A theory of TV program choice', *Communication Research*, 10(4): 430–446.

Weibull, L. (1985) 'Structural factors in gratifications research', in K.E. Rosengren, P. Palmgreen and L. Wenner (eds), *Media Gratification Research: Current Perspectives*, pp. 123–47. Beverly Hills, CA: Sage.

Weimann, G., Weiss-Blatt, N., Mengistu, G., Mazor Tregerman, M. and Oren, R. (2014) 'Reevaluating "The End of Mass Communication?", *Mass Communication and Society*, 17(6): 803–829.

Weischenberg, S. (1992) *Journalistik: Theorie und Praxis aktueller Medienkommunikation. Vol. 1: Mediensysteme, Medienethik, Medieninstitutionen*. Opladen: Westdeutscher Verlag.

Wellman, B. (2002) 'Little boxes, glocalization, and networked individualism', in M. Tanabe, P. Van den Besselaar and T. Ishida (eds), *Digital Cities II*, pp. 10–25. Berlin: Springer.

Westerstahl, J. (1983) 'Objective news reporting', *Communication Research*, 10(3): 403–424.

Westley, B. and MacLean, M. (1957) 'A conceptual model for mass communication research', *Journalism Quarterly*, 34: 31–38.

Westlund, O. and Ekström, M. (2019) 'News organizations', in K. Wahl-Jorgensen and T. Hanitzsch (eds), *Handbook of Journalism Studies*, pp. 135–166. Abingdon: Routledge.

Wharton, A.S. (2009) 'The sociology of emotional labor', *Annual Review of Sociology*, 35(1): 147–165.

White, D.M. (1950) 'The gatekeeper: a case-study in the selection of news', *Journalism Quarterly*, 27: 383–390.

Wildman, S.S. (1991) 'Explaining trade in films and programs', *Journal of Communication*, 41: 190–192.

Wilensky, H. (1964) 'Mass society and mass culture: interdependence or independence?', *American Sociological Review*, 29(2): 173–197.

Wilke, J. (1995) 'Agenda-setting in a historical perspective: the coverage of the American revolution in the German press (1773–83)', *European Journal of Communication*, 10(1): 63–86.

Willems, W. (2014) 'Provincializing hegemonic histories of media and communication studies: toward a genealogy of epistemic resistance in Africa', *Communication Theory*, 24: 415–434.

Williams, D. (2006) 'Virtual cultivation: online worlds, offline perceptions', *Journal of Communication*, 56: 69–87.

Williams, D., Martins, N., Consalvo, M. and Ivory, J.D. (2009) 'The virtual census: representations of gender, race and age in video games', *New Media and Society*, 11(5): 815–834.

Williams, R. (1961) *Culture and Society*. Harmondsworth: Penguin.

Williams, R. (1975) *Television, Technology and Cultural Form*. London: Fontana.

Williamson, J. (1978) *Decoding Advertisements*. London: Boyars.

Willnat, L., Weaver, D.H. and Choi, J. (2013) 'The global journalist in the twenty-first century', *Journalism Practice*, 7(2): 163–183.

Windahl, S., Signitzer, B. and Olson, J. (2007) *Using Communication Theory*, 2nd edition. London: Sage.

Winseck, D. (2002) 'Wired cities and transnational communications', in L.A. Lievrouw and S. Livingstone (eds), *The Handbook of New Media*, pp. 393–409. London: Sage.

Winseck, D. (2016) 'Reconstructing the political economy of communication for the digital media age', *The Political Economy of Communication* 4(2): 73–114.

Winseck, D. (2019) 'Media concentration in the age of the internet and mobile phones', in M. Deuze and M. Prenger (eds), *Making Media: Production, Practices and Professions*, pp. 175–192. Amsterdam: Amsterdam University Press.

Winston, B. (1986) *Misunderstanding Media*. Cambridge, MA: Harvard University Press.

Witschge, T., Deuze, M. and Willemsen, S. (2019) 'Creativity in (digital) journalism studies: broadening our perspective on journalism practice', *Digital Journalism*, 7(7): 972–979.

Wittel, A. (2001) 'Toward a network sociality', *Theory, Culture & Society*, 18(6): 51–76.

Wodak, R. and Meyer, M. (eds) (2001) *Methods of Critical Discourse Analysis*. London: Sage.

Woitowicz, K.J. and Gadini, S.L. (2018) 'Folkcommunication and social group strategies: aspects of public opinion in the mass media society', *Sphera Publica*, 2(18): 117–131.

Wojdynski, B.W. and Evans, N.J. (2016) 'Going native: effects of disclosure position and language on the recognition and evaluation of online native advertising', *Journal of Advertising*, 45(2): 157–168.

Wolfenstein, M. and Leites, N. (1947) 'An analysis of themes and plots in motion pictures', *Annals of the American Academy of Political and Social Sciences*, 254: 41–48.

Womack, B. (1981) 'Attention maps of ten major newspapers', *Journalism Quarterly*, 58(2): 260–265.

Wright, C.R. (1960) 'Functional analysis and mass communication', *Public Opinion Quarterly*, 24: 606–620.

Wright, C.R. (1974) 'Functional analysis and mass communication revisited', in J.G. Blumler and E. Katz (eds), *The Uses of Mass Communications*, pp. 197–212. Beverly Hills, CA: Sage.

Wright, K. (2018) *Who's Reporting Africa Now? Non-Governmental Organizations, Journalists, and Multimedia*. New York: Peter Lang.

Wu, H.D. (2003) 'Homogeneity around the world? Comparing the systemic determinants of international news flow between developed and developing countries', *International Communication Gazette*, 65(1): 9–24.

Wu, H.D. (2007) 'A brave new world for international news? Exploring the determinants of foreign news on US websites', *International Communication Gazette*, 69(6): 539–552.

Yang, J. and Grabe, M.E. (2011) 'Knowledge acquisition gaps: a comparison of print versus online news sources', *New Media and Society*, 13(8): 1211–1227.

Yay, H., Ranasubranuanian, S. and Oliver, M.B. (2008) 'Cultivation effect on quality of life indicators', *Journal of Broadcasting and Electronic Media*, 52(2): 247–267.

Yee, N., Bailenson, J.N. and Ducheneaut, N. (2009) 'The Proteus effect: implications of transformed digital self-representation on online and offline behavior', *Communication Research*, 36(2): 285–312.

Yoon, Y. (2005) 'Legitimacy, public relations and media access', *Communication Research*, 32(6): 762–793.

Zaller, J.R. (1997) 'A model of communication effects at the outbreak of the Gulf War', in S. Iyengar and R. Reeves (eds), *Do the Media Govern?*, pp. 296–311. Thousand Oaks, CA: Sage.

Zayani, M. (2015) *Networked Publics and Digital Contention*. Oxford: Oxford University Press.

Zeno-Zencovich, V. (2008) *Freedom of Expression*. Abingdon: Routledge.

Zuboff, S. (2019) *The Age of Surveillance Capitalism*. London: Profile Books.

作者索引

名詞索引

四畫

八畫

九畫

十畫

十一畫

十三畫

十四畫

國家圖書館出版品預行編目資料

媒體與大眾傳播理論／Denis McQuail, Mark
　Deuze著；羅世宏譯. ーー初版. ーー臺北
　市：五南圖書出版股份有限公司, 2024.03
　　面；　公分
　譯自：McQuail's media and mass
　　　communication theory (7th
　　　edition)
　ISBN 978-626-366-806-5 (平裝)

　1.CST: 媒體　2.CST: 大眾傳播

541.831　　　　　　　　　　112019732

1Z1F

媒體與大眾傳播理論

作　　者 ― Denis McQuail、Mark Deuze

譯　　者 ― 羅世宏

發 行 人 ― 楊榮川

總 經 理 ― 楊士清

總 編 輯 ― 楊秀麗

副總編輯 ― 李貴年

責任編輯 ― 黃淑真、何富珊

封面設計 ― 姚孝慈

出 版 者 ― 五南圖書出版股份有限公司

地　　址：106臺北市大安區和平東路二段339號4樓

電　　話：(02)2705-5066　　傳　　真：(02)2706-6100

網　　址：https://www.wunan.com.tw

電子郵件：wunan@wunan.com.tw

劃撥帳號：01068953

戶　　名：五南圖書出版股份有限公司

法律顧問　林勝安律師

出版日期　2024年3月初版一刷

定　　價　新臺幣900元

經典永恆・名著常在

五十週年的獻禮——經典名著文庫

五南，五十年了，半個世紀，人生旅程的一大半，走過來了。

思索著，邁向百年的未來歷程，能為知識界、文化學術界作些什麼？

在速食文化的生態下，有什麼值得讓人雋永品味的？

歷代經典・當今名著，經過時間的洗禮，千錘百鍊，流傳至今，光芒耀人；

不僅使我們能領悟前人的智慧，同時也增深加廣我們思考的深度與視野。

我們決心投入巨資，有計畫的系統梳選，成立「經典名著文庫」，

希望收入古今中外思想性的、充滿睿智與獨見的經典、名著。

這是一項理想性的、永續性的巨大出版工程。

不在意讀者的眾寡，只考慮它的學術價值，力求完整展現先哲思想的軌跡；

為知識界開啟一片智慧之窗，營造一座百花綻放的世界文明公園，

任君遨遊、取菁吸蜜、嘉惠學子！